実証の国際法学

実証の国際法学

安藤仁介 著

信山社

◆ 大 目 次 ◆

I 国際法と日本

第1章 国際社会と日本——日本国憲法と国際協調主義——……………… 5
第2章 国際連合の活動と日本の対応
　　　——国際平和・安全の維持にかかわる実行を素材として—— ……… 65
第3章 人権の制限事由としての「公共の福祉」に関する一考察
　　　——日本国憲法と国際人権規約——……………………………… 95
第4章 国際人権保障の現状と課題
　　　——自由権規約の国内的実施を中心に——……………………… 111

II 人 権

第1章 国際人権保障の展開と問題点 ……………………………………… 129
第2章 自由権規約委員会による国家報告審査方法の進展
　　　——審査の実効性向上を日指して——…………………………… 161
第3章 自由権規約選択議定書に基づく「見解」の実効性確保について
　　　——自由権規約委員会による「見解」のフォローアップ手続の発展——
　　　…………………………………………………………………………… 179
第4章 自由権規約委員会による自由権規約第26条の解釈・適用と
　　　その問題点 ……………………………………………………………… 193

III 承認と承継

第1章 国際機構の加盟手続と国家承認 …………………………………… 217
第2章 中国代表権の交代と国際法上の諸問題
　　　——日中・日華関係を中心に—— ………………………………… 231

v

第3章　政府承認に関する最近の傾向について……………………243
第4章　条約承継条約と最近の国家実行
　　　　──とくに自由権規約の承継に関連して──……………257

Ⅳ　国家責任

第1章　国際法における国家の責任………………………………283
第2章　国家責任に関するガルシア・アマドール案の一考察
　　　　──「国際的な基本的人権」と「国際標準主義」の関係について──
　　　　………………………………………………………………309
第3章　国家責任に関する国際法委員会の法典化作業とその問題点…337
第4章　国際法上の国家責任にかかわる「過失」の実態……………371

Ⅴ　国際紛争と国際法

第1章　フォークランド（マルビナス）諸島の領有権紛争と国際法…399
第2章　ニカラグア紛争と司法的解決──政治的紛争とICJ──………431
第3章　みなみまぐろ仲裁裁判事件の先決的抗弁
　　　　──口頭弁論手続における主張の分析──……………………449

Ⅵ　戦後処理

第1章　第2次世界大戦後の賠償・請求権処理………………………477
第2章　日本の敗戦および連合国の占領と国際法
　　　　──とくに占領の性格と占領政策をめぐる法的な諸問題について──
　　　　………………………………………………………………505
第3章　光華寮事件をめぐる国際法上の諸問題………………………521

———— 細　目　次 ————

I　国際法と日本

第1章　国際社会と日本——日本国憲法と国際協調主義——……5
1　はじめに——問題提起——……5
2　日本の降伏・占領と日本国憲法……6
（1）ポツダム宣言と日本の降伏・占領（6）
（2）占領政策の実施と日本国憲法の制定（7）
（3）占領軍の権限と憲法改正の自主性（9）
（4）戦争責任の国際的追及
　　——東京裁判と「平和に対する罪」——（12）
（5）占領政策の転換と対日講和
　　——対日平和条約と日米安全保障条約——（14）
3　国際安全保障と日本国憲法……15
（1）憲法第9条と自衛権・平和維持活動（PKO）
　　——日本の対応——（15）
（2）集団安全保障体制と自衛権（18）
（3）自衛権に関する日本の対応（24）
（4）国際連合と平和維持活動（PKO）（33）
（5）平和維持活動（PKO）と日本（37）
（6）湾岸戦争と対日批判（39）
（7）国際安全保障と日本国憲法（40）
4　国際人権保障と日本……48
（1）国際人権保障の意義と略史（48）
（2）国際連合と国際人権保障（50）
（3）日本国憲法と外国人の人権（53）
（4）人権保障と国籍——日本国憲法 対 国際人権諸条約——（59）
5　おわりに——結論に代えて——……62

第2章　国際連合の活動と日本の対応
　　　　──国際平和・安全の維持にかかわる実行を素材として──………65
1　はじめに……………………………………………………………………65
2　国際連合と国際平和・安全の維持…………………………………………66
　（1）　前　　史（66）
　（2）　国際連合憲章の集団安全保障体制（68）
　（3）　拒否権と大国連軍構想の挫折（69）
　（4）　集団的自衛権と地域的・二国間集団安全保障取極（71）
　（5）　朝鮮戦争と「国連軍」──平和のための結集決議──（72）
3　日本の対応──国際連合の集団安全保障体制と日本国憲法第9条──……73
　（1）　日本の外交活動の原則──国連中心主義──（74）
　（2）　立法府と行政府の対応（76）
　（3）　司法府の対応（79）
4　平和維持活動（PKO）の展開と拡大………………………………………80
　（1）　スエズ動乱と国連緊急軍（81）
　（2）　PKOの展開と諸原則（82）
　（3）　冷戦終結後におけるPKOの拡大（84）
5　湾岸戦争とPKO協力法──日本の対応その後──………………………87
　（1）　湾岸戦争と対日批判（88）
　（2）　PKO協力法の成立と凍結解除（89）
6　おわりに──国連活動の展望と日本の課題──……………………………91

第3章　人権の制限事由としての「公共の福祉」に関する一考察
　　　　──日本国憲法と国際人権規約──……………………………………95
1　問題の所在…………………………………………………………………95
2　人権の制限方式……………………………………………………………96
　（1）　日本国憲法（96）
　（2）　自由権規約（98）
3　人権の制限事由……………………………………………………………101
　（1）　日本国憲法（101）
　（2）　自由権規約（102）

4　日本国憲法と国際人権規約……………………………………103
　　　　（1）　日本国憲法のもとにおける自由権規約の位置づけ（105）
　　　　（2）　「公共の福祉」の問題点（106）
　　　　（3）　自由権規約の"人権の制限事由"の有用性（108）

第4章　国際人権保障の現状と課題
　　　　──自由権規約の国内的実施を中心に──……………………111
　　1　はじめに──国際人権保障の実態──………………………………111
　　2　自由権規約の国内的実施の監視システム………………………112
　　　　（1）　国　家　通　報（112）
　　　　（2）　政府報告書の審査（113）
　　3　選択議定書と国内的実施の監視システム………………………118
　　4　結論に代えて──監視システムの実効性と人権基準の問題点…………122
　　　　（1）　規約および選択議定書の監視システムの実効性（123）
　　　　（2）　人権基準の普遍性と特殊性（124）

Ⅱ　人　　権

第1章　国際人権保障の展開と問題点………………………………129
　　1　はじめに──検討の枠組──……………………………………129
　　2　国際人権保障の展開……………………………………………130
　　　　（1）　国際連盟以前（130）
　　　　（2）　国際連盟期（132）
　　　　（3）　国際連合期（136）
　　3　国際人権保障の問題点…………………………………………146
　　　　（1）　人権基準にかかわる問題点（147）
　　　　（2）　遵守確保の仕組にかかわる問題点（153）
　　4　おわりに──結論に代えて──…………………………………157

第2章　自由権規約委員会による国家報告審査方法の進展
　　　　──審査の実効性向上を目指して──……………………161
　　1　は　じ　め　に……………………………………………………161

2　冷戦期（1977～1990年）……………………………………………… *162*
　　　　（1）　手続規則の採択（*162*）
　　　　（2）　国家報告(書)の審査方法の進展と作成指針（*163*）
　　　　（3）　規約第40条 4 項にいうジェネラル・コメント（*165*）
　　3　冷戦終結以後（1990～）……………………………………………… *167*
　　　　（1）　特別報告の活用（*167*）
　　　　（2）　共通・基本文書（*169*）
　　　　（3）　ジェネラル・コメントと最終所見（*170*）
　　　　（4）　ジェネラル・コメント（一般的注釈）の機能（*172*）
　　　　（5）　「質問表」にかかわる進展（*173*）
　　　　（6）　フォローアップ手続の開始（*174*）
　　　　（7）　報告遅延国・未報告国の審査（*174*）
　　4　お わ り に………………………………………………………………… *176*

第 3 章　自由権規約選択議定書に基づく「見解」の実効性確保について
　　　　──自由権規約委員会による「見解」のフォローアップ手続の発展──
　　　　……………………………………………………………………………… *179*
　　は じ め に…………………………………………………………………… *179*
　　1　自由権規約委員会の見解とフォローアップ手続………………………… *180*
　　2　フォローアップ手続の発展………………………………………………… *181*
　　　　（1）　第 1 期（1977-1982年）第 2 期会合から第16期会合まで
　　　　　　　──フォローアップなし（*182*）
　　　　（2）　第 2 期（1982-1990年）17期会合から第38期会合まで
　　　　　　　──フォローアップの個別的処理（*184*）
　　　　（3）　第 3 期（1990-1995年）第39期会合から第51期会合まで
　　　　　　　──フォローアップ特別報告者の任命（*186*）
　　　　（4）　第 4 期（1995年以降）第52期会合以後
　　　　　　　──フォローアップ手続の進展（*189*）
　　3　フォローアップ手続の評価──結語に代えて…………………………… *191*

第 4 章　自由権規約委員会による自由権規約第26条の解釈・適用と
　　　　その問題点…………………………………………………………………… *193*

1　はじめに………………………………………………………………193
2　オランダ失業手当給付法事件以前…………………………………194
3　オランダ失業手当給付法事件と一般的注釈………………………198
　（1）　ツヴァン・デ・フリース事件（198）
　（2）　無差別に関する一般的注釈（200）
4　第26条の解釈・適用の展開とその問題点…………………………201
　（1）　平等・無差別原則の安易な適用を控えようとする委員会の姿勢を示すもの（202）
　（2）　当事国の国内的な法上・事実上の困難の存在を示すもの（203）
　（3）　類似の事案に対する解釈の一貫性に疑義があるもの（207）
　（4）　平等・無差別原則の不適切な適用と見られるもの（211）
5　おわりに………………………………………………………………212

Ⅲ　承認と承継

第1章　国際機構の加盟手続と国家承認……………………………217

1　はじめに………………………………………………………………217
2　理論的な問題点………………………………………………………217
　（1）　国際機構の目的・性格および加盟資格（218）
　（2）　加盟申請に対して既加盟国のとる態度（219）
　（3）　国際機構の内部における関係と外部における関係（220）
3　国際機構の実践………………………………………………………221
　（1）　国際連盟（222）
　（2）　国際連合（224）
4　日本の実践……………………………………………………………225
5　おわりに………………………………………………………………228

第2章　中国代表権の交代と国際法上の諸問題
　　　　　——日中・日華関係を中心に——………………………231

1　はじめに………………………………………………………………231
2　国際連合における代表権と政府承認の関係………………………232

3　人民政府の承認にともなう諸問題……………………………………234
　　　　（1）日中間の戦争状態（235）
　　　　（2）日華関係の処理（237）
　　4　「2つの中国」方式について…………………………………………239
　　5　お わ り に……………………………………………………………242

第3章　政府承認に関する最近の傾向について………………………………243
　　1　は じ め に……………………………………………………………243
　　2　イギリスの政府承認政策の変更………………………………………243
　　3　政府承認の回避ないし廃棄の傾向……………………………………245
　　　　（1）アメリカと西ドイツ（246）
　　　　（2）フランスとベルギー（247）
　　　　（3）ス イ ス（248）
　　4　最近の傾向の原因と利点………………………………………………249
　　5　最近の傾向に対する批判………………………………………………252
　　6　お わ り に……………………………………………………………255

第4章　条約承継条約と最近の国家実行
　　　　——とくに自由権規約の承継に関連して——……………………257
　　1　は じ め に……………………………………………………………257
　　2　分析の枠組み——自由権規約にかかわる国家承継の分類——……258
　　3　領域の一部移転…………………………………………………………259
　　　　（1）香　　港（260）
　　　　（2）マ カ オ（262）
　　4　国家結合および併合……………………………………………………263
　　　　（1）イ エ メ ン（264）
　　　　（2）ド イ ツ（265）
　　5　主権回復ないし分離独立………………………………………………266
　　　　（1）バルト3国（267）
　　　　（2）ウクライナ，ベラルーシ（269）
　　　　（3）ロシア，ウクライナ，ベラルーシを除くCIS諸国（270）

6　国家分裂 …………………………………………………………… 272
　　　（1）ユーゴスラビア（272）
　　　（2）チェコスロバキア（275）
　　7　おわりに ………………………………………………………………… 278

Ⅳ　国家責任

第1章　国際法における国家の責任 …………………………………… 283
　　1　はじめに ……………………………………………………………… 283
　　　（1）責任の意義と主体（283）
　　　（2）国際法における責任論の位置づけ（284）
　　　（3）国家責任論と国内法理論の影響（285）
　　2　国家責任論の歴史 …………………………………………………… 285
　　　（1）責任論の起源と展開（285）
　　　（2）在外国民の保護と国際請求（287）
　　　（3）国際連盟の時代（287）
　　　（4）国際連合国際法委員会の作業（288）
　　3　国際違法行為と国家への帰属 ……………………………………… 291
　　　（1）国際法上の違法行為（291）
　　　（2）違法行為の国家への帰属（293）
　　4　国家責任と過失 ……………………………………………………… 296
　　　（1）理論的考察（296）
　　　（2）「過失」の実態（297）
　　　（3）国際標準主義・国内標準主義と客観責任論（300）
　　　（4）無過失責任主義と国際法（301）
　　5　責任の処理（解除）と国際請求 …………………………………… 302
　　　（1）国家責任の解除（302）
　　　（2）国際請求と外交的保護（302）
　　　（3）請求の国籍継続（304）
　　　（4）国内的救済の完了とカルボ条項（304）
　　6　おわりに——残された若干の問題—— ……………………………… 306

（1）違法行為に対する責任と適法行為から生じた損害に対する責任(*306*)
　　　（2）領域内および領域外の私人行為に関する国家責任の限界(*307*)
　　　（3）国際社会の組織化と国家責任の客観的・合理的処理（*307*）

　第2章　国家責任に関するガルシア・アマドール案の一考察
　　　　──「国際的な基本的人権」と「国際標準主義」の関係について──
　　　　………………………………………………………………………*309*
　　1　はじめに……………………………………………………………*309*
　　2　国内標準主義，国際標準主義の対立とアマドール案の「国際的
　　　な基本的人権」……………………………………………………*310*
　　　（1）国内標準主義と国際標準主義の対立（*310*）
　　　（2）アマドール案の「国際的な基本的人権」による対立解消
　　　　　の主張（*313*）
　　　（3）国際法委員会のアマドール案批判とその検討（*315*）
　　3　国際判例に見る「国際標準」の実体………………………………*318*
　　　（1）国際標準の概念と定義（*319*）
　　　（2）国際標準の内容（*322*）
　　　（3）国際標準の流動性（*325*）
　　　（4）国際標準と先進国，後進国の関係（*327*）
　　4　「国際標準主義」と「国際的な基本的人権」の関係………………*327*
　　　（1）国際標準主義の本質（*327*）
　　　（2）国際標準主義と国際的な基本的人権の相違（*330*）
　　5　おわりに──アマドール案の問題点──……………………………*334*

　第3章　国家責任に関する国際法委員会の法典化作業とその問題点…*337*
　　1　はじめに……………………………………………………………*337*
　　2　ガルシア・アマドールの法典案（1949年～1961年）……………*338*
　　3　国際法委員会の方針転換と新しいアプローチの特徴（1962年以後）*341*
　　4　国家責任に関する国際法委員会の条文案の概要…………………*343*
　　　（1）第1部（*343*）
　　　（2）第2部（*348*）

5　国際法委員会の法典化作業の問題点……………………………349
　　（1）法典化作業の方法（新しいアプローチ）にかかわる問題点（349）
　　（2）採択された条文案の内容にかかわる問題点（358）
　6　おわりに……………………………………………………………367

第4章　国際法上の国家責任にかかわる「過失」の実態……………371
　1　はじめに……………………………………………………………371
　2　国際法委員会の国家責任法典化作業と「過失」…………………372
　　（1）ガルシア・アマドールの法典案と「過失」（373）
　　（2）国際法委員会の方針転換と委員会の法典案（374）
　　（3）国際法委員会の法典案と「過失」（376）
　3　仲裁裁判の判例などにおける「過失」……………………………379
　　（1）立法機関の国際義務違反と「過失」（380）
　　（2）司法機関の国際義務違反と「過失」（384）
　　（3）行政機関の国際義務違反と「過失」（389）
　4　国家機関の行為と「過失」…………………………………………394

Ⅴ　国際紛争と国際法

第1章　フォークランド（マルビナス）諸島の領有権紛争と国際法……399
　1　はじめに……………………………………………………………399
　2　フォークランド（マルビナス）諸島の歴史………………………400
　　（1）発見からフランス，イギリスの入植まで
　　　　（16世紀～1766年）（400）
　　（2）スペインのイギリス放逐およびイギリスとの和解
　　　　（1767年～1771年）（402）
　　（3）イギリスの復帰および離島からアルゼンチンの入植まで
　　　　（1771年～1829年）（403）
　　（4）アメリカの介入およびイギリスのアルゼンチン放逐
　　　　（1830年～1833年）（404）
　　（5）イギリスの再入植から第2次大戦まで（1833年～1945年）（405）

　　　　（6）第 2 次大戦以後（1945年〜）（*406*）
　3　アルゼンチンおよびイギリスの主張……………………………*406*
　4　両国の主張の国際法的分析……………………………………*408*
　　　　（1）発　　　見（*408*）
　　　　（2）先　　　占（*409*）
　　　　（3）承　　　継（*414*）
　　　　（4）1833年事件の評価と時効（*418*）
　　　　（5）そ　の　他（*424*）
　5　おわりに………………………………………………………*427*

第 2 章　ニカラグア紛争と司法的解決──政治的紛争とICJ──……*431*
　1　はじめに………………………………………………………*431*
　2　ニカラグア紛争とICJ判決……………………………………*432*
　　　　（1）ニカラグアの提訴とICJの命令（*432*）
　　　　（2）管轄権判決と米国の対応（*432*）
　　　　（3）本 案 判 決（*436*）
　3　政治的紛争と司法的解決………………………………………*438*
　　　　（1）法律的紛争と政治的紛争（*438*）
　　　　（2）PCIJ／ICJ の強制的管轄権と政治的紛争（*441*）
　　　　（3）政治的紛争と被告国の審理不参加（*442*）
　4　結論にかえて──ニカラグア紛争とICJ──…………………*445*

第 3 章　みなみまぐろ仲裁裁判事件の先決的抗弁
　　　　　──口頭弁論手続における主張の分析──………………*449*
　1　はじめに………………………………………………………*449*
　2　事実関係と訴訟目的……………………………………………*450*
　　　　（1）日本側の主張（*451*）
　　　　（2）豪・NZ 側の反論（*453*）
　3　みなみまぐろ条約と国連海洋法条約の関係……………………*454*
　　　　（1）日本側の主張（*455*）
　　　　（2）豪・NZ 側の反論（*458*）
　4　国連海洋法条約第 XV 部第 1 節の解釈・適用…………………*461*

（１）　日本側の主張（*462*）

　　（２）　豪・NZ 側の反論（*465*）

　５　受理可能性と手続濫用の問題 ………………………………………… *466*

　　（１）　日本側の主張（*467*）

　　（２）　豪・NZ の反論（*468*）

　６　裁判所の質問と日，豪・NZ の回答 ………………………………… *469*

　７　お わ り に ………………………………………………………………… *473*

VI　戦 後 処 理

第1章　第2次世界大戦後の賠償・請求権処理 ……………………… *477*

　１　「賠償・請求権」の範囲（意義） ……………………………………… *477*

　２　占領期間中の処理 ……………………………………………………… *478*

　３　対日平和条約に基づく処理 …………………………………………… *481*

　　（１）　対日平和条約の起草過程（*481*）

　　（２）　条約の規定（*487*）

　　（３）　サンフランシスコ会議（*489*）

　　（４）　条約に関する国会審議（*492*）

　　（５）　条約規定の解釈・適用（*494*）

　４　その他の処理 …………………………………………………………… *500*

　５　他国の処理との比較／日本の処理の特色（賠償＋開発援助） ……… *501*

第2章　日本の敗戦および連合国の占領と国際法
　　　　　──とくに占領の性格と占領政策をめぐる法的な諸問題について──
　　　　　…………………………………………………………………………… *505*

　１　序　　　論 ……………………………………………………………… *505*

　２　無条件降伏と占領の法的性格 ………………………………………… *506*

　　（１）　ポツダム宣言と無条件降伏（*506*）

　　（２）　無条件降伏とハーグ条約の適用（*508*）

　　（３）　占領軍と日本政府の関係（*510*）

　３　占領政策と国際法 ……………………………………………………… *512*

（1）占領政策の立案と実施手続き（512）
　　　　（2）日本の非武装化と民主化（514）
　　　　（3）対外関係と東京裁判（516）
　　4　平和条約との関係——結論に代えて——………………………………518
第3章　光華寮事件をめぐる国際法上の諸問題………………………………521
　　1　はじめに………………………………………………………………521
　　2　事件の経緯……………………………………………………………522
　　3　国際法上の問題点……………………………………………………525
　　　　（1）承認切り替え後の中華民国と日本の関係（525）
　　　　（2）日本の国内裁判所における中華民国の訴訟当事者能力（529）
　　　　（3）政府の不完全承継と財産の移転（540）
　　4　おわりに………………………………………………………………557

索　　引………………………………………………………………………559
初 出 一 覧……………………………………………………………………567
執筆者紹介……………………………………………………………………569

あ と が き（編集委員）……………………………………………………571

実証の国際法学

I
国際法と日本

第1章　国際社会と日本
　　　——日本国憲法と国際協調主義——

(1998年)

1　はじめに——問題提起——

　日本国憲法の前文は，まず，この憲法が主権在民の原則という「人類普遍の原理」に基づくものであることを謳っている。ついで前文は，「平和を愛する諸国民の公正と信義に信頼して」自らの安全と生存を保持するとともに，「専制と隷従，圧迫と偏狭を……除去しようと努めてゐる国際社会において，名誉ある地位を占めたい」という日本国民の決意と願望を明らかにする。さらに前文は，「いづれの国家も，自国のことのみに専念して他国を無視してはならない」という政治道徳の法則が普遍的なものであり，これに従うことが各国の責務であることを確認する。最後に前文は，国家の名誉にかけて上記の理想と目的を達成しようとする，日本国民の誓約を掲げている。

　こうした前文の理念は，おそらく日本国憲法が国民主権，平和主義および国際協調主義，人権の尊重という基本的な諸原則に基礎を置いていることを示すものであろう。そして憲法の本文において，国民主権の原則は第1条に，人権の尊重は第3章の規定に，それぞれ具現化され，また平和主義は第9条に，国際協調主義は第98条2項の規定に，反映されていると見ることができる。

　ところで日本国憲法が制定されて以後，すでに半世紀を経て，これら諸原則にかかわる国内法令，政府見解や裁判先例などの国家実行はかなりの数に達している。本稿の目的は，いわゆる平和主義および人権の尊重に関する日本の国家実行を分析し，その結果を国際協調主義に照らして評価することにある。具体的には，日本国憲法に関する国家実行のなかから第9条にかかわるものと第3章にかかわるものとを選び出し，前者については国際安全保障との関係において，後者については国際人権保障との関係において，それぞれ分析・評価を試みる。この作業はまた，第2次世界大戦後の国際社会と日本のかかわり合い

I　国際法と日本

についても，なにがしかの示唆を与えることであろう。

　実のところ，日本国憲法そのものが，第2次世界大戦後の国際社会と日本のかかわり合いのなかから誕生したものであった。その意味で，本稿の分析・評価に先立ち，日本国憲法の制定過程にも触れる必要がある。ただし，日本国憲法の成立については，第2章*1で詳細に検討されているので，ここでは本稿の目的に必要な範囲で触れるに留めたい。

2　日本の降伏・占領と日本国憲法

（1）　ポツダム宣言と日本の降伏・占領

　日本国憲法誕生の遠因となったのは，第2次世界大戦の末期に連合国側が発し，日本が受諾した「ポツダム宣言」であった。すなわち，1945年7月26日，さきに降伏したドイツの問題を協議するため連合国首脳がポツダムで会合した機会を把えて，米・英・中の3国は日本に対し，降伏を勧める宣言を発表したのである。宣言のなかで3国は，日本の抵抗が停止するまで戦闘を継続する意図を明らかにするとともに，それが日本に与えるであろう惨禍について警告し，日本が降伏すべき諸条件を提示した。諸条件とは，①日本国民を欺いて世界征服戦争に駆り立てた者の権力・勢力の永久的排除，②その排除を確保するための連合国軍による日本占領，③1943年のカイロ宣言に基づく日本領土の処分，④日本軍の完全武装解除と本土復帰，⑤戦争犯罪人の厳正な処罰，⑥日本国民のあいだにおける民主主義的傾向の復活強化と基本的人権の尊重，⑦賠償取り立てを可能とする非軍事的産業の維持，⑧上記の目的が達成され，日本国民の自由意思に基づく平和的な政府が樹立されたのちの，占領終結，そして⑨全日本軍の無条件降伏，であった。

　ポツダム宣言が出された当初，日本側はこれを無視する政策をとった。そこで，アメリカは戦闘を継続し，8月6日には広島に，ついで9日には長崎に原

---

　*1　本論文の初出『憲法五十年の展望I』所収の第2章「憲法の制定とその運用」（高橋正俊著）のこと。以下同様。

子爆弾を投下した。また，9日未明，ソ連は日本との中立条約を一方的に廃棄して，日本に対する攻撃を開始し，ポツダム宣言に参加する意図を表明した。こうした動きのなか，翌日，日本政府は連合国側に覚書を送り，ポツダム宣言が「天皇の国家統治の大権を変更するの要求を包含」しないとの了解付きで，これを受諾する旨を申し入れたのである。この申し入れに対し，連合国側は8月11日に回答したが，そのなかで「降伏の時より天皇および日本国政府が国家を統治する権限は，降伏条件の実施に適当と認める措置をとるべき連合国最高司令官に従属する」とのみ述べ，日本側の了解にはとくに触れなかった。ただし，同回答は「日本の最終的な統治形態は，ポツダム宣言に従って，日本国民が自由に表明する意思によって決定される」とも述べていたので，日本政府は，国民の意思により天皇の統治権が維持される可能性は残されている，と考え，8月14日，最終的に同宣言を受諾する旨を連合国側に通告した。

　ポツダム宣言に示された諸条件は，同年9月2日，連合国側の代表が提示した「降伏文書」に日本政府および日本軍の代表が署名・調印することによって，正式に日本と連合国を拘束するものとなった。この文書のなかで，日本の代表は，日本軍の無条件降伏を宣明し，降伏の実施のために連合国最高司令官が発する命令に服することを約束した。さらに日本の代表は，「天皇および日本政府とかれらの承継者が，ポツダム宣言の諸条項を誠実に履行し，同宣言を実施するために最高司令官が要求する命令を下し，措置をとること」を確約したのである。なお，降伏文書の署名・調印に先立って，アメリカ陸軍のマッカーサー元帥が連合国最高司令官に任命されていた。

（2）　占領政策の実施と日本国憲法の制定

　連合国による日本占領は，実質的には，アメリカによる占領であった。第1に占領軍は，わずかの英連邦軍を除けば，すべてアメリカ軍で構成されていた。第2に，すでに見たとおり，その占領軍は連合国最高司令官マッカーサーの指揮下に置かれていた。第3に，1945年12月のモスクワ会議の結果，連合国側の日本占領政策の決定機関および諮問機関として，極東委員会と対日理事会が設置されたが，アメリカはこれらの機関において拒否権を有しており，またマッカーサーはこれらの機関の意向を尊重せず，アメリカ政府からの直接の指示に

I 国際法と日本

従うことが多かったのである。

アメリカの日本占領政策は，もちろんポツダム宣言と降伏文書に基礎を置くものであるが，その概要は「アメリカの降伏後初期対日政策」(US Initial Post-Surrender Policy for Japan) と題する文書に集約されている。この文書は，大戦中にアメリカ政府内で，国務，陸軍，海軍の3省が協力して作成したものであって，降伏文書の署名・調印に先立つ1945年8月29日，マッカーサーに急遽打電され，のち9月6日に大統領の承認後，あらためて正式に通知されている。さらに同年11月3日には，この文書を詳細化した「日本占領・管理のための連合国最高司令官宛の降伏後初期基本指令」(Basic Initial Post-Surrender Directive to SCAP for the Occupation and Control of Japan) と題する文書がアメリカ政府からマッカーサーへ送付されている。

これらの文書によれば，日本占領の最終的な目的は，「①日本がふたたびアメリカや世界の平和と安全に対する脅威とならないように確保すること，②他国の権利を尊重し，国際連合憲章の理想と原則に反映されているアメリカの諸目的を支持するような，平和的かつ責任ある政府を樹立すること。アメリカは，この政府ができるかぎり民生主義的な自治の原則に従うことを希望する。しかし，国民の自由に表明された意思によって支持されない統治形態を日本に押し付けることは，連合国の責任ではない」とされており，ポツダム宣言の諸規定に従いこれらの目的を達成する手段として，日本の徹底的な武装解除と非軍事化，軍事主義者や超国家主義者の影響の除去，個人的自由と民主的政府の理念の奨励，平和的な基盤に立つ日本経済発展の機会付与，が挙げられていた。要するに，日本の非軍事化と民主化とがアメリカの占領目的であった，といえよう。

ところで，連合国の日本占領はいわゆる直接統治でなく，間接統治の方式が選ばれた。ここに直接統治とは，占領軍が自ら被占領地の統治に当たる方式を指し，間接統治とは，占領軍が被占領地の統治組織を介して統治に当たる方式をいう。上記の文書も，「日本社会の現状と，最小限度の兵力と資源により占領目的を達成しようとするアメリカの要請とを考慮し，最高司令官は，天皇を含む日本の統治機構を介して，自己の権限を行使する」ように指示している。もっとも同文書は，「降伏条件を実施するための最高司令官の命令が，天皇や

日本政府の手により十分に満たされない場合に……最高司令官が統治機構や政府要人の変更を要求したり，直接に行動したりする」ことは妨げられない，とも指示している。

　実際には連合国の占領政策は，マッカーサーが日本政府に命令を出し，これを日本政府が立法その他の必要な措置により実施する方式によって進められた。いわゆる戦争犯罪者の処罰を除くほとんどの占領政策，すなわち日本軍の武装解除，産業の非軍事化，公職追放，財閥解体，農地改革，政治活動の自由化と選挙制度の改革，労働運動の解放，教育制度の改革などは，すべてこの方式によるものであった。帝国憲法の改正手続に基づく日本国憲法の制定もまた，大筋においてこの方式に従った。その詳細については。第2章に譲り，ここでは日本国憲法制定の自主性の問題，換言すれば，日本の憲法改正にかかわる連合国の権限の問題を，国際法の立場から検討しておこう。

（3）　占領軍の権限と憲法改正の自主性

　国際法上，占領とは，一国の領域が他国軍の支配下に入ることをいうが，これには，戦時において交戦国の軍隊が敵国の領域を支配下に置く「戦時占領」のほか，平時において国際的取極の履行などを確保する手段としてなされる「平時占領」と，休戦または戦闘終了ののち平和が回復するまでの期間に見られる「戦後占領」または「混合占領」の3つの形態がある。平時占領の場合，占領軍の権限は占領の基礎となる条約により定められるのが通常であって，第1次大戦後にヴェルサイユ条約の履行を確保するため，ライン河地帯を連合国軍が占領したのが典型的な例である。戦時占領は戦闘中にしばしば見られるが，占領軍の権限については，1907年のハーグ条約が「占領者ハ，絶対的ノ支障ナキ限，占領地ノ現行法律ヲ尊重」すべし，と規定している。問題は，この現行法令尊重の原則が，第3の形態である戦後占領にも適用されるか否か，である。というのは，1945年のポツダム宣言と降伏文書により戦闘は終了していたものの，1951年の対日平和条約によって平和が回復するまでの期間，日本と連合国のあいだには戦時関係が継続していたからである。つまり，日本を占領した連合国軍の権限が，ハーグ条約に定める現行法令尊重の原則によって制約されるならば，国際法上，連合国は日本の現行法令の中核にあった「憲法典」の改正

I 国際法と日本

を要求する権限を持ちえたか否か，が問題とされなければならない。

この問題は，2つの側面から検討する必要がある。その1つは，いわゆる無条件降伏がハーグ条約の適用を排除するのではないか，であり，もう1つは，ポツダム宣言と降伏文書が連合国に日本の憲法改正を要求する権限を与えたか，である。

第1点については，興味深いエピソードがある。日本がポツダム宣言の最終的な受諾を通告した1945年8月14日の直後，連合国側は日本に対し，中立国に所在する財産および公文書の引き渡しを要求してきた。これに対して日本は「当該要求はポツダム宣言中のいかなる条項にも該当しないので，応じられない」と回答した。この回答は日本側が，ポツダム宣言の条項は降伏「条件」を表すものである，と理解していたことを示している。しかし連合国にとって，日本の回答は重大な問題を提起した。ポツダム宣言を日本側のように理解するならば，占領政策を進めるうえで，さまざまな障害の生じることが予測されたからである。そこでアメリカ国務省は大統領に働きかけ，連合国最高司令官につぎのようなメッセージを電送した。すなわち，「われわれ（連合国）と日本の関係は，契約的な基礎に基づくのではなく，無条件降伏に基づいている。……ポツダム宣言に盛られたわれわれの意図が実現される（のは），この文書によって，われわれが日本との契約的な関係に拘束されているからではない。われわれの意図が実現されるのは，ポツダム宣言が日本……との関係において，誠実に表明されたわれわれの政策の一部を成すからである」。結局マッカーサーは日本政府に対し，中立国所在の財産と公文書を連合国側に引き渡す命令を発するように命じ，日本側の抵抗を押し切って強引に事態を収拾した。

このエピソードにもかかわらず，連合国と日本の関係が無条件降伏に基づいている，とするアメリカの主張は適切でない。アメリカの主張は，連合国と日本の関係を連合国とドイツの関係と同一視するものであるが，おなじ「無条件降伏」といっても，日本とドイツとでは状況が異なっている。ドイツの場合，軍司令部が全軍の無条件降伏を規定した降伏文書に署名したときには，ドイツ国家は壊滅状態にあって，同国を代表しうる政府は存在しなかった。そのため，ドイツ国家を代表する政府と連合国とのあいだで，敗戦後のドイツの取り扱いに関する国際的取極は締結されなかった。これは国際法上デベラチオ（*debella-*

tio) と呼ばれる状態であって，戦勝国に敗戦国を併合する権限が認められる。しかし連合国側は，ドイツを併合する方策に代えて，「ドイツに対する最高権限の掌握宣言」を発し，この権限に基づいて占領政策を実施していった。つまり連合国は，ドイツの政府として統治権を行使したのであって，この種の占領には，ハーグ条約は適用されない。

これに対して日本の場合，さきに見たとおり，日本国家を代表する政府がポツダム宣言を受諾し，その政府の代表が軍の代表と並んで降伏文書に著名・調印した。そしてポツダム宣言は，日本「軍」の無条件降伏を規定するとともに，戦後の日本の取り扱いに関するいくつかの条件を明示していた。さらに連合国は直接統治ではなく，間接統治の方式を選び，日本政府を介して占領政策を実施した。この種の占領には，ハーグ条約は適用され，その限りにおいて占領地の現行法令尊重の原則が問題となりえる。

この問題は，そのまま，ポツダム宣言と降伏文書が連合国に日本の憲法改正を要求する権限を与えたか，という第2点の検討に通じる。この点については，ハーグ条約に定める以上の権限を国際取極によって占領軍に与えることは一般的に禁じられていないことに，まず注目しなければならない。占領軍の権限にかかわるハーグ条約の規定のなかには，敵軍に関する情報の提供を占領地住民に強要することを禁じたり，占領地における略奪を禁じたりするような，人道的配慮に由来するものがあるが，こうした規定に反する権限を占領軍に与える国際的取極は，おそらく認められないであろう。だが，戦時占領はもともと永続的な状態でなく，戦況の変化によって本国軍が占領軍を駆逐する可能性が絶えず存在する。ハーグ条約の規定のなかには，戦時占領のそうした一時的な性格に由来するものもあり，占領地の現行法令尊重の原則はこの部類に属する。そして，この種の規定に定める以上の権限を占領軍に与える国際的取極は，おそらく認められるであろう。だとすれば，ポツダム宣言と降伏文書が連合国に日本の憲法改正を要求する権限を与えることは，不可能ではない。

すでに見たとおりポツダム宣言は，日本国民のあいだにおける民主主義的傾向の復活強化と国民の自由意思に基づく平和的政府の樹立とを，日本の降伏条件として掲げていた。また降伏文書は，天皇および日本政府の国家統治の権限が「降伏条項を実施するため適当と認める措置をとる連合国最高司令官の制限

の下に置か」れることを明らかにしていた。したがって，日本国民のあいだにおける民主主義的傾向の復活強化および国民の自由意思に基づく平和的政府の樹立のために，憲法改正が適当な措置である，と連合国最高司令官が認めれば，国際法上，かれの要求を拒否する権限は日本にない，といわなければならない。そうして，ポツダム宣言と降伏文書を自らの意思に基づいて受け入れた以上，憲法の改正が日本の自主性をまったく無視して行われた，ということはできないであろう。事実，憲法改正（日本国憲法制定）に当たった帝国議会の政府答弁で，金森国務大臣は「政府と致しましては，憲法に基いて此の憲法を改正し，而もポツダム宣言に依って負って居る国際義務をも其の中に於て履行する。それを現実の姿に現したのが今回の手続である」と説明した[1]。

(4) 戦争責任の国際的追及——東京裁判と「平和に対する罪」——

ポツダム宣言の第10項は「吾等の俘虜を虐待せる者を含む一切の戦争犯罪人に対しては，厳重なる処罰を加へらるべし」と規定していた。日本側はここにいう戦争犯罪人を，従来どおり，いわゆる戦争法に違反した者と理解していたが，連合国側はこれをより広く把え，ドイツの戦争指導者を裁いたニュールンベルグ裁判に倣って，第2次世界大戦にかかわる日本の戦争責任を国際的に追及する根拠としたのである。すなわち，マッカーサーは連合国最高司令官の名において，極東国際軍事裁判所条例を制定し，この条例に基づいて28名の日本人戦争指導者が裁判に付された。世にいう東京裁判がそれである。

東京裁判については，すでに多くの論考が公表されており，その詳細を検討することは本稿の目的ではない。ここでは，のちに見る自衛権との関係で，つぎの3点を指摘するに留めよう。それは，①同裁判は日本人戦争指導者を「平和に対する罪」，言い換えれば「侵略戦争の遂行またはそれにかかわる共同謀議に参加」したこと，について有罪とした，②しかし，同裁判は何が「侵略戦争」であるか，を定義しなかった，③その後も，客観的な基準に基づく「侵略」の定義が確立された，とはいいがたい，の3点である。

まず，極東国際軍事裁判所条例は「平和に対する罪」を「宣戦を布告せる又

---

1) 清水伸編著『逐条日本国憲法審議録　第三巻』（有斐閣，1962年）789頁。

は布告せざる侵略戦争。若は国際法，条約，協定又は保証に違反せる戦争の計画，準備，開始，又は実行，若は右諸行為の何れかを達成する為の共通の計画又は共同謀議への参加」と規定していた。そして28名の被告のうち，免訴または病死の3名以外の25名につき，2名を除く全員が「侵略戦争にかかわる共同謀議」に対して有罪とされ，また24名が連合国のいずれかに対する侵略戦争にかかわったことに対して有罪とされたのである。

　つぎに，共同謀議はさて措き，「条約……に違反せる戦争」には，開戦の布告が図らずも遅れた真珠湾攻撃が含まれるかも知れない（中立条約を一方的に廃棄して参戦したソ連の行為は，この定義に当てはまる）。だが，裁判所条例は侵略戦争そのものを定義していない。そして東京裁判の判決もまた，1928年の不戦条約を引いて，「この条約に調印した後は，国家的政策の手段として戦争に訴える国は，どの国でも，この条約に違反するのである」と述べるだけで，一般的に何が侵略戦争であるかについては，明らかにしなかった。なお，不戦条約については，のちに見ることとする。

　最後に，東京裁判の判決以後も，客観的な基準に基づく「侵略」の定義は確立されていない。東京裁判に先立つ1945年に採択された国際連合憲章は，第39条において，安全保障理事会に「侵略行為の存在を決定」する権限を認めているが，憲章のどこにも「侵略行為」の定義はない。一方で，国際連合総会は1950年代から「侵略の定義」の問題を取り上げ，1974年に至ってこれに関する決議を採択した。同決議は，上記の「侵略行為の存在の決定」の指針を提供することを目指し，「侵略とは，国家による他の国家の主権，領土保全もしくは政治的独立に対する，または国際連合憲章と両立しないその他の方法による武力の行使」である，として，一国の軍隊による他国の領土・港湾・軍や艦隊に対する攻撃などの具体例を挙げているが，最終的な決定を安全保障理事会自身の判断に委ねているため，常任理事国の拒否権によりこれらの指針が機能しない可能性が残されている。他方で，総会は，東京裁判のモデルとなったニュールンベルグ裁判所の条例と判決が認めた諸原則の法典化作業を国際法委員会に命じ，委員会は1996年に至って「人類の平和と安全に対する犯罪の法典案」を採択したが，これに関する総会の審議は始まったばかりである。

I 国際法と日本

(5) 占領政策の転換と対日講和——対日平和条約と日米安全保障条約——

　さきに指摘したとおり，連合国の日本占領の主役となったアメリカの初期の占領目的は，日本の非軍事化と民主化であり，日本国憲法の制定もまた，この目的に沿うものであった。しかし，大戦後の国際情勢の変化に伴い，連合国の日本占領政策は大きく転換することを余儀なくされる。占領の終結をもたらした対日平和条約の締結，およびこれと対をなす日米安全保障条約の締結は，この転換の帰結でもあった。

　第2次世界大戦の戦後処理をめぐる東西両陣営の政策的食い違いは，戦闘の終結後まもなく表面化し，すでに1946年3月にはチャーチルの有名な「鉄のカーテン」演説となって現れる。ヨーロッパでは，ドイツ問題の処理が難航し，ギリシャやトルコの不穏な情勢が続く一方，フランスとイタリアで共産主義勢力が台頭する。また極東では，中国で国共内戦が共産軍側の有利に展開する。そうしたなか1947年3月，議会におけるトルーマン・ドクトリンの発表を通じて，アメリカは対ソ政策を協調から対決路線に切り替え，同年7月にはマーシャル・プランを採択してヨーロッパの経済復興を積極的に支援し始めた。このような国際情勢の変化は，アメリカの占領目的に影響し，それまでのドイツと日本を弱体化する政策から，両国を「自由陣営の防波堤」として強化する政策へと転換させたのである。

　日本については，1948年冒頭，極東委員会のアメリカ代表が占領の基本的な目標は達せられたとして，日本経済を早期に平和的かつ自立可能な状態に導く必要を強調し，アメリカから派遣された経済調査団は，日本の経済的安定が極東の平和と繁栄にとって不可欠である旨の報告書を公表した。この政策転換を受けて，財閥解体に続く経済力の集中排除措置は緩和された。また，公職を追放された人たちの社会復帰が進められるのと並行して，共産主義者の追放が実施された。1950年6月の朝鮮戦争の勃発は，この傾向に拍車をかけ，ついに翌年9月，対日平和条約が締結され，それと同時に日米安全保障条約も締結されたのである。

　対日平和条約は連合国と日本のあいだの戦争状態を終結させ，ポツダム宣言に即した領土処分を規定した。だが，ソ連を含む社会主義諸国は同条約に参加

しなかった。そして朝鮮戦争に象徴される東西冷戦の厳しさを反映して，日米安全保障条約の前文は，①日本が武装解除されているため，自衛権を行使する手段を持たないこと，②無責任な軍国主義がまだ世界から駆逐されていないので，現状のままの日本には危険があること，③日本は外部からの武力攻撃の危険に対処するための暫定的な措置として，国内と周辺地域に米軍の駐留を希望すること，④アメリカはこれに応える意思があること，を同条約の締結理由として掲げると同時に，⑤日本が「攻撃的な脅威となり又は国際連合憲章の目的及び原則に従つて平和と安全を増進すること以外に用いられうべき軍備をもつことを常に避けつつ」，自国の防衛に漸増的に責任を負うように期待すること，を明らかにしている。実のところマッカーサーは朝鮮戦争勃発直後の1950年7月，日本政府に対して警察予備隊を組織するように命じていたのであり，これがのちに保安隊から自衛隊へと発展するのである。

3 国際安全保障と日本国憲法

(1) 憲法第9条と自衛権・平和維持活動（PKO）——日本の対応——

日本国憲法第9条は，1項において「日本国民は，正義と秩序を基調とする国際平和を誠実に希求し，国権の発動たる戦争と，武力による威嚇又は武力の行使は，国際紛争を解決する手段としては，永久にこれを放棄する」と規定し，2項はこれを受けて「前項の目的を達するため，陸海空軍その他の戦力は，これを保持しない。国の交戦権は，これを認めない」と規定している。第9条の解釈をめぐって，種々の学説があることは周知のとおりである。しかし以下では，まず，「自衛権」に関する日本政府のいわゆる統一解釈を中心に検討を進めよう。もっとも，のちに見るように，日本政府の解釈が憲法制定以来，明確かつ不変だったわけではない。ここでは，1972(昭47)年10月14日，参議院決算委員会に政府が提出した資料から引用する。そこに示された解釈は，少なくとも今日まで維持されているように思われるからである。

　……政府は，従来から一貫して，わが国は国際法上いわゆる集団的自衛権を有しているとしても，国権の発動としてこれを行使することは，憲法

Ⅰ　国際法と日本

　　の容認する自衛の限界をこえるものであって許されないとの立場にたっているが、これは次のような考え方に基づくものである。
　　　憲法は、第9条において、同条にいわゆる戦争を放棄し、いわゆる戦力の保持を禁止しているが、前文において「全世界の国民が……平和のうちに生存する権利を有する」ことを確認し、また。第13条において「生命・自由及び幸福追求に対する国民の権利については、……国政の上で、最大の尊重を必要とする」旨を定めていることからも、わが国がみずからの存立を全うし国民が平和のうちに生存することまでも放棄していないことは明らかであって、自国の平和と安全を維持しその存立を全うするために必要な自衛の措置をとることを禁じているとはとうてい解されない。しかしながら、だからといって、平和主義をその基本原則とする憲法が、右にいう自衛のための措置を無制限に認めているとは解されないのであって、それは、あくまでも国の武力攻撃によって国民の生命、自由及び幸福追求の権利が根底からくつがえされるという急迫、不正の事態に対処し、国民のこれらの権利を守るための止むを得ない措置として、はじめて容認されるものであるから、その措置は、右の事態を排除するためとられるべき必要最小限度の範囲にとどまるべきものである。そうだとすれば、わが憲法の下で、武力行使を行うことが許されるのは、わが国に対する急迫、不正の侵害に対処する場合に限られるのであって、したがって、他国に加えられた武力攻撃を阻止することをその内容とするいわゆる集団的自衛権の行使は、憲法上許されないといわざるを得ない。
　要するに、日本は国際法上の集団的自衛権を持つが、憲法が認めるのは自国に対する外部からの攻撃を排除するための「個別的」自衛権に留まり、他国に対する攻撃を排除すべき「集団的」自衛権の行使は認められない、というのが政府の見解である。
　つぎに、国際連合が行う平和維持活動（Peace-Keeping Operations. 以下, PKOと略す）にかかわる日本の対応は、以下のとおりである。
　1992（平4）年、当時の一部野党の反対を押し切って成立した「国際連合平和維持活動等に対する協力に関する法律」（以下、PKO協力法と略す）は、PKOを「国際連合の総会又は安全保障理事会が行う決議に基づき、武力紛争の当事

者……間の武力紛争の再発の防止に関する合意の遵守の確保，武力紛争の終了後に行われる民主的な手段による統治組織の設立の援助その他紛争に対処して国際の平和及び安全を維持するために国際連合の統括の下に行われる活動であって，武力紛争の停止及びこれを維持するとの紛争当事者間の合意があり，かつ，当該活動が行われる地域の属する国及び紛争当事者の当該活動が行われることについての同意がある場合……に，国際連合事務総長……の要請に基づき参加する二以上の国及び国際連合によって，いずれの紛争当事者にも偏ることなく実施されるもの」（第3条1号）と定義している。たとえば，カンボジアで4派のパリ合意を受けて展開された「国連カンボジア暫定統治機構」がこれに当たる。

　ところが同法は，同法自体が規定している「武力紛争の停止の遵守状況の監視又は紛争当事者間で合意された軍隊の再配置若しくは撤退若しくは武装解除の履行の監視」（同条3号イ）や「緩衝地帯その他の武力紛争の発生の防止のために設けられた地域における駐留及び巡回」（同条3号ロ）など，従来PKOの中核をなすものとされてきた諸活動については，「別に法律で定める日までの間は，これを実施しない」と附則第2条で断っている。この種の諸活動は俗にPKF（Peace-Keeping Forces）と呼ばれ，紛争当事者間の武力抗争に巻き込まれる可能性が高く，過去に犠牲者も出ていることを配慮したのであろうか。ただし附則第3条は，PKO協力法の施行3年後に「この法律の実施状況に照らして，この法律の実施の在り方について見直しを行うものとする」とも規定している。PKO協力法の施行後すでに3年を過ぎているが，実施の在り方に関する見直しは行われていない。したがって，日本は国際連合のPKO活動に協力はするものの，その中核をなすPKFには参加しえないのが現状であり，その背景には，武力の行使を放棄した，憲法第9条1項の規定があるように思われる。

　さて，憲法第9条と自衛権およびPKO活動に関するこのような日本の対応は，国際社会から見て，どのように評価されるであろうか。

(2) 集団安全保障体制と自衛権

(i) 国際連盟規約と集団安全保障体制

　第1次世界大戦後に国際連盟規約が成立する以前の国際社会においては，国家の安全はその国家自身の総合的な力，とりわけ軍事的な力に依存していた。そのため国家は，自国と利害の対立する他国に対して，自国の力だけでは安全を保障することに不安がある場合，自国と利害の一致する第三国と軍事同盟を形成することにより，自らの安全を保障しようと努めた。このシステムは軍事同盟体制と呼ぶことができるが，同盟相互間の力の軍事的バランスが崩れると，必然的に戦争に発展する危険を内蔵していた。現に第1次世界大戦は，ドイツ＝オーストリア・ハンガリー＝イタリア間とフランス＝ロシア＝イギリス間の両軍事同盟の対立に起因するものであり，人類未曾有の惨禍をもたらしたのである。

　このような惨禍の再発を防止するため，アメリカのウィルソン大統領が提唱したのが，集団安全保障体制であった。集団安全保障体制は，軍事同盟体制と異なり，利害の対立する国家ブロックの存在を前提とせず，できるだけ多くの国家を1つのシステムに抱え込むことを目指す。すなわち，このシステムに参加する国家は，相互間の紛争解決の手段として戦争に訴えないことを約束する。そして，この約束に違反して他国に戦争を仕掛ける国家は，当該他国のみならず，システムに参加しているすべての国家に対して戦争を仕掛けたものと見なされ，他のすべての国家から共同で制裁行動を加えられることになる。ウィルソンの構想では，世界のすべての国家，少なくとも世界の軍事大国がすべて集団安全保障体制に参加し，その約束を誠実に履行するならば，二度と世界大戦は起こらないはずであった。というのは，この体制の下では，いかなる大国もいかなる小国に対しても戦争を仕掛けないことが期待されたからである。なぜなら，それは世界を相手に戦争することに通じ，いかなる大国といえども世界の他のすべての大国の共同した軍事力に対抗できるほど強力な国家は存在しない，と考えられたからである。

　国際連盟規約は，こうしたウィルソンの構想を条約化したものであった。しかし，アメリカ議会内の反ウィルソン派のせいで，アメリカ自身が国際連盟に

参加しなかった。また、ロシア革命直後のソ連政権も国際社会から孤立し、連盟に参加できなかった。つまり、世界の2大軍事強国が連盟の外にあったわけで、そのことが国際連盟の集団安全保障体制にとって大きな障害となったのである。

連盟に参加した大国のなかでも、イギリスはその海軍力によって、連盟の制裁行動の中心的な役割を担うはずであった。イギリス海軍によるドイツの海上封鎖は、後者の経済的疲弊をもたらし、それが先の大戦におけるドイツ敗戦の主要な原因と見なされていたし、連盟規約もまた経済断絶を一義的な制裁手段として予定していた。だが、仮にドイツが他国に戦争を仕掛けるならば、イギリス海軍はドイツとたとえばアメリカとの海上交易を阻止しなければならない。イギリスは、そこまでの制裁行動を義務づけられることについて、消極的であった。そのためイギリスは連盟規約を制限的に解釈することを通じて、規約に基づく制裁行動の義務を軽減することに努めた。その結果、ある国家が連盟規約の禁止する戦争を仕掛けたか否かの認定は、それぞれの加盟国の判断によることとされた。また違反国に対する制裁の内容も、それぞれの加盟国が決定することとされた。これは、違反国と利害関係の緊密な加盟国が連盟の制裁に協力しない可能性を大きくする。事実、国際連盟はイタリアのエチオピア侵攻を「規約に違反する戦争」と認定しながら、実効的な制裁行動を継続することができず、最終的には、第2次世界大戦の勃発を防止できなかった。

国際連合の集団安全保障体制は、連盟の経験を参考にし、その失敗を繰り返さないように強化されるが、それを見るまえに、1928年の不戦条約と自衛戦争の関係について考察しておこう。

(ii) 不戦条約と自衛戦争

不戦条約は1928年にパリで調印され、「戦争放棄に関する条約」または発案者の名をとってケロッグ条約、あるいはケロッグ＝ブリアン条約とも呼ばれる。この条約は前年に、当時フランス外相であったブリアンがアメリカとのあいだで、戦争を放棄する二国間条約を締結することを呼びかけたのに対し、アメリカ国務長官ケロッグがむしろ多数国間条約とするように提唱した結果、調印されたものである。この条約には、両国のほか英、独、日、伊など15ヶ国が調印

し，開放条約であったため最終的には63カ国，当時の世界中のほとんどの国家が加入した。

不戦条約は3ヶ条からなる簡単なもので，手続に関する第3条を除けば，「締約国ハ，国際紛争解決ノ為戦争ニ訴フルコトヲ非トシ，且其ノ相互関係ニ於テ国家ノ政策ノ手段トシテノ戦争ヲ抛棄スルコトヲ其ノ各自ノ人民ノ名ニ於テ厳粛ニ宣言ス」と規定する第1条と，それを受けて，紛争の平和的手段による解決を約束する第2条とから成っている。つまり不戦条約は，国際紛争の解決手段としての戦争を放棄したのであって，外部からの武力攻撃に対する自衛のための戦争や，国際連盟の集団安全保障体制に基づき規約の違反者に対して加えられる共同制裁措置は，ここで「放棄された戦争」に含まれていない。このことは，ケロッグ自身がアメリカ議会でなした証言からも明らかであり，この証言をもとに上院外交委員会が作成した報告書は「本委員会は……この条約の文言ないし条件によって，自衛の権利はいささかも縮小されたり損なわれたりしていない，と了解している。各国はつねに，またこの条約の規定にかかわらず，自己を防衛する自由を有しており，また各国のみが自衛権の内容およびその必要と程度を決定することができる」と述べている。これはまた，不戦条約に調印した諸国の共通の理解でもあった。

このように不戦条約は，自衛のための戦争や集団安全保障体制に基づく共同制裁措置を放棄したものではない。しかしながら同条約は，その規定に違反して戦争に訴える国に対して，なんの制裁も用意していなかったのであり，その点に関して，国際連盟規約を補いうるものではなかったのである。

(iii) 国際連合憲章の集団安全保障体制

(a) 国連憲章の仕組み　国際連合憲章の集団安全保障体制は，国際連盟の失敗を繰り返さないように，いくつかの点で強化されている。まず，連盟の場合，当初からアメリカとソ連という2大軍事強国が加盟せず，世界的な安全保障体制が機能する前提が欠けていた。これに対して国際連合は，第2次世界大戦の戦勝国が中心となって創設し，今日までに世界のほとんどの国家が加盟して，いわゆる加盟国の普遍性という条件を満たしている。つぎに，連盟規約は，加盟国が規約に違反して「戦争」に訴えることを禁止していたため，たと

えば日華事変（日中戦争）のように，双方がそれぞれの都合により「戦争」という言葉を避けながら，現実には戦闘行為を手掛ける事態を避けることができなかった。この事態に対処するため国連憲章は，国際関係における「武力による威嚇又は武力の行使」を一般的に禁止することになった（2条4項）。

さらに連盟時代には，さきに見たように，規約に違反する戦争がなされたか否かの認定およびその認定に基づく制裁の内容を，いずれも加盟国それぞれの個別的な判断に委ねていたので，違反国と緊密な関係にある加盟国が制裁に協力しない可能性を排除できなかった。こうした可能性を排除するため国連憲章は，広く「平和に対する脅威，平和の破壊又は侵略行為の存在」を決定する権限を国連の機関たる安全保障理事会に独占させ（39条），しかも安全保障理事会が憲章に従ってなした決定は，加盟国を拘束することとしたのである（25条）。最後に，連盟規約の規定した制裁は経済的なものが中心であったが，国連憲章は経済制裁を含む非軍事的措置では不充分な場合，「国際の平和及び安全の維持又は回復に必要な空軍，海軍又は陸軍」による軍事的制裁をも規定したのである（42条）。

(b) 拒否権と大国連軍構想の挫折　ところで，アメリカとソ連の不参加が国際連盟の集団安全保障体制の失敗の一因であったことは，さきに指摘したとおりである。第2次世界大戦後，連盟に代わるべき国際組織として国際連合の創設を推進したアメリカは，ソ連を参加させることにより加盟国の普遍性を確保することに腐心した。しかし，連盟時代に国際組織における少数派の悲哀を体験したソ連は，国際連合に参加する条件として，安全保障理事会における「拒否権」を与えられることを要求した。イギリスなどはこれに反対したが，アメリカは1945年2月のヤルタ会談においてソ連に譲歩し，その結果，米，英，ソ，中，仏の5カ国は常任理事国として，安全保障理事会において拒否権を持つことになった。

国際連合憲章は国際の平和と安全の維持に関する一義的な責任を安全保障理事会に与えており，かつ理事会が手続以外の事項（非手続事項または実質事項という）について決議を採択するためには全常任理事国の賛成票が必要とされる。したがってかれらが拒否権をもつことは，常任理事国のうち1国でも反対すれば，同理事会は国際の平和と安全の維持に関する実質的な事項について決議を

Ⅰ　国際法と日本

採択できないことを意味し，それが大国連軍構想の挫折につながった。

　アメリカは国際連合の発足当初，強大な国連軍の創設にきわめて積極的な態度を示し，憲章の規定に従って自国軍の一部を提供することを申し出た。しかしソ連は強大な国連軍の設置には反対であった。国連軍が安全保障理事会の指揮下に置かれ，しかも常任理事国が拒否権をもつ以上，いずれかの常任理事国の利害にかかわる事態に対処するために，国連軍を使用することは不可能であって，国連軍はせいぜい中小国家間の局地的な紛争に対処しうるに過ぎず，そのために強大な軍隊は必要ない——それが，ソ連の反対の理由であった。アメリカ以外の常任理事国も大国連軍構想には必ずしも積極的でなく，アメリカも1, 2年のうちにこれを諦め，結局この構想は挫折することになったのである。ついでながら，国連軍は憲章第43条の規定により，加盟国が安全保障理事会と締結する特別協定に基づいて提供する軍隊によって構成されることになっているが，今日までのところこうした特別協定を締結した加盟国は1ヶ国もなく，したがって憲章の規定どおりの国連軍は存在しない。

　(c)　「集団的」自衛権と地域的・二国間安全保障取極　　安全保障理事会における常任理事国の拒否権は，国際連合憲章の他の条項にも影響することになった。その1つが，いわゆる集団的自衛権である。

　憲章は，安全保障理事会の指揮下に置かれる全世界的な集団安全保障体制と並んで，地域的な集団安全保障取極をも予定していた。チャプルテペック協定に基づく米州諸国の集団安全保障取極の構想が，その代表的なものであった。しかし，地域的な安全保障取極は国連体制のもとに立ち，安全保障理事会の許可がなければ，強制行動をとることができない。その意味で常任理事国の拒否権は，米州諸国の集団安全保障取極を麻痺させる危険性があり，これがサンフランシスコにおける憲章採択会議で問題とされた。

　アメリカは，一方で米州諸国の懸念を解消し，他方で世界的な安全保障体制に対する自国の権限を維持する必要から，つぎのような解決策を打ち出した。すなわち，地域的な安全保障取極に対する安全保障理事会の指揮・監督権は保持すると同時に，憲章に「自衛権」に関する規定を取り入れ，国際連合の加盟国が個別的な自衛権と並んで「集団的」な自衛権をもつことを明記する。それによれば，加盟国は「安全保障理事会が国際の平和及び安全の維持に必要な措

第1章　国際社会と日本

置をとるまでの間」個別的または集団的自衛権の行使を妨げられない。かくして，国際連合の集団安全保障体制が機能しないかぎり，米州諸国は集団的自衛権によって，自らの地域的集団安全保障取極に基づく措置をとることができるのである。

　この解決策は，憲章第51条の集団的自衛権の規定となった。そして同規定は1947年に締結された米州相互援助条約の法的基礎となり，また東西冷戦の深化に伴って締結された北大西洋条約（NATO条約）やワルシャワ条約のほか，アラブ連盟諸国共同防衛経済協力条約も，集団的自衛権に基礎づけられることになった。さらに，これらの地域的な集団安全保障取極と並んで，アメリカが個別に締結した二国間の相互防衛条約や，日米安全保障条約を含む二国間の安全保障取極においても，当事国の集団的自衛権が確認されている。

　（d）　朝鮮戦争と「国連軍」——平和のための結集決議　　上に見たとおり，国際連合憲章は国際連盟規約の問題点を克服して，より効果的な集団安全保障体制の確立を目指した。しかし，ソ連の加盟を確保するため安全保障理事会の常任理事国に与えられた拒否権は，大国連軍構想を挫折させたばかりでなく，東西両陣営の対立の陰で，国際の平和と安全の維持の分野における国際連合の活動そのものを阻害する要因となった。この点で，1950年に勃発した朝鮮戦争は，とくに注目に値する。

　朝鮮半島は，第2次世界大戦末期に日本が受諾したポツダム宣言によって，独立を回復することが予定されていたが，北緯38度線を境にそれぞれ南北を占領した米ソの協議が難航し，独立問題は国際連合に付託された。しかし1947年の総会決議に基づく翌48年の独立のための住民投票は，北側の妨害により南半分でしか実施できなかったので，国際連合はこの選挙の結果成立した韓国政府を朝鮮半島における「唯一の合法政府」と認定し，多くの国家が韓国を承認した。この措置に対抗してソ連は北朝鮮に政府を樹立し，これに承認を与えた。1950年6月，北朝鮮政府は突如38度線を越えて南側に軍事攻撃を仕掛け，ここに朝鮮戦争が開始されたのである。

　安全保障理事会は直ちに北朝鮮の行為を「平和の破壊」と決定し，北朝鮮軍の撤収を要請した。しかし北朝鮮側がこれに応じないため，改めて決議を採択し，国際連合全加盟国に対して「攻撃軍に反撃を加え，平和を回復するために

必要な援助」を韓国に与えるように勧告した。この勧告に応じて16カ国が自国軍の一部を提供したが，これが朝鮮「国連軍」と呼ばれるものである。この国連軍は，さきにも指摘したように，憲章が規定していた国連軍ではない。

いずれにせよ安全保障理事会が，ソ連の拒否権に妨げられずにこうした勧告を採択できたのは，つぎのように偶発的な事情によるものであった。すなわち，中国大陸では1949年10月に中華人民共和国政府が樹立されており，ソ連はこの政府こそ国際連合において「中国」を代表すべきである，との立場をとっていた。この立場に基づき，台湾に追い込まれた中華民国の政府代表との同席を拒否してソ連が欠席戦術をとっていたため，上記の勧告決議に拒否権を行使することができなかったのである。しかしながら1950年8月，安全保障理事会に復帰して以後，ソ連が拒否権を行使しつづけたので，朝鮮に派遣された国連軍の行動は大きく制約されることになった。この難局を打開するため，総会の採択したのが「平和のための結集」決議であり，その要旨は以下のとおりである。

①国際連合のもっとも重要な目的は，国際の平和と安全の維持である。②この目的のために必要な措置をとる責任は，安全保障理事会が負うている。③しかし，常任理事国の不一致により安全保障理事会がこの責任を果たしえないときには，総会が国際の平和と安全の維持のために必要な措置をとるよう加盟国に勧告することができる。

この決議と国際連合憲章の諸規定との整合性について，異論がないわけではない。だが総会はこれ以後，朝鮮国連軍にかかわる諸問題をこの決議に基づいて処理したし，総会の諮問に応じて1962年に国際司法裁判所が出した勧告的意見も，同決議が憲章と齟齬しないと結論している。また，のちに見るように，1956年のスエズ国連軍は「平和のための結集」決議に基づいて組織されることになった。

(3) 自衛権に関する日本の対応

以上のとおり，国際社会は20世紀に入って国際連盟を創設し，加盟国が相互間の紛争解決のため戦争に訴えないことを約束させるとともに，これに違反した加盟国に対しては他の全加盟国が協力して制裁を加える「集団安全保障体制」を樹立した。さらに不戦条約は，国際紛争を解決する手段としての戦争を，

一般的に違法化した。そして国際連合は、一方で集団安全保障体制に基づく制裁をより強化し、他方で国際紛争解決手段としての戦争のみならず「武力による威嚇・武力の行使」をも禁止するに至った。しかしながら、このようにして禁じられた戦争や武力の威嚇・行使には、集団安全保障体制に基づく制裁措置はもちろん、個別的・集団的な自衛権の発動は含まれていない。

これに対して、現行憲法第9条の下における自衛権およびPKOに関する日本の対応は、さきに見たとおりである。以下、こうした対応が出て来た経緯について、まず自衛権から見てみよう。

(i) 憲法改正（日本国憲法制定）議会における論点

日本国憲法の制定過程は第2章で説明されているので、ここでは第9条の成立経緯を簡略に辿り、そのなかでとくに注目すべき論点に触れるに留める。

連合国の日本占領開始後間もない1945年10月、占領軍は日本政府に対し憲法改正の必要を示唆したが、日本側の対応に満足せず、翌年2月に自らいわゆるマッカーサー草案を提示した。同草案のもととなったマッカーサー・ノートが「日本は、紛争解決の手段としての戦争、および自己の安全を保持するための手段としてのそれをも、放棄する」としていた[2]のと比較すると、草案（第2章　戦争ノ廃棄、第8条）は「国民ノ一主権トシテノ戦争ハ之ヲ廃止ス他ノ国民トノ紛争解決ノ手段トシテノ武力ノ威嚇又ハ使用ハ永久ニ之ヲ廃棄ス　陸軍、海軍、空軍又ハ其ノ他ノ戦力ハ決シテ許諾セラルルコト無カルヘク又交戦状態ノ権利ハ決シテ国家ニ授与セラルルコト無カルヘシ[3]」と規定しており、少なくとも自衛のための戦争の放棄を求めてはいない。そして、占領軍との折衝を経て1946年4月17日に公表された日本政府案（第9条）では「国の主権の発動たる戦争と、武力による威嚇又は武力の行使は、他国との間の紛争の解決の手段としては、永久にこれを抛棄する。陸海空軍その他の戦力の保持は、許されない。国の交戦権は、認められない」となっていた[4]。

この政府案は帝国憲法改正案として、同年6月に召集された帝国議会の審議

---

2) 佐藤達夫〔佐藤功補訂〕『日本国憲法成立史　第三巻』（有斐閣、1994年）21頁。
3) 同上34頁。
4) 同上337頁。

I 国際法と日本

に付され、まず衆議院の特別委員会、小委員会の議を経て、本会議で可決、ついで貴族院の特別委員会、小委員会の議を経て、本会議で可決、さらに衆議院へ回付・可決のうえ、内閣から枢密院に諮詢ののち、1946年11月3日、日本国憲法として公布された。この間、両院の審議中にいくつかの修正が加えられ、また占領軍からの申し入れもあったが、第9条の最終的な条文は、さきに見た表現に落ち着いた。この経緯を通じて注目すべき論点は、第9条と自衛権との関係、来るべき国際連合加盟の資格・要件との関係、"正義"と平和との関係、の3点である。

第1に、自衛権との関係については、いわゆる芦田修正があまりにも有名である。すなわち衆議院小委員会における芦田均委員長の提案により、1項の冒頭に「日本国民は、正義と秩序を基調とする国際平和を誠実に希求し」と加え、「国権の発動たる戦争と……」と続けること、2項の最初に「前項の目的を達成するため」を挿入し、「陸海空軍その他の戦力は、これを保持しない。国の交戦権は、これを認めない」と改めること、に修正されたのである。改正議会における政府説明では、1項において自衛戦争は必ずしも禁止されていないが、2項で戦力の不保持と交戦権の否認を規定しているので、その結果として自衛戦争はできない、となっていた[5]。しかし1957年の憲法調査会における発言で芦田は、①「前項の目的を達成するため」という字句は、自衛のための戦力保持を可能にすることを意図したものであり、この修正によって第9条の内容に変化がないという議論は誤っている、②ただし当時、占領軍は日本の戦力保持を認める意向がないと判断していたので、この修正を提案した際には多くを述べなかった、旨を明らかにした[6]。また、すぐあとで触れるように、これより早く日本政府は1955年の国会で、現憲法の下においても自衛権の行使としての武力行動は認められる、と答弁していたのである[7]。なお、最近公表された貴族院特別委員会小委員会の記録によると、芦田修正の結果、日本が軍隊を持つ可能性が生じたことを危惧したソ連などの圧力により、占領軍は最終段階で「内閣総理大臣その他の国務大臣は、文民でなければならない」というシ

---

5) 清水伸編著『逐条日本国憲法審議録 第二巻』(有斐閣, 1962年) 72頁, 80頁.
6) 第7回総会議事録90頁以下.
7) 第22国会・参・内閣委・会議録第34号 (昭和30・7・26) 20-22頁.

ビリアン条項（第66条2項）の追加を要請した模様である。

　第2に，戦争を放棄し軍備を持たない日本が，国際連合への加盟を拒否されないかという問題は，改正議会で幾度か取り上げられている。とくに貴族院で南原繁は，国際連合の加盟国が制裁のための兵力提供を義務づけられている以上，一切の兵力を放棄してこの義務を果たせない日本は，将来の加盟の際に第9条を改正するのか，と問うている。これに対して政府側は吉田茂が，日本が国際団体へ復帰することは望ましいが，その前に講和条約を締結することが先決問題であり，そのあとで加盟の是非を考えるべきであって，現時点で憲法の改正が必要か否かは判断しがたい，と答えている[8]。また，別の機会に幣原喜重郎は政府答弁のなかで，日本としては武力を持たず制裁に協力できないのであるから，国際連合加盟に際して，憲法第9条に基づく留保を申し立てるべきだ，との意見を表明している[9]。第9条2項が一切の戦力保持を禁じている，という当時の政府の建前からすれば，こうした答弁は止むをえなかったのかも知れない。だが，吉田の答弁は問題を先送りしたに過ぎず，幣原の指摘したような留保が許されるか否かはさて措き，日本は国際連合加盟に際して，いかなる留保も付さなかった。

　第3に，"正義"と平和との関係については，芦田自身が第9条の修正提案に当たって「日本国民が……正義と秩序を基調とする世界の平和を創造する熱意あることを，的確に表明」しようとした，と強調している[10]。貴族院でも南原が上述の国際連合に対する兵力提供義務に関連して，政府は「将来日本が此の国際連合に加入を許される場合に，果して斯かる……義務をも放棄されると云う御意思であるのか。斯くの如く致しましては，日本は永久に唯他国の好意と信義に委ねて生き延びむとする所の……諦念主義に陥る危険はないのか。寧ろ進んで人類の自由と正義を擁護する為に，互に血と汗の犠牲を払うことに依って相共に携えて世界恒久平和を確立すると云う積極的理想は，却って其の意義を失われるのではないかと云うことを憂うるのであります」と真情を吐露している。そのうえで彼は芦田修正に触れ，「是は単に戦争を抛棄すると云う

---

[8] 清水伸編著・前掲注5）94-95頁。
[9] 同上108頁。
[10] 同上11頁。

だけではなしに,進んで民族の平和の理想を謳ったものであります。それ以上に私の考えますことは,単なる平和の現状を維持すると云うのじゃなしに,飽く迄も国際正義に基づいた平和を理想とすると云う所に重要なる意義があると思うのであります。今回の衆議院の憲法修正に対して,修正の中の最も重要な意義を持って居るものは是であると私は叫ぶ者であります」と付け加えている[11]。

以上に明らかなとおり,憲法第9条のいわゆる平和主義をめぐる基本的な論点は,すでに帝国憲法の改正手続によって日本国憲法が制定された議会において,十分に認識され,かつ議論の対象とされていたということができよう。

(ii) 日米安全保障条約と自衛権——政府解釈の変更と「砂川事件」判決

さきに見たように1951年9月,対日平和条約と同時に締結された日米安全保障条約は,日本が「攻撃的な脅威となり又は国際連合憲章の目的及び原則に従つて平和と安全を増進すること以外に用いられうべき軍備をもつことを常に避けつつ」,自国の防衛に漸増的に責任を負うように期待しており,これを受けて1954年7月には,警察予備隊から保安隊に編成替えされていた組織が,さらに自衛隊に改組された。そして自衛隊法第3条は,「わが国の平和と独立を守り,国の安全を保つため,直接侵略及び間接侵略に対しわが国を防衛すること」が,自衛隊の主たる任務である,と規定している。

他方,国際社会への全面的な復帰を悲願とする日本は,1955年に国際連合加盟を申請したが,ソ連の拒否権に妨げられ,翌年ソ連との共同宣言に署名したあと,加盟を認められた。ついでながら国際連合憲章第51条は,加盟国が「個別的又は集団的自衛の固有の権利」を持つことを明記しており,対日平和条約も「連合国としては,日本国が主権国として国際連合憲章第51条に掲げる個別的又は集団的自衛の固有の権利を有すること及び日本国が集団的安全保障取極を自発的に締結することができることを承認する」(5条(c))と規定している。日米安全保障条約の前文はこれらの諸規定を踏まえ,「平和条約は,日本国が主権国として集団的安全保障取極を締結する権利を有することを承認し,さら

---

11) 同上20-21頁。

に，国際連合憲章は，すべての国が個別的及び集団的自衛の固有の権利を有することを承認している」と述べていたのである。

ところで注目すべきことに，日本国憲法制定の議会において，第9条1項は自衛戦争を禁じていないが，2項が戦力の不保持と交戦権の否認を規定しているため，結果として自衛戦争はできない，としていた政府見解は，1950年代半ばから変更されたように思われる。すなわち1955年7月26日の参議院内閣委員会において，鳩山首相は「私は自衛の目的のためならば戦力を持ってもいい。現在の憲法のもとにおいても，自衛のためならば戦力を持ってもいいと考えております」と明言した。そして，制定当時の考え方に触れ，「もう実際上の解釈は，憲法第9条の文理的な解釈とは全く違った方向に解釈されていると，こう見ていいわけですね」と念を押す堀委員に対し，鳩山は「そうです。文理解釈の範囲内においても，やはり自衛力のためならば戦力を持ってもいいというように解釈しても差しつかえないと思います。文理解釈上絶対にそれは否定しなければならぬとは思いません」と言い切っている[12]。

さらに「第2項の交戦権の問題に関してはどのようにお考えになりますか」という堀委員の問いかけについては，林法制局長官が「いわゆる交戦権という問題と，日本が他国あるいは外部から侵略された場合に，自衛のためにそれを排除するために抗争するということとは観点が別だと思います。しかしたまたまその形が，いわゆる戦争，国際法的に見た戦争と見られるような形をとるということは，……もちろんあり得ることと思いますが，それは……排除されておらない」と答えている。そうして，自衛のために持てる戦力の限界については，杉原防衛庁長官が「客観的に見て自衛のため必要最小限度という……ことになる」と答えて，スウェーデンを例にとり，「御承知の通りスエーデンあたりは……侵略のために持っているとはたれしも思っていないわけでございますが……ああいったある期間を持ちこたえ得るだけの力を持ちたい。……事実上あすこなどある期間持ちこたえておれば必ず他国の援助がある。それによって結局自分の国の安全が保てる。こういうふうな考え方のもとにやっている……日本独力では……日本の自衛……それ自体にもなかなかむずかしい……や

---

12) 第22国会・参・内閣委・会議録第34号（昭和30・7・26）20-21頁。

I 国際法と日本

はり日本としては集団防衛,集団自衛ということは……必要である。……その範囲において……日本の国力の許す範囲,国民生活などとの関係を十分考慮に入れて……慎重に考えて行きたい」と説明している[13]。

こうした政府の公式見解の変更とは別に,1950年代末,日米安全保障条約と憲法第9条の整合性そのものの司法判断を問う事件が発生した。いわゆる砂川事件がそれである。事件は,すぐあとで見る安全保障条約の改定交渉が進められている事実を背景に,東京都砂川町の米空軍基地拡張のための測量に反対するデモ隊の一部が,米軍の管理下にある基地内に許可なく侵入した行為に対し,通常の軽犯罪法よりも重い刑罰を科している刑事特別法を適用することの是非を問うものであった。第1審東京地方裁判所の伊達裁判長は,刑事特別法が日米安全保障条約第3条に基づく行政協定に伴って制定された点に着目し,同法の基礎をなす当該条約は日本政府により締結されたものであるが,日本国憲法第9条は「侵略戦争は勿論のこと,自衛のための戦力を用いる戦争及び自衛のための戦力の保持をも許さないものであ」り,かつ「わが国が現実的にはその安全と生存の維持を信託している国際連合の機関による勧告又は命令に基づいて,わが国に対する武力攻撃を防禦するためにその軍隊を駐留せしめるということであればあるいは憲法第9条第2項前段によって禁止されている戦力の保持に該当しないかもしれない」けれども,「わが国が外部からの武力攻撃に対する自衛に使用する目的で合衆国軍隊の駐留を許容していることは……憲法第9条第2項前段によって禁止されている陸海空軍その他の戦力の保持に該当する」ので違憲であり,違憲の条約に基づく刑事特別法は無効である,と判示した(東京地判昭34・3・30判時180号2頁)。この判決に対して検察側は直ちに最高裁判所へ跳躍上告し,同裁判所は1959(昭34)年12月16日,おおよそつぎのような判決を下したのである(最大判昭34・12・16刑集13巻13号3225頁)。

最高裁判所の判決はまず,憲法第9条2項につき,「同条にいわゆる戦争を放棄し,いわゆる戦力の保持を禁止しているのであるが……これによりわが国が主権国として持つ固有の自衛権は何ら否定されたものではなく,わが憲法の平和主義は決して無防備,無抵抗を定めたものではない」のであって,「それ

---

13) 同上20-23頁。

は，必ずしも原判決のいうように，国際連合の機関である安全保障理事会等の執る軍事的安全措置等に限定されたものではなく……わが国がその平和と安全を維持するために他国に安全保障を求めることを，何ら禁ずるものではない」と判示する。また，第9条2項が「戦力の不保持を規定したのは，わが国がいわゆる戦力を保持し，自らその主体となってこれに指揮権，管理権を行使することにより，同条1項において永久に放棄することを定めたいわゆる侵略戦争を引き起こす……ことのないようにするためであ」って，「結局わが国自体の戦力を指し，外国の軍隊は，たとえ……わが国に駐留するとしても，ここにいう戦力には該当しない」と判断している。さらに，安全保障条約そのものについては，「主権国としてのわが国の存立の基礎に極めて重大な関係をもつ高度の政治性を有するものというべきであって，その内容が違憲なりや否やの法的判断は……純司法的機能をその使命とする司法裁判所の審査には，原則としてなじまない性質のものであり，従って，一見極めて明白に違憲無効であると認められない限りは，裁判所の司法審査権の範囲外のものであつて，それは第一次的には，右条約の締結権を有する内閣およびこれに対して承認権を有する国会の判断に従うべく，終局的には，主権を有する国民の政治的批判に委ねらるべきものである」と述べている。

　以上をまとめれば，1950年代において，①国際的には，日本が国際連合憲章に規定するとおり，個別的・集団的な自衛権を有することが確認された，②国内的には，政府は見解を変更して，憲法が自衛のための戦力保持を禁止していない，と解釈するに至った。③また最高裁判所は，国際連合安全保障理事会の執る軍事的安全措置と限らず，日本の平和と安全を維持するため他国に安全保障を求めることは，憲法に反せず，④さらに，日米安全保障条約は「高度の政治性を有するもの」であって，それが違憲か否かの判断は司法審査になじまず，国民の政治的批判に委ねられるべきである，と判示したのである。

　なお田中裁判官は，砂川事件の最高裁判所の判決に付した補足意見のなかで，憲法第9条の平和主義を憲法前文の国際協調主義に重ねて解釈する必要を強調し，「今や諸国民の間の相互連帯の関係は，一国民の危急存亡が必然的に他の諸国民のそれに直接に影響を及ぼす程度に拡大深化されて」おり，「今日はもはや……自衛はすなわち『他衛』，他衛はすなわち自衛という関係があるのみ

I 国際法と日本

である」と述べているが，いわゆる集団的自衛権の問題については，項を改めて考察することにしよう。

(iii) 日米安全保障条約の改定と集団的自衛権

1951年，対日平和条約と同時に締結された日米安全保障条約は，当時の国際情勢を反映して，「極東における国際の平和と安全の維持に寄与し」かつ外部支援に基づく内乱や外部からの攻撃に対し「日本国の安全に寄与するために」，在日米軍を使用できる（1条）ことを目的としていた。また同条約は，「国際連合又はその他による日本区域における国際の平和と安全の維持のため充分な定をする国際連合の措置又はこれに代る個別的若しくは集団的の安全保障措置が効力を生じた」と両国が認めたときに失効する（4条），と規定していた。

日本側はその後の国際情勢の変化を考慮に入れ，すでに1955年ころから改定を申し入れていたが，50年代末に至って交渉が妥結し，1960年に調印された新日米安全保障条約が今日まで効力を保っている。その主たる内容は，①両国が国際連合憲章に定める個別的又は集団的自衛の固有の権利を持つことの確認，②同じく両国が，国際連合憲章に基づき国際関係において紛争の平和的解決義務と武力行使・威嚇の禁止義務を負うことの確認，③自由主義を基礎とする経済協力の促進，④憲法に従い武力攻撃に対処する能力を維持・発展させるための自助と相互援助，そして⑤日本の施政下にある領域における「いずれか一方に対する武力攻撃が，自国の平和及び安全を危うくするものであることを認め，自国の憲法上の規定及び手続に従つて共通の危険に対処するように行動する」ことの宣言（5条），であり，⑥日本の安全と極東の平和に寄与するための米軍の日本駐留，⑦条約の実施に関する両国の協議義務，である。

この新条約の締結以降，日本の国会における自衛権の論議は，いわゆる集団的自衛権の問題に集中してくる。すでに新条約の締結に先立つ1959年の国会で，「米軍の基地に対する攻撃に対して，日本がこれを援助する，共同行動をとるという場合……の自衛権の発動は集団的自衛権の発動であろう」との大西委員の質問に対し，藤山外相は「そうしたときに，発動の方法は個々であろうとも，共同動作をとって参りますことは，集団的な自衛権を行使する」ことになろうと答えているが，高橋外務省条約局長は「この場合は，日本にあるアメリカの

基地が攻撃されましても……日本の区域内の問題でございまするから，そのような集団的自衛権という権利を援用しなくても，個別的自衛権で法律的には解釈できる」と説明している。同時に高橋局長は，日本が「国際法上の国家としては集団的自衛権は持って」いるけれども，「そのような権限を憲法上では制限された範囲で……持っている」と考えている，とも答弁している[14]。

ところが10年後，沖縄返還交渉の過程でジョンソン大統領との共同声明において，佐藤総理が「日本はその能力に応じてアジアの平和と安定のため，積極的に貢献する用意がある」と述べた点を捕らえ，アメリカが「反共アジアの集団安全保障について軍事的な役割りを果たすように」日本に要請するのではないか，という楢委員の質問に関連して，高辻法制局長官は「集団的自衛権というものは，国連憲章51条によって各国に認められておるわけでございますけれども，日本の憲法9条のもとではたしてそういうものが許されるかどうか，これはかなり重要な問題だと思っております。……しかし……たとえその他国がわが国と連帯関係にあると……いわれるにいたしましても，他国の安全のためにわが国が兵力を用いるということは，これはとうてい憲法9条の許すところではあるまい」と考える旨，答えた[15]。この3年後の1972年10月，さきに見た政府の統一解釈が発表され，それは今日まで維持されつづけている。たとえば，さらに3年後の1975年6月，参議院予算委員会における上田委員の質問に対し，吉国法制局長官は「憲法上認められておりますわが国の自衛権の行使は，国際法上いわゆる個別的自衛権の行使に限定されることは，前から政府から御答弁申し上げているとおりでございます。したがいまして，日米安保条約第五条の規定によりまして日米両国が共通の危険に対処して行動する場合のわが国の自衛権の行使も，右の憲法上許容される個別的自衛権の行使に限定されることは申すまでもございません」と答えているのである[16]。

（4） 国際連合と平和維持活動（PKO）

自衛権に関する日本の対応が，上述のような停滞状況にあるなかで，国際の

---

14) 第32国会・衆・外務委・会議録第2号（昭和34・7・10）7-9頁。
15) 第61国会・衆・予算委・会議録第14号（昭和44・2・19）13-14頁。
16) 第77国会・参・予算委・会議録第23号（昭和50・6・12）38-39頁。

Ⅰ　国際法と日本

平和と安全の維持に関する国際社会なかんずく国際連合の対応は，きわめて流動的に変化していった。その事実を典型的に示すのが，いわゆる平和維持活動（PKO）の現出と変容である。

(i)　スエズ危機と国連緊急軍（UNEF）

東西対立の影響を受けて，国際連合憲章に予定されていた「国連軍」が成立しなかった事情はさきに見たとおりであるが，そうした制約のもとでも国際連合が国際の平和と安全の維持に貢献しうる効果的な方策が打ち出された。いわゆる平和維持活動がそれであり，その先駆けとなったのが，1956年のスエズ危機に際して結成・派遣された国連緊急軍（United Nations Emergency Force, UNEF）であった。

この年の7月，ナイル河上流のダム建設用融資の調達に失敗したエジプトのナセル大統領は，スエズ運河会社を国有化し，運河の通行料をその資金に当てることとした。これに反発した英仏両国は，エジプトと休戦中のイスラエルと語らってエジプトを攻撃させ，運河の自由航行を保障するという名目で運河地帯に出兵した。英仏の行動は，米ソを含む各国から非難され，両国は国際社会において孤立した。しかし，安全保障理事会では両国が拒否権を行使したので効果的な対策が採られず，この事態に対処するため，朝鮮戦争の際に採択された「平和のための結集」決議に基づいて，緊急特別総会が招集された。総会は停戦および外国軍の撤退を勧告すると同時に，事務総長が停戦の履行を確保・監視すべき緊急軍の計画を早急に提出することを要請した。事務総長の計画により組織された国連緊急軍は，安全保障理事会の常任理事国以外の国で紛争に利害を持たない中立的な国家の提供した軍隊のなかから，地理的配分を考慮して選択され，事務総長を通じて直接国際連合の指揮下に置かれた。そして国連緊急軍がエジプトの合意のもとに運河地帯に派遣されるのに呼応して，英仏軍は撤退し，イスラエル軍も停戦ラインへ退くことにより，スエズ危機は一先ず解消したのである。

(ii)　PKOの特色と諸原則

スエズ危機における国連緊急軍の成果を受けて，1960年にはコンゴ国連軍，

1964年にはキプロス国連軍が組織・派遣されるなど,国際連合の平和維持活動はその後も継続・発展し,活動の分野も次第に拡大していった。実は,スエズのような停戦の監視活動は,イスラエル独立戦争後のアラブ諸国との休戦協定やカシミールをめぐるインド＝パキスタン間の休戦協定の監視にまで遡るが,停戦監視に関連して,第3次中東戦争後のイスラエル＝エジプト間の兵力引き離し,1958年のレバノンへの人員や武器資材の導入の監視,キプロスにおける法と秩序の維持のための警察活動なども,PKOに含まれるようになったのである。

　こうしたPKOの中心となる国連軍の特色は何よりも,それが「戦わない軍隊」である,ということであろう。繰り返し指摘されたように,国際連合憲章が予定している「国連軍」は,今日までのところ成立していない。しかし朝鮮戦争に際して結成・派遣された国連軍や,のちに湾岸戦争の際に編成・派遣されたいわゆる多国籍軍は,平和の破壊者や他国領域の侵略者を武力によって駆逐・撃退するための「戦う国連軍」であり,その活動は憲章第7章に基礎を置く軍事的な制裁であった。それに対してPKOは憲章に明確な基礎を持たず,国際連合の実践のなかから発展してきた活動である。PKOの特色は,国際平和を脅かす局地的な紛争や武力衝突の拡大を防止するため,関係当事者の同意のもとに小規模な軍事組織を現地に派遣し,停戦の実現・監視,兵力の引き離し,緩衝地帯の査察,治安の維持などに従事し,国際連合の権威を背景として,事態の平穏化を図る点に求められよう。国際連合憲章の第6章は,国際紛争の平和的処理手続を定めているが,PKOはこれと第7章に定める強制的処理手続との中間的な性格を持つので,「憲章第6章半の活動」と呼ばれることがある。

　PKOの特色を反映して,平和維持活動の諸原則はつぎのようにまとめられる。それはまず,①関係当事者の同意と協力を前提とする。つぎに,②PKOの中立性を確保するため,当事者のいずれかと繋がる国家の参加を排除する。さらに,③PKOの国際性を維持するため,軍事組織を国際連合の指揮下に置く。そうして,④平和維持軍は軽火器を携行するが,武器の使用は自衛目的に限られる。これらの諸原則は,スエズの国連緊急軍の活動を規律するものとして採択され,それ以後の平和維持活動でも踏襲されて,PKOの一般原則とし

I 国際法と日本

て確立しているということができるであろう。

(iii) 冷戦の終結とPKOの展望

　1980年代の終わりに始まる東西対立の緩和と冷戦の終結は，国際連合の諸活動にもさまざまな影響をもたらした。その1つは，安全保障理事会における大国間の不一致の解消であり，拒否権行使の劇的な減少である。イラクのクウェート侵略に端を発した湾岸戦争に際して，安全保障理事会の決議に基づく多国籍軍が派遣されたのは，その直接の結果である。他方で，冷戦の終結は，それまで全世界を覆う厳しい東西対立の陰に封じ込められてきた無数の小さな対立を表面化させた。ソ連の解体に伴って独立を達成した中央アジア諸国における民族的衝突や，旧ユーゴスラビアを崩壊させた民族間の対立・抗争はいずれも，その事例である。

　これらの衝突や対立・抗争は国際の平和や安全を脅かすばかりでなく，多くの犠牲者を産み出し，かれらに対して国際連合ほかの国際機関は人道的救援の手を差し伸べたが，ときとして救援活動そのものが対立に巻き込まれ，紛争当事者の攻撃を受ける事態が発生した。1991年に事務総長に就任したブトロス・ガリはそうした事態をも念頭において，翌年「平和のための課題（An Agenda for Peace）」と題する報告書を公表し，そのなかで，通常の平和維持軍よりも重装備の「平和執行部隊」を事務総長のもとに常置し，早期に現地に派遣することによって，紛争を効果的に抑制し，事態の悪化を防止すべきことを提言したのである。だがブトロス・ガリの提言は，場合により部隊の派遣を当事者の同意にかからしめないなど，従来型PKOの諸原則となじまない点があって，多くの加盟国の賛同を得られず，彼自身ものちに「平和のための課題への追補」を発表して，国際社会の現状のもとにおけるPKOの諸原則の妥当性を認めざるをえなかった。

　しかしながら国際社会の現状を見れば，紛争当事者のなかに，停戦の合意を守る意思や能力に欠けるものがいないわけではない。また国際連合の実行を見ても，紛争当事者の同意に基づかないで，平和維持軍が派遣され，その任務が決定された事例がある。したがって国際の平和と安全を保障し，これが侵された場合にその犠牲を最小限に抑えるために，国際連合がどのように行動すべき

第 1 章　国際社会と日本

かの検討は，過去の経験に基づく諸原則を参考にしながらも，国際社会の一般的な動向と個々の事態の特殊性に即応して，柔軟に進めるべきであり，このことは PKO の将来を展望する場合にも当てはまるであろうと思われる。

（5）　平和維持活動（PKO）と日本

(i)　PKO 協力法以前

　ところで日本は，実は PKO 協力法の成立以前にも，国際連合の PKO に協力していた。ナミビアとニカラグアへ派遣された選挙監視団がそれである。
　まずナミビアは，もともと南西アフリカと呼ばれ，19世紀末にドイツの植民地とされていたが，第1次世界大戦の結果ドイツから切り離され，南アフリカを受任国とする国際連盟の委任統治地域となった。しかし第2次世界大戦後，南アフリカはこの地域を自国領に編入し，アパルトヘイト政策を適用した。国際連合総会は国際司法裁判所の勧告的意見を背景にこの措置を認めず，1966年には委任統治を一方的に終了させてナミビアを自らの責任下に置く決議を採択した。南アフリカはなおナミビアの占拠を続けたが，最終的には1988年にいたってナミビアの独立に関する安全保障理事会の決議を受け入れることに合意した。これを受けて安全保障理事会は，ナミビアにおける敵対行為の停止や各武装部隊の撤退などの監視に当たる軍事部門（平和維持隊と軍事監視団から成る）と，秩序の維持や制憲議会の選挙監視などに当たる文民部門（文民警察要員と選挙監視要員から成る）との2部門で構成される「国連ナミビア独立支援グループ」を現地に派遣した。この際，国連事務総長の要請に応えて，日本は地方公務員21名を含む31名を選挙監視団に派遣した。ついでながら，1989年11月7日から11日にかけて監視団の支援のもとに選挙は成功裡に実施され，翌年独立を達成したナミビアは，国際連合に加盟したのである。
　またニカラグアでは，サンディニスタ政府とコントラとのあいだの内戦が，周辺諸国も加わった1987年の「グアテマラ協定」によって終結したあと，同協定に基づく選挙を監視するための PKO の派遣が要請された。国際連合はこれに応えて，政党活動の自由，適正な選挙人名簿の作成，公正な選挙の実施などを監視するために「国連ニカラグア選挙監視団」を派遣したが，日本もこれに6名の選挙監視要員を参加させた。

(ii) PKO協力法の問題点と同法の成立以後

 1992(平4)年に成立したPKO協力法は，さきに見た従来型PKOの諸原則を忠実に踏襲している。すなわち，同法第3条1号は，①武力紛争の停止および平和維持軍の派遣について，紛争当事者の同意があること，②活動がいずれの当事者にも偏りなく実施されること，③活動が国際連合の統括下に行われること，を要件としており，これはそれぞれ，同意・中立性・国際性の3つの原則に対応する。④また，同法第22条は，隊員の保有可能な武器を「小型武器」に限り，第24条は，武器の使用を「自己又は……他の隊員の生命又は身体を防衛するためやむを得ない必要がある……場合」に限定し，しかも刑法にいう正当防衛と緊急避難の場合を除いて「人に危害を与えてはならない」と規定している。これもまた従来型PKOの，武器の使用を自衛目的に限る原則に沿うものである。

 しかしながら，すでに説明したとおり，PKO協力法は平和維持活動のうち，①停戦状況・合意に基づく当事者の軍隊の再配置・武装解除の監視，②緩衝地帯の駐留・巡回のほか，③武器の搬入・搬出の検査・確認，④放棄された武器の収集，保管または処分，⑤当事者による停戦ラインの設定の援助，⑥当事者間の捕虜の交換の援助，といった中核的なものについては，別に法律で定めるまで実施を見合わせている。そのため，同法に基づく日本のPKO協力は，選挙監視，文民警察，医療，被災施設や設備の復旧・整備など．PKO協力法の成立以前でも可能であった活動に限られざるをえない。そのことが最大の問題点であろうと思われる。

 いずれにせよ，同法に基づき日本がこれまでに参加したPKOには，1992年9月から10月にかけての「第2次国連アンゴラ監視団」の選挙監視，同年9月から1年間におよんだ「国連カンボジア暫定統治機構」の文民警察・被災施設の復旧作業・選挙監視，翌93年5月から95年1月のあいだにおける「国連モザンビーク活動」の司令部協力・輸送調整・選挙監視，1994年3，4月の「国連エルサルバドル監視団」の選挙監視，そして1996年1月以降の「国連兵力引き離し監視隊」（ゴラン高原PKO）の司令部協力・物資の輸送保管と道路補修・機材整備・関係機関の連絡調整などがある。ただしカンボジアでは，個人単位で派遣された各国要員の混成チームが武装解除後の武器の保管状況の監視や，

停戦遵守状況の監視に当たったが，日本からは2回に分けて計16名の要員がこれに参加した。

（6） 湾岸戦争と対日批判

国際連合のPKOに対する日本の取り組みは，このようにきわめて中途半端なものであり，それはまた，ひろく国際の平和と安全の維持に対する日本の姿勢を象徴的に示すものでもある。だが，こうした日本の姿勢が抱える問題はすでにPKO協力法の成立以前から存在していたのであり，それを世界の眼前に明らかにしたのが，湾岸戦争における日本の行動であった。

周知のとおり湾岸戦争は1990年8月2日，イラクが国境問題などを口実に隣国クウェートを武力で侵攻し，数時間のうちに全土を軍事占拠したことに端を発する。同日，国際連合安全保障理事会はイラク軍の即時・無条件撤退を求める決議を採択し，8月6日には憲章第41条に基づく経済制裁をイラクに対して発動する決議を採択した。しかしイラクはこれらの決議を無視して，同月8日にクウェートの併合を宣言し，17日には国内の西側外国人を人質にする措置に着手した。他方，米英両国は8日にサウジアラビア防衛のために派兵することを決定しており，10日には北大西洋条約機構がこれに対する支持を表明，アラブ首脳会議もアラブの合同軍を湾岸地域に派遣することを決定した。また国際連合安全保障理事会は，9日にイラクのクウェート併合を無効とする旨の決議を，25日には経済制裁の効果を確保するため海上における限定的な武力行使を認める決議を，それぞれ採択した。

この間，日本は湾岸地域に派遣された多国籍軍に対し，8月末に10億ドルの支出を決定したのを皮切りに，全体として1兆円を超える高額を拠出した。また11月に入って中曾根康弘元首相がバグダットを訪れ，イラクのフセイン大統領と会談して，8日には78人の日本人人質とともに帰国した。ついでながら12月はじめ，フセイン大統領は人質全員の解放を発表している。

しかしながらソ連の斡旋努力にもかかわらず，イラクはクウェートを占拠しつづけたので，安全保障理事会は10月25日にいわゆる空域封鎖決議を採択し，さきの経済制裁の効果を高めるため，国際連合加盟国が自国にかかわる航空機について必要な措置をとるように要請した。さらに理事会は，11月29日に至っ

Ⅰ　国際法と日本

て憲章第7章のもとで決議678を採択し、そのなかでイラクが8月2日以降のすべての国連決議を遵守することを求めるとともに、そのための「最後の猶予期間」を翌年1月15日と定め、イラクがこれに従わない場合には、これらの決議を実施しこの地域の国際の平和と安全を回復するために「必要なすべての手段を行使する権限」を、クウェート政府と協力する加盟国に与えた。そしてこの期限を過ぎてもイラクが諸決議を履行しないので、1991年1月17日、多国籍軍はイラク軍に対する空爆を開始し、2月24日には地上戦を展開してクウェートを奪回、ついに2月28日イラクがこれら諸決議を受け入れることによって、湾岸戦争は終結したのである。なお日本は戦争の終結後、国際連合の制裁行動とは無関係な独自の活動として、ペルシャ湾に海上自衛隊を派遣し、イラク軍が散布した浮遊機雷の掃海作業に従事した。

　上述のように、日本は湾岸戦争を戦った多国籍軍に対して、国民1人当たり1万円にも達する最大の金銭的貢献をなした。しかしその日本に対する国際的な評価は、国際連合の軍事介入によりやっと祖国領土の回復を保障されたクウェートの態度が、もっとも雄弁に物語っている。すなわち、戦後クウェートは世界の代表的な新聞紙上で、祖国領土の回復を保障してくれた国際連合加盟国の名を一々掲げ、かれらに謝意を表明したが、そのなかに日本の名は見られなかったのである。いかに高額の金銭が拠出されても、血と汗を流してクウェートのために戦ってくれた兵士がいなければ、おそらくイラク軍はいまなお祖国領土を占拠しつづけているであろう——それこそ、クウェートが日本に伝えたかったメッセージであり、湾岸戦争をめぐる日本の行動に対する国際社会の批判ではないだろうか。

（7）　国際安全保障と日本国憲法

　以上、一方で国際安全保障に関する国際社会の動きを追い、他方で憲法第9条の規定にかかわる日本の実行を追ってきた。まず、国際社会は今日なお複数の主権国家が併存し、世界政府や世界警察、世界裁判所は存在しないので、各国家は自らの「力」によって自らの安全（自由と生存）を保持せざるをえない。ここにいう力は、政治力、経済力、言語・文化など種々の要素を含むが、最終的に国家の安全を保障するのは物理的な力、つまり軍事力である。ただし、そ

のような状態にあっては，軍事的な大国の専横を招きかねない。それを防ぎ各国の安全を保障するため，人類はさまざまな工夫を重ね，従前の軍事同盟政策に替わるものとして今世紀には集団安全保障体制を創設した。そして同体制の先駆者たる国際連盟の失敗に対する反省のうえに，これを強化した国際連合を第2次世界大戦後に成立させた。もっとも国際連合の集団安全保障体制は，その中核を成す安全保障理事会の常任理事国に与えられた拒否権のために機能せず，その制約のもとで局地的な紛争の悪化を防止するPKOが生み出された。だが東西対立の解消を受けて，本来の集団安全保障体制が機能しうる状況が生じるとともに，PKOの機能を拡張する必要も感じられるようになっている。

　ところが，こうした国際社会の動きとは裏腹に，国際の平和と安全の維持にかかわる日本の実行は憲法第9条の規定のゆえに，中途半端な状態にあるように思われる。以下では，第9条の規定が①自衛のための武力の保持・行使を排除しているか，②いわゆる集団的自衛権の行使を排除しているか，③集団安全保障体制への参加を排除しているか，の順に検討することにより，この状態を打開する方策を探ってみよう。そしてその際，憲法第98条2項の「日本国が締結した条約及び確立された国際法規は，これを誠実に遵守することを必要とする」という規定，すなわち国際協調主義の理念を参考にしよう。なお同項の「確立された国際法規」は，慣習国際法を指すものと解される。

(i) 自衛のための武力の保持・行使

　最初に，憲法第9条の規定が日本の自衛権そのものを放棄していないことは，異論のないところであろう。マッカーサー・ノートにあった「自己の安全を保持するための手段としての」戦争をも放棄する規定は，マッカーサー草案では削られていたし，憲法制定議会においても日本が自衛権をもつこと自体は問題とされなかった。問題は，第9条の規定が自衛のための武力の保持・行使を排除しているか否か，である。この点に関して，国際法上は不戦条約以来，「国際紛争を解決する手段」たる侵略戦争は違法とされてきたが，自衛戦争は合法とされており，「国際関係において，武力による威嚇又は武力の行使」を禁じた国連憲章のもとでも，自衛のための武力の保持・行使は認められている。憲法第9条1項の規定も，こうした背景に照らして理解すれば，自衛のための武

Ⅰ　国際法と日本

力の保持・行使を排除しているとは考えがたい。

　ただし、「戦力」の不保持と「交戦権」の否認を謳う第9条2項の規定については、解釈が分かれており、この規定を根拠として。自衛のための武力の保持・行使が禁止されているとする主張もある。しかし、さきに見た芦田修正の提案者は、修正の意図が「自衛のための武力の保持・行使を可能にすることにあった」と主張しており、政府の公式見解がこの主張に沿うて変更されたことは厳然たる事実である。この点について、砂川事件の最高裁判決は「同条2項がいわゆる自衛のための戦力の保持をも禁じたものであるか否かは別として」と慎重に判断を留保している。もっとも同判決は、日米安全保障条約がその高度の政治性のゆえに、「一見極めて明白に違憲無効であると認められない限りは」裁判所の司法審査になじまない、とも判示している。この「一見極めて明白に」という基準に従えば、芦田修正を踏まえた第9条の規定が全体として、自衛のための武力の保持・行使を禁じているとしか解釈できないのか、はなはだ疑問である。その意味で、「文理解釈の範囲内においても……自衛力のためならば戦力を持ってもいいというように解釈しても差しつかえないと思います。文理解釈上絶対にそれは否定しなければならぬとは思いません」と言い切った鳩山首相の言葉は、正鵠を射たものであろう。

(ⅱ)　集団的自衛権の行使

　つぎに、憲法第9条の規定が集団的自衛権の行使を排除しているとする政府見解の根拠は、きわめて不明確であるといわざるをえない。まず、日本が個別的自衛権と同様に集団的自衛権を持つこと自体は、政府見解も認めている。国際連合憲章、対日平和条約、日米安全保障条約などの国際条約はいずれも、日本が集団的自衛権を持つことを明記しており、いわゆるニカラグア事件に関する1984年の国際司法裁判所判決は、集団的自衛権を慣習国際法上の権利と認めたので、憲法第98条2項にいう条約、慣習国際法のいずれに照らしても、その点については問題がない。ただし政府の説明によれば、「平和主義をその基本原則とする憲法が……自衛のための措置を無制限に認めているとは解され」ず、「憲法の下で、武力行使……が許されるのは、わが国に対する急迫、不正の侵害に対処する場合に限られ……他国に加えられた武力攻撃を阻止することをそ

の内容とする……集団的自衛権の行使は，憲法上許されない」とされている。

　しかしながら第1に，政府見解自身も認めるように，個別的自衛権の行使もまた急迫，不正の事態を排除するための「必要最小限度の範囲」に留められるべきであるから，集団的自衛権の行使を排除する根拠として平和主義を持ち出すことには説得力がない。第2に，政府見解は日米安全保障条約のもとで想定されるあらゆる事態を「個別的」自衛権の行使として説明しようと努めるために，歯切れの悪い議論しか展開しえないでいる。たとえば公海上におけるアメリカ艦艇の防御について，谷川防衛庁長官は「日本が侵略された場合に，わが国防衛のために行動している米艦艇が相手国から攻撃を受けたときに，自衛隊がわが国を防衛するための共同対処行動の一環としてその攻撃を排除することは……わが国の自衛の範囲内に入るであろう」と説明している[17]。また，日本のシーレーンが周辺数百マイル，航路帯を設ける場合には千マイルという前提に立てば[18]，アメリカが自らの自衛権を行使して通峡阻止を試みることに対し日本側の同意を求める際に，「わが国に対する武力攻撃は発生していないが，わが国の船舶が国籍不明の艦船等により甚大な被害を受けている場合等わが国に対する武力攻撃が非常に緊迫性を持っている場合において，そのような米国側の要請に応ずることがわが国自身の安全のためぜひとも必要と判断される可能性も完全には排除されない」と後藤田内閣官房長官は説明している[19]。

　これらの説明の背後には，"他国に加えられた武力攻撃を阻止するために，日本が武力を行使する羽目に陥ることを避けたい"という政策的な配慮が働いているのかも知れない。しかし，だからといって，憲法第9条の規定が集団的自衛権の行使を絶対的に排除しているかのように主張することは，本末転倒だといわなければならない。顧みれば，集団的自衛権の典型例である北大西洋条約や米州相互援助条約は「一又は二以上の締約国に対する武力攻撃を全締約国に対する攻撃とみなす」と規定して，この権利の本質が"防衛義務の相互性・一体性"にあることを明らかにしている。これと比べれば日米安全保障条約は，自衛権の発動対象を「日本国の施政の下にある領域における，いずれか一方に

---

17) 第98国会・衆・予算委・会議録第18号（昭和58・3・8）18頁。
18) 同上19頁。
19) 同上2頁。

Ⅰ　国際法と日本

対する武力攻撃」に限定している（5条）ので，第三国に加えられた武力攻撃阻止のために，日本が武力を行使する義務はもともと存在しないのである。他方，同条約の発動対象たる武力攻撃については，両国が「共通の危険に対処するように行動する」義務が存在し（同条），この義務の履行を「集団的」自衛権の行使と見なすことに何がしかの障害があるとは考えられない。ふたたび砂川事件の最高裁判決から引用すれば，「わが国が，自国の平和と安全を維持しその存立を全うするために必要な自衛のための措置をとりうることは，国家固有の権能の行使として当然のことといわなければならない。……わが国の平和と安全を維持するための安全保障であれば，その目的を達するにふさわしい方式又は手段である限り，国際情勢の実情に即応して適当と認められるものを選ぶことができる」。だとすれば，憲法第9条の規定が集団的自衛権の行使を排除しているとする政府見解には，さきに見た政策的配慮以外に，特別な根拠はないように思われる。

(iii)　集団安全保障体制への参加

最後に，憲法第9条の規定は，日本が国際連合の集団安全保障体制へ参加することを排除しているのであろうか。これについては，①集団安全保障と集団的自衛の違い，②国際連合加盟国としての義務，③平和主義にいう「平和の中身」，の3つの視点から検討することが必要である。第1に，集団安全保障と集団的自衛とはまったく別個の，ある意味では相対立する概念であることが指摘されなければならない。国際連合憲章第51条に集団的自衛権の規定が設けられた経緯は，さきに見たとおりであるが，集団的自衛は個別的自衛の延長であり，自己の力のみで安全を保つことに不安を感じる国家が，自己と利害を共有する他の国家と力を合わせることによって，外敵の脅威に備えるシステムである。したがって集団的自衛は，自らの外に対立する国家ないし国家グループが存在することを前提としており，19世紀的な軍事同盟政策に類似する。それに対して集団安全保障体制は，これもさきに見たように，対立する国家や国家グループをすべて自らの内部に取り込むシステムであって，システム内の国家は相互の紛争を平和的な手段で解決することを約束し，この約束に違反してシステム内の他の国家を武力攻撃した国家は他のすべての国家に対して攻撃を仕掛

けたものと見なされ、他のすべての国家から制裁を受けるシステムである。国際連合はこのシステムを具現化した組織であって、憲法制定の当初から国連加盟を目指した日本が、集団的自衛のシステムはさて措き、自らが集団安全保障体制に参加することを排除する憲法規定を採択したとは考えられない。あの砂川事件の東京地裁判決でさえ、日本の安全を国連軍に委ねることは憲法に反しない、と考えていたのである。

しかしながら第2に、憲法制定の当初から、軍備を放棄した日本は国連の制裁用の兵力を提供できないため、そのまま国際連合に加盟できるか否かが問題とされており、加盟の際にはその点を留保すべきだとの意見も表明されていた。だが国連憲章上、そのような留保はおそらく許されないであろうし、少なくとも日本は留保なしに国際連合に加盟したのである。そこで問題は、国連加盟国として日本が負うべき義務と憲法規定との関係をどのように理解するかである。確かに日本は政府見解を改めて、自衛のための戦力を持つようになった。またPKO協力法を制定して、自衛隊がPKOに参加する道を開いた。さらに日本は湾岸戦争の終結後、ペルシャ湾に海上自衛隊を派遣して、機雷の掃海作業に従事させた。それにもかかわらず、その直後の国会において、山口(那)議員はつぎのように発言している。「武力行使というのは、実力に係る概念です。国連決議があったかないか、そんなこと関係ないですよ。武力の威嚇も同じことですよ。国連の加盟国が多数参加しているから正当化されるものじゃないのです。我が憲法の解釈として、武力行使と見られるか、あるいは武力による威嚇と見られるか、それが問題なんですよ」と[20]。

遺憾ながら、この発言には大きな問題点がある。それは、憲法の規定をそれと関連する国際文書と完全に切り離して解釈している点であり、第9条の規定を憲法の他の規定とくに前文の諸規定と切り離して解釈している点である。まず第9条1項の「武力による威嚇又は武力の行使は、国際紛争を解決する手段としては……放棄する」という規定は、不戦条約の関連規定および「加盟国は、その国際関係において、武力による威嚇又は武力の行使を……慎まなければならない」という国連憲章第2条4項の規定を参考にしたものであることは間違

---

[20] 第119国会・衆・PKO特委・会議録第5号（平成2・10・29）33頁。

Ⅰ　国際法と日本

いなく，それらの持つ意味と無関係に解釈することは不適切である。つまり，国連憲章にいう「武力による威嚇又は武力の行使」には自衛権の行使や制裁措置にかかわる武力は含まれておらず，日本国憲法の解釈もその前提に立ってなされる必要があろう。また憲法の前文は「日本国民は……平和を維持し，専制と隷従，圧迫と偏狭を地上から永遠に除去しようと努めてゐる国際社会において，名誉ある地位を占めたいと思ふ」と述べているのであって，第9条の規定も前文の精神と矛盾しないように解釈されるべきである。したがって，イラクの軍事占拠下で呻吟しているクウェート人民を解放するための国連の措置は憲法前文の趣旨に合致するものであって，日本も当然これに協力すべきであり，それはまた第98条2項の国際協調主義の理念が要請するところでもあると思われる。

　このことは結局，第9条の「平和主義の中身」という第3の問題に帰着する。第2次世界大戦における徹底的な軍事的敗北の直後，きわめて多数の日本国民が厭戦感にとらわれ，あらゆる軍事的な関わりから逃避したいと願ったのは，ごく自然な成り行きであった。それはまた，日本の非軍事化を目指す連合国の初期占領政策と符合して，非武装中立的な世論形成を助長し，憲法にいう平和主義の中身に抜きがたい影響を与えることになった。第9条1項は自衛権を否定していないが，2項が戦力の保持を禁じているため，日本国民は軍事力によって自らの安全と生存を図ることはできず，その結果，前文にあるように，「平和を愛する諸国民の公正と信義に信頼して，われらの安全と生存を保持」する以外にないという解釈は，そうした社会的背景に繋がるものではないだろうか。いずれにせよこの解釈は，日本の安全を他者に託す点において受動的な「平和主義」であり，平和のために日本が何をなすべきという視点が欠落している。

　この解釈については，すでに日本国憲法を制定した議会において，その問題性が指摘されていた。たとえば，藤田栄は「斯様な日本国憲法に於ける決意だけでは，何等国際法上の権威たり得るものではないのでありまして，国際法団体に依る安全保障制度の全貌，其の中に占める日本国の地位に付て，政府は如何なる具体的な努力をして居られるか。……若し第2項の交戦権の否認が制裁としての戦争，自衛としての戦争も放棄するならば，如何にして我々の生存と

安全とを保障するか」と問いただしており、高柳賢三は中立国の義務に触れ、日本が武力を放棄すれば、日本の領土を交戦国が利用することを防げず、かえって日本全土が戦場化する危険を生じるとの懸念を表明していた。また、さきにも触れた南原は「斯くの如く致しましては、日本は永久に唯他国の好意と信義に委ねて生き伸びむとする所の東洋的な諦め、諦念主義に陥る危険はないのか」と指摘しており、佐々木惣一は一歩踏み込んで、「国民は何だか自分は、国を為す人間として、自主的でない、何か独立性を失ったような……自分は戦争は厭だけれども、戦争は……やる力は法的にないのだと云うような考えを持ちます時には、日本の国民は果して、少しも卑屈のような気持ちを持つことがないと云う風に安心出来るものでありましょうか」と憂えていたのである[21]。

上に見た受動的な「平和主義」は、平和のために日本が何をなすべきかという視点を欠いているという批判に対しては、日本は武力を放棄することによって、平和を達成すべき方策を世界に示したのであり、他国が追随すべきモデルを提供したのである、と反論されるかも知れない。この反論は個人の宗教的信念としてはおそらく有用であろう。しかし、現実の国際関係において諸国家の行動を規律するルールとしては機能しないものである。湾岸戦争に先立ってフセイン大統領を訪問した社会党党首の対話が何の効果も持たなかったことが、その何よりの証左である。そして受動的平和主義が機能しない原因は、それが平和と正義の関係、つまり「平和の中身」について触れていないところにあると思われる。

憲法第9条は冒頭で「日本国民は、正義と秩序を基調とする国際平和を誠実に希求」すると述べて、そこにいう平和が〝正義〟に基づくものであることを明らかにしている。正義の内容については、さまざまな考えがあるだろう。しかし、たとえば憲法前文にいう「専制と隷従、圧迫と偏狭」の除去や「いづれの国家も、自国のことのみに専念して他国を無視してはならない」原則が、正義にかなうことは否定できない。受動的平和主義は各国に武力を放棄するように求めるだけで、武力を放棄すればどのようにして「専制と隷従、圧迫と偏狭」が「地上から永遠に除去」されるのかについて、実効的な議論を展開して

---

21) 清水伸編著・前掲注5）90頁，107頁，20頁，115頁。

いない。あるいは，この地上に存在する「専制と隷従」や「圧迫と偏狭」を除去する具体的な方策について，何も明らかにしていない。とりわけ受動的平和主義は，正義に基づく平和を実現するために日本が何をなすべきかについて，説得力ある議論を提供していないのである。

日本はいまやアメリカに次ぐ高額の国際連合分担金を負担しており，ここ数年は最大のODA（政府開発援助）提供国でもある。こうした日本の貢献が国際連合の種々の活動を可能にし，途上国の社会・経済開発を支援していることは大いに評価されるべきである。しかしながら日本の貢献が予期される効果を挙げるためには，援助受入れ国の，ひいては国際社会の平和と秩序が維持されることが必須である。だが，PKO協力法がPKFを凍結している事実が示すように，また国際連合の軍事的制裁行動へ参加してこなかった事実が示すように，国際の平和と安全の維持に対する日本の態度はきわめて消極的であり，その背後には受動的平和主義の影があるように思われる。もちろん第2次世界大戦に至る日本の行動が国際社会に与えたマイナスの側面について，日本が謙虚に反省することは肝要である。ただし日本と同様の体験をしたドイツでは近年，憲法裁判所が北大西洋条約機構地域外への兵力派遣は憲法上可能であると判断した。「日本国民は……平和を維持し，専制と隷従，圧迫と偏狭を地上から永遠に除去しようと努めてゐる国際社会において，名誉ある地位を占めたい」という憲法前文の理念と第98条2項の国際協調主義の原則に基づいて，日本国憲法第9条の平和主義の内容を再検討すべき必要は，いくら強調しても強調し過ぎるおそれはないであろう。

4　国際人権保障と日本

（1）　国際人権保障の意義と略史

21世紀が間近い今日でも[*1]，人権の保障は基本的には国家の手に委ねられている。それは，この地球上に生存する60億足らずの個々人が，全体としてま

---

*1　本論文の初出は1998年。

第1章　国際社会と日本

とまった共同体を構成しているのではなく，200ばかりの国家に分属して生活し，しかもかれらの行動を律する規則を制定し維持する機能が各国家によって営まれている事実の反映である。しかしながら，個人の人権保障を国家のみの手に委ねておくことは，必ずしも好ましくない。たとえば，第2次世界大戦前から戦中のナチス・ドイツによるユダヤ人の迫害は，当時のドイツの政策としてドイツの国内法に基づいて実施されたものであったし，ごく最近まで南アフリカで施行されていたアパルトヘイトも，同国の政策として国内法に基づいて実施されたものであった。これらの事例は，人権の保障を国家のみに委ねることの危険性を示している。つまり本来，個人の人権を保障すべき国家のシステムが，逆に個人の人権を侵害することに用いられる危険性が存在するのである。この危険性を排除するためには，人権の保障を国家のみに委ねることに代えて，国家を越えた人権の客観的な基準を設定し，各国家がこれを遵守するように監視する「国際的なシステム」を設置することが肝要である。これこそが，国際人権保障の存在意義である。

　ところで，国際人権保障の歴史はさほど古くない。それは17世紀以降，宗教的な少数者とくに新教徒が自らの宗教を奉じる権利を，国際条約によって保障されることに始まり，やがて19世紀には，イスラム国家オスマン・トルコの支配地域に住むキリスト教徒が同様の権利を保障されることへと広がった。このように保障される権利の種類も，保障される個人の範囲もきわめて限定されていた国際人権保障は，国際連盟期に大きく進展する。まず，第1次世界大戦の結果，中東欧に誕生した諸国家のほとんどは国内に少数民族を抱えていたが，連盟理事会はこれらの諸国家と条約を締結し，少数者の言語使用の自由と並んで，少数言語による学校教育の自由を保障した。つぎに，連盟と同時に発足した国際労働機関は，加盟国の労働者に共通の労働条件を保障することに努め，保障の範囲をいわゆる社会権の分野にまで拡大した。最後に，大戦末期に発生したロシア難民，それに続くアルメニア難民，のちにはドイツからのユダヤ系難民など，国際連盟は難民保護の分野でもすぐれた足跡を残した。しかしながら国際人権保障の飛躍的な発展は，国際連合の登場を待たなければならなかったのである。

（2） 国際連合と国際人権保障

　第2次世界大戦は，日独伊などの枢軸国と戦った連合国の側から見ると，人権の擁護・回復のための戦いという側面を持っていた。枢軸国の政府はいずれも軍事独裁政権的な性格が強く，国内において反対派に仮借ない弾圧を加えるとともに，国外においても占領地住民の人権を無視することが多かった。そのため連合国の戦争目的には，占領地のみならず枢軸国の住民の奪われた人権を回復し，抑圧された人権を擁護することが含められたのである。これを受けて，戦争末期に連合国が創設した国際連合は，「人種，性，言語又は宗教による差別なくすべての者のために人権及び基本的自由を尊重する」ための国際協力を，目的の1つに掲げた（憲章第1条）。かくして，連盟期やそれ以前のように，特殊なカテゴリーの人権や特定の個々人のみを保障の対象とするのではなく，あらゆる個人のすべての人権が国際的な保障の対象となったのである。そして国際連合憲章は，社会的・経済的分野における国際協力を手掛ける機関として，総会の下に経済社会理事会を，その下部機関として「人権の伸張に関する委員会」を（第68条），それぞれ設置した。後者は「国連人権委員会」と呼ばれる機関である。

　ただし国際連合憲章は，国際協力によって保障されるべき人権そのものについては，何の規定も置いていない。そのため国連人権委員会の最初の仕事は，国際的に保障されるべき人権の中身を明らかにすることとなった。人権委員会は，その補助機関である「差別防止および少数者保護に関する小委員会」の助けを得て，鋭意この仕事に取り組んだ。その成果が，1948年12月10日に国際連合総会の採択した「世界人権宣言」である。同宣言は，「すべての人間は，生まれながらにして自由であり，かつ，尊厳と権利において平等である」と謳う第1条に始まり，生命・身体・財産の自由，私生活・婚姻・家族の保護，信条・表現・集会結社の自由，公正な裁判を受ける権利，参政権，教育・労働・文化に対する権利など，多様な人権について規定している。しかし前文が「すべての人民とすべての国家が達成すべき共通の基準」と述べているように，世界人権宣言は各国がそれぞれの国内システムを通じて実現すべき一般的な目標を示したに過ぎない。各国に宣言の諸規定を実現する法的義務を負わせるため

には，この宣言を条約化し，これを各国に批准させる手続が必要である。したがって世界人権宣言の条約化が，国連人権委員会のつぎの仕事となった。

　宣言が2年あまりでまとめあげられたのに比して，宣言を条約化する作業は実に18年を要した。それは，1つには人権の中身に関する東西対立，もう1つには実施義務に関する南北対立，が原因であった。世界人権宣言の規定する多様な人権は，おおよそ手続的な人権と実体的な人権とに分けられ，後者はさらにいわゆる自由権と社会権とに二分することができる。リンカーンが民主主義の理念を表現した「人民の，人民による，人民のための統治（government）」という言葉はあまりにも有名であるが，ここに手続的な人権とは，被治者の意思を統治に反映させることを保障する手続に関わる人権を指し，参政権や請願権がそれに当たる。また，公正な裁判を受ける権利も，侵害された権利の救済を保障する手続に関わる人権に属する。これに対して実体的な人権は，統治者たる国家・公権力と被治者たる私人・個人の関係を実体的に規律する原則に関わるものであって，身体的自由や精神活動の自由のように，個人の活動に公権力が介入しないことによって実現される人権，つまり国家の不作為を本質とする自由権と，勤労の権利や教育を受ける権利のように，公権力が積極的に個人の活動に介入することによって実現される人権，つまり国家の作為を本質とする社会権とに，二分されるのである。

　人権の中身に関する東西対立とは，実体的な人権をめぐり，ソ連を中心とする社会主義諸国が，社会権が保障されてこそ自由権が意味を持つとして，前者の後者に対する優越性を強調したのに対し，西側諸国が，政府の政策を批判し変更させる可能性を保障するためには自由権とりわけ表現の自由こそ肝要であると反発した結果，生じたものであった。今日では，あらゆる種類の人権の整合性・相互補完性が普遍的に承認されているが，この東西対立が世界人権宣言の条約化を遅らせた一因である。他方，社会権の実現のためには，国家は経済的ゆとりや財政的ノウハウを持たなければならない。それらを欠く第三世界の諸国は，社会権について厳しい国際的な義務を負わされることを警戒した。この南北対立が宣言の条約化を遅らせた第2の原因である。かくして，本来1つの文書であった世界人権宣言は，主として社会権のみを規定する「経済的，社会的及び文化的権利に関する国際規約」（社会権規約と略す），主に自由権と手

Ⅰ 国際法と日本

続的権利とを規定する「市民的及び政治的権利に関する国際規約」(自由権規約と略す) という2つの条約に分けられて、やっと1966年に国連総会により採択された。しかも社会権規約の当事国は、条約諸規定の「漸進的実施」とその結果の国際連合への報告というきわめて緩やかな義務を負うに留まる。また自由権規約の当事国は、条約諸規定の「即時実施」義務を負い、かつその報告が国際機関 (全当事国会議により個人の資格で選出された18名の専門家から成る自由権規約委員会) の審査に付される。さらに自由権規約の「選択議定書」にも加入した当事国は、自国の規約違反により人権を侵害されたと主張する個人の申立を、同じ自由権規約委員会が審査する権限をも認めることになった。

両規約が発効に必要な35ヶ国の批准を得たのは、いずれも採択後10年を経た1976年であった。しかしその後、当事国数は順調に増えて、1997年現在、140に近く、人類の7割以上が両規約の包括的な人権保障を受けていることになる[2]。同じく1976年に発効した自由権規約第1選択議定書も、その加入国数は90に達している[3]。また国際連合は個別的な人権保障の分野でも、多くの国際条約を採択・発効させている。このなかには、ナチス・ドイツのユダヤ人迫害に類する行為に対処すべき「集団殺害犯罪の防止及び処罰に関する条約」(1948年採択。以下同じ)、一般的な難民保護を目指す「難民の地位に関する条約」(1951年) と「難民の地位に関する議定書」(1966年)、「あらゆる形態の人種差別撤廃に関する国際条約」(1965年)、「女性に対するあらゆる形態の差別の撤廃に関する条約」(1979年) などが含まれる。さらに1989年には、子供の人権の包括的な保障を目的とする「児童の権利に関する条約」が採択され、短期間にきわめて多数の国家が当事国となった。

これらの条約の多くは、人権の客観的な基準を普遍的に設定することと並んで、当事国の遵守を監視する「国際的なシステム」を設置している。ただし、たとえば自由権規約委員会の審査が勧告的な性格しか与えられていないように、これらの国際システムは当事国を拘束する法的な効力を認められていない。だが、地域的な人権保障システムのなかには、そうした効力を認められているも

---

[2] 2017年末現在、社会権規約と自由権規約の当事国はそれぞれ166ヶ国と169ヶ国。
[3] 2017年末現在、当事国は116ヶ国。また、2013年に発効した社会権規約選択議定書の当事国は同じく23ヶ国である。

のも存在する。すなわち欧州人権条約は、自由権規約と似通った規定を置いているが、人権委員会のほかに人権裁判所を設置して＊4，裁判所の判決には当事国を拘束する法的効力が与えられており、米州人権条約もまた、これに類似する制度を設けている。このように第2次世界大戦後の国際社会においては、緩やかながらも国際的な人権保障体制がきわめて広範囲に行き渡っており、しかも部分的には、国家主権を制限する強力な保障システムが機能しているということができるであろう。

(3) 日本国憲法と外国人の人権

日本は1979年に社会権規約と自由権規約の当事国となり、両規約の諸規定は日本の国内法となっているはずであるが、それらの解釈・適用に関する最高裁判所の立場は必ずしも明確でない。他方、日本国憲法第3章「国民の権利及び義務」は、両規約の基礎となった世界人権宣言の諸規定と大筋において呼応する条文を置いており、制定以後半世紀のあいだにそれらの解釈・適用にかかわる多数の判例が蓄積されてきている。以下では、そうした判例のなかから、とくに外国人の人権保障に関わるものをいくつか選び出し、そこにおいて"人権保障と国籍"の関係がどのように把えられているかを明らかにするとともに、その結果を国際人権条約における把え方と対比してみたい。

(i) 戦後処理における「個人」の請求権

ところで、日本国憲法のもとにおける人権保障と国籍の関係の検討に先立ち、日本の戦後処理の過程でひろく「個人」の請求権がどのように扱われたかを見ておくことが、有益であるように思われる。ここにいう個人には、日本人と並んで、外国人も含まれる。

まず、日本人すなわち日本国籍を有する個人については、1951年に締結された対日平和条約における在外資産の処理が問題となる。対日平和条約は、当時の日本経済の実情を配慮して、日本および連合国の各政府が戦争から生じた各種の請求権を相互に放棄し合うことを定めるなど、全体として見れば、日本に

＊4　1998年発効の第11議定書により人権委員会は人権裁判所に統合された。

対して好意的・恩恵的な財政処理規定を置いていた。しかしながら，日本国民が連合国の領域内で有していた在外資産は一般的な賠償に，また日本国民が中立国などの領域内で有していた在外資産は外国人捕虜への賠償に，それぞれ充てられることも規定されていた。これは特定の個人財産を国家全体の賠償に振り当てた行為であり，私有財産の公用収用に準ずる行為であるので，対イタリア平和条約などでは，敗戦国が当該資産の所有者に補償を支払うことを義務づけられている。そこで，対日平和条約の規定に基づき，カナダ所在の個人財産を日本の賠償に振り当てられた原所有者が，日本政府に対し公用収用に準ずる補償の支払いを求める訴訟を起こした。

だが最高裁判所は1968(昭43)年11月27日の判決（最大判昭43・11・27民集22巻12号2802頁）で，対日平和条約のなかに対イタリア平和条約に見合う規定が無いことを理由に，「少なくとも国際的に……平和条約上，国の補償義務の生ずる余地はない」と認定し，「平和条約締結の経緯からいつて，わが国が自主的な公権力の行使に基づいて，日本国民の所有に属する在外資産を戦争賠償に充当する処分をしたものということはできず」，その結果として原所有者が「被った在外資産の喪失による損害も，敗戦という事実に基づいて生じた一種の戦争損害とみるほか」なく，「このような戦争損害は，他の種々の戦争損害と同様，多かれ少なかれ，国民のひとしく堪え忍ばなければならないやむを得ない犠牲」であるから，公用収用に関する憲法の補償規定を適用する余地はない，と判示した。

しかしながら，最高裁のこの論理に法的な問題はないであろうか。「他の種々の戦争損害」には，たとえば空襲による国内所在資産の喪失が含まれよう。だが国内所在資産の喪失者である日本人のなかにも，在外資産を所有する個人も所有しない個人も存在したであろうし，国内所在資産の所有者のなかには空襲による被害を免れた個人もいたであろう。最高裁の論理はそうした個々人の差異や特性による違いを一切捨象して，「国民」という大まかなカテゴリーに包み込み，すべての国民を同等に扱うことで戦後処理の正当化を試みるものであるが，この論理には世界人権宣言や日本国憲法に規定する「法の前の平等」原則から見て，大きな問題があるように思われる。およそ"法の前の平等"とは"同じ立場にあるものを同等に扱う"原則を意味するのであって，この原則

からすれば，最高裁の論理は"同じ立場にないものを同等に扱う"過ちを犯しているのではなかろうか。

たしかに，どのような個人が同じ立場にあるかを決定することは，容易ではない。しかし対イタリア平和条約の規定は，同一「国籍」を持つ国民のなかでも，特別な不利益を被った個人を他の個人と区別することが決して不可能ではなく，かつ前者に補償を与えることが国際的に是認されている事実を証明している。ついでながら，ドイツの戦後処理でもイタリアと同じ方式が採択された。日本政府ものちに「引揚者給付金等支給法」などを制定して，事態の改善を図ったが，そうした立法措置を待つまでもなく，裁判所自体が司法的救済を講じるべきではなかったであろうか。

さらに最高裁の論理には，もう1つ大きな問題があるように思われる。それは，そもそも個人の権利・人権の保障を論じる際に，当該個人の「国籍」を基準とすることがどこまで妥当であるか，という問題である。この問題はまた，外国人の人権という問題に直結する。そこで，項を改めて検討することにしよう。

(ii) 国籍条項の解釈・適用

実のところ国籍と人権保障の問題は，上に見た戦後処理をめぐって，すでに発生していた。第2次世界大戦の結果，日本の領域から分離された朝鮮半島と台湾の住民の問題がそれであり，ここではその典型的な事例として，いわゆる台湾人元日本兵事件を取り上げることにする。

大戦後日本では，軍人とその遺族に対して「恩給法」により，それ以外の軍属とその遺族に対しては「戦傷病者戦没者遺族等援護法」(以下，援護法と略す)により，各種の補償が支払われてきたが，「日本国籍を喪失した者」には受給資格を認めないという国籍条項があったために，朝鮮半島や台湾の住民について問題が生じた。このうち台湾の住民については，1952年の日華平和条約が「日本国……に対する……住民の請求権……の処理は，日本国政府と中華民国政府との間の特別取極の主題とする」と定めていた（第3条）。しかし台湾側の事情によってこの取極が結ばれないまま，1972年の日中共同声明により日華平和条約が終了させられ，当該取極に基づく処理は不可能となった。そうし

Ⅰ　国際法と日本

た背景のもとに台湾人元日本兵とその遺族が，日本人に対して補償が支払われているにもかかわらず，自分たちに支払われないのは日本国憲法第14条の「法の下の平等」規定に違反するとして，日本の裁判所に訴訟を提起したのである。

　最高裁判所は1992(平4)年4月28日の判決（最三判平4・4・28判時1422号91頁）において，戦争犠牲ないし戦争損害は憲法の予想しないものであると断ったあと，「台湾住民である軍人軍属が援護法及び恩給法の適用から除外されたのは……日華平和条約により……両国政府の外交交渉によって解決されることが予定された」ので合理的な根拠があったからであり，「日本の国籍を有する軍人軍属……との間に差別が生じているとしても……本件国籍条項は，憲法14条……に違反するものとはいえない」と判示した。この判決には，特別「取極についての協議ができないこととなった時点から……国籍条項適用の結果生じている状態が法の下の平等の原則に反する差別となっていることは，率直に認めなければならない」とする少数意見が付されているが，本件上告後の1987年9月と翌年5月に制定された特別法により，台湾人元日本兵とその遺族に対して一律に200万円の弔慰金または見舞金が支払われた。なお恩給法と援護法は，朝鮮半島や台湾の出身者が日本に帰化した場合には，適用されることになっているが，かれらの日本国籍が対日平和条約の発効に伴い自動的に，つまりかれら自身の意思とは無関係に，喪失された事実を考慮に入れるならば，上述の少数意見が指摘するように，両法の国籍条項は「法の前の平等」原則から見て，やはり問題があるというべきであろう。

　個人の人権保障を論じる際に，当該個人の国籍を重視する態度は，戦後処理を離れた日本の憲法判例のなかにも色濃く反映している。たしかに，憲法第3章が「国民の権利及び義務」と題されているように，同章に掲げる諸権利は「国民」に保障されることを前提として規定されたものであろうが，つぎに見る判例も述べるとおり，「憲法第3章の諸規定による基本的人権の保障は，権利の性質上日本国民のみをその対象としていると解されるものを除き，わが国に在留する外国人に対しても等しく及ぶものと解すべきであ」ろう。以下では，憲法の保障する自由権，社会権，手続的権利のそれぞれについて代表的な判例を1つずつ選び，それらが外国人に適用される際に課せられる制約がどのように説明されているか，を検討してみよう。

まず，英語教師として入国を認められたアメリカ人が法務大臣に在留期間の更新を申請したところ，滞在中に政治集会やデモ行進に参加したことを理由に拒否されたため，その取り消しを求めたいわゆるマクリーン訴訟につき，最高裁判所は1978(昭53)年10月4日の判決（最大判昭和53・10・4民集32巻7号1223頁）で，当時の出入国管理令が「在留期間の更新を適当と認めるに足りる相当の理由があるときに限り」これを許可することができるとして，許可権者たる法務大臣に広範な裁量権を与えているのは，「申請者の……在留中の一切の行状，国内の政治・経済・社会等の諸事情，国際情勢，外交関係，国際礼譲など諸般の事情をしんしゃくし，時宜に応じた的確な判断」をしなければならないからであって，「外国人に対する憲法の基本的人権の保障は，右のような外国人在留制度のわく内で与えられているにすぎない」と判示した。そして申請者の政治活動のなかには，日本の出入国管理政策に対する非難行動，アメリカの極東政策や日米安全保障条約に対する抗議行動などのように，「わが国の基本的な外交政策を非難し日米間の友好関係に影響を及ぼすおそれがないとはいえないものも含まれて」いるので，法務大臣が「当時の内外の情勢にかんがみ……右活動を日本国にとって好ましいものではないと評価し……同人を将来日本国の利益を害する行為を行うおそれがある者と認めて，在留期間の更新を」拒否したことは，違憲ではないと結論した。だが，ここにいう政治集会やデモ行進に参加したことのみを理由に日本人が処罰されていないとすれば，判決は国籍に基づいて「表現の自由」の適用に差別を設けたわけであり，しかも「外国人在留制度のわく内で与えられ」た「憲法の基本的人権の保障」が表現の自由の差別的適用を正当化する根拠について十分に明らかにしているとは考えられない。

　つぎに，病気のため失明し，のちに日本人と結婚した日本生まれの韓国籍の女性が，帰化により日本国籍を取得後，国民年金法に規定する障害福祉年金の支給を請求したところ，同法に定める期日において日本国民ではなかったとの理由でこれを却下されたため，憲法に違反する差別に当たるとして争ったいわゆる塩見訴訟において，最高裁判所は1989(平元)年3月2日の判決（最一判平元・3・2判時1363号68頁）で，「社会保障上の施策において在留外国人をどのように処遇するかについては，国は，特別の条約の存しない限り，当該外国人

の属する国との外交関係，変動する国際情勢，国内の政治・経済・社会的諸情勢等に照らしながら，その政治的判断によりこれを決定することができるのであり，その限られた財源の下で福祉的給付を行うに当たり，自国民を在留外国人より優先的に扱うことも，許されるべきことと解され」，一定の期日に日本国民であることを受給資格要件とすることは違憲ではない，と判示している。この判示自体は不適切ではなかろう。しかし，判決自体が「国民年金制度は……国民生活の安定が損なわれることを国民の共同連帯によって防止することを目的とし，保険方式により被保険者の拠出した保険料を基として年金給付を行うことを基本として創設された」と指摘するように，被保険者の共同体による相互扶助が年金制度の本質であるとすれば，永住外国人がこの共同体に参加することを拒絶すべきいわれはない。とくに，国民年金制度が部分的に租税収入により運用されている事実を勘案すれば，国民と同様に納税者共同体を構成している永住外国人を，国籍を根拠としてこの制度から排除すべきいわれはない。

　最後に，永住者たる在日韓国人たちが地方自治体における選挙権を争った訴訟につき，最高裁判所は1995(平7)年2月28日の判決（最三判平7・2・28民集49巻2号639頁）で，憲法前文および第1条の規定に照らし主権が日本国民に存することが明らかである以上，「公務員を選定罷免する権利を保障した憲法15条1項の規定は，権利の性質上日本国民のみをその対象とし……我が国に在留する外国人には及ばないものと解す」べきであって，「地方公共団体が我が国の統治機構の不可欠の要素を成すものであることをも併せ考えると，憲法93条2項にいう『住民』とは，地方公共団体の区域内に住所を有する日本国民を意味するものと解するのが相当であ」るとして，永住外国人の選挙権を否定した。ただし，同判決は「憲法第8章の地方自治に関する規定は，民主主義社会における地方自治の重要性に鑑み，住民の日常生活に密接な関連を有する公共的業務は，その地方の住民の意思に基づきその区域の地方公共団体が処理するという政治形態を……保障しようとする……ものと解されるから，我が国に在留する外国人のうちでも永住者等であってその居住する区域の地方公共団体と特段に緊密な関係を持つに至ったと認められるものについて……地方公共団体の長，その議会の議員等に対する選挙権を付与する措置を講ずることは，憲法上禁止

されているものではない」と判示し、国籍を問わない住民共同体的発想の可能性を示唆した点で注目されよう。

（4） 人権保障と国籍——日本国憲法 対 国際人権諸条約——

上に見た日本の憲法判例に関するかぎり、人権保障と国籍の関係について、おおよそつぎのような特徴を指摘できるのではないかと思われる。それは、ある個人の人権保障を考慮する際に、まず当該個人が日本「国籍」を有するか否かによって「日本人」と「非日本人」に二分し、いずれかのグループに振り分けたあとは、個々人の差異や特性を十分配慮することなく一律に一定内容の保障を与える方式、いわば自国籍中心・集団主義とでも表現すべき発想である。ここに"自国籍中心"というのは、人権保障の対象から「非日本人」を排除したり、かれらの保障の内容を「日本人」よりも低くする傾向が強いためである。しかも最高裁判所を含む日本の裁判所は、上に見た諸判決のうちマクリーン訴訟を除くいずれの判決においても、国籍に基づく差別の解消は"立法府の裁量の範囲に属する問題である"として、自ら司法的救済をはかることにきわめて消極的な態度をとっている。これを人権保障における司法消極主義と呼ぶこともできよう。

これらの特徴は、国際人権保障にかかわる諸条約の関連規定と際立った対比をなしている。たとえば、世界人権宣言の前文は「人類社会のすべての構成員の固有の尊厳および平等で譲りえない権利を承認する」と述べて、人権の普遍性を強調するとともに、それが本来個人のものであることを明らかにしており、また、これを受けた自由権規約は、第25条の政治参加について「すべての市民（every citizen）」を主体とする以外は、あらゆる権利について「すべての者（every human being, anyone, all persons）」を主体とすることにより、人権の個人性を前面に押し出している。それは、これらの文書が国際的なものであることから、当然であるともいえる。だが、社会権規約第2条3項の「開発途上にある国は、人権及び自国の経済の双方に十分な考慮を払い、この規約において認められる経済的権利をどの程度まで外国人に保障するかを決定することができる」という規定を見れば、いわゆる先進国にとっては、自国民でない者に自国民と同等の経済的権利を保障すること、つまり国籍により人権保障に区別を設

I 国際法と日本

けないことが、むしろ原則とされているように考えられよう。

さらに、地域的な人権保障条約を見ても、欧州人権条約の第1条は当事国の管轄内にある「すべての者」を保障の対象として規定しており、米州人権条約の前文も「人間の不可欠の権利は、かれがある国の国民であるという事実に由来するのではなく、かれの人間人格の属性に基礎を置くものである」と明言している。「人および人民の権利に関するアフリカ憲章」もまた、前文において「基本的人権が人間の属性に由来し、国内的および国際的な保護を正当化する」と宣明している。そして、これらの地域的人権保障条約は自由権規約と同様に、政治参加の権利以外は、いずれの人権についても「すべての者」を主体としているのである。

このように人権の主体が個人であり、国籍は個人に付着する種々の特性の一つに過ぎないという立場からすれば、さきに自国籍中心・集団主義と表現した日本の判例には問題があるのではないだろうか。以下、自由権規約の選択議定書に基づく自由権規約委員会が個人の申立について採択した「見解」（審査の結果、到達した結論のことをいう）のうち、国籍を根拠とする差別待遇に関する2つの事例を見ておこう。その1つは、セネガル国籍の元フランス兵の軍人恩給にかかわる事件であり、もう1つは、共産政権下で私有財産を没収された元チェコ人の補償にかかわる事件である。

前者は、植民地時代にフランス軍役に服し、独立後も軍人恩給を給付されていたセネガル国籍の元フランス兵が、1975年以降は給付水準が据え置かれたため、年ごとに給付水準の調整を受けるフランス国籍者よりも不利な給付金しか受けられなくなったのは、国籍に基づく差別待遇であり、法の前の平等を定めた自由権規約第26条に違反する、と申し立てたものである。フランス政府は、これは退役軍人に関するアフリカ諸国政府のデータが不正確なためその是正を求めたが、事態が改善されないので止むをえず採った措置である、と抗弁した。しかし委員会は、データの不正確さを根拠としてこのような措置を採ることは、やはり国籍に基づく差別待遇に当たるとして、違反を認定した[22]。ついでながら、最高行政裁判所を含むフランスの国内裁判所も委員会と同様な判断を下していた[23]のである。

後者は、チェコスロバキア時代に共産政権の政治的迫害を受けてオーストリ

第1章　国際社会と日本

アへ亡命後その資産を没収された元国民が，新政権のもとでこの種の資産の原所有者に対する補償措置がとられながら，補償の請求権者がチェコの国籍保有者と常住者に限定されているのは，国籍に基づく差別待遇であり自由権規約第26条に違反する，としたものである。チェコ政府は財源の不備などを理由に，国籍等に基づく待遇の差異は正当化される，と抗弁したが，委員会は原所有者の外国籍取得が共産政権の迫害の結果である以上，チェコ政府の措置は国籍を根拠とする差別待遇であって規約に違反する，と判断した[24]。

　これらの委員会の判断を台湾人元日本兵事件における最高裁判所の判決と比較すれば，後者を自国籍中心・集団主義と表現することの意味は明らかであろう。自由権規約第26条は日本国憲法第14条と同じく「法の前の平等」を規定している。それは，さきにも指摘したとおり，"同じ立場にある者を同等に扱う"原則である。軍人恩給は過去の軍役に対して支払われるものであり，被給付者の国籍，それもかれ自身の意思によらずに変更された国籍，を根拠として給付に差異を設けた点で，セネガル人元フランス兵と台湾人元日本兵とは同じ立場にある。しかし，一方はこれを平等原則に違反すると判断し，他方は違反しないと判断した。たしかに，日華平和条約が存在した点で両者の立場は異なるが，少数意見の指摘どおり，同条約の終了後は類似の状況が出現していたのである。また，チェコの被没収資産補償に関する委員会の見解と比較すれば，対日平和条約の在外資産処理に対する最高裁判所判決の問題点は明らかであろう。委員会が原所有者の他国籍取得という個別的な事情を配慮したのに比べ，最高裁判所は戦争被害の一律性を強調して被害者の個別的な事情を配慮しなかった。さらに，委員会が差別の存在を積極的に認定したのに比べ，裁判所は"差別の解消を立法府に委ねる"司法消極主義に終始している。セネガル人元フランス兵事件のフランス国内裁判所の判決やイタリア，ドイツの賠償充当用

---

22)　United Nations, General Assembly, Official Records : Forty-Fourth Session, Supplement No. 40 (A/44/40) ; Report of the Human Rights Committee, p. 189ff (Communication No. 196/1985, Ibrahima Gueye *et al.*v. France).
23)　*Ibid.*, p. 190, para. 1. 4.
24)　United Nations, General Assembly, Official Records : Fiftieth Session, Supplement No. 40 (A/50/40) ; Report of the Human Rights Committee, p. 93–94 para. 540 (Communication No. 516/1992, Alina Simunek *et al.* v. the Czech Republic).

在外個人資産の処理をも併せて考慮すれば，少なくとも平等原則の解釈・適用ひいては人権保障と国籍の関係に関する日本の判例は，国際的に見て批判を免れないであろう。

5　おわりに——結論に代えて——

本稿の目的は，いわゆる平和主義および人権の尊重に関する日本の国家実行を分析し，その結果を国際協調主義に照らして評価することであった。そのため，憲法第9条にかかわる日本の国家実行を国際安全保障の見地から，また憲法第3章のなかで人権保障と国籍の関係にかかわる裁判先例を国際人権保障の見地から，それぞれ検討した。その結果，前者については，日本の受動的平和主義の態度に問題があること，後者については，判例の自国籍中心・集団主義的な発想に問題があること，が明らかになった。そこで最後に，こうした問題を克服するために，日本と日本人が採るべき方策について考えてみよう。

実は，ここにいう受動的平和主義と自国籍中心・集団主義的な発想には，1つの共通点が存在する。それは，日本人は日本のことはやるが，他国のことには手も口も出さないという孤立主義的な態度であり，この世界が種々雑多な複数の国家に分裂している事実から生じるいろいろな問題に直面し対処することを避ける自閉的な態度である。まず国際安全保障について，憲法が海外における武力行使を禁じていることを理由に，集団的自衛権の行使を否定するのみならず，国際連合の集団安全保障措置への協力をも拒否する受動的平和主義は，結局のところ他国の問題に関わりたくないという態度に通じる。そしてその態度は，国際連合の発足後も大小さまざまな武力紛争が絶えない国際社会の現実を見れば，他国の平和・安全に対する無関心にも繋がる。他方で人権保障についても，日本の自国籍中心・集団主義は，日本人の人権は日本が面倒を見るが，他国民の人権までは面倒を見切れないという態度に通じ，ひいては他国の人権状況に対する無関心に繋がる。それはまた，国際人権保障の可能性に背を向ける態度でもある。

しかしながら，このように孤立主義的・自閉的な態度は生産的でないばかりか，現実的でもない。というのは，日本と日本人はいまや他国や他国民と無関

係に生きていけなくなっているからである。経済、科学、技術、知識、情報、いずれの分野をとっても、日本は国際社会との相互作用抜きにはありえず、日本人の生活は他国民の生活と離れがたく結び付いている。つまり物理的には、日本と日本人が文字どおり国際化している事実を否定することはできない。問題は、日本と日本人がこの事実を正面から見据え、これに合致すべき精神的な準備をいかに整えるか、である。その回答は、日本と日本人が他国や他国民とともに生きる"共生の哲学"を学び、実践すること以外にない。そのためには、日本の安全保障や日本人の人権保障について、国際的に通じうる現実的なブルー・プリント（青写真）を描き出し、そのなかで日本人の果たす役割を明確にすることから始めるべきであろう。その作業が現行日本国憲法のもとで可能であれば、直ちに手掛けるべきである。万一それが不可能であれば、必要に応じて憲法を改正すべきである。それこそが、憲法前文と第98条2項にいう国際協調主義を生かす道であろう。

第2章　国際連合の活動と日本の対応
　　　──国際平和・安全の維持にかかわる実行を素材として──

（2004年）

1　はじめに

　1945年，第2次世界大戦において未曾有の軍事的敗北を喫した日本が，大戦後の国際社会における平和・安全の維持を目的として設立された国際連合に加盟を許されたのは，1956年，実に敗戦後10年以上を経てのちのことであった。

　すなわち，大戦末期の1945年夏，米・英・中の3国が発した「ポツダム宣言」を受諾した日本は，宣言の掲げる降伏条件を実施するために連合国の軍事占領下に置かれ，日本軍の武装解除，産業の非軍事化，公職追放，財閥解体，農地改革，政治活動の自由化と選挙制度の改革，労働運動の解放，教育制度の改革，さらに憲法改正など，社会の抜本的な変革を経験することになった。そして1951年には連合国の占領を終結させ，日本の主権・独立を回復する対日平和条約がアメリカ・サンフランシスコで締結され，翌52年4月28日に発効した。

　すでに連合国軍の占領中から，国際社会へ復帰することは日本および日本国民の切望するところであり，国際連合へ加盟することはその実現の重要な一歩であった。したがって対日平和条約が発効した1952年，日本は国際連合に対して加盟を申請する手続をとったが，朝鮮戦争で一層激化した東西対立の煽りを受け，総会で圧倒的多数の支持をえながら，安全保障理事会におけるソ連（当時）の拒否権行使によって，日本の加盟は阻まれたのである。さらに3年後の1955年，東西対立が緩和するなか，日本はふたたび国際連合へ加盟を申請したが，モンゴルの加盟申請に対する中国（中華民国）の拒否権行使に対抗して，ソ連が日本の加盟申請に対し再度拒否権を行使した。かくして翌1956年，日本は対日平和条約に参加しなかったソ連とのあいだで「日ソ共同宣言」に調印して国交を回復し，同年12月18日に至って，やっと国際連合への加盟を認められたのである。いずれにせよ，敗戦後の全期間をつうじて，「国際連合中心主

I 国際法と日本

義」は日本外交の主柱でありつづけた。

　本稿の目的は，国際連合の最重要課題である国際平和・安全の維持にかかわる国際連合の活動を跡づけるとともに，加盟の前後を通してこの活動に対する日本の対応を考察・評価すること，である。考察の便宜上，国際平和・安全の維持にかかわる国際連合憲章の仕組と朝鮮戦争期までの国際連合の実行，この時期における日本の対応，スエズ動乱に始まる国際連合の平和維持活動 (PKO) の展開，その後における PKO の拡大と日本の対応，の順に検討を進めることとする。

2 国際連合と国際平和・安全の維持

（1） 前　史

　国際平和・安全の維持にかかわる国際連合のシステムは，その前身である国際連盟のシステムを維持・発展させたものである。したがって最初に，国際平和・安全の維持にかかわる国際連盟のシステムを概観しておくことが有益であろう。

　第1次世界大戦以前の国際社会とりわけ19世紀後半以降のヨーロッパにおいては国家の安全はその国家自身の総合的な力，とくに軍事的な力に大きく依存していた。この状況のもとでは，ある国家の軍事力がこれと対立する他の国家の軍事力に劣る場合，前者は自己と利害の一致する第三国と軍事同盟を形成することにより，後者に対して軍事的優位に立とうと試みる。しかし，後者はこれに対抗して，後者と利害の一致する他の第三国と軍事同盟を形成しがちである。このように相対立する軍事同盟間の軍事的バランスをはかることにより関係国の安全を保障しようとするシステムは，勢力均衡政策または軍事同盟体制と呼ぶことができるが，このシステムのもとでは，一方の軍事力が他方を圧倒する場合，あるいは放置すれば他方の軍事力が圧倒的優位に立つ場合，言い換えれば軍事力の均衡が破れる場合には，必然的に軍事同盟相互間の戦争に発展する危険が存在した。現に第1次世界大戦は，ドイツ＝オーストリア・ハンガリー＝イタリア間とフランス＝ロシア＝イギリス間の2つの軍事同盟の対立に

起因するものであり，人類未曾有の惨禍をもたらしたのである。

　大戦後半に英仏側に立って参戦することにより勝利へ導いたアメリカの大統領ウィルソンが，軍事同盟政策に代え，国際社会の平和・安全を維持すべき新しいシステムとして提唱したのが，集団安全保障体制であった。集団安全保障体制は，軍事同盟体制のように利害の対立する国家群の存在を必ずしも前提とせず，そうした国家群も含めてできるかぎり多くの国家を新しいシステムに参加させようと試みる。このシステムに参加したすべての国家は，相互間の対立を解消する手段として"戦争"に訴えないことを約束する。そして，この約束に違反して他国に戦争を仕掛けた国家は，相手国のみならず，このシステムに参加しているすべての国家に対して戦争を仕掛けたものと見なされ，すべての国家による集団的制裁を受けることになる。ウィルソンの構想では，世界中のすべての国家，少なくともすべての軍事大国がこのシステムに参加し，約束を忠実に履行するならば，いかなる大国といえどもいかなる小国に対しても戦争を仕掛けることなく，すべての国家の平和・安全が維持されるはずである。というのは，当時の国際社会において，いかなる大国といえども，世界の他のすべての国家の力を結集した集団的制裁に対抗しうるほど強大な国家は存在しないからであった。

　ウィルソンの集団安全保障体制の構想は，国際連盟規約に取り入れられた。それは理論的には，おそらく正しかったのかも知れない。しかしながら当のアメリカ自身が，議会の反ウィルソン派の抵抗により，国際連盟に参加できなかった。また，大戦中のロシア革命により成立したソビエト政府も，その過激な主張のゆえに国際社会で孤立し，最初は連盟に加盟することを拒まれた。このように世界の2大軍事強国が連盟に加わらなかった事実は，連盟の集団安全保障体制のあり方に大きなマイナス要因となったのである。

　国際連盟規約によれば，集団的制裁の中核となるのは，規約に違反した加盟国に対する経済断交であった。それは第1次世界大戦において，イギリス海軍の海上封鎖がドイツへの物資の流入を阻げ，その経済的疲弊をもたらすことにより，後者の敗戦へ導いた経験に裏付けられていた。つまりイギリスは，連盟の集団安全保障体制の中心的な役割を担うことを期待されていたのである。だが，米ソ2大強国の不加盟という事実をまえにして，イギリスはその役割を引

I 国際法と日本

き受けることに消極的にならざるをえなかった。仮に連盟に加盟したドイツが他の加盟国に戦争を仕掛けるならば、イギリスはドイツとたとえばアメリカとの通商を阻止しなければならなくなる——イギリスはそこまでの制裁行動を義務づけられることを躊躇した。そこでイギリスは、連盟規約を制限的に解釈することを通して、集団的制裁にかかわる義務を軽減することに腐心した。その結果、ある加盟国が連盟規約に違反して戦争に訴えたか否かの判断は、連盟の機関ではなく、他の加盟国が個別に下すこととされたのである。また、違反に対してどのような制裁行動をとるかの判断も、個別の加盟国に委ねられた。そのため、違反国と利害関係の強い他の加盟国が、違反の認定を渋り、制裁に積極的に協力しない可能性が高まった。事実、イタリアのエチオピア侵攻を「規約に違反する戦争」と認定しながら、その後の集団的制裁は効果を挙げることなく中断され結局、侵攻を食い止めることができなかった。こうした流れのなかで、国際連盟は第2次世界大戦の勃発を防ぐこともできなかったのである。

（2） 国際連合憲章の集団安全保障体制

　国際連合の集団安全保障体制は、上に見た国際連盟の失敗を考慮に入れて、多くの点で改善・強化されている。

　第1に、連盟の集団安全保障体制がうまく機能しなかった原因の1つは、米ソ2大軍事強国が連盟に加盟せず、そのため連盟の集団的制裁の主役を担うべきイギリスが、制裁行動に消極的にならざるをえなかった事実であった。これに引き換え国際連合においては、当初から米ソを含む大国が加盟し、今日では世界の大半の国家が加盟国となっていて、いわゆる加盟国の普遍性が徹底している。この点に関連して連盟規約では、加盟国が一方的宣言により連盟から脱退できることが認められており、それが1930年代に日独両国をはじめとする諸国の脱退につながって、加盟国の普遍性を損なう結果をもたらした。国際連合憲章を採択した1945年のサンフランシスコ会議においても、脱退の扱いが問題とされたが、この問題は同会議の決議によって処理され、憲章自体には脱退に関する規定が置かれなかった。そのせいか、今日まで60年近くのあいだ、国際連合から脱退した国家は1つもない（ただし、1965年にインドネシアが脱退通告し、翌66年に復帰したケースがある）。

第2に，連盟規約では，規約に違反して"戦争"を仕掛ける行為のみが禁止されていたため，戦間期において"戦争"とは言わずに，現実には戦闘行為に訴える事態が発生した。日中戦争において，日中双方がそれぞれの事情により"戦争"と呼ぶことを避けたのは，その典型例である。国連憲章ではそうした事態に対処するため，広く国際関係において「武力による威嚇又は武力の行使」を一般的に禁止している（第2条4項）。

第3に，さきに見たとおり，連盟規約の解釈として，規約に違反する戦争がなされたか否か，なされた場合に違反者に対してどのような制裁行動をとるのかの決定を，各加盟国の個別的な判断に委ねたため，連盟の集団安全保障体制がまとまって機能しがたい状況を生み出し，イタリアのエチオピア侵略を阻止できなかった。これに対して国連憲章では，憲章に違反する行為により「平和に対する脅威，平和の破壊又は侵略行為」があるか否かの決定を，国際連合の機関たる安全保障理事会の専権事項とすることにより，各加盟国の個別的な判断を排除するとともに（第39条），安全保障理事会が憲章に従ってなした決定は各加盟国を拘束することとしたのである（第25条）。

そして第4に，集団的制裁の強化がはかられた。すなわち連盟規約においては，いわゆる経済的な制裁が中心であり，兵力は経済制裁を徹底する必要のために用いられることとされていたが，国連憲章においては，経済制裁を含む非軍事的な措置では不充分な場合に，「国際の平和及び安全の維持又は回復に必要な空軍，海軍，陸軍の行動をとることができる」として（第41条），軍事的な制裁行動の必要性を正面から認めたのである。

（3） 拒否権と大国連軍構想の挫折

このように国際連合は国際連盟の経験を踏まえて，集団安全保障体制の抜本的な改善・強化をはかった。しかし，その体制の中心的な役割を担うはずであった"大国連軍"は，今日に至るもなお実現していない。その大きな原因の1つは，安全保障理事会における「拒否権」の存在であった。

国際連盟の集団安全保障体制が効果的に機能しなかった遠因は，上に見たとおり，米ソ2大軍事強国の不加盟であった。連盟に代わる国際平和・安全の維持機構として国際連合の創設に力を尽くしたアメリカのルーズベルト大統領は，

I 国際法と日本

ウィルソンの失敗を繰り返さないために,自国はもとよりソ連の加盟を確保することに心を砕いた。それは2大強国の加盟を確保することが,加盟国の普遍性の達成と国際連合の集団安全保障体制の実効性にとって不可欠である,との信念に基づいていた。他方,ソ連は国際連盟において,国際機構のなかで少数派であることの厳しさをまざまざと体験していた。まずソ連は,連盟に早くから加盟することを望んでいたが,革命政権成立直後の過激な世界社会主義革命への呼びかけと,これに対する西欧諸国やアメリカの強い反発によって,加盟が実現したのはやっと1934年,アメリカがソ連政権を承認した翌年のことであった。さらに1939年,ソ連はナチス・ドイツの侵攻に備えてフィンランドの領域使用を申し入れたが容れられず,そのためフィンランドに対する軍事攻撃に踏み切った行為を"連盟規約に違反する戦争"と認定され,連盟史上唯一の"除名"処分の対象国となった。こうした体験から,ソ連は国際連合に加盟する代償として,安全保障理事会における「拒否権」を要求したのである。この要求にイギリスは反対したが,アメリカは"拒否権はないがソ連の加盟しない国連"よりも"拒否権はあるがソ連の加盟する国連"を選択する道を選んだ。その結果,安全保障理事会の常任理事国たる米英仏ソ中が1国でも反対すれば,同理事会の決議の成立を阻止できる「拒否権」が国連憲章に書き込まれることになった。

さて,憲章の規定によれば,国際連合の集団的制裁のうち,軍事的措置の中核をなすものとして。"国連軍"が予定され,その兵力は各加盟国が安全保障理事会と締結する特別協定に従って提供することになっている(第43条)。国際連合の発足当初,アメリカはこの規定に基づいて自国軍の一部を提供し,強大な国連軍の創設を積極的に進めようと試みた。しかしながら,ソ連はこれに反対であった。ソ連の考えによれば,国連軍が安全保障理事会の指揮下に置かれる以上,それが安全保障理事会のいずれかの常任理事国の利益に反して動かされることは期待できない。なぜなら,そうした動きに必要な安全保障理事会の決議は,常任理事国の拒否権に阻まれて成立しえず,ために常任理事国の意向に反して国連軍が機能することはありえないからである。つまり国連軍が効果的に機能できるのは,せいぜい中小国間の局地的な紛争に対してのみであり,そのために強大な国連軍の創設は不要である——これがソ連の反対理由であっ

た。

　ソ連以外の安全保障理事会の常任理事国，英仏中も大国連軍の設立に必ずしも積極的ではなかった。このような雰囲気のなかでアメリカも次第に熱意を失い，大国連軍構想は国際連合発足後2，3年にして挫折することになった。その後今日に至るまで，憲章第43条に基づく特別協定は1つとして締結されていない。

（4）　集団的自衛権と地域的・二国間集団安全保障取極

　拒否権の存在には，もう1つの側面があった。それは憲章第8章の規定する「地域的取極」と拒否権との関係である。

　第2次世界大戦の終結に先立つ1945年3月，アメリカは米州諸国とチャプルテペック協定を結び，地域的な集団安全保障体制を築く構想を固めていた。しかしながら国連憲章第8章によれば，そうした地域的な集団安全保障の取極は国連体制に包摂されて，地域的取極に基づく制裁行動は安全保障理事会の許可がなければ発動しえず，そのため常任理事国の拒否権により阻げられる懸念が生じたのである。この懸念を解消するために打ち出されたのが，"集団的自衛権"の規定であった。すなわち国連憲章第51条によれば，国際連合加盟国は個別的自衛権と並んで，集団的自衛権を持ち，「加盟国に対する武力攻撃が発生した場合には，安全保障理事会が国際の平和及び安全の維持に必要な措置をとるまでの間」，この権利に基づく行動をとることができる。したがって，仮に拒否権により地域的取極に基づく制裁行動がとれなくなっても，米州諸国は共通の集団的自衛権に基づき，それぞれの安全保障に必要な行動をとりうるわけである。

　かくして集団的自衛権の規定は，1947年に締結された米州相互援助条約の法的な基礎となった。また，東西対立の激化に伴い締結された北大西洋条約（1949年）やワルシャワ条約（1955年）のほか，アラブ連盟諸国共同防衛経済協力条約（1950年）も集団的自衛権をその法的基礎としている。さらにアメリカは，アンザス［オーストラリア，ニュージーランド］，日本，フィリピン（いずれも1951年），韓国（1953年），中華民国（1954年）と2～3間の安全保障条約ないし相互防衛条約を締結した以外に，東南アジア条約機構（1954年）や中

Ⅰ　国際法と日本

央条約機構（1955年，アメリカはオブザーバー資格で参加）などの地域的集団安全保障条約をも締結したが，これらはすべて集団的自衛権に基礎づけられたものであった。

（5）　朝鮮戦争と「国連軍」——平和のための結集決議——

　上述の流れは少なくとも外見上，国際連盟の失敗を踏まえて"改善・強化された"国際連合の集団安全保陣体制が，拒否権のため機能不全に陥った結果，国際社会において各国家の安全を保障する方策が，第1次世界大戦以前の"軍事同盟体制"に逆戻りしたかのような印象を与える。その流れのなかで1950年に勃発した朝鮮戦争は，きわめて重要な意味を持っている。

　1910年以降日本の植民地とされていた朝鮮半島は，第2次世界大戦末期に日本が受諾したポツダム宣言により，日本から切り離されて独立を回復することが予定されており，北緯38度線を境に南はアメリカ軍，北はソ連軍の軍事占領下に置かれた。しかし，朝鮮の独立を回復するための米ソ協議は整わず，問題は国際連合に持ち込まれた。国際連合では総会の1947年決議に基づき，翌48年に独立のための選挙が実施されたが，国際連合の派遣した代表団は北側の妨害によって南半分でしか選挙を実施できず，その結果成立した「大韓民国」は国連総会により朝鮮半島における唯一の合法政府と認められ，多くの国家に承認された。これに対してソ連は北朝鮮に「朝鮮民主主義人民共和国」政府を樹立し，この政府を承認した。かくして朝鮮半島に南北2つの政府が並立するなか，1950年6月末，北朝鮮軍は突如38度線を越えて南に武力攻撃を加えた。これが朝鮮戦争の始まりである。

　武力攻撃の報告を受けた安全保障理事会は6月25日，北朝鮮の行為を「平和の破壊」と決定し，北朝鮮軍の撤退を呼びかけた。しかし北朝鮮がこれに応じないため，同月27日ふたたび決議を採択し，全国連加盟国に対し「武力攻撃を排除し……国際の平和と安全を回復するために必要な援助」を大韓民国に与えることを勧告した。これに応じて6ヶ国が自国軍の一部を提供した。これが朝鮮「国連軍」と呼ばれるものである。

　朝鮮国連軍は，憲章第43条の規定する国連軍ではなく，安全保障理事会の勧告に応じて加盟国が自発的に提供した各国軍の混成部隊である。ただし，朝鮮

国連軍は7月7日の安全保障理事会決議により，アメリカの統一指揮下に置かれることになった。いずれにせよ，ソ連の拒否権に妨げられることなく安全保障理事会がこれらの決議を採択できたのは，中国代表権問題に絡んでソ連が同理事会を欠席していた，という偶発的な事情によるものであった。したがってソ連がこの年の8月に安全保障理事会へ復帰し，朝鮮国連軍関係の決議に拒否権を行使しはじめて以後，朝鮮半島に派遣されている国連軍の動きは大幅に制約されることになった。

この難局を乗り越えるため，1950年11月3日，アメリカの主導下に総会の採択したのが「平和のための結集決議」であった。決議の要旨は，①国際連合のもっとも重要な目的は，国際平和・安全の維持である，②この目的のために必要な措置をとる主要な責任は，安全保障理事会が負うている。③しかし，常任理事国の一致がえられないため，安全保障理事会がこの責任を果たしえないときには，総会が国際平和・安全の維持に必要な措置をとるよう加盟国に勧告することができる，の3点にある。この決議に基づき活動を続けた国連軍は，1950年秋には38度線を越えて北朝鮮軍を中国との国境地帯にまで追い詰めたが。中国人民義勇軍の介入により押し戻され，戦闘が膠着状態に陥るなか，1953年に北朝鮮軍・中国人民義勇軍と休戦協定を締結するに至った。

実のところ「平和のための結集決議」と国連憲章の関連規定との整合性について，疑義がないわけではない。しかしながら総会はこの決議の採択後，これに基づいて朝鮮国連軍にかかわる問題を処理したし，総会の諮問に応じて1962年に国際司法裁判所が出した勧告的意見も，同決議が国連憲章と離齟しないことを認めている。また，のちに見る1956年のスエズ国連軍も，この決議に基づいて組織された。

ついでながら，朝鮮国連軍は日本政府と協定を締結して，日本の基地を使用していたのである。

3　日本の対応——国際連合の集団安全保障体制と日本国憲法第9条——

上に見たとおり，国際連盟規約が打ち出した集団安全保障体制を，連盟の失

Ⅰ 国際法と日本

敗を踏まえて改善・強化した国際連合憲章の同体制は，安全保障理事会における拒否権に阻げられて機能せず，ために朝鮮へ派遣された「国連軍」は「平和のための結集決議」によって局面打開を図らざるをえなかった。こうした国際社会の動きに対して，日本はどのように対応したのであろうか。ここではそれを，日本の外交活動の原則，立法府と行政府の対応，司法府の対応，に3分して検討してみよう。

(1) 日本の外交活動の原則──国連中心主義──

日本が対日平和条約（1951年締結，翌52年発効）により連合国との戦争状態を終結して主権を回復し，念願の国際連合加盟を果たして（1956年）のち，外務省がはじめて公刊した「わが外交の近況」（1957［昭和32］年の外交青書，以後毎年刊行）によれば，「わが国の国是が自由と正義に基づく平和の確立と維持にあり，またこれがわが国外交の根本目標であ」って，「この根本目標にしたがい……外交活動の基調をなすものは，『国際連合中心』，『自由主義諸国との協調』および『アジアの一員としての立場の堅持』の3大原則である」。このうち，第1原則たる「国際連合中心」につき，とくに国際平和・安全の維持との関連で，同青書は以下のように敷衍している。

　国際連合は，その憲章にも明かな通り，国際の平和および安全を維持し，国際紛争の平和的かつ正義に基づく解決を実現し，諸国間の友好関係発展と世界平和強化のための措置を講じ……るため，……目的を同じくする諸国が……この共通の目的に向かつて努力を結集するに当つての中心となる国際機構である。……今やその正式の加盟国となつたわが国は，この国際連合の原則を高揚し，その活動を強化し，もつて国際連合がその使命の達成にさらに前進するよう努力を払ってきた。

しかしながら，同青書によれば，「国際連合がその崇高な目的にもかかわらず，その所期の目的を十分に果たすに至つていないことは……遺憾ながらこれを認めざるを得ない」。そこで，「わが国としては，一方において国際連合の理念を追求しつつも，他方において，わが国の安全を確保し，ひいては世界平和

第2章　国際連合の活動と日本の対応

の維持に貢献するための現実的な措置として，自由主義諸国との協調を強化してきた」。すなわち，同青書は，日本が外交活動の第1原則として，国際平和・安全の維持にかかわる国際連合の活動強化と使命達成前進のため努力してきたが，国際社会の現状に鑑みて，「自由主義諸国との協調」という第2原則を採用したことを明らかにしている。この点について同青書は，「現下の国際情勢が不安定ながらも一応長期的な平和の時期を迎えているのは，自由民主諸国が共産諸国に対してよく結束を保っている結果であつて……等しく民主主義を国是とするわが国としては，その団結の一翼を担う責務を有するものである」と述べている。

さらに同青書は第3原則について，「わが国は，その外交活動を進めるに当たつて，アジアの一員として，アジアと共に進む立場をとつている。わが国にとり，世界平和の確立に最も重要な条件は，アジア地域における平和を確保することである。それには，アジアの平和をおびやかす要素を除去するとともに内部における社会的不安を一掃することが必要であり，そのためには友好国が協力してアジアに繁栄を実現しなければならない。この目的に進むために，わが国はできる限りの貢献をなす方針であ」る，と付け加えている。

このように外交活動の3大原則を明らかにしたうえで，同青書は日本外交が直面する重要課題として，アジア諸国との善隣友好，経済外交，対米関係調整，の3点を挙げている。そしてアジア諸国との善隣友好関係を進めるため，日本の高度の技術と工業力を活用し，アジア外からの資本・技術を導入するなど，政府・民間が一体となった経済協力の必要性を強調している。また，対米関係については，アメリカが自由民主主義諸国の中心的な地位にあるとの認識に基づき，同国との信頼関係の強化に努めるべきである，と指摘している。

以上のとおり，この外交青書は日本の外交活動の3大原則を明らかにし，第3原則にかかわる課題については，経済協力を主軸とする具体的な方策に触れている。また第2原則についても青書の各論部分で，自由民主主義諸国との関係の進展を詳細に説明している。ただし，「国連中心主義」を第1原則としておきながら，国際連合の最重要課題たる"国際平和・安全の維持"に直結する日本の外交活動については，日米安全保障条約関係に簡単に触れているほかに，何の言及もない。おそらくそれは，対外的には，さきの戦争にかかわる日本の

消極的なイメージを払拭し,対内的には,日本国憲法第9条をめぐる紛糾を避ける,という配慮が働いていたからではないだろうか。

(2) 立法府と行政府の対応

さきの戦争にかかわる日本の消極的なイメージの払拭については,自由民主主義諸国との関係やアジア諸国に対する経済協力の伸展をつうじて,地道な外交活動が重ねられた。だが,日本国憲法第9条の解釈をめぐる紛糾については,国際連合の集団安全保障体制との関係で,さらに踏み込んで検討する必要があるように思われる。そこでまず,この問題に関する日本の立法府と行政府の対応を,日本国憲法の採択時と国連加盟申請決議採択時の,それぞれの国会における審議に的を当てて検討してみよう。

大日本帝国憲法の改正手続により日本国憲法が採択された帝国議会の審議の過程で,すでに日本国憲法第9条の規定と国際連合の集団安全保障体制との関係は,問題とされていた。そもそも第9条を含む帝国憲法の改正案は,1946年6月に召集された第90帝国議会に,内閣の手により提出され,まず衆議院の特別委員会・小委員会の審議を経て,本会議で可決,ついで貴族院の特別委員会・小委員会の審議を経て,本会議で可決,さらに衆議院へ回付・可決のうえ,内閣から枢密院に諮詢ののち,同年11月3日,日本国憲法として公布された。周知のとおり,公布された日本国憲法の第9条は,1項において「日本国民は,正義と秩序を基調とする国際平和を誠実に希求し,国権の発動たる戦争と,武力による威嚇又は武力の行使は,国際紛争を解決する手段としては,永久にこれを放棄する」と規定し,2項はこれを受けて「前項の目的を達するため,陸海空軍その他の戦力は,これを保持しない。国の交戦権は,これを認めない」と規定していたのである。

これらの規定の解釈をめぐる対立の存在はさて措き,憲法第9条が日本の国際連合加盟申請の障害とならないかという疑問は,衆議院の審議においても貴族院の審議においても,数名の議員により提起された。とくに貴族院で南原繁議員は,国際連合の加盟国が集団安全保障体制のもとで制裁行動のための兵力提供を義務づけられている以上,一切の兵力を放棄してこの義務を果たしえない日本は,将来の加盟の際に第9条を改正するのか,と問うている。これに対

第2章　国際連合の活動と日本の対応

して政府側は、吉田茂内閣総理大臣が、日本が国際団体へ復帰することは望ましいけれども、そのまえに平和条約を締結することが先決問題であり、そのあとで国連加盟の是非を考えるべきであって、現時点で憲法の改正が必要か否かは判断しがたい、と答えている。また、別の機会に幣原喜重郎国務大臣は政府答弁のなかで、日本としては武力を持たず制裁に協力できないのであるから、国際連合加盟に際して、憲法第9条に基づく留保を申し立てるべきだ、との意見を述べている。当時の政府は、憲法第9条2項が一切の戦力保持を禁じている、との建前をとっていたため、これらの答弁は止むをえなかったのであろう。しかし、吉田の答弁は問題を先送りしたに過ぎず、幣原の述べたような留保が許されるか否かは別として、日本は国際連合加盟に際して何の留保も付さなかった。

戦力を持たない日本の安全と生存の保持については、日本国憲法の前文が「日本国民は、恒久の平和を念願し、人間相互の関係を支配する崇高な理念を深く自覚するのであって、平和を愛する諸国民の公正と信義に信頼して、われわれの生存と安全を保持しようと決意した」と宣明している。しかしながら、この点について南原は「斯くの如く致しましては、日本は永久に唯他国の好意と信義に委ねて生き伸びむとする所の東洋的な諦め、諦念主義に陥る危険はないのか」と指摘しており。同じく貴族院議員の佐々木惣一も「国民は何だか自分は、国を為す人間として、自主的でない、何か独立を失ったような……自分は戦争は厭だけれども、戦争は……やる力は法的にはないのだと云うような考えを持ちます時には、日本の国民は果たして、少しも卑屈のような気持ちを持つことがないと云う風に安心出来るものでありましょうか」と憂慮を表明していた。

憲法第9条と国際連合加盟の関係は、国際連合加盟申請決議が採択された第13回国会（1952年）でも、問題にされている。会期の冒頭、施政方針演説のなかで、吉田茂内閣総理大臣は近く発効する平和条約に触れたあと、「また、わが国の国際連合加盟のすみやかならんことを希望いたしますが、その加盟前においても、国際連合の行う平和維持の措置に対しましては今後とも全幅の協力をいたす考えで」いる、と説明した（衆議院会議録第6号35～36頁、昭和27・1・23）。これに対し、社会党の水谷長三郎議員が「われわれは、国連を現存

する唯一の世界的平和機構としてこれを支持し，その肯定の上に立ちまして，その不完全性を是正し，特にその国際安全保障機能を強化いたしまして，究極的には各国軍備の廃止を主張するものである」と述べた（同第7号56頁，昭和27・1・25）ことが注目される。

　また，同国会の衆参両院の外務委員会では，数名の議員から日本が国際連合加盟を申請する際に，軍備や軍事協力に関して課せられた条件について質問が提出された。これに対して岡崎勝男外務大臣や西村熊雄外務省条約局長は，パナマやコスタリカのように軍備を持たない国が原加盟国に入っていること，アイルランドが軍備を有しない旨を明言したうえで加盟を認められたこと，軍備がなくても他の加盟国の軍隊の自国領域通過や自国基地利用を認め，物資調達を援助するなど，当該国家にとって可能な支援の提供により憲章上の義務を履行することが可能であること，などの答弁をしている。ただし議員のなかには，パナマやコスタリカ，アイルランドと異なり，日本は軍事的協力をなしうる単位となるだけのものを持つべきだ，と強調する者もあった。

　なお，いわゆる永世中立政策については，憲章が採択されたサンフランシスコ会議で，"いかなる国も永世中立の地位を援用して憲章上の義務をまぬがれることはできない"との了解が成立していたため，国際連合と永世中立は原則的に両立しえない，と岡崎外務大臣が説明している（たとえば，衆議院外務委員会議録第17号17～18頁，昭和27・4・2，同第18号6，10～11頁，昭和27・4・11，参議院外務委員会議録第30号10～11頁，昭和27・5・16）。この第13回国会において，日本が国際連合加盟申請をすることは最終的に承認されたが，これに基づく最初の加盟申請が安全保障理事会におけるソ連の拒否権行使により否定されたことは，さきに見たとおりである。

　いずれにせよ，これらの国会審議に見るかぎり，日本の行政府が，憲法第9条は日本の国際連合加盟申請の障害とならない，と考えており，立法府もこれを受け入れていたように思われる。しかしながら，ここでも，国際平和・安全の維持をめぐる国際連合の活動に，日本がどのように関わっていくかについて，詳細な論議が尽くされたということはできない。

（3） 司法府の対応

　国際平和・安全の維持をめぐる国際連合の活動に日本がどのように関わるべきかについて，積極的に発言することは司法府の役割ではない。だが日本の裁判所の判決のなかには，間接的にではあるがこの問題に言及したものがある。いわゆる砂川事件判決に対する東京地方裁判所と最高裁判所の判決が，それに当たる。

　砂川事件判決は，日本国憲法第9条と日米安全保障条約の整合性が正面から取り上げられたことで，あまりにも有名である。事件の概要は，1950年代後半に日米安全保障条約の改訂作業が進められていた最中に，東京都砂川町の米軍基地拡張工事のための測量に反対するデモ隊の一部が，米軍の管理下にある基地内に許可なく侵入した行為に対し，通常の軽犯罪法よりも重い刑罰を科している刑事特別法を適用することが，是か非かを問うものであった。第1審の東京地方裁判所判決は，刑事特別法が日米安全保障条約第3条に基づく行政協定に伴って制定された事実に着目し，同法の法的基礎となる当該条約が憲法第9条の趣旨に反するので違憲であり，違憲の条約に基づく刑事特別法は無効である，と判示した（東京地判昭34・3・30，判時180号2頁）。これに対して検察側は最高裁判所へ跳躍上告し，同裁判所は1959(昭34)年12月6日の判決で，憲法第9条は日本が自らの平和・安全を保持することを禁じておらず，また変化する国際情勢のもとでいかなる方策により日本の平和・安全を保持するかの判断は，高度の政治性を有するため第1次的には内閣・国会に，最終的には国民に委ねられるべきものであって，一見明白に違憲無効と認められないかぎり裁判所の司法審査権になじまないがゆえに日米安全保障条約は憲法第9条に反せず有効であると判示して，東京地方裁判所判決を破棄したのである。

　上に指摘したとおり，国際平和・安全をめぐる国際連合の活動に日本がどのように関わるべきかについて，発言することは司法府の本来の役割ではない。ただし，上記の東京地方裁判所判決はその一部で，日本国憲法第9条は自衛権を否定するものではないが，自衛のためであっても戦力を保持することを許さない，と断ったあと，同条の趣旨が「(国際連合憲章も……目標としている世界平和のための国際協力の理念）を深く自覚……した結果，……戦争を国際平和団体

Ⅰ　国際法と日本

に対する犯罪とし、その団体の国際警察軍による軍事的措置等、現実的にはいかに譲歩しても右のような国際平和団体を目ざしている国際連合の機関である安全保障理事会等の執る軍事的安全保障措置等を最低線としてこれによってわが国の安全と生存を維持しようとする決意」の表明である、と述べている。さらに同判決は、日本に駐留する米軍も「わが国が現実的にはその安全と生存の維持を信託している国際連合の機関による勧告又は命令に基づいて、わが国に対する武力攻撃を防禦するためにその軍隊を駐留せしめるということであればあるいは憲法9条2項前段によって禁止されている戦力の保持に該当しないかも知れない」と続けている。

　これは要するに、国際連合の集団安全保障体制を肯定し、安全保障理事会の勧告または命令に基づいて、米軍が日本に駐留しているのであれば、それは憲法第9条に反しない措置だ、と述べているわけである。そして最高裁判所の判決もまた、「われら日本国民は、憲法9条2項により、同条項にいわゆる戦力は保持しないけれども、これによって生ずるわが国の防衛力の不足は、これを憲法前文にいわゆる平和を愛する諸国民の公正と信義に信頼することによって補い、もってわれらの安全と生存を保持しようと決意したのである。そしてそれは、必ずしも原判決のいうように、国際連合の機関である安全保障理事会等の執る軍事的安全措置に限定されるものではなく、わが国の平和と安全を維持するための安全保障であれば、その目的を達するにふさわしい方式又は手段である限り、国際情勢の実情に即応して適当と認められるものを選ぶことができる（傍点筆者）」と述べている。ここでも、国際連合の集団安全保障体制が日本国憲法第9条と矛盾しないことが確認されているのである。

　以上から日本の司法府は、日本国憲法と国際連合の集団安全保障体制が両立しうる、と判断していると推論することができるだろう。もっとも、国際平和・安全の維持をめぐる国際連合の活動に日本自体がどのように関わるべきかについて、この推論から具体的な答えが出てくるわけではない。

4　平和維持活動（PKO）の展開と拡大

　国際平和・安全の維持にかかわる国際連合の活動が、憲章の予定した大国連

第 2 章　国際連合の活動と日本の対応

軍構想の拒否権による挫折から，朝鮮国連軍の派遣と「平和のための結集決議」の採択へと展開していた時期に，日本国内における論議はせいぜい憲法第 9 条と集団安全保障体制の整合性の問題に止まっていた。しかも，この分野における国際連合の活動は，日本が加盟した1956年の国連緊急軍に始まる"平和維持活動（Peace Keeping Operation, PKO）"の展開，さらに東西冷戦の終結直後の湾岸戦争（1991年）を経て，その後における PKO の拡大へと大きく変化していった。この変化を以下，スエズ動乱と国連緊急軍，PKO の展開と諸原則，冷戦終結後における PKO の拡大，に 3 分して考察しておこう。ただし湾岸戦争そのものについては，「5　湾岸戦争と PKO 協力法」で日本の PKO 協力法と関連づけて検討することとする。

(1)　スエズ動乱と国連緊急軍

　東西対立が激化するなか，国際平和・安全にかかわる国際連合の活動が大きく制約されざるをえなかった事情は，さきに見たとおりであるが，スエズ動乱に際して組織・派遣された国連緊急軍（United Nations Emergency Force, UNEF）に始まる PKO は，そうした制約のなかでも，国際連合が国際平和・安全の維持のために有効な貢献をなしうることを証明した。

　スエズ動乱は1956年 7 月，ナイル河のアスワン・ハイ・ダム建設資金の調達に失敗したエジプトのナセル大統領が，スエズ運河会社を国有化し，同運河の通行料をその資金に充てる声明を発表したことに，端を発する。スエズ運河会社は英仏両国の国策会社的な性格が強かったので，大統領の声明に反発した両国は，第 1 次中東戦争後エジプトと停戦状態にあったイスラエルと謀ってエジプトを攻撃させ，スエズ運河の自由航行を保障するという名目で運河地帯に出兵した。しかし英仏の行動は，米ソを含む圧倒的多数の国家から非難され，両国は国際社会で孤立に近い状況に陥った。このように事態が推移するなかで，国際連合の安全保障理事会が開かれたが，英仏両国の拒否権により実効的な決議は採択されなかった。そこで，朝鮮戦争の際に採択された「平和のための結集決議」に基づき，緊急総会が招集されることになった。

　総会は同年11月 2 日の決議で，運河地域で軍事行動を手掛けているすべての当事者が停戦し，既存の停戦ラインまで撤退すること，停戦が実現した段階で

Ⅰ　国際法と日本

スエズ運河を再開することを要請し，この決議の遵守状況について国連事務総長が総会と安全保障理事会に報告することを求めた。さらに総会は2日後に追加決議を採択して，事務総長にさきの決議の履行に必要な措置をとる権限を与え，停戦を確保・監視するための国連緊急軍の編成計画を48時間以内に提出するように要請した。事務総長は提出した計画のなかで，第1次中東戦争の休戦監視機関司令官のもとに，原則として安全保障理事会常任理事国を除く加盟国が提供する軍隊によって国連緊急軍を組織することを勧告し，総会はこれを了承した。事務総長の計画に従って組織された国連緊急軍は，常任理事国以外の加盟国で紛争に利害を持たない中立的な国家の提供した軍隊のなかから，地理的配分を考慮して選択され，事務総長をつうじて直接国際連合の指揮下に置かれることになった。この国連緊急軍がエジプトの合意のもとに運河地帯へ派遣されるのに呼応して，英仏軍は撤退し，イスラエル軍も休戦ラインへ退くことにより，スエズ動乱は一先ず決着を見たのである。

(2)　PKOの展開と諸原則

スエズ動乱を処理した国連緊急軍の成功に続き，1960年代から80年代へかけて局地的な紛争の収拾を支援するために，国連緊急軍に類する機関が安全保障理事会の決議により，世界の各地へ派遣された。1960年の独立直後に発生したベルギー軍の介入やカタンガ州の分離運動を収拾する目的で派遣された「コンゴ国連軍（Opération des Nations Unies au Congo, ONUC）」，1962年にオランダからインドネシアへ主権が移行される期間中，地域の平和・治安の維持に当たるため派遣された「西イリアン国連保安隊（United Nations Security Force in West Irian, UNSF）」，1964年にギリシア系多数派とトルコ系少数派との軍事衝突の継続・激化を防ぐため派遣された「国連キプロス平和維持軍（United Nations Peace-Keeping Force in Cyprus, UNFICYP）」，第3次中東戦争後の1974年にイスラエルとシリア間の停戦監視と両軍兵力引離しの履行監視のためゴラン高原へ派遣された「国連兵力引き離し監視隊（United Nations Disengagement Observer Force, UNDOF）」，そして政府軍と反政府軍の停戦合意を監視し，紛争の包括的な解決を支援するため1989年に中米5ヶ国へ派遣された「国連中米監視団（Grupo de Observadores de las Naciones Unidas en Centroamerica, ONUCA）」など

はその典型的な例である。

これに，第1次中東戦争後の休戦監視機関として1948年に派遣された「国連休戦監視機関 (United Nations Truce Supervision Organization, UNTSO)」，カシミール地域の休戦監視のため1949年以来派遣されている「国連インド＝パキスタン軍事監視団 (United Nations Military Observer Group in India and Pakistan, UNMOGIP)」，ドミニカの2つの事実上の政府間の停戦監視のため1965年に派遣された「ドミニカ（国連）事務総長代理使節団 (Misión del Representane del Secretario General en la Repubica Dominicana, DOMREP)」などを加えた国際連合の活動は，いずれも局地的な対立・抗争の真ん中に比較的小規模な軍隊や機関が割って入り，国際連合の権威を背景として対立・抗争の拡大を防止することにより，地域の平和・安全に寄与しようと試みる点で共通しており，"平和維持活動（PKO）"と総称されている。

こうしたPKOの中核となる国連軍の特徴は何よりも，それが"戦わない軍隊"だ，ということである。国連憲章第7章に規定する「国連軍」は，第43条に基づく特別協定が締結されていないため，今日においてもなお存在しない。だが，さきに見た朝鮮国連軍やのちに見る対イラク多国籍軍はいずれも，憲章に違反して国際平和を破壊した者を武力によって制裁することを目的とした"戦うための軍隊"であって，その法的基礎はあくまでも憲章第7章にある。それに対してPKO国連軍は，必要に応じて採択される種々の安全保障理事会決議（UNEFのみは総会決議）に基づいて組織され，憲章上はっきりした法的基礎を持たない。つまりPKO国連軍は，憲章の明確な規定に依拠するものではなく，国際連合の実行のなかから生み出されてきたものなのである。その意味で，PKO国連軍は制裁措置を規定した憲章第7章と，国際紛争の平和的処理を規定した第6章との中間的な性格を持つ"6章半の国連軍"と称されることがある。

これらのPKO国連軍の特徴を反映して，国際連合の平和維持活動の原則は，つぎのようにまとめることができよう。第1に，PKO国連軍は関係当事者の同意と協力を必要とする。上に見たすべてのPKO国連軍は，関係当事者の同意に基づいて派遣されてきたのであって，当事者の意思に反して派遣されることはできない。これを"同意の原則"ということができる。第2に，PKO国

連軍の中立性を確保するために，当事者と利害関係の深い国家の参加は排除されなければならない。これを"中立性の原則"ということができる。第3に，PKO国連軍の国際性を維持するため，軍事組織は国際連合の指揮下に置かれることが必要である。これを"国際性の原則"ということができる。第4に，PKO国連軍は軽火器を携行するが，武器の使用は自衛目的に限定されている。これは"武器使用制限の原則"とでもいうべきであろう。これらの諸原則は，スエズ動乱の際に派遣された国連緊急軍の活動を規律するために採択されたものであるが，それ以後の平和維持活動でも踏襲され，PKO国連軍に関する一般原則として適用されるようになっていった。

（3） 冷戦終結後におけるPKOの拡大

1980年代末に始まる東西対立の緩和，社会主義の終焉と冷戦の終結は，国際社会の動き，とりわけ国際連合の活動にさまざまな影響を及ぼした。一方でそれは，安全保障理事会における大国間の意見の不一致，すなわち拒否権行使の必然性を大幅に減少させた。のちに見るように，イラクのクウェート侵攻に対して"多国籍軍"の派遣が決定されたのは，その効果の一端であった。他方でそれは，これまで全世界的な東西対立の陰で加盟国の内部に抑え込まれてきた多数の小さな対立・抗争を顕在化させた。旧ユーゴスラビアの崩壊をめぐる民族間の衝突や一部のアフリカ諸国における種族間闘争の激化は，その例である。

こうした衝突や闘争は，国際平和・安全に対する脅威であると同時に，多くの犠牲者や難民・避難民を発生させ，否応無しに国際連合のPKOの拡大をもたらした。1989年以降の10年余りの期間に，それ以前の45年間に比べて，3倍に近い新しいPKO国連軍が派遣された事実は，そのことを雄弁に物語っている。

これらの衝突や闘争は，たんにPKOの数量を増加させただけではない。それはPKOの理念自体——具体的には"PKOの諸原則"——の再検討をも迫ったのである。たとえば，1991年に国連事務総長に就任したブトロス・ガリは，翌92年に発表した「平和のための課題（An Agenda for Peace）」と題する報告書のなかで，通常の平和維持軍よりも重装備の"平和執行部隊"を事務総長のもとに常置し，これを早期に現地へ派遣することによって，紛争を効果的に抑制し

事態の悪化を防止すべきである、と提言した。事実、ソマリアでは1990年に独裁政権が崩壊してのち、複数の派閥間の政権抗争が続くなか、大規模な干ばつで餓死者や難民・避難民が続出したため、国際連合ほかの国際機関は物資支給などの人道的救援活動を手掛けていたが、救援活動の従事者たちが対立に巻き込まれ、派閥の攻撃を受ける事態が発生した。そこで1992年夏、安全保障理事会は派閥間の停戦合意の履行確保と救援活動従事者の保護のために、「国連ソマリア活動（United Nations Operation in Somalia, UNOSOM）」を派遣した。しかし、事態が改善されないので、翌93年3月にはこれをUNOSOM IIに組織替えし、憲章第7章に基づいて派閥の武装解除に必要な強制行動をとる権限を与えたのである。この措置は、従前の"戦わない国連軍"というPKOの大前提と相容れず、また"当事者の同意原則"を超えるものであった。

しかしながら、UNOSOM IIと最大派閥アイディード派との対立が激化し、同派の襲撃によってUNOSOM IIのパキスタン軍兵士に多数の死傷者が出た。これに対して安全保障理事会はUNOSOM IIに、責任者の逮捕・処罰に必要なあらゆる措置をとる権限を与えたが、この作戦に従事したアメリカ軍にも多くの死傷者が出るに及んで、アメリカはUNOSOM IIから撤退する方針に切り換えた。他国もアメリカの例に続き、結局1995年3月、UNOSOM IIはソマリアから撤退する結果に終わった。

旧ユーゴの崩壊過程においても、内戦勃発の翌1993年2月にクロアチアへ派遣された「国連保護軍（United Nations Protection Force, UNPROFOR）」は、内戦の広がりに応じて、その後ボスニア・ヘルツェゴビナ、マケドニアにも展開した。安全保障理事会はUNPROFORに関する決議で、第7章に言及することを注意深く避けていたが、93年春以降の決議においては、国連が設置した"安全地帯"に対する攻撃を阻止するためにUNPROFORが必要に応じた措置をとる権限を、憲章第7章に基づいて付与した。ただしUNPROFORにはそうした措置をとるに足る兵力がなく、NATO（北大西洋条約機構）諸国の空爆に依存せざるをえなかったため、最終的には1995年12月、MATO主導の「和平履行部隊（Implementation Force, IFOR）に後事を託して、その任務を終了した。こうした動きのなかで、同年ブトロス・ガリ事務総長は「平和のための課題への追補（Supplement to An Agenda for Peace）」を発表し、さきの提言に替えて、従前

の PKO 諸原則の妥当性を認めたのである。

けれども，だからといって，従前の PKO 諸原則からの離脱があらゆる場合に否定されるわけではない。現に，安全保障理事会はその後の決議においても，憲章第7章に基づく PKO 国連軍を派遣しつづけ，場合によっては任務達成に必要な範囲で，自衛を超える武力行使の権限を認めているのである。もともと PKO の諸原則は，紛争当事者が自らの意思で PKO 国連軍の派遣を受け入れ，もしくは派遣を要請することを前提として採択されたものであった。また，彼らが自らの支配地域の治安・秩序を維持し，締結した休戦協定を遵守する意思と能力を持つことを前提としていた。したがって，事態の緊急性に迫られて当事者の要請の有無にかかわりなく PKO が派遣される場合や，紛争当事者が支配地域の治安・秩序を維持し，休戦協定を遵守する意思や能力に欠ける場合には，従前の PKO 諸原則がそのまま妥当することは期待できない。とりわけ PKO 国連軍の任務が次第に拡張して，初期のように休戦協定の履行を監視したり，安全保障理事会が適切に対処できるよう事態の推移を調査・報告したりすることに限られず，紛争当事者の兵力引離しや武装解除の履行確保，さらには公正な選挙の実施，医療・衛生条件の整備，地域住民や難民・避難民の安全保護，そして統治機構の再編までが含まれるようになると，これらの任務を達成するために PKO 国連軍に要求される"力"を，関係者の自衛に必要な範囲に止めておくことは，本来無理なのである。

PKO 国連軍の体験は，初期の段階から，こうした無理の存在を明らかにしていた。たとえば1964年の ONUC は，コンゴの既存政府の要請に応じて派遣されたため，政府軍と分離派軍との抗争のなかで政府軍側に立たざるをえず，結果として国内問題に対する国際連合の中立性に疑義を残すこととなった。また，ONUC は内乱の防止という任務達成の必要から，過剰な武力行使に踏み切った，とも非難された。PKO が定着してのち，1991年に派遣された「国連カンボジア暫定統治機構（United Nations Transitional Administration in Cambodia, UNTAC）」も，憲章第7章に基づく PKO ではなかったが，和平プロセスから離脱したポルポト派の武力による選挙妨害に対しては，自衛を超える実力行使に訴えざるをえない可能性に直面していたのであった。これらの場合にコンゴの内乱を収拾し，カンボジアの選挙を成功させることが，国際連合の介入のそ

もそもの目的であり，かつまた国際の平和・安全の維持に資するのであれば，ONUCやUNTACの行動がPKOの諸原則から離脱することなく，自衛のための実力行使の枠に止まるべきであったという議論は，あまりにもPKO国連軍の現実を無視するものではないだろうか。

むしろ国際社会の現状を正面から見据え，そのなかから平和・安全の維持のために国際連合が何をなすべきか，また何をなしうるかを客観的に評価したうえで，拡大されたPKOのあり方を検討すべきであろう。冷戦終結後の国際社会において国際の平和・安全を脅かす対立・抗争のなかには，さきに見たPKOの諸原則で十分に対応できるものもあるだろう。また，それでは不十分であって，憲章第7章に基づく軍事力の行使を必要とするものもあるだろう。さらに対立・抗争の規模や性格によっては，従来型のPKOと第7章型の制裁行動を並列的あるいは連続的に組み合わせることによって，はじめて適切に対処しうる"中間的な"ものもあるだろう。その意味では，それぞれの対立・抗争の特性に応じて，その解決にもっともふさわしい処理方策を選択・実施することこそ，国際平和・安全の維持にかかわる国連活動に求められているのであって，安全保障理事会の最近の実行はこれに応えようとする努力の現れである，と見るべきではないだろうか。

5　湾岸戦争とPKO協力法——日本の対応その後——

国際平和・安全の維持にかかわる国際連合の活動が，1956年のスエズ動乱を契機に国連憲章に規定のないPKOを展開させ，さらに冷戦の終結後はそれ以前のPKOを超えて拡大するなかで，スエズ動乱と同じ年に念願の国連加盟を果たし，「国連中心主義」外交を標榜する日本は，こうした動きにどのように対応してきたのであろうか。結論からいえば，国連加盟後も30数年のあいだ，日本国内における議論は従前の域を出なかった。それの変更を迫ったのは，1990〜91年のいわゆる湾岸戦争である。以下，湾岸戦争と対日批判，PKO協力法の成立と凍結解除，に分けて検討をすすめる。

I　国際法と日本

(1)　湾岸戦争と対日批判

　1990年8月2日，サダム・フセイン政権下のイラクは国境問題などを口実に隣国クウェートに武力攻撃を仕掛け，数時間のうちに全土を占領した。これが湾岸戦争の始まりである。国際連合安全保障理事会は直ちに決議を採択して，イラク軍の即時・無条件撤退を要請し，同月6日には憲章第41条に基づく経済制裁をイラクに対して発動する決議を採択した。しかしイラクは安全保障理事会の決議を無視して，同月8日にはクウェートを自国に併合する旨を宣言し，17日には国内の西側外国人を人質にする措置に出たのである。他方，米英両国は同月8日にサウジアラビアを防衛するため出兵することを決定しており，10日には北大西洋条約機構がこれを支持する旨を表明した。それと並んでアラブ首脳会議も，アラブ合同軍を湾岸地域に派遣することを決定した。さらに国際連合安全保障理事会は，同月9日にはイラクのクウェート併合を無効とする旨の決議を採択し，25日に採択した決議では経済制裁の効果を確保すべく，海上において限定的な武力を行使することを認めた。

　日本はこの間，湾岸地域に派遣される多国籍軍に対し，8月末に10億ドルを支出することを決定したのをはじめとして，全体として1兆円を超える高額を支出した。また11月には中曽根康弘元首相がバグダッドへ出向き，フセイン大統領と会談して，78人の日本人とともに帰国した。なおフセイン大統領は12月に入り，人質全員の解放を発表している。

　しかしながら，イラクはソ連の説得にもかかわらず，クウェートを占領しつづけたので，10月25日に安全保障理事会はいわゆる空域封鎖決議を採択し，さきに決定した経済封鎖の効果を高めるため，国連加盟国が自国に関係のある航空機に対して適切な措置をとることを求めた。さらに同理事会は11月29日に至って憲章第7章のもとで「決議678」を採択し，①イラクが8月2日以降のすべての国連決議を遵守すること，②そのための猶予期間を翌1991年1月15日とすること，③イラクがこれに従わない場合には，これらの決議を実施しこの地域の国際平和・安全を回復するために「必要なすべての手段をとる権限」を，クウェートを支援するすべての加盟国に与えた。そしてこの期限を過ぎてもイラクが諸決議を履行しないので，1991年1月17日，多国籍軍はイラク軍に対す

第2章　国際連合の活動と日本の対応

る空爆を開始し，2月24日には地上戦を展開してクウェート全域を奪回，ついに同28日にはイラクがこれらの決議をすべて受け入れることにより，湾岸戦争は終結した。なお日本は戦争の終結後，国際連合の制裁行動とは無関係な独自の活動として，海上自衛隊をペルシャ湾に派遣し，イラク軍が散布した浮遊機雷の掃海作業を実施した。

　顧みれば，日本は湾岸戦争に派遣された多国籍軍に対して，国民1人当たり1万円にも達する最大の金銭的貢献をなした。だが，その日本に対する国際社会の評価は，国際連合の介入により祖国の領土を回復したクウェートの措置が如実に示している。すなわち戦後クウェートは世界の代表的な新聞紙上で，祖国領土の回復を実現してくれた国連加盟国の名を一々掲げ，彼らに謝意を表したのであるが，そのなかに日本の名は見当たらなかった。どれほど高額の金銭を拠出しても，自らの血と汗を流してクウェートのために戦ってくれた多国籍軍の兵士たちがいなければ，イラクは依然として祖国領土を占領しつづけているであろう―これこそが，クウェートの措置が日本に伝えたかったメッセージであり，日本の行動に対する国際社会の批判なのである。

（2）　PKO協力法の成立と凍結解除

　こうした国際社会の批判を背景に，湾岸戦争の終結した翌1992年，日本では野党の執拗な反対を押し切って，やっと「国際連合平和維持活動等に対する協力に関する法律（以下，PKO協力法）」が成立した。この法律は，さきに見た"PKOの諸原則"を忠実に踏襲している。

　すなわち，同法第3条1号は，日本が国際連合平和維持活動に協力する前提として，①武力紛争の停止および平和維持軍の派遣について，紛争当事者の同意があること，②活動がいずれの当事者にも偏りなく実施されること，③活動が国際連合の統括下に行われること，を要件としており，これらは同意，中立性，国際性の3つの原則に対応する。また同法第22条は，④隊員の保有可能な武器を「小型兵器」に制限し，第24条は，武器の使用を「自己又は……他の隊員の生命又は身体を防衛するためにやむを得ない必要がある……場合」に限定し，しかも刑法に定める正当防衛と緊急避難の場合を除いて「人に危害を与えてはならない」と規定している。これは"武器使用制限の原則"に対応するも

89

のである。さらに同法第6条1項は，⑤PKOへ日本が参加することについても当事者が同意すること，を求めており，しかも①，②，③，④の要件が満たされなかった場合には，日本がPKOから撤収する旨を規定している。

ただし，このように国際連合のPKO諸原則以上に厳しい制約の付いた「PKO協力法」も，参議院における修正の結果，①停戦状況・合意に基づく当事者の軍隊の再配置・武装解除の監視，②緩衝地帯の駐留・巡回のほか，③武器の搬入・搬出の検査・確認，④放棄された武器の収集，保管または処分，⑤当事者による停戦ラインの設定の援助，⑥当事者間の捕虜の交換の援助など，平和維持活動の中核をなすものについては，別に法律で定める時期まで実施を見合わせる（凍結する）ことになってしまった。そのため，同法に基づく日本のPKO協力は，選挙監視，文民警察，医療，被災施設や設備の復旧・整備など，PKO協力法の成立以前にも可能であった活動に限られることになってしまった。

実は，PKO協力法の成立以前にも，日本は1989年の「国連ナミビア独立支援グループ（United Nations Transition Assistance Group, UNTAG）」の選挙監視団，同じく98年の「国連ニカラグア選挙監視団（United Nations Observer Mission for the Verification of Elections in Nicaragua, ONUVEN）」に，それぞれ31名と6名の選挙監視要員を参加させていたが，それは外務省設置法やいわゆる派遣法に基づく外交用務のための現地派遣の形をとるものであった。なおPKO協力法の成立後は，1992年の「第2次国連アンゴラ監視団（United Nations Angola Verification Mission, UNAVEM II）」の選挙監視，1992〜93年の「国連カンボジア暫定統治機構」の文民警察・被災施設の復旧作業・選挙監視，1994年の「国連モザンビーク活動（opération des Nations Unies au Mozambique, ONUMOZ）」の選挙監視，同じく94年の「国連エルサルバドル監視団（Misión de Observadores de las Naciones Unidas en El Salvador, ONUSAL）」の選挙監視，1996年以降の「国連兵力引き離し監視隊」（シリアのゴラン高原）の司令部協力・物資の輸送保管と道路補修・機材整備，そして1999年の「国連東チモール暫定統治機構（United Nations Transitional Administration in East Timor, UNTAET）」に司令部協力・選挙監視・道路橋梁補修などの要員を派遣してきた。

ただし，これらの要員派遣の経験から，PKO協力法の規定には現実に合わ

ない部分のあることが明らかになった。とくに，武器の使用の判断を個々の隊員に委ねることは，精神的負担が大き過ぎるとして，1998年，武器の使用は原則として上官命令による旨の改正がなされた。また，平和維持活動では他国の要員との共同作業が要求される可能性があるが，その場合に武器使用の基準が異なれば，任務遂行に支障をきたす虞れがあることが認識されるようになった。そうしたなか，2001年9月11日のいわゆる同時多発テロ事件の発生を受けて，「テロ対策特別措置法」が制定されたあと，同年12月7日，ついにPKO協力法の凍結部分が解除されるとともに，武器の使用基準も緩和されたのである。これにより，停戦や武装解除の監視など，さきに見た平和維持活動の中核をなす部分についても，日本が参加することが可能となった。武器の使用についても，"自己又は他の隊員"に加えて，「職務を行うに伴い自己の管理の下に入った者」の生命・身体防護のためにも，認められることとなった。ほかに，武器の破壊や奪取を看過することは隊員の緊急事態への対応能力を低め，治安の悪化につながる虞れがあるので，自衛隊自体の武器を防護するためにも，武器の使用が認められることになった。

　しかしながら，凍結部分の解除や武器使用基準の緩和にもかかわらず，PKO協力法にはなお問題が残されている。それは1つには，国際連合の平和維持活動に日本が参加することが，依然として当事者の合意にかからしめられていることである。もう1つには，武器の使用基準が緩和されたといっても，なお基本的には"自己または他者"の正当防衛ないし緊急避難という枠内に止まり，国際連合のPKO一般に認められている「任務遂行に対する実力による妨害への対抗」が含まれていないことである。

6　おわりに──国連活動の展望と日本の課題──

　国際平和・安全を維持するため，19世紀的な軍事同盟体制に替えて，国際連盟規約は集団安全保障体制を採択した。国際連合憲章はそれをさらに改善・強化した集団安全保障体制を規定した。ただし改善・強化された集団安全保障体制は，この改善の核心をなすべき安全保障理事会における常任理事国の拒否権に阻まれて，憲章の規定どおりには機能してこなかった。しかしながら，そう

I 国際法と日本

した制約のもとでも,国際平和・安全の維持を目指して,国際連合は局地的な紛争の収拾を支援するために,平和維持活動(PKO)を展開させた。とくに社会主義体制の崩壊に伴う東西冷戦の終結後,それまで加盟国の内部に抑え込まれてきた小さな対立・抗争が顕在化するなかで,PKO 国連軍は量的にも質的にも拡大し,紛争当事者の同意や要請がない場合や,当事者に支配地域の治安・秩序を維持し停戦協定等を遵守する意思や能力がない場合にも,派遣されるようになった。また冷戦の終結後,安全保障理事会における拒否権行使の必然性が大幅に減少した事実を反映して,これらの PKO 国連軍のなかには憲章第7章のもとで組織され,任務達成のために自衛の枠を超える実力行使を認められるものも存在するに至った。

国際平和・安全の維持にかかわる国連活動の進展のなかで,1956年に念願の加盟を果たした日本はおそらく,対外的には第2次世界大戦にかかわる自らの消極的なイメージを払拭し,対内的には憲法第9条の解釈をめぐる紛糾を避けるために,30数年にわたってこの分野における論議に踏み込むことをしなかった。そうして日本は,湾岸戦争をめぐる国際社会の対日批判を背景に,1992年に至ってようやく「PKO 協力法」を成立させたが,平和維持活動の中核をなす部分の適用を凍結した。さらに2001年の9・11テロ事件に押されて,この凍結は解かれたけれども,紛争当事者の同意がないかぎり日本は PKO に参加しないという,冷戦終結まえの"PKO 諸原則"の枠内に止まりつづけている。

このような日本の姿勢は一概に非難されるべきではないかも知れない。だが,アメリカと同様に,国連財政の2割以上を負担するに至った日本が*,国際連合のもっとも重要な目的である国際平和・安全の維持にかかわる活動に,より積極的に参加するように国際社会が期待していることも否定できない。たしかに,第2次世界大戦にかかわる日本の消極的なイメージを払拭する努力は必要である。しかし,そうした努力は,頑なに PKO への参加を拒みつづけるのではなく,むしろこれに正面から取り組むことによって,より望ましい結果を生み出しうるのではなかろうか。「国連カンボジア暫定統治機構」や「国連東チモール暫定統治機構」への日本の要員派遣が現地の政府や住民から歓迎された

＊ 2016-18年期における日本の国連通常予算分担率は9.680％。

第 2 章　国際連合の活動と日本の対応

事実は，そのことを裏付けているように思われる。

　だとすれば問題は，日本国憲法第 9 条の解釈をめぐる国内の紛糾を日本人自らがいかに処理するか，にかかっている。国際法から見れば，同条 1 項の「国際紛争を解決する手段としては」戦争を放棄するという規定は，1928年の不戦条約の規定と同じ趣旨であって，いわゆる侵略戦争を放棄するものと解釈することができる。また，国際連盟規約の軍備縮小に関する第 8 条 1 項は「連盟国ハ，平和維持ノ為ニハ，其ノ軍備ヲ国ノ安全及国際義務ヲ共同動作ヲ以テスル強制ニ支障ナキ最低限度迄縮少スルノ必要アルコトヲ承認ス」と規定して，自衛と並び，国際義務としての集団安全保障の制裁行動に必要な軍備の保持を認めていた。したがって，憲法第 9 条 2 項の「前項の目的を達するため……戦力は」保持しないという規定も，PKOへの参加はもとより国連の制裁活動への参加に必要な戦力の保持まで禁じたものと解釈する必然性はない。何よりも憲法前文は，「平和を愛する諸国民の公正と真偽に信頼して，われらの安全と生存を保持しようと決意した」という部分に続けて，「われらは，平和を維持し，専制と隷従，圧迫と偏狭を地上から永遠に除去しようと努めている国際社会において，名誉ある地位を占めたいと思う（傍点筆者）」と強調しているのである。

　湾岸戦争後の対日批判はまさに，この憲法前文の趣旨に沿うて日本が行動してこなかったことに，向けられたものであった。日本国憲法を制定した第90帝国議会において，当時の南原議員や佐々木議員が憂慮したのは，憲法第 9 条の戦力不保持の規定が，日本人を"他国の好意……に委ねて生き伸びむとする……東洋的な諦め"や"卑屈のような気持ち"に走らせないか，ということであった。遅ればせながら日本が採択した「PKO協力法」は，こうした批判に応え，憂慮を払う契機になりうるものである。それはまた，21世紀に国際社会のなかで，日本と日本人が歩むべき方向を指し示すものでもある。

　　（付記）本稿の内容は，本書第 1 章「国際社会と日本──日本国憲法と国際協調主義」と重複する部分があるので，同章をも参照されたい。そのこともあって，本稿ではとくに表示したもの以外は個々の引用出典の表示を省いたが，主要な参考文献のみ以下に掲げておく。

F. P. Walters, *A History of the League of Nations* (Oxford University Press, 1952)

I 国際法と日本

L. M. Goodrich & A. P. Simons, *The United Nations and the Maintenance of International Peace and Security* (Brookings, 1955)
R. B. Russell, *A History of the United Nations Charter* (Brookings, 1958)
L. Goodrich & E. Hambro, *Charter of the United Nations* (3rd Revised Ed. Columbia University Press, 1969)
J. P. Cot & A. Pellet, *La Charte du Nations Unies* (Economia, 1985)
B. Conforti, *The Law and Practice of the United Nations* (2nd Revised Ed. Nijhoff, 2000)
B. Simma (ed.), *The Charter of the United Nations* (2nd Ed. in 2 vols. Oxford University Press, 2002)
横田喜三郎・尾高朝雄『国際連合と日本』(有斐閣，1956年)
外務省『わが外交の近況』(1957年)
清水伸編著『逐条日本国憲法審議録 第二巻 第三巻』(有斐閣，1962年)
香西茂『国際連合の平和維持活動』(有斐閣，1991年)
横田洋三編『国連による平和と安全の維持——解説と資料』(国際書院，2000年)
酒井啓亘「国連憲章第七章に基づく暫定統治機構の展開」『神戸法学雑誌』第50巻2号 (2000年9月)
浅田正彦「KEY WORD　PKO/PKO法」『法学教室』257号 (2002年2月)

第3章　人権の制限事由としての「公共の福祉」に関する一考察——日本国憲法と国際人権規約——

(1993年)

1　問題の所在

　筆者（＝安藤）は1987年以来,「市民的及び政治的権利に関する国際規約」（以下，自由権規約と略称。B 規約と略称されることもある）[1] に基づいて設置された人権委員会（英語では Human Rights Committee. 国際連合経済社会理事会の下部機関たる Commission on Human Rights と区別するため，規約人権委員会または自由権規約委員会と訳されることが多い）の委員を勤めているが，1988年7月に行われた第2回日本政府報告書の審査の際に[2]，つぎのような質疑が交された。

　すなわち，自由権規約第12条に規定する「出国の権利」につき，日本政府代表が「この権利は，日本国憲法のもとで,『公共の福祉』（英語では public welfare）により制限される」と説明したところ，委員のなかから「日本国憲法にいう『公共の福祉』は，一体，自由権規約第12条3項に列挙された制限事由のいずれに該当するのか」との質問が出た。これに対し日本政府代表は，「『公共の福祉』は『国の安全』または『公の秩序』に該当する」と回答したが，委員の1人は「『公共の福祉』は，第12条3項に規定されたいずれの制限事由にも該当しないのではないか」と疑義を表明したのである[3]。

　この質疑は，3つの問題の所在を示唆するように思われる。それは，(1)日本国憲法と自由権規約とは，それぞれ，どのような"方式"で人権を制限しているのか，両者は同じか，それとも違うのか，(2)日本国憲法と自由権規約の規定する"人権の制限事由"は，それぞれ，どのようなものか，両者は同じか，そ

---

1) 田畑茂二郎他編『国際人権条約・宣言集』（東信堂，1990年）18頁以下参照。
2) 拙稿「国際人権規約委員会による当事国報告の審査について」『法律時報』第60巻12号（1988年），62頁以下参照。
3) U.N.Documents CCPR/C/SR.827, §38; CCPR/C/SR.830, §§26, 60, 61, 64.

I 国際法と日本

れとも違うのか，(3)仮に日本国憲法の規定と自由権規約の規定とが食い違う場合に，両者の関係をどのように理解すべきか，の3つである。

自由権規約委員会の委員としての筆者の経験をもとに，この3つの問題について簡略に考察することが，本稿の目的である。ただし筆者は，日本国憲法のもとにおける「公共の福祉」の解釈・適用について，とくに専門的な知識をもっているわけではない。それについては，日本国憲法の専門家諸氏の業績に負わざるをえないことを，あらかじめお断りしておきたい。

2 人権の制限方式

まず最初に，日本国憲法と自由権規約における"人権の制限方式"を比較してみよう。

(1) 日本国憲法

日本国憲法は「国民の権利及び義務」と題する第3章において，約30ヶ条にわたり，種々の人権に関する規定を置いている。これらの人権は，いくつかの基準により，いくつかの種類に分けることができるが[4]，いま仮に人権保障の手続にかかわるものと，実体的なものに二分し，後者をさらに自由権と社会権に分けることにすれば，手続的人権として，選挙権（第15条），請願権（第16条），賠償請求権（第17条），裁判を受ける権利（第32条），刑事手続上の権利（第37条，38条，39条，40条）など，自由権として，身体的自由にかかわる奴隷的拘束・苦役からの自由（第18条），法定手続の保障（第31条，33条，34条，35条），拷問・残虐刑の禁止（第36条）など，精神的自由にかかわる思想・良心の自由（第19条），信教の自由（第20条），集会・結社・表現の自由（第21条），学問の自由（第23条）など，ほかに家庭生活の自由（第24条），居住・移転の自由および財産的自由（第22条，29条）など，社会権として，生存権（第25条），教育を受ける権利（第26条），勤労の権利（第27条），労働者の権利（第28条）など，

---

4) たとえば，佐藤幸治『現代法律学講座5・憲法（新版）』（青林書院新社，1991年）371頁以下。

第3章　人権の制限事由としての「公共の福祉」に関する一考察

に分けることができよう。

　これらの人権のなかには，財産権のように，その内容が「法律」に委ねられたり，教育を受ける権利のように，その実現方法が「法律」に依存したりするものがある。しかし，それ以外の人権も，その内容や実現方法は，程度の差こそあれ「法律」に依らざるをえないのであって，ここにいう「法律」を"人権の制限事由"として把えることは，適切でない。日本国憲法が"人権の制限事由"として明記するのは，「公共の福祉」のみであり，しかも，その"制限方式"はきわめて包括的なものである。

　すなわち，日本国憲法第3章は，第15条以下で個別的な人権について規定するに先立ち，総則的な規定を置いている。そして第10条で，人権の享有主体たる「国民」の要件は法律で定める，と断り，第11条で，人権の不可侵性と永久性に触れたあと，第12条で，「……国民は，これ（この憲法が国民に保障する自由及び権利）を……公共の福祉のために……利用する責任を負う」と規定し，また第13条で，「……生命，自由及び幸福追求に対する国民の権利については，公共の福祉に反しない限り，立法その他の国政の上で，最大限の尊重を必要とする」と規定している[5]。この「公共の福祉」による制限は，原則として，日本国憲法に定めるすべての人権に及ぶものと解される[6]。言い換えれば，日本国憲法は，個々の人権ごとに何がしかの制限事由を掲げる方式ではなく，最初に「公共の福祉」という一般的な制限事由を掲げ，これをすべての人権に及ぼすという包括的な制限方式を採用しているのである。

　なお，第22条の居住及び職業選択の自由および第29条の財産権については，とくに「公共の福祉」による制限に服する旨が明記されているが，これはそれらの人権の特質を考慮した注意規定であって，それら以外の人権が「公共の福祉」による制限に服されないことを意味するものではない[7]。

5）　なお第14条は，国民の平等と無差別について規定するが，これは，人権を含む国民の処遇一般を規律する共通原則だ，と解するべきであろう。
6）　芦部信喜編『憲法Ⅱ　人権(1)』（有斐閣，1978年）144-145頁。
7）　芦部・前掲注6）。

Ⅰ　国際法と日本

(2)　自由権規約

　これに対し，自由権規約が採用する"人権の制限方式"は，特殊・個別的であるということができよう。自由権規約は，「市民的及び政治的権利に関する国際規約」という条約名が示すとおり，さきに触れた手続的人権と自由権についてのみ規定し，社会権については，「経済的，社会的及び文化的権利に関する国際規約」（A規約または社会権規約と略称されることが多い[8]）に委ねている。そして自由権規約の第Ⅲ部には，手続的権利として，参政権（第25条），公正な裁判を受ける権利（第14条），遡及罰の禁止（第15条），人として認められる権利（第16条）など，自由権として，身体的自由にかかわる生命に対する権利（第6条），拷問・残虐刑の禁止（第7条），奴隷・強制労働の禁止（第8条），法定手続および被拘禁者の保障（第9条，10条，11条）など，精神的自由にかかわる思想・良心・信教の自由（第18条），表現の自由（第19条）など，ほかに移動・居住の自由と追放の制限（第12条，13条），プライバシーの保護（第17条），集会・結社の自由（第21条，22条），家族および児童の保護（第23条，24条）など，が規定されている。

　これらの人権の内容は，日本国憲法に規定するものと，おおむね重複するといえるであろう。だが，自由権規約は日本国憲法と異なり，これらの人権について，それぞれ個別に制限事由を付す方式を採用している。たとえば，手続的権利のうち，参政権は「不合理な制限なしに」行使しうる，と規定されている。逆に言えば，参政権は「合理的な制限」に服するわけであって，年齢，国籍，居住期間などに基づく制限は，認められるであろう。また，公正な裁判を受ける権利に関連して，裁判は公開審理が原則とされている。しかし，「民主的社会における道徳，公の秩序若しくは国の安全」または「当事者の私生活の利益」のために必要な場合や，裁判所の判断によれば「公開が司法の利益を害することとなる特別な状況」がある場合には，非公開の審理が許される。

　つぎに，身体的自由に関連して，強制労働は原則として禁止されるが，この禁止は「犯罪に対する刑罰として強制労働を伴う拘禁刑を科すことができる国

---

[8]　田畑茂二郎他編・前掲注1）11頁以下参照。

において」，裁判所がこの種の刑罰を言い渡すことを妨げない。兵役または兵役の代替的役務，緊急事態または災害の際に要求される役務，市民の通常の義務とされる作業なども，禁止される「強制労働」には含まれない。移動・居住の自由は，「合法的にいずれかの国の領域内にいるすべての者」に保障される。だが，この自由は「法律で定められ，国の安全，公の秩序，公衆の健康若しくは道徳又は他の者の権利及び自由を保護するために必要であり，かつこの規約において認められる他の権利と両立する」制限には，服さなければならない。プライバシーもまた，「恣意的に若しくは不法に干渉され」ないが，恣意的でない合法な干渉には服することになろう。

　精神的自由のうち，信教の自由そのものは，のちに見る"絶対的な人権"に属する[9]。ただし，「宗教又は信念を表明する自由」は，「法律で定める制限であって公共の安全，公の秩序，公衆の健康若しくは道徳又は他の者の基本的な権利及び自由を保護するために必要なもの」には，服さなければならない。同様に，表現の自由の行使は，「特別の義務及び責任を伴う」のであって，「他の者の権利又は信用の尊重」または「国の安全，公の秩序又は公衆の健康若しくは道徳の保護」のために必要であり，かつ法律によって定められた制限に服さなければならない。なお，集会・結社の自由も，「法律で定める制限であって国の安全若しくは公共の安全，公の秩序，公衆の健康若しくは道徳の保護又は他の者の権利及び自由の保護のため民主的社会において必要なもの」には服するのである。

　もっとも，自由権規約も日本国憲法と同様に，そこに掲げられた人権全般にかかわる包括的な制限事由について，規定していないわけではない。すなわち，自由権規約の第2部には総則的な規定が置かれ，そのなかの第5条1項は，「この規約のいかなる規定も……個人が，この規約において認められる権利及び自由を破壊……することを目的とする活動に従事し又はそのようなことを目的とする行為を行う権利を有することを意味するものと解することはできない」と規定している。これは人権行為の名において，他者の人権を侵害することを禁じる趣旨であって，フランス革命の「人および市民の権利宣言」第4条

9）　本書後出102頁参照。

Ⅰ　国際法と日本

以来[10]の，自明の理を規定したものだ，ということができよう。ただし同項は，これと並んで，国家や集団が「この規約に定める制限の範囲を超えて」，自由権規約に列挙された人権を制限することを禁じているのであって，それぞれの人権に付された制限事由が，網羅的かつ限定的である旨を明らかにしている。

　さらに注目されるのは，同じ第Ⅱ部の第4条の規定である。すなわち，第4条1項は，「国民の生存を脅かす公の緊急事態の場合においてその緊急事態の存在が公式に宣言されているときは，この規約の締約国は，事態の緊急性が真に必要とする限度において，この規約に基づく義務から離脱する措置をとることができる……[11]」と規定している。これは内乱や騒擾のような非常事態の際に，国家が一時的に，住民の表現の自由や移動の自由などを制限することを認める規定であって，各国の憲法に定める戒厳令の場合などを想定している。ただし同条2項によれば，そのような場合であっても，当該措置は「人種，皮膚の色，性，言語，宗教又は社会的出身のみを理由とする差別」的なものであってはならない。さらに当該措置は，自由権規約に規定する人権のうち，生命に対する権利，拷問・残虐刑の禁止，奴隷・隷属状態の禁止，契約義務不履行による拘禁の禁止，遡及罰の禁止，人として認められる権利，および思想・良心・信教の自由，の諸規定に反することはできない。つまり自由権規約は，非常事態において，自由権規約の定める人権が包括的な制限に服することを認めてはいるが，その反面，具体的な制限措置が差別的性格を有さないことを要求するとともに，包括的な制限そのものに服さない人権が存在することを明記しているのである。このように，いわば"絶対的な人権"の存在を認める点において，自由権規約の"人権の制限方式"は，日本国憲法のそれと顕著な違いを見せている，といえよう。

---

10)　樋口陽一・吉田善明編『解説世界憲法集・改訂版』（三省堂，1991年）239頁。
11)　公定訳では，引用文の最後が「……この規約に基づく義務に違反する措置をとることができる」と訳されている（傍点筆者）。しかし，英文は"The States Parties……may take measures-derogating from their obligations under the Present Covenant……"となっており，「義務から離脱する」のほうが，より適切な訳だろうと思われる。

第3章 人権の制限事由としての「公共の福祉」に関する一考察

3 人権の制限事由

上記のとおり，"人権の制限方式"について，日本国憲法と自由権規約とは顕著な違いを見せているが，"人権の制限事由についても，同じことがいえる"。

（1） 日本国憲法

日本国憲法の規定する"人権の制限事由"は，さきに触れた「法律」の問題を別とすれば，「公共の福祉」ただ1つである。しかも「公共の福祉」の内容・性質について，憲法は何の規定も置いていない。

「公共の福祉」を漠然と「全体の利益」と理解し，それによってすべての人権を一律に制限するならば，もともと個人レベルで保障されているすべての人権が，過度に制限される危険性を否定することができない。そこで「公共の福祉」を，「全体の利益」のような外在的制約と理解せず，これもさきに見たように，「人権は他者の権利を侵害しないかぎりにおいて，認められる」という人権の内在的制約こそが「公共の福祉」である，とする理解がある。しかしこの理解も，「何がそれぞれの人権の内在的制約であるか」を明確にしえず，また日本国憲法第12条，13条の「公共の福祉」規定の意義を十分に説明できないように思われる。

こうした問題点を踏まえて，いわゆる多数説によれば，「公共の福祉」は人権相互間の矛盾・衝突を調整するための実質的公平の原理だ，と理解されている[12]。この理解に従えば，「公共の福祉」によって人権を制限するためには，制限によってえられる利益と，制限しないことによってえられる利益とを比較衡量し，前者が後者を上廻らなければならない。つまり「公共の福祉」の内容は，制限されるべき人権の種類や性質，さらにその行為の態様などが特定されて，はじめて具体的に明らかになるわけであり，日本の憲法判例もおおむね，こうした理解に裏付けられているようである[13]。

---

12) 『別冊法学セミナー・法学ガイド 憲法Ⅱ（人権）』（阿部照哉・初宿正典編著）（日本評論社，1991年）34頁。
13) 同前35頁。

（２）自由権規約

　自由権規約の場合，"人権の制限事由"にはいくつかの種類があり，それぞれの機能が分化していることは，すでに見たとおりである。

　まず，日本国憲法にいう「公共の福祉」を人権の内在的制約と理解する見方に呼応して，「(自由権)規約において認められる権利及び自由を破壊」するような人権の行使が，認められないことは明らかである（第5条1項）。

　つぎに，「国民の生存を脅かす公の緊急事態」は，その存在が公式に宣言されていることを条件として，人権を制限することが認められている。ただし，その場合に，制限措置が差別的であってはならず，また「緊急事態」によっても制限を受けない"絶対的な人権"が存在することも，すでに見たとおりである（第4条）。

　これ以外に，各種の"人権の制限事由"としては，移動・居住の自由，宗教・信念の表明の自由，集会・結社の自由などの制限事由としての「国の安全」，「公共の安全」，「公の秩序」，「公衆の健康」，「公衆の道徳」，裁判所における公開審理の制限事由としての「民主的社会における道徳」，「当事者の私生活の利益」，「司法の利益を害することとなる特別な状況」，表現の自由の制限事由としての「他の者の権利又は信用の尊重」などが挙げられる。これらの制限事由の特徴は，日本国憲法にいう「公共の福祉」に比して，それぞれの内容がはるかに具体的かつ個別的なことであろう。

　もっとも，これらの制限事由のなかに，「公共の安全」や「民主的社会における道徳」のように，適用すべき状況に応じて，その内容をより具体化する必要のある概念がないわけではない。しかしながら，自由権規約の規定のなかには，たとえば，「何人も恣意的にその生命を奪われない」（第6条1項），「何人も，自国に戻る権利を恣意的に奪われない」（第12条4項）という場合の"恣意性"，「すべての市民は……不合理な制限なしに……（政治参与の）権利及び機会を有する」（第25条）という場合の"合理性"，「自由を奪われた者は，人道的に……取り扱われる」（第10条1項）という場合の"人道性"のように，適用される状況に応じて，その内容をより具体化する必要のある概念は，数多く存在する。その意味で，自由権規約の規定の内容をそれぞれの適用状況に応じて，

より具体化する必要が生じるのは，"人権の制限事由"に特有の問題ではない。むしろ「公共の安全」や「民主的社会における道徳」が，「公の秩序」や「公衆の健康」などと並ぶ"個別的な"概念であり，それぞれの適用範囲が限定されている事実こそを，評価すべきであろう。

なお，自由権規約の規定する人権のなかにも，「何人も，法律の定める理由及び手続によらない限り，その自由を奪われない」（第9条1項），「何人も……名誉及び信用を不法に攻撃されない」（第17条1項）のように，その内容や実現方法が「法律」に依拠させられているものがある。ただし，これについては，さきに日本国憲法における同種の問題について触れたことが，そのまま当てはまるので，ここでは，とくに取り上げないことにする[14]。

4　日本国憲法と国際人権規約

上記2および3の考察を通して，日本国憲法と自由権規約が規定する人権の種類はおおむね重複するものの，"人権の制限方式"および"人権の制限事由"については，両者間に顕著な違いのあることが明らかになった。すなわち，日本国憲法は「公共の福祉」のみを"人権の制限事由"とし，これをすべての人権に適用する包括的な"人権の制限方式"を採用している。ところが，自由権規約は原則として，個別の人権ごとに"人権の制限事由"を明記する"制限方式"を採用し，唯一の包括的な"人権の制限事由"である「緊急事態」についても，差別的な適用を禁止するとともに，緊急事態においても制限しえない"絶対的な人権"の存在を認めているのである。このような差違を考慮に入れれば，個別の人権の制限をめぐって，日本国憲法と自由権規約の規定が食い違う可能性を完全に否定することはできない。以下では，具体例を通して，仮に両者の規定が食い違う場合に，両者の関係をどのように理解すべきか，を考察してみよう。

日本国憲法第22条2項は，「何人も，外国に移住……する自由を侵されない」と規定するが，旅券法第13条は，「外務大臣において，著しく且つ直接に

---

14)　本書前出97頁。

I　国際法と日本

日本国の利益又は公安を害する行為を行う虞があると認めるに足りる相当の理由がある者」に対し，外務大臣が法務大臣と協議のうえで，一般旅券を発給しない権限を認めている。また，同じ日本国憲法の規定に関連して，出入国管理及び難民認定法第25条は，「本邦外の地域に赴く意図をもって出国しようとする外国人」は，入国審査官から出国の確認を受けなければならない，と規定している。これら出入国の権利に対する制限は，日本の判例上，いずれも「公共の福祉」によって正当化されている[15]。

他方，自由権規約第12条2項も，「すべての者は，いずれの国（自国を含む）からも自由に離れることができる」と規定するが，同条3項は，「法律で定められ，国の安全，公の秩序，公衆の健康若しくは道徳又は他の者の権利及び自由を保護するために必要であり，かつこの規約において認められる他の権利と両立するものである場合」には，この権利が制限されうることを認めている。

さて，本稿の冒頭に引用した質疑——自由権規約に基づく第2回日本政府報告書の審査の際の質疑——は，まさに「出国の権利」をめぐって，日本国憲法および関連国内法の規定と自由権規約の規定との関係を，問題としたものであった。そして，日本政府代表が「日本国憲法に規定する『公共の福祉』は，自由権規約第12条3項に規定する『国の安全』または『公の秩序』に該当する」と回答したのに対し，質問者たる自由権規約委員会の委員は，「『公共の福祉』は，第12条3項に規定されたいずれの制限事由にも該当しないのではないか」と疑義を表明したのであった。

本稿の目的は，日本国憲法と自由権規約の"人権の制限方式"および"人権の制限事由"を比較・検討し，仮に双方の規定が食い違う場合に，その関係をどのように理解すべきか，を考察することにある。そのため，ここでは「出国の権利」をめぐる上記の質疑に何がしかの結論を下すことを差し控え，より一般的に，人権の制限に関する日本国憲法と自由権規約の規定が食い違う場合に，両者の関係をどのように理解すべきか，を考察するに留める。さらに，考察に際して，まず，(1)日本国憲法のもとにおける自由権規約の位置づけを明らかにし，ついで，(2)「公共の福祉」の問題点を指摘し，最後に，(3)「公共の福祉」

---

15) 『別冊法学セミナー・法学ガイド　憲法II（人権）』前掲注12) 172〜173頁。

に関する自由権規約の"人権の制限事由"の有用性について示唆する，という順序を選びたい。

（1）日本国憲法のもとにおける自由権規約の位置づけ

筆者の経験によれば，自由権規約委員会は各国の政府報告書の審査に際して，「貴国の国内法上，自由権規約はいかなる位置づけを与えられているか」と問うことをつねとしている。言い換えれば，憲法を頂点とする各国の国内法体系のなかで，自由権規約がどこに位置づけられているかが，委員会の恒常的な関心事なのである[16]。

ごく一般的にいえば，国内法上，憲法と自由権規約とを同列に置く国家は稀であるが，自由権規約の規定をほぼそのまま憲法に取り入れたり，憲法と自由権規約の規定が実質的に同等であったりする国家の数は，決して少なくない。ただし多くの国家では，憲法を最上位に置き，自由権規約を議会の制定法に優先させて，憲法の下位に位置づけている。日本の場合，憲法第98条，81条，73条などの解釈をめぐって，異論がありうるが，憲法の改正手続を考慮に入れれば，多くの国家と同様に，憲法と議会の制定法との中間に，自由権規約を位置づけるのが適切であろう[17]。

自由権規約が日本の国内法上，憲法の下位に位置づけられるとすれば，日本の国内裁判所が憲法に規定する「公共の福祉」を，自由権規約に規定する各種の人権の制限事由として援用することは，必ずしも不当とはいいがたい。ただしそうした援用が，日本が自由権規約を批准していることによって負うている国際法上の義務に違反するか否かは，あらためて検討されなければならない[18]。

---

16) 自由権規約委員会から国際連合へ提出される年次報告（Report of the Human Rights Committee. U.N.Documents General Assembly Official Records Supplement No.40シリーズ）の該当部分参照。
17) 田畑茂二郎『国際法新講（上）』（東信堂，1990年）60頁。高野雄一『憲法と条約』（東京大学出版会，1960年）212〜213頁。
18) この点について，たとえば Sylvia B. HAMANO, Interpretation of the International Covenant on Civil and Political Rights, Ritsumeikan Kokusai Kenkyu（The Ritsumeikan Journal of International Studies），Vol. 4 No. 3（December 1991), p.18 ff. 参照。

（2）「公共の福祉」の問題点

　日本の裁判所が，自由権規約に規定する人権の制限事由として，日本国憲法に規定する「公共の福祉」を援用することが，必ずしも不当といえないとしても，「公共の福祉」の具体的内容が不明確であり，かつその適用範囲がきわめて包括的であることに，問題がないわけではない。

　まず，「公共の福祉」が漠然とした「全体の利益」とは理解されず，「人権相互間の矛盾・衝突を調整するための実質的な公平原理」と理解され，裁判所においてもそのようなものとして解釈・適用されていることは，すでに見たとおりである。また，それゆえに，「公共の福祉」の内容が一義的に確定できず，問題となる人権の種類や性質，さらには行使態様によって変化しうることも，すでに見たとおりである。しかしながら，このように「公共の福祉」の具体的な内容が一定しないことは，この概念が本質的に，それを解釈・適用すべき裁判所の判断いかんで，過度に人権を制限し，濫用される危険性をもつ原理であることを意味する。

　筆者の調べえたかぎりでは，日本国憲法の「公共の福祉」に見合う"人権の制限事由"を規定する憲法は，ほとんど見当らない。たとえば，大韓民国憲法は，「国民のすべての自由と権利は，国家安全保障，秩序維持，または公共の福祉のために必要な場合に限り，法律により制限が可能であるが，制限する場合においても，自由と権利の本質的な内容を侵害してはならない」（第37条2項）と規定している[19]。ここでは「公共の福祉」という制限事由が規定されてはいるが，それと並んで「国家安全保障」や「秩序維持」が列挙され，しかも「制限（が）……自由と権利の本質的な内容を侵害してはならない」と明文の留保が付されている点で，制限の濫用を抑える配慮が見受けられる。

　ほかに，ドイツ連邦共和国憲法が，「（所有権）の行使は……公共の福祉に役立つものでなければならない」，「公用収用は，公共の福祉のためにのみ許される」（第14条2項，3項）と規定し[20]，デンマーク憲法が，「営業を自由かつ平

---

19) 樋口陽一・吉田善明編・前掲注10) 323頁。
20) 阿部照哉・畑博行編『世界の憲法集』（有信堂，1991年）236頁。

第3章　人権の制限事由としての「公共の福祉」に関する一考察

等に行うことに対する公共の福祉に基づかない制限は，制定法によってこれを廃止しなければならない」，「公共の福祉を増進するため，すべての可働な市民に対して，その生存を確保しうる条件で職を与えるようにしなければならない」（第75条1項，2項）と規定している例がある[21]。しかしこれらの例は，財産権のみにかかわる制限および勤労の権利にかかわる規定であって，日本国憲法の「公共の福祉」と同列に論じることはできない。

　ついでながら，自由権規約の基礎となった「世界人権宣言」は第29条2項で，「すべての者は，自己の権利及び自由の行使に当たって，他の者の権利及び自由の正当な承認及び尊重を確保すること，並びに民主的社会における道徳，公の秩序及び一般的福祉（英語では general welfare）の正当な要求を満たすことをもっぱら目的として法律により定められた制限にのみ服する」と規定している。これも制限事由を並記し，いわゆる内在的制約にも言及し，かつ"制限方式"を限定している点で，大韓民国憲法に近いといえよう。

　いずれにせよ，「公共の福祉」による人権制限の行き過ぎに対し，明示の歯止め規定を欠いていることは，日本国憲法の大きな問題点であるといわざるをえない。

　これと並んで，日本国憲法の「公共の福祉」が，人権全般に対する制限事由とされている"制限方式"もまた，問題である。すでに見たとおり，自由権規約は「緊急事態」の際に，自由権規約に定める人権が一般に制限されうることを認めながら，他方で，具体的な制限措置が差別的性格をもたないことを求め，かつ緊急事態においても制限しえない"絶対的な人権"の存在を規定している。生命に対する権利，拷問・残虐刑の禁止，奴隷・隷属状態の禁止，契約不履行による拘禁の禁止，遡及罰の禁止，人として認められる権利，および思想・良心・信教の自由，がそれである。問題は，1つには，日本国憲法に定める人権のなかに「絶対的な人権」に見合うものがないか，もう1つには，日本国憲法のもとで，自由権規約に定める絶対的な人権を「公共の福祉」により制限しうるか，である。

　まず，日本国憲法に定める人権のなかで，たとえば「良心及び思想の自由」

---

21)　同前225頁。

(第19条)や「拷問及び残虐刑の禁止」(第36条)は,「公共の福祉」によっても制限できないのではないか,と思われる。筆者の調べえたかぎりでは,この問題を正面から取り上げた判例はないようである。しかし,学説のなかには,これを絶対的な人権と見なすものがあり[22],これら以外にも同種の人権があるのではないかと思われる。

つぎに,形式的に見れば,日本国憲法の「公共の福祉」が自由権規約の人権全般を制限しうる可能性を否定しがたいことは,さきに指摘したところである。各国の憲法と異なり,日本国憲法は,自由権規約第4条の定める「緊急事態」に対応する規定を置いていない。しかしながら,仮にそうした事態が発生した場合に,「公共の福祉」を根拠として絶対的な人権を制限することは,日本が自由権規約を批准したことによって負うている国際法上の義務に違反する可能性が強い。筆者の経験した各国の政府報告書の審査の際に,憲法ほかの国内法による緊急事態の規制が自由権規約第4条の規定に抵触しないか否か,がつねに問題とされた事実は,そうした可能性が強いことを裏付けるものではないだろうか。とくに自由権規約人権委員会の関心は,各国の緊急事態の規制が,自由権規約第4条に掲げる絶対的な人権を侵害しないかどうか,に寄せられてきたのである。

(3) 自由権規約の"人権の制限事由"の有用性

日本国憲法のもとで,「公共の福祉」により絶対的な人権を制限することが,日本が自由権規約の批准によって負うている国際法上の義務に違反する可能性が強いとすれば,この可能性を排除するために,どのような方策が考えられるだろうか。筆者の経験によれば,これについて日本は,英連邦や北欧の諸国から学ぶところが少なくないように思われる。

英連邦や北欧の諸国は,国内法上,条約の直接適用性を認めていない[23]。これら諸国の国内裁判所が条約の規定を適用するためには,その規定が国内法令として"編入"(incorporate)されなければならないのである。これを自由権規

---

22) 佐藤幸治・前掲注4) 370頁。『別冊法学セミナー・法学ガイド 憲法Ⅱ(人権)』前掲注12) 167頁。
23) この問題については,岩沢雄司『条約の国内適用可能性』(有斐閣,1985年)参照。

約に当てはめれば、これら諸国の政府が自由権規約を批准していても、自由権規約と同じ内容の国内法が制定されないかぎり、国内裁判所は自由権規約の規定を援用して、判決を下すことを禁じられている。ところが、種々の事情により、英連邦や北欧の諸国のなかには、そのような国内法が制定されず、自由権規約が国内法として編入されていないものがある[24]。

もっとも、英連邦や北欧の諸国はほとんど、既存の国内法のなかに、自由権規約の規定と同等または類似の規定を備えているのであって、事実上、問題は生じていない。しかし、たとえば裁判手続にかかわる詳細な規定につき、時として、自由権規約の規定に見合う国内法の規定がない場合がある。このような場合、これら諸国の裁判所は自由権規約の規定そのものを適用できないが、国内法を解釈する基準として、自由権規約の規定を活用している[25]。それにより、事実上は、自由権規約の規定が適用されるのと、同様な結果をえることができるのである。

日本の場合、これら諸国と異なり、条約の直接適用性が認められている。すなわち、自由権規約が批准されてのち、官報に掲載されることにより「公布」された瞬間から、国内裁判所はその規定を適用して判決を下すことができる[26]。したがって、日本国憲法にいう「公共の福祉」の内容を明らかにするために、自由権規約の諸規定を直接適用することは、何ら妨げられない。

もともと各国の国内法における人権保障の歴史は、公権力の恣意的な干渉から、いかに個々人の自由と権利を擁護するかの工夫の連続であった。自由権規約に定める人権保障の方式は、そうした工夫の結晶であるともいえよう。繰り返し指摘したとおり、自由権規約は「緊急事態」においても制限しえない絶対的な人権の存在を認めている。また、それ以外の人権についても、個別にそれぞれの"制限事由"を明記している。しかも、自由権規約の定める人権と日本国憲法の定める人権とは、内容的に重複するものが多い。その意味で、日本国

---

24) たとえば、オーストラリアがそうである。U. N. Document A/43/40, §§ 416, 423.
25) *Ibid.*
26) もっとも、日本のように条約の直接適用性を認める国家の場合でも、条約規定の内容いかんにより、それを具現化するために国内法令の改廃や制定が必要とされることがある。

I 国際法と日本

憲法にいう「公共の福祉」の内容を明らかにするために，自由権規約に規定する"人権の制限事由"を適用することは，日本が自由権規約の批准によって負うている国際法上の義務に違反しないことを保障するだけではない。それは，日本国憲法自体の人権規定の，より普遍的な解釈・適用のためにも，大いに有用であるように思われる。

第4章　国際人権保障の現状と課題
　　──自由権規約の国内的実施を中心に──

(1999年)

1　はじめに──国際人権保障の実態──

　本稿の目的は，いわゆる国際人権保障の現状を明らかにし，その課題を検討することである。ただし本稿では，国際人権保障のなかでも，国際連合が1966年に採択し，日本も当事国になっている「市民的及び政治的権利に関する国際規約」(以下，自由権規約と略す)につき，主としてその国内的実施をめぐってどのような点が問題になるか，を考えてみたい。それは，1つには，数ある人権関係条約のなかで同規約がもっとも包括的な内容を備えているからであり，もう1つには，著者がたまたま同規約の実施を監視する「自由権規約委員会」[1]の委員を勤めていて，委員会の実情に比較的詳しいからである。

　ところで，21世紀が間近い今日でも，われわれ個々人の人権の保障は基本的に国内法のシステムに依存している。それは，人類全体を包含する世界政府，世界議会，世界裁判所が未だ存在せず，地球に住む60億の個々人は200ばかりの主権国家に分属し，その生命・身体・財産の安全といった生存の基礎条件が各国家によって保障されている事実の裏返しである。もっとも，国家だけに人権の保障を委ねておくと，あのナチ・ドイツのユダヤ人虐待や南アのアパルトヘイトのように，人権を保護すべき国内法のシステムが逆に人権の侵害に利用される危険を排除できない。そこで，個別国家を超えた人類共通の"人権基準を設定"し，それを各国がそれぞれの国内法のシステムをつうじて実施するように"国際的な監視"のシステムを構築すること──これが，今日における

---

1)　英語では，Human Rights Committee. 国際連合自身の機関である「人権委員会」(Commission on Human Rights. 総会の下に立つ経済社会理事会の補助機関の1つで，政府代表により構成される)と区別するため，かつては前者を「規約人権委員会」，後者を「国連人権委員会」と訳し分けることが多かった。

"国際人権保障"の実態である。

以下では，著者の体験も混えながら，自由権規約の設定した人権基準が国内的に実施されることを監視するために，同規約がどのようなシステムを備え，それがどのように機能しているか，またどのような問題を抱えているか，を検討してみよう。

2 自由権規約の国内的実施の監視システム

周知のとおり，1948年に国際連合総会が採択した「世界人権宣言」は種々の人権について規定していたが，宣言を条約化する過程で，それらの人権を二分し，いわゆる社会権だけを規定する「経済的，社会的及び文化的権利に関する国際規約」と，いわゆる自由権と手続的権利とを規定する自由権規約という2つの人権条約が採択された。

このうち，自由権規約の当事国は，「その領域内にあり，かつ，その管轄の下にあるすべての個人に対し……いかなる差別もなしにこの規約において認められる権利を尊重し及び確保することを約束」（第2条1項）するとともに，「立法措置その他の措置がまだとられていない場合には，この規約において認められる権利を実現するために必要な立法措置その他の措置をとる」（同2項）こと，および「この規約において認められる権利又は自由を侵害された者が……効果的な救済措置を受けることを確保する」（同3項(a)）し，「救済措置が与えられる場合に権限のある機関によって施行されることを確保する」（同3項(c)）旨を約束している。そして，これらの約束が実施されるように，「国家通報」（第41条）と「政府報告書審査」（第40条）という2つの監視システムが設けられているのである。

(1) 国家通報

自由権規約第41条によれば，同条に基づく宣言を発した当事国は相互に，一方が同規約上の義務に違反している旨を他方が自由権規約委員会に通報する権利を，認め合うことができる。この制度を国家通報制度と呼んでいるが，委員会は通報を受け取ると，非公開の会合でそれを検討し，両当事国が満足する結

果を得られるように斡旋する。この宣言はこれまでに47の当事国により発せられている[2]。ただし、今日までのところ、第41条に基づく通報は委員会に対して1件も寄せられておらず、国家通報制度はまったく機能していないといえよう[3]。

（2）政府報告書の審査

国家通報制度がまったく機能していないのと比べ、政府報告書の審査は比較的よく機能しているということができよう。この審査は、通常、つぎのような手順により行われる。

（ⅰ）報告書の提出

まず、自由権規約の当事国は、自国について規約が効力を発してから1年以内に第1回の、それ以降は委員会の要請に応じて、それぞれ政府報告書を委員会に提出することを義務づけられる。委員会の慣行によれば、第1回政府報告書の提出後、5年置きに第2回、第3回の定期的な報告書の提出を要請するほか、必要に応じて臨時に特別の報告書の提出を要請することがある[4]。

第1回の報告書の内容について、委員会のガイドラインはこれを2部に分け、第1部では、当事国における人権保障のための一般的な法的枠組（憲法以下の

---

[2] Annual Report of the Human Rights Committee 1999 (UN Document CCPR/C/66/CRP.1/Add.1/Rev.1), para.1.1999年7月末現在の当事国数は、自由権規約が145、選択議定書が95、そして第41条の宣言が47、となっている【編者注　2018年1月31日現在の当時国数は、自由権規約が169、選択議定書が116、そして第41条の宣言が50、となっている。出典 United Nations Treaty Collection, Multilateral Treaties Deposited with the Secretary-General, Chapter IV, available at <https://treaties.un.org/Pages/ParticipationStatus.aspx?clang=_en>】。

[3] 国家通報制度が活用されない原因の1つは、各国の人権侵害を取り上げる場（forum）として、国連人権委員会やその下部機関である「差別防止・少数者保護小委員会」、さらには総会や安全保障委員会など、政治性の強い機関が選ばれがちな事実にある。

[4] 当事国のなかには、定められた期間内に報告書を提出しない国家が少なくなく、定期報告書の提出間隔が10年を超える場合がある。委員会は、一方で当事国間の扱いの公正さを維持し、他方で遅延国に現実的に対応するため、期限の問題には柔軟に取り組んでいる。なお、特別の報告書の提出が要請された例としては、分裂直前のユーゴスラビア、主権返還前の香港などが挙げられる。

Ⅰ 国際法と日本

制定法，裁判所や人権関係機関の権限・実行など）を，第2部では，規約に定める各人権（第1条の自決権，第3章第6条～第27条に定める各人権）にかかわる国内法令とその実施状況および問題点を，それぞれ簡潔に記載することを求めている。ただし，実際に提出される政府報告書のなかには，法令の規定だけを羅列した数頁のものから，二百数十頁に及ぶ大分のものまで，さまざまある。

報告書は英，仏，西，中，露の国連公用語のいずれかで提出され，その他の公用語に翻訳される[5]。最近では，国連の財政難も手伝って，翻訳作業が大幅に遅れ，報告書の提出から委員会による審査まで2年近くかかる場合があるため，審査に先立ち政府代表がこの間の事態の変化につき口頭で追加説明をしなければならない事例も見受けられる。

（ⅱ）　自由権規約委員会による審査

自由権規約委員会による政府報告書の審査はおおむね，つぎのような順序で行われるが，その説明に入るまえに，委員会そのものについて簡単に触れておこう。

自由権規約委員会は，当事国会議において「個人資格で」選出される18名の専門家で構成される。委員の任期は4年間であり，2年ごとに開かれる当事国会議で半数ずつ改選されるが，再選は許されている（自由権規約第28～30, 32～34条）。自由権規約第31条は，同一国籍の委員は1人しか認めず，かつ「委員の配分が地理的に衡平に行われること並びに異なる文明形態及び主要な法体系が代表されること」を要請している。しかし現実の選挙では，厳格な地理的配分は定められていない。そのせいもあって，著者が委員会に参加した1987年にアジア3，アフリカ4，中南米3，東欧3，西側5だった委員の配分が，現在アジア3，アフリカ2，中南米3，東欧1，西側9（イスラエルを含む）となっていることは，それ自体大きな問題である。

それはともかく，ある会期で取り上げられる政府報告書は，事前に各委員に配布され，委員はそれを読んで政府代表に付すべき質問を準備しておく。ただ

5）　国際連合憲章に規定する5公用語に加えて，最近ではアラビア語が準公用語扱いされている。

し，委員の質問が重複する時間の無駄を省くため，各政府報告書ごとに委員のなかから「国別報告者」(Country Rapporteur)が選ばれ，彼ないし彼女のもとへ各委員からそれぞれの質問があらかじめ送付される。原則として国別報告者は，各会期に1週間先立って開かれる「作業班」(Working Group. 各会期の末に次会期のため選出される数名の委員で構成)に参加し，集まった質問を事務局と調整して作成した「質問表」(List of Issues)を作業班に諮る。そして作業班が採択した質問表原案は，各会期の初めに全体委員会で検討され，委員会として採択された質問表は直ちに当該国政府へ送られる。したがって当該国政府は，委員会の審査に先立って，質問表に対する回答を用意しているわけである。第1回の政府報告書に対する質問表は，うえに見たガイドラインに沿って，まず，当該国における人権保障のための一般的な法的枠組にかかわる質問から始まり，ついで，規約に定める各種の人権に関する質問に及ぶ。第2回報告書以降は，前回の報告書審査でとくに問題となった点を中心に質問されることになる。

　委員会は，毎年3会期開催され，1会期は3週間，午前午後3時間ずつ会合(土曜，日曜は休会)するので，1年に9週間・45日・90会合あるわけである。だが，このうち政府報告書の審査に割けるのは約6割であり，自由権規約の当事国数145を5年置きに審査するためには，1会期平均9ヶ国以上を審査しなければならないところ，現実には6ヶ国を処理するのが精々で，それでも委員会が何とか機能しているのは，各国の政府報告書の提出が遅延するからである。ともかくも，1つの政府報告書の審査に割けるのは，2～3会合であり，それだけ効率よく審査を進めることが必要となる。

　審査は公開で，国際連合本部ないし国際連合ジュネーブ事務局の1室において行われる。正面には委員長，向かって右に補助の事務局員，左に審査される当事国の政府代表と補佐員が座り，他の委員は正面に対して馬蹄形に席を占め，その後方が傍聴席になっている。最初に委員長が代表(団)に歓迎の辞を述べ，これに代表が応えてのち，引き続いて質問表に順次回答していく。そのあと，各委員は代表(団)の回答が不十分な点や質問表に入らなかった点について，口頭で追加質問することが認められる。代表(団)は追加質問に対して即座に回答するか，それが難しい場合には，のちに文書で回答するか，いずれかを選ぶことができる。このようにして文書および口頭による質疑が一巡したところで，

I 国際法と日本

委員長が謝辞を述べ，代表がこれに応じて，審査は終了する。

なお，委員のもとへは国際的なまたは国内の種々のNGOから政府報告書に対する批判的な情報が寄せられるのが常であり，委員は各自の責任においてそれらの情報を踏まえた質問をすることができる。

(iii) **勧告とフォローアップ**

委員会は各会期の終わりに，その会期で取り上げた各政府報告書の審査について，最終所見（Concluding Observation）を文書の形態で採択し，それを当事国政府に送付するとともに，一般に公開する。最終所見には，当該審査をつうじて明らかになった当事国の人権状況のうち，とりわけ評価すべき点，懸念される点を指摘し，後者について必要と考えられる勧告を付記する。この勧告は，当事国を拘束しない。しかし委員会は，当事国の次期報告書の審査の際に，さきの勧告がどのように生かされたか，生かされなかったのはなぜか，を尋ねるので，これがフォローアップの機能を持つことになる。かくして委員会と当事国のあいだでは，当該国の人権状況をめぐって"建設的な対話"（constructive dialogue）の継続が図られるのである[6]。

委員会による政府報告書の審査は，以上のような手順で行われるが，ここでは自由権規約の国内的実施の観点から，しばしば問題となる点を2つ検討しておくことにしよう。その2つとは，当事国の"国内法における自由権規約の地位"と，当事国における"条約の自動執行性"とである。

(iv) **国内法における自由権規約の地位**

第1回政府報告書の審査に際して，質問表には「貴国の法廷では，自由権規約の規定を直接に援用することが可能ですか，また国内法の体系のなかで，自由権規約はどのような地位を与えられていますか」という問いが必ず含められている。それは，自由権規約の国内的実施にとって，きわめて基本的な問題だ

---

6) 著者が委員会に参加後の数年間，最終所見は審査の最後に各委員会が個別に口頭で表明することになっていた。しかし，この方式では，全委員の意見が必ずしも一致せず，代表（団）が委員会全体の評価を理解しがたい恨みが残った。そこで1992年以降，現在の方式が採用されることになったのである。

からである。

　このうち最初の問いは,「条約が国内法のなかに一般的に受容(国内法化)されるのか,それとも条約を国内法化するためには,条約ごとに一つひとつ個別の国内法を制定することが必要なのか」と言い換えられる。前者を一般的受容方式,後者を個別的受容方式と呼び,米国,フランス,日本などは前者,英連邦諸国や北欧諸国などは後者,をそれぞれ採用している。たとえば,日本の場合,自由権規約を含む条約は一般に批准後,直ちに国内法の一部となり,官報に掲載されるとそのまま国内法廷で援用することが可能になる。ところが,英国の場合,自由権規約が批准されても,それを国内法化するためには個別の法律が制定されることが必要で,そうした国内法が制定されないかぎり,自由権規約の諸規定を国内法廷で援用することはできないのである。事実,欧州諸国のなかで個別的受容方式を採るもののなかには,欧州人権条約については個別に受容する国内法を制定しておきながら,自由権規約についてはその種の国内法を制定していないものが多い。この点は,欧州諸国の政府報告書審査の際に,しばしば問題とされる。

　また,2番目の問いは,仮に国内法の一部となったとしても,それは憲法と同位なのか,議会の制定法と同位なのか,それとも政府の発する命令と同位なのか,を尋ねるものである。これも回答は,国ごとに違ってくる。憲法と条約を同位に置く国は,むしろ稀で,たとえばオランダの場合,上下両院の総議員のそれぞれ3分の2以上の賛同を得て批准された条約は,憲法規定から離脱することが認められているが,この要件は憲法改正の要件と等しいので,いわば条約の内容に即して憲法が改正されたものと見なすことができよう。しかし,多くの国はフランス型といって,条約は憲法より下位,制定法よりは上位に位置づけられており,日本もこの型に属する。また,米国では,憲法より下位,連邦会議の制定法と同位とされている。したがって少なくとも理論的には,フランス型諸国の場合,憲法規定と両立しない自由権規約の規定を国内的に実施することは不可能であり,米国では,連邦会議の制定法と抵触する自由権規約の規定が国内で実施不能となる可能性が残っていることになる。

　もっとも,現実には,自由権規約の諸規定が欧米諸国の国内法の諸規定と齟齬することは稀なので,自由権規約が国内的に実現不能となる可能性はきわめ

て低い。これとは逆に，いわゆる発展途上国のなかには，憲法に自由権規約諸規定をそのまま取り入れたり，憲法が世界人権宣言や自由権規約が自らの一部であると明文で規定したりするものがある。しかし現実に，それら諸国で自由権規約の国内的実施が完全に保障されているかは，疑問である。

(ⅴ) 条約の自動執行性

(ⅳ)との関連で，いわゆる一般的受容の方式を採る当事国において，自由権規約が国内法廷で直接に援用できるとしても，同規約の規定の内容がきわめて一般的・抽象的な場合には，そのままでは個別の事案に適用できないことがありえる。これが，ここにいう「条約の自動執行性」(self-executing) の問題である。

たとえば，自由権規約第6条5項は，18歳未満の年少者に対して死刑を科したり，妊婦に対して死刑を執行したりすることを禁じている。この規定の内容は十分に特定的・具体的であるから，そのまま国内の事案に適用することが可能である。ところが，同規約第7条の「残虐な，非人道的な若しくは品位を傷つける取扱い若しくは刑罰」という規定の内容は，きわめて一般的・抽象的であって，さまざまな解釈が可能なため，その内容を一義的に決めつけることが困難である。このように自動執行性を欠く (non-self-executing) 規定については，その解釈・適用をめぐって，異なる当事国間で問題を生じる可能性が残る。この点については，本稿4において改めて検討することにしよう。

3 選択議定書と国内的実施の監視システム

自由権規約自体の備えている国内的実施の監視システムについては，以上に見たとおりである。つぎに，自由権規約の選択議定書とその国内的実施の監視システムについて，検討しておこう。

(ⅰ) 個人の通報

自由権規約の当事国は，同規約に附属する選択議定書をも批准することができる。そして，この両者を批准した国家は，自国の管轄下にある個人が，自国

の同規約違反により，同規約上の権利を侵害された旨の通報を，自由権規約委員会に寄せる権限を認めることになる。1999年7月月末現在，自由権規約とその選択議定書の双方を批准した当事国数は95にのぼり，同議定書が1976年に発効して，以後に寄せられた個人通報数は，事務局によって登録されたものだけでも862で，59カ国に関係する。これ以外に，未登録のものが数百あるが，そのうち相当数は自由権規約と無関係なものか，まったく根拠のないものである。登録された862個人通報のうち，317について委員会は審査を終えており，そのうち245について違反を認定している。また，260は受理不能と認定され，125は取り下げられたか，審査を打ち切られたものである。残りの160のうち，41は受理されて本案審査を待っており，その他は受理可能性の審査を待っている[7]。

自由権規約委員会では，ここ数年，事務局に登録された通報ごとに「通報別報告者」(Case Rapporteur) を選び，この報告者が事務局と調整して各通報の「受理可能性」および「本案」に関する原案を作成することにしている。そして，政府報告書の審査の場合と同様に，報告者は原則として各会期まえの作業班に加わり，そこで報告者の原案が検討され，作業班自体の原案として全体委員会に審査のため提出されることになる。

(ⅱ) 受理可能性の審査

全体委員会に提出された通報は，まず，受理可能性を審査される。自由権規約の選択議定書によれば，通報のなかで，(1)匿名のもの，(2)通報提出権の濫用にあたるもの，(3)規約の規定と両立しないもの，(4)通報の内容と同一の問題が他の国際的調査または解決手続の下で審議されているもの，(5)通報者が利用しうるすべての国内的救済措置を尽くしていないもの，を委員会は受理してはな

---

[7] Annual Report of the Human Rights Committee 1999（UN Document CCPR/C/66/CPR. 1/Add. 7), Chapter Ⅵ.A.【編者注 2018年1月末現在，自由権規約選択議定書の当事国数は116にのぼり，1976年以後2017年3月29日（第119会期）までに寄せられた個人通報数は，事務局によって登録されたもの2,970で，92カ国に関係する。登録された2,970個人通報のうち，1,200について委員会は審査を終えており，そのうち994について違反が認定された。また，679は受理不能と認定され，395は取り下げられたか，審査を打ち切られた。出典 UN Document CCPR/C/11s9/3 (2017).】

Ⅰ 国際法と日本

らないとされている（選択議定書第3条，第5条）。

　このうち，(1)は通報の信憑性を確保するための制約であるが，通報者のプライヴァシーを保護するため，通報者が希望すれば名前は公表されない。(4)は手続上の重複を省き，他の人権保障機関と権限の調整をはかるための制約であって，委員会の事務局は欧州や米州の人権機関の事務局と絶えず連絡を取って，支障のないように注意している。(2)と(3)は，通報の内容を審査し，ケース・バイ・ケースで判断されなければならない。

　国内的実施に関連して，直接に問題となるのは(5)である。国際法では一般に，私人の権利が外国で侵害されると，被害者の国籍国が外交的保護権を発動し当該私人の権利救済に乗り出す前提として，被害者はその外国で利用可能な国内的救済措置を尽くすことを要求される。(5)はこの原則を確認したものであって，通報者は自由権規約委員会に通報するに先立ち，国籍国であろうと所在地国であろうと，規約に違反したとされる国家の国内的救済をすべて尽くさなければならない。ただし，委員会のこれまでの判断によれば，通報者の尽くすべき救済措置は"実効的"なものでなければならず，単に形式的な国内的救済が残されている場合や，類似のケースについて先例が確立しており，救済を試みるまでもなく結論が明確な場合には，この原則は適用されない。また，国内的救済措置の適用が不当に遅延する場合も，同様である（選択議定書第5条2項(b)）。

　この点で注目されるのは，一部の英連邦諸国の制度である。たとえば，ジャマイカなどカリブ海地域の英連邦諸国のなかには，自国の終審裁判所の判決に不満な個人が英国の枢密院司法委員会に上訴することを認めているものがある。この手続を外国のまたは国際的な救済制度とみなすことも不可能ではない。しかし，自由権規約委員会では，これが当該諸国の国内法自体によって規定された制度である点に着目して，枢密院司法委員会への上訴も尽くすべき国内的救済措置に含まれる，との立場をとってきた。

　いずれにせよ，以上の5つの要件を満たす通報は受理可能なものとして，本案の審議に回されることになる。

（ⅲ）**本案の審査**

　規約人権委員会がこれまでに本案の審議を終えた317の通報のすべてについ

て，ここで説明する紙幅はない。本案に対する委員会の最終判断は「見解」（views）と呼ばれるが，以下では，見解のおおよその動向を見ておくことにしよう[8]。

　選択議定書が発効した1976年から暫くのあいだ，委員会に寄せられる通報の数はごくわずかであった。しかし，70年代の末期，南米のウルグアイに軍事独裁政権が成立し，反対派に仮借ない弾圧を加え始めると，その被害者や家族から多数の通報が寄せられた。ウルグアイは中南米のなかで民主主義がよく根付いた国家の1つであり，それがこれらの通報の背景にあったものと見ることができる。これらの通報の本案について，委員会はすべて違反を認定する見解を採択した。

　ウルグアイからの通報が一段落したあと，80年代の後半から，今度はいわゆる先進国を中心とした少数者の権利や，法の前の平等・差別の禁止にかかわる，むずかしい通報が断続的に委員会に持ち込まれた。前者の例としては，カナダにおける少数者原住民の土地に対する権利や，北欧のサミ（ラップ）族の森林に対する権利や放牧の権利にかかわる通報が挙げられる。また，後者の例としては，オランダの失業保険金の給付に関する通報や，フランスの元植民地出身の退役軍人の恩給支払に関する通報などを挙げることができよう。このうち後者は，社会権にかかわる通報であって，本来，自由権規約に規定された人権ではない。しかし委員会は，自由権規約第2条は同規約に規定された人権の平等適用を保障するに過ぎないが，第26条の「法の前の平等・差別の禁止」を求める権利はそれ自体が独立した権利（平等権）であって，"あらゆる種類の人権の平等な適用を保障するもの"である，との見解を採択した。自由権規約第26条に該当する規定が欧州人権条約には欠けていることも手伝って，この見解は世界的な反響を巻き起こした。

　1990年前後からは，ジャマイカを中心とするカリブ海諸国の死刑囚から，総計100以上もの通報が寄せられた。そのほとんどが，かれらに死刑判決を下した裁判手続に自由権規約の違反がある，と主張するものである。この種の通報

---

[8]　個人通報の詳細については，発行済みの Yearbook of the Human Rights Committee, Official Records of the Human Rights Committee. Annual Report of the Human Rights Committee を参照。

が寄せられると，委員会は自らの手続規則に従って，当該通報に対する最終所見が採択されるまでのあいだ死刑の執行を見合わせるように，当事国に要請する。カリブ海諸国はこの要請を受け入れてきたが，数年前に英国枢密院司法委員会が欧州人権裁判所の判決に範をとって，死刑囚を5年以上も収監しておくことは法の禁ずる"残酷な取扱い"に当たる，との判決を下したことから，自由権規約委員会に審理を速めるように申し入れた。しかし，自由権規約委員会が個人通報の審理に割ける時間には大幅な制約があり，カリブ海諸国からの通報のみを優遇することはできない。その結果，これら諸国は選択議定書から脱退して今日に至っている。

(iv) 救済の勧告とフォローアップ

それはともかく，委員会は当事国による規約違反の見解を採択すると，通報者に対して救済を与えるよう当該国に勧告する。救済の内容は，囚人の釈放であったり，補償金の支払であったりする。この勧告が当事国に対して拘束力を持たないことは，政府報告書の審査後に採択される勧告と同様である。しかしながら，これも後者の勧告と同様に，当該国の政府報告書の審査の際に委員会は「個人通報に関する委員会の勧告をどのように処理したか」を質問することにより，一種のフォローアップを図っている。また，これとは別に1990年以降，委員会は委員のなかから「見解フォローアップ特別報告者」(Special Rapporteur for the Follow up on Views) を任命し，この特別報告者が事務局の支援を得て，各見解につき当該国にフォローアップ情報を要請し続け，その回答を国際連合総会に対する年次報告書に公表するシステムを採用している。

4 結論に代えて——監視システムの実効性と人権基準の問題点

以上，自由権規約の設定した人権基準の国内的実施を監視するため，同規約と選択議定書がそれぞれどのようなシステムを規定しているか，また，自由権規約委員会がそのシステムをどのように運用してきたか，を検討した。それによれば，まず，規約自体について，規約の規定する「国家通報制度」はまったく機能していないが，「政府報告書の審査」は，委員会の当事国代表（団）に

第4章 国際人権保障の現状と課題

対する質問・回答とそのフォローアップをつうじて，監視が図られていることが明らかになった。つぎに，選択議定書については，委員会の個人通報審査後に採択される見解のフォローアップをつうじて，やはり監視が図られていることが明らかになった。そこで，最後に，これらの監視システムの実効性に検討を加えることによって，結論に代えるとともに，それに関連して，国際的な人権基準そのものにかかわる問題点を1つ指摘し，本稿を閉じることにしたい。

(1) 規約および選択議定書の監視システムの実効性

すでに指摘したとおり，自由権規約の国内的実施をめぐって，自由権規約委員会の採択する勧告には，当事国に対する拘束力がない。同様に，選択議定書に基づいて自由権規約委員会が採択する見解にも，法的拘束力はない。だが，だからといって，委員会の勧告や見解が現実に何の効果も持たないわけではないのである。

たとえば，日本の第1回政府報告書の審査の際に，当時の国籍法が父系優先の血統主義を採用していることは，男女の同権を規定した規約第2条1項，第3条および第26条と両立しないのではないか，との指摘が一部の委員からなされた。日本政府はこれを受けて法制審議会に諮り，改正の検討を開始したが，1985年に女子差別撤廃条約を批准したことが大きく作用し，結局，国籍法の原則を両性平等の血統主義に改めたのである。日本以外の当事国についても，委員会の指摘や勧告が契機となって，国内法令が改廃された事例は決して少なくない。

この事例は，個人通報に関する見解にも当てはまる。たとえば，さきに触れたオランダの失業保険金の給付に関する法律は，男性や未婚女性が100パーセントの給付を受けるのに比べ，既婚女性は自分が"家計の担い手である"ことを証明できないかぎり，その3分の2程度の給付しか受けられない旨を規定していた。そうした既婚女性の通報を受けて，委員会がこの規定が性と社会的地位に基づく差別であり，自由権規約に反するとの見解を採択したところ，オランダ政府は法律を改正するとともに，改正までの期間における差額の給付をも実施した。この措置はオランダ政府にかなりの財政支出を強いるものであったが，こうした措置の背景には強い世論の支持があったのである。これと類似の

123

事例もまた，少なからず存在する。

これらの事例は，法的拘束力のない勧告や見解であっても，それらを支える国際的・国内的な世論があり，当事国がそれに敏感な場合，言い換えれば，民主主義がうまく機能しているところでは，それらが現実には実効性をもちうることを証明している。その意味で，国際的な人権基準の国内的実施は，詰まるところ，当事国で民主主義がよく根付き，国民の多数が国際的な監視システムを有効に活用しうる能力を持つことにかかっている，と結論することができよう。

(2) 人権基準の普遍性と特殊性

このように，民主主義がよく機能している当事国では，自由権規約の設定する国際的な人権基準が国内的に実施される可能性が高い。しかしながら，実は，実施されるべき国際的な人権基準をめぐって，きわめて重要な問題が存在する。それは，国際基準そのものの普遍性または特殊性である。

さきに，条約の自動執行性の問題に触れた際に，規約第7条の「残虐な，非人道的な若しくは品位を傷つける取扱い若しくは刑罰」の規定を例にとり，この例のように，きわめて一般的・抽象的な規定はさまざまな解釈が可能であって，一義的にその内容を決めることができず，その意味で「自動執行性を欠く」(non-self-executing) 規定である，と指摘した。そして，その種の規定の解釈・適用をめぐっては，条約当事国間で異なった結論を招く可能性がある，とも指摘した。このことは自由権規約委員会で，現実の問題となったのである。

周知のように，イスラム国家の刑法のなかには，窃盗犯に対する手首切断刑を規定するものがある。これについて，あるイスラム国家の政府報告書の審査の際に，北欧出身の委員が「手首切断刑は，だれの目から見ても，"残虐な刑罰" ではないか」と糺したのに対し，当該国家の代表は，そのように言い切ることはできない，と応えた。代表によれば，イスラムの教えのもとで人々は，窃盗に対して手首切断刑が科せられるのは当然だ，と意識して生活しており，それが特別に "残虐な刑罰" だとは考えていない，というのである[9]。

この例は，刑罰の "残虐性" をめぐって，現実の世界には容易に共通の基準が存在しがたいことを示している。

残虐性の基準について何がしかの結論を出すことは，本稿の目的ではない。ただし，国内的に実施されるべき国際的な人権基準について議論する際には，その議論がどのような前提に立っているか，を十分に配慮すべきであろう。そうした配慮を欠く議論は往々にして，特定の人権基準の押し付けに終始しかねない。

---

9) Official Records of the Human Rights Committee 1990-1991, (UN Document CCPR/C/66/CPR.1/Add.7) Vol. I , p. 292 para. 14, p. 298 paras. 60-61, and p. 298 para. 74.

II
人　権

第1章　国際人権保障の展開と問題点

(1999年)

1　はじめに――検討の枠組――

　本稿の目的は，国際法の視点からいわゆる国際人権保障の現在までの展開を跡づけ，現在における問題点を検討することであるが，それに先立ち，検討の枠組について3点ばかり断っておきたい。

　第1に，本稿では「人権」という表現を，国内法で通常に用いられているのと同じ意味で用いることにする。したがって，身体・生命・財産や表現などにかかわる自由権，社会保障や教育などを受ける社会権，この両者を含む実体的人権に対比されるものとしての参政権や裁判を受ける権利のような手続的人権が，本稿にいう人権である。これらの人権は，いずれも本来，一人ひとりの個々人が持つ種々の可能性を最大限に実現できるような状況を保障することを目指しており，その意味で個人に属する人権である。だが，人権と呼ばれるもののなかには，第1次世界大戦後に問題とされた少数者の権利や，第2次世界大戦後に喧伝されてきた自決権のように，その性格上，個人の集団に属するものがある。ただし本稿では，紙幅の制約も考慮して，個人に属する人権を検討の主たる対象とし，集団に属する人権については副次的にしか取り上げない。

　第2に，本稿は，上記の個人に属する人権が現在のところ国家によって保障されている，という認識に立っている。科学知識や近代技術が驚異的に発達し，21世紀が目前に迫った現在においても，地球上に生存する60億近い人類は，全体がまとまった共同社会を形成することなく，200ばかりの主権国家に分属して生きている。ここに共同社会とは，それに属する個々人の生命・身体・財産の安全など「生存の基礎条件」を保障し，そのために個々人の行動を律する規則を制定し維持する「組織された力」を備えた人間集団をいい，現在その役割を果たしているのは主権国家に他ならない。言い換えれば，現在のところ，60

Ⅱ 人　権

億の個々人の生存の基礎条件すなわち基礎的な人権を保障する組織された力を備えた世界政府，世界議会，世界裁判所，世界警察，世界軍は存在せず，そうした力は200ばかりの国家の手に残されているのである。

　しかし第3に，この認識にもかかわらず本稿は，人権の国際的な保障を検討することが有用である，との前提に立っている。それは人権の保障を国家のみに委ねておくならば，たとえば第2次世界大戦前から大戦中へかけたナチス・ドイツによるユダヤ人種の迫害や，数年まえまでの南アフリカにおけるアパルトヘイト政策のように，もともと自らに属する個々人の人権を保障すべき国家の仕組が，逆に一部の国民の人権を抑圧・抹殺することに利用される危険を軽減・排除しえないからである。この危険を軽減・排除するためには，結局，個別の主権国家を超えた人類共通の人権の基準を設定し，各国家がそれを遵守することを確保する国際的な仕組を構築しなければならない。そうした共通基準の設定と国際的な仕組の構築こそが，国際人権保障の理念であり目的なのである。

　前置きが長くなったが，このような枠組を前提として，以下，国際人権保障の展開を跡づけ，現在における問題点を検討することにしよう[1]。

2　国際人権保障の展開

　ここでは，便宜上，国際人権保障の展開を，(1)国際連盟以前，(2)国際連盟期，(3)国際連合期，に3分して跡づける。

（1）　国際連盟以前

　国際人権保障の始期をいつに求めるかは，それ自体むずかしい問題であるが，本稿では一応，近代国際法の始期とされる16～17世紀に設定する。本稿の目的が国際法の視点から国際人権保障を取り上げることにある以上，この時期が妥当であろうと考えられるからである。

1）　本稿の2の(3)および3の叙述は，拙稿「国際人権保障の成果と課題」『国際問題』404号（1993年11月）36頁以下と重複する部分があるので，併せて参照されたい。

第1章 国際人権保障の展開と問題点

　16〜17世紀から国際連盟が発足した第1次世界大戦の終結に至る時期における国際人権保障の特徴は，保障の対象がばらばらであり，かつ保障の方法も国際的なものがほとんど無かった点にある。たとえば，ヨーロッパにおける新旧キリスト教徒の対立・抗争を反映して，すでに17世紀前半にはヨーロッパ国家相互間で宗教的少数者の保護に関する条約が締結されており，1648年のウエストファリア条約のなかにも同旨の規定が置かれている[2]。この傾向は，17世紀後半から18〜19世紀へと受け継がれて行くが，保障の方法については規定されていない。この時期にはまた，バルカン半島を支配していたオスマン・トルコがその地域のキリスト教徒を迫害するのを抑えるため，かれらを保護する条約をヨーロッパ諸国やロシアがトルコとのあいだで締結した例が見られる。そしてキリスト教徒の迫害に対抗して，保護条約の無い場合にも，ヨーロッパ諸国やロシアが人道の名において武力干渉した例が無いわけではないが，それが保護の方法として正当化されるか否かは問題であった[3]。

　さらに19世紀には，奴隷貿易の廃止に関する条約が締結されるようになった。とくに18〜19世紀にかけてヨーロッパ諸国の商人によるアフリカ大陸からアメリカ大陸への奴隷貿易に対するイギリス内の反奴隷運動の高まりを背景として，1815年には「奴隷貿易が人道主義と自然的道徳原則に反する」旨のウィーン宣言が採択された。これを皮切りに，奴隷貿易の禁止を宣言する多くの条約が締結されたが，それらは関係国の査察・取締権を確認するに留まっていた。しかし1885年のベルリン議定書には17のヨーロッパ諸国が調印して，奴隷貿易廃止のための手段を取る義務を認め合い，1890年のブラッセル議定書は廃止措置に関する情報の収集・整理・刊行のための国際事務局を設置したのである[4]。

　なお，18世紀末から19世紀を通じて犯罪人の引渡に関する国際制度が徐々に

---

2) See, for example, A. Nussbaum, *A Concise History of the Law of Nations* (Macmillan, 1950), p. 116. 松隈清「人権保障の国際的諸形態」全国人権擁護委員連合会『国際人権年記念論文集』（日本加除出版，1968年）325頁以下。

3) See, for example, H. Lauterpacht, *International Law and Human Rights* (Stevens & Sons, 1950), pp. 120〜122. 松隈清「人道干渉の法理と人権の国際的保障」『八幡大学論集』第16巻1号（1965年）73-75頁。

4) See, for example, M. S. McDougal, H. D. Lasswell, and Lung-chu Chen, *Human Rights and World Public Order* (Yale UP, 1980), p. 473ff especially 484-489. 深津栄一「奴隷貿易の国際的規制」，前掲注2）『国際人権年記念論文集』456頁以下。

Ⅱ 人　　権

整備されていくのに呼応して，いわゆる政治犯不引渡の原則が一般化していったことも，国際人権保障の視点から評価しうるであろう[5]。

（2）　国際連盟期

16～17世紀から第1次世界大戦の終結に至る長い時期において，国際人権保障の展開がごく散発的であり，その方法もほとんど見るべきものが無かったのに比して，国際連盟の創設から第2次世界大戦の終結に至る四半世紀のあいだには，保障の対象が大幅に拡がり，その方法も相当程度に発達したということができよう。以下では，そのうち，(a)　中・東欧における少数者の保護，(b)　委任統治制度，(c)　国際労働機関（ILO）の活動，(d)　難民の保護，の各分野について簡単に考察する。

（a）　中・東欧における少数者の保護

第1次世界大戦の結果，中・東欧に復活または誕生した諸国は，大なり小なり国境内に少数民族を抱えており，その扱いいかんで，当該民族が多数派を占める隣国とのあいだで国際的な軋轢を生じる危険を秘めていた。人類最初の世界平和維持機構として国際連盟の創設に心血を注いだアメリカ大統領ウイルソンは，国際秩序の安定化のためにも中・東欧の少数者問題に取り組み，「主たる同盟・連合国」とチェコスロバキア，ギリシャ，ポーランド，ルーマニア，ユーゴスラビアの各国とのあいだで少数者保護条約が結ばれた。また，オーストリア，ブルガリア，ハンガリー，トルコの各国との平和条約には，少数者の権利に関する規定が取り入れられた。さらに，アルバニア，エストニア，フィンランド，イラク，ラトビア，リトアニアの各国は国際連盟への加盟時または加盟後に連盟理事会で，少数者の保護に関して宣誓した。これ以外にも，フランス，イタリア，日本，リトアニア間のメーメルに関する条約，およびドイツとポーランド間の上部シレジアに関する条約には，それぞれ少数者の処遇にかかわる規定が取り入れられた。

これらの条約，規定，宣誓によれば，関係国の住民はすべて，身体・生命・信教の自由を保障された。また国民のなかで少数民族に属する者は，法の前の

5）　I. Shearer, *Extradition in International Law*（Manchester UP, 1971), pp. 166-168.

平等と市民的・政治的権利とくに公職に就く権利の平等，私生活・商取引・宗教活動・出版・公の会合・法廷における母語の使用の自由，他の国民と同様に自弁で慈善・宗教・社会・教育目的の施設を維持する権利，相当数の住民が少数者に属する地域では公立の小学校で母語により教育を受ける権利，および国家や自治体などの教育・宗教・慈善用予算から公平な割り当てを受ける権利，を保障されたのである。少数者の保護については，連盟の規約自体に何の規定も無い。しかしながら現実には，これらの条約等に基づいて，連盟理事会は少数者保護の保障人の役割を果たすことになった。具体的には，理事会の3名の委員から成る小委員会が少数者に属する個人の請願を受理することができ，小委員会は関係国の対応に納得できなければ，問題を理事会に移す。小委員会の審理は非公開であるが，理事会の審理は公開であり，問題によっては常設国際司法裁判所の勧告的意見を求めることになる。

　国際連盟における少数者の保護は，保障される権利の基準についても保障の仕組についても，かなりの成果を挙げた。ただし，保護の目的が究極的には国際秩序の安定化にあったため，後者が脅かされる場合には保護を徹底することができないという限界があった[6]。

　(b)　委任統治制度

　少数者の保護については連盟規約自体に規定が無かったのに対し，連盟規約の第22条は委任統治という，国際人権保障にかかわるまったく新しい制度を規定した。それによれば，第1次世界大戦の結果，戦敗国たるドイツやトルコから分離された植民地や領土の住民は「近代世界ノ激甚ナル生存競争状態ノ下ニ未タ自立シ得」えない状態にあるので，かれらの「福祉及発達ヲ計ル」ことは「文明ノ神聖ナル使命」であり，この使命を達成するため，適当な先進国が国際連盟の委任を受けてかれらの統治に当たることとされた。具体的には，住民の民度等に応じて委任統治制度のもとに置かれる地域は3種に分けられ，トルコの支配下にあったアラブ系住民の居住する地域は英仏の，アフリカ奥地の旧ドイツ植民地は英仏およびベルギーの，南西アフリカと太平洋諸島は南アフリ

---

6) F. P. Walters, *A History of the League of Nations* (Oxford UP, 1960), pp. 91–92, 173–175, 212–213. See, also, F. Capotorti, *Study of Persons Belonging to Ethnic, Religious and Linguistic Minorities* (UN Doc. E/CN. 4/Sub. 2/384/Rev. 1).

Ⅱ 人　権

カ，日本，イギリス，オーストラリア，ニュージーランドの，それぞれ委任統治に服することになった。

委任統治の内容は，各統治国（受任国）が国際連盟と締結する委任統治協定により定められるが，たとえば連盟規約第22条5項が「受任国ハ，公ノ秩序及善良ノ風俗ニ反セサル限リ良心及信教ノ自由ヲ許与シ，奴隷ノ売買又ハ武器若ハ火酒類ノ取引ノ如キ弊習ヲ禁止シ」と規定するように，あくまでも住民の「福祉及発達ヲ計ル」ことを目的としていた。また同項は委任統治地域に関し，受任国が「他ノ連盟国ノ通商貿易ニ対シ均等ノ機会ヲ確保スルコト」を求めていた。受任国は各地域の統治状況について年報の提出を義務づけられており，連盟規約に基づいて設置された常設委任統治委員会がこれを受理・審査し，必要と認めれば連盟理事会に意見を具申することとされた。さらに統治地域に関する請願を，個人や個人の集団が同委員会をつうじて理事会に提出する道も開かれ，受任国の統治が協定を遵守しているか否かは理事会の監視に服した。連盟の総会も，当初は委任統治制度について一般的に討議するに留まったが，のちには個別的な問題についても検討するようになった。また，すべての委任統治協定は，いずれかの連盟加盟国と受任国とのあいだの紛争が交渉によって解決しない場合に，当事者の一方が紛争を常設国際司法裁判所へ付託できる旨を規定していたのである。

委任統治制度のもとにおける住民の保護は，国際連盟の諸活動のなかでもっとも成功したものの1つであり，その限りにおいて国際人権保障の発展に資したと評することができよう[7]。

(c)　国際労働機関（International Labour Organisation; ILO）の活動

第1次世界大戦後の諸平和条約の規定により，国際連盟とともに発足した国際労働機関は，「永続する平和は，社会正義を基礎としてのみ確立することができる」という理念に基づき，各国に共通の労働条件の基準を設定して各国によるその採択・遵守を監視することにより，労働条件の格差に起因する労働者の越境移動の必要とそれがもたらす国際的な緊張を緩和・軽減し，間接的に世

---

[7]　F. P. Walters, *supra* note 6), pp. 171-173. 田岡良一『委任統治の本質』（有斐閣，1941年）をも参照。

第1章　国際人権保障の展開と問題点

界平和に寄与することを目指した。その活動は国際連盟の解散後も継続され，同機関は今日では国際連合の専門機関の1つになっている。

　周知のように，国際労働機関は総会，理事会，事務局の3つの機関を持ち，総会は各加盟国から派遣される政府，使用者，労働者の3者代表から構成されている。共通の労働条件の基準は通常，総会へ提出されるモデル条約の形態をとり，条約が総会の構成員の3分の2以上の多数で採択されると，総会の終了後18ヶ月以内に加盟国政府は，当該条約を批准のため権限ある国内機関に提出する義務を負う。条約が批准されなかった場合，加盟国は批准の妨げとなった事情とともに，条約にかかわる自国の法律や慣行の現状を事務局に報告しなければならない。また批准された条約の実施状況についても，加盟国は事務局に定期報告を提出しなければならず，報告の審査を促進するため1926年以降，総会のもとに「条約および勧告の適用に関する専門家委員会」が設置されてきた。さらに，国際労働機関の加盟国は他の加盟国の条約遵守に不満がある場合，事務局に苦情を申立てることができ，理事会はこれを受けて審査委員会を設置し，当該加盟国が審査委員会の勧告を履行しなければ，履行確保に適切と認める措置を総会に対して勧告することができる。

　国際人権保障に関する国際労働機関の最大の貢献は，保障の対象を社会権の分野に拡大したことであろう。上記のシステムを介して採択されたモデル条約の数は今日までに180を超え，その中には強制労働の禁止，原住民の保護，女性の処遇改善にかかわるものも含まれている[8]。

(d)　難民の保護

　国際連盟規約には，いわゆる難民に関する規定は無い。しかし連盟は，難民の保護に多大の足跡を残した。すでに第1次世界大戦中のロシア革命によって200万に近い難民が発生し，その大半は西側に流出した。またヨーロッパで大戦が終結して以後に，トルコ地方からのアルメニア難民が発生した。発足後間もない国際連盟と国際労働機関は，これらの難民に対して救済の手を差し伸べ，身分証明，受け入れ，定住，さらには求職を援助したのである。早くも1921年には連盟の難民対策機関が設置され，極地の探検家としても著名なナンセンが

---

8) W. Jenks, *The International Protection of Trade Union Freedom* (Praeger, 1957), Ch. 4.

難民高等弁務官の地位に就いた。難民が緊急に必要とするのは，越境移動に不可欠な身分証明・旅行用書類であり，ナンセンは関係国に積極的に働きかけて，それらの発行を促進した。これらの文書はかれの名をとって，ナンセン・パスポートと呼ばれた。1926年には「ロシアおよびアルメニア難民の身分証明の発行に関する協定」が結ばれ，2年後には「ロシアおよびアルメニア難民の法的地位に関する取極」が結ばれて，保護措置は拡大された。さらに1933年には「難民の国際的地位に関する条約」が締結され，これらの地域以外からの同種の難民も救済の対象に含められた。また，すでにドイツで成立していたナチ政権のもとで発生した難民についても，1936年には「ドイツからの難民の地位に関する取極」が締結され，のちにオーストリアからの難民も保護の対象とされた。そして1939年には「国際連盟の保護下にある難民のための高等弁務官」事務所が設置されるに至った[9]。

国際連盟の手になる難民救済活動は，やがて第2次世界大戦中の連合国救済復興機関（United Nations Relief and Rehabilitation Administration）を経て国際連合の国際難民機関（International Refugee Organization）に引き継がれ，さらに今日の国際連合難民高等弁務官事務所（Office of the United Nations High Commissioner for Refugees）の活動へと発展していったのである。

（3） 国際連合期

以上に見たとおり，国際連盟期において国際人権保障は，基準の設定についてもその遵守を確保する仕組についても，大幅に進展した。しかしながら，保障の対象となる人権は依然として個別的なものに留まっていた。その意味で，人権全般の包括的かつ体系的な国際保障の展開は，国際連合期を待たねばならなかったのである。以下では，国際連合期における国際人権保障の展開を，人権全般にかかわるものと個別的な人権にかかわるものとに分け，それぞれについて基準の設定とその遵守を確保する仕組に注目しながら，検討してみよう。ただし，それに先立ち，そもそも国際連合において人権の保障に関心が寄せら

---

9) Y. Jennings, "Some International Legal Aspects of the Refugee Question", *British Year Book of International Law*, Vol. 20 (1939), pp. 107-109.

第1章　国際人権保障の展開と問題点

れるようなった経緯を明らかにしておくことが有用である。

(i)　連合国の戦争目的と国際連合憲章における人権

　第2次世界大戦は、いわゆる枢軸国（Axis States）と連合国（United Nations）との戦いであったが、枢軸国側の政府はいずれも自国内部で反対派に仮借ない弾圧を加えるとともに、ドイツなどは外部の占領地域においても住民の人権を抑圧したため、連合国側にとって大戦は、抑圧された人びとを解放し、かれらの人権を回復する戦いでもあった。ルーズヴェルト大統領がアメリカの参戦前の1941年初頭に議会へ宛てたメッセージのなかで強調した「4つの自由」——表現の自由、礼拝の自由、欠乏からの自由、恐怖からの自由——は、当時ドイツやイタリアと戦っていた諸国を励まし、かれらの戦争目的を明らかにする効果があった。この目的は、同年8月、かれとチャーチル・イギリス首相が発表した「大西洋憲章」でも繰り返され、さらにアメリカの参戦直後の翌1942年1月に署名された「連合国宣言」も、「敵国に対する完全な勝利が、人間らしい生活・自由・独立・宗教的自由および人権と正義を保持するために不可欠である」と述べていた。

　かくして連合国が大戦末期に設立した国際連合の憲章第1条は、「人種、性、言語又は宗教による差別なくすべての者のために人権及び基本的自由を尊重するように助長奨励することについて、国際協力を達成すること」を主要目的の1つに掲げた。また第68条は、全加盟国の参加する総会で選出され、経済的・社会的国際協力の促進に当たる経済社会理事会の補助機関の1つとして、「人権の伸長に関する委員会」（国連人権委員会と呼ばれる）を設置することを規定していた。もっとも憲章は、国際協力によって達成すべき「人権の内容」については、何の規定も置いていなかったので、それを明らかにすることが国連人権委員会の最初の任務とされたのである。

(ii)　人権全般にかかわる保障の展開
(a)　世界人権宣言

　国連人権委員会は1946年に経済社会理事会によって設置され、翌1947年初頭に第1会期会合を開いた。この会合で委員会は「国際人権章典」の検討を優先

Ⅱ 人　　権

課題とすることを決め，経済社会理事会の了解を得て，起草委員会を任命した。起草委員会の作業結果を受けて同年12月に開かれた第2会期の会合には，宣言案，条約案，人権の実施措置という3つの議題が提出され，このうち第1の議題について人権委員会は翌1948年6月に，前文と28の条文から成る草案を採択した。この草案は，国際連合に加入している諸国の様々な宗教的，社会的，文化的・法的な背景の違い踏まえた，苦渋に満ちた作業の結晶だったのである。草案は経済社会理事会の手を経て，同年秋の国際連合総会へ提出され，総会が同様に苦難に満ちた討議の結果，12月10日，1票の反対もなく採択したのが「世界人権宣言」(Universal Declaration of Human Rights)である。賛成は48票，棄権はサウジアラビアと社会主義圏諸国の計8票であった[10]。

探択された世界人権宣言は，前文と30の条文から成り，自由権，社会権，手続的権利のいずれをも含んでいる。まず，前文では，「人類社会のすべての構成員の固有の尊厳および平等かつ不可譲の権利を認めることが世界における自由，正義および平和の基礎をなす」こと，「人権の無視と侮蔑が，人類の良心を踏みにじった野蛮な行為をもたらし」たことに対して「人間が言論と信条の自由および恐怖と欠乏からの自由を享受すべき世界の到来が，一般人民の最高の願望として宣明された」こと，国際連合の人民が「憲章において，基本的人権，人間の尊厳と価値および男女の同権への信念」を再確認し，「より大きな自由のなかで社会的進歩と生活水準の向上を促進する」旨を決意したこと，「加盟国が国際連合と協力して，人権と基本的自由の普遍的な尊重と遵守を促進する」旨を誓約したこと，などが謳われている。

ついで，本文では，宣言を貫く原則として，「すべての人間は，生まれながらにして自由であり，かつ尊厳と権利について平等であ」って（第1条），この宣言に規定する人権が「人種，皮膚の色，性，言語，宗教」等に基づくいかなる差別もなしにすべての者に保障されること（第2，7条）が，確認される。そして，生命・自由・身体の安全，奴隷・非人道的待遇および刑罰の禁止，恣意的な逮捕・抑留・追放の禁止（第3，4，5，9条），プライヴァシー・名

---

10) R. E. Asher *et al, The United Nations and Promotion of the General Welfare* (Brookings Institution, 1957), pp. 664-669.

誉・婚姻・家族の保護（第12, 16条），国籍を持つ権利（第15条），移動・居住の自由（第13条），迫害からの庇護に関する権利（第14条），財産権（第17条），思想・良心・信教の自由（第18条），表現・集会・結社の自由（第19, 20条）などの自由権，労働・休息・余暇の権利（第23, 24条），教育を受ける権利（第26条），社会保障および食糧・衣類・住居・医療を含む生活水準の確保に関する権利（第22, 25条），文化を享受する権利（第27条）などの社会権，そして参政権（第21条）および権利の侵害に対する公正な司法的救済を受ける権利（第8, 10, 11条）などの手続的権利が規定されている。

さらに，宣言は「すべての者は，この宣言に規定する権利と自由が完全に実現される社会的および国際的秩序についての権利を有する」（第28条）と同時に，「すべての者は，自己の人格の自由かつ完全な発展がその中においてのみ可能となるような社会に対して，義務を負う」（第29条1項）と規定して，そうした社会と国際秩序を樹立することが，個々人の権利であり，義務でもある旨を明らかにしている。また，自己の人権の行使が他者の人権を妨げてはならず，民主的社会における道徳，公の秩序および一般的福祉のために法が定める制限に服すること（第29条2項），および，この宣言のいかなる規定も個人や集団がこの宣言に定める権利や自由を破壊することを認めるものではないこと（第30条），を断っている。

このように世界人権宣言は，自由権，社会権，手続的権利のいずれの人権についても，全世界的な規模で包括的かつ体系的に規定した最初の国際文書となり，かつ国際的に保障されるべき人権全般に関して明確な基準を設定した。ただし，「宣言」という表現が示唆するとおり，また前文の末尾で「これらの権利および自由」は「すべての人民とすべての国家が達成すべき共通の基準」と述べられているように，宣言に掲げられた種々の人権基準は，各国政府がそれぞれの国内法システムをつうじて実現すべき"共通の目標"を示すに過ぎず，それ自体に法的拘束力はない。そこで，世界人権宣言の内容を条約化して法的拘束力を持たせること―これが，国連人権委員会のつぎの任務となったのである。

(b) 国際人権規約

しかしながら，世界人権宣言が国連人権委員会の作業の開始後2年足らずで

II 人権

採択されたのに比べ宣言を条約化する作業はその10倍近くかかり，1966年になってやっと完了した。しかも，その過程で，もともと1つの国際文書であった宣言は，2つの条約，すなわち社会権のみを規定する「経済的，社会的及び文化的権利に関する国際規約」（以下，社会権規約と略称）と，手続的権利と自由権を規定する「市民的及び政治的権利に関する国際規約」（以下，自由権規約と略称）に分割されなければならなかった。それは，つぎのような事情によるものであった。

うえに見たとおり，世界人権宣言は手続的権利に加えて，実体的権利の自由権と社会権の双方を含んでいた。だがアメリカを中心とする西側諸国は，条約化の対象を多数の国家にとって受諾可能な最小限の人権に限るべきであり，各国の国内法で一般的に規定されている市民的・政治的権利つまり自由権と手続的権利に限るべきである，と主張した。これに対して中・南米，近東，アジアの諸国は，採択される条約が達成すべき理想像を示すものであって，社会権を含む可能な限り多種の人権を含むことが望ましい，と反論した。この点については，ソ連を中心とする社会主義圏の諸国が後者を支持した結果，社会権をも条約化の対象に含めることになった。ただし，討議が進む過程において，自由権が即時に実施可能であり，しかも違反について法廷で争い得る権利であるのに対し，社会権は「漸進的に」しかも立法以外にも種々の手段をつうじて実現すべき権利であり，法廷で争うのに適さない権利であって，両種の権利は性格が違うことが広く認識されるようになった。そして1951年11月から翌52年2月にかけて開かれた第6会期会合において，国際連合総会は経済社会理事会をとおして人権委員会に対し，自由権と社会権を2つの条約に分け，2つの条約が同時に採択され署名に開放されるように，作業を進めることを求めた。委員会は1954年には2つの条約案をまとめ，それらは経済社会理事会を通して，審議のために総会へ提出された[11]。その後も1966年に2つの国際人権規約が総会で採択されるまでに，いくつかのアジアと多数のアフリカの新興独立国家が国際連合に加盟したが，いずれも開発途上国であり，かれらは社会権について厳

---

11) See UN, Secretariat, *Draft International Covenants on Human Rights, Annotation* (UN Doc. A/2929). 芹田健太郎編訳『国際人権規約草案註解』（有信堂，1981年）をも参照。

しい国際的な義務を負うことには消極的であったように思われる[12]。

いずれにせよ、1966年に採択された2つの国際人権規約の内容は、いくらかの点で世界人権宣言と異なっている。まず、人権の基準について見ると、両規約とも第1条で「人民の自決権」に関する共通の規定を置いており、個人の人権のみを規定した世界人権宣言と著しい対照を示している。この点では、自由権規約第27条が「種族的、宗教的又は言語的少数民族が存在する国において、当該少数民族に属する者は、その集団の他の構成員とともに自己の文化を享有し、自己の宗教を信仰しかつ実践し又は自己の言語を使用する権利を否定されない」と規定していることも、注目に値する。他方、世界人権宣言にあった個人の財産権に関する規定は、収用に対する補償をめぐる意見の不一致のため、いずれの国際規約からも姿を消したが、逆に人民の「天然資源に対する恒久主権」は社会権規約第25条と自由権規約第47条に明文で保障されている。また、両規約をつうじて一般的に、個々の人権の内容が世界人権宣言の規定よりも詳細になっており、基準をより明確化することに資している。さらに、人権の制限事由について、宣言では第29条で一般的な規定を置くに留まったが、両規約では個々の人権ごとにその特性を考慮した制限事由を掲げており、結果として制限の行き過ぎに歯止めが掛かり易い規定になっている。自由権規約第4条の「緊急事態における人権制限」に関しても、いかなる場合にも制限することを認められない人権の種類が明記されている。

このように国際的に保障されるべき人権基準の明確化については、2つの国際人権規約は世界人権宣言と比べて見るべき成果を挙げたということができよう。だが、宣言の条約化の本来の狙いであった遵守を確保する仕組については、必ずしもそうした評価を下すことはできない。

まず、自由権規約の当事国は加入に伴い、その規定を"即時に実施する義務"を負い、かつ義務の実施状況を"国際的なモニター"に服せしめなければならない。具体的には、当事国会議において「個人の資格」で選出される18名の専門家から成る人権委員会(国連人権委員会と区別するため、通常、自由権規約委員会と訳される)がこの任務に当たる(第40条)。すなわち、当事国は規約

---

[12] *Yearbook of the United Nations 1963*, p. 677ff.

II 人　権

が自国に対して発効してから1年以内に最初の，それ以後は委員会の要請に応じて，自国における規約の実施状況に関する報告を委員会に提出することを義務づけられる。委員会はこの報告を討議（審査）し，それに基づく委員会自身の「報告及び適当と認める一般的な性格を有する意見」を当該当事国に送付する。審査は公開の席で行われ，委員会の報告と意見も当事国へ送付されると同時に公表される。また自由権規約は当事国が，自国の義務不履行について他の当事国に委員会へ通報する権限を認める旨の宣言を，任意に表明する道を開いている。こうした通報が寄せられた場合に委員会は，両当事国の満足する解決を得るように「調停」する機能を与えられている（第41条）。

なお，自由権規約には「選択議定書」という別個の条約が付着しており，自由権規約と選択議定書の双方の当事国は，自国の規約違反により人権を侵害された個人がその旨の通報を委員会へ寄せる権利を認めることができる。通報が寄せられると，委員会はこれを検討（審査）して「見解」を採択する権限を与えられており，違反を認定した場合には，当事国の執るべき救済措置を指示することができる。もっとも，委員会が規約第40条のもとで送付する報告や意見，選択議定書のもとで採択する見解は，いずれも勧告的な性格しか持たず，当事国に対して法的な拘束力を持たないのである。

つぎに，社会権規約の当事国は，その規定を"漸進的に実施する義務"を負うにすぎず，また，規定の実施のために可能な範囲で執った措置について国際連合に報告する以上の義務を負わない。さきに触れたとおり，社会権は立法のみならず社会的・経済的な種々の措置をもつうじて実現すべき人権であり，逆に当事国の置かれた種々の社会的・経済的な条件による制約を受ける人権であって，必ずしも司法審査になじまない。社会権規約の当事国も，規定の実施のために執った措置について国際連合へ報告を提出する義務を負い，この報告は経済社会理事会によって審議される（第16条）。また経済社会理事会は審議のために，国際連合の専門機関に情報を求めたり，国連人権委員会の勧告を求めたり，さらに「一般的な性格を有する勧告を付した報告」を国際連合の総会へ送ることもできる。しかし，いずれの機関が執る措置も当事国に法的義務を課すものではなく，規約の規定を実現するために与えられた種々の条件のもとでどのような具体的措置をとるかは，結局，当事国自身の判断に任された問題

第1章　国際人権保障の展開と問題点

である*1。

　うえに見たように、世界人権宣言の採択から国際人権規約の採択までには18年の歳月が経過した。そして、社会権規約と自由権規約がそれぞれの発効に必要な35ヶ国の批准を得るまでに、さらに10年が経過した。ついでながら、自由権規約選択議定書の発効に必要な10ヶ国の批准を得るまでにも、10年が経過した。ただし、3つの条約が発効して以後の批准状況は順調で、1998年末までに両規約とも約140ヶ国が当事国となっており、世界人口の3分の2以上が国際人権規約の保護下に入っている。また選択議定書も93ヶ国が当事国となっている*2。したがって、国際人権保障は国際連合期において、保障の対象となる人権の範囲が国内法並みに広がり、保護される人権の基準も明確化・一般化したといって差し支えないであろう。ただし、それらの遵守状況を監視するシステムには、後述するような問題がある。

(c)　地域的人権保障

　以上、国際連合のもとにおける全世界的な国際人権保障の展開を見てきたが、その問題点を検討するまえに、地域的な人権保障について簡単に触れておこう。

　地域的人権保障の先駆けをなすのは、いわゆる欧州人権条約である。2度の世界大戦でかつての栄光を喪失し、とくに第2次世界大戦後は米ソ2超大国の陰に沈んだ西欧諸国は、あのユダヤ人迫害を手掛けたドイツをも巻き込んだ国際人権保障体制の樹立を通して、世界の檜舞台へ復活した。すなわち、世界人権宣言が採択されて2年後の1950年、欧州評議会の加盟国は宣言の趣旨に沿い、宣言の地域版の実現を目指して「人権及び基本的自由の保護のための条約」を締結したのである。この条約は一般に欧州人権条約と呼ばれ、世界人権宣言中の市民的・政治的権利の国際的保障を目的とした。同条約は3年後には発効し、当事国の条約違反に対する個人の請願を審査する人権委員会と、条約の解釈・適用に関する委員会および当事国からの提訴を審理する人権裁判所とを設置し

---

*1　その後1985年の経済社会理事会決議により同理事会を補助するため18名の専門家で構成される委員会（社会権規約委員会と呼ばれている）が設置され、さらに2008年には社会権規約の選択議定書が採択され、社会権規約委員会は個人通報および国家通報を受理して検討する権限を付与されることになった。

*2　2018年1月末時点での各条約の当時国数は、自由権規約169、自由権規約（第1）選択議定書116、社会権規約166、社会権規約選択議定書（2013年発効）23である。

143

Ⅱ　人　権

た。そして裁判所の判決には当事国に対する法的拘束力が付与され，文字どおり国際的な人権の司法的救済システムを整えたのである。しかも最近の条約改正により，委員会を裁判所に統合して個人の出訴権を認め，一層その性格を強化した。このように欧州人権条約のシステムは，国際的に保障されるべき人権の基準についてもその遵守を確保する仕組についても，現存するもっとも進んだものであると評することができよう[13]。米州でも，第2次世界大戦後に発足した米州機構の機関たる人権委員会が早くから活動していたが，1969年には「人権に関する米州条約」が採択され，欧州人権条約に類した地域的人権保障を目指している。また，アフリカにおいても1981年，「人及び人民の権利に関するアフリカ憲章」が採択され，地域の特性を背景とした国際的人権保障に一歩を踏み出した[14]　＊3。

(ⅲ)　個別の人権にかかわる保障の展開

うえに見たとおり，国際連合期には，それ以前の時期と異なり，人権の全分野を視野に入れた人権基準の設定を目指す宣言が発せられ，条約が締結された。それと並んで，国際連合期には，個別の人権にかかわる分野においても基準の設定やその遵守を確保する仕組を構築する試みが展開されている。以下では，そのなかの代表的なものに簡単に触れておこう。

まず，世界人権宣言の採択より1日早い1948年12月9日，国際連合総会は「集団殺害犯罪の防止及び処罰に関する条約」を採択している。この条約は，ナチス・ドイツのユダヤ人種迫害を"人道に対する罪"として処罰したニュルンベルグ裁判の流れに沿い，およそ国民的，民族的，人種的または宗教的な人間集団を集団として迫害・抹殺することにつながる行為を防ぎ，処罰することを目的とし，そうした行為にかかわる者を行為地の裁判所または国際刑事裁判所に裁かせようとするものである。この国際刑事裁判所は長らく設置されな

---

13) 小畑郁「ヨーロッパ人権条約実施手続の司法的純化についての一考察——閣僚委員会の事件の実質的処理権限の分析を通じて——」『国際法外交雑誌』第98巻1・2合併号（1999年）124頁以下参照。
14) *International Legal Materials*, Vol. Ⅸ (1970), p. 673ff; *ibid.*, Vol. ⅩⅩⅠ (1982), p. 58ff.
＊3　1998年に採択されたアフリカ人権憲章選択議定書により，アフリカ人権裁判所が設置されている。

第1章　国際人権保障の展開と問題点

かったが，1998年7月のローマにおける国際会議でようやくその設立に関する条約が採択された[15]。1973年に同じく国際連合総会が採択した「アパルトヘイト犯罪の抑圧及び処罰に関する国際条約」も，1つの人種的集団が他の人種的集団を支配・圧迫するために執る同種の行為を当事国が抑圧し，それにかかわった者に管轄権を有する裁判所または国際刑事裁判所が裁くことを目指している[16]。

また，より一般的な差別禁止の分野では，1965年に採択された「あらゆる形態の人種差別の撤廃に関する国際条約」が，ひろく「人種，皮膚の色，世系又は民族的若しくは種族的出身に基づくあらゆる区別，排除，制限又は優先であって，政治的，経済的，社会的，文化的その他のあらゆる公的生活の分野における平等な立場での人権及び基本的自由を認識し，享有し又は行使することを妨げ又は害する目的又は効果を有するもの」の排除を狙っている[17]。同様に，性に基づく差別を撤廃するため，1979年には「女子に対するあらゆる形態の差別の撤廃に関する条約」が採択されている。このうち，前者は自由権規約に類似の遵守を確保する仕組を規定しており，後者は23名の専門家から成る女子差別撤廃委員会による当事国報告の検討手続のみを規定していたが，近く個人または個人の集団からの通報手続を認める選択議定書が採択される予定である[18]＊4。

ほかに，人身保護の分野では，1984年に「拷問及びその他の残虐な，非人道的な又は品位を傷つける取扱い又は刑罰に関する条約」が採択され，ここでも自由権規約と類似の遵守を確保する仕組が規定されている[19]＊5。また，児童の保護の分野では，1989年に「児童の権利に関する条約」が採択され，10名の

---

15)　*Ibid.*, Vol. XXXVII (1998), p. 999ff.
16)　Human Rights: *A Compilation of International Instruments* (UN Doc. ST/ HR/ 1/Rev. 4), Vol. 1 (First Part), p. 80ff.
17)　*Ibid.*, p. 66ff.
18)　*Ibid.*, p. 150ff.
19)　*Ibid.*, p. 293ff.
＊4　通報手続を定めた女子差別撤廃条約選択議定書は1999年12月採択，2000年12月発効。2018年1月末時点の締約国数は109。
＊5　2006年には「強制失踪からのすべての者の保護に関する国際条約」が採択され，2010年に効力を発生し，2018年1月末時点の当事国は58ヶ国である。

専門家から成る児童の権利委員会＊6が当事国の報告を審査し，具体的な提案や一般的な性格を有する勧告を当事国に送付するとともに国際連合総会に報告する道を開いている[20]＊7。

なお，難民についても，1951年には国際連合総会の決議により開催された国際会議で「難民の地位に関する条約」が，1967年には「難民の地位に関する議定書」が，それぞれ採択され，当事国が国際連合難民高等弁務官事務所（UNHCR）と協力して，難民の認定や救済に当たる手続を詳細に規定した。とくに注目されるのは，同条約が当事国に対し，人種，宗教，国籍，政治的意見等のために生命や自由に危険のある地域へ難民を追放・送還してはならない，という「送還禁止（non-refoulement）の原則」を規定したことであって，この原則は1967年に総会が採択した「領域内庇護に関する宣言」でも確認された[21]。

3 国際人権保障の問題点

国際人権保障は今日までに以上のような展開を遂げ，世界的な規模では国際連合を中心に，保障されるべき人権の範囲は国内法と同等あるいはそれ以上の広がりを見せている。そして保障の内容，すなわち保障されるべき人権基準の設定・明確化は大いに進み，またその遵守を確保する仕組の構築も一定の程度に達している。さらに地域的な規模では，より進んだ遵守確保の仕組を備えるものさえある。しかし，だからといって，今日の国際人権保障に問題となる点がないわけではない。以下では，そうした問題点を，(1)人権基準それ自体にかかわるもの，(2)遵守確保の仕組にかかわるもの，に2分し，それぞれについて検討してみよう。なお，その際，検討の主たる対象として，世界人権宣言を条約化した国際人権規約とりわけ自由権規約を選ぶこととする。自由権規約を検討の主たる対象に選ぶ理由は，第1に，それが現存するもっとも普遍的かつ包

---

20) *Ibid.*, p. 174ff.
21) *Ibid.*, Vol. 1 (Second Part), p. 634ff, 651ff, 661ff.
＊6　2002年11月より18名に改正。
＊7　2006年には「障害者の権利に関する条約」が採択され，2008年に効力を発生し，2018年1月末時点の当事国は175ヶ国である。

括的な国際人権保障条約であるからであり，第2に，たまたま筆者が同条約によって設置された自由権規約委員会（Human Rights Committee）の委員を勤めており，その経験を通してある程度具体的な資料に基づき検討を進めることが可能だからである。

（1） 人権基準にかかわる問題点

今日の国際人権保障の第1の問題点は，国際的に設定された共通の"人権基準"自体にかかわるものであるが，これをさらに，(i)基準の普遍性と特殊性，(ii)基準に示された集団の権利とその集団に属する個人の人権の関係，(iii)各種の人権相互間の関係と，それに関連して，いわゆる第三世代の人権，の3点に細分して検討してみよう。

(i) 基準の普遍性と特殊性

国際的に設定された人権基準にかかわる第1の問題点は，それが西欧的な起源・背景を持ち，これと異なる歴史的，社会的，文化的背景に立つアジア地域やイスラム系の諸国にはそのまま受け入れがたいのではないか，ということである。このことは世界人権宣言を条約化した社会権規約および自由権規約のみならず，自由権規約に繋がる「あらゆる形態の人種差別の撤廃に関する国際条約」，「女子に対するあらゆる形態の差別の撤廃に関する条約」，「拷問及びその他の残虐な，非人道的な又は品位を傷つける取扱い又は刑罰に関する条約」，「児童の権利に関する条約」等によって採択された人権基準についても，問題とされよう。それは言い換えれば，人権の基準が，全人類に共通の普遍性を持つものであるか，それとも人類を構成する種々の人間集団の多様な文化を反映した特殊性をもつものであるか，の問題である。そしてこの問題は，独立した個人の自由を重んじる西欧的な価値観と，集団の調和を重んじる東洋的な価値観との対立といった一般的・抽象的な図式で議論の対象とされることが多い。

しかしながら，この問題については，つぎの事実に留意することが肝要である。まず，世界人権宣言をはじめとするこれらの諸条約は，うえに見たとおり，国際連合の場において西欧諸国のみならず，米州，東欧，アジアおよびアフリカの諸国をも巻き込んで検討され，採択されたものであって，西欧的な人権基

Ⅱ 人　権

準のみを代表しているとは断定しがたい。また，仮にこれらの諸条約が西欧的な人権基準を代表しているとしても，各条約の当事国となるか否かはアジア，アフリカの諸国を含む個別の国家が任意に決定すべき事項であり，自らの意思に基づいて当事国となった以上，条約の規定に拘束されることは自明の前提だったはずである。その意味で，諸条約の示す人権基準が西欧的であるという主張は，少なくとも，当事国が条約の規定に拘束される義務を否定する根拠となしえない。

　もっとも，この問題は，上述のような一般的・抽象的な図式でなく，たとえば自由権規約のもとで提出される当事国報告の審査の際に，刑罰としての死刑制度の適否や婚姻における男女の地位・権限の差異などをめぐって，個別的・具体的に提起されることがある。たしかに自由権規約の規定のなかには，18歳未満の年少者や妊娠中の女性に対する死刑執行の禁止のように，異なる解釈の余地を残さない明確・詳細なものが多いが，同じ自由権規約第7条の「残虐な，非人道的な若しくは品位を傷つける取扱い若しくは刑罰」という規定のように，異なる解釈の余地を残すものもある。そうした規定の場合，その解釈・適用をめぐって，西欧的な価値観と非西欧的な価値観との対立が表面化する可能性は避けがたい。事実，あるイスラム国家の報告の審査の際に，窃盗犯に対する手首切断刑が「残虐な刑罰」に該当するか否かが問題となった。この点について北欧出身の委員が「手首切断刑は，だれの目から見ても，"残虐な"刑罰ではないか」と糾したところ，当該国家の代表は，必ずしもそのように言い切ることはできない，と応えた。代表によれば，イスラムの教えのもとで人びとは，窃盗に対して手首切断刑を受けることは当然だ，と意識して生活しており，それがことさらに「残虐な刑罰」である，とは考えていない，というのである[22]。

　このように相対立する価値観が併存する現在の国際社会において，「残虐な刑罰」を全世界的に適用できる客観的な基準に基づいて一律に決定することには，多くの困難を伴う。自由権規約第6条が「死刑」の存続を前提とした規定を置いている一方で，その廃止を目指す選択議定書が採択されている事実は，

---

22) *Official Records of the Human Rights Committee 1990–1991*, Vol. I, p. 292 para. 14, p. 296 paras. 60–61, p. 298 para. 74.

そのことを証明している。また，第14条3項（c）にいう「不当に遅延することなく裁判を受ける」権利はどの程度の"遅延"を許すのかをめぐっても，裁判制度の整備された国家とそうでない国家とのあいだで，同様の問題が生じる。そうした事情を考慮に入れれば，現在の国際社会における人権基準の普遍性については，おそらくつぎのように結論することが妥当であろう。

　第1に，ある人権基準が普遍性を持つか否かは，その基準が西欧的か東洋的かといった"起源"の問題ではなく，それがどれだけ多くの国家により受け入れられるかという"適用可能性"の問題である，と。考えてみれば，民主主義や自由経済のように，その起源がいずれにあるかを問わず，今日の世界において広く受け入れられている価値・基準は存在する。だとすれば自由権規約が，世界人口の7割近くを占める諸国に批准され，世界人口の2割を擁する中国もまたこれに署名している事実は，その普遍性を裏付ける強力な証拠だというべきであろう。そして第2に，国際的に採択された人権基準のうち解釈の余地を残すものについては，できるかぎり多数の国に受け入れ可能な共通の基準を採用すべきである，と。もっとも，それは各国で現実に採用されている基準をあらゆる場合にそのまま国際的にも受け入れることを意味しない。冒頭に指摘したとおり，人権が本来，個々人の持つ可能性を最大限に発揮できる状況を保障することを目的とする以上，各国は人権関係条約の当事国となることによって，その目的を実現すべき義務を負うわけである。したがって，それぞれの国家に固有の事情を配慮することは必要であるが，この根本的な義務と明らかに抵触するような基準は排除されなければならない。また，このようにして設置された"共通の"国際基準を上回る国内基準を有する国家については，規約第5条2項が"国際標準を根拠として当該国内基準を下回る保障しか与えない"措置を禁止している。

(ii)　集団の権利とその集団に属する個人の人権との関係

　最初に断ったとおり，本稿は"個人に属する人権"を中心に検討し，「少数者の権利」や「自決権」のような個人の"集団に属する権利"については副次的にしか触れない方針である。だが，人権を含む法的な諸概念は「孤立した個人」ではなく，「集団に属する個人」を対象としている。その意味で，集団の

149

II 人権

権利がその集団に属する個人の人権と離齬する場合に，両者の関係をどのように捉えるべきかは，人権基準の検討に際して，避けて通ることのできない問題であり，人権基準にかかわる第2の問題点である。

実はこの問題は，自由権規約の選択議定書に基づいて寄せられた個人の通報により，自由権規約委員会が直面したものである。この通報は，カナダ国籍を持つアメリカン・インディアンの女性から寄せられたものであって，彼女はアメリカン・インディアンでない男性と結婚して居留地を出たが，離婚後に居留地へ戻ろうとしたところ，部族の慣習法により，戻る権利を拒否された，という。ただし，同じ慣習法によれば，アメリカン・インディアンでない女性と結婚したアメリカン・インディアンの男性は，その場合に居留地へ戻る権利を失わない。彼女はこれを不当としてカナダの最高裁判所まで争ったが敗れ，自由権規約委員会へ訴えたのであった。カナダの最高裁判所の判決は，同国の国内法が居留地における諸関係の規律を部族の慣習法に委ねていたことに根拠を置いていたが，カナダ憲法が両性の平等を規定していた事実を考慮に入れれば，集団の権利を集団に属する個人の人権に優先する結果を招くものであった。しかし自由権規約委員会は，自由権規約第27条の「少数民族に属する者は，その集団の他の構成員とともに自己の文化を享有……する権利を否定されない」との規定を根拠として，当該部族の慣習法は自由権規約に違反する，との見解を採択した[23]。

自由権規約委員会がこの見解を採択した理由の1つは，第27条が少数民族自体の"集団の権利"ではなく，少数民族に属する"個人の権利"を保障している点に求められよう。だが同時にこの見解は，集団の権利の行使が集団に属する個人の人権を阻害してはならないことをも示している。その意味でこの見解は，集団の権利が自らに所属する個々人の人権を擁護・伸張するために行使されるべきことを明らかにするものであり，いわゆる自決権の行使が最終的には，それを行使する集団の個々の構成員の権利の擁護・伸張を目指してきた事実と，軌を一にしている。もっとも，集団の権利の行使が集団に属する個人の人権を

---

23) Communication No. 24/1977, *Human Rights Committee: Selected Decisions under the Optional Protocol*, p. 83ff.

阻害してはならないということは，当該個人の人権がいかなる制約にも服さないことを意味するものではない。さきに触れた世界人権宣言の第29条も，権利の行使は他者の権利を尊重するとともに，一定の社会的制約に服さなければならない旨を規定しており，そうした制約は当然のことながら，個人が少数者としての権利を行使する際にも課せられる。このことは，同じ第27条に関する自由権規約委員会のもう1つの見解が明らかにしている。

この見解は，スウェーデンのサミ（ラップ）族の一員が寄せた通報に関するものであった。通報によればスウェーデンのトナカイ畜産業法は，一定の期間他の職業に就いたサミ族の一員がトナカイ畜産業を再開する権利をサミ部族会議の許可にかからしめており，その結果かれが"他のサミ族の構成員と同等の条件で"トナカイ畜産業に従事することを妨げられた，という。だが委員会は，トナカイ畜産業法がスウェーデン全体の社会・経済情勢の変化に対応してトナカイ畜産業を保護することを目的としていること，保護のためにはトナカイ畜産業者の総数を制限する必要があること，制限の具体的な方策の決定はサミ部族会議の判断に委ねられていること，この通報者が一定の料金を支払う条件でトナカイ畜産業に従事すること自体は許可されていること，などを勘案して，当該スウェーデン法は自由権規約第27条に違反しない，と結論したのである[24]。

(iii) 各種の人権相互間の関係と第3世代の人権

うえに見たカナダのアメリカン・インディアン女性の通報に対する自由権規約委員会の見解は，集団の権利の行使が集団に属する個人の人権を阻害しえないことを明らかにしたものであるが，同時にそれは，自由権規約第27条の規定の適用が第3条（規約に定める権利の両性に対する平等適用を規定する）の規定と矛盾してはならないこと，敷衍すれば，およそ自由権規約に掲げられた各種の人権は相互に矛盾しないように適用されなければならないこと，をも示している。そればかりではない。すでに国際連合の総会は1950年に採択した決議で，自由権と社会権が相互依存的であって，後者抜きに前者が実現しがたいことを

---

[24] Communication No. 197/1985, *Official Records of the Human Rights Committee 1987–1988,* Vol. II, p. 442ff.

Ⅱ 人　権

確認している[25]。また，社会権規約と自由権規約の前文も，「自由な人間は…すべての者がその経済的，社会的及び文化的権利とともに市民的及び政治的権利を享有することのできる条件が作り出される場合に初めて達成される」と明言しており，1967年の人権に関する国際会議で採択されたテヘラン宣言第13項や1993年の世界人権会議で採択されたウィーン宣言第5項も，すべての人権の普遍性と並んで，その不可分性と相互依存性を強調している。要するに，各種の自由権相互間のみならず，自由権と手続的権利および社会権といった異種の人権相互間でも，全体として人権の不可分性，相互依存性は広く承認されている，と結論して差し支えなかろう。

　この点で注目されるのは，比較的最近に主張されるようになった「第3世代の人権」である。周知のごとく，世代的に見て早くから主張された自由権が「第1世代の人権」，それを部分的に修正する原理として主張された社会権が「第2世代の人権」と呼ばれるのに対し，「第3世代の人権」と呼ばれるのは"開発の権利"や"環境に対する権利"などである[26]。第3世代の人権の特色は人権の保障をめぐって，第1，第2世代の人権が一国家内部における個人と国家の関係に関心を限定していたのと異なり，国家の枠組を超えた国際社会のあり方を問題とする点にある。すなわち，たとえば開発の権利は，先進国と途上国の南北対立を背景として，今日の国際人権保障とくに途上国における人権保障を促進するためには，途上国の内部だけでなく，国際社会全体の構造を視野に入れた取り組みが必要である，と主張する。この主張の核心は，途上国における人権保障の促進のためには経済開発が必須であり，それを財政的・技術的に支援する義務を先進国に負わせるところにある。

　第3世代の人権とくに開発の人権の主張は，一国家における人権の保障が当該国家の置かれた国際的な地位の影響を受けざるをえない事実を指摘することにより，従来の国際人権保障の議論に欠落していた視点を提供するものである。しかしながら開発の人権を主張することによって，途上国の抱える国内的な問題から目をそらすことは許されない。たしかに，途上国における人権保障を促

---

25) UN Doc. A/2929 (*supra* note 11)), p.4, para. 21.
26) 田畑茂二郎『国際化時代の人権問題』（岩波書店，1988年）289頁以下。

進するために，先進国が援助を与えることは望ましい。だがそれと並んで途上国の側でも，たとえば中・南米諸国に見られるような富の偏在をもたらす国内の社会・経済構造を変革し，より多くの個人がその可能性を発揮できる状況を作り出す努力を傾ける必要がある。また，1992年の「開発と環境に関するリオ会議」で指摘されたように，現代の世代のための性急な経済開発が地球環境を悪化させ，将来の世代の人権の享有を妨げない配慮も不可欠である。したがって，さきに見た集団の権利と集団に属する個人の人権の関係と同様に，開発の権利もまた途上国のより多くの国民の人権を擁護・伸張するように行使されて，はじめてその目的を達成することができるのであり，第3世代の人権は第1，第2世代の人権と相互に補完しあうべき関係にあるといえるだろう。

(2) 遵守確保の仕組にかかわる問題点

設定された人権基準の遵守を確保する仕組についても，種々の問題点があるが，ここではその仕組または手続の実効性に着目して，それらを (i)国際的な手続の実効性，と (ii)国内的な手続の実効性，とに大別し，それぞれについてさらに細かく検討してみよう。

(i) 国際的な手続の実効性

うえに見た世界的な規模の種々の国際人権保障条約，とくに自由権規約の規定する人権基準の遵守確保の仕組にかかわる最大の問題点は，その仕組あるいは手続がせいぜい勧告的効力を持つに過ぎず，法的拘束力を与えられていないことであろう。たとえば，自由権規約に基づいて提出される当事国報告の審査後に自由権規約委員会が採択する「報告及び一般的性格を有する意見」は，当該当事国を拘束する効力を認められていない。もちろん委員会は，当事国報告の審査を公開の席上で行い，当事国の政府代表に対する質問とそれに対する回答を通じて"建設的対話"を試み，対話つまり審査のあとで採択する報告や意見の中身をできるかぎり個別的・具体的にし，さらにこの報告や意見を公表して当該国の国民やNGOの参考に供するなど，いろいろと工夫をこらして審査の効果を高める努力を払っている。事実，日本の国籍法が父系優先主義から両性平等主義へ改められたように，委員会の指摘を受けて，国内法が改廃された

Ⅱ 人　権

例も少なからず存在する[27]。だが，委員会の報告や意見に法的拘束力が与えられていない以上，それらをどのように活かすかは最終的に当事国自身の裁量にかかっているのである。ついでながら，自由権規約第41条に定める国家間通報は，これまでに一度も寄せられた例がない。

　自由権規約の選択議定書のもとで寄せられる個人通報についても，同様のことがいえる。さきに指摘したとおり，選択議定書の批准国数は93に達しており，これまでに800を超える個人通報が委員会へ寄せられている。このうち，手続上の理由により取り下げられたり受理されなかったりした4割5分のものを除いて，委員会は300近い通報に対する見解を採択しており，それらは自由権規約の相当数の条文に関する委員会の解釈を示すものとなっている[*8]。また違反があったと判断された通報については，救済措置に関する委員会の勧告が添えられている[28]。しかし，ここでも委員会の勧告には法的拘束力が認められておらず，勧告をどのように活かすかは当事国の裁量にかかっている。もっとも，当事国報告に対する委員会自身の報告や意見の場合と同様に，当事国が委員会の勧告を活かして，救済措置をとった例が存在しないわけではない[29]。

　委員会が勧告的機能しか与えられていないことと並んで，当事国が批准や署名の際に自由権規約に付す留保もまた，規約の遵守確保の仕組にかかわるもう1つの大きな問題点である。欧米諸国を含む約40ヵ国がこうした留保を付しているが，そのなかには，"イスラムのシャリーア（律法）の規定が（自由権規約）の文言と矛盾しないという事実を考慮に入れて"批准する旨のエジプトの留保のようにきわめて包括的な性格のものや，18歳未満の者の死刑の禁止に対するアメリカの留保のように自由権規約の基本的な規定を除外するものも含まれている。そこで自由権規約委員会は，自由権規約に対する留保に関する「一般的注解」（general comment）を採択して，"規約の趣旨及び目的に反する留保

---

27) *Yearbook of the Human Rights Committee 1981-1982,* Vol. I, p. 196 para. 25, p. 218 para. 24.
28) *Report of the Human Rights Committee*（UN Doc. A/53/40），Vol. I, p. 62 para. 421.
29) 本書158-159頁参照。
＊8　自由権規約（第1）選択議定書の締約国数は2018年1月末時点で116である。2017年3月時点までの公表統計資料によれば，それまでに同委員会に寄せられた個人通報は2970件であり，委員会は1200の「見解」を採択している。

は許容されず,かつ留保の許容性を判断する権限が同委員会にある"ことを強調した。だが,これに対してイギリス,アメリカ,フランスの3国は"自由権規約上,委員会にそうした権限は無く,留保の許容性を判断する権限は各当事国の手に残されている"と痛烈な反論を加えた[30]。

　実は,この委員会と3国の論争は,世界的な規模における今日の国際人権保障のあり方を考えるうえで,きわめて重要な示唆に富んでいる。たしかに,人権基準の遵守手続の実効性を高めるためには,委員会の権限を拡大することが望ましいであろうし,上述のとおり委員会はその実現へ向けて努力を重ねてきた。しかし3国によれば,多種多様な価値観の併存する現在の国際社会において,きわめて厳格な人権基準を設定し,その遵守を確保すべき強力な仕組を構築することは,比較的少数の国家しかそれに参加しえない結果を招きかねない。現状では,むしろ柔軟な基準を設定するとともに,緩やかな遵守確保の手続を採用して,参加国の範囲を広げ,何よりも国際人権保障の普遍化をはかることこそ肝要である。つまり委員会が,国際的な人権保障手続の実効性を高める見地から留保の問題に取り組んだのに対し,3国は,国際人権保障の普遍性を重視する立場から委員会の取り組みを批判したのである。

　紙幅の関係で,この論点に深入りする余裕はない。だが国際人権保障の普遍性を強調する立場からすれば,つぎの2点も問題であるように思われる。1つは,欧州人権条約のような司法的保障の強化を目指すことが,世界的規模でも適切か否かであり,もう1つは,自由権規約委員会の現在の委員の構成が適切か否かである。後者について,自由権規約第31条は"地理的に衡平な配分"および"異なる文明形態と主要な法体系の反映"を要求しており,筆者が委員会に加わった12年まえにアジア3,アフリカ4,中・南米3,東欧3,西側5であった構成が,現在アジア3,アフリカ2,中・南米3,東欧1,西側3となっていることは大いに疑問である[*9]。

---

30) See N. Ando, "Some Observations on the Reservations to Multilateral Human Rights Treaties: General Comment of the Human Rights Committee and the Critique of the Comment", *Trilateral Perspectives on International Law: Theory and Practice* (Transnational Publisher, 1998), p. 141ff.

*9　2018年1月末時点での委員構成は,アジア1,アフリカ5,中・南米2,東欧2,西欧その他8となっている。

Ⅱ 人　権

(ii)　国内的な手続の実効性

　世界的な規模における人権保障の手続について，上述のいずれの立場をとるにせよ，国際的な手続の実効性が低ければ，その分，保障の実効性は国内的な手続に依存せざるをえなくなる。最後，そうした視点から，国際的な人権基準の遵守を確保するうえで国内的な手続にかかわる問題点を検討してみよう。

　国内的な手続にかかわる第1の問題点は，国際的に設定された人権基準が各国の国内法へどのように取り入れられるか，である。というのは，司法機関を含む各国の国家機関は，条約の諸規定が国内法へ取り入れられて，はじめてそれらを援用することができるからである。この点について，国家のなかには，世界人権宣言や国際人権規約の諸規定をほぼそのまま憲法などの権利章典に取り込んでいるものがある[31]。しかし大多数の国は，いわゆる一般的受容か個別的受容のいずれかの制度を採用している。前者の場合，たとえばフランスのように，批准された条約は公布によって国内法の一部となり援用可能となるが，後者の場合，たとえば北欧諸国や英法系の諸国のように，条約規定に見合う国内法が制定されないかぎりそれらを援用することはできない[32]。実のところイギリスやスウェーデンは自由権規約に見合う国内法を制定しておらず，同規約の規定を国内裁判所で援用できない状態が続いている。これら諸国の国内法には，ほとんどの場合自由権規約の規定に見合う規定が存在するので，現実に問題を生じることは少ないし，国内裁判所もまた国内法の解釈・適用に際して，規約の規定を参照することが多い。ただし，それにもかかわらず，規約の規定が適用されない可能性は残るのである。

　第2に，条約の規定が国内法へ取り入れられる際の，国内法システムにおける条約の位置付けが問題である。多くの国において，条約は憲法の下位，議会の制定法の上位に置かれるが，オランダのように憲法と同位に，またアメリカのように制定法（連邦法）と同位に，置かれる場合もある。だが，いずれの場合にも，条約の定める人権基準が条約よりも上位の国内法の規定と齟齬する場合には，国内的には実施不能とならざるをえない。もちろん，国家は国内法の

---

31)　たとえば，カナダ。UN Doc. A/46/40, p. 11.
32)　たとえば，オーストリア。UN Doc. A/43/40, pp. 97-98.

規定を根拠として国際法上の義務を免れることはできないのであるから，実施不能に対する国際的な責任は問われうる。しかし，その場合にも，国際的な人権基準を国内で実施できない状況は解消しない。

　第3に，国内裁判所における国際人権基準の解釈・適用が問題となる。さきに見た18歳未満の年少者の死刑執行禁止のように，基準の内容が明確・詳細である場合には，問題は生じない。しかし，これもさきに見た「残虐な刑罰」のように，基準の内容が一般的であって異なる解釈の余地を残す場合には，裁判所はその国に特有の価値観に基づいた解釈を選びがちであり，その解釈が国際的に受け入れられた基準と離齬する可能性は残るだろう。たとえば，日本の裁判所は台湾人元日本兵事件において，対日平和条約による台湾人の日本国籍喪失を根拠にかれらに対して軍人恩給の受給資格を否定した[33]。だが自由権規約委員会は，フランスの植民地時代に兵役に服したセネガル国籍の退役軍人が，ある時期以降の軍人恩給の支給額をフランス国籍の退役軍人よりも減らされたことは，国籍に基づく差別待遇に当たり自由権規約に違反するとした通報を認め，フランスに対し差額の支給を勧告した[34]。この事件で，フランス側もセネガル国籍の退役軍人に対する恩給の支給義務自体は否定しなかった事実を勘案すれば，過去の兵役に対する恩給の支給を国籍と連係させない解釈がより普遍的であって，日本の裁判所の解釈には問題があると結論せざるをえないであろう。

4　おわりに──結論に代えて──

　本稿の目的は，国際法の視点から国際人権保障の現在までの展開を跡づけ，その現在における問題点を検討することであった。検討の結果，今日までに国際人権保障は大きく進展し，世界的な規模では国際連合を中心に，保障の対象となる人権の範囲が各国の国内法と同等あるいはそれ以上の広がりを見る段階にまで達していることが明らかとなった。ただし保障の内容に関しては，国際

---

[33]　最三小判平4・4・28『判例時報』1422号91頁以下。
[34]　Communication No. 196/1985. See *Official Records of the Human Rights Committee 1988-1989,* Vol. II, p. 408ff.

Ⅱ 人　権

的に保障されるべき"人権の基準"についても，基準の"遵守を確保する仕組"についても，それぞれ問題のあることが明らかとなった。それは，前者については，人権の基準がいかなるものであって，どこまで普遍性を持ちえるか，という問題であり，後者については，基準の遵守を確保する手続が国際的にも国内的にも拘束力を持ちえない，という問題であった。

　本稿における問題点の検討は，世界人権宣言を条約化した国際人権規約とくに自由権規約を中心に進めたが，地域的な規模では，欧州人権条約のように国際的な司法的保障を整備して，人権基準の面でも基準遵守の面でも，世界的規模の国際人権保障の抱える問題点を克服したものがある。もっとも，欧州人権条約に参加している諸国は，共通の歴史的，社会的，文化的背景に基づく価値観を共有しているのであって，その成果を，多種多様な価値観の併存する国際社会全体の現状と安易に比較することは，慎むべきであろう。本稿の冒頭で断ったように，今日なお人類は複数の主権国家に分属して生活しており，人権保障も基本的には各国家の手に委ねられているのであって，保障の実態はそれぞれの国家に固有の歴史的，社会的，文化的背景に影響されざるをえないからである。しかしながら，国際社会全体の現状を踏まえた国際人権保障についても，つぎのような可能性を指摘することはできるだろう。

　自由権規約委員会に寄せられたある通報によれば，かつてオランダの失業保険金給付法は，男性または未婚の女性が失業すれば100パーセントの保険金が給付されるのに比べ，既婚女性については自らが"家計の担い手"であることを証明しないかぎり，7割程度の保険金しか給付されない，と規定していた。そうした女性たちが「これは性と社会的身分に基づく差別であり，自由権規約第26条に違反する」と主張する通報を委員会に寄せ，委員会はこれを認める見解を採択するとともに，救済措置として差額の支払を勧告した[35]。この見解の採択まえに失業保険金給付法は改正されていたが，オランダ政府は相当の財政支出にもかかわらず，差額支給の措置をとったのである。オランダ政府はこの措置をとるに際して，委員会の見解には法的拘束力が無い旨を明言した。だが，それにもかかわらず政府が差額支給に踏み切ったのは，当事者の要請もさ

---

35) Communication No. 182/1984. See *ibid*, 1987, p. 300ff.

第 1 章　国際人権保障の展開と問題点

ることながら，その要請を支持する世論があったからである。この事実は，法的拘束力の無い国際的な手段であっても，それを支える国際世論や国内世論があり，政府がそれに応える用意のある国家においては，当該手段は事実上の効力を持ちうることを示している。

　これを言い換えれば，民主主義が機能しているところでは，拘束力の無い人権保障手続も，それなりの効力を持つことができるのである。もちろん，民主主義が機能するためには，政治，経済，社会等の各分野における諸々の条件の整備と並んで，人びとの思考・行動様式が重要な要素となる。その意味で，人権保障をどのように実現していくかは，詰まるところ，一人ひとりの個々人の思考と行動にかかっているのである。

第 2 章　自由権規約委員会による国家報告審査方法の進展——審査の実効性向上を目指して——

(2005年)

1　はじめに

「市民的及び政治的権利に関する国際規約」(以下，自由権規約または規約) に基づく人権委員会 (Human Rights Committee. 以下，自由権規約委員会，または委員会) は2002年，その活動の25周年を迎えた[1]。同委員会の主たる活動は，規約の当事国が定期的に提出する規約の諸規定の国内における実施状況の「報告」の審査，および同規約選択議定書に基づく「個人通報」の審査である。筆者は上記委員会の委員を長年にわたって務めており，その経験を踏まえて，後者に関する論考を公表したことがある[2]。前者についても論考を公表したことはあるが，それ以来かなり時間が経っているので[3]，この機会にその後の経験も踏まえて，国家報告にかかわる委員会の審査方法の進展についてまとめておきたい。なお，国家報告は通常，書面の形態を採るため，「国家報告書の審査」と呼ばれることもある。しかし，後述のように，最近では書面によらない審査方法も採用されているので[4]，ここでは「国家報告の審査」という表現を用いることにする。

ところで，国家報告の審査を含む委員会の活動は，国際社会の変動とりわけ1990年前後の東西対立の解消 (ないし社会主義体制の崩壊に伴う冷戦構造の終焉)

---

1)　活動25周年記念論文集が公刊されている。N. Ando (ed.), *Towards Implementing Universal Human Rights; Festschrift for the Twenty-Fifth Anniversary of the Human Rights Committee* (hereafter cited as *Festschrift*, Martinus Nijhoff, 2004).
2)　拙稿「B 規約人権委員会の個人通報審査」『法学論叢』第128巻 4・5 号，81頁 (1991年)。より一般的には，同「国際人権保障の展開と問題点」『国際法外交雑誌』第98巻 1・2 合併号，1頁 (1999年)。
3)　拙稿「規約人権委員会——政府報告書は規約人権委員会でどのように審査されるのか——」『法学セミナー』457号，39頁 (1993年)。
4)　本書175頁参照。

に大きな影響を受けてきた。したがって以下では，過去20余年におよぶ委員会の活動を1990年を境として2期に分け，冷戦期（1977～1990年）における国家報告の審査手続が冷戦終焉以後（1990年～）にどのように変化したか，に焦点を当てて検討してみよう。そして，その変化のなかで，審査の実効性を高めるために委員会が審査手続・方法にいかなる工夫を凝らしてきたか，を明らかにしたい。

2 冷戦期（1977～1990年）

（1）手続規則の採択

1966年に国連総会が採択した自由権規約は，1975年12月末，チェコスロバキアが35番目の批准国となることにより，翌76年3月23日に発効した。35ヵ国の地域的構成は，東欧8，アフリカ7，中南米・カリブ7，西側6，中東4のほか，イラン，キプロス，モンゴルの3ヵ国であった。また，規約第30条1項の規定に従い，1976年9月に開かれた第1回当事国会議で選出された18名の委員の地域的構成は，東欧4，アフリカ3，中南米・カリブ3，西側5のほか，シリア，イラン，キプロスであった[5]。

18名で構成される委員会の最初の仕事は，委員長の選出と，委員会活動のルールを定める「手続規則の採択」であった。当時の国際情勢を反映して，委員会では西側の委員と東欧の委員との意見が対立しがちであり，その妥協策として委員長にはキプロス出身のマヴロマティスが選ばれ，その後10年間かれが委員長の地位に留まることとなった。さらに，手続規則の採択を含む委員会の意思決定手続をめぐって，東欧系の委員はコンセンサス方式にこだわった。しかし，自由権規約第39条は，委員会が自らの手続規則を採択することと並んで，手続規則のなかで定足数を12名とし，委員会の決定は多数決とすることを規定していたため，コンセンサス方式は採用されなかった。この間の東欧の委員の

---

[5] United Nations, General Assembly, Official Records:Thirty-second Session, Supplement No. 44（UN Doc. A/32/44）: *Report of the Human Rights Committee*（hereafter cited as *Report of HRC*（UN Doc. A/32/44））, p, 1.

態度については，委員会の25周年記念論文集のなかで，チュニジア出身のブジリ委員がきびしく批判している[6]。

いずれにせよ，手続規則の大半は1977年の第1会期および第2会期中に採択され，うち2ヶ条の改正案は翌78年の第3会期で，規約第41条の国家間通報にかかわる条文も1979年の第7会期で，それぞれ採択されて，以後の委員会活動を規律することとなった[7]。

（2）国家報告（書）の審査方法の進展と作成指針

(i) 第1回報告

最初に指摘したとおり，自由権規約の諸規定を当事国が国内でどのように実施しているかの報告の審査は，自由権規約委員会のもっとも重要な任務である（規約第40条）。すでに規約発効直後の1976年中に，国連事務総長は35の当事国に対して第1回報告の提出を要請しており，委員会の第2会期までに11の国家報告が提出されていた[8]。委員会はこの会期で，そのうち6当事国の報告を審査したが，それに先立ち審査方法一般について検討した。その結果，審査の際には審査の対象となる当事国の代表の出席を求め，代表が報告の概要を口頭説明すること，それに続いて各委員が代表に質問すること，代表は質問に対してその場で口頭で回答するか，あるいは自国政府がのちに書面で回答するか，いずれかを選択できること，が合意された。また，当事国と委員会との対話は建設的に進められるべきこと，対話の目的は人権の擁護・促進の分野における当事国の実情を明らかにするとともに，達成された成果や実施上の障害の確認にあること，も合意された[9]。

これと並んで委員会は，当事国が規約第40条に基づいて提出する国家報告作成の一般的指針をも採択した。それによれば，報告は2つの部分に分けられ，第1部では規約に規定する人権が国内で実現される一般的な枠組み——人権の

---

6) N.Bouziri, Problèmes particuliers rencontrés dans les premières années d'activité du Comité, *Festschrift*, *supra* note 1), p. 81ff.

7) 手続規則の各部分については，*Report of HRC*（UN Doc. A/32/44), p. 48ff; *Ibid.*（UN Doc. A/33/40), p. 120; *Ibid.*（UN Doc. A/34/40), p. 114f.

8) *Report of HRC*（UN Doc. A/32/44), p. 17.

9) *Ibid.*, p. 18.

II 人　権

保障が憲法または他の法令で規定されているのか，どのような場合に人権規定からの離脱が認められるのか，規約の規定は裁判所で直接に援用できるのか，人権の侵害に対してどのような救済手続が利用可能なのかなど——に関する情報を，第2部では規約に規定する個々の人権に関する国内法の規定や制限，それらの実現に影響を与える事実や障害，そして人権状況の改善などに関する情報を，それぞれ含めることが要請される。さらに指針は，これらの要請を満たす国家報告が提出されることが，当事国と委員会とのあいだで建設的な対話を交わすことを可能にするであろう，と強調している[10]。

(ii) 定期報告

規約当事国の第1回報告の委員会による審査は，おおむね上記の方針に即して進められた。ところで，規約第40条1項によれば，当事国は自国について規約が発効後1年以内に最初（第1回）の，それ以後は委員会が要請するときに，報告を提出することを義務づけられている。委員会は実は1980年に採択した「声明」で，第1回報告のあと3～4年で定期報告の提出を求めることが望ましい，と述べていたが[11]，2年後に採択した「報告提出周期に関する決定」のなかで期間を延長し，当事国が第1回報告の提出後原則として5年置きに定期報告を提出するように要請した[12]。その結果として委員会は1983年に，最初の第2回国家報告を提出したユーゴスラビアの人権状況を審査することになったのである[13]。

委員会はこの審査に先立って，第2回報告の審査の在り方全般について検討した。そして，第2回以降の定期報告の審査は第1回報告の審査と抜本的に変わるものではないが，最初の審査以降に進展した事態に力点を置き，とくに問題となる事項を明らかにすべきである，と結論している。また，それに関連して，各会期の直前に会合する作業部会に当事国に対する「質問表」(list of issues) を準備することを要請した[14]。

---

10) *Ibid.*, pp. 69-70.
11) *Report of HRC*（UN Doc. A/36/40），p. 102.
12) *Report of HRC*（UN Doc. A/37/40），p. 92.
13) *Report of HRC*（UN Doc. A/39/40），pp. 40-41.

(iii) 質　問　表

　ここにいう「各会期の直前に会合する作業部会」(pre-sessional working group) とは，通常3週間続く委員会自体の会合の1週間まえに会合し，委員会が検討する諸事項の原案を作成する部会であって，数名の委員で構成される。この部会は1977年の最初の委員会会合以来，各会期に先立って設置され続けてきたが，その主たる任務は選択議定書に基づく「個人通報」について委員会へ諮る原案を作成することであった。個人通報については本稿で扱わない。ただし，当事国の第2回報告に対する「質問表」を準備する作業は，個人通報の原案を準備する作業とは異質のものである。したがって委員会としては，従前の作業部会とは異なった新しい作業部会を設置する必要を認めたわけである[15]。これ以後，全体委員会の会合に先立ち，個人通報用の作業部会と質問表用の作業部会の2つが並置されるようになった。

　この「質問表」は，ユーゴスラビアに次いで，チリと東ドイツの第2回報告の審査についても準備された[16]。「質問表」の利点は，各委員の口頭質問の重複を避け，当事国の代表に委員会の関心事項を明確に伝えることにより，ひいては審査の効率そのものを高めることにある。その後「質問表」の形式や採択方法は変化したものの，その利点は認められ，今日まで活用され続けている。また，定期報告の審査と限らず，第1回報告の審査についても，「質問表」が準備されるようになった。

（3）　規約第40条4項にいうジェネラル・コメント

　以上のように委員会は，冷戦期においても，国家報告審査の実効性を高めるための努力を着実に積み重ねていった。しかしながら，おそらく東西対立が顕著な影響を与えたと見られる事項がある。それが，規約第40条にいう"ジェネラル・コメント"（general comments）の解釈であった。

　規約第40条4項は，国家報告を審査したあと「委員会は，委員会の報告及び適当と認める一般的な性格を有する意見（general comments）を締約国に送付

---

14)　*Ibid.*, pp. 10–12.
15)　*Ibid.*, p, 11.
16)　*Ibid.*

しなければならず，また，この規約の締約国から受領した報告の写しとともに当該一般的な性格を有する意見を経済社会理事会に送付することができる」と規定している[17]。問題は，ここにいう報告およびジェネラル・コンメントが，当該締約国（当事国）の報告審査の結果として委員会が有するに至った意見，言い換えれば，個別の当事国の審査に基づく委員会の所見を指すのか，それとも，複数の国家報告の審査の結果に基づく委員会の一般的な所見を指すのか，である。

これは実は，規約第40条のもとにおける委員会の任務にかかわるきわめて重大な問題である。そこで委員会は，相当数の当事国の報告の審査を終えた第10会期の244会合において3名の委員から成る小部会を設置し，「委員会全体からできるかぎり多くの支持をえられるようなジェネラル・コメント（general comments）の在り方を検討」し，第11会期に報告することを求めた[18]。同小部会の報告を受けて，委員会は第11会期においてつぎのような声明を採択した。

「(a)委員会は，世界の種々の地域にあり異なる政治的・社会的・法的制度を持つ36当事国の報告を検討した結果，諸当事国へ送付すべきジェネラル・コメントの採択を開始すべきである。

(b)ジェネラル・コンメントの採択に当たって，委員会は以下の諸原則に従うべきである。

　　……

　　諸原則は委員会が諸当事国の報告審査によってえた経験を集約すべきである。……

(c)ジェネラル・コメントはとくにつぎの問題にかかわることが可能である。

　　……

　　規約の各条項の適用および内容にかかわる問題

　　……[19]」

この声明から明らかなように，委員会はジェネラル・コメントが個別国家の

---

[17] general comments の公定訳は「一般的な性格を有する意見」となっているが，その理由は明らかでない。

[18] *Yearbook of the Human Rights Committee* 1979-1980, Vol. I, p. 428.

[19] *Report of HRC*（UN Doc. A/36/40）, p. 101ff.

審査に基づく所見ではなく,多数の国家の審査に基づく一般的な所見を意味する,と解釈したのである。つまり,規約第40条4項にいうジェネラル・コメントは,個別国家の報告審査に基づいて委員会が有するに至った意見,換言すれば個別当事国の審査にかかわる委員会の所見ではなく,たとえば規約の特定の条項について多数の当事国の報告審査から委員会が導き出した「一般的注釈」(コメンタール)に該当する,と解釈されたのである。事実,委員会が採択し始めたジェネラル・コメントは規約第2条,第3条,第4条などに関する「一般的注釈」に当たるものであった[20]。委員会の議事録を見ると,この解釈が採択されたのは,ジェネラル・コメントは特定の当事国の報告の審査に基づいて委員会が採択する所見であるべきだと主張する委員(その多くは西側の委員)と,ジェネラル・コメントはできるかぎり一般的な性格の所見に留めるべきだと考える委員(東欧系の委員)とのあいだの,対立する意見の妥協の結果であることが明らかである[21]。

3 冷戦終結以後(1990〜)

(1) 特別報告の活用

　さきに見たように,規約第40条1項は,第1回報告が当事国について規約の発効後1年以内に提出されるべきである,と規定しているが,それ以後は委員会が要請するときに報告を提出しなければならない,と規定している。これは後者の規定が,第2回以降の定期報告の提出を要請する場合以外にも,委員会が当事国に報告の提出を要請できることを意味する。つまり委員会は,第1回報告や定期報告のほかに,特別な報告の提出を要請できるわけである。こうした特別報告の提出要請が最初に問題となったのは,冷戦が終結した1990年の湾岸戦争に関連してであった。それは,この戦争に関連してイラクの国内のみならず,イラクに占領されたクウェートにおける大規模な人権侵害の発生が懸念されたからである。

---

20) *Report of HRC* UN Doc. (A/36/40), p. 107ff.
21) *Yearbook of the Human Rights Committee* 1981-1982. Vol. I, pp. 31-32 and 46-48.

Ⅱ 人　権

　しかし委員会は，特別報告の提出を要請することには，きわめて慎重であった。世界各地で種々の人権侵害が発生している可能性を否定できない以上，そのなかで特定の地域や事例を取り上げることは，関係国の反発を招くばかりでなく，その地域や事例をそれ以外の地域や事例から区別する正当な理由が必要だからである。そこで委員会は1991年4月11日の決議で，たまたまイラクの第3回報告の提出期限（前年の4月4日）が過ぎている事実に着目し，委員会が91年7月の会期でこれを審査できるようにするため，同年6月15日までに第3回報告を提出することを要請した。そして，時間が切迫しているので簡潔な報告でもよいが，とくに規約第6条（生命の保障），第7条（虐待の禁止），第9条（拘禁者の保護），第27条（少数者の保護）にかかわる情報を提供するように要請した[22]。注目すべきことに，イラクはこの要請に応じて報告を提出したので，委員会は上記の懸念を含む人権問題について審査することができたのである[23]。委員会は旧ユーゴスラビアの分裂過程においても，同様に対応した。すなわち，1991年11月4日の決議で委員会は，ユーゴの第3回報告が3年以上も遅延している事実に着目し，翌92年春の会期で審査できるようにするため，同年1月中に報告を提出することを要請した[24]。ただしユーゴの場合は，報告提出がさらに遅延する間に事態が急速に悪化したので，委員会の会合中でないにもかかわらず，委員長は各委員と協議のうえ1992年10月7日の書簡で，ユーゴ，ボスニア・ヘルツェゴビナ，クロアチアの3政府に対して同月中に簡潔な報告を提出し，そのなかに民族浄化・殺人・拷問等にかかわる情報を含めること，そして翌月初旬に委員会の審査を受けること，を要請した[25]。3政府がこの要請に応じた結果，審査は実現したのである[26]。

　ユーゴにかかわる委員会の対応は，特別報告の審査の有用性を実証した。委員会はこれ以後，報告提出の遅延にかかわりなく，必要と認めるときには特別報告の提出を求め，提出された報告の審査を進めるようになった。1992年のペ

---

[22] *Report of HRC*（UN Doc. A/46/40), p. 205.
[23] *Ibid.*, p, 150ff.
[24] *Report of HRC*（UN Doc. A/47/40), p. 199.
[25] *Report of HRC*（UN Doc. A/48/40, Part I), p. 212ff.
[26] *Ibid.*, p. 69ff.

ルー[27]，93年のブルンジ，アンゴラ[28]，94年のハイチ，ルワンダ[29]などは，いずれもその事例であって，冷戦の終結以後に委員会の特別報告の活用が大きく進んだことを示している。

（2） 共通・基本文書

すでに当事国の第1回報告の審査の過程において，委員会は情報が不十分と考える場合には，当事国に対して"追加情報"を要求し，当事国がこれに応じて追加情報を提出する慣行が見られた[30]。また，委員会が活動の初期に採択した「国家報告作成の一般的指針」は，報告を2つの部分に分け，第1部では規約に規定する人権を国内で実現する一般的な枠組みに関する情報を，第2部では規約に規定する個々の人権の国内的実施に関する情報を，それぞれ提供することを求めていた[31]。しかし，このうち第1部で要求される情報は，自由権規約のみならず，他の人権関係条約にも共通するものである。そこで委員会は1991年の第42会期会合において，さきに採択された「当事国報告の第1部に関する統一指針」を自らの「国家報告作成の一般的指針」に取り入れた[32]。それによれば，およそ人権関係条約に対する当事国報告の第1部は，当該当事国の①国土と人民，②歴史と統治機構，③人権保護のための法的枠組み，④人権関係諸条約についての国内啓発活動，に関する情報を含むべきであるとされたが，当事国のなかにはこれらの情報を通常の国家報告から分離した「共通・基本文書」（core document）として提出するものが見られるようになった。事実，1992年の第45会期までにオーストリア，ベルギー，エクアドル他10ヶ国から共

---

27) *Report of HRC*（UN Doc. A/47/40), p. 199 and p. 69ff.
28) *Report of HRC*（UN Doc. A/49/40), pp. 14-15 and p. 58ff.
29) *Report of HRC*（UN Doc. A/50/40), p. 14 and p. 40ff,
30) たとえば，*Report of HRC*（UN Doc. A/33/40), p. 115を見よ。
31) 本書163-164頁参照。
32) *Report of HRC*（UN Doc. A/46/40), pp. 5 and 8 and p. 206f.
*1 今日では，9つの条約（両規約，人種差別撤廃，女子差別撤廃，拷問等禁止，児童の権利，移住労働者権利，障害者の権利，強制失踪）に基づく国家報告審査において，コア・ドキュメントの作成は，共通ガイドラインのもと一本化されている。*See Compilation of Guidelines on the Form and Content of Reports to be Submitted by States Parties to the International Human Rights Treaties*（UN Doc. HRI/GEN/2/Rev.6)

通・基本文書が提出され，このうちベルギーの共通・基本文書は第2回報告とともに第43会期会合において委員会による審査の対象とされたのである[33] *1。

これもまたこの時期において，国家報告審査の効率を高めるために委員会がなした手続的工夫の1つということができるだろう。

(3) ジェネラル・コメントと最終所見

さきに見たとおり，委員会が第11会期において採択した声明によれば，自由権規約第40条4項にいうジェネラル・コメントは，個別国家の報告審査に基づく委員会の所見ではなく，規約の特定の条項について多数の当事国の報告審査から委員会が導き出す「一般的注釈」であると解釈され，その後この解釈に即して多くのジェネラル・コメントが採択された。しかしながら，この解釈も冷戦終結後の委員会活動のなかで再検討されることになった。

冷戦期においても，当事国報告の審査中に委員が特定の問題に関する個別の所見を述べることはあり，ある時期以降は各当事国報告の審査が終わると，当該審査全般に関する所見を各委員が個別に述べる慣行が成立していた。しかし，そうした個別的所見の内容は必ずしも整合性がなく，場合によっては食い違うこともある。それはある意味で当然のことであるが，当事国にとっては委員会が全体としてどのように考えているのかを知りがたい難点がある。そこで委員会は1992年の第44会期において，今後は委員会全体としての「最終所見」(concluding observation) を採択することを決定した。もっとも，だからといって，各委員が個別に所見を述べる慣行が直ちに廃止されたわけではなく，しばらくの間は双方が並列的に存続していたのである[34]。

しかしながら，「最終所見」に関する委員会の実行が積み重なるにつれて，従前の慣行は徐々に改められていった。第1に，各当事国の審査の終わりに各委員が個別に所見を述べる慣行に代わって，委員長が審査の全体的なまとめを議長席から述べるようになった。第2に，当初は当事国ごとに1人の委員を「国別報告者」(country rapporteur) に指名し，かれが事務局の助けを得て作成

---

33) *Report of HRC* (UN Doc. A/47/40), pp. 191-192.
34) *Report of HRC* (UN Doc. A/47/40), p. 10.

した最終所見案を"公開の"全体委員会で審議・採択していた。ただし，この手続は国別報告者に対して，また公開討議に関連して当事国やNGOが働きかける懸念を払拭できないため，すぐに最終所見の起草・審議・採択にかかわる手続の全過程を非公開とすることになった。第3に，従前の所見がもっぱら"口頭で"述べられていたのを改め，最終所見はすべて"書面で"採択され，当事国に送付されると同時に一般に公開されるようになった。

また毎年，委員会が国際連合総会へ提出する活動の「年次報告」(annual report) には，当事国ごとに各委員の個別所見を含む審査概要が掲載されていたが，委員会は1994年の第50会期においてこれを廃止し，各当事国について書面で採択された「最終所見」のみを掲載することとした[35]。以上の諸措置はいずれも冷戦の終結ののちに，委員会が国家報告の審査手続をより合理的かつ客観的なものとするために，払った努力の一環と見ることができるであろう。

なお「最終所見」の採択は，規約第40条4項にいうジェネラル・コメントの解釈として妥当か否か，が問題となる余地がないわけではない[36]。しかし1つには，同項は「委員会は，委員会の報告及び適当と認める一般的な性格を有する意見（general comments）を締約国（当事国）に送付」すると規定しており，これを受けて，同条5項は「締約国（当事国）は…送付される（いかなる）一般的な性格を有する意見に関する見解を（も）委員会に提示することができる」と規定している。この両規定を併せ読めば，ある当事国の国家報告の審査後に委員会が当該審査について採択する所見をその当事国に送付し，その当事国がこれに対する見解を委員会に示す手続が保障されている，と解釈することが自然であろう。実際，委員会が最終所見を採択し当事国へ送付してのちに，当事国が当該最終所見の問題点を指摘する見解を委員会に送付する例はいくつか見られる[37]。これは，国家報告審査手続を委員会と当事国との"建設的対話"と見なす委員会の立場とも合致するものである。もう1つには，規約第40条4項は「ジェネラル・コメント」と並んで「委員会（自身の）の報告」を当

---

35) *Report of HRC*（UN Doc. A/49/40, Vol. I), pp. 12-13 and 39.
36) 小坂田裕子「自由権規約に基づく報告制度の発展とその今日的意義」『人間・環境学』第9巻，29頁（2000年）を参照。
37) これらの例は種々の理由により公表されていない。

事国に送付する旨を規定しており,「最終所見」はこの「報告」に含まれうる,と解釈することも不可能ではないであろう。

(4) ジェネラル・コメント(一般的注釈)の機能

うえに指摘したように,委員会は規約第40条4項にいうジェネラル・コメントを当初は「一般的注釈」と解釈し,その解釈に即して規約の各条項の注釈を採択してきた。この作業は,委員会が第40条4項の規定に基づいて「最終所見」を採択するようになって以後も続けられている。それは委員会が,その作業に独自の機能を認めているからであろう,と思われる。

委員会が2004年の第80会期までに採択したジェネラル・コメントは31を数えるが,そのほとんどは規約のいずれかの条文に関するものである。ジェネラル・コメント第1号*2によれば,委員会がジェネラル・コメントを採択する目的は,多くの当事国報告や追加情報の審査によって委員会が得た知識・経験を,全当事国と分かち合い,報告をめぐる手続を改善し,人権の保護・促進を図ることにある,という[38]。もっとも,1984年の第23会期で採択された第14号までのジェネラル・コメントは,規約第1条,第3条,第4条,第6条,第7条,第9条,第10条,第14条,第19条,第20条などを取り上げているが,条文の単なる繰り返しやごく部分的な指摘に止まり,一般的注釈の機能を果たしていない。

しかしこの状況は,1986年に採択された「規約下の外国人の地位」に関するジェネラル・コメント第15号から徐々に改善され,第17条,第18条,第23条,第24条それぞれに関するジェネラル・コメントへと続いていく。そして,第7条,第20条のコメントは見直され,第27条,第25条,第12条,第3条のジェネラル・コメントは国家報告の審査のみならず個人通報の審査から得られた知見をも参考にするようになっていく。このことは,比較的最近に採択された第4条,第2条および無差別原則,留保,規約義務の継続性に関するコメントにも

---

38) *Report of HRC* (UN Doc. A/36/40), p. 107.

*2 その後第1号は,2002年に採択された第30号(UN Doc. CCPR/C/21/Rev.2.Add.12)に置き換えられている。なおジェネラル・コメントは2018年1月末時点で第35号まで採択されている。

第2章　自由権規約委員会による国家報告審査方法の進展

当てはまる。つまりここでも，冷戦の終結前後から委員会は真に「一般的注釈」の名に値するコメントを採択するようになった，ということができよう[39]。

(5)　「質問表」にかかわる進展

冷戦終結後の手続的進展は，質問表についても著しい。委員会は1983年のユーゴスラビアの第2回報告審査以来，「質問表」を採択するようになった。しかし，質問表が採択される時期は，当事国の報告が審査されるのと同じ会期の始めでしかなかった。そのため，当事国が自国に宛てられる質問表の中身を目にするのは，文字どおり審査の直前だったのである。質問表に掲げられた質問のなかには，回答の準備に時間を要するものが少なくない。この慣行は当事国に無理を強いかねないと同時に，委員会が正確な情報をえる妨げともなる。

こうした事情を配慮して委員会は1999年に，当事国の報告を審査する1会期まえに質問表を採択し，それを当該当事国へ送付することを決定した[40]。これにより，当事国は少なくとも2～3ヶ月の余裕をもって質問表に対する回答を準備できるようになった。最近では，回答を書面にしてあらかじめ委員会に提出し，審査をより効率的にすることに積極的に協力する当事国が増えつつある。

また委員会は，審査の対象とすべき当事国を2会期まえに決定し，当該当事国に対する質問表の起草者と数名の協力グループ（country report task force）を指名することにより，質問表の作成手続をさらに効率化する措置をとっている[41]＊3。

---

39)　各ジェネラル・コメントについては，*Report of the Human Rights Committee* の各年度を参照。
40)　*Report of HRC*（UN Doc. A/55/40, Vol. I), p. 16.
41)　*Report of HRC*（UN Doc. A/57/40, Vol. I), pp. 25 and 154-155.
＊3　自由権規約委員会は，報告審査手続の合理化を図るため，第99会期（2010年）に，質問表先行方式（当事国は，委員会から事前送付される質問表に沿って定期の国家報告書を作成・提出する）の導入を決定した。当事国は従前の手続か，質問表先行方式かを選択することができる。*Focused reports based on replies to lists of issues prior to reporting (LOIPR): Implementation of the new optional reporting procedure (LOIPR procedure)*, UN Doc. CCPR/C/99/4.

173

Ⅱ 人　権

（6）　フォローアップ手続の開始

　本稿では扱わないが，個人通報の審査に関して，委員会は1990年以降いわゆるフォローアップ手続を採用し，委員会が当事国に勧告する救済措置の実効性を確保する措置を執っている[42]。それとは趣をやや異にするが，委員会は最近になって，国家報告の審査に関してもフォローアップ手続を採り始めた。

　さきに見たように，委員会は1992年以後「最終所見」を採択するようになった。最終所見は当事国報告の審査に基づく委員会としての所見であって，そこには当該当事国の人権状況に対する懸念事項と，それに対応する勧告とが羅列されている。懸念事項・勧告の数は通常20ばかりであるが，そのなかには当事国が緊急に是正措置を執ることが望ましいものも含まれている。それに対処するため委員会は，2002年に「最終所見フォローアップ特別報告者」を指名した[43]。それまで当事国は，最終所見のなかに羅列された懸念事項・勧告について，次回の定期報告の審査まで回答を猶予されていた。しかし，この新しい特別報告者の任務は次回の定期報告まで待つことなく，最終所見の採択日から"1年以内に"緊急を要する懸念事項・勧告について当事国に回答を要請することなのである[44]。

　現在までのところ，この要請を受けた当事国はほぼすべて回答を寄せており，委員会の試みは成功裏に推移しているように思われる[45]。

（7）　報告遅延国・未報告国の審査

　委員会の国家報告審査手続をめぐる難問の1つは，報告提出の遅延であった。当事国のなかには，委員会の要請に応じて期限内に報告を提出するものもある。それとは逆に，委員会がいくら催促しても，何の反応も示さないものもある。たしかに，クーデターや内乱などによる国内情勢の不安定が原因で，報告が準

42）　*Report of HRC*（UN Doc. A/45/40, Vol. II），pp. 205-206. See, also, Nisuke Ando, "The Follow-up Procedure of the Human Rights Committee's Views", in N. Ando *et al*（eds.）, *Liber Amicorum Judge Shigeru Oda*（Kluwer Law International, 2002），p. 1437ff.

43）　*Report of HRC*（UN Doc. A/57/40, Vol. I），p. 153.

44）　*Report of HRC*（UN Doc. A/58/40, Vol. I），p. 126ff.

45）　*Report of HRC*（UN Doc. A/59/40, Vol. I），p. I56ff.

備しがたい場合があるだろう。また，予期せぬ自然災害のために，準備した報告が現状を反映しえない場合も考えられる。しかし，特段の事情がないにもかかわらず報告を提出しない当事国は，規約上の義務に違反しているわけであり，そうした遅延国や未報告国をいつまでも放置することは，他の当事国の不公平感をつのらせ，規約システムそのものの崩壊につながりかねない。

委員会は遅延国に催促状を送ったり，遅延国の国連代表に口頭や電話で連絡したり，さまざまな形で報告の提出を要請してきた。また，国際連合総会へ提出する年次報告書のなかで，長期の遅延国のリストを掲げて，提出するように圧力を懸けた。それにもかかわらず20年近くも報告を提出しなかったガンビアについて，委員会はついに2002年の第75会期において"報告なし，代表の同席なし"の審査に踏み切った。審査の基礎となる情報は，種々の国連文書や専門機関などの文書から集め，それに基づく「質問表」を作成して当事国へ送付するなど，通常の審査とできるかぎり類似の状況でガンビアの人権状況の審査は進められ，「最終所見」も採択された。しかし，これははじめての試みであったため，委員会は慎重を期して「暫定的最終所見」として扱い，公表はせず，また総会への年次報告にも記載しなかったのである[46]。

しかしガンビアは何の反応も示さなかったので，委員会は１年後の第78会期において決議を採択し，さきの最終所見を踏まえた報告を2004年７月１日までに提出することを求め，さもなくば「暫定的最終所見」を通常の「最終所見」として公表することを明らかにした[47]。さらに委員会はガンビアと類似の遅延国であった赤道ギニアと中央アフリカについても，それぞれ2003年の第79会期と翌04年の第81会期において，ほぼ同様の審査を実施した。もっとも，中央アフリカの場合は，当事国代表が審査に同席し，可能なかぎり「質問表」や委員の口頭質問にも回答したため，ほぼ通常どおりの審査ができたのである。いずれにせよ委員会は，第81会期において両国に関する最終所見を公表することとした[48]。

---

46) *Ibid*., p. 9.
47) *Ibid*.
48) *Ibid*.

Ⅱ 人　権

4　おわりに

　自由権規約のもとで設置される自由権規約委員会のもっとも重要な任務は，規約の当事国が提出する報告に基づいて当該当事国の人権状況を審査することである。ただし，委員会が活動を始めた1977年から1990年ころまでの冷戦期には，東西対立が委員のあいだにも反映して，審査の効率は必ずしも高くなかった。それでも委員会は努力を続け，可能な範囲で審査にかかわる種々の手続の合理化・客観化を図った。その努力は冷戦の終結以降に結実し，委員会の審査は進展を続けて次第に見るべき成果を挙げつつあるように思われる。

　しかしながら，委員会の審査にはまだまだ越えるべき障害も存在する。その多くは委員会の能力を超えるものであるが，以下，それらを列挙することで，結論に代えたい。第1に，委員会の国家報告審査がより大きな成果を生み出す大前提として，自由権規約の当事国数がさらに増えることが不可欠である。人口10億を超えるインドは当事国であるが，中国はそうでなく，インドネシア，パキスタンなど人口の多いアジアの国は未だ当事国ではない[*4]。第2に，現在の当事国についても，提出する報告の内容が問題である。多くの場合，当事国の政府は自らの望まない情報を報告に含めたがらないため，報告の信憑性が懸念される。もちろん，この点については他国政府やNPOが補助的な情報を提供しうるが，それには限界がある。第3に，審査を含む委員会の活動を支える事務局の人手不足がある。委員会を支える事務局員はそれぞれに有能で，モラールも高い。しかし，絶対的な人数不足は大きな壁となっている。第4に，資金不足が問題である。委員会の活動は，国際連合がサポートすることになっているが，国連自体が資金不足に悩まされている。さらに，国連活動のなかで人権事項に回される資金の比率はきわめて低い。そして，最後に，委員の資質が問題である。自由権規約委員会の委員は，他の人権監視機関の委員に比べて専門性が高い，といわれる。けれども，委員は選挙で選ばれるものの，被選挙資格には詳細な条件がなく，選挙そのものが当事国間の票のやり取りに左右されざるをえない。結果として，委員の資質に問題がないわけではない。

　＊4　インドネシアは2006年2月，パキスタンは2010年6月にそれぞれ当事国となった。

もっとも，これらの問題とくに第3，第4の問題は，あらゆる国連活動に共通のものであり，それについては限られた範囲のなかで最善を尽くす以外にないであろう。

第3章 自由権規約選択議定書に基づく「見解」の実効性確保について――自由権規約委員会による「見解」のフォローアップ手続の発展――

（2002年）

はじめに

　第2次世界大戦後の国際社会において，いわゆる国際人権保障は飛躍的な発展を遂げた，といわれる。もっとも，21世紀を迎えた今日でも，60億の全人類を包括的に統治する世界政府は樹立されておらず，人類が200ばかりの主権国家に分属し，個々人の人権保障が各国の手に委ねられている現状にあっては，国際人権保障は大きな制約を抱えている。すなわち国際人権保障は，(1)個別国家を超えた全人類に"共通の人権基準"を明らかにすることと並んで，(2)その基準が個別国家により遵守されるように"国際的な監視機関"を置くシステムを構築すること，に止まっているのである。

　国際人権保障のなかには，地域レベルでは欧州人権条約のように，各当事国の人権侵害に対して被害者たる個人が直接に欧州人権裁判所へ提訴し，当事国を拘束する判決がえられるシステムを備えているものもある。ただし世界レベルでは，世界人権宣言を条約化した「市民的及び政治的権利に関する国際規約」（以下，自由権規約）と同規約の「選択議定書」の双方の当事国が，自国の人権侵害に対して被害者たる個人が「自由権規約委員会[1]」に通報し，それに基づいて委員会が採択する「見解」(views)に勧告的効力を認めているに過ぎない。すぐあとで見るように，委員会の見解に勧告としての効力しか認めら

---

[1]　自由権規約委員会については，本稿1を参照。自由権規約委員会は英語で Human Rights Committee であるが，国際連合経済社会理事会の専門委員会である Commission on Human Rights と区別するために，かつては前者を規約人権委員会または自由権規約委員会，後者を国連人権委員会と訳し分けることが多かった。

Ⅱ　人　権

れないのか否かについては，異論がないわけではない。しかしながら，欧州人権条約が「締約国は，自国が当事者であるいかなる事件においても，裁判所の終結判決に従うことを約束する」（第53条〔現46条〕）と明文の規定を置いているのと異なり，自由権規約や選択議定書には見解の法的拘束力に関する明確な規定が置かれていない。

　このような状況のなかで，自由権規約委員会が自らの見解の実効性を確保するために発展させてきたのが"フォローアップ手続"であり，このフォローアップ手続がどのように発展し，見解の実効性をどの程度まで確保しているのかを明らかにすることが，本稿の目的である。以下，フォローアップ手続の発展を後述の"4つの時期"に分けて検討するが，それに先立ち，自由権規約委員会の見解とフォローアップ手続についてもう少し詳しく見ておくことが有益と思われる。

1　自由権規約委員会の見解とフォローアップ手続

　上に述べたとおり，自由権規約と同規約選択議定書の双方の当事国は，「その管轄の下にある個人であって規約に定めるいずれかの権利が当該当事国によって侵害されたと主張するものからの通報を，（自由権規約）委員会が受理し，かつ，検討する権限を有することを認め」ている（選択議定書第1条）。自由権規約委員会は，自由権規約の全当事国会議により「個人の資格で」選出される18名の委員で構成され，各当事国が同規約を国内でどのように実施しているかに関して定期的に提出する報告書を検討するが，選択議定書に基づいて個人が提出する通報をも検討する。

　1977年に活動を開始した同委員会は，原則として毎年3期の会合を開き，2001年7月の第72期会合までに，1004の個人通報を登録した。このうち300について，委員会は"受理不能"と宣言し（選択議定書は"国内的救済措置を尽くしていない"，"匿名の"，"通報権の濫用に当たる"，"規約の規定に抵触する"のいずれかの要件に該当する通報を，委員会は受理してはならない，と規定している。第2条，第3条），142について"取り下げられたもの"と認定し，194については結論に達していない。残る368について委員会は結論を下しており，うち282

については違反があったとの見解を採択し，見解のなかで違反に対してとるべき救済措置を指示している[2]*[1]。そして，こうした救済措置を含む見解に違反国がどのように対応したかを問い質していくのがフォローアップ手続であって，それは委員会の見解の実効性を確保する手続にほかならない。

ついでながら，さきに触れたように，委員会の見解の法的拘束力については，規約にも議定書にも明確な規定がない。そのため委員会の内部でも，見解の法的拘束力については，意見が分かれており，欧州人権条約のような明文の規定がない以上，それは勧告に過ぎないと考える委員の数は多い。現に，筆者（＝安藤。1987年以来，自由権規約委員会の委員であり，93～94年には委員長を務めた）が委員会を代表して1993年のウィーン世界人権会議に参加し，"委員会の見解に法的拘束力を付与"すべき選択議定書の改正案を提出しようと努力した事実は，少なくとも当時の多数委員の意見を反映していた[3]。他方，当事国は自由権規約第2条3項（a）により，"規約に定める人権を侵害された者が効果的な救済措置を受けることを確保する"義務を負っており，かつ，任意に議定書を批准することによって，委員会の見解を遵守することに同意した，と考える委員も少なくない。いずれにせよ，委員会としては，慎重な検討を経て採択した見解の実効性を確保するために，ここに見るフォローアップ手続を発展させてきたのである。

2　フォローアップ手続の発展

フォローアップ手続の発展については，自由権規約と選択議定書の双方が発効し（1976年），委員会が活動を開始して（1977年）から今日に至るまでの期間を，4期に分けて考察することが有用である。すなわち，第1期（1977-1982

---

[2] *Report of the Human Rights Committee; United Nations, General Assembly, Official Records, 56th Session, Supplement No. 40* (A/56/40), Vol. I, p. 105 paras. 89ff. 以下，規約人権委員会の報告書は，*Report of HRC*（国連文書記号）と示す。

[3] 安藤の個人メモによる。

*[1] 2017年3月の第119期会合までで，2970の個人通報を登録し，内679が受理不能を宣言され，取下げ等が395，未決が542である。他方，1200について見解が採択され，994で違反が認定されている。

Ⅱ 人　権

年）は，フォローアップがまったく問題とされなかった時期，第 2 期（1982-1990年）は，委員会が当事国に対してフォローアップに関する情報を求め始めたが，情報の提供を当事国の自発的な対応に委ねていたため，個別にバラバラな情報を得るに止まった時期，第 3 期（1990-1995年）は，委員会が事態を改善するため，フォローアップ特別報告者を任命し，そのもとで画一的かつ組織的にフォローアップ情報の提供を当事国に求めるようになった時期，第 4 期（1995年以後）は，特別報告者がフォローアップ手続を徹底させ，まず各当事国ごとに，ついで各個人通報ごとに，フォローアップ情報が寄せられたか否か，また寄せられた情報がいかなるものか，を毎年夏に委員会が採択して国際連合総会へ送付する年次報告書に掲載・公表するようになった結果，どの当事国に宛てられたどの通報がどのように受け入れられたか否かに関する情報が，逐一確認できるようになった時期，である。

　以下，各時期について，より詳細に検討してみよう。

（1）　第 1 期（1977-1982年）第 2 期会合から第16期会合まで
　　　　──フォローアップなし

　この期は，上述のとおり，委員会が個人通報の審査を始めたものの，フォローアップそのものがまだ問題とされなかった時期である。すなわち，委員会は1977年 3 月から 4 月にかけて開かれた第 1 期会合において，個人通報の取り扱いを含む手続規則を採択し，同年 8 月の第 2 期会合には個人通報の審査に着手した[4]。しかし，これに続く 4 会合のあいだ，委員会の個人通報の審査は当該通報が受理可能か否か（受理可能性）の問題に限られ[5]，通報の実体（本案）の審査に進んだのは，1979年の 7 月から 8 月にかけて開かれた第 7 期会合に入ってからであった。この会合において委員会は， 1 つの通報の本案について最終的な見解を採択して，当事国たるウルグアイが自由権規約のいくつかの条項に違反したと認定し，当事国は「規約の諸規定の厳守と被害者（victims

---

4) *Report of HRC*（A/32/44), p. 37 paras. 146-147.
5) *Report of HRC*（A/33/40), p. 98 paras. 575-576. 委員会の手続規則87によれば，「委員会はできるだけ早く……選択議定書のもとで通報が審理可能か否かを決定しなければならない」。See *ibid.*（A/32/44), p. 63.

の実効的な救済とを確保すべき手続を直ちにとる義務を負うている」と述べた[6]。

　第7期会合から第16期会合のあいだに委員会が採択した見解は31を数え，このうち27について規約の種々の規定の違反が認定されている。27の違反のなかで，21はウルグアイ，3はコロンビア，2はカナダ，1はモーリシャスによるものであった[7]。

　ウルグアイに関する見解は，すべて軍事独裁政権による反政府派の迫害にかかわるものであり，その多くはウルグアイが賠償を含む実効的な救済を被害者やその家族に与えるとともに[8]，同種の違反が将来において再発しないことを確保すべき措置をとる義務を負うと宣言している[9]。救済の中身は，賠償以外にも，被害者の即時の釈放[10]，治療措置の付与[11]，政治参加の権利の復活[12]，パスポートの発行[13]，出国の許可[14]，再審の開始[15]，拷問行為の調査[16]などに及んでいる。

　また委員会は，コロンビアに関する見解の1つにおいて規約第9条第4項に，もう1つの見解において規約第14条第5項に，それぞれ同国の国内法の関連規定を適合させるべきである，と述べた[17]。同様に，モーリシャスに関する見解においても委員会は，規約の性差別禁止の規定に適合するように，同国の修正移民法と修正国外追放法の関連規定を改めるべきである，と述べた[18]。

6）　*Report of HRC*（A/34/40），p. 129.
7）　30件の通報のうち，フィンランドの2件，スウェーデンの1件，カナダの1件については違反がない，と判断された。
8）　*Report of HRC*（A/35/40），pp. 110, 119, 126, 131, and 137; *Report of HRC.*（A/36/40），pp. 119, 124, 129, 146, 159, 183 and 188; *Ibid.*（A/37/40），pp. 129, 136, 178 and 192.
9）　*Report of HRC*（A/35/40），pp. 110, 119, 126 and 131; *Report of HRC.*（A/36/40），pp. 119, 124, 129, 146, 159, 183 and 188; *Ibid.*（A/37/40），pp. 121 and 178.
10）　*Report of HRC*（A/36/40），pp. 119, 183 and 188
11）　*Report of HRC*（A/37/40），pp. 129 and 186.
12）　*Report of HRC*（A/36/40），p. 133.
13）　*Report of HRC*（A/37/40），p. 160.
14）　*Report of HRC*（A/36/40），pp. 183 and 188.
15）　*Report of HRC*（A/37/40），p. 121.
16）　*Ibid.*, p. 192.
17）　*Ibid.*, pp. 173 and 205.
18）　*Report of HRC*（A/36/40），p. 142.

Ⅱ 人　権

こうした具体的な救済措置や国内法改正義務の示唆にもかかわらず，この期において委員会はフォローアップ自体を問題とすることがなかったのである。

（2）　第2期（1982-1990年）17期会合から第38期会合まで
　　　──フォローアップの個別的処理

　第1期と異なり，第2期に委員会はフォローアップの問題に着手したが，フォローアップに関する情報の提供を当事国の自発性に委ねたため，いくつかの当事国から個別的な情報をバラバラに得るに止まった。

　まず，1982年10月の第17期会合において，委員長自らがフォローアップの問題を提起したところ，委員のあいだで白熱した議論が展開されたのである[19]。一部の委員は自由権規約委員会が当事国による見解の実施を監視する任務については明確な法的根拠がない，見解の実施は当事国の善意に委ねられている，当事国が義務づけられていないことを強要することは有益ではない，などの意見を述べた[20]。これに対して多数の委員は，委員会は選択議定書のもとにおける活動を無意味なものとすべきではない，議定書は柔軟な解釈のできる余地があるから，委員会は合理的でかつ明示に禁止されていない適切な行動をとることができる，議定書の前文を規約第2条3項の規定と併せ読めば，当事国が規約諸規定の実施を意図していることは明白である，委員会が自己の決定を監視すべき義務を負うことは不可避である，などと強調した[21]。

　ただし委員会は，これに先立つ第15期会合において，最終見解自体にはそれの実施について当事国に情報を要請する文言を入れないけれども[22]，当事国に見解を送付する際に添付される書状にはその旨の文言を入れることを決定していたのであり[23]，事実，いくらかの当事国はこの要請に応じて，見解の実施にかかわる情報を寄せてきたのであった。

　たとえば，カナダは1983年6月6日に委員会へ宛てた書状で，個人通報

---

19) See *Yearbook of the Human Rights Committee 1983-1984*, Vol. I, pp. 19-21 and 39-44.
20) *Ibid.*, p. 20 para. 16, p. 21 para. 24, p. 40 paras. 10-14 and p. 44 para. 42.
21) *Ibid.*, p. 40 para. 6, p. 41 para. 15, p. 42 paras. 22, 26 and 28 and p. 43 para. 35.
22) *Ibid.*, p. 44 para. 43.
23) *Ibid.* See also *ibid.*, p. 44 para. 46.

第3章　自由権規約選択議定書に基づく「見解」の実効性確保について

6/24につき同国のとった措置に関する情報を求めた委員会の要請に，後述のように回答している[24]。この通報はカナダ国籍を持つインディアン女性からのものであるが，当時のカナダのインディアン法によれば，非インディアンと結婚したインディアン女性がインディアン身分を失うのに対し，非インディアンと結婚したインディアン男性はインディアン身分を保持し続けるため，離婚後に居留地に戻る権利について男女間に差異が生じるのは，性差別を禁じる規約の規定に違反すると主張していた。これについて委員会の見解は，性差別の問題には触れずに，このインディアン法が"同一種族の構成員とともに自己の文化を享受する少数者の権利"に違反する，と認定していたところ，カナダの回答はむしろ性差別の問題を取り上げ，性的平等を定めるカナダの権利章典が1985年に発効するので，彼女は国内法により救済されるであろうと指摘していた。また，1983年6月15日の書状でモーリシャスも，個人通報9/35に関する委員会の見解について情報を寄せ，さきに見た修正移民法と修正国外追放法が改正されて性差別は排除された，と回答してきた[25]。

さらに，フィンランドは1983年6月20日の書状で，個人通報40/1978に対する委員会の見解は宗教教育に関する同国の国内法が規約に違反しないと認定したが，フィンランド政府は通報者の意向に添った行政措置をとった，との情報を寄せた[26]。ウルグアイも1984年5月3日付と同年7月10日付の2通の覚書で，それぞれ通報10/1977と28/1978に関する委員会の見解に応じ，問題の個人を釈放したと通告してきた[27]。なお，マダガスカルもまた，通報49/1979に関する委員会の見解に応じて，同種の釈放の情報を寄せた[28]。なお，マダガスカルは1985年7月19日の覚書で，通報132/1982に関する委員会の見解には同意しないと強調したが，そのなかで委員会の懸念に配慮した詳細な情報を提供し

---

24) *Report of HRC*（A/38/40），p. 249ff. See, also, *Report of HRC*（A/36/40），p. 166ff and *Report of HRC*（A/40/40），p. 145 para. 704.
25) *Report of HRC*（A/38/40），p. 254. 個人通報9/35については，*ibid.*（A/36/40），p. 134ff.
26) *Report of HRC*（A/38/40），p. 255. 個人通報40/1978については，*ibid.*（A/36/40），p. 147ff.
27) *Report of HRC*（A/39/40），p. 126 para. 623 and *ibid.*（A/40/40），p. 145 para. 703.
28) *Report of HRC*（A/39/40），p. 126 para. 624.

ている[29]。加うるに，フィンランドの1989年7月27日の覚書によれば，通報265/1987に関する委員会の見解に従って，軍事規律手続法の改正案が議会に上程されたという[30]。

このように，いくらかの当事国は委員会の最終見解に応え，それに対して自国がとった措置に関する情報を寄せているが，そのなかには委員会として満足できないものがあり，また部分的に過ぎない情報も含まれていた。なによりも，情報を寄せてくる当事国はごく少数であり，圧倒的多数の当事国はまったく反応を示さなかった。そのため委員のなかには，規約第40条に基づく政府報告書の審査の際に，当該当事国にかかわる委員会の最終見解について情報を求めようと試みる者もあった[31]。しかし，それに対する当事国の対応は必ずしも満足の行くものではなかった。

（3） 第3期（1990-1995年）第39期会合から第51期会合まで ──フォローアップ特別報告者の任命

このように第2期における"フォローアップの個別的処理"は，通報者にとって決して満足のいくものではなかった。その結果，委員会が最終見解により当事国の規約違反を認定したけれども状況はまったく変わらず，委員会の勧告した救済が与えられていない，という苦情が多くの通報者から委員会に寄せられたのである[32]。委員会は自己の見解の実効性を高める方策について，第37期会合以降討議を重ね，1990年7月の第39期会合でつぎのように決定した。

① 委員会の見解が規約違反を認定し救済措置を勧告した場合には，当事国がそれに対してとった措置に関する情報を6ヶ月以内に委員会へ寄せるよう，その見解自体のなかで要請する。

② 6ヶ月以内に情報が寄せられなかった場合，または救済が与えられな

---

29) *Report of HRC*（A/40/40）, p. 145 para. 705.
30) *Report of HRC*（A/44/40）, p. 311. ほかに，個人通報188/1984, 同238/1987, 同291/1988に対するドミニカ，エクアドル，フィンランド，それぞれの覚書については，*Report of HRC*（A/45/40）, Vol. I, p. 145 paras. 636-638を参照。
31) *Report of HRC*（A/45/40）, Vol. I, p. 144 para. 633; *Report of HRC*（A/46/40）, p. 173 para. 702.
32) *Report of HRC*（A/45/40）, Vol. I, p. 145 para. 633.

かった旨の情報が寄せられた場合には，その事実を委員会が国際連合総会へ提出する年次報告書のなかで公表する。

③　さらに，規約と選択議定書の双方の当事国は，規約第40条に基づいて委員会に提出する政府報告書のなかに，委員会が採択した見解について被害者のためにとった措置に関する情報を含めることを要請される。そのような情報が政府報告書に含まれていない場合には，委員会が当該報告書を第40条のもとで審査する際に，その政府に対する「質問表」のなかにそのような情報を求める質問を加える[33]。

そして委員会は，委員のなかから「見解フォローアップ特別報告者」を選び，この報告者は，(a) すべての苦情につき，委員会が採択した見解に対して当事国がとった行為に関する情報を得るために，当事国または被害者たる個人と連絡をとること，(b) 委員会自体の報告者（委員会から国際連合総会へ提出する年次報告書の作成に当たる Rapporteur のこと）を助けて，見解のフォローアップに関する詳細な情報を年次報告書に含めること，そして (c) フォローアップ手続をより実効的にすべき方策について，委員会に勧告すること，をその任務と定めたのである[34]。

1990年7月24日，フォードー委員が初代のフォローアップ特別報告者に任命された[35]。第40期会合においてフォードー氏は，それまでにフォローアップに関する情報を寄せていなかったすべての当事国に対し口上書を送ることを提案し，委員会はこれを了承した。フォードー氏は第41期会合と第42期会合に中間報告を提出し[36]，さらに当事国から受け取った回答を分析・整理中であって，結果がまとまり次第できるだけ早く委員会に報告したいと述べた[37]。だが，同氏が健康を害したため，委員会は1993年3月の第47期会合において後任にマヴ

---

[33] *Report of HRC*（A/45/40), Vol. II, p. 205. 自由権規約当事国の政府報告書の審査に先立ち，自由権規約委員会は「質問表」を作成し，これをあらかじめ当該政府に送付して政府が回答を準備する余地を与えるが，回答が不十分な場合には，各委員は報告書の審査の際に口頭で追加質問をすることを許されている。

[34] *Report of HRC*（A/45/40), Vol.II, pp. 205-206.

[35] *Official Records of the Human Rights Committee 1989/90*, Vol. I, p. 312 paras. 46-49.

[36] *Report of HRC*（A/46/40), p. 173. See also *Official Records of the Human Rights Committee 1992/93*, Vol. I, pp. 234-236.

[37] *Report of HRC*（A/47/40), p. 164 para. 686.

II 人　権

ロマティス氏を任命した[38]。

　1994年の委員会の年次報告書によれば、同年7月の第51期会合が始まるまでに委員会は65の見解についてフォローアップ情報を受け取ったが、55の見解についてはいかなる情報も受け取らなかった。また、相当数の犠牲者から委員会の見解が実施されていない旨の情報が事務局に寄せられていた[39]。当事国から受け取った65の情報のうち、約4分の1は当事国が見解の実施や救済の提供に積極的なことを示している。また3分の1余りは、当事国が見解にまったく答えていないか、部分的に答えるに止まるか、それとも委員会が示唆した救済を与える意思のないこと、を示している。さらに委員会の見解が法上または事実上誤っている、と指摘する当事国もあった[40]。いずれにせよ、こうしたフォローアップ活動の実態を公表することは、その手続をより実効的なものにすると考え、委員会はそのために必要な手続規則の改正をした[41]。

　注目すべきことに、1990年から1995年までの第2期においても、当事国のなかには委員会の見解に対して好意的な反応を示しつづけるものがあった。たとえば、通報291/1988に関する1990年4月9日付のフィンランドの覚書は、亡命を求める外国人に対して関連行政機関の抑留命令が司法審査に付される権利を認める外人法改正案が議会に上程された、と報告してきた[42]。また通報305/1988に関する1991年5月15日付のオランダの覚書は、同国が委員会の見解には同意しないけれども、"委員会に敬意を表して"好意により補償を支払う、と述べている[43]。さらに1990年5月23日の手紙でドミニカは、通報188/1984に関する委員会の見解に従い、国内のある人権NGOの自由な活動を保障した、と知らせてきた[44]。同様に1990年2月13日のエクアドルの覚書は、通報238/1987に関する委員会の見解に即して、犠牲者が公正な裁判を保障され、無罪の判決を受けて釈放された、と報告してきた[45]。

---

38)　*Report of HRC.* (A/48/40), Vol. I, p. 176 para. 830.
39)　*Report of HRC* (A/49/40), Vol. I, p. 84 para. 461.
40)　*Report of HRC* (A/49/40), Vol. I, pp. 84-85 para. 462.
41)　手続規則95第4節。See *ibid*, p. 111.
42)　*Report of HRC* (A/45/40), Vol. II, p. 209ff; *Ibid.* (A/46/40), p. 174 paras. 705-706.
43)　*Report of HRC* (A/46/40), p. 174 paras. 707-708.
44)　*Report of HRC* (A/45/40), Vol. II, pp. 207-208。

（4） 第4期（1995年以降）第52期会合以後
　　——フォローアップ手続の進展

　あたらしいフォローアップ特別報告者の努力の結果，1995年7月に採択された委員会の年次報告書には，フォローアップ活動にかかわる最初の包括的な報告が公表された。それは，1995年7月28日現在において委員会がそれまでに受け取ったか，要請中でまだ受け取っていないかということを，すべての見解について各当事国ごとに分類して表示した点で，包括的であった。たとえば，カナダについては「違反を認定した6の見解があり，うち3は完全に満足できるフォローアップ情報が，2は不完全な情報が寄せられているが，1は何の情報も寄せられていない」と表示されている[46]。表示された当事国は総計30ケ国に及び[47]，委員会が活動を開始して以後に採択された208の見解のうち，154について違反が認定されている[48]。この154のすべてについて，特別報告者は関係する当事国に情報を求め，81について回答を得た。62については何の回答も得られず，5についてはまだ回答期限が来ていない（技術的な理由により，合計数は必ずしも整合的ではない[49]）。

　これに関連して特別報告者と委員の1人は数カ国の代表と接触した[50]。また1995年6月，特別報告者はジャマイカを訪れ，政府，裁判所，NGOなどと対談した。そのなかで特別報告者は，同国について委員会が採択した見解の実施状況に関し，徹底的に話し合った。特別報告者は委員会の見解の実施をめぐってジャマイカ側に種々の困難な事情があるとの説明を受けたが，外務大臣

---

45) *Ibid.*, p. 209.
46) *Report of HRC*（A/50/40）, Vol. I, p. 92 para. 549.
47) アルゼンチン，オーストリア，オーストラリア，ボリビア，カメルーン，カナダ，中央アフリカ，コロンビア，ドミニカ，エクアドル，赤道ギニア，フィンランド，フランス，ハンガリー，ジャマイカ，リビア，マダガスカル，モーリシャス，オランダ，ニカラグア，パナマ，ペルー，セネガル，スペイン，スリナム，トリニダード・トバゴ，ウルグアイ，ベネズエラ，ザイール（のちコンゴ民主共和国），ザンビアの30か国。See *ibid*, pp. 92-93.
48) *Ibid.*, p. 91 para. 544.
49) *Ibid.*, p. 91 para. 546.
50) *Ibid.*, p. 95 para. 555（f）.

Ⅱ 人　権

は協力を続けることを約束した[51]。

　それ以後も委員会の年次報告書は，フォローアップが少しずつ進展していることを示している。1996年の年次報告書によれば，違反を認定した168の見解のうち，90についてフォローアップ情報が寄せられた[52]。国別表示された当事国数は32に増え[53]，特別報告者は見解のフォローアップについて7当事国の代表と協議し[54]，その内容は年次報告書に掲載されている[55]。1997年以後の年次報告書は，各当事国ごとに採択された見解の総数だけでなく，それぞれの通報番号をも掲載するようになった。その結果，どの当事国に関して採択されたどの通報についてフォローアップ情報が寄せられた否か，が一目瞭然となったのである[56]。1997年の国別表示は33ヶ国となり[57]，特別報告者はフォローアップ協議のため10ヶ国の代表と会談している[58]。なお，1997年3〜4月の第59会期で特別報告者はマヴロマティス氏からバグワティ氏に交替した[59]。

　1998年の年次報告書によれば，違反を認定した223の見解のうち，133についてフォローアップ情報が寄せられ[60]，1999年の年次報告書では，253の違法を認定した見解に対し，152のフォローアップ情報が寄せられたことが示されている[61]。2000年度の年次報告書によると，委員会が規約違反を認定した268の見解のうち，180についてフォローアップ情報が寄せられ，国別表示された当事国数は37に達している[62]。また最新の2001年7月の年次報告書によれば，違反を認定した282の見解のうち，198についてフォローアップ情報が寄せられ，

---

51) *Ibid.*, p. 96 para. 559.
52) *Report of HRC*（A/51/40），Vol. I, p. 65 paras. 424 and 426.
53) チェコと韓国が加わった。
54) *Report of HRC*（A/51/40），Vol. I, p. 71 para. 438.
55) *Ibid.*, p. 71ff paras. 439ff.
56) *Report of HRC*（A/52/40），Vol. I, p. 88 paras. 518 and 521.
57) トーゴが加わった。
58) *Report of HRC*（A/52/40），Vol. I, p. 93 para. 526ff.
59) *Ibid.*, p. 88 para. 519
60) *Report of HRC*（A/53/40），Vol. I, p. 72 paras. 480 and 483.
61) *Report of HRC*（A/54/40），Vol. I, p. 90 paras. 456 and 458.
62) *Report of HRC*（A/55/40），Vol. I, p. 90 para. 598. 前年にグルジアとガイアナ，この年にイタリアとノルウェーが加わった。

第3章　自由権規約選択議定書に基づく「見解」の実効性確保について

国別表示された当事国数は44に達している[63]。そうしてこれらいずれの報告書も，あたらしく寄せられた情報の要約を掲載している[64]。ついでながら特別報告者は，1999年3～4月の第65期会合でポカール氏に[65]，さらに2000年3～4月の第68期会合でシャネ氏に[66]，さらに2001年3～4月の第71期会合で安藤（＝筆者）に[67]，それぞれ替わっている。

3　フォローアップ手続の評価——結語に代えて

　以上に見たとおり，自由権規約委員会は四半世紀にわたる活動を通じて，個人通報制度にかかわるフォローアップ手続を漸進的に発展させてきた。当初はまったく視野になかったこの手続は，選択議定書のもとでの委員会の活動が次第に活発になり，採択される見解の数が多くなるにつれて，委員会における議論の対象とされ，委員会の活動の成果を無にしないためにも，見解の実効性が委員の関心を集めることとなった。やがて委員会は，当事国による自由権規約違反を認定した見解につき，当事国がどのように対応したかの情報を求めるようになり，その方策をきわめて組織的かつ包括的なものへ発展させていった。その結果，今日ではすべての通報について，どのような見解が採択されたかが明らかになるとともに，違反があったと認定された見解についても，それに対して当事国がどのように対応したか——つまり，違反の被害者に対し委員会の勧告に従って救済を与えたか否か——を知ることができるようになったのである。

　もっとも当事国のなかには，委員会の要請の有無にかかわらず自発的に，自国が見解にどのように対応したか，を委員会に伝えてくるものがある。繰り返

---

63) *Report of HRC*（A/56/40），Vol. I, p. 131 para. 177. アンゴラ，ベラルーシ，クロアチア，アイルランド，ナミビア，ロシア，セントビンセント及びグレナディーンの7か国が加わった。
64) *Report of HRC*（A/53/40），Vol. I, p. 131 paras. 490ff; *Report of HRC*（A/54/40），Vol. I, p. 97 paras. 464ff; *Report of HRC*（A/55/40），Vol. I, p. 97 paras. 604ff; *Report of HRC*（A/56/40），Vol. I, p. 142 paras. 182ff.
65) *Report of HRC*（A/54/40），Vol. I, p. 90 para. 457.
66) *Report of HRC*（A/55/40），Vol. I, p. 90 para. 597.
67) *Report of HRC*（A/56/40），Vol. I, p. 131 para. 176.

Ⅱ 人　権

し指摘したとおり，見解の法的拘束力について自由権規約や選択議定書に明確な規定がない以上，こうした自発的な対応を除けば，およそ委員会が当事国の規約違反に対して，具体的な救済を勧告することができるのか，また救済に関する情報を求めることができるのか——このいずれの問いについても明確な答えがあるわけではない。しかし，委員会の見解に法的拘束力がないとしても，当事国の国内世論が強力なところや，政府が国際世論に敏感なところでは，それが事実上の拘束力を発揮する余地は十分に存在する。そして，そのような世論の形成に対して，委員会の見解はかなりの影響力を持ちうるであろう。だが，その前提として，通報に関する委員会の見解が国際的・国内的な批判に耐えうるような，法的に健全な内容を持つことが不可欠であろう。

　　※本稿とほぼ同旨の "The Follow-up Procedure of the Human Rights Committee's Views", in N. Ando *et al* (eds.) *Liber Amicorum Judge Shigeru Oda* (2002, Kluwer Law International), pp. 1437-1447をも参照されたい。

第4章　自由権規約委員会による自由権規約第26条の解釈・適用とその問題点

（2002年）

1　はじめに

　本稿の目的は，「市民的及び政治的権利に関する国際規約」（自由権規約）第26条の解釈・適用とその問題点を検討すること，である。

　自由権規約は世界人権宣言を条約化した成果の1つであり[1]，自由権規約とそれに付された選択議定書の双方の当事国は，自国の管轄下にある個人が同規約に定めるいずれかの人権を侵害されたと主張する通報を，自由権規約委員会[2]が受理し審査する権限を認めている。そして，自由権規約第26条はつぎのように規定する。

　　「すべての者は，法律の前に平等であり，いかなる差別もなしに法律による平等の保護を受ける権利を有する。このため，法律は，あらゆる差別を禁止し及び人種，皮膚の色，性，言語，宗教，政治的意見その他の意見，国民的若しくは社会的出身，財産，出生又は他の地位等のいかなる理由による差別に対しても平等のかつ効果的な保護をすべての者に保障する。」

　これはいわゆる平等・無差別原則の規定であるが，自由権規約第2条1項もほぼ同旨の規定を置いている。それによれば，

---

[1] 1948年に国際連合総会が採択した「世界人権宣言」は"すべての人民とすべての国家が達成すべき共通の基準"を示すもので，それ自体は法的拘束力を持たなかったため，その後もこれを条約化する努力が続けられ，1966年に至って「経済的，社会的及び文化的権利に関する国際規約」と「市民的及び政治的権利に関する国際規約」と題する2つの条約が同じく国際連合総会により採択された。両規約は10年後に，それぞれ35ヶ国の批准をえて発効し，今日までに当事国数は169に達している[*1]。

[2] 自由権規約の当事国が規約の諸規定を自国内でどのように実施しているかを審査する機関。同規約の当事国会議で選出される18名の専門家から構成される。同規約と選択議定書の双方の当事国については，個人が提出する通報の審査にも当たる。

[*1] 2018年1月末時点の当事国数は，本書第Ⅱ部第1章の編者注*2参照。

II 人権

「この規約の各締約国は，その領域内にあり，かつ，その管轄の下にあるすべての個人に対し，人種，皮膚の色，性，言語，宗教，政治的意見その他の意見，国民的若しくは社会的出身，財産，出生又はその他の地位等による・・・・・・・・・・・・・・・・・・・・・いかなる差別もなしにこの規約において認められる権利を尊重し及び確保することを約束する。」(傍点は筆者による)

これら両規定の違いは，第2条1項が適用の対象を「この規約において認められる権利」に限定しているのに対して[3]，第26条にはそうした限定がない点にある。そこで，そもそもこれら両規定は同旨のことを反復したものか否か，否とすれば第26条が適用される権利の範囲はどこまでか，という問題は，自由権規約委員会が1977年に活動を開始して以来[4]の課題の1つであった。

この課題は，1987年に委員会が"オランダ失業手当給付法事件"について採択した「見解[5]」により，基本的には解決を見たが，この見解の解釈をその後の諸事件に適用するなかで種々の問題が生じてきているように思われる。本稿では以下，第26条の解釈・適用に関する自由権規約委員会の実行を，(1)オランダ失業手当給付法事件以前，(2)同事件に対する委員会の見解とそれに基づく「一般的注釈[6]」の採択，(3)同事件以後の第26条の解釈・適用の展開とその問題点，の3段階に分けて検討することとする。

2 オランダ失業手当給付法事件以前

自由権規約委員会が1977年に活動を開始して以来，オランダ失業手当給付法事件に対する見解を採択するまでの10年間，第26条の解釈・適用に関する委員会の実行はおおむね慎重であった，ということができるだろう。この期間にお

---

3) 欧州人権条約第1条や米州人権条約第1条も，類似の限定を置いている。
4) 自由権規約と選択議定書はともに1976年に発効し，同規約に基づいて選出された自由権規約委員会は翌1977年に活動を開始した。
5) 自由権規約委員会が各個人通報の本案（後出注10）を参照）について採択する決定のことで，英語では views，日本語では見解，と表現される。
6) 自由権規約委員会が「見解」や各国「報告書の審査結果」を踏まえて，自由権規約の各条文ごとに採択するコメンタールを「一般的注釈」(英語では general comment)と呼び，各国が「報告書」を準備する際の参考に供することを主な目的としている。

第4章　自由権規約委員会による自由権規約第26条の解釈・適用とその問題点

いて平等・無差別原則が問題となった代表的な通報は、"モーリシャス女性事件"と"ラヴレース事件"の2つであったが、そのいずれもが第26条よりもむしろ第2条1項や他の関連条項の解釈・適用にかかわるものであった。

　まず、モーリシャス女性事件[7]の背景となったのは、1977年の「移民法」と「国外追放法」の改正である。これら2法の改正は、モーリシャス女性と結婚した外国人男性が政府転覆運動の嫌疑を掛けられた事件に起因するものであり、改正の結果、モーリシャス女性の外国人夫はそれまで有していた居住権を失って、あらたに"居住許可"を申請しなければならなくなり、しかも許可の要件が内務大臣によりいつでも変更される可能性とともに、許可自体もいつでも取り消される可能性が発生した。そのため外国人夫がたえず国外追放される可能性も生じたのである。これに対して、モーリシャス男性と結婚した外国人妻たる女性はこれまでどおり居住権を保障され、"居住許可"を申請する必要も生じない。通報者たるモーリシャス女性は、この改正が規約第17条の"家族に対する恣意的な干渉の禁止"や同第23条の"家族が国家の保護を受ける権利"との関連で、第26条と並んで第2条1項および"規約に定める権利の男女平等適用を規定する"第3条にも違反する、と主張した。委員会は通報者の主張に沿って、モーリシャスの規約違反を認めたが、見解では第26条に触れているものの、"家族に対する恣意的な干渉の禁止"や"家族が国家の保護を受ける権利"を核心とする事件であるだけに、むしろ第2条1項や第3条の違反に重点が置かれた事例と見るべきであろう。

　つぎに、ラヴレース事件[8]で問題となったのは、カナダ国籍のアメリカン・

---

7) United Nations, International Covenant on Civil and Political Rights (*hereinafter* UN, ICCPR), *Human Rights Committee Selected Decisions under the Optional Protocol,* Second to sixteenth Sessions (UN DOC.: ICCPR/C/OP/1), pp. 67-71, Communication Number (*hereinafter* Comm. No.) 35/1978.

8) *Ibid.*, pp. 83-87. Comm. No. 24/1977. ただし、カナダ政府はその後の委員会への通告で、1982年に採択された同国憲法典の権利章典に"両性の平等"が規定されたことにより、サンドラ・ラヴレースが自己の権利を実現できる国内法上の条件が整備された、と述べている。United Nations, General Assembly, *Official Records, 38th Session, Supplement No. 40* (A/38/40. *hereinafter* cited as *Report of the Human Rights Committee* (A/38/40)), p. 249ff. See, also, *Report of the Human Rights Committee* (A/40/40), p. 145, para. 704.

Ⅱ 人　権

インディアンであるサンドラ・ラヴレースがインディアン以外の男性と結婚したために，離婚後元の居留地へ戻る権利を失った事実である。当時カナダの「インディアン法」は，かつて政府がインディアンたちと結んだ条約上の義務に基づき，居留地などに関する排他的な権限をインディアン各部族に与えていた。同法によれば，自分の所属する部族の男性以外の男性と結婚した女性は，インディアン身分とともに部族の居留地に住みそこへ戻る権利をも喪失する。しかし通報者たるラヴレースは，非インディアンと結婚したインディアン男性がインディアンの身分や居留地の居住権を喪失しないにもかかわらず，女性だけがそれらを失うことを規定したインディアン法は，自由権規約第2条1項，第3条，第12条，第23条，第26条および第27条に違反する，と主張した。委員会の見解は第27条に重点を置き，同条の規定は"移動・居住の自由"を定めた第12条のほか，第2条1項，第3条，第17条，第23条，第26条などの関連規定を参考にして解釈・適用されるべきである，と指摘した。そして，問題のインディアン法が"自己と同じ集団に属する他の構成員とともに，自己の文化を享有し，自己の宗教を信仰・実践し，自己の言語を使用する少数者の権利"を定めた第27条に違反する，と結論したのである。この見解も第26条に触れてはいるが，それに踏み込むことはせず，第27条の問題として事件を処理したものといえよう。

ただし，この時期においても，規約に規定されていない権利について，第26条の適用が問題とされた事件がなかったわけではない。たとえば，K・B事件[9]の通報者たるノルウェー女性は，自宅に近接する自己所有のアパートの部屋に，離婚した夫が入居することを停止するよう求める訴えを裁判所に提起した。そのアパートは彼女が第三者に賃貸していたものであるが，地裁では勝訴したものの高裁，最高裁では敗訴したため，国内裁判所の判決が"自己の財産を処分する権利"を侵害し，規約第2条1項，第3条および第26条に違反する，と主張した。委員会は見解のなかで，「自己の財産を処分する権利そのものは自由権規約のいかなる規定によっても保護されていない」と述べていたの

---

9) UN, ICCPR, *Human Rights Committee Selected Decisions under the Optional Protocol* (ICCPR/C/OP/1. *supra* n. 7), p. 24, No. 53/ 1979.

第4章　自由権規約委員会による自由権規約第26条の解釈・適用とその問題点

で，第26条の適用範囲についてより一般的に言及することも不可能ではなかったと思われる。しかし委員会は，通報者の列挙した事実はいずれも彼女の主張を証明するに足りないとして本案の審理に入らず，この通報を受理不能[10]と判断したのである。

同様に，南アフリカ生まれでノルウェーに帰化した通報者が"課税の評価や公営賃貸住宅への入居で人種差別を受けた"と主張したI・M事件[11]に対する見解で，委員会はこれらの問題自体には「規約は適用されない」けれども，通報者の挙げる事実はいずれもその主張を裏付けるには不十分であるとして，受理不能と判断している。また，無免許でラジオ・テレビを修理していた通報者が，罰金を科せられたことは就労の機会を奪い"労働の権利"を侵害するものであって規約第26条に違反する，と主張したJ・D・B事件[12]において，通報者は「経済的，社会的及び文化的権利に関する国際規約」（以下，社会権規約）第6条にも言及していたが，委員会の見解はそれには触れず，ここでも通報者が「自由権規約の保障するいずれかの権利の侵害の犠牲者であることを証明するに足る事実はない」として，受理不能と判断している。

これらの事件以外にも，第26条違反を申し立てた通報はいくらかある[13]が，すべて同様の理由により受理不能として処理されている。要するに，自由権規約に規定されていない権利に対して第26条を適用する可能性について，委員会はこの時期きわめて慎重な態度を保ち続けたのである。

---

10) 自由権規約委員会は各個人通報につき，まず，それが形式的な要件を充たしているか否かを審理し，充たしていない場合には「受理不能」と判断して審理を打ち切る。要件を充たしている場合には「受理可能」と判断したうえで，通報の内容（本案）自体の審理に進む。
11) UN, ICCPR, *Selected Decisions of the Human Rights Committee under the Optional Protocol*, Vol. 2 Seventeenth to thirty-second Sessions（CCPR/C/OP/2）, p. 41, Comm. No. 129/1982.
12) *Ibid.*, p. 55, Comm. No. 178/1984.
13) たとえば，Comm. No. 163/1984はイタリア法の障害者の雇用手続における差別を，Comm. No. 183/1984はスウェーデンにおけるアラブ人やイスラム教徒に対する一般的な差別を，それぞれ問題としているが，委員会はいずれも通報者が差別の被害者たることを証明するに足る具体的な事実はないとして，受理不能と判断している。*Ibid.*, pp. 47-48 & 55-56.

Ⅱ 人　権

3　オランダ失業手当給付法事件と一般的注釈

　こうした委員会の態度は，1987年4月9日，"オランダ失業手当給付法事件"で委員会が採択した見解により，抜本的に変化した。この事件には，ブレークスによる通報[14]とツヴァン・デ・フリースによる通報[15]の2つが関係しているが，両通報とも事案は同一であるので，便宜上ここでは後者の事実関係に基づいて検討を進めることにする。

（1）ツヴァン・デ・フリース事件

　ツヴァン・デ・フリースは既婚のオランダ人女性であるが，1977年に失業したため，「失業手当給付法」に基づく手当の給付を請求したところ，同法は"家計の担い手（breadwinner）"でない既婚女性には請求権を認めていないとの理由により，給付を拒否された。だが同法は，既婚男性については"家計の担い手"であるか否かに関わりなく，請求権を認めている。そこでツヴァン・デ・フリースは，彼女が"家計の担い手"でなく，しかも既婚女性であることを理由として失業手当請求権を認めない同法は，性および社会的地位に基づく差別を許すものであって，自由権規約第26条に違反するとの通報を自由権規約委員会に提出した。

　これに対して，オランダ政府は数点にわたり反論を加えた。第1に，この法律が制定されてから1980年ころまでのオランダ社会においては，結婚した男女の社会的役割が異なり，男性が家計の担い手であることは当然視されていたから，女性が家計の担い手と見なされるためにはある程度以上の収入が要求されたのである。それが，彼女の請求が拒否された1979年当時の一般的な社会通念であった。しかし，その後のオランダ社会における就労状況の変化を考慮して，彼女が委員会に通報を提出した1984年の翌年には失業手当給付法が改正され，

---

[14]　オランダ失業手当給付法事件では，ブレークスの通報（*Ibid.*, pp. 196-201, Comm. No. 172/1984）とツヴァン・デ・フリースの通報の2つについて，同時に同旨の見解が採択された。通常は通報番号の若い前者が取り上げられるが，本稿では事実関係のより簡明な後者を取り上げることとする。

[15]　*Ibid.*, pp. 209-214, Comm. No. 182/1984.

第4章　自由権規約委員会による自由権規約第26条の解釈・適用とその問題点

彼女のいう差別条項は削除されている。第2に，彼女が問題にしている社会保障に対する権利は，自由権規約でなく社会権規約（第9条）に規定されており，しかも社会権規約上の権利は同規約第2条2項の平等・無差別原則を含めて"漸進的に"実現されるべき性格のものである（第2条1項参照）。第3に，世界人権宣言を条約化した国際人権規約が社会権規約と自由権規約に二分され，それぞれの当事国の義務の内容と義務履行の監視システムに違いが設けられた経緯が示すように，後者の選択議定書手続は自由権規約上の権利にしか及ばず，自由権規約委員会が社会権にかかわる個人通報を扱うことは，自由権規約および選択議定書の目的と相容れない。そして第4に，仮に委員会が自由権規約第26条を社会権に関する国内法に適用すると決定しても，社会権にかかわる差別的な要素をすべての国内法から除去する義務は，国家財政上可能な限度内で漸進的に除去していくことに留まるべきである。

　オランダ政府の反論は決して説得力に欠けるものではない。しかしながら，委員会は慎重な討議を経て，つぎのような見解を採択した。まず，失業手当給付法が改正された事実は歓迎されるべきであるが，通報者は1979年に請求を拒否されたのであり，その拒否は今日まで継続的な効果を持ち続けている。また，ある権利が2つ以上の国際文書に規定されている事実や国際人権規約が2つの規約に分けられた経緯は，それ自体として自由権規約第26条の適用範囲に影響を及ぼすものではない。さらに，自由権規約第26条は同規約第2条1項を単に反復するものではなく，世界人権宣言第7条にいう「いかなる差別もなしに法律による平等の保護を受ける権利」に由来し，当事国の立法とその適用を規律するものである。つまり，第26条は当事国が社会保障のために法を制定することを義務づけるものではないが，もし社会保障のために法を制定するならば，その法が差別的な要素を含まないことを義務づけるのである。もちろん，平等・無差別原則はあらゆる区別を禁止するものではなく，「合理的かつ客観的な基準に基づく取り扱いの違い」は第26条の禁じる差別には当たらない。改正前の失業手当給付法にいう"家計の担い手"は既婚男性と比べて既婚女性に不利を強いてきた。この違いが合理的でないことは，オランダ自身が同法を改正した事実が証明している。したがって，1979年にツヴァン・デ・フリースが請求を拒否されたことは，規約第26条に違反する。

Ⅱ　人　権

　このように"オランダ失業手当給付法事件"に対する見解において，自由権規約委員会は第26条が第2条1項と異なり，自由権規約に規定されていない権利，とりわけ社会権にも適用されることを明確に認めたのであり，当事国の立法およびその適用を全般的に規律することを明らかにしたのである。

（2）無差別に関する一般的注釈

　ツヴァン・デ・フリース事件に対する委員会の見解は，自由権規約第26条の適用範囲を当事国の立法とその適用に全般的に広げたが，委員会は1989年に「無差別に関する一般的注釈[16]」を採択することにより，それを再確認した。この一般的注釈の要旨は，以下のとおりである。

　それによれば，平等・無差別原則は人権保障の基本原則の1つであって，そのことは第2条1項や第26条の規定が明らかにしている（一般的注釈第1項。以下，同じ）。この原則はきわめて基本的なものであり，それゆえに規約第3条は規約の諸権利を男女平等に適用すべき義務を定めており，緊急事態において規約の規定からの離脱を認める第4条も，離脱措置が「人権，皮膚の色，性，言語，宗教又は社会的出身のみを理由とする差別を含んではならない」と規定している。また，規約第20条2項は当事国が「差別……の唱導は，法律で禁止す」べきことを定めている（第2項）。さらに，規約に定める個別の人権についても，第14条1項は「すべての者は，裁判所の前に平等とする」，同条3項は「すべての者は，その刑事上の罪の決定について，十分平等に，少なくとも次の保障を受ける権利を有する」とそれぞれ規定している（第3項）。同様に，第23条は当事国が「婚姻中及び婚姻の解消の際に……配偶者の権利及び責任の平等を確保す」べき措置をとる義務を定め，第24条1項も「すべての児童は，人種，皮膚の色，性，言語，宗教，国民的若しくは社会的出身，財産又は出生によるいかなる差別もなしに，未成年者としての地位に必要とされる保護の措置であって家族，社会及び国による措置についての権利を有する」と規定している（第5項）。また，第25条も「すべての市民は，第2条に規定するいかな

---

[16] たとえば，United Nations, International Human Rights Instruments, *Compilation of General Comments and General Recommendations Adopted by Human Rights Treaty Bodies* (HRI/GEN/1/Rev. 5), pp. 134-137を見よ。

る差別もなく」政治に参加する権利と機会を有する旨を定めている（第3項）。

　もちろん，平等・無差別原則はあらゆる場合に同一の取り扱いを保障することを要求するものではなく，合理的かつ客観的な基準に基づき，規約の定める正当な目的に資する取り扱いの違いは禁止されない。第6条5項が18歳未満の者に死刑を科したり，妊娠中の女性を死刑に処したりすることを禁じていること，第10条3項が少年犯罪者と成人犯罪者の分離を求めていること，第25条が政治参加の権利を「市民」についてのみ規定していること，などはその例である（第8項，第13項）。

　なお，第2条1項が平等・無差別原則の適用を「規約において認められる権利」に限定しているのに対して，第26条にはそうした限定がない。これは，第26条が単に第2条1項を反復したものではなく，それ自体が独立した権利について規定していることを意味している。すなわち第26条は，公権力が規律し保護するあらゆる分野における法律上および事実上の差別を禁じている。つまり，第26条の規定する平等・無差別原則は自由権規約に規定されていない権利にも適用されるのである（第12項）。

4　第26条の解釈・適用の展開とその問題点

　オランダ失業手当給付法事件に対する見解とそれに基づく一般的注釈の採択を通じて，自由権規約委員会は自由権規約第26条が規約に規定されていない権利についても適用可能な，それ自体が独立した平等・無差別原則を定めたものであることを明らかにした。これにより，第26条の適用範囲が公権力によって規律・保護されるあらゆる分野に拡大されたわけであるが，それ以後，とくに西側の諸国から第26条をめぐる各種の個人通報が寄せられるようになった。それらの通報に対する委員会の見解のなかには，平等・無差別原則の解釈・適用に伴うむずかしい問題を示唆するものも見受けられる。以下では，そうした見解のうち，(1)平等・無差別原則の安易な適用を控えようとする委員会の姿勢を示すもの，(2)当事国の国内的な法上・事実上の困難の存在を示すもの，(3)類似の事案に対する解釈の一貫性に疑義があるもの，(4)平等・無差別原則の不適切な適用と見られるもの，をいくつか選び出し，それぞれについて簡単に検討し

II 人　権

てみよう。

（1）平等・無差別原則の安易な適用を控えようとする委員会の姿勢を示すもの

　オランダ失業手当給付法事件以前の時期においても，規約に規定されていない権利に関する通報に対し，通報者の挙げる事実がその主張を証明するに足りないとして，委員会が受理不能と判断した事例がいくつかあったことは，すでに指摘したとおりであるが[17]，当該事件以後にも，類似の通報が同様に処理された事例は少なくない。たとえば，欧州特許局に勤務するオランダ人技師が，同局の人事政策が差別的であるとする訴えを欧州人権委員会に受理不能と判断されたあとで，あらためて自由権規約委員会へ通報してきた H・v・d・P 事件[18]において，委員会は"国際機構の人事政策は……いかなる規約当事国の管轄下にもない"との理由で，受理不能と判断した。また，徴兵中の二人のオランダ人兵士が，召集命令を一般市民のように拒否できないのは，規約第26条にいう「その他の地位」に基づく差別である，とそれぞれ別個に通報を提出したのに対し，委員会は規約が兵役を禁止していない以上，服務中の兵士が一般市民と異なる規律に服することは当然であるとして，通報者は選択議定書にいう"被害者"に当たらず，通報は受理できない，と判断した[19]。これらの事件はいずれも，委員会が平等・無差別原則の安易な適用を控えようとする姿勢を示すものと見ることができよう。

　もっとも，第26条に関して，本案審理に進んだ事件のなかにも，平等・無差別原則の安易な適用を控えようとする委員会の姿勢を示すものがある。たとえば，ツヴァン・デ・フリース事件と同じ日に採択されたダニング事件[20]に対する見解は，独身の同棲者に対する保険金の給付金額が婚姻している夫婦に対する給付金額よりも少ないのは，第26条にいう「その他の地位」に基づく差別

---

[17]　本書196-197頁および注13）参照。
[18]　UN, ICCPR, *Selected Decisions of the Human Rights Committee under the Optional Protocol*, Vol. 2 (CCPR/C/OP/2). *supra* n. 11), pp. 71-72, Comm. No. 217/1986.
[19]　*Ibid.*, pp. 73-74, Comm. No. 245/1987; *Ibid.*, pp. 74-75, Comm. No. 267/1987.
[20]　*Ibid.*, pp. 205-209, Comm. No. 180/1984.

第4章　自由権規約委員会による自由権規約第26条の解釈・適用とその問題点

である，とする通報を取り扱った。委員会の見解は，オランダ政府の反論を受け容れ，婚姻関係にある夫婦が相互に負う法的義務や責任は独身者たる同棲者が相互に負う義務や責任と同一ではないので，保険金の給付金額が異なることには合理的な根拠があり，規約第26条の禁じる差別には当たらない，と結論した。また，ブロム事件[21]では，私立学校に通うスウェーデン人学生が公立学校に通うスウェーデン人学生と同等に公的な奨学金を受給できないのは，人権侵害に対する救済措置を国家に義務づけた規約第2条3項と第26条に違反する，と主張した。これに対してスウェーデン政府は，公立学校は国家の監督に服するのでそこに通う学生には奨学金が支給されるが，私立学校でも国家の監督に服する範囲においてそこに通う学生にも奨学金は支給される。通報者の通う私立学校は政府の監督に服する目的でカリキュラムの審査を受けていたが，審査には時間がかかるのでその期間，通報者は奨学金を支給されなかっただけである，と説明した。委員会はこの事件でも，政府の説明を受け容れて，国家の監督に服するか否かにより奨学金の支給に差異を設けることには合理的な根拠があり，それによって第26条の禁じる差別の問題は生じない，と判断した。

（2）当事国の国内的な法上・事実上の困難の存在を示すもの

自由権規約委員会が採択した見解のなかには，通報の内容が関係国の法上または事実上の困難の存在を示すものがある。たとえば，ワルトマン事件[22]では，カナダのオンタリオ州がローマ・カトリック系以外の宗教学校に補助金を出していないことが，宗教に基づく差別に当たるか否かが争われた。カナダ政府によれば，1867年に自治領カナダが形成された当時，オンタリオ州住民の82％を新教徒，17％を旧教徒が占めていたため，多数派が少数派の教育権を奪わないように両派の融和を図る方策として，ローマ・カトリック系の宗教学校に教育補助金を出すことになり，自治領憲法は教育を州の排他的管轄事項と定めた。そして，カナダが1982年の成文憲法に人権章典を追加して以降も現在までのところ，カナダ連邦最高裁はこの方策が憲法に反するものではないと判

---

21) *Ibid.*, pp. 216-219, Comm. No. 191/1985.
22) *Report of the Human Rights Committee* (A/55/40), Vol. II, pp. 86-99, Comm. No. 694/1996.

203

II 人　権

断してきている。もっとも1991年には、同州住民の44％が新教徒、36％が旧教徒、8％がその他の宗教の信者となるなど、事態は大きく変化していた。そうした点を考慮して、委員会の見解はオンタリオ州の方策が宗教に基づく差別に当たり、第26条に違反すると結論した。しかし、カナダ政府は委員会に対し、教育が州の専管事項であるため、カナダの国内法のもとではいかんともしがたい、と通告するに止まっている[23]。また、トゥーネン事件[24]では、同性愛者に刑罰を科すオーストラリアのタスマニア州の法律がおなじく第26条に違反しないか、が問題とされた。ここでも委員会は、同法は性的指向に基づく差別に当たり、平等・無差別原則に違反すると判断したが、州と連邦との管轄配分をめぐってカナダの場合と類似の状況が生じている。

　これらの事件は、当事国国内の法的な困難の存在を示す事例であるが、法的にはともかく事実上の困難の存在を示す事例もある。さきに見たオランダ失業手当給付事件では、委員会がオランダの第26条違反を認定し、通報者に対する補償の支払を勧告したところ、オランダは「委員会の見解には同意しないが、委員会に敬意を表して[25]」補償の支払に踏み切った。しかし、そうした財政的余裕のない当事国の場合には、通報によって事実上の困難の存在が明らかになることがある。チェコおよびスロバキアの1991年の法律第87号やその関連法による補償の支払が、その事例に当たるのではないかと思われる。

　他の旧社会主義国家と同様に、社会主義倒壊後のチェコスロバキアにおいても、"社会主義政権下の不正を正すために、旧支配体制のもとで没収された私有財産を原所有者に返還するか、それに見合う補償を支払う"動きが広がり、1991年には上記法律が制定された。チェコスロバキア自体は1992年末にチェコとスロバキアに分裂したが、両国とも自由権規約を承継し法律第87号等を引き続き適用している。ただし、この法律に基づく返還請求権者はチェコスロバキアの市民でありかつ同国の永住権を持つ者に限定された。しかしながら社会主

---

23) *Report of the Human Rights Committee* (A/55/40), Vol. I, p. 98, para 608.

24) *Report of the Human Rights Committee* (A/49/40), Vol. II, p. 226; *Report of the Human Rights Committee* (A/51/40), Vol. I, p. 75, para 456.

25) See, in this connection, *Report of the Human Rights Committee* (A/46/40), p. 174, para 708. See, also, *Official Records of the Human Rights Committee* (CCPR/8), Vol. I, pp. 90 & 95.

第4章　自由権規約委員会による自由権規約第26条の解釈・適用とその問題点

義政権下で，政府の迫害を避けて海外へ逃亡した者や逃亡先の国籍を取得した者は少なくない。そのうちの1人が委員会に通報を提出したシムネク事件[26]では，没収財産の返還請求権者をチェコスロバキアの市民でありかつ同国の永住権を持つ者に限定したことが，規約第26条に違反するか否かが問題となった。チェコ政府は，没収財産の原所有者に対する返還・補償措置が"政府の善意に基づく行為"であり，一部の原所有者を他の原所有者から差別する意図はないことを強調した。しかし，委員会はこの事件に対する見解のなかで，「当事国自身が没収は差別的であったことを認めている」ことを指摘し，「もともと原所有者の当該財産に対する権利が市民権や永住権に条件付けられていなかったにもかかわらず，それらを返還・補償請求の条件とすることは合理的でな」く，かつ「原所有者の海外逃亡を引き起こしたのは国家自身の責任であることを考慮」すれば，そのような条件による請求権者の限定は第26条に違反するといわざるをえない，と結論した。通報者によれば，没収財産全体の80％以上はそのような条件を満たさない者の所有に属する，という。それが事実であるとすれば，委員会の結論を受けて没収財産を原所有者に返還し，補償を支払うことは，大きな混乱と財産負担をもたらすであろうし，チェコやスロバキアにそれを受け容れる用意があるか否かは判然としない。いずれにせよ，つぎの通報は，没収財産の返還・補償に伴う困難の存在を如実に示すものである。

　通報者たるデ・フール・ワルデローデ[27]はオーストリア・ハンガリー帝国に生まれ，第1次世界大戦後に新生チェコスロバキアの市民となった。1941年，かれは現在のチェコ領に所在する不動産を父親から相続したが，第2次世界大戦終了後に社会主義政権のもとでこの財産は没収され，かれ自身もチェコスロバキアから離れざるをえなかった。だが，社会主義倒壊後にかれはプラハへ戻り，1992年には内務省がかれに再度チェコ市民権を付与する措置を講じた。そして同年に制定された法律第243号に基づき，かれは当該不動産の返還請求手

---

26) *Report of the Human Rights Committee* (A/50/40), Vol. II, pp. 89-97, Comm. No. 516/1992. 同旨の見解として，以下を参照，アダム事件 (*Report of the Human Rights Committee* (A/51/40), Vol. II, pp. 165-173, Comm. No. 586/1994)，プラゼグ事件 (*Report of the Human Rights Committee* (A/56/40), Vol. II, pp. 168-174, Comm. No. 857/1999.)
27) *Report of the Human Rights Committee* (A/57/40), Vol. II, pp. 88-95, Comm. No.747/1997.

Ⅱ 人　権

続を進めた結果，当時の所有者とのあいだで返還契約が成立し，1993年9月末には同不動産を占有するに至った。しかしながら，通報者に対する政治的圧力が徐々に強まり，1995年8月には"市民イニシアティブ"と名乗る団体がかれの所有権を争う請願を提出した。さらに1996年2月に法律第243号が改正され，没収財産の返還請求権者は"チェコ市民権"に加えて，"第2次大戦終了後から1990年1月1日まで継続して市民権を保持"する要件に該当すること，が求められるようになったため，国土庁は通報者がこの要件に該当しないとして，さきの返還契約を無効と宣言したのである。

この通報に対する見解のなかで，自由権規約委員会はさきに見たシムネク事件に言及し，1996年の法改正によって市民権のほかに，市民権の一定期間継続というあらたな要件を追加し，しかも改正法を遡及的に適用することは"恣意的"であって，かれおよびかれと同等の立場にある原所有者を他の原所有者から不当に差別する行為に当たり，"法の前の平等と法による平等・無差別な保護"を定める第26条に違反する，と判断した。ただし通報者は見解の採択のまえに死亡したので，委員会はかれの生存配偶者に適切な補償を与えることを勧告したのである。

この見解自体の当否はさて置き，自由権規約第1条に規定する"自決権"に基づき，各国はいかなる経済体制を採用するかを自由に選択することができるのであって，現に自由権規約が採択された1966年当時，社会主義的計画経済体制のもとで私的所有権を原則的に禁止ないし制限していた国家の数は少なくなかったし，現在においても，外国人の不動産所有を禁止・制限している国は存在する。また，"私有財産相続権の絶対性"を認める一般国際法の規則は存在せず，私有財産の相続・承継の規律は関係諸国の国際私法の規定に委ねられている。さらに，自由権規約第26条が"合理的かつ客観的な基準に基づき，規約の定める正当な目的に資する取り扱いの違いを禁止していない"ことは，自由権規約委員会も同条に関する一般的注釈のなかで認めている[28]。もともと自由権規約は財産権を保障するものではなく，チェコに対して"社会主義政権下の不正を正すために，旧支配体制のもとで没収された私有財産を原所有者に返

---

28) 前掲注16) 参照。

還するか,それに見合う補償を支払う"義務を課すものでもない。チェコ政府が指摘するように,没収財産の原所有者に対する返還・補償措置が"政府の善意に基づく行為"であるとすれば,何らかの基準により原所有者を区別することが,国家財政上不可欠な可能性は十分に存在する。したがって,チェコのような立場にある当事国がたとえば財政的な困難の存在を根拠として,没収財産の返還請求権者たる原所有者に対し,国籍その他の要件に基づく制約を課すことが,一律に第26条に違反すると結論することには,大きな問題があるのではないだろうか。

(3) 類似の事案に対する解釈の一貫性に疑義があるもの

自由権規約第26条に関する自由権規約委員会の見解のなかには,類似の事案に対する解釈の一貫性に疑義のあるものが見受けられる。たとえば委員会は,ヤルビネン事件[29]につき1989年に採択した見解のなかで,良心的兵役拒否制度をめぐり以下のように判断した。通報者によれば,フィンランドでは1986年の法改正により,改正前は兵役期間が8ヶ月に対して良心的兵役拒否者の代替役務期間が12ヶ月であったところ,後者が16ヶ月に延長された。この改正は他の欧州諸国と同様に,兵役拒否が真摯な動機に基づくか否かの判定手続が煩雑かつ困難なため,当事者の形式的な"宣誓"による代替役務の選択を可能にする代償として執られた措置であった。ただし通報者は,改正後の措置が真摯な兵役拒否者をそれ以外の者と同列に置くものであり,しかも代替役務期間を兵役期間の2倍にすることは均衡を失し,懲罰的な性格を有する不当なものであって,規約第26条の平等・無差別原則に違反する,と主張した。これに対して委員会は,政府の反論を受け容れて,法改正が一方で良心的兵役拒否制度の運用の容易化を図る実務的な考慮に出た措置であるとともに,他方で良心的兵役拒否者が動機の真摯さを証明する負担を軽減する効果を持ち,差別的な意図に基づくものではない,と認定した。したがって,代替役務期間の延長は不合理でもなく,懲罰的な意図を持つものでもなく,規約第26条に違反しない,と

---

[29] *Report of the Human Rights Committee* (A/45/40), Vol. II, pp. 101-107, Comm. No. 295/1988.

Ⅱ 人　権

判断したのである。

　ところが，1991年のフォワン事件[30]について，委員会はこれと正面から対立する見解を採択した。この事件では，代替役務選択の宣誓をした通報者が1年後に役務を放棄したことに対し処罰を受けたのは，規約第26条の違反である，と主張した。通報者によれば，フランス法のもとで代替役務の期間が2年であり，兵役期間の1年の2倍とされていることは，代替役務選択の宣誓者を一律に真摯な動機を持つ者と見なす措置であって，合理的・客観的な基準に基づくものではなく，通報者の信条を根拠とする懲罰的な性格を持っている。これに対してフランスは，通報者が処罰を受けたのは代替役務を選択したからではなく，自ら選択した役務を期間半ばで放棄したからである，と反論した。フランスによれば，兵役期間は通常10ヶ月であるが，軍事的研究役務の場合は12ヶ月，非軍事的技術援助役務の場合は16ヶ月であり，良心的兵役拒否者の場合は20ヶ月であって，これは懲罰的な意図に基づくものではない。また代替役務の内容は，自己の専門職域を含む幅広い選択肢のなかから選ぶことが可能であって，職域によっては兵役従事者よりも高い報酬が得られる場合もあり，何よりもフランス国内で役務に従事できる利点がある。このように役務の内容によって期間に差異が設けられていることは，合理的かつ客観的な基準に基づくものである。しかしながら委員会の見解は，フランスの反論が制度の一般的な説明に止まり，良心的兵役拒否者の役務期間を倍加することが動機の真摯さを確認する唯一の方策であるという点を除けば，通報者の受けた取り扱いの違いが合理的・客観的な基準に基づくことを説明しえていないとして，第26条の違反を認定した。

　実のところ，ヤルビネン事件の委員会見解に対しては少数の反対意見が付されており，反対意見では，真摯な良心的兵役拒否者にとって改正後の制度が合理的・客観的な基準に基づく取り扱いの違いとなりえていないことが指摘されていた。その意味でフォワン事件の見解は，その後の事態の展開を踏まえて委員会の多数意見が変化したものと見ることもできよう。もっとも，フォワン

---

[30] *Report of the Human Rights Committee* (A/55/40), Vol. II, pp. 30-40, Comm. No. 666/1995.

第4章　自由権規約委員会による自由権規約第26条の解釈・適用とその問題点

事件の委員会見解にもヤルビネン事件の委員会見解を踏まえた少数の反対意見が付せられている事実は，平等・無差別原則の解釈がきわめて困難なものであることを示している。ただし，少なくとも外見上，両事件の委員会見解が一貫性に欠けるとの印象は拭いがたい。同様に委員会見解の一貫性が問われる事例として，さきに見たチェコスロバキアの没収財産の原所有者に対する返還・補償事件を挙げることができる。

委員会は，1997年に採択したドゥロベク事件[31]に対する見解で，チェコスロバキアの1991年法律第87号の問題をふたたび取り上げた。同法の制定が"社会主義政権下の不正を正すために，旧支配体制のもとで没収された私有財産を原所有者に返還するか，それに見合う補償を支払う"動きを受け，政府の説明によれば"善意の政策に基づく行為"であったこと，および1992年の分裂後もチェコとスロバキアが当該法律および自由権規約と選択議定書をそれぞれ承継したことは，さきに触れたとおりである[32]。ところが，シムネク事件などと異なり，通報者たるドゥロベクが父親と叔父から相続するはずであった財産（ブラティスラバ所在）は1945年の政令により"ドイツ人の所有する財産"として没収されたものであるため，法律第87号の規定する「1948年2月25日から1991年1月1日までの期間に没収された財産」に該当しない。そこで委員会は，「本件の通報者は，1948年以後に没収された財産の取り扱いが差別的だと主張しているのではなく，1991年法が共産主義政権以前に没収された財産の犠牲者にも補償を与えていない点で差別的である，と主張している」ことに留意したうえで，同法が1948年以前の没収財産の犠牲者に補償を与えていないことが「それ自体，第26条の禁じる差別に当たるとは思われない」として，この通報を受理不能と判断した。同様の判断は，その後のマリク事件[33]やシュロッサー事件[34]でも踏襲されている。

しかし委員会は，2001年にブロク事件[35]について採択した見解で，それ以

---

31) *Report of the Human Rights Committee*（A/52/40），Vol. II, pp. 300-303, Comm. No. 643/1994.
32) 本書204-205頁参照。
33) *Report of the Human Rights Committee*（A/54/40），Vol. II, pp. 291-297, Comm. No. 669/1995.
34) *Ibid.*, Vol. II, pp. 298-304, Comm. No. 670/1995.

II 人　権

前と異なる判断を示した。通報者たるブロクが両親から相続するはずであった財産（プラハ所在）もまた，所有者がユダヤ系であるため第2次大戦中にドイツ占領軍により没収されマタドール会社に売却されていたが，同じく1945年の政令により"ドイツ人の所有する財産"として国有化されたものであった。ブロクは大戦直後プラハに戻っており，さきに見た1991年法律第87号（1994年法律第116号により改正）に基づいて返還・補償請求を提起したが，地裁・高裁・憲法裁判所のいずれも問題の財産が同法に規定する"1948年2月25日"以前に没収された財産であるとして，請求を却下した。だが委員会は，同法が1994年の改正により"第2次大戦中の人種的迫害の被害者にも返還・補償の請求権を認める"と規定している点に着目し，つぎのように判断したのである。まず，マリク事件やシュロッサー事件の通報者がチェコの国内的救済手続を尽くしていないのと比べ，本件の通報者はそれをすべて尽くしているので，委員会は本案の審理に入るべきである。つぎに本案については，改正法が"第2次大戦中の人種的迫害の被害者にも返還・補償の請求権を認める"と規定しているにもかかわらず，通報者の財産が国有化されたがゆえに，返還・補償の請求権の対象から外されていることは，通報者と同じ立場にありながら国有化されなかった財産の原所有者の場合と比べて差別的な取り扱いに当たり，規約第26条に違反するものである。

しかしながら，1945年の政令は"ドイツ人の所有する財産"を一旦国有化したものの，翌1946年の法律第128号により"占領軍の人種的・政治的迫害による財産移転"は無効とされ，通報者の財産も所轄官庁の決定により両親の手に戻された。ただし，さきに触れたマタドール会社がこの決定を不服として裁判所へ訴えた結果，同会社の全財産は1945年末に国有化されており，国有化財産は1945年政令と翌1946年法の対象から外されているので，さきの決定は誤りであり無効であると判断された。この点について通報者は，たしかにチェコ政府が指摘するように1946年法のもとで1949年末までは当該不動産に対する所有権をさらに争うことは可能であったけれども，両親は共産主義政権の政治的迫害

---

35) *Report of the Human Rights Committee* (A/57/40), Vol. II, pp. 110-116, Comm. No. 774/1997.

第4章　自由権規約委員会による自由権規約第26条の解釈・適用とその問題点

を怖れる"十分な理由"があったため，あえてこれを争わなかった，と弁明しているが，"十分な理由"の内容については説明していない。いずれにせよ，1991年法律第87号を改正した1994年法律第116号も，返還・補償の対象を1948年2月25日から1991年1月1日までの期間に没収された財産に限定しており，ブロク事件に関する委員会の見解は，類似の事件に関するそれ以前の見解と対立するものであって，委員会の見解の一貫性に疑義を生じさせるものである。

（4）平等・無差別原則の不適切な適用と見られるもの

上記（3）の分析が示すとおり，平等・無差別原則に関する委員会の解釈には一貫性に欠ける点が見受けられるが，つぎの見解は同原則の適用が明らかに不適切と見なされる事例である。

この事件の通報者は，1990年に独立を達成したナミビアの原住民とアフリカーナーの末裔，レホボス・バスター集団に属する17名の個人である。かれらはナミビアの憲法が同集団の自決権を認めず，憲法の規定に基づき集団の共有地が収用されたのは，自由権規約の第1条，第14条，第17条，第25条，第26条および第27条にそれぞれ違反すると主張した[36]。このうち第1条について，委員会はかねてより"集団に属する権利は，個人に申立権を認める選択議定書の手続になじまない"との理由で，適用を除外しており，またそれ以外の諸権利についても，委員会は主張されるような違反はない，との見解を採択した。ただし委員会は，ナミビア政府が英語の公用語化政策を進める一環として，公務中の公務員が文書や電話による応答にアフリカーナー語を用いることを禁じたのは，多数部族の日常語であるアフリカーナー語をとくに標的とした差別的な措置であって，規約第26条に違反する，と結論したのである。

この結論に対しては，6名の委員が反対意見を表明した。反対意見によれば，多数の民族や部族で構成されている国家が国民統合政策の一環として公用語を選定することは，自決権の正当な行使であり，その政策の徹底を図るため公務中の公務員が使用する言語を制限することも認められる。とくにナミビア政府

---

36) ディエルガールト事件。*Report of the Human Rights Committee* (A/55/40), Vol. II, pp. 140-160, Comm. No. 760/1997.

Ⅱ 人　権

は"アフリカーナー語はながらく公用語とされてきたが，今や公的には他の部族語と同じ地位を持つに至った"ため，公務員の公務にかかわる文書や電話の応答に英語を使用するように命じたのであって，この措置が規約第26条の禁じる"差別的取り扱い"に当たると結論することは，平等・無差別原則の明らかに行き過ぎた適用である，というべきであろう。

5　おわりに

　自由権規約第26条の解釈・適用をめぐる自由権規約委員会の実行は，きわめて興味深い展開を見せてきた。1977年の活動開始以後，当初は同条の適用に慎重な態度を示していた委員会は，1987年の"オランダ失業手当給付法事件"を契機として，同条の定める平等・無差別原則が同規約の他の規定に依拠しない，それ自体独立した基本的な人権の範疇に属することを認めるに至った。その結果，第26条の適用される対象は，自由権規約に規定する人権に限定されず，およそ公権力が規律し保護するすべての分野に及ぶこととなり，当然いわゆる社会権にも適用されることになった。

　もっとも，平等・無差別原則を社会権に適用することは，社会保障や年金などのように国家の経済的負担にかかわる事案についても，委員会が見解を求められる可能性を意味する。委員会はおそらくその点を配慮して，オランダ失業手当給付法事件に対する見解の採択後も，第26条の適用に概して慎重な姿勢をとり続けた。しかしながら，良心的兵役拒否者の代替役務期間にかかわる見解や，チェコの社会主義政権による没収財産の原所有者に対する返還・補償事件にかかわる見解のように，第26条の適用に関する委員会の見解の一貫性に疑義を生じている事例があり，またナミビアのレホボス・バスター集団事件にかかわる見解のように，同条の適用が明らかに不適切と認められる事例も存在する。さらに，自由権規約と選択議定書の双方の当事国のなかには，第26条にかかわる委員会の見解が誤りであると異議を唱え，選択議定書のもとで委員会が採択する見解には法的拘束力がない事実を強調する国家もある[37]。

　自由権規約第26条が，同規約第2条1項や第3条と異なり，それ自体独立した基本的な人権の1つを規定するものであって，およそ公権力が規律し保護す

るすべての分野に適用される,とする委員会の判断は正当であろう。ただし,第26条に定める平等・無差別原則を具体的な事案に適用する場合に,慎重な配慮が必要な事実も無視されるべきではない。1999年のゴーチエ事件[38]において,通報者はカナダ議会の取材施設の利用が特定の報道団体の加入者に限定され,しかも当該団体の加入手段が不透明であることは,自由権規約第19条の定める"表現の自由"に違反する,と主張した。委員会はこの主張を認めた。しかし,"当該報道団体の加入者と比べて自分が不当に差別されている"という通報者の主張については,"根拠不十分のゆえに受理不能"として退けた。実は後者の点については,通報者の主張に同意する反対意見が存在したのであるが,これに対して慎重な考慮を呼びかけた別の個別意見の一部を引用して,本稿の結論に代えたい。

　……この通報者の第26条に基づく主張は,かれの第19条に基づく主張と本質的には同一のものである。すなわち,他の報道者が議会の取材施設の利用を認められているにもかかわらず,自分にはそれが認められていない,というのである。(反対意見がいうように)この主張を認めるならば,自由権規約の他の規定の違反が,ほとんどの場合に第26条の違反にも該当することを認める結果となるであろう。

---

37) たとえば,バウガー事件に対する委員会の見解(*Report of the Human Rights Committee*(A/54/40), Vol. II, pp. 202-207, Comm. No. 716/1996)に関して,オーストリア政府は通報者に宛てた書簡のなかで「選択議定書に基づく自由権規約委員会の見解は……国際的にも国内的にも拘束力の無いものである」と述べている。UN, ICCPR, Human Rights Committee, *Follow-Up Progress Report*(CCPR/C/74(Rev. 1)), p. 9.

38) *Report of the Human Rights Committee*(A/54/40), Vol. II, pp. 93-110, Comm. No. 633/1995.

III
承認と承継

第1章　国際機構の加盟手続と国家承認

(1983年)

1　はじめに

　国際社会の組織化の一端として，種々の国際機構が設立され発展してくるにつれ，こうした国際機構の加盟手続と国際法上の国家承認との関係が，理論的にも実践的にも各方面の関心を呼ぶようになってきた。とりわけ，ある国際機構の既加盟国が新国家の加盟申請に対してとる態度が，前者の後者に対する承認とどのように係わり合うかという問題は，とくに国際連盟の発足以後，多くの議論を巻き起こした。ここでは，この問題に関する過去の理論と実践とを一般的に分析し，そのうえで，日本の実践を検討してみることにしよう。

2　理論的な問題点

　現行国際法上の国家承認は，新国家の成立に際し，国際社会の既存国家がそれぞれ個別的に前者の国家性を認める行為であり，その効果も相対的であって，承認国と被承認国との関係にのみ及ぶ。これに対して国際機構の加盟手続は，それぞれの機構がその目的と性格に従い，基本文書等で規定するものであって，通常は，各機構のしかるべき機関（総会や理事会）が加盟申請者の資格を審査し，既加盟国の多数の同意にもとづいて決定を下す。したがって加盟手続は集団的な行為であり，その決定は全加盟国を拘束する。

　かように国家承認と国際機構の加盟手続とは，それぞれの目的や機能が異なるため，両者はまったく無関係だ，とする考え方がある。この無関係説によれば，ある国際機構の既加盟国たるＡ国が，新国家たるＢ国を承認しておりながら，Ｂ国の当該国際機構加盟に反対したり，逆に，Ａ国がＢ国を未承認であるにもかかわらず，その加盟に賛成しても，とくに問題は生じない。

Ⅲ　承認と承継

しかしながら国家承認と国際機構の加盟手続とはいずれも，同じ一組の国家に係わる側面をもつので，そのあいだに何がしかの関係があるべきだ，とする考え方もある。この関係説によれば，さきのＡ国がＢ国を承認している以上，特別な事情のないかぎり，Ｂ国の国際機構加盟に賛成すべきであり，またＡ国がＢ国を未承認であれば，原則としてＢ国の加盟に反対すべきことになる。ただし関係説については，以下の諸点に注意しなければならない。

（１）　国際機構の目的・性格および加盟資格

第１に注意しなければならないのは，問題となる国際機構の目的・性格および加盟資格である。

一口に国際機構といってもそのなかには，国際連盟や国際連合のように政治的・包括的な目的や性格をもつものもあれば，国際連合のいわゆる専門機関のように技術的・限定的な目的や性格をもつものもある。そしてそれぞれの目的・性格に応じて，加盟国相互の関係も，きわめて広い分野に及んだり，ごく狭い範囲に限られたりする。たとえば国際連盟の加盟国は，相互に各国の領土保全と政治的独立を尊重し，外部からの侵略に対してこれを擁護する義務を負うていたし，国際連合の加盟国も，相互間の紛争を国際法に従って解決することを義務づけられている。だが世界保健機関の加盟国は，各国民の健康水準の維持・増進のための国際協力を，国際電気通信連合の加盟国は，電信の改善と合理的利用のための国際協力を，それぞれ義務づけられているにとどまる。つまり国際連盟や国際連合の加盟国相互間では，一般国際法が要求するのに類似した関係が展開することが予期されているのに対し，専門機関の加盟国相互間では，それよりもはるかに限定的な関係の存在しか予期されていない。他方，国家承認をする国とされる国とのあいだでは，原則として一般国際法にもとづく関係が展開する。したがって国家承認と国際機構の加盟手続との関係が問題になるのは，加盟国相互間に一般国際法が要求するのと類似の関係が予期されるような，主として政治的・包括的な目的・性格の国際機構についてである，といえよう。

国際機構の目的・性格と並んで，その加盟資格もまた注意されなければならない。というのは，国際機構のなかには，「国家」以外のものに加盟資格を認

めている事例が存在するからである。たとえば万国郵便連合では，かつて「主権国ではない一定の地域」に加盟資格を認めていたし，世界気象機関も「自らの気象活動を維持している領域または領域の集合」に加盟資格を認めている。これらは専門機関であるが，国際連盟の規約も「領地又ハ殖民地ニシテ完全ナル自治ヲ有スルモノ」に加盟資格を開いていた（現実には，この資格にもとづく加盟申請はなかった）。このような「国家以外」の資格者の加盟については，国家承認との関係はもともと問題となりえない。

（2） 加盟申請に対して既加盟国のとる態度

　国家承認と国際機構の加盟手続との関係が問題となるのは，主として政治的・包括的な目的・性格の国際機構についてであるとして，第2に，国際機構の既加盟国が新国家の加盟申請に対してとる態度が，前者の後者に対する国家承認とどのように係わり合うか，に注意しなければならない。

　これについて検討するためには，既加盟国が新国家の加盟申請に先立って，当該新国家をすでに承認している場合と，未承認の場合とを区別することが必要である。なぜなら，既加盟国が新国家をすでに承認している場合に，前者が後者の加盟申請に対してとる態度——賛成するか，反対または棄権するか——は，問題となる国際機構の関連文書等の規定に従い，前者が下す判断にもとづくわけであるが，たとえどのような態度をとろうとも，それは前者の後者に対する承認になんら影響を与えないからである。つまり加盟国は通常，自らが承認済みの新国家の加盟申請に賛成するであろうけれども，たとえなんらかの事情で反対するとしても，それによって前者の後者に対する国家承認は影響を受けない。

　ところが，既加盟国が加盟申請中の新国家を未承認の場合には，前者がこの申請に賛成する行為は，前者の後者に対する「黙示の承認」につながる可能性がある。つまり問題となる国際機構の目的や性格から考えて，加盟国相互間に一般国際法が要求するのと類似の関係が展開することが予期されているのであるから，既加盟国が新国家の加盟申請に賛成する行為は，両者間の関係を国家承認の場合と類似のものとすることに通じ，したがって前者の後者に対する黙示の承認と推定されるからである。これとは逆に，この種の国際機構の既加盟

Ⅲ 承認と承継

国が未承認の新国家の加盟申請に反対ないし棄権の態度をとる場合には，前者が後者を承認する意思はないものと推定されよう。ただしいずれの場合にも，既加盟国が別段の意思表示をするならば，そのかぎりではない。

（3） 国際機構の内部における関係と外部における関係

以上のように，政治的・包括的な目的・性格の国際機構の既加盟国が新国家の加盟申請に賛成する行為は，前者の後者「承認」，反対ないし棄権する行為は，前者の後者「不承認」と推定されるとして，第3につぎの点に注意しなければならない。それは既加盟国と新国家との関係を，国際機構の内部におけるそれと外部におけるそれとに区別して把握する必要である。

まず既加盟国がどのような態度をとろうとも，新国家の加盟が容認されるならば，両者は同一の国際機構の加盟国となり，その国際機構の目的や性格にもとづく制約は，両国間の関係に当然に適用されることになる。のちに見るように，国際連盟のすべての新加盟国がすべての既加盟国によって承認されていたわけではないが，その場合にも「各国ノ領土保全及現在ノ政治的独立ヲ尊重シ，且外部ノ侵略ニ対シ之ヲ擁護スル」約束（規約第10条）は，承認の有無を問わず，全加盟国を相互に拘束した。また国際連合は，加盟国相互間の「国際紛争……の解決を……国際法の原則に従って実現する」ことを主要な目的の1つに掲げている（憲章第1条1項）が，この規定はイスラエルとアラブ諸国との関係にも適用される。つまりアラブ諸国のなかに，イスラエルを承認せず，かつイスラエルの国際連合加盟に反対ないし棄権した既加盟国があったとしても，当該国家がイスラエルと並んで国際連合の加盟国でありつづけるかぎり，相互の関係に国際連合憲章が適用され，その結果，相互の関係が「黙示の承認」を与えた場合と類似の規制に服する事態を避けることはできない。その意味で，国際機構の内部における関係については，既加盟国が未承認の新国家の加盟申請に賛成，反対，または棄権のいずれの態度をとるかは，とくに影響しない。

ところが国際機構の外部における関係については，既加盟国が新国家の加盟申請に対してとる態度は，大いに影響する。さきに見たとおり，既加盟国が未承認の新国家の加盟申請に賛成する場合には，前者は後者に黙示の承認を与えたものと推定される。そこで，仮に双方ないしいずれか一方の国家が当該国際

機構の外部に（脱退，除名等によって）出ても，この場合には前者の後者に対する承認は影響を受けない。しかるに既加盟国が未承認の新国家の加盟申請に反対ないし棄権する場合には，前者は後者を承認しないものと推定される。そこで，この場合に双方ないしいずれか一方の国家が国際機構の外部に出るならば，両者の関係は当該国際機構の目的や性格にもとづく制約から解放され，未承認の状態に復帰する。このことはアラブ諸国とイスラエルとの関係に，そのまま当てはまるであろう。

3　国際機構の実践

　以上に見た理論的な問題点は，国際機構の実践面でどのように処理されてきたか。ここでは政治的・包括的な目的・性格の国際機構の典型として「国際連盟」と「国際連合」の2つを選び出し，それぞれの実践を跡づけてみよう。
　ところで現行国際法上の国家承認は，「個別的承認」の制度ということができる。すなわちそれは，新国家の成立に際して，国際社会の既存国家がそれぞれ個別的に前者の国家性を認める意思表示をなし，しかもその効果は相対的であって，承認国と被承認国との関係にとどまる。かような個別的承認の制度に対し，数カ国が共同でなす「集合的承認」の事例もないわけではない。たとえば1830年のギリシャの独立や，これにつづくベルギーのオランダからの分離は，いずれもヨーロッパ協調に参加した諸国家が共同で承認しており，1878年のブルガリア，モンテネグロ，セルビア，ルーマニアの承認も同様である。ただし集合的承認は，本来それぞれの国家が独自になすべき行為を，たまたま複数の国家が共同かつ同時になしただけの，いわば個別的承認の寄せ集めであって，その効果も個別的承認の場合と異ならない。
　しかしながら個別的承認制度のもとでは，新国家の国家性の判断が個別の既存国家に委ねられるため，ともすれば主観的・恣意的になりやすい。また，いずれかの既存国家の一部が抗争により分離・独立する場合には，当該国家との関係いかんで，各国の承認がバラバラになり，ひいては新国家の国際法上の地位に疑義を生じかねない。そこでこうした弊害を克服し，国際社会全体の立場からより客観的・規則的に新国家の国家性を判断するものとして，国際機構の

Ⅲ　承認と承継

メンバーシップ，とりわけ新規加盟手続が注目されるようになったのである。そうした視点を踏まえて，まず国際連盟における新国家の加盟手続を分析する。

(1)　国際連盟

　未曾有の惨禍をもたらした世界大戦の再発を防止し，人類初の集団安全保障体制を確立すべき国際連盟には，政治的・包括的かつ世界的な国際機構として大きな期待が寄せられていた。ことにオーストリア＝ハンガリー，ロシア，トルコの3大帝国の解体と，英帝国内諸自治領の独立性の強化とによって，この機構には多くの新国家ないしそれに準ずる国家から，加盟申請が寄せられることが予期されていたのである。かくして新国家の加盟手続と国家承認との関係は，すでに連盟規約の起草段階から，関心を呼んでいた。

　この段階で，アメリカ代表は加盟手続を国家承認と結びつけることを考えており，南アもこれに好意的であった。だがイギリスは両者を切り離し，新国家の承認問題を大国間の協議に委ねることを主張した。その結果，加盟手続を規定した第1条は「承認」の問題に触れることなく，原加盟国（英帝国内の自治領は，ここに入った）は「付属書」に示されることになった。また「委任統治」について規定した第22条にも，「承認」に関連する表現は見当たらなかった。

　しかしながら1920年の第1回総会で新規加盟問題が取り上げられた際，加盟手続と承認との関係はふたたび前面に押し出された。すなわちこの総会で，フランス代表は加盟申請諸国に質問状を配布することを提案したが，そのなかに「加盟申請政府はいかなる国家により法律上または事実上承認されているか」という項目があった。そしてこれを討議した第5委員会において，「新国家の加盟容認（筆者注：新国家が国際機構に加盟を認められることを，加盟承認と表現することがある。しかし本稿では，国家承認との混同を避けるため，新国家の国際機構への加盟容認という表現を用いることにする）は，国際連盟の全加盟国による法律上の承認を意味するか」が問題となり，この点について連盟事務局法務部の法律家委員会の助言が求められたのである。だが法律家委員会では意見がまとまらず，「新国家の加盟容認は，連盟の全加盟国による当該国家の承認を意味する」，「加盟容認は，連盟規約に明記された諸条件の遵守義務を生じるのみである」との対立する見解を並記したまま，問題を第5委員会に差し戻した。

こうした混乱のなかで，第5委員会と全体会議はとくに方針を定めることなく，10ヵ国以上の新規加盟申請を処理したが，加盟申請国のうちで，国際連盟の既加盟国の相当数から承認されていなかったものは，いずれも加盟を容認されなかった。

　これに比して1921年の第2回総会においては，既加盟国から承認されていない新国家の加盟が容認された。すなわちこの総会で加盟を容認されたのは，バルト3国のみであり，このうちエストニアとラトビアは総会の開始以前に同盟国最高理事会によって承認されていたが，リトアニアの承認はポーランドとフランスの反対により遅れていたのである。ポーランドは総会においても，リトアニアの加盟申請に対する表決の延期を提案した。しかし総会はこれを斥け，リトアニアを含む3国の加盟を容認した。しかも翌年，チェコスロバキア政府はこれら3国を承認するに当たり，「（3国のそれぞれが）加盟を容認された1921年9月22日の第2回国際連盟総会の決議に鑑みて，本政府は……貴国を正式に承認することを決定」した，と通告している。また1926年に，ユーゴスラビア政府がラトビアとエストニアに対し外交関係樹立を申し入れた際にも，「（2国がそれぞれ）国際連盟の加盟国たる資格において，他の全加盟国により独立・主権国家として承認されている以上，本政府の外交関係樹立の申入れは，当然に貴国の法律上の承認を意味する」と説明している。これらはいずれも，連盟の既加盟国が未承認国の新規加盟申請に賛成し，かつ加盟容認と国家承認とを関係づけて処理した事例である。

　もっとも国際連盟の実践がすべて，これらの事例と一致するわけではない。たとえばコロンビアは連盟の原加盟国の1つであったが，自らの加盟が同じく原加盟国であったパナマに対する国家承認と見なされることを避けるため，ヴェルサイユ条約への加入に際してその旨の意思表示をなし，連盟理事会がこれを認めた経緯がある。またアルゼンチン，ベルギー，スイスの3国は連盟の加盟国でありつづけたが，ソ連が加盟を容認されて以後も，同国を承認しなかった。これらの事例においては，連盟の加盟容認と国家承認とが関係づけられて処理されてはいない。

　したがって，国際機構の加盟手続と国家承認との関係に関する国際連盟の実践は，つぎのように要約できよう。①連盟規約の規定自体は，両者の関係に触

れていない。②連盟の機関が，この問題について統一的な方針を採択したことはない。③加盟国の態度は必ずしも一致していない。ごく一般的にいえば，加盟容認と国家承認とを関係づけて処理した事例が多いように思われるが，そうでない事例も存在した。

（2）　国際連合

　国際連盟の失敗に対する反省を踏まえて，国際連合が設立されたときも，加盟手続と国家承認との関係は一部の国家の関心を呼んだ。ことにノルウェーは1945年のサンフランシスコ会議において憲章原案に対する修正案を提出し，新国家の集合的承認を勧告する権限を国際連合に与えようと試みた。しかしこの修正案は採択されず，連盟規約と同様に国際連合憲章の規定も，加盟手続と国家承認との関係についてはまったく触れるところがない。

　もっとも国際連合の実践においては，加盟手続と承認との関係が正面から取り上げられた事例が存在する。いわゆる中国代表権問題がそれである。厳密にいえば，この事例は新規加盟国に係わるものではなく，既加盟国の代表権に係わるものである。つまり，加盟容認と国家承認との関係についての事例ではなく，代表権容認と政府承認との関係についての事例である。だがこの事例をめぐって国際連合事務総長が提出した覚書は，国際連盟と国際連合の実践を踏まえながら，加盟容認と国家承認との関係についてもつぎのように言及している。

　「一般に国際法上，国連の一加盟国が他の加盟国またはその政府を承認するか否かは，個々の場合に政治的考慮にもとづいて決定される単独（個別的）行為であるのに対し，国際連合の諸機関において何人がある加盟国を代表すべきかは，各機関が当人の信任状に関してなす表決の結果にもとづいて決定される一種の集団（集合的）行為である。したがって，一加盟国代表が自国の承認していない加盟国または政府の代表を，国際連合の一機関における代表としてみとめることは可能であり，また前者が後者の代表権をみとめる票を投じたとしても，それは，前者の母国が後者の母国または政府を承認すること，をかならずしも意味しない（傍点追加）」。

　要するにこの覚書は，加盟容認と国家承認とは無関係である，との考え方をとったわけである。これに関連して国際連合の第5回総会は，加盟国の代表権

第 1 章　国際機構の加盟手続と国家承認

一般に関する決議を採択したが，そのなかで「総会が一加盟国の代表権についてとる態度は，それ自体，当該国家と国際連合の個々の加盟国との直接的な関係に影響を与えない」旨を確認している。この決議とさきの覚書とを合わせれば，加盟容認と国家承認とは直接に関係しない，と総会が考えたものと解釈することもあながち不可能ではない。

　いずれにせよ国際連合においては，中国代表権問題を1つの契機として，一加盟国の代表権容認は当該国家または政府の承認に直接影響しないことを確認する決議が採択された。しかし中国代表権問題をめぐる各加盟国の態度を見ると，特別な事情のないかぎり，中華民国を承認している加盟国は台北政府の，中華人民共和国を承認している加盟国は北京政府の，それぞれ代表権擁護に廻っている。また中国以外に代表権が問題とされた事例（たとえばハンガリーのカダル政権，動乱期のコンゴ，現在のカンボジアなど）を見ても，各加盟国はおおむね自己の支持する政権に好意的な態度をとっている。さらに新国家の加盟申請についても，バングラデシュのそれにパキスタンと中国が，ベリーズのそれにグアテマラが，いずれも反対した事例がある。つまり現実には，むしろ代表権ないし加盟容認と政府ないし国家承認とを関係づけて処理する傾向がつよい。したがって国際連合の実践をまとめれば，①国際連合憲章の規定自体は，加盟手続と国家承認との関係に触れていない。②総会は代表権問題に関連して，この両者が直接に関係しない，と解釈しうるような決議を採択した。③加盟国の態度は必ずしも一致していないが，一般的には，両者を関係づけて処理する事例が多いように思われる。

4　日本の実践

　本研究の対象は，第2次大戦終了以後の日本の国際法事例に限定されているため，以下では国際連盟の時期を省き，1956年の国際連合加盟以降における日本の実践を検討する。

　日本の加盟以後も，今日までに70余の新国家の国際連合加盟が容認されている。日本は新国家の成立に際しては，原則として独立と同時またはその後比較的早い時期に承認手続をとることを慣行としているので，ほとんどの場合に，

Ⅲ　承認と承継

　日本の承認が新国家の国際連合加盟に先立っている。ただしセネガル，マリ，コモロの3ヶ国については，日本の承認があとになった。これはそれぞれに特別な事情があったためである。

　まずセネガルとマリについてはともに，国際連合加盟容認が1960年9月28日，日本の承認が同年10月4日，となっている。マリは旧仏領スーダンであり，フランス第5共和国憲法のもとで，1958年11月にセネガルと相次いでフランス共同体の自治共和国となった。両者は翌年「マリ連邦」を発足させ，共同でフランスとのあいだで権限移譲協定を締結して，1960年6月に独立を達成，日本は同年7月5日これを承認した。しかるに連邦のあり方をめぐる意見の対立から，同年8月20日セネガルはマリ連邦を脱退して，単独で独立国となり，残されたスーダンもまた同年9月22日に至って，マリ共和国を宣言した。日本はこうした情勢の推移を見定めてから，あらためて両国の承認に踏み切ったため，両国の国際連合加盟が先行する結果になったものと思われる。したがって，この事例が日本の他の実践と異なったパターンに属する，と考えることは適当でない。むしろ他の実践と同様に，日本は原則として，承認した新国家の国際連合加盟には賛成しており，この場合は，特殊な事情のため順序が前後したにすぎない，と考えるべきであろう。ついでながら，日本は両国の加盟容認決議に賛成票を投じている。

　またコモロについては，国際連合の加盟容認が1975年11月12日，日本の承認が1977年11月14日，となっている。コモロは，西インド洋にあるフランス海外領の諸島が1975年7月6日に独立宣言を発したものであるが，一部の島がフランスの海外県となる意向を表明したため，問題がこじれ，これが国際連合の場でも取り上げられるなど，事態が流動的であった。この場合もおそらく，日本が事態の推移を見極めようとしているうちに，コモロの国際連合加盟が先行したものであろう。ただし，日本はコモロの加盟容認決議に賛成票を投じたものの，翌1976年に安全保障理事会がフランスの対コモロ政策を審議した際，日本代表はとくに発言を求め，日本がフランスの対コモロ政策を非難する決議案に賛成票を投じることは，日本によるコモロの国家承認を意味しない旨，断っていることに留意しなければならない (United Nations, Security Council, Provisional Verbatim Record, 1888th Meeting [6 Feb. 1976], p. 116)。

第1章　国際機構の加盟手続と国家承認

　以上の3事例はいずれも、国際連合の加盟容認ののちに、日本があらためて承認手続をとった場合であるが、これに対して、新国家の加盟に際して日本のとった態度が、そのまま国家承認に結びつくものと解される事例がある。モンゴル、赤道ギニア、ブータンの3事例がそれである。

　まずモンゴルについては、1961年10月27日に同国の国際連合加盟が容認された際、日本はこれに賛成した。ところが数年後、日本の国会で一部議員から、モンゴルが日本との国交樹立を希望している旨の指摘があったのに対し、政府は、さきの国際連合におけるモンゴルの加盟容認決議に日本が賛成したことが、事実上、日本のモンゴルに対する承認にあたる、と答弁している（第51回国会参議院外務委員会会議録第6号〔昭和41年4月12日〕2頁、第52回国会衆議院外務委員会会議録第2号〔昭和41年7月22日〕10頁）。すなわち日本政府はこの場合、同国の加盟容認決議案に賛成した行為をもって、同国に対する国家承認があった、と見なしたわけである。

　モンゴルの場合と同様に、赤道ギニアについても日本は1968年11月12日、同国の国際連合加盟容認決議案に賛成票を投じた。しかし日本は、同年10月12日の同国の独立式典に参列しておらず、また特別な承認行為をなしてもいない。この場合にも国際連合加盟賛成をもって、同国に対する国家承認があったものと見なすことが可能であろう。

　なおブータンについて、日本は1971年9月21日、国際連合総会における同国の加盟容認決議案の共同提案国となっている。ブータンの外交関係は、1949年の対印条約が「インド政府の指導・勧告による」と規定していることもあってか、日本はブータンに対する特別な承認行為をなしていない。だが、ブータンの国連加盟勧告案が安全保障理事会で討議された際にも、日本代表は「ブータン王国が主権国家として、憲章に定める加盟国の義務を履行する、意図と能力をもつことは疑いない（傍点追加）」と発言しており、総会における加盟容認決議案の共同提案国となった事実が、日本のブータンに対する国家承認につながる、と見なして差支えなかろう（United Nations, Security Council, Official Records, 26th Year, 1560th Meeting〔10 Feb. 1971〕, p. 5）。

　このように日本の実践は、大筋において国際連合の多くの加盟国の実践と一致している。すなわち、承認済みの新国家の加盟には賛成し、未承認の新国家

の加盟に賛成した場合には，別段の意思表示をしないかぎり，早急に承認手続をとるか，または賛成した行為に「黙示の承認」の意味をもたせることが可能である，との立場をとっているのである。

なお，国際機構の加盟手続と国家承認にかかわる日本の実践について，つぎの事実に注目しておかねばならない。すなわち，日本はリビアを1957年6月2日に承認したが，同国の国連加盟は日本（1956年12月18日）よりも早かったため，日本の加盟以後リビア承認までの期間，両国間には国連の枠内で加盟国相互間の関係が発生していた。

5 おわりに

国際機構の加盟手続と国家承認との関係については，理論的に2つの考え方があった。両者はまったく無関係であるとする説と，両者間に何がしかの関係を認めようとする説とが，それである。そして後説によれば，別段の意思表示がないかぎり，政治的・包括的な目的・性格をもつ国際機構について，既加盟国が未承認の新国家の加盟申請に賛成する行為は，前者の後者に対する「黙示の承認」と推定され，前者が後者の加盟申請に反対または棄権する行為は，「不承認」と推定される。不承認の場合には，双方またはいずれかの国家が当該国際機構の外へ出る際に，両者の関係を未承認の状態に戻す効果がある。

国際連盟や国際連合の実践は，このいずれかの説で一貫しているわけではない。連盟規約や国連憲章は，加盟手続と国家承認との関係に触れた規定を置かず，連盟の機関はこの問題について，とくに方針を明示しなかった。国連の総会は，両者を無関係と見るようにも解釈しうる決議を採択したが，各加盟国の実行は，むしろ両者を関係づけて処理した事例が多い。そして日本の実践でも，両者を関係づけて処理した場合がある。結局これらの実践を総合すれば，国際機構の加盟手続と国家承認とがあらゆる場合にまったく無関係であるとか，両者があらゆる場合に完全に関係し合うとか，断定することは不可能であって，個々の事例につき，それぞれが処理された考え方を確かめる以上のことはできないように思われる。

ただし，この点に関連して，つぎの事実に留意することが肝要であろう。そ

第 1 章　国際機構の加盟手続と国家承認

れは現行国際法のもとで，国家承認の制度が果たす機能の限界である。3のはじめに指摘したとおり，国際機構の加盟手続に関心が寄せられたのは，1つには個別的国家承認の制度が新国家の国家性を判定するうえで，必ずしも客観的に機能しえない欠陥を克服するためであった。たしかに新国家の国家性の判定をより客観的・普遍的なものにする努力は望ましく，そのために国際機構の加盟手続を活用することは有益であるかも知れない。だがそれと同時に，個別的な国家承認の制度が現実の国際社会において果たしている機能の限界を，明らかにすることが必要ではないだろうか。

　かつて国際社会がヨーロッパの諸国家にほぼ独占され，国際法がヨーロッパ公法的な存在と見なされていた時代には，非ヨーロッパ的な新国家が国際社会に容認される手続として，個別的承認の制度は重要な機能を果たしえた。しかしながら世界がきわめて狭くなり，国際連合が文字どおり国際社会的な性格を強めつつある今日においては，個別的な承認制度のもつ機能は大幅に減退しているように思われる。なるほどそれは，国家間で外交関係が樹立されるための前提として機能している。そして新国家の発展のために，多数の国家と関係をもつことが必須である以上，承認制度の果たす機能を過少に評価することは適切でない。だがそれ以上に，国家承認は現在の国際社会においてどのような機能を果たしているのであろうか。

　たとえば各国の国内法廷は従来から必要に応じて，未承認国家の法令の効力を認めてきている。またときとして，未承認国家の機関に国際的な免除や特権が認められることもある。さらに，たとえば国際連合の一加盟国が脱退したあとで，これを未承認の他の加盟国が当該国家に武力攻撃をしかけることが，現行国際法上はたして許されるであろうか。これらの事例はいずれも，現実の国際社会において個別的な国家承認制度の果たしうる機能に，大きな限界のあることを示唆するものである。そうして国際機構の加盟手続と国家承認との関係を検討する際にも，こうした限界を明確に認識しておくことが不可欠ではないであろうか。

第2章　中国代表権の交代と国際法上の諸問題
——日中・日華関係を中心に——

(1972年)

1　はじめに

　1971年10月25日，国際連合総会は「中華人民共和国政府の代表を国際連合における唯一の適法な中国代表とみとめ，蒋介石の代表を追放する」旨のアルバニア等23ヶ国決議案を，76対35対17（賛成，反対，棄権の順）の大差で採択した。同決議案の投票に先立って議場から退席していた中華民国政府代表は，投票結果の判明後，国際連合より脱退する意向を表明し，ここに過去20年あまり懸案とされてきた「国際連合における中国代表権問題」は，中華人民共和国政府（以下，人民政府と略）代表が中華民国政府（以下，国民政府と略）と交代することによって，終止符を打ったのである。周知のごとく，国際連合は第2次世界大戦の末期，従前の国際連盟の失敗にかんがみ，戦後の世界における平和と秩序の担い手として創設されたものであるが，創設当初，このあたらしい国際機構を支える5大国の1つ，「中国」を代表してこれに参加したのは，蒋介石に率いられた国民政府であった。しかし大戦の終了とともに，中国における抗日共同戦線はくずれ去り本来それぞれ異なった方向で祖国再建をめざす国民政府と，毛沢東の指導下に立つ共産党とのあいだに，はげしい武力抗争が再開されたのである。戦闘は共産側の有利に展開し，1949年までには，北京に樹立された共産側の人民政府が中国大陸の全域にわたって確固たる統治体制を築きあげたのに対し，国民政府はわずかに台湾とその周辺の小島群のみを支配するにすぎなくなってしまった。かくして，国際連合において中国を代表すべきは，国民，人民いずれの政府か，という問題が生じたのであった。

　ところが，国際連合における中国代表権が国民政府から人民政府に移ったことは，日本政府にとって大きな打撃であった。1956年日本が国際連合に加盟をみとめられて以来，歴代の日本政府は一貫してアメリカを助け国民政府の代表

権擁護につとめてきたのであり、現在にいたるまで人民政府を承認せず、これと公式の外交関係を樹立していない*1。一体、国際連合における中国代表権の交代は、日本と中国の関係にいかなる影響をあたえるのか。日本はみずから国際連合にとどまるならば、人民政府を承認しなければならないのか、また国民政府との関係はどうなるのか——これらの諸問題について、現行国際法の立場から考察すること、これが本稿の目的である。

2 国際連合における代表権と政府承認の関係

まず、国際法上、ある政府が国際連合において一加盟国を代表する権利をみとめられることは、その政府を他の加盟国が、承認することと、どのように係わりあうのか。これについては、実は、中国代表権がはじめて問題となった1949〜50年の安全保障理事会に、当時のリー事務総長が提出した「国際連合における代表権問題の法的側面」と題する覚書が参考になる。この覚書によると「一般に、国際法上、国連の一加盟国が他の加盟国またはその政府を承認するか否かは、個々の場合に政治的な考慮にもとづいて決定される単独行為であるのに対し、国際連合の諸機関において何人がある加盟国を代表すべきかは、各機関が当人の信任状に関してなす表決の結果にもとづいて決定される一種の集団行為である。したがって、一加盟国代表が自国の承認していない加盟国または政府の代表を、国際連合の一機関における代表としてみとめることは可能であり、また前者が後者の代表権をみとめる票を投じたとしても、それは、前者の母国が後者の母国または政府を承認すること、をかならずしも意味しない。」この覚書の提出後、総会はその第5会期において「国際連合による加盟国の代表権承認に関する決議」を採択したが、この決議でも、代表権の容認は当該国とそれ以外の個々の加盟国との関係に直接影響しない旨、確認されている。

たしかに、国際機構において特定の加盟国をいかなる政府が代表する権利を有するかは、個々の国際機構が自己の内部手続にしたがって処理すべき問題で

---

*1　1972年9月29日に北京において署名された「日中共同声明」で日中間の「不正常な状態」が終了し、日本政府は中華人民共和国政府を「中国の唯一の合法政府」であることを承認した。

あって，いわゆる政府承認とは別個の制度である。国際法で政府承認が問題とされるのは通常，一国家の内部で革命やクーデターなど非合法的な手段によって政府が変更した場合であり，かような新政府は外国から当該国家の正式の政府として承認されないかぎり，その外国との関係において当該国家を代表する資格をみとめられない。しかも政府承認は，承認する国家の一方的な行為としてなされ，相手政府への通告，自国議会での宣言，あるいは条約中の規定などによって承認の意思を明示する場合（明示の承認）と，条約の締結，外交使節の交換，新政府の派遣する領事に対する認可状の付与など，承認の意思は明示しないが，それが外部から察知される形態をとる場合（黙示の承認）の2つの様式がある。明示あるいは黙示の承認は「法律上の承認」とも呼ばれ，いったんあたえられると撤回できないものとされている。もっとも，新政府が承認をもとめても，外国がこれに応じる義務はなく，一国が新政府を承認しても，他国がこれにならう必要もない。

　かように，政府承認は新政府と承認国のいわば個別的な関係に係わる制度であって，承認国が被承認政府の国際機構における代表権に関してとる態度と，かならずしも一致しない。事実，イギリスやオランダは人民政府を承認してのちも，国際連合において同政府に代表権をみとめる案に反対したことがあり，逆に，未承認国のなかにも代表権の交代に賛成票を投じたものがある。だが，国際機構における代表権承認と政府承認が別個の制度であろうとも，新政府が一加盟国の代表権をみとめられると，他の加盟国は少なくとも当該国際機構内部においてこれとなんらかの関係に入らざるをえず，しかもその関係のあり方は，当該国際機構の性格に大いに影響される。したがって，仮に中国代表権の交代により，日本が人民政府を承認すべき国際法上の義務を負わないとしても，日本と人民政府がともに国際連合にあることをつうじて，いかなる関係に入るかは，さらに詳しく考察されなければならない。

　その際，なによりも注目されねばならないのは，人民政府が代表する中国と，国民政府が代表していた中国は，国際連合に関するかぎり，同一の国家とみなされなければならないことである。つまり国際連合において日本が接する中国は，これを代表する政府のいかんにかかわらず，国家としての同一性を保持しつづけるのであって，国際連合憲章が各加盟国にみとめる国際法上の諸権利を，

日本をふくむ他の加盟国に対し主張する資格をもつ。憲章によれば，国際連合の目的の中には，国際法上の義務の尊重や紛争を国際法にしたがって解決するなど，加盟国相互間の関係に国際法が適用されることを前提とするものがあり，加盟国の主権平等の原則や相互の領土保全と政治的独立の尊重の義務なども規定されている。ところが，これらの権利・義務は，政府承認の場合に，被承認政府が代表する国家と承認国のあいだに発生する一般国際法上の権利・義務と内容的にほぼ同一ないしそれ以上のものであるため，加盟国相互の関係は，被承認政府が代表する国家と承認国の関係と，ほとんどおなじといってよい。つまり，国際連合における中国代表権をみとめられたことによって，人民政府は実質的に他の加盟国から政府承認を受けたのとおなじ法的関係に入る。ついに，中国代表権の交代によって，各加盟国はとくに反対の意思表示をしないかぎり，人民政府にいわば黙示の承認をあたえた，とみなされる。このことは，日本と人民政府の関係についても当然あてはまるのである。

3 人民政府の承認にともなう諸問題

さて，日本はアルバニア案に反対票を投じたが，これは国民政府代表の追放を阻止するためであって，人民政府の代表権を否認する趣旨であったとは考えがたい。愛知代表の演説でも，安全保障理事会と総会において人民政府にそれぞれ1個の投票権をあたえることが主張されたし，その後の日本政府の動きにも，人民政府の承認を否定する意図は感ぜられない。もっとも，たとえ日本がかような意図を表明したところで，日本ないし中国が国際連合から脱退し，もしくは除名せられないかぎり，憲章にもとづく両者の関係は維持されるわけであって，かような意思表示が機能しうるのは，一方ないし双方が国際連合の外に出た場合のことでしかない。これと逆に，日本が中国代表権の交代に異議をとなえず，人民政府を黙示的に承認したとみなされる場合にも，あらたに明示の承認手続をとることは，国際連合の場をはなれた「政府承認」としての意味をもつ。だが，日本がかような承認手続をとるなどして，対中関係の進展をはかるためには，国際法上，つぎの2つの問題を解決しなければならない。第1は，日中間の戦争状態の問題であり，第2は，対華（国民政府）関係処理の問

第2章　中国代表権の交代と国際法上の諸問題

題である。

(1) 日中間の戦争状態

　現在，人民政府に代表される中国と日本のあいだには，国際法上の戦争状態が存在しているのか否か。後にもみるように，現行国際法は「戦闘行為」の終結と「戦争状態」の終結を厳格に区別している。すなわち，通常は，前者の終結後も平和条約の締結時まで，後者がつづくものとされている。そこで日本と中華人民共和国のあいだで平和条約が締結されていない以上，戦闘行為の終了後20数年を経た今日でも，日中間に戦争状態が継続しているか，どうかが，問題とされるわけである。

　この問題について考えるためには，1952年の日華平和条約の規定を検討する必要がある。同条約の第1条には，「日本国と中華民国との間の戦争状態は，この条約が効力を生ずる日に終了する」と定められている。ただし，この条約に付属する交換公文によれば，「この条約の条項(は)中華民国に関しては，中華民国の支配下に現にあり，又は今後入るすべての領域に適用がある旨の……了解」が確認されている。これら両規定の解釈について，日本政府は同条約の批准承認案が議された国会の答弁中，「日華条約により日中間の戦争状態は全面的に終結した。ただ現在では国民政府が中国全土を支配していないため，戦争終結の効果が実際におよぶ範囲は限定されるが，これは事実上の問題であって，法律上の問題ではない」と説明した。他方，人民政府は同条約の締結直後に，これを承認しない旨声明しており，1956年には中国本土に抑留されていた日本人戦争犯罪者の裁判を行なったが，これは国際法上，戦争状態が継続しているあいだにのみゆるされる措置であるから，同条約の効果を事実上否認する行為だといえよう。一体，国際法的には，日，中いずれの立場がより正当であるのか，ここで，同条約成立までの事情を，いま少し詳細にふり返ってみよう。

　第2次世界大戦中，日中が戦争状態にあったことは，何人も否定しえない事実である。大戦の期間をつうじて，日本軍は蒋介石の国民政府軍とも，毛沢東の共産軍とも交戦しつづけた。ただし1945年8月，日本が連合国の発したポツダム宣言を受諾し，各地の日本軍は連合国軍に無条件降伏することになったが，

235

Ⅲ　承認と承継

　この当時国共合作はまだ有効であって，日本軍は中国を代表するものとして蔣介石に投降したのである。しかるに戦闘の終了後，講和条約が締結されるまでのあいだに，先にみたとおり，中国大陸を支配する人民政府と台湾に拠った国民政府の対立が生み出された。この間日本は，ポツダム宣言を受け入れた降伏文書にもとづき，アメリカを中心とした連合国軍の占領下におかれ，その政治・外交はアメリカの政策から自由でありえなかった。アメリカは中国における2政権の対立に，当初比較的中立的な態度をとっていたが，冷戦の激化にともなって次第に反共世界戦略体制をととのえ，とくに中国人民解放軍の朝鮮動乱介入以後は，人民政府を真向うから敵視する政策をとった。かくして，国際連合では中華人民共和国に侵略者の烙印が押され，台湾海峡にはアメリカ第7艦隊が派遣された。こうした動きのなかで，対日平和条約の締結がアメリカの日程にのせられたのである。

　ところで対日講和会議において，国民，人民いずれの政府が中国を代表すべきかで，すでに後者を承認していたイギリスとアメリカの協議はととのわず，結局，対日平和条約中に規定を置き，中国については別個の平和条約が締結されることとなった。日本は，中国大陸が主戦場であったことも手伝って，人民政府との講和を切望していたが，アメリカの圧力に屈し，1951年末，吉田首相からダレス特使にあてた書簡で，以下のとおり約束した。「①日本政府は究極において，日本の隣邦である中国との全面的な政治的平和および通商関係を樹立することを希望する。②だが現在では，国際連合において中国を代表し，若干の地域を統治している国民政府と，この種の関係を発展させることが可能である。③したがって同政府が希望するならば，サンフランシスコ条約にしたがって，講和締結の用意がある。④ただしこの講和は，中華民国に関しては，現にその支配下にあり，または今後入るすべての領域に適用があるものとする。」この最後の条項が，日華平和条約の付属交換公文の了解事項の起源なのである。

　以上の経過からあきらかなごとく，日本は元来，日華平和条約の適用区域を限定する意図を有していた。条約中において「中華民国」と「中国」という表現が使い分けられたのは，おそらくそうした事情の反映であろう。したがって，国民政府が中国の唯一の政府である，との立場をつらぬかないかぎり，日華条

約によって日中間の戦争状態が全面的に終結した，と主張することは困難だと思われる。また，「今後（中華民国の）支配下に入るすべての領域」という表現も，国民政府の大陸反攻の可能性を前提して，はじめて意味をもちうるものである。その可能性が無に等しく，かつ，国際連合における中国代表権が交代した今日，日華条約の規定は，せいぜい，日中間の戦争状態は国民政府との関係で同政府の支配下にある地域についてのみ終結したこと，を確認する効果しかもちえないのではないか。

　さて，一般に，政府承認が行なわれると，新政府は原則として，旧政府が締結した条約上の権利・義務をすべて承継するが，目的を喪失した条約は消滅する。もっとも，日華条約の戦争状態終結に関する規定を，上述のように解釈するならば，人民政府が同条約を受けついで，日中間の全般的な戦争状態終結を追認することはとうてい考えられない。だが日中間に戦争状態が存続する事態は，なんらかの方法で早急に解消されるべきであろう。戦争状態が継続したままでは，日中間に正常な国交は開設されえないからである。ただ日中間の戦争状態なるものは，きわめて形式的な存在にすぎず，これを解消するために煩瑣な手続は不要であろう。先にみたとおり，国際法上，戦闘行為の終了はそのまま戦争状態の終結をもたらさない。しかし第2次世界大戦後は，戦闘行為の終了後も早期講和の見通しが立たない場合が多かったため，戦争状態を終結させるべき種々の新方式が追求された。日中両政府もこうした努力を参考に，柔軟な態度で戦争状態の終結に力をあわせ，領土問題，賠償，請求権などの戦後処理を済ませ，正常な外交関係の樹立にすすむことが肝要である。

（2）　日華関係の処理

　人民政府との関係を進展させるうえで最大の難関となるのは，いうまでもなく日華関係の処理であろう。アメリカと同様，日本もここ20年来国民政府と公式の関係を保ち，種々の協力関係を発展させてきたのであって，人民政府を中国の政府として明示的に承認し，これと種々の関係に入る場合，日華関係をめぐってどのような国際法上の問題が生ずるのか，十分に考えておく必要がある。以下，きたるべき日華関係を2つの場合に分けて考えてみよう。

　第1に，人民政府の明示的承認にともなって，日本が国民政府との関係を一

Ⅲ 承認と承継

切絶つ，いわゆる断交状態に入る場合はどうか。中国は1つの国家であり，人民政府がその唯一の政権である立場を徹底させれば，日本は台湾を中国の一部とみなし，爾後人民政府をつうじてのみ台湾と接触することが，当然の理論的帰結だといえよう。国際法もかような措置を禁じてはおらず，現に，これまで人民政府を承認した諸国は，この方式をとってきた。国民政府の承認は，人民政府の承認とともに解消せられ，国民政府が中国の政府としてむすんだ条約は，原則として人民政府に引きつがれる。また，仮に日華間になんらかの関係が存在するとしても，それは事実上のものであって，法的な関係ではない。たとえば，イギリスは人民政府の承認後も，台湾内部に領事職員を置いているが，国民政府はこれに認可状をあたえておらず，とくにこれを強制出国せしめていないにすぎない。日本の場合も，こうした関係はのこるかもしれない。

だが，もう一歩すすめて，人民政府を中国の政府として承認し，かつ台湾を中国の一部とみとめながら，同時に，国民政府を中国の一地域を事実上統治している政権として扱うことも，国際法上，みとめられるのではなかろうか。この場合，国民政府に対する従前の承認は，人民政府の承認によって消滅する。ただし，そのうえで，あらためて国民政府を「事実上」台湾地域を統治する政権として承認する措置をとることになる。これは，国際法で「法律上の承認」に対して「事実上の承認」と呼ばれる制度に類似するものである。

国際法上，いわゆる事実上の承認は，母国から新国家が分離・独立する場合や，新政府が革命やクーデターを起こした場合に，これに法律上の承認をあたえる前段階としてなされるのが普通である。つまり，新国家や新政府が一応国家や政府としての条件をそなえるにいたっても，その権力の安定性に若干の不安がのこっていたり，あるいは母国や旧政府に対する政治的な配慮を要する場合に，事実上の承認が選ばれるのである。この承認方式がはじめて用いられたのは，19世紀初頭，中・南米の諸国がスペインやポルトガルから分離・独立した際のことであって，他のヨーロッパ諸国は一方で新国家を承認する必要に迫られながら，他方母国との友好関係を損うことを避けるため，母国の立場に干渉しない形式をとり，たんに事実上新国家が独立したことをみとめようと試みたのであった。その後も事実上の承認は折にふれ用いられ，パナマ独立，ロシア革命，さらにスペインの内乱やエチオピア併合の際などに，あたえられてい

第2章　中国代表権の交代と国際法上の諸問題

る。かように，事実上の承認は事態の流動性を予測した，いわば暫定的な性質を有しており，法律上の承認とちがって，事態の変化に応じ撤回することがみとめられている。また事実上の承認の効果は，法律上の承認の効果とほとんど変わらないものとされている。

　たしかに事実上の承認は，日本が対華関係を処理するうえで，大いに便利な制度であるように思われる。だが，これを国民政府の承認に適用するためには，つぎの諸点に留意しなければならない。まず，日本が対華関係を処理する手段として，事実上の承認によろうとしても，国民政府がこれを快しとせず，その効果を生かさぬ政策をとる場合には，この方式も機能しえないであろう。また，この方式が中国に対する内政干渉にあたるとして，人民政府がこれにつよく反発することも当然予想される。そこで日本としては，国民政府の事実上の承認が人民政府との関係にどのように影響するかを，慎重に見きわめたうえで行動しなければならない。さらに，このこととも関連して，事実上の承認が本質的に暫定的な性格をもつことを見落してはならない。事実上の承認は，もともと半永久的な事態に適用されるべき制度ではなく，近い将来に撤回されるか，それとも法律上の承認に発展するか，いずれかを予想している。朝鮮動乱勃発以前ならまだしも，アメリカの極東政策が大きく変化しないかぎり，あるいは国共間に実りある直接交渉がもたれないかぎり，台湾海峡をはさむ2政権の対峙はここ当分解消されそうにない。だとすれば，国民政府の事実上の承認は，つぎにみる「2つの中国」方式の準備段階とみなされる可能性がある。これは，人民政府のつよい反発をまねくこと必至である。

4　「2つの中国」方式について

　先にもみたとおり，アメリカの極東政策が近い将来において，大幅に変更しないとの前提に立てば，日本が一方で人民政府を承認すると同時に，地方で国民政府を事実上の政府として承認することは，いわゆる「2つの中国」方式に連なる可能性がつよい。そこで，最後に，この「2つの中国」方式をめぐる国際法上の諸問題について考察しておこう。

　「2つの中国」論は，「1つの中国，1つの台湾」論と呼ばれることもあるが，

III 承認と承継

要するに，人民政府を中国本土の政府として承認するとともに，現在国民政府の統治下にある地域を1つの独立国家として承認し，結果的には，中国を2つに分離することによって，中国問題の解決をはかろうとする考え方である。ただし台湾に関して，現在の国民政府が大陸から逃亡してきた国民党系エリートに独占されている点を批判し，土着の台湾系住民を主体とした政治組織にあらためようとする「台湾独立運動」もあり，これを「1つの中国，1つの台湾」論として，現状の固定化をめざす「2つの中国」論と区別する場合もある。いずれにせよ，国民政府は過去20余年間，台湾と周辺の小島群を有効に統治しきたったのであり，台湾は1300万の住民と3万5000平方キロの土地を擁する政治体として，独立国家を形成する要件を十分にそなえている，といってよかろう。各種の産業も盛んで，近年の経済成長率は世界有数であり，財政規模に不釣合いなほど強大な軍事力もたくわえている。以上の要件に関するかぎり，「台湾」を独立国家として承認することには，国際法上，なんの問題もないであろう。だが，こうして台湾の独立をみとめることには，2つの問題がのこる。1つは，それが人民政府によって中国に対する内政干渉と受けとられる可能性があること，2つは，台湾地域の帰属ないし法的地位に疑義がなくもないこと，である。

　まず，人民政府の立場からすれば，台湾は中国の一部であり，そこに存在し自己に敵対する政権を目して国家承認を行なうことは，まさに内政干渉にほかならない。しかしながら，国民政府が過去20余年にわたって人民政府から独立を保ちつづけ，台湾，大陸中国と異なった政治体が存在する事実は無視できない。台湾がアメリカから莫大な軍事・経済援助を受けてやっとその命をながらえてきたことも，ある程度，真実であろう。だが，他国の軍事・経済援助を受けることはかならずしも国家の独立性と矛盾せず，台湾以外にもそうした援助に依存する例は少なくない。また現在の台湾は軍事的にも経済的にも，長期にわたって自己を支える力をもっている，と思われる。国際連合憲章にいう民族自決の原則がそのまま適用しがたいとしても，台湾の政治的将来を考えるうえで，とくに台湾系住民の意思を尊重することは重要であり，人民政府の主張を評価する際には，住民の意向をもあわせ勘案すべきであろう。

　台湾の独立については，むしろ，その法的地位が，より複雑な問題をふくん

第2章　中国代表権の交代と国際法上の諸問題

でいるのではなかろうか。一体，台湾と周辺の小島群を国民政府に帰属させることに，どのような国際法上の根拠があるのか。台湾の帰属については，実は，これを未確定とする説，第2次大戦中の連合軍の共有とする説，さらに，中国領とする説の3つが対立している。その根拠および当否について考えるために，いま1度，ここ1世代ばかりの台湾の歴史をふり返ってみよう。1895年に下関条約で日本に帰属する以前，台湾が中国領であったことには異論がない。その後日本の台湾統治は半世紀にわたってつづくが，第2次大戦中，米・英・中の3国首脳はカイロ宣言を発して，台湾および澎湖諸島を日本が中華民国に返還することをもとめ，日本はこの条項をふくんだポツダム宣言を降伏文書で受け入れて，1945年，連合国に降伏した。降伏条項の実施過程で，中国および台湾在の日本軍は，蔣介石に投降したが，同年9月，台湾には国民政府の命令が公布され，10月には接収手続がとられて，台湾は中国領に編入されたのである。爾来国民政府は台湾省として，この地を有効に統治してきた。なお日本は対日平和条約で，台湾および澎湖諸島に対する一切の権利，権限を放棄したが，条約には放棄の相手方が明記されず，しかもこの規定はそのまま日華平和条約に受けつがれたのである。

　台湾の帰属が未確定とする説は，台湾が降伏時に日本から連合国に引き渡され，かつ対日平和条約がその帰属をあきらかにしなかったことを根拠とする。これに対し連合国の共有説は，国民政府の統治が連合国に代わってなされたものであることを根拠とする。しかしながら，降伏文書はポツダム宣言の条項を受け入れており，また対日平和条約が放棄の相手方を明記しなかったのは，当時の国共関係を顧慮したためであって，いずれも台湾が「中国」へ帰属することを否定するものではない。むしろ国民政府の統治が何人からも抗議されなかった事実は，国民政府の支配を黙認する効果をもつ。したがって，台湾は中国に帰属したものとみなされるべきであり，国民政府が分離・独立するに際してその領有権を主張することは，国際法上，なんら妨げられない。だとすれば，日華条約も中国本土に係わる部分をのぞき，ほぼそのままの形で，日本と新国家台湾の関係処理に生かされうるのではなかろうか。

5 おわりに

　以上，国際連合における中国代表権の交代にともなって生ずる国際法上の諸問題を，主として日中，日華の関係を中心に，考察した。考察の結果，代表権の交代は日本の人民政府承認を義務づけはしないが，現実には同政府に黙示の承認をあたえる効果を生じること，日本がこれをすすめて人民政府と正常な関係に入るためには，日中間の戦争状態を終結させる必要のあること，があきらかにされた。また，対華関係についても，断交，事実上の政府承認，国家承認などの処理方式が考えられるが，それぞれに問題のあることが指摘された。

　もっとも，本稿で考察した以外に，たとえば，米中関係や中華関係の推移を静観して，日本が積極的な行為に出ない方策もありうるし，情勢の推移いかんでは，ここで指摘された問題がおのずから解消したり，逆にあたらしい国際法上の問題が出てくる可能性もあろう。そういった点については，いずれあらためて考えてみることにしたいが，たとえどのような事態をむかえようとも，そのなかで日本の，また世界の利益を考慮してとるべき方策を決定してゆくのは，いうまでもなく政治の任務である。学問の使命は，種々の予測を立て，さまざまな選択の可能性を示し，それぞれにひそむ問題を指摘することにつきる。

　※本稿の執筆にあたって参考にした文献のうち，比較的入手しやすい和文のもののみをあげておく。

　　入江啓四郎「２つの中国と国交正常化問題」『別冊法律時報』1957年１号（1957年２月）100-110頁。
　　同「中共政府承認の法理」『朝日ジャーナル』第６巻５号（1964年２月２日）20-25頁。
　　植田捷雄「日華平和条約の解釈と批評」『ジュリスト』第11号（1952年６月１日）10-13頁。
　　高野雄一「中共承認の接点を探る」『朝日ジャーナル』第７巻６号（1965年２月７日）89-94頁。
　　同「日中関係と国際法」『ジュリスト』第481号（1971年６月15日）90-101頁。
　　田畑茂二郎「２つの中国論を検討する」『自由』第５号（1960年４月）２-11頁。
　　同「『２つの中国』論と台湾の法的地位」『法律時報』第28巻10号（1956年10月）35-41頁。

第3章　政府承認に関する最近の傾向について[*1]

（1988年）

1　はじめに

　政府承認に関する伝統的な慣行によれば，既存国家内で革命やクーデターにより非合法な政権交替が起きた場合，他国は新政府に「承認」を与えるか，それともこれを差し控えるか，の選択を迫られる。日本もこの慣行に従って，政府承認に関する実行を積み重ねてきており，本書[*2]のテーマの1つは，まさにこの実行の整理・分析にある。

　ところが比較的最近，とくに第2次世界大戦以降，多数の国家が伝統的な慣行を離れ，政府承認を回避ないし廃棄する傾向が拡がりつつある。そこで本稿では，まずこうした最近の傾向の実態を明らかにし，ついでその背景（原因と利点）を探り，最後にその問題点に触れてみたい。

2　イギリスの政府承認政策の変更

　政府承認の回避ないし廃棄という最近の傾向の実態を明らかにするためには，1980年におけるイギリスの政府承認政策の変更を見ておくことが有益であろう。

　もともとイギリスの政策は伝統的な慣行に即したものであって，他国で非合法な政権交替が起きた場合，新政府が当該国家の領域と人民を実効的に支配するに至れば，これに承認を与えることにあった。ただし，この政策は「支配の実効性」を唯一の基準としていたので，たとえば新政府の政策や政権奪取方法が世論の非難を浴びるような場合にも，イギリスとしては新政府を承認せざる

[*1]　本稿は，*The Japanese Annual of International Law*, Vol.28 (1985), p.29ff に掲載された拙稿（英文）をほぼそのまま翻訳したものである。
[*2]　国際法事例研究会『国交再開・政府承認』（慶應通信，1988年）

III 承認と承継

をえなかった。この状況は第2次世界大戦以降，新興独立国の数が増え，しかもその内部で政争が頻発するにつれて，きわめて厳しいものとなっていった。そこで1979年にクーデターの結果ガーナで成立した新政府が，イギリスによる承認後まもなく，旧閣僚を即決処刑に付した事件がイギリス国会で取り上げられたのを機に，イギリス政府は政府承認政策の全面的な再検討に踏み切ったのである。

イギリス政府はこの時期，カンボジアの政府承認についても，苦境に立たされていた。カンボジアでは5年に及ぶ内戦のあと，1975年に新政府が樹立され，イギリスの承認を受けていた。新政府の首班は翌年ポル・ポトに変わったが，その下で特定のイデオロギーに基づく極端な政策がとられ，処刑や大量殺戮によって人口が大幅に減少する結果を招いた。こうした混乱のなかで1978年末にベトナム軍がカンボジアに侵攻し，ポル・ポト軍をタイとの国境地帯へ駆逐する一方，ヘン・サムリンの率いる傀儡政府を樹立した。かくして国会でカンボジア情勢に対する見解を求められたイギリス政府は当初，イギリスがポル・ポト政府を承認している事実は，当該政府の政策の是認に結びつかない旨を強調し続けた。しかし1979年12月になるとイギリス政府は，ポル・ポト政府が国土のごく一部を支配するのみであって，実効的な政府と見なしがたいが，ヘン・サムリン政府もまたベトナム軍の支援なしには存在しえないため，「イギリスの承認しうる政府はカンボジアに存在しない」と声明するに至ったのである。

いずれにせよ1980年4月25日，イギリス政府は下院でおおよそ次のような政府承認政策の変更を表明した。それによれば，(1)外国で非合法な政権交替が起きた場合，新政府が当該国家を実効的に支配するに至れば，イギリス政府はこれを承認する政策をとってきた。(2)この政策は支配の実効性を基準とする中立的な性格のものであったが，新政府の政策や政権奪取方法が世論に非難されるような場合に，承認がそれらの是認を意味するものと誤解されることが多かった。(3)これに対してイギリスの友好諸国の多くは「政府承認」を行わず，ためにこの種の誤解を生じることがなかった。(4)もっとも，かような非合法な政権交替に際し，他国政府は新政府といかなる関係をもつか，とくに新政府を当該国家の政府として取り扱うか否か，を決定しなければならない。(5)そこで今後は，イギリスも友好諸国の例に倣い，政府承認を行わないことにする。そして，

新政府が実効的支配を確保しているか否かを判断したうえで、これといかなる関係に入るかを決定する。

かようにイギリスは政策を変更して、政府承認を行わないこととし、その後、この新しい政策を実施している。この政策はイギリスの友好諸国の政策に倣ったものとされているので、つぎにそれら諸国の政策を見てみよう。

3　政府承認の回避ないし廃棄の傾向

ところで、政府承認に関する諸国の政策や実行を見る上で、きわめて便利な書物が存在する。実は、アメリカ政府は1969年に同国の在外公館に対し、各接受国の政府承認政策を問い合わせるように命じた。さらに1975年、アメリカの法律家L．トマス・ギャロウェイは在ワシントン各国公館に対し、各国の政府承認政策が前回の調査以後に変更されたか否か、を問い合わせた。そして1978年、彼はこの2回の調査結果をまとめて、『外国政府の承認について（*Recognizing Foreign Governments*）』と題する書物を出版したのである。

彼の調査項目の中には、「貴国は政府承認に関し、エストラーダ理論を採用していますか」および「貴国は新政府を承認することと、当該政府と外交関係をもつこととを、区別していますか」という質問がある。ここにエストラーダ理論とは、1930年にこれを表明したメキシコ外相の名に因んだ理論であり、他国政府を承認する旨の宣言を発することは、当該国の内情に判断を加えることであり、主権の侵害に当たるがゆえに、これを廃止すること、をその内容とする。したがって同理論は、イギリスの新政策と結果的に類似の機能を果たすものである、といえよう。

ギャロウェイの書物によれば、調査の対象となった100余国のうち、30以上がエストラーダ理論に類した政策を採用している。このなかには、いわゆる先進国（たとえば、フランス、西ドイツ、ポーランド、フィンランド）と並んで、多くの開発途上国（たとえば、カメルーン、中央アフリカ共和国、コンゴ、ダホメ〔ベナン〕、エチオピア、グアテマラ、ホンジュラス、ラオス、メキシコ、ペルー）が含まれている。このほかに20以上の国が、外交関係樹立を政府承認に代置したり、両者の区別を曖昧にしたりして、実質的に政府承認を回避する政策を採

用している。つまり、調査の対象となった国の半数以上が今日では、政府承認を回避ないし廃棄しているわけである。

これ以外の諸国は、おおむね伝統的な政府承認政策を採用し続けている。ただし、先に見た通り、イギリスは1980年に政策を変更したし、これが他の英連邦諸国に波及する可能性は大きい。また、伝統的な政策を採用し続けている国のなかにも、具体的な政府承認に関する決定に際しては、往々にして政策的な配慮が優先するため、承認が法的というよりも政治的な性格を帯び、エストラーダ理論と大差ない結果になることを認めるものが少なくない。

以下、イギリスの友好諸国のうち、ギャロウェイの書物以外の資料が入手可能なものについて、その政府承認政策をさらに詳しく調べてみよう。

(1) アメリカと西ドイツ

ギャロウェイはアメリカを「政府承認を回避する国家」の1つに数えている。同国の国務省報の最近号(*Department of State Bulletin*, Vol. 77, pp. 462-463)に掲載された1論文は、そのことを裏付けるように思われる。同論文によれば、「アメリカは19世紀中、政府の安定性を基準としてこれに承認を与えてきたため、承認が是認 (approval) につながることはなかった」。しかるにその後、アメリカ政府が人民の支持、国際義務の履行能力、新政府の政策など、種々の基準を外国の新政府承認にかからしめ始めたため、アメリカは自らが承認する政府を是認するが、承認しない政府を是認しないかのような印象を生み出したのである。そして、

> こうした印象が、今度は逆に、アメリカの政府承認政策の決定に際して、必ずしも国益上好ましくない影響を及ぼす結果となった。近年、アメリカは外国における政権交替に際して、承認を回避し、外交関係の有無のみを問題とするようになっている。

確かに、ムーア、ハックワース、ホワイトマンがアメリカの国家実行を分析・整理した『国際法ダイジェスト』シリーズを注意深く検討してみると、政府承認の事例に挙げられている中には、アメリカ外交官の信任状奉呈、外国新元首への祝辞送達、外交関係の再開のような、いわゆる黙示の承認に当たるも

のが多い。ここに黙示の承認とは，明示の承認と対比される概念であって，後者が承認に係わる行為（たとえば，外国新元首への祝辞や外国新政府に関する政策表明）の中で，新政府承認の意図を明白に表現する事例をいうのに対し，前者は明白な表現によらず，外国の新政府が当該国の政府であることを前提とした行為をなすことによって，承認の意図が推量される事例をいう。

　もっとも，アメリカは明示の承認を完全に廃棄したわけではない。たとえば，中国との外交関係樹立に関する1979年の共同声明を見ると，「アメリカは中華人民共和国政府を中国の唯一の政府として承認する。この前提のもとで，アメリカ人民は台湾人民（the people of Taiwan）と文化的，商業的，その他の非公式関係を維持し続けるであろう」と表現されている。この事例で明示の承認がなされたのは，その政治的重要性のゆえにであろう。したがってアメリカは，一般に政府承認を回避しているものの，政治的配慮に基づき明示の承認を与える可能性を残している，といわねばならない。

　ギャロウェイは西ドイツを「エストラーダ理論を採用した国家」の1つに数えると同時に，西ドイツが国益の要請に応じて，明示の承認を与える場合もある，と述べている。事実，筆者が1980年8月29日，西ドイツ外務省条約局第1課長と面談した際，彼はつぎのように説明した。すなわち，接受国で非合法な政権交替が起きると，駐在の西ドイツ公館は一時的に当該国政府と一切の接触を絶つように訓令される。その後，必要に応じて，西ドイツ公館は当該国政府といろいろなレベルで政府間関係を再開し，最終的には外交関係を完全に回復するに至る。ただし，この過程において，西ドイツ公館は「承認」という表現を用いないように細心の注意を払う。かように，西ドイツの実行はアメリカの実行にきわめて近い，といえよう。

（2）　フランスとベルギー

　ギャロウェイはフランスを「エストラーダ理論を採用した国家」の1つに数えており，最近のフランスの実行はこれを裏付ける。

　たとえば，1965年のアルジェリアにおけるクーデターに際し，フランスは「国家を承認するが，政府は承認しない」との理由で，アルジェリア新政府を承認しなかった。同様の実行は，1966年のガーナ，1967年のギリシャ，1969年

のボリビアとリビア，1970年のカンボジア，1973年のアフガニスタン，それぞれにおける革命に際して見られた。フランスの考え方によれば，外交関係は国家間に維持されるものであって，政府間や国家元首間で維持されるものではない。

この政策は，1974年のポルトガル，1975年のエチオピアにおけるクーデターに際しても，踏襲された。また，イラン革命の機会に，フランス外務省は次のような声明を発している。

> フランス政府の実行は，国家を承認することにあって，政府を承認することにはない。……フランスは両国の相互的利益のために，イランと協力する用意がある。わが国のテヘラン駐在大使は，バザルガン氏と接触を開始した。正常化の過程がイラン全国に平和と安全をもたらすよう，フランス政府は希望するものである。

ベルギーもまた，エストラーダ理論を採用する国家グループに属する。それは，1973年9月27日に発せられた，以下のベルギー外務省声明に明らかである。

1）ほとんどの欧州諸国の外交慣行と同様に，ベルギーは政権や政府を承認しない。ベルギーは国家のみを承認する。したがって，ベルギーの承認した国家の内部で政権交替があっても，当該国家に対するベルギーの承認は，法的影響をまったく受けない。
2）かように，ベルギーと当該国家とのあいだの外交関係は存在し続けるのであって，当該国家に駐在するベルギー代表はあらゆる措置，なかんづく当該国家に所在するベルギー国民の保護に必要な措置，をとることが可能である。
3）もっとも，外交関係が維持されるという事実は，ベルギーが当該国家の（新）政府の政策を是認することを意味しない。

（3）スイス

ギャロウェイの質問に対して，スイスは「国家を承認するが，政府を承認せず」，スペイン内乱やアンゴラ政変の際にはエストラーダ理論を適用した，と

回答している。ただし，スイスが同理論を適用した原因は，イギリスやフランスの場合とやや異なっている。

この原因について，承認に関するスイスの最近の書物はつぎのように説明している。1949年12月16日付の在メキシコ・スイス公使館の文書によれば，ベネズエラにおける前年のクーデターに際し，スイスは南米における政権交替に対する自らの態度を明らかにする必要に迫られた。スイスは南米において政治的利害を有さず，その関心はもっぱら交易面に限定されている。

> それゆえ，クーデターのあとで新政府が閣僚名簿をスイス使節団に通告し，承認を求めてくると，使節団長はスイス連邦評議会や連邦政務省の名を出さず，彼自身の名において，両国間の親密な関係が継続することを希望する旨，返答することになっている。彼の返答の文面には，「承認」の語は用いられない。
> この慣行は，両国間の良好な関係を維持すると同時に，スイス政府が接受国革命政権の承認問題について声明する必要をなくす，という利点を併せもつ。
> そしてこの方式は，例外的な場合に，スイスが使節団長の返答を正式に撤回し，連邦政府の名において当該返答と異なる態度をとることを，可能にするのである。

実際，この方式は，中南米の政権交替に対する第2次世界大戦後のスイスの実行と合致しており，1949年以降は，世界の他の地域における政権交替に対しても適用されてきている。

4　最近の傾向の原因と利点

3で見たとおり，政府承認の回避ないし廃棄の傾向は，単にイギリスにとどまらず，イギリスの友好諸国を含むきわめて多数の国家に拡がっている。ここで，その原因と利点を要約しておこう。

第1の原因は，政府承認が承認される政府の政策や政権奪取方法の是認につながる，という印象を避けることにあると思われる。一方で，実効的な支配を

III 承認と承継

基準とし，これを確保した新政府に，その政策や政権奪取方法とかかわりなく，承認を与えてきたイギリスの政策は，それらの是認につながるとして非難された。他方，実効的な支配のみならず，人民の支持や国際義務の遵守能力などをも，承認の要件として新政府に求めたアメリカの政策は，まさに承認と新政府の是認とを結びつけるものとして非難された。いずれにせよ，承認を与えるかぎり，それが承認される政府の是認につながるとの印象を絶つことは，困難であった。政府承認を回避ないし廃棄することは，何よりも，こうした印象を避ける利点がある。

政府承認の回避ないし廃棄の第2の原因は，新政府との関係のより弾力的な処理を可能にすることにある，と思われる。イギリス式の伝統的な慣行に従えば，外国は新政府を承認するまでのあいだ，旧政府を承認し続けているものと見なされる。そのため，革命が旧政府を完全に打倒するに至らず，新旧両政府の並存する状況が生まれると，外国は対応に苦慮せざるをえない。というのは，時期尚早の承認は，国際法の禁じる内政干渉にあたり，また，最近はほとんど行われないものの，新政府を交戦団体として承認することは，旧政府の不興をかう怖れが強い。こうした場合，政府承認を回避ないし廃棄すれば，承認の問題に触れないまま，新政府と何がしかの関係に入ることが可能になる。

同様に伝統的な慣行に従えば，外国はやむを得ない事情により，新政府と何がしかの関係に入る場合にも，その関係が「承認」と受け取られないように細心の注意を払わなければならない。たとえば，アメリカの外交官は接受国における外交団（diplomatic corps）の長が，アメリカの承認していない政府の代表である場合，その長との接触を必要最低限度に抑えるよう訓令される。また，伝統的な慣行によれば，承認を撤回することは困難ないし不可能であり，これを事実上撤回するためには，新政府を承認する以外にないとされてきた。イギリスがポル・ポト政府に対する承認の撤回をめぐって苦境に立たされたのは，まさしくこのゆえであった。ところが，政府承認を回避ないし廃棄すれば，そうした注意を払う必要もなく，また苦境に立たされることもなく，新旧いずれの政府とも適宜何がしかの関係をもつことが可能となるのである。

さらに，政府承認を回避ないし廃棄すれば，非合法な政権交替が起きた国の政府との関係を，停止することなく継続することが可能となる。伝統的な慣行

によると，非合法な政権交替が起きた国に派遣されている外交使節団は，派遣国自体が新政府の承認に関する決定を下すまで，接受国政府との一切の公式接触を停止するのが常である。しかもこの決定には，数日から数週間を要することが稀でなく，この間，使節団の行動は大幅に制約されざるをえない。政府承認を回避ないし廃棄すれば，そうした停止の必要はなく，使節団は適当と考えるところにしたがって，新政府と接触することが可能となる。先に見たスイスの実行は，接受国政府との交易関係を間断なく維持する目的にかなうものであり，スイス以外の諸国にとっても大いに参考となるものであろう。

　政府承認を回避ないし廃棄する第3の原因は，純理論的な要請に基づくものである。これも先に見たとおり，フランスやベルギーの実行は，外交関係は国家と国家の間に維持されるものであって，各国家の内部における政権交替により影響を受けない，との理論的前提に立っていた。この理論にしたがえば，各国における政権交替のたびごとに政府承認を要請することは，外交関係を過度に複雑にし，かつ，他国の内部事情に対する干渉に通じる。したがって，ひとたび国家に承認を与えれば，それ以後は当該国家の「政府」に承認を与える必要はない。換言すれば，国家承認は政府承認を包含ないし排除する，と考えられているのである。

　もっとも，この理論に問題がないわけではない。1つには，外交関係が政府間でなく，国家間で維持されるという前提は，現実に即さないように思われる。たしかに，政府の変更によっても国家の同一性は影響を受けない。だが政府の変更は当該国家の対外関係に影響を与えるし，ときとして外交関係の停止や断絶をもたらすことがある。だとすれば，外交関係は政府間で維持されると考えるほうが，より適切であろう。2つには，政府承認は必ずしも他国の内部事情に対する干渉に通じない。たしかに，政府承認が政治目的に利用され，濫用される危険のあることは事実である。だが，それは国際法上の他の制度についても当てはまることであり，また政府承認の当否は通常，支配の実効性という客観的な基準に基づいて決定されているのである。

　政府承認の回避ないし廃棄という最近の傾向は，ある意味で，この制度が国際関係において有する意義の低下を象徴している。すなわち，過去において政府承認は，新政府が既存諸国の政府と種々の関係に入るための，ほぼ唯一の仕

組みと見なされていた。しかしながら今日においては，政府承認以外にも，政府間に関係を生ぜしめる仕組みがいくつか存在する。たとえば多数国間条約は，ある国の政府が未承認政府と条約関係に入ることを可能にする。また国際会議においても，ある国の代表が未承認政府の代表と席を同じうする。さらに国際機構においては，未承認政府の代表を含む各国の代表が，相並んで会合し，討議し，表決に加わることができる。このように今日では，承認制度によらずとも，政府が相互に何がしかの関係に入ることを可能にする種々の仕組みが存在するのであって，政府承認の回避ないし廃棄は，この制度がかつて国際関係において有していた重要性を徐々に失いつつある事実を裏書きするものだ，といえるのではなかろうか。

いずれにせよ，政府承認の回避ないし廃棄の傾向は，政府承認と承認される政府に対する評価とを区別したいとする願望や，新政府との関係をより弾力的に処理すべき必要から生じたものであり，そうした願望や必要に応える利点を有するものである，といえよう。

5 最近の傾向に対する批判

4で見たとおり，政府承認の回避ないし廃棄の傾向は，それなりの原因と利点をもつが，これに対しては批判もまた存在する。以下，その批判を5種に分け，それぞれの妥当性を検討してみよう。

第1の批判は，最近の傾向が政府承認を新政府に対して政治的に活用する道を閉じるものである，と指摘する。確かにアメリカは過去において，中南米の新政府から政治的譲歩を得る手段として，承認を活用した。ソ連や中国に対する長期間の政府承認拒否もまた，その例といえよう。だが，承認は政治的譲歩を得べき唯一の手段ではなく，政府承認の拒否は多くの場合，問題を解決するよりも，新たな問題を生み出してきた。最近の傾向は，まさにそうした事態を避ける目的で，拡がってきたのである。

政治的譲歩を得る手段としては，政府承認よりも，経済的制裁や外交関係の停止のほうがより効果的である。もっとも，外交関係の停止を政治的譲歩獲得の手段に用いるならば，外交関係の維持が新政府の是認と見なされることとな

り，外交関係の維持と政府承認とを区別する意味が失われる，との批判がある。しかしこの批判は，最近の傾向が政府間の関係を外交関係に限定せず，それ以外に種々の関係が存在しうることを前提としている事実を見落している。

　最近の傾向に対する第2の批判は，政府承認の回避ないし廃棄が非合法な政権交替を助長する，と指摘する。だがこの批判は，車を馬の前に置くものである。革命やクーデターによる非合法な政権交替が承認問題を生じさせるのであって，その逆ではない。

　最近の傾向に対する第3の批判は，革命が完全には成功せず，新旧両政府が並存するに至った場合に，そのいずれを選択すべきかという困難は，政府承認の回避や廃棄によっても解消しえない，と指摘する。しかし，並存する新旧両政府のいずれを選択すべきかという困難は，承認制度を存続させる場合にも，同様に生じるものであり，この困難をエストラーダ理論に帰することは正当でない。また，新旧両政府の並存状態が長引き，双方が一定の地域を半永久的に支配するに至れば，政府承認よりも，むしろ国家承認の問題が生じてくるであろう。

　最近の傾向に対する第4の批判は，政府承認の回避や廃棄が「黙示の承認」の別名にすぎない，と指摘する。黙示の承認とは，すでに見たように，派遣国の外交官の信任状奉呈，外国新元首への祝辞送達，外交関係の再開のように，当該行為の相手方たる外国政府がその外国を代表するものであることを前提とした行為を通して，政府承認の意図が推量される場合をいい，外見上，政府承認の回避や廃棄と区別することが困難な場合がある。

　けれども理論的には，黙示の承認と承認の回避ないし廃棄とのあいだには，明確な相違がある。前者によれば，一国における非合法な政権交替に際して，他国は新政府を承認すべきか否かを決定しなければならない。ところが後者は，この決定の必要性を排除することを目的としており，一国における非合法な政権交替に際して，他国による承認の問題は生じないのである。もっとも，後に見る通り，たとえば外交関係の再開が黙示の承認にあたる，と主張される可能性は残るが，そうした可能性があるからといって，各国が政府承認を廃棄した事実を変えることはできない。

　最近の傾向に対する第5の批判は，政府承認の回避ないし廃棄が国内的な混

Ⅲ　承認と承継

乱をもたらす，と指摘する。伝統的な慣行によれば，新政府の法的地位を明確にする必要が生じた場合，他国の省庁や裁判所や私人は常に自国政府の承認政策を参照しうる。ところが最近の実行によれば，自国政府は承認について決定を下さないため，これらの省庁や裁判所や私人は新政府の法的地位についてそれぞれに判断せざるをえず，その結果，かれらの判断に矛盾や食い違いが生じて，混乱する可能性が残る。特に英米法系の諸国では，対外関係事項について裁判所が政府に情報を求め，それに基づいて判決を下す慣行があるため，そうした混乱の可能性は一層強い——これが第5の批判の核心である。

　だが，この種の矛盾や混乱の生じる可能性は，実際にはほとんど存在しない。1つには，政府承認を回避ないし廃棄した西ドイツやフランスにおいて，この種の矛盾や混乱は見られない。たしかに，伝統的な慣行から最近の実行への移行が十分な準備もなく，唐突になされるならば，初期において多少の矛盾や混乱の生じる可能性は存在する。しかしながら，それらは時間とともに解消するであろうし，現にイギリスにおいて，矛盾や混乱の発生は伝えられていない。

　仮に，裁判所が対外関係事項について政府に情報を求める慣行を続けるとしても，それによって混乱が生じるとは考えられない。先に指摘したとおり，西ドイツやフランスのような欧州大陸諸国において，裁判所が政府に情報を求める慣行は存在しないけれども，外国の新政府の法的地位に関する裁判所の判断が，そのために混乱することは稀である。また，最近の実行のもとで，英米の裁判所が政府に情報を求める場合にも，政府は実態に即した情報を与えるものと思われる。すなわち，英米の政府は新政府と外交関係を樹立するに至っていないならば，現実に政府間関係が発生しているか否か，発生しているとすればそれはいかなる内容の関係であるか，について具体的な情報を与えるであろうし，裁判所はそれに基づいて，新政府の法的地位を判断するであろう。

　そして，このような新しい事態のもとで，英米の裁判所が困惑する可能性はきわめて少ない。主権免除をめぐるアメリカの経験が，そのことを証明している。伝統的にアメリカは主権免除について，いわゆる絶対免除主義をとっていたが，1952年に至って相対的免除主義に移行し，たとえ主権者の行為であっても「商行為」に該当するものは，免除されないこととした。ところが裁判所は国務省に情報を求め続け，かつ，何が商行為に該当するかに関する国務省の基

準が不確定であったため，結果として混乱が生じた。そこで1976年には，議会が「外国主権者免除法」を制定して，商行為を免除の対象から除外するとともに，何が商行為に該当するかの判断を，裁判所自体の裁量に委ねたのである。そして今日までのところ，混乱は生じていない。イギリスが1978年に制定した「国家免除法」についても，同じことがいえる。

結局，以上に見た五種の批判はいずれも，政府承認の回避ないし廃棄に対する反論として不十分であり，最近の傾向はより多くの国に拡がるものと思われる。

6 おわりに

本稿の目的は，政府承認に関する諸国の最近の実行を明らかにすることにあった。そして検討の結果，政府承認を回避ないし廃棄する傾向が拡がりつつあり，しかもそれにはしかるべき原因と利点のあることが判明した。また，最近の傾向に対する批判には，必ずしも十分な理由のないことも判明した。そこで最後に，この傾向が政府承認の制度そのものにどのように影響するのか，を考えてみよう。

そのためには，そもそも政府承認が具体的に国家のどのような行為を指すのか，を分析することが肝要である。結論的にいえば，政府承認とは，外国の新政府が当該外国を国際関係において代表することが適切か否かに関係して，一国の政府が下す判断であり，それはしばしば宣言の形式をとる。伝統的な慣行によれば，この行為は，外国の非合法な政権交替から派生する国際法上の諸問題を処理すべき，唯一の基準とされてきたし，国内の裁判所もこの政府の判断に依存してきた。ところが伝統的な慣行は，すでに見たような種々の困難と批判を生み出した。また，国際関係の複雑化につれて，承認以外にも，政府間関係を樹立すべきいくつかの仕組みが出現した。かくして伝統的な慣行を回避ないし廃棄する国が増えてきたのである。

最近の実行の核心は，以下の諸点にある。(1)ある国で非合法な政権交替が起きた場合，新政府がその国を国際関係において代表することが適切か否かに関し，他国の政府は自己の判断を宣言の形式では明らかにしない。(2)ただし，他

Ⅲ　承認と承継

国の政府は適切と考える方法で，新政府と種々の関係に入る。(3)その関係がいかなる法的効果を有するかの判断は，裁判所や学説に委ねられる。つまり，最近の実行によれば，政府承認の制度は，外国の非合法な政権交替から派生する国際法上の諸問題を処理すべき，唯一の基準ではなくなったのである。

　最近の実行のもとで，既存諸国の政府が外国の新政府と持つ関係がいかなる法的効果を有するかの検討は，本稿の目的を超えている。しかし，以下のことは指摘できよう。まず，国際レベルにおいては，既存諸国の政府と新政府との関係は，エストッペル効果を有する。すなわち，その関係が外交関係であるならば，既存諸国の政府は後になって，新政府が自らの国を国際関係において代表しえない，とは主張できない。その関係が外交関係に至らないならば，それぞれの場合に応じて判断しなければならない。たとえば，単なる文化使節の交換やスポーツ大会への選手団派遣などは，新政府が自らの国を国際関係において代表することの容認につながらないであろう。次に，国内レベルにおいては，新政府と外交関係を持つに至った場合には，これを当該国家を代表するものとして扱うべきであろう。外交関係に至らない関係しか存在しない場合には，未承認政府の当事者能力や主権免除や国内法令の効力に関し，これまでに積み上げられてきた判例や学説を参考にして，処理すべきであろう。たとえば，既存国家の私人と新政府とのあいだにおける商行為は，主権免除の対象とされないであろう。

第4章　条約承継条約と最近の国家実行
——とくに自由権規約の承継に関連して——

（2003年）

1　はじめに

　本稿の目的は，条約一般とくに「市民的及び政治的権利に関する国際規約（以下，自由権規約）」の承継にかかわる国家実行の分析をつうじて，(1)これらの実行が，1978年に採択された「条約についての国家承継に関するウィーン条約（以下，条約承継条約）」の関連規定とどの程度まで合致するか，(2)条約一般の国家承継と比べて，人権関係条約の国家承継には何らかの特徴があるか，という2つの問題を検討することである。

　条約承継条約は永年にわたる国際法委員会の作業の結果，1977年から翌78年にかけてウィーンで開かれた国際会議により採択されたが，その内容が必ずしも従前の国家実行を反映しておらず多分に立法的であって，「新独立国」に有利に過ぎるとの批判もあり，1990年当時の当事国はわずか8ヶ国に過ぎなかった[1]。しかしながら，社会主義の崩壊に伴い誕生したもしくは主権を回復した東欧の諸国が相次いで批准したことによって当事国数が15に達し[2]，同条約は1996年にやっと効力の発生をみるに至ったのである。効力発生が遅れた原因の1つは，そもそも条約の規定は当該条約の効力が発生して以後の事態にしか適用されないのであるから，アジアやアフリカの新国家がほぼすべて1978年以前に独立を達成していた事実に鑑みれば，これらの諸国の条約承継についてのウィーン条約承継条約の諸規定が適用される可能性がほとんど無かったことにあった。その意味で，社会主義崩壊後の東欧の新国家による条約承継の実行が同条約の関連規定とどの程度まで合致するかを検討することは，同条約の妥当性を確認するうえで，きわめて重要な作業だといえよう。

　また，条約一般の国家承継と比べて，人権関係条約の国家承継には何らかの特徴があるか，という問題の検討に当たっては，1995年11月3日，香港に関す

るイギリスの報告書の審査後に自由権規約委員会[3]が委員長声明の形で公表した見解に着目することが必要である。それによれば,「自由権規約によって保護される諸権利は,当事国の領域に居住している人々に所属するものである。長期にわたる慣行が示すように,委員会の一貫した見解によれば,ある領域に居住する人々が一旦自由権規約のもとで諸権利を保護されれば,その保護は領域とともに移管され人々に所属し続けるのであって,規約の保護する諸権利を人々から奪う目的で政府が変更したり,国家が複数の新国家に分裂したり,国家承継その他の行為を当事国がとったりしても,その保護は変わることがない」[4]。この原則は,中国が自由権規約の当事国でないため,香港が中国に返還されて以後も,同規約が香港に適用され続けることを狙ったものであって,「自由権規約継続の原則」と呼ぶことができようが,のちに自由権規約委員会の一般的意見[5]に取り入れられた。ただしその内容は,条約一般の国家承継にかかわるウィーン条約承継条約の諸規定とは合致しない。したがって,自由権規約の承継にかかわる国家実行がこの原則の内容を裏付けるかどうかを検討することもまた,きわめて重要な作業であるということができよう。

2 分析の枠組み──自由権規約にかかわる国家承継の分類

さて,上述の目的のため,自由権規約の承継にかかわる国家実行を分析するにあたって,最初に分析の枠組みを明らかにしておこう。まず,本稿では,これまでに自由権規約の承継が問題となったすべての事例を分析の対象とする。

---

1) ドミニカ,エジプト,エチオピア,イラク,モロッコ,セーシェル,チュニジア,ユーゴスラビアの8ヶ国。
2) ボスニア・ヘルツェゴビナ,クロアチア,エストニア,マケドニア,スロバキア,スロベニア,ウクライナの7ヶ国が批准し,さきの8ヶ国と合わせて,効力発生に必要な15ヶ国に達した。
3) 自由権規約に基づき,個人資格で選出される18名の専門家から成り,当事国による同規約の国内的実施の監視を任務とする機関。
4) United Nations, General Assembly Official Records-Fifty-first Session, Report of the Human Rights Committee (A/51/40) [hereafter cited as Report of HRC (A/51/40)], Vol. I, pp.16-17.
5) See General Comment No. 26 (Continuity of Obligations), para.4.

第4章　条約承継条約と最近の国家実行

したがって，先に触れた東欧の諸国による承継以外の事例をも，分析の対象に加えることとする。また，ウィーン条約承継条約の分類を参考にして，これらの事例を「領域の一部移転」，「国家結合および併合」，「主権回復ないし分離独立」，「国家分裂」の4カテゴリーに分類し，各カテゴリーごとに承継の実態を検討していく。その際，1で述べたように，それらの実態が，(1)条約承継条約の関連規定とどの程度まで合致するか，(2)自由権規約委員会が採択した「自由権規約継続の原則」と合致するかどうか，の2点に留意することとする。また，実態の理解に必要な範囲で，継承の経緯にも触れることとする。いずれにせよ，この4カテゴリーに分類される事例は，つぎのとおりである。

(1)　領域の一部移転……香港，マカオ
(2)　国家結合および併合……イエメン，ドイツ
(3)　主権回復ないし分離独立……バルト3国，ウクライナ，ベラルーシ，CIS諸国
(4)　国家分裂……ユーゴスラビア，チェコスロバキア

　以下，この順序に沿って，各事例にかかわる自由権規約の承継の実態を検討していく。ただし，この検討は資料の入手可能な範囲に止まらざるをえないことを，あらかじめお断りしておきたい。

3　領域の一部移転

　このカテゴリーに属する事例は，香港とマカオである。もっとも，両者はもともと中国の一部であった領域が「返還」された事例であり，しかもすぐあとで見るように，香港とマカオとでは事情が必ずしも同一ではない。だが両者はともに，一旦「割譲」された領域が「返還」されたものであって，領域に対する主権者または統治権者が変更したわけであるから，条約承継条約で扱う"領域の一部移転"に該当する事例と見ることができよう。

　領域の一部移転にかかわる条約承継について，条約承継条約は「先行国の諸条約は（当該）領域に関して国家承継の日から効力を失」い，「承継国の諸条約は（当該）領域に関して国家承継の日から効力を有する」と規定している

259

(第15条)。これは"条約の領域的効力は主権ないし統治権とともに移動する"という「条約境界移動(moving treaty-frontier)の原則」を具体化した規定である[6]。この原則によれば，イギリスやポルトガルが当事国であることによって香港やマカオに適用されてきた自由権規約は，同規約の当事国ではない中国に両地域が返還されることにより，失効することになる。先に見た自由権規約委員会の委員長声明は[7]，まさにこうした事態を避けるために公表されたものであった。そうした前提に立って，香港とマカオに関する承継の背景をやや詳しく検討してみよう。

(1) 香　港[8]

香港，アヘン戦争の結果1842年の南京条約により中国からイギリスに割譲された香港島，1860年の北京条約で同様に割譲された対岸の九龍とストーン・カッター島，および1898年条約で99年間租借された新界と周辺諸島，から成るイギリスの海外領であったが，1984年の英・中共同宣言により，1997年7月1日を期して中国に返還された。

ところで1984年の英・中共同宣言は，返還後の香港が「特別行政区」として中央政府の権威の下で高度の自治と独自の立法・行政・司法機能を持つこと，市民の権利が特別行政区の法によって保障されること，を規定しており，また共同宣言の第1付属書第11部は条約の承継について，

> 中国が当事国であるまたは当事国となる国際協定の香港特別行政区への適用は，同特別区の状況と必要に応じかつ特別行政区政府の意向を確かめてのちに，中国政府が決定する。中国が当事国でない国際協定で香港に適用されているものは，香港特別行政区で引き続き適用することができる。

と規定していた。この規定に基づき，英・中共同宣言によって設置された英・

---

6) *See*, for example, United Nations Conference on Succession of States in Respect of Treaties, Official Records (A/CONF. 80/16/Add.2)，Vol.III, p.38
7) 前出258頁参照。
8) 拙稿「主権(統治権)行使国変更後の自由権規約の適用」『国際人権』第8号(1997年)57頁以下，特に60頁参照。

第4章　条約承継条約と最近の国家実行

中合同連絡グループは225の多数国間条約を検討し，そのうち12を除くすべての条約を香港に適用し続けることに合意したのである[9]。

そして1997年6月20日，この合意の下で中国政府は国連事務総長に通告書を送り，通告書の付属書に掲載された多数国間条約が1997年7月1日以降「香港特別行政区に適用され続ける」旨を国際連合または専門機関の加盟国に通知するように要請した。通告書の第2付属書には，中国が当事国ではないが香港に適用されていた87の多数国間条約が掲載されていたが，このなかに自由権規約は含まれていなかった[10]。ただし，1984年の英・中共同宣言の第1付属書第13部は「香港に適用されている国際人権規約の諸規定は，効力を持ち続ける」と明記しており，これを受けて1990年4月4日，中国の全国人民代表大会議（議会）が制定した「香港特別行政区基本法」の第39条は「香港に適用されている市民的及び政治的権利に関する国際規約……の諸規定は，効力を持ち続け，香港特別行政区の法を通じて実施される。香港の住民が享有する権利および自由は，法の規定によらない限り，制約されない。ただしそのような制約は，前記の規定に反することはできない」と定めた[11]。

このような香港に関する国際条約の承継については，第1に，ウィーン条約承継条約の一般規定と合致しない国家実行が見られた。第2に，香港に関する自由権規約の承継は，1984年の英・中共同宣言自体の規定に基づいてなされ，他の多数国間条約のように同宣言で設置された英・中合同連絡グループによるケース・バイ・ケースの検討を経ることはなかった。その意味で，自由権規約は他の条約一般と異なった扱いを受けた，ということができよう。ただし，香港に関する自由権規約の承継は，イギリスの努力を踏まえた英・中両国の合意に基づくものであって，この合意の形成に当たり，両国が自由権規約委員会のいう「自由権規約継続の原則」を念頭に置いていたか否かは定かでない。いずれにせよ中国は，香港特別行政区当局が準備した「自由権規約の実施状況に関する報告書」を国際連合に提出し，これを自由権規約委員会が審査することを認めたのである[12]。

---

9) A. Aust, *Modern Treaty Law and Practice* (Cambridge University Press, 2000), p.323.
10) *Ibid.*, p.325.
11) 前掲拙稿，注8）60頁。

261

Ⅲ　承認と承継

(2) マ カ オ[13]

　マカオとヨーロッパとの関わりは，16世紀に東洋へ進出してきたポルトガルが当時の明朝の海賊討伐に協力した見返りとして，居住・通商・布教の権利を与えられた時期に溯る。その後マカオは，ゴアやマラッカと並んで，ポルトガルの東洋進出の拠点となったが，天然の良港である香港の発展に後れをとり，香港を含む外部からの訪問者の観光地として命脈を保った。ただし，イギリスへの香港割譲に倣って，1887年にはポルトガルもマカオの領有権を獲得した。
　しかし第2次大戦後，とくに1970年代以降，マカオと香港の国際法上の地位には大きな差異が生じてくる。すなわちポルトガルでは，1974年のクーデターにより長期にわたったサラザール独裁体制が打倒され，民政移管後に採択された1976年憲法は反植民地主義の立場を取り入れて，ポルトガルの領土をヨーロッパ本土と大西洋のアゾレス，マディラ両諸島に限定した。その結果，マカオはポルトガルの領土から除外され，ポルトガルが統治しているが，中国へ返還されるべき領土と認識されるに至ったのである。したがって，1978年6月15日にポルトガルが自由権規約を批准して以後も，同規約はポルトガルの領土でないマカオには適用されない状態が続いた。
　ところが，英・中共同宣言による香港返還の動きに刺激を受けたポルトガルは，自らも1987年に中国と共同宣言を発表し，そのなかで，マカオはポルトガルが統治権を行使しているが，「中国の領土であり，1999年12月20日をもって中国が主権の行使を再開する」旨を言明したのである[14]。また同宣言の第1付属書は，中国の主権行使再開後にマカオ特別行政区を設置し，中国が当事国でない国際条約であってもマカオで実施されているものは，特別行政区において実施され続けることができる，と定めた。さらにポルトガルは，これらとは別に両国大使間協定を締結し，中国による主権行使の再開後もマカオに国際人権規約を適用し続けることを，中国側に約束させた。これを受けて1993年3月

---

12) Report of HRC (A/55/40), Vol.I, p.40.
13) 前掲拙稿，注8) 60頁以下。
14) Portugal, Report on the Application of the Covenant in Macao (CCPR/C/70/Add.9), p.1, paras.1-5.

31日に全国人民代表会議が制定した「マカオ特別行政区基本法」の第40条は，さきに見た「香港特別行政区基本法」第39条とまったく同旨の規定を置いている。

なお，ポルトガルは1992年12月31日の国会決議により，自由権規約を直ちにマカオにも適用することを定め，その後は自由権規約の実施状況について自由権規約委員会へ提出する定期報告書のなかで，マカオにおける実施状況にも触れていた。

以上をまとめれば，マカオに関する自由権規約の承継についても，香港と同様に，第1に，ウィーン条約承継条約の一般規定と合致しない国家実行が見られた。第2に，1987年のポルトガル＝中国共同宣言により，中国が当事国でない国際条約であってもマカオで実施されているものは，中国の主権行使再開以後も実施され続けることができる，という条約一般の承継にかかわる規定にではなく，自由権規約の承継は両国大使間の特別な合意に基づいて処理された。ただし，香港の場合と同じく，承継は両国の合意に基づくものであって，この合意の形成に当たり，両国が自由権規約委員会のいう「自由権規約継続の原則」を念頭に置いていたか否かは定かでない。

4　国家結合および併合

このカテゴリーに属する事例は，イエメンとドイツである。ただし，イエメンが文字どおり2つの既存国家が結合して1つの新しい国家が形成された事例と見ることができるのに対し，ドイツの場合は，ドイツ民主共和国（東ドイツ）がドイツ連邦共和国（西ドイツ）の新たな州に加えられた，言い換えれば前者が後者に吸収合併された国家併合の事例と見るべきであろうと思われる。

ウィーン条約承継条約は，イエメンのような国家結合の場合，特別な事情がないかぎり，いずれかの先行国について効力を有していた条約は当該先行国の領域に関してのみ承継される，と規定している（第31条2項）。条約承継条約は，ドイツのような国家併合の場合に関する明文の規定を置いていない。しかし国家併合は，ある国家全体が他の国家の領域の一部となって自らは消滅するわけであるから，先に見た「領域の一部移転」にかかわる「条約境界移動の原則」

を類推適用して，併合される側の国家について効力を有していた条約は原則として失効し，併合する側の国家について効力を有していた条約が承継国の全領域に効力を及ぼすことになると考えるべきであろう。

（1） イエメン[15]

アラビア半島の南端では，今世紀初頭に絶対王制を樹立し第1次大戦後トルコの支配を離れたイエメン王国が，サヌアを首都として存在していたが，1962年のクーデターにより王制が倒され，イエメン・アラブ共和国と国名を変更した。他方，これに隣接する東部地域は19世紀以来，イギリスのアデン植民地となっていたが，第2次大戦後に民族独立運動が激化し，1967年には南イエメン人民共和国として独立を達成，1970年にイエメン人民民主主義共和国と国名を変更した。このうち，後者は1987年5月9日，自由権規約の当事国となり，1989年10月には第1回報告書を提出して自由権規約委員会の審査を受けていた。その後，両国間で合併の機運が高まり，1990年5月22日，両国は結合してイエメン共和国となり，首都をサヌアに定めた。

およそ条約はとくに制約のないかぎり，当事国の全領域に適用されるものであり，これに関連して，自由権規約第50条は「この規約は，いかなる制限又は例外もなしに，連邦国家のすべての地域について適用する」と規定している。また，自由権規約委員会は国家結合後の1994年10月にイエメンの第2回報告書を審査した際，イエメン共和国がイエメン人民民主主義共和国の規約当事国たる地位を承継したことを歓迎した[16]。上に見た通り，ウィーン条約承継条約は特別な事情のないかぎり，先行国の条約が当該先行国の領域に関してのみ承継される，と規定している。ただし，承継国が，条約は結合後の全領域に適用されることに合意する場合には，この制約は解除される。これらを総合すれば，自由権規約委員会の歓迎に対してイエメン共和国側がとくに反論しなかった事実は，同国が自由権規約の全領域に対する適用を当然のことと考えて黙認した，あるいは事後的に追認したのと同じ効果を持つ，と見なすことができるだろう。

---

15) 前掲拙稿，注8）57頁。
16) Report of HRC（A/50/40），p.50, para.247.

第4章　条約承継条約と最近の国家実行

したがって，この国家実行はウィーン条約承継条約の関連規定と合致するものである。だが，条約一般の承継にかかわるイエメン共和国の国家実行に関する資料が入手できないので，イエメンの事例につき，「自由権規約継続の原則」に関する何らかの結論を導くことは困難である。

(2) ド イ ツ

西ドイツによる東ドイツの国家併合と見なされるドイツの事例では，それ以前から両国がともに自由権規約の当事国であった，という事実に注目することが必要であろう。すなわち，東ドイツは1973年11月8日に，西ドイツは同年12月17日に，それぞれ自由権規約を批准していたのである。しかし，併合に先立つ1991年8月31日に両国間で締結された「統一条約」第11条は，つぎのように規定した。

　　締約国の了解によれば，ドイツ連邦共和国が当事国である国際条約および協定は，国際機構または国際組織の加盟国の地位を定めるものも含めて，その効力を維持し，そこから生じる権利および義務は……本条約第3条で定める（ドイツ民主共和国の）領域に及ぶ。調整が必要な場合は，全ドイツ政府が各条約および協定の相手国と協議する[17]。

この規定の内容は，国際連合の加盟国および多数国間条約の寄託者に通告された。そして，各条約および協定の相手国との協議により，西ドイツが当事国であったほとんどの2国間および多数国間の条約や協定の効力は旧東ドイツの領域に拡大した。このなかには，たとえばNATO（北大西洋条約機構）の設立条約が含まれており，同条約の適用範囲は，統一後のドイツの全領域に及ぶことになった[18]。

また統一条約第12条は，ドイツ民主共和国が当事国である条約については，統一後のドイツ政府がそれぞれの相手国と協議して，その効力を定める，と規

---

[17]　*ILM*, Vol.XXX (1991), pp.457ff, 471-472.
[18]　A. Zimmermann, "State Succession in Respect of Treaties", pp.82-84, in J. Klabbers *et al.* (eds.), *State Succession and Issues of Recognition: The Pilot Project of the Council of Europe* (Kluwer Law International, 1999).

III　承認と承継

定していたが，協議の結果ほとんどの2国間条約は失効し，多数国間条約についても，スプートニク機構設立条約など少数の例外を除いて，すべて失効した[19]。これによって，東ドイツは国際連合をはじめとする国際機構の加盟国資格を失うことになった[20]。さらに，たとえば東ドイツが批准していた11のILO（国際労働機関）条約も失効した。逆に，東西両ドイツが批准していた18のILO条約と西ドイツのみが批准していた44のILO条約は効力を維持し続けるものとされた[21]。

先に指摘したとおり，両ドイツをめぐる条約承継の実行は，「国家結合」よりも「領域の一部移転」に関するウィーン条約承継条約の規定によりよく合致する，ということができるだろう。また，自由権規約の承継も他の条約一般の承継と同様に処理された，といえるであろう。

5　主権回復ないし分離独立

このカテゴリーに属する事例は，すべて東欧諸国とりわけ旧ソ連に関係するものである。ただし，それぞれの事情は同一ではないので，事情の比較的似通った3つのグループに細分し，①エストニア，ラトビア，リトアニアのバルト3国，②ウクライナ，ベラルーシの2国，③いわゆるCIS諸国，の順に検討を進めたい。だが，検討に先立って，次の2点に留意することが肝要である。

それは，まず，ロシアの国際法上の地位である。周知のとおり，旧ソ連は第2次大戦の戦勝国のなかで5大国の1つに数えられ，国際連合憲章のもとで安全保障理事会の常任理事国として拒否権を与えられていた。また，NPT（核兵器不拡散条約）の下では，「核兵器国」に分類されていた。このソ連の地位をソ連の解体後どのように扱うかは，国際社会にとって重大な関心事であった。後に見るように，結論的には，ソ連の地位はロシアが引き継ぐこととなり，その意味でロシアはソ連の継続国家と見なされることになった。つまり，旧ソ連が当事国であった条約は原則として，継続してロシアに適用されることになった

---

19)　*Ibid.*, p.88.
20)　*Ibid.*, pp.209-210.
21)　*Ibid.*, p.217.

わけである[22]。

つぎに，東欧諸国の国家承継については，1991年12月16日にEC（欧州共同体）が「東欧およびソ連における新国家の承認に関する指針」[23]を閣僚会議の宣言の形で発表したことである。この指針は，東欧とソ連の新国家の承認に関するEC加盟国の共通政策を示すものであり，そのなかで，被承認国が「ヘルシンキ最終議定書やパリ憲章で合意した……法の支配，民主主義，人権にかかわる誓約」を尊重することを求めている。これは，少なくとも間接的に，新国家が欧州人権条約等の当事国となるべきことを示唆するものであって，新国家の人権関係条約批准に影響を与えたものと思われる。つまり，自由権規約の承認にかかわるこれら新国家の実行を検討する際には，この指針の存在を無視することはできないのである。

（1） バルト3国

エストニア，ラトビア，リトアニアのバルト3国は，それぞれ長期にわたり周辺の大国の支配下に置かれていたが，第1次大戦後に相次いで独立を達成し，1921年には国際連盟の加盟国となった。しかし第2次大戦中に，独ソ協定によるソ連軍の占領下でソ連に併合され，形式的にはいずれもソヴィエト社会主義共和国連邦を構成する共和国の1つになった。けれども，ベルリンの壁の倒壊に始まる社会主義の崩壊の過程で，リトアニアは1990年3月11日，エストニアは同月30日，ラトビアは同年5月4日，それぞれに「独立回復」を宣言した。かれらの立場によれば，ソヴィエト共和国時代はソ連の軍事占領下に置かれていたに過ぎず，3国の国家性は継続していたのであって，社会主義の崩壊により，独立して国家機能を行使できる状況が現出したわけである。事実，西側諸国はソ連によるバルト3国の併合を認めず，戦間期も外交ないし領事関係を維持することに努めたものも多かった。そうした事情は，条約承継を含む3国との関係を欧州諸国が処理した方式に反映されている。

[22) 後掲270-271頁参照。また，NPTに関する国家承継については，たとえば浅田正彦「ソ連邦の崩壊と核兵器問題（1・2完）」『国際法外交雑誌』第92巻6号（1994年）1頁以下，第93巻1号（1994年）9頁以下を参照。

[23) *ILM*, Vol.XXXI（1992），pp.1486-1487.

Ⅲ　承認と承継

　たとえば，1991年9月5日，外交関係の再開に際して発表した共同コミュニケのなかで，ベルギーは1921年にラトビアを法的に承認し両国間に外交・領事関係が設立されたこと，またベルギーは50余年にわたるソ連の違法なラトビア併合を決して承認しなかったこと，さらにベルギーは今回のラトビアの独立回復を歓迎し外交関係を再開すること，そして「過去の多数の条約を新しい政治的・経済的環境に適応させるように両国が検討する」こと，を強調した[24]。オランダ外相もまた，1991年8月30日に議会へ送付した文書のなかで，オランダはバルト3国を1921年に承認して領事関係を開き，これを外交関係に発展させたこと，EC諸国はソ連のバルト3国併合を法的には承認しなかったこと，オランダはバルト3国が国家承継に関する現行国際法を遵守するものと考えていること，現在の状況はオランダが3国の独立を承認し外交関係を樹立するのに適切なこと，を指摘した[25]。そしてノルウェー外相は，リトアニアとの2国間関係に関する1994年4月20日の合憲議定書のなかで，ソ連によるリトアニアの違法な併合を承認しない旨を断言し，ノルウェーとソ連間の条約をノルウェーとリトアニア間には適用せず，1920年と1940年のあいだにノルウェー＝リトアニア間で締結された条約が効力を持ち続けることを認め，そうした前提に立って2つの両国間条約（1923年の通商航海条約と1930年の自動車等の関税の相互免除条約）の終了に合意すること，を発表した[26]。

　このように，バルト3国にかかわる条約承継の実行は，他国による違法な軍事占領からの独立の回復，すなわち「主権回復」の事例と見るべきであり，ウィーン条約承継条約の「新独立国」に関する諸規定を類推適用すべきではないか，と思われる。これらの諸規定は，「新独立国は，国家承継の日に国家承継が関連する領域に関して条約が効力を有していたという事実のみによっては，いかなる条約の効力を維持する義務も，またはいかなる条約の当事国となる義務も負わない」という第16条の規定に代表されるように，条約の承継にかかわる「新独立国」の裁量の余地を大幅に保障している。これは，多数国間条約についても，特別な事情のないかぎり，「単なる通告によって当事国としての地

24）　J. Klabbers *et al.* (eds.) *supra* note 18), pp.176-177.
25）　*Ibid.*, pp.282-284.
26）　*Ibid.*, pp.298-299.

第4章　条約承継条約と最近の国家実行

位を承継することができる」とする第17条の規定にも現れている。そして，はじめに指摘したとおり，1978年のウィーン条約承継条約の関連規定の内容が従前の国家実行と比べて，「新独立国」に有利に過ぎるとの批判が，同条約の発効を遅らせた一因だと考えられている。もっとも，同条約の規定が保障するような大幅な裁量の余地を，バルト3国が現実に持ちえたどうかは，慎重に検討することが必要であろう。

いずれにせよ，自由権規約については，エストニアは1991年10月21日，ラトビアは同年11月20日，リトアニアは翌92年4月14日，それぞれ同規約を批准する手続をとっている。ソ連が1973年に同規約を批准し，自由権規約委員会へ提出する報告書のなかにバルト3国の領域における情報を含めていたことからすれば，3国が同規約を比較的早い時期に批准した事実は，「自由権規約継続の原則」に即していると評価しうるかも知れない。しかしながら，3国がソ連の軍事占領中も自らの国家性を維持し，社会主義の崩壊後に独立・主権を回復したという立場をとっている以上，かれらをソ連の承継国と見ることは困難である。むしろ，3国の批准はソ連との継続性を否定し，かれらがあたらしく自由権規約に加入する方法を選んだものと見るべきであって，「自由権規約継続の原則」の実例と考えるのは不適切であろう。

(2) ウクライナ，ベラルーシ

ウクライナとベラルーシの2国は，バルト3国と同様に，周辺の大国の支配下に置かれた歴史を持つが，第1次大戦中のロシア革命以前から帝政ロシアの一部であり続けた点で，バルト3国とは異なる。また，両国は第2次世界大戦後にソヴィエト社会主義共和国連邦を構成する共和国のそれぞれ1つであった点では，バルト3国と同じであるが，バルト3国と異なり，ウクライナとベラルーシは国際連合設立時の特異な事情によって当初から国際連合とその専門機関（ただしFAO［国連食糧農業機関］を除く）の加盟国であった。そのため，これらの国際機構の基本文書となる条約の承継は，ウクライナとベラルーシについては問題とならなかった。同様に，国連事務総長が寄託者である人権関係条約の国家承継も問題とならなかった。とくに自由権規約については，ソ連は1973年10月16日に自由権規約を批准していたが，ウクライナとベラルーシもと

もに同年11月12日，ソ連とは別に同規約を批准していたので，1991年のソ連の解体後も，両国は同規約の当事国であり続け，その承継は問題とならなかったのである。

しかしながら，のちに見るように他の CIS（独立国家共同体）諸国がソ連から分離独立した1991年には，ウクライナは8月24日，ベラルーシは翌25日に独立を宣言し，それぞれの憲法を制定した。そして，両国は人権状況に関する報告書を従前どおり自由権規約委員会に提出し，その審査を受け続けているが，報告書の内容はそれまでと比べて際立った違いを見せるようになった。いずれにせよ，同年12月8日，ウクライナとベラルーシはロシアとともに「CIS 創設協定」に合意し，そのなかで「ソヴィエト社会主義共和国連邦がもはや存在しないことを宣言」するとともに，同連邦が「締結した条約及び協定のもとでかれらが負う国際的な義務を履行することを約束」したのである[27]。ウクライナとベラルーシは，バルト3国のような主権回復の事例ではなく，分離独立の事例と見なされるので，条約承継条約の関連規定によれば，「承継の日に先行国の全領域について効力を有するいかなる条約も……各承継国につき引き続き効力を有する」（第34条1項a）ことになる。したがって，条約一般の国家承継にかかわる両国の実行は，この関連規定の内容と合致するものだといえよう。ただし，核軍縮関係の諸条約とくに NPT にかかわる承継については，つぎの CIS 諸国の項で検討するように，これとは違った実行が見られることになった。

（3） ロシア，ウクライナ，ベラルーシを除く CIS 諸国[28]

ソ連の継続国家となったロシア，うえに見たウクライナとベラルーシの3国を除く CIS の9ヶ国は，すべて1991年中にソ連からの分離独立を宣言した。これを時期順に見ると，ジョージアが4月9日，モルドバが8月27日，アゼルバイジャンが8月30日，キルギスとウズベキスタンが8月31日，タジキスタンが9月9日，アルメニアが9月23日，トルクメニスタンが10月27日，そしてカザフスタンが12月16日，となっている。

---

27) *ILM*, Vol.XXXI（1992），p.142.
28) 前掲拙稿，注8）58頁。

このうち，ジョージアを除く8ヶ国は同年12月21日にアルマ・アタ宣言を採択し，そのなかで「旧ソヴィエト社会主義共和国連邦が締結した条約および協定から生じる国際的な義務を，各自の憲法手続に従って履行することを保障する」ことを表明した[29]。さらに，1992年7月6日のCIS加盟国共同了解覚書は，「多数国間条約の承継にかかわる諸問題は国際法の諸規則に従って各加盟国が決定する」旨を規定した[30]。この規定を上述の「CIS創設協定」の規定と比較すれば，「ソ連の条約上の義務を原則として承継する方向から，承継を各加盟国ごとの手続に委ねる方向へ」力点が移っているように思われる。こうした力点の移行が何を意味したのかは不明である。だが，CIS諸国にかかわる条約承継のなかで，もっとも大きな問題の1つは，米ソ間のSTART（戦略核兵器削減条約）やABM（対弾道ミサイル制限）条約，とりわけ多数国間条約であるNPTの目標実現にとって，条約承継がマイナス作用を及ぼさないことをいかに確保するか，であった。

　CIS諸国のような分離独立の事例に関する条約承継条約の規定によれば，旧ソ連時代に全領域に配備された核兵器・核弾頭はロシアのみならず，ウクライナ，ベラルーシ，カザフスタンなど他のCIS諸国にも散在しており，それらの諸国がNPT上の「核兵器国」の地位を承継することになりかねない。しかし，そうした事態は国際平和・安全に対する脅威となるばかりか，NPT自体の目的を阻害するものである。結局，米ソの協力により，CIS諸国の領域に配備されていた核兵器・核弾頭がロシアに移され，ウクライナ，ベラルーシ，カザフスタンが「非核兵器国」としてNPTに加入することにより，事態は収拾されたが[31]，この国家実行がウィーン条約承継条約の関連規定と少なくとも形式的に合致するとは考えられない。

　なお，うえに挙げたCIS9ヶ国はすべて，1992年に国際連合に新規加盟を申請し，これを認められた。また，9ヶ国のうち，アゼルバイジャンは同年8月13日，モルドバは翌93年1月26日，アルメニアは同年6月23日，ジョージアは

---

29) *ILM*, Vol.XXXI（1992），p.149. ジョージアも1993年10月22日にはCISの中核をなす諸文書を批准して，加盟国となった。
30) *RBDI*, tome 26（1993），p.627.
31) 詳細は浅田・前掲注22）を参照。

94年5月3日，キルギスタンは同年10月7日，ウズベキスタンは95年9月28日，トルクメニスタンは97年5月1日，タジキスタンは99年1月4日，それぞれ自由権規約を批准したが，カザフスタンのみは今日まで批准していない[*1]。批准したCIS諸国はいずれも，旧ソ連から分離独立した新国家として加入手続をとっており，かつ個別バラバラに7年近い期間にまたがって批准しているのであって，この実行もまた，「自由権規約継続の原則」によるものとは考えがたい。

6　国家分裂

ここに国家分裂とは，先行国が2または3以上の新国家に分裂し，先行国自体は消滅するカテゴリーを指す。これに属する事例はユーゴスラビアとチェコスロバキアスロバキアの2つである。

ウィーン条約承継条約は，「国家分裂」の場合の条約承継について独立した条文を置かず，「分離独立」の場合の条約承継を規律する条文が「先行国が引き続き存在すると否とにかかわらず」適用される，と規定している。したがって，先行国が消滅する「国家分裂」の場合でも，特別な事情のないかぎり，「国家承継の日に先行国の全領域について効力を有するいかなる条約も……各承継国につき引き続き効力を有する」ことが原則であるが，先行国の領域の一部がそのまま一承継国となる場合には，その一部につき「効力を有するいかなる条件も，その承継国のみについて引き続き効力を有する」ことが認められる（第34条1項a, b）。ただし，チェコスロバキアの分裂が合意に基づき円滑に進行したのと対照的に，ユーゴスラビアの分裂は民族間の武力闘争を伴う複雑な過程をたどることになった。以下では，条約承継に焦点を当てながら，両国の分裂の実態を検討してみよう。

（1）ユーゴスラビア

そもそもユーゴスラビアの前身をなしたのは，第1次大戦後の1919年に樹立

[*1]　カザフスタンも2006年1月24日に批准した。

第4章　条約承継条約と最近の国家実行

されたセルブ・クロアート・スロヴェーヌ王国であったが，同王国はその国名が象徴するように，多くの異質な要素を抱えもっていた。しかし，第2次大戦中，ナチス・ドイツの占領軍に対しユーゴの指導者チトーはパルチザン戦争を展開して，自力で全土を解放し，戦後は独自の社会主義路線を進めて，労働者の自主管理と地域・民族エゴの排除を基礎に「ユーゴスラビア社会主義連邦共和国」の統一保持に腐心した。だが，1980年のチトーの死後，連邦制の維持は次第に困難となり，社会主義崩壊の潮流のなかで民族間の対立・抗争が武力紛争にまで激化して，ついに91年6月25日にはスロベニアとクロアチアが，9月17日にはマケドニアが，そして10月15日にはボスニア・ヘルツェゴビナが，それぞれ独立を宣言するに至ったのである。

このような事態の展開に対して，近隣諸国とくにEC諸国は，はじめユーゴの国家的統一を維持しつつ，紛争を鎮静化するように呼びかけたが，その呼びかけを実施に結び付ける効果的な手段を持たないまま，次第に分離独立を支持する方向へ転換していった[32]。1991年12月16日，「東欧およびソ連における新国家の承認に関する指針」がECの共通政策を示すものとして発表されたのは，まさにこうした事態に対処するためであった[33]。

他方，セルビアとモンテネグロで構成される新ユーゴは，自らがユーゴスラビアの継続国家であるとして，たとえばユーゴスラビアの国連加盟国としての地位を保持し続ける旨を主張していた。しかし，分離独立した4ヶ国は，先行国たるユーゴスラビアは消滅したとして，いずれも新国家の資格で国際連合へ新規加盟を申請する手続をとり，スロベニア，クロアチア，ボスニア・ヘルツェゴビナの3ヶ国は1992年5月22日に，マケドニアも翌93年4月8日には加盟を承認された。国際連合の各機関も新ユーゴの主張は認めず，新ユーゴ代表団の会議参加を拒否し続けた。結局，新ユーゴも主張を撤回して，4ヶ国と同様に新規加盟を申請する手続をとり，2000年11月1日に加盟を認められたのである。

新ユーゴを含む5ヶ国が，条約一般の承継について，どのような行動をとっ

---

[32]　事態の展開について，たとえば王志安『国際法における承認——その法的機能及び効果の再検討』（東信堂，1999年）160-164頁を参照。

[33]　前掲267頁参照。

273

III　承認と承継

たかは必ずしも明らかではない。だが，たとえば1992年2月11日にスウェーデン外相は議会における質問に対して，「……ユーゴスラビアが過去に遵守してきた規則や義務を新国家も遵守するように期待されている」と答弁しており[34]，スイス外務省国際法部の1994年1月20日付文書も，スイスが寄託者である多数国間条約の国家承継については，旧ユーゴの承継国は国家承継に関する国際法の原則に従い，かつ法的安定のために，反対の意思を表明しないかぎり，これに拘束される，と説明している[35]。また，オーストリアは1993年10月19日付の[36]，ベルギーは92年3月5日付の[37]，そしてオランダは同年7月31日付の[38]，それぞれスロベニアとの交換文書，協約，共同宣言により，各国がユーゴスラビアと締結していた2国間条約を特別な事情がないかぎり双方で適用し続けることに合意している。このように，ユーゴスラビア分裂後の承継国は原則として，ユーゴスラビアが当事国であった条約を承継したように思われ[39]，その限りにおいて条約承継条約の関連規定に合致する実行を選んだ，と評価することができよう。

　なお，ユーゴスラビアは1971年6月2日に自由権規約を批准しており，同規約が76年に発効して以後，人権状況に関する報告書を提出し続けたが，武力紛争の激化と「民族浄化」事件に対応するため，自由権規約委員会は1992年夏に新ユーゴ，クロアチア，ボスニア・ヘルツェゴビナの3者に対し，自由権規約の実施状況に関する特別報告書を提出するように要請した。そして3者が提出した報告書は同年11月3日と4日にわたって，委員会で審査されたのである[40]。厳密にいえば，当時の3者とりわけクロアチアとボスニア・ヘルツェゴビナが自由権規約の当事国と見なしうるかどうか，疑義がなかった訳ではない。ただし委員会側としては，「自由権規約継続の原則」に依拠したものと思われる。それはともかく，新ユーゴ以外の4ヶ国はすべて自由権規約を「承継」した。

---

34)　Klabbers *et al.* (eds.) *supra* note 18), pp.310-311.
35)　*Ibid.*, p.323.
36)　*Ibid.*, p.172.
37)　*Ibid.*, p.181.
38)　*Ibid.*, pp.286-287.
39)　*Ibid.*, p.106.
40)　Official Records of the Human Rights Committee 1992/1993, Vol.I, p.128ff.

すなわち，スロベニアは92年7月6日に，クロアチアは同年10月12日に，ボスニア・ヘルツェゴビナは翌93年9月1日に，マケドニアは94年1月18日に，いずれも自由権規約の「加入書」ではなく，「承継書」を寄託した[41]。「加入書」であれば，自由権規約の諸規定は寄託文書の発効日以降にのみ適用される。これに対して「承継書」であれば，自由権規約の効力は国家承継の日にまで遡及し，住民は同規約の保障を切れ目なく受け続けることができる。自由権規約が継続して適用されることこそ，「自由権規約継続の原則」の狙いであり，その意味で，これら4ヶ国の実行は同原則に即したものであるといえよう。

(2) チェコスロバキア

第1次大戦前までオーストリアとの結び付きが強かったチェコと，ハンガリーの支配下にあったスロバキアとは，オーストリア・ハンガリー帝国の敗戦後の1918年にチェコスロバキアとして合体・独立したが，同国は30年代末期ナチス・ドイツの拡張政策のもとで事実上解体するに至った。第2次大戦中ドイツの軍事占領下に置かれたチェコスロバキアは連合国軍によって解放され，69年にはチェコとスロバキアの連邦国家制を採択した。しかし，歴史的・経済的・文化的差異の克服はむずかしく，社会主義の崩壊の流れのなかで1993年1月1日をもって「チェコスロバキア社会主義共和国」は消滅し，チェコ共和国とスロバキア共和国という二つの新国家が発足することになったのである。

先行国の消滅と承継国の誕生がこのように平和的な過程をたどった事実を反映して，チェコもスロバキアも国家承継に先立ち，国際的な義務の処理に関する政策を明らかにしていた。すなわち，チェコは1992年12月17日に議会が採択した宣言において，つぎのように声明した。

> 国際法の諸原則に従いかつそれらの定める限度において，チェコ共和国は1993年1月1日においてチェコスロバキアが締約国であった多数国間および2国間の条約および協定に拘束されるものと考える[42]。

---

41) Report of HRC (A/51/40), Vol.I, pp.79, 81.
42) Klabbers et al. (eds.) supra note 18), p.402.

III 承認と承継

　スロバキアもこれより早く同月3日に議会が同旨の宣言を採択している[43]。またスロバキアは，チェコスロバキアが1979年に署名していたウィーン条約承継条約を1995年4月24日に批准する措置をもとっている[44]。
　両国はこの基本政策に基づいて，種々の国際条約を承継する措置をとっていった。たとえばチェコは1993年2月16日以降，国連事務総長に宛てた5つの通告により，事務総長が寄託者とされているすべての多数国間条約を承継する意図を表明した。通告によれば，

　　国際法の諸原則に従いかつそれらの定める限度において，チェコ共和国はチェコスロバキアの承継国として，1993年1月1日，すなわちチェコスロバキアの消滅日において同国が締約国であった多数国間条約に，同国がそれらに付していた留保および宣言を含めて，拘束されるものと考える[45]。

　そして通告は，チェコが「すべての多数国間条約」のなかに「チェコスロバキアが署名はしたが，批准その他の最終的に拘束される旨の意思表示をしていないものも含まれる」ことを明らかにしていた[46]。チェコはまた，これと同旨の通告を，UNESCO（国際連合教育科学文化機関。15条約が対象とされている。以下，対象条約の数のみ示す），IAEA（国際原子力機関。3），ILO（国際労働機関。57），ICAO（国際民間航空機関。7），WIPO（世界知的所有権機関。12），IMO（国際海事機関。9条約と署名のみの4条約），UPU（万国郵便連合。3）など国連専門機関や類似の機関にも送付している[47]。ほかにチェコは植物新品種保護国際同盟（International Union for the Protection of New Varieties of Plants），欧州評議会，欧州連合にも，同種の通告を送付している[48]。
　さらにチェコは，国家を寄託者とする多数国間条約についても，同様の措置をとった[49]。条約名は省くが，寄託者たる国家には，カナダ，フランス，ド

---

43) *Ibid.*, p.480.
44) *Ibid.*
45) *Ibid.*, p.404.
46) *Ibid.*
47) 国連専門機関への通告については，*Ibid.*, p.406ff.
48) *Ibid.*, p.414ff.
49) *Ibid.*, p.418ff.

第4章　条約承継条約と最近の国家実行

イツ，ハンガリー，メキシコ，オランダ，ポーランド，ロシア，イギリス，アメリカ，スイスが含まれている。なお，条約のなかにはチェコスロバキアを寄託者としていたものがあったが，協議の結果その役割はチェコが引き継ぐこととなった[50]。

ところで，ウィーン条約承継条約は「国際機関の設立条約」の承継にも適用されるが，「ただし，加盟国の地位の取得に関する規則……の適用を妨げるものではない」との規定を置くことによって，同条約がそのまま国際機関の加盟国たる地位の承継に適用されるものではないことを明らかにしている（第4条a）。そのため，チェコは国際連合やその専門機関などに対して加盟国たる地位を「承継」するのではなく，新規に加盟する手続をとった場合がある[51]。

スロバキアも多数国間条約の承継について，チェコとほぼ同様の措置をとった。まず，1993年3月19日に国連事務総長へ送付した通告において，

> 国際法の諸原則と諸規則に従いかつその定める限度において，スロバキア共和国はチェコスロバキアの解体から誕生した承継国として，1993年1月1日すなわちスロバキアが自らの国際関係に対する責任を負うことになった日において，1992年12月31日にチェコスロバキアが締約国であった多数国間条約に，同国がそれらに付していた留保，宣言および他の締約国の留保に対する異議を含めて，拘束されるものと考える。

と述べている。この宣言にいう「多数国間条約」に「チェコスロバキアが署名はしたが，批准その他の最終的に拘束される旨の意思表示をしていないものも含まれる」ことを明らかにしていた点は，チェコと同じである[52]。スロバキアも同旨の通告をWIPO（対象とされた条約は「WIPO設立条約」のほか12条約），IAEA（設立条約を含む6条約。以下，対象条約の数のみ示す），UNESCO（15），IMO（12），ICAO（17），UPU（すべて。ただし実数は不明）のほか[53]，欧州評議会，欧州連合，鉄道協力機構（Organization for Railways Cooperation），ダ

---

50)　*Ibid.*, pp.430-432.
51)　*Ibid.*, pp.434-438.
52)　*Ibid.*, pp.480-482.
53)　*Ibid.*, p.484ff.

277

III　承認と承継

ニューブ河委員会に送付している[54]。

　スロバキアもまた，国家を寄託者とする多数国間条約について，条約承継の措置をとっている。条約名は省くが，寄託者には，ハンガリー，メキシコ，オランダ，スウェーデン，スイス，イギリス，アメリカ，新ユーゴが含まれている[55]。

　さらに，国際連合をはじめ国際機関の設立条約についても，スロバキアがチェコと同様の加盟手続をとった場合もある[56]。

　なお，自由権規約について，チェコスロバキアは1975年12月23日にこれを批准し，同規約の発効後は規約に基づいて報告書を提出し自由権規約委員会の審査を受けてきたが，チェコスロバキアの解体後チェコは1993年2月22日に，スロバキアは同年3月28日に，いずれも「承継書」を寄託した。その効果は，旧ユーゴの承継国の場合と同じく，同規約の効力がチェコスロバキアの解体日まで遡及し，その保障が切れ目なく継続する点に求められる。したがって，チェコとスロバキアの実行も「自由権規約継続の原則」に即したものである，といえよう。

7　おわりに

　本稿の目的は，条約一般とくに自由権規約の国家承継にかかわる国家実行の分析をつうじて，(1)これらの実行が，1978年ウィーン条約承継条約の関連規定とどの程度まで合致するか，(2)条約一般の国家承継と比べて，人権関係条約とくに自由権条約の国家承継には何らかの特徴があるか，とりわけ自由権規約委員会のいう「自由権規約継続の原則」が妥当するか，の2点を検討することであった。検討の対象には，自由権規約の承継が問題となったすべての事例を含め，これらの事例を「領域の一部移転」，「国家結合および併合」，「主権回復な

---

51)　*Ibid.*, pp.434-438.
52)　*Ibid.*, pp.480-482.
53)　*Ibid.*, p.484ff.
54)　*Ibid.*, pp.494-496.
55)　*Ibid.*, p.496ff.
56)　*Ibid.*, pp.504-506.

第4章　条約承継条約と最近の国家実行

いし分離独立」,「国家分裂」の4カテゴリーに分けて検討した。検討の結果は,つぎのようにまとめることができよう。

　まず,(1)に関しては,「領域の一部移転」に該当する香港,マカオのいずれについても,条約承継条約にいう「条約境界移動の原則」は当てはまらず,両地域が中国へ返還されて後も,自由権規約は適用され続けたが,それは関係諸国の合意によるものであった。「国家結合」に該当するイエメンについては,条約一般の国家承継に関する資料が入手できなかった。「国家結合」というよりも東ドイツの西ドイツによる「国家併合」と見るべきドイツの事例では,西ドイツにかかわる条約の効力が東ドイツにまで拡張適用された。条約承継条約は「国家併合」のカテゴリーに関する規定に欠けるので,(1)に答えることはできないが,実質的には「条約境界移動の原則」の見合う実行が見られたといえよう。バルト3国の事例は「主権回復」に該当するが,条約承継条約にはこのカテゴリーに関する規定も無く,むしろ「新独立国」に関する諸規定に類する実行が見られた。また,「分離独立」の事例と見られるウクライナとベラルーシについては,条約承継条約の関連規定に沿った実行が見られた。ただし,核軍縮関係の諸条約とくにNPTの承継については,両国も同じ「分離独立」のカテゴリーに属するCIS諸国と同様に,条約承継条約の関連規定と少なくとも形式的には合致しない実行を選んだのである。もっとも,「国家分裂」に該当するユーゴスラビアとチェコスロバキアについては,ほぼ条約承継条約の規定に見合う実行が見られたといえる。これらを総括すれば,条約承継条約の関連規定に沿って処理された国家実行がそうでない国家実行よりも多い,と結論することができよう。しかし,そのためには,同条約に欠落しているカテゴリーの国家承継の事例について,同条約の諸規定を類推適用する作業が必須である。

　つぎに,(2)に関しては,否定的な結論を下さざるをえない。第1に,イエメンの場合は条約一般にかかわる承継の資料が入手不能のため,ウクライナとベラルーシの場合は自由権規約の承継が問題とならなかったため,いずれも結論に繋ぐことができない。第2に,ドイツ,バルト3国,CIS諸国(ロシア,ウクライナ,ベラルーシを除く)の場合はすべて,条約一般を承継しており,とくに自由権規約を特別扱いした形跡がない。とりわけバルト三国とCIS諸国は

279

自由権規約を「承継」したのではなく，これに新規「加入」したのであって，かれらがソヴィエト社会主義共和国連邦の一部であった期間と加入の時期とのあいだには，切れ目がある。第3に，ユーゴスラビアとチェコスロバキアの解体・分裂後に誕生した諸国の場合は，自由権規約を「承継」した。しかし，1つにはかれらは条約一般を承継しており，自由権規約のみを例外的に扱ったわけではない。もう1つにはかれらはECの「東欧およびソ連における新国家の承認に関する指針」のもとで，欧州人権条約はもとより自由権規約を批准すべく圧力を懸けられていた。したがってその分，かれらの「承継」の意義は割り引いて評価すべきであろう。第4に，香港とマカオの場合はイギリスとポルトガルの努力がなければ，両地区で自由権規約が適用され続けたか，疑問である。両国の努力があったからこそ中国は適用に合意したのであり，この合意に基づき自由権規約が継続適用されたのであって，「自由権規約継続の原則」により自動的に継続されたと見ることは困難であろう。

たしかに，自由権規約委員会のいうように，国家承継の際に人権関係条約が領域とともに移管し，住民がその保障を受け続けることは望ましい[57]。「自由権規約継続の原則」はまさにそれを目指しているのである。とりわけ人権概念が，たとえば主権免除や多数国間条約の留保の分野において，既存の国際法規の再検討を迫っている事実は無視されるべきではない。しかしながら今日においてもなお，人権関係条約が条約承継条約にいう「領域的制度」のように，国家承継の影響を受けることなく効力を維持し続けると主張することは，立法論としてはともかく，実定国際法規としてはむずかしいように思われる。度を過ぎた立法論的主張は，かえって実定法の望ましい変動を阻害しかねない。それは，人権の国際的保障の分野においても，変わることのない真理である。

---

57) See, for example, R. Mullerson, "Law and Politics in Succession of States: International Law on Succession of States", in B. Stern (ed.), *Dissolution, Continuation and Succession in Eastern Europe* (Kluwer Law International, 1998), p.31.

IV
国家責任

第1章　国際法における国家の責任

(1984年)

1　はじめに

(1)　責任の意義と主体

　国際法における国家の責任とは，国家が国際法に違反した場合に，当該国家が負うべき責任のことをいう。もっとも国際法上，「責任」ということばが，「義務」の意味で用いられることもある（たとえば，1972年のストックホルム人間環境宣言は，「各国は……自国の管轄下または支配下にある活動が，他国の環境またはいずれの国の管轄下にもない地域の環境に，損害を与えないように措置する責任を負う」（原則21）と規定し，1982年の国連海洋法条約第235条1項は，「各国は，海洋環境の保護および保全に関する国際的な義務を履行する責任を負う」と規定している）。しかし，より一般的には，国家が国際法に違反した場合に，どのような責任が発生し，それがどのように処理されるかということ——つまり，国家の国際法違反の結果として，生じる法的な諸関係の総体——を，国際法における国家の責任，または国家の国際責任，あるいは単に国家責任，というのである。

　国家責任の主体は，いうまでもなく国家である。国際法の規律の対象は，そのほとんどが国家の行為であり，国際法に違反する行為もまた，国家によってなされるのがつねだからである。ただし，国際法はときとして，国際機構や個人の行為を規律することがあり，そのため国際法違反が，国際機構や個人によってなされることもある。言い換えれば，国家以外の「主体」が国際法に違反する場合もありうるわけであるが，本稿では，国家による国際法違反の場合のみを取り扱う。

Ⅳ　国家責任

(2)　国際法における責任論の位置づけ

　ところで，国家責任に関する理論的な考察を「国家責任論」と呼ぶことにすれば，これを国際法学の全般的な理論体系のなかにどのように位置づけるかについて，必ずしも一致した見解があるわけではない。その理由は，1つには，すぐあとで見るように，国家責任論そのものが国際法学のなかでまとまった取り扱いを受けるようになるのが，比較的最近のことだという事情によるものであろう。だが，現代の標準的な概説書を見ても，国家の権利・義務に続いて「国家の責任」を取り扱うもの（横田喜三郎『国際法学』上巻（有斐閣，1955年）。L. Oppenheim, *International Law*, Vol. 1（8th ed., 1955））。条約法を国際合法行為と呼び，それに対比される国際違法行為として，国家責任を取り扱うもの（高野雄一『新版国際法概論』下巻（弘文堂，1972年）。G. Schwarzenberger, *International Law*, Vol. 1（3rd ed., London, 1957）。田岡良一『国際法講義』上巻（有斐閣，1955年））。L. Delbez, *Les Principes généraux du Droit international public*（3e éd., Paris, 1964）。Nguyen Quoc Dinh, *Droit international Public*（2e éd., Paris, 1980）等もここに入れられよう），いわゆる外人法や国際請求と結びつけて国家責任を取り扱うもの（H. W. Briggs, *The Law of Nations*（2nd ed., New York, 1952）。D. P. O'Connell, *International Law*, Vol. 1（2nd ed., London, 1970）），さらに，正常な国際関係が破られたケースとして，紛争の平和的解決や国際安全保障などの問題を論じ，その前提として国家責任を取り扱うもの（田畑茂二郎『国際法講義（改訂版）』下巻（有信堂，1979年）。P. Guggenheim, *Lehrbuch des Völkerrechts*, Bd. 2（Basel, 1951）。A. Verdross, Völkerrecht（5 Auf., Wien, 1964）。I. Seidl-Hohenveldern, *Völkerrecht*（4 Auf., Köln, 1980）。C. Rousseau, *Droit international public*, tome 5（Paris, 1983））など，さまざまである。

　本稿では，これものちに見るとおり，国際連合国際法委員会の作業に範をとって，国家責任論を国際法の全分野に関係する，しかも独自の分野として位置づけたい。なぜなら，さきに述べたように，国家責任とは，「国家の国際法違反の結果として，生じる法的な諸関係の総体」を意味し，それゆえに国家に具体的な作為や不作為を命じる，あらゆる国際法の規則（第1次法規または実体法的規則と呼ぶ）と関係するからであり，しかも実体法的規則が破られての

ちに，はじめて機能し始める，独自の統一的な諸規則（第2次法規または手続法的規則と呼ぶ）から成る分野だからである。その意味で国家責任論は，国際法の全分野を横断的にカヴァーする，独自の分野である，ともいえよう。

（3） 国家責任論と国内法理論の影響

さて，国家責任論の検討に入るに先立ち，1つ，注意しておくべき事実がある。それは，わが国と同様に諸外国においても，国際法学者のほとんどが法律学の専攻者であり，しかもそれぞれの所属する国家の国内法の知識や訓練を身につけている事実である。つまりかれらは，国際法の諸問題を検討する際に，意識しようとしまいと，自国国内法の知識を活用し，国内法学の概念や手法に依拠しがちなのである。もちろん，国際法には固有の素材があり，国際法学には独自の発想法がある。しかしながら，法律学のいわば基礎訓練が国内法と不可分になされる以上，その薫陶を受けた国際法学者が，それとまったく無関係に国際法の諸問題を検討することは，きわめて困難である。

これを国家責任論に当てはめてみると，たとえば，国内法における国家や法人の責任に関する理論のほか，刑法総論，不法行為法論などが，各国の国際法学者の国家責任論に有形無形の影響を与えているであろうと思われる。本稿も，もちろんその例外ではない。否，むしろ読者が本稿をよりよく理解されるためには，本巻（『岩波講座　基本法学5 ――責任』（岩波書店，1970年））のなかでも，早くから理論，実践の両面で整備されてきた「私法上の責任」や「刑事責任」の稿をさきに読まれ，ついで「国内法上の国家責任」，最後に「国際法における国家の責任」を読まれることをお勧めしたい。それはまた，法律学の諸分野を束ねて輪切りにした，この「基本法学」講座の趣旨にも合致するのではないだろうか。

2　国家責任論の歴史

（1）　責任論の起源と展開

国家責任論の起源を論じる場合は，これまで通常，「国家はその構成員たる

Ⅳ 国家責任

私人の行為に対しても責任を負う」とする中世的な集団責任主義を批判して，「国家は自ら加担しないかぎり，私人の行為に対して責任を負うことはない」としたグロティウス（H. Grotius）の理論が，取り上げられてきた。だが，ブラウンリー（I. Brownlie）は「国家責任の歴史」と題する最近の論考において，「責任」の意味を緩やかに解し，「道徳，宗教，または法のような……何らかのシステム（規範体系）に基礎を置く人間集団にとって，（規範の侵犯に対する）責任というものは，本質的な要件である」から，国際法における責任の起源も，「正戦論」や「（私掠）特許状（lettre de marque, letter of reprisals）」の制度等をも視野に入れ，ひろく再検討されるべきである，と提言している。

たしかに，国家責任論の起源をあまりにも狭義に捉えることには，疑問があり，グロティウスの時代においても，またヴァッテル（E. de Vattel）の時代においても，国家責任論は未だ1つのまとまったテーマとして取り扱われていなかった。ただしグロティウスが，のちに責任論で論議の的となる2つの問題，すなわち「国家機関の行為に対する国家の責任の限界」および「私人の行為に関する国家の責任の根拠」について，すでに言及していたことは注目に価する。

国家責任論を1つのまとまったテーマとして取り扱った，最初の国際法概説書といわれるヘフター（A. W. Heffter）の『現代ヨーロッパ国際法』は，条約以外の根拠から生じる義務の1つとして，「違法行為から」生じる義務の問題を取り上げるとともに，「普遍的懲罰に価する国際法違反」の問題にも触れている。しかしヘフターの説明は，国内法の理論をほぼそのまま国際法に適用したにすぎず，とうてい責任論を深化したものということはできない。国家責任論の理論的な深化は，国際的な義務と国内法との調和をはかる見地から，グロティウスの理論を正面切って批判したトリーペル（H. Triepel），およびこの批判をさらに発展させて，国家責任が成立するためには，グロティウスのいう「国家の加担もしくは過失」は不要であり，「国家の国際法違反行為」という客観的な事実の存在をもって足りる，としたアンチロッティ（D. Anzilotti），の2人を俟たねばならなかった。そうして，かれらの議論に対する批判，再批判をつうじて，国家責任論は1920年代には，国際連盟主催の国際法典編纂会議の1テーマに選ばれるまでに，検討・整備されていったのである。

第1章 国際法における国家の責任

（2） 在外国民の保護と国際請求

かような国家責任論の理論的発展とは別に，現実の国際社会においても，国家責任にかかわる法的諸問題の解決の必要が痛感される事態が出現した。すなわち，18世紀末の産業革命とその後の交通・通信手段の発達は，それ以前とは比較にならない大量の人や物の国際交流を可能にしたが，いわゆる先進国にとっては，海外へ進出する自国民が，警察や裁判制度の未整備な後進国において，その身体や財産の安全をどの程度まで保護されるかが，重大な関心事となった。ことに西欧や北米の諸国と中南米の新興諸国とのあいだでは，数多くの国際請求が提起され，自己に有利な解決を求める先進国が，新興国に武力介入する例さえ見られ，こうした対立・抗争の解決基準として，「自国領域内の外国人処遇に関する国家責任」を明確にすることが，国際社会によって要請されるに至ったのである。

（3） 国際連盟の時代

第1次世界大戦の結果，創設された国際連盟においても，国際紛争の平和的解決のために国際法の法典化を求める声が強くなり，理事会は1924年に専門家委員会を任命して，法典化のテーマおよび作業方法について報告を提出するように要請した。さらに同委員会の報告に基づき，総会は1927年，「国籍」，「領海」，「自国領域内で外国人の身体・財産に加えられた損害に関する国家責任」の3テーマにつき，国際法典編纂会議を開催することを決定したのである。

国際連盟主催の国際法典編纂会議は，1930年の3月から4月にかけてオランダのハーグで開かれ，47ヶ国の代表が参加した。しかし会議は，第3テーマの国家責任について，条約を採択することができなかった。その主たる原因は，「国家機関（官吏）の権限外の行為に対する国家責任」と「私人の行為に関する国家責任」の2点について，参加国の意見が分かれたこと，とくに後者に関連して，いわゆる国際標準主義と国内標準主義をとる諸国の対立が解消しなかったこと，にあったといわれる。ここに国際標準主義とは，主に西欧や北米の諸国が主張してきた考え方であって，それによれば，国家が自国領域内に所在する外国人に与えるべき保護には，一定の国際的な基準があり，これに満た

287

Ⅳ 国家責任

ない保護しか与えられない国家は，そのこと自体により，国際法に違反している。これに対して国内標準主義とは，主に中南米諸国が主張してきた考え方であって，国家が自国領域内に所在する外国人に与えるべき保護は，当該国家が自国民に与えるのと同程度の保護でもって足りる，とする。この対立は結局，さきに見た先進国と後進国との立場の違いを反映するものであるが，国際法典編纂会議ではいずれの立場に立つ案も，条約案の採択に必要な3分の2の多数をえることができなかった。

第1次世界大戦後の時期はまた，外国人の私有財産の保護をめぐる国家責任が，国際社会の大きな関心を呼んだ時期でもあった。すなわち，第1次世界大戦末のロシア革命によりあらたに成立したソヴィエト政権は，私有財産制度を否定して，国内の土地や銀行などを無償で没収したが，そのなかには外国人の所有にかかる財産も含まれていたため，かれらの母国が「即時，有効，十分な補償の支払」を要求して，新政権とするどく対立した。同種の問題は，1920年代に東欧地域で広がった外国人地主の土地収用や，1930年代のメキシコにおける石油資源の国有化に際しても，見られ，外人財産の収用と補償の問題は，学界でも種々の論議を呼ぶことになった。

(4)　国際連合国際法委員会の作業

外人財産の収用と補償の問題は，第2次世界大戦後の国際社会においても，引き続き大きな問題となった。第2次世界大戦後の国際社会では，まずアジア，ついでアフリカの各地で，かつての植民地がつぎつぎと政治的独立を達成し，これら新興諸国が経済的自立の一手段として，国内に所在する外国系の企業や資産を国有化したり，基幹産業を半独占的に支配してきた外国系資本とのコンセッション（国家契約）を一方的に廃棄したりする例が，数多く見られたからである。こうしたなかで，大戦の末期に樹立された国際連合は，1947年に国際法委員会を設置し，これに「国際法の漸進的発達と法典化」の任務を託した。以下，同委員会の作業を手掛かりに，国家責任論のその後の展開を跡づけてみよう。

第1章　国際法における国家の責任

(i)　国家責任に関するガルシア・アマドール案

　国際連合国際法委員会が1949年の第1会期で採択した，14の研究テーマのなかには，すでに「国家責任」と並んで，「外国人の処遇」が挙げられていた。このうち「国家責任」について，同委員会は1955年にガルシア・アマドールを特別報告者に選出し，かれは1961年に同委員会を退くまでに，6回に分けた大部の報告書と，「自国領域内で外国人の身体・財産がこうむった損害に対する国家の責任」と題する法典案およびその改正案を提出している。これらの報告書や法典案・改正案をつうじて，ガルシア・アマドールが狙ったのは，従前の国際標準主義と国内標準主義の対立を解消することであった。そのために，かれの案は「外国人は内国民と同等の保護を受ける」ことを定めながら，ただし「この保護は，……現行の国際的な諸文書で承認され定義された『人権および基本的自由』を下廻ってはならない」と規定する。つまりガルシア・アマドールは，近時の国際的に保障された人権を基準とすることにより，国際標準主義と国内標準主義の対立を解消しようと試みたのである。

　ガルシア・アマドールの案は，それ以前に発表された多くの法典案を踏まえ，それらの集大成たる性格をもつとともに，国有化やコンセッション廃棄に関する規定をも含む，野心的な労作であった。だが，かれの掲げた「人権および基本的自由」の内容が，理想的に過ぎるとして，国際法委員会では必ずしも評価されず，かれが同委員会を退いて以後，ガルシア・アマドール案は審議の対象にもされなくなった。それどころか国際法委員会は，国家責任のテーマの取り扱い方に関し，完全な方向転換をとげることになったのである。

(ii)　国際法委員会の方向転換とアゴー案

　ガルシア・アマドールが退いた翌年，国際法委員会は「国家責任」のテーマの取り扱い方を再検討した。その結果，従前の作業の成果は尊重するものの，「国家責任」の取り扱いを「外国人の処遇」から切り離すことを決定した。すなわち同委員会は，単に「外国人の処遇」違反から生じる国家責任の問題だけではなく，あらゆる国際法規則の違反から生じる国家責任の問題を取り扱うことにしたのである。そして1963年に選出された特別報告者アゴーは，国際法の諸規則を2種に分け，国家に具体的な作為や不作為を命じる規則を第1次法規

289

Ⅳ 国家責任

（または実体法的規則），第1次法規が破られた場合にはじめて機能する規則を第2次法規（または手続法的規則）と呼び，国家責任の法典化作業は，もっぱら第2次法規を対象とすべきである，と主張した。アゴーの構想によれば，これらの第2次法規は，国家責任の成立（起源）を扱う第1部，国家責任の内容・形態・程度を扱う第2部，国家責任の履行（解除）を扱う第3部，に配分・整備される予定であり，国際法委員会は現在までのところ，第1部（35ヶ条から成る）の作業を終え，第2部の内容を審議中である[*1]。

国際法委員会が採択した第1部の諸規定（以下，「国際法委員会草案第……条」として引用）については，本稿の随所に取り上げるので，ここでは，とくにそれらの内容に立ち入らない。ただしここでは，同委員会の作業内容の特色を2点指摘し，本稿をすすめる手掛かりとしたい。

まず第1点は，さきにも触れたとおり，国際法委員会が国家責任に関する法典化作業の対象を，いわゆる第2次法規に限定したことである。たとえばアゴーの先任者，ガルシア・アマドールの作業は，「自国領域内で外国人の身体・財産がこうむった損害に対する国家の責任」という標題が示すように，外国人の処遇に関する第1次法規と，第1次法規が破られた場合に機能し始める第2次法規を，ともに対象としていた。そしてこのことは，ガルシア・アマドールが参考にした多くの法典草案にも，当てはまる。しかしながら国家責任は，国際法のあらゆる第1次法規の違反に対して発生するものであり，国家責任に関する法典化作業の対象を，外国人の処遇にかかわる法規にのみ限定すべき理由はない。したがって本稿では，国際法委員会の作業に倣って，いわゆる第2次法規を考察の主たる対象とする。もっともその際，外国人の処遇に関する国家責任について，これまでの研究が積み上げてきた成果は，大いに活用されるべきであろう。

つぎに第2点は，国際法委員会の作業が，「国際法に違反する行為」から生じる国家責任に限定されていることである。もともと，本稿の冒頭に述べたとおり，国際法における国家の責任とは通常，国家が国際法に違反した場合に，

[*1] 1996年に，委員会は，3部60条および附属2文書からなる第1読草案を採択した。その後クロフォード（J. Crawford）を特別報告者として第2読の作業が行われ，2001年に委員会は4部59条からなる条文を採択した。

当該国家が負うべき責任のことを指す。そこで国際法委員会が，違法行為に対する国家責任のみを作業の対象とすることは，何ら不都合ではない。ただし国際法委員会は，この作業と並んで，「国際法の禁じていない行為から生じる損害に対する責任」，つまり適法行為から生じる結果に対する国家責任，についても検討中である[*2]。この問題については，本稿でものちに触れるので，ここでは，国家責任の起因が必ずしも違法行為に限られないこと，を指摘するにとどめよう。

3　国際違法行為と国家への帰属

　国家責任論のもっとも重要な問題の1つは，国家責任の成立，すなわち，ある国際違法行為に対する責任を特定の国家が負うこと，である。国際法委員会草案第3条によれば，国家責任が成立するためには，①ある行為が特定の国家の国際的な義務に違反すること，②その行為が当該国家の行為と見なされること，の2条件が要求される。前者は一般に「国際違法行為の存在」，後者は「行為の国家への帰属」と呼ばれているが，以下，この2条件のそれぞれについて，どのような問題があるかを検討してみよう。

（1）　国際法上の違法行為

(i)　違法行為の性格

　まず国際法上の違法行為については，つぎのような問題がある。第1に，違法行為とは，国家の国際的な義務に違反する行為を指すが，その義務が条約，慣習，あるいはそれ以外のいずれの法源に基づくものであるかを問わず，およそ義務に違反する行為は，すべて国際法に違反する行為として扱われる。第2に，ここにいう行為は，作為または不作為のいずれをも含む。たとえば，条約に違反する国内法を制定する作為も，条約の実施に必要な国内法を制定しない

[*2]　1997年に，委員会は，本課題を，危険な活動から生じる越境損害の防止と，危険な活動から生じる越境危害による損失の場合の国際責任（liability）の2つの課題に分けて検討することを決定した。そして委員会は，2001年と2006年にそれぞれの条文案を採択した。

Ⅳ　国家責任

不作為も，いずれも国際法上の違法行為である。第3に，国際法上の違法行為に対する国内法上の評価——国内法上，適法であるか違法であるか——は，問題とならない。たとえば，租税条約に違反する国内法令を税関吏が適用する行為は，国内法上は適法行為であるかも知れないが，国際法上は違法行為とされる。それは，「国家は，国際的な義務を免れる手段として，国内法の規定を援用することはできない」とする国際法の原則が，確立しているからである。

　国際法上の違法行為について，もっとも大きな問題となるのは，違法行為の法的性格である。周知のように，国内法上の違法行為は，社会全体の公的な利益を損なう「犯罪」と，被害者の私的な法益を損なう「不法行為」とに分けられ，犯罪に対する責任を追及する刑事手続と，不法行為に対する責任を追及する民事手続とが区別されている。ところが国際社会では組織化の度合いが低く，社会全体の利益という観念が十分に成熟していないため，国際法上の違法行為は，それに直接関係する諸国家の関心事たるにとどまり，国内法上の不法行為に類似した性格をもつものと考えられてきた。しかるに国際法委員会草案第19条は，国際法上の違法行為を「国際犯罪」と「国際不法行為」の2種に分けて，前者を「国際社会の基本的利益の保護に不可欠な国際的義務の違反」と定義し，その例として，侵略，植民地支配，集団殺害，大規模な環境破壊などを挙げている。これらの行為が現在の国際社会において，はたして国際犯罪と意識されているのか，また，国際違法行為に対する責任を追及する従来の手続と異なるような，国際犯罪に対する責任追及の手続があるのか，はいずれも疑問である。だが今後，国際社会の組織化が進むにつれて，このような考え方がより強く主張され，かつ現実的な裏付けをもつに至る可能性のあることに，注目しておこう。

　　(ii)　違法行為と損害
　つぎに，国際法上の違法行為と損害との関係が問題となる。通常，国際法上の違法行為は，何がしかの損害を伴う。しかし，違法行為はつねに損害を伴う，言い換えれば，損害のない違法行為は存在しない，と考えるべきであろうか。たとえば，国家が条約に違反する国内法を制定する行為は，それ自体として，何ら具体的な損害を発生させないかも知れない。だがこの場合にも，国家は国

際法に違反する国内法を制定することによって，国際的な義務に違反しているのであり，その違反によってつくり出された違法な状態を，解消すべき義務を負う。このように，国際法上の違法行為がつねに損害を伴うとは限らず，損害のない違法行為もまた存在しうること，を見落してはならない。

(iii) 適法行為と損害

これとは逆に，国際法が禁じていない行為つまり適法行為から，具体的な損害が発生する場合がある。たとえば，国家が原子力船を運航したり，宇宙物体を打ち上げたりする行為は，国際法によって禁止されていない。しかし，1962年の「原子力船運航者の責任に関する条約」や1971年の「宇宙物体により生じた損害に対する国家責任に関する条約」(宇宙損害賠償条約)によれば，原子力船が事故を起こして第三国に損害をこうむらせたり，宇宙物体が落下して人や物に損害を与えたりすれば，運航国や打ち上げ国は，それによって生じた損害を賠償しなければならない。つまり適法行為から生じた損害についても，一般に国家の賠償責任が認められている，ということができるが，国際法委員会草案第34条〜第35条によれば，侵略者に反撃を加える自衛措置のように，適法な行為から生じる結果について，国家が賠償支払を免責されるケースも存在する。

(2) 違法行為の国家への帰属

さて，国際法上の違法行為が特定の国家の行為と見なされること，つまり違法行為の国家への帰属をめぐって，どのような問題があるのか。つぎに，(i) 国家機関の行為，(ii) 私人の行為，(iii) 内乱・暴動の場合，に分けて考察してみよう。

(i) 国家機関の行為

そもそも違法行為の国家への帰属が問題となるのは，国家が自らの肉体を備えず，単数または複数の自然人から成る国家機関を通して，行為せざるをえないからである。その意味で「行為の帰属」とは，いかなる自然人のいかなる行為を国家の行為と見なすか，という問題に帰着する。

第1に，国家機関が自己の権限内でなす行為は，当然に国家の行為と見なさ

れ，それが当該国家の国際的な義務に違反する場合には，国家責任が生じる。この場合に，国家機関の種類や国内法上の地位は問われない。すなわち，立法，司法，行政いずれの機関の行為も，国家の行為と見なされ，また上級・中枢の行政庁の行為も下級・末端の官吏の行為も，おなじく国家の行為と見なされる。したがって，法務大臣が犯罪人引渡条約に署名する行為も，警察官が外国人被疑者を逮捕する行為も，ともに国家の行為と見なされる。この点に関連してとくに注意すべき問題は，連邦国家の構成単位（州など）の機関の行為や，単一国家の地方自治体の行為も，国際法上は国家機関の行為と見なされることである。その理由は，いかなる自然人のいかなる行為を国家の行為と見なすか，の判断の基準が，国内法ではなく，国際法によって決められるからにほかならない。

　第2に，国家機関が自己の権限外でなす行為については，しばしば問題を生じる。国際連盟主催の法典編纂会議で「国家責任」の法典化作業が失敗したのは，1つには，この問題をめぐる各国の意見の対立が解消しなかったからであった。国家機関の権限外の行為が問題となるのは，行政機関の行為にかかわることが多いが，一般に，国家機関の立場を離れ，完全に私人として行為する場合には，つぎに見る「私人の行為」として扱われる。しかしながら，国家機関の立場において行為し，しかも権限を越えた場合については，意見が分かれている。第1説によれば，次項で検討する「過失」に関連して，当該国家機関の任命や監督に過失がないかぎり，権限踰越の行為は国家に帰属しないものとされる。だが，国家機関の任命や監督に関する過失の有無は第三者には判らない。また，ここにいう権限踰越は国内法上の問題であって，国内法上の越権行為も，国際法上は国家に帰属させることが適切な場合があるように思われる。これに対して第2説は，権限踰越の行為をも国家に帰属させるべきだ，と主張する。この見解は，第三者の法益保護のために好ましい。しかしその場合にも，すべての越権行為を国家に帰属させるのか，それとも「外見上は権限内」の行為のみを帰属させるのか，さらに「外見上は権限内」であることを判断すべき基準は何か，などの問題が残されている。

(ii) 私人の行為

　国家機関の行為と対比される「私人の行為」は，国家に帰属しない。けれども私人の行為に関連して，国家機関の側に作為や不作為があり，それが国家の国際的な義務に違反する場合には，国家責任が生じる。これまで「外国人の処遇に関する国家責任」として論じられてきたのは，まさにこの問題であった。

　外国人の処遇に関する国家責任は，おおよそつぎのように説明される。国家は国際法上，自国領域に対する排他的な支配を認められる反面，領域内の人や物を保護すべき義務を負う。すなわち国家は，自国領域内で外国人の身体や財産が損害をこうむらないように，事前に予防するとともに，損害が発生した場合には，事後に適切な救済措置をとるように，相当な注意 (due diligence) を払うことを義務づけられている。したがって，暴徒が外国人襲撃を準備していることを知りながら，警察が必要な対策を講じなかったり，外国人の訴えを受けた裁判所が，正当な理由なしに審理を拒否したりすれば，いずれも国家が外国人を保護すべき相当な注意義務を怠ったものとして，国家責任が生じる。

　さらに最近では，国家の領域外で私人の行為から発生する損害についても，国家に責任を問う事例が見受けられる。たとえば，さきに見た宇宙損害賠償条約によれば，宇宙物体の打ち上げを許可した国家は，民間団体の打ち上げた物体が地表や大気圏内もしくは宇宙空間で他国や他国の私人に損害を与えた場合に，これを自ら賠償すべき責任を課せられている。また，原子力船運航者の責任に関する条約によれば，原子力船の運航を許可した国家は，同船が地球上のいかなる場所において起こした事故から生じる損害についても，一定額の賠償用基金を提供する義務を負わされている。これらはともに，領域外で私人の行為から損害が発生した場合にも，当該私人の行為を規制しうる立場にある国家が，直接間接にそれに対する賠償責任を負わされている事例であり，同種のケースの処理に，参考になるものと思われる。

(iii) 内乱・暴動の場合

　さて内乱や暴動に外国人が捲き込まれ，その身体や財産に損害をこうむった場合は，つぎのように処理される。まず，叛徒や暴徒は国家の機関としてではなく，私人の資格で行動しているのであるから，原則として，かれらの行為は

295

Ⅳ　国家責任

国家に帰属しない。とくに叛乱が失敗した場合には，政府が外国人の保護に関する相当な注意を尽くしているかぎり，国家に責任は生じない。だが叛乱が成功して，叛徒があたらしく政権の座につく場合には，叛徒側の行為は叛乱の始期にさかのぼって，国家に帰属させられる。なお叛乱の過程で，政府側が叛徒を「交戦団体」として承認すれば，それ以後，叛徒の支配地域における外国人の保護は叛徒側の義務となり，その違反については，交戦団体の責任が問われることになる。

4　国家責任と過失

（1）　理論的考察

　国家責任の成立については，上述の「国際違法行為の存在」と「行為の国家への帰属」の2条件と並んで，当該国家の過失の有無がこれまで問題とされてきた。つまり国家責任が成立するためには，国家に帰属される国際違法行為の存在という「客観的な条件」でもって足りるのか，それともこれに加えて，国家の側に故意・過失といった「主観的・心理的な条件」が要求されるのか，という問題である。前者の考え方を客観責任論，後者の考え方を過失責任論と呼び，両者の対立は国際法学のなかで，もっとも激しい論議の1つを生み出してきた。

　すでに「国家責任論の歴史」で見たとおり，中世的な集団責任主義の考え方によれば，「国家はその構成員たる私人の行為に対しても責任を負う」ものとされていた。歴史的には，国内法の分野でも結果責任ないし客観責任の考え方がより古くから採用されていた，といわれる。中世的な集団責任主義はこれを私人行為に関する国家責任の分野へ持ち込み，私人の行為により外国または外国人の法益が侵害された場合には，「加害者たる私人が特定の国家の構成員である，という事実に基づいて，ただちに当該国家の責任が発生する」と唱えたのである。

　だが，グロティウスはこれに対して，「文明社会は……自らの作為または不作為によらないかぎり，その構成員たる私人の行為によって責任を負わない」

と主張した。かれの主張の前提には、「何人も自己に過失がないかぎり、他人の行為に対して責任を問われない」とする考え方があり、それゆえに、命令違反の臣下の行為に対して君主は責任を負わない、と結論される。同様に、国家が私人の行為に対して責任を負うのは、自らの過失がある場合——すなわち、私人の行為を知りながら防止しないか、または行為者を処罰しない場合——に限られる。グロティウスはこのように、「過失」を広い意味で使っているのであるが、かれの考え方は過失責任論を打ち出したものとされ、その後も多くの学者に支持されて通説的な地位を占めるに至った。

しかしながら過失責任論は、19世紀末から20世紀初頭にかけて、まずトリーペル、ついでアンチロッティによって、するどく批判された。とくにアンチロッティは、官吏の権限踰越の行為について、それが客観的に国際的な義務に違反しておれば、国家責任が生じ、その場合に国家の過失の有無は問題とならない、と力説した。また私人の行為に関する国家責任についても、「国家は相当な注意を尽くさなかった、という客観的な事実に対して責任を問われるのみであって、過失という主観的・心理的な条件は不要である」と強調した。この批判を契機として、その後いろいろな考え方が発表され、なかには過失責任論と客観責任論の折衷をはかるものも見られたが、基本的には両者の対立は今日まで持ち越されている。

(2) 「過失」の実態

国家責任論における過失の位置づけが激しい論議を呼んだ1つの原因は、「違法行為の国家への帰属」におけると同様に、国家が自らの肉体を備えず、単数または複数の自然人から成る機関を通して、行為せざるをえないからではないかと思われる。そこで以下、過失の実態を、これにかかわる国家機関ごとに、できるかぎり具体的に究明することにより、問題点の整理を試みてみよう。

(i) 立 法 機 関

立法機関の国際違法行為は、条約に違反する国内法の制定という作為や、条約の実施に必要な国内法令の不制定という不作為であるのがつねである。だが、このいずれの場合にも、過失責任論を適用することは不適切なように思われる。

Ⅳ　国家責任

まずグロティウスの時代と異なり，今日の議会による複雑な立法手続——議員の選出や審議方法——のもとで，主観的・心理的な意味における立法機関の過失を云々することは，困難というよりも無意味である。また，仮に立法機関の無過失が証明された場合に，過失責任論を適用すれば，国際法違反の国内法によって，国家は国際的な義務を免れる結果となる。いずれにせよ立法機関の行為には，客観責任論を適用するほうが適切であり，たとえ立法機関の「過失」を問題にするとしても，それは主観的・心理的な意味合いを含まず，立法機関の行為が国際的な義務に違反している事態を指すものと解すべきであろう。

(ii)　司法機関

司法機関の国際違法行為は，一般に「裁判拒否」と呼ばれる。狭義の裁判拒否は，①司法機関が外国または外国人の訴訟を受理しないこと，を意味し，広義の裁判拒否は，それに加えて，②裁判手続が不正なこと，③明らかに不当な判決が下されること，を含む。このうち①については，司法機関の過失は問題とならない。この場合には，外国または外国人の訴訟が受理されない，という事実が問題なのであって，不受理の理由が，国内法制の不備によるものか，司法機関自体の過失によるものかは，問われないからである。もっとも，国内法制の不備に基づく訴訟の不受理は，司法機関ではなく，立法機関の違法行為というべきかも知れない。だがそれは，立法機関を含む国家機関が全体として，国際的な義務に違反していることに対する責任を免れさせるものではない。

②と③についても，このことは当てはまる。裁判手続や判決の不当性をどのような基準に基づいて判断すべきかは，むずかしい問題であり，それについては，すぐあとで検討する予定である。だが，国内法制の不備のゆえに，司法機関がいかに努力しても，裁判手続や判決の不当性を回避できない場合には，司法機関自体の過失は問題とならず，全体としての国家機関の責任が問われる。そこで，司法機関の過失の有無が問題となりうるのは，国内法制に不備のない場合に限られる。審級制をとる国家では，下級審の過失が上級審で是正可能なため，最終審についてのみ過失を問題としうる。ただし，最終審の手続や判決を不当と判断することは，結局，当該国家の裁判所の行為が一定の基準を満たしていない，という客観的な事実を認定することにほかならず，この場合にも，

主観的・心理的な意味における裁判所の過失は問題とならない。なお，犯罪の捜査や刑罰の執行に当たる司法機関の行為については，行政機関の行為に準じて扱うことが適当であろう。

(iii) 行政機関

　立法機関や司法機関の行為と異なり，行政機関の国際違法行為については，主観的・心理的な意味における過失を問題とする余地がある。たとえば，暴徒の外国人襲撃計画を察知した警察が，相当な注意をもって警備していたにもかかわらず，なお防ぎえなかった損害について，国家責任を問うことは困難であろう。また，出入国管理官が相当な注意を尽くしたにもかかわらず，外国人の国籍をまちがえ不利な取り扱いをした場合も，同様であろう。しかしながら，さきに検討した下級官吏の権限踰越の行為や，内閣が条約の実施に必要な政令を制定しない行為などのように，行政機関の過失の有無が問題とならない場合もあることを，見落してはならない。

(iv) 過失責任論への疑問

　以上の検討の結果，国家機関の国際違法行為について主観的・心理的な意味における過失が問題となるのは，行政機関の一部の行為に限られることが明らかとなった。その意味で，過失責任論の適用される範囲は，かなり限定されるということができる。しかし見方を変えれば，上述の検討によって，国際違法行為のなかに，関係国家機関の過失を条件とするものと，そうでないものとがあることが明らかになったわけであり，前者については，国家機関の過失を違法行為の成立要件と考えることも可能である。だとすれば，国家責任の成立は，「国家に帰属される国際違法行為の存在」という客観的な条件でもって足りるが，違法行為のなかには，国家機関の過失を要求するものがある，と説明することができる。さらに，違法行為の内容はいわゆる第1次法規の問題である，と解すれば，国家責任の成立をあらゆる場合に客観責任論で説明することが可能となる。この点をさらに掘り下げて究明するために，つぎに，いわゆる国際標準主義・国内標準主義の問題を検討してみよう。

Ⅳ　国家責任

（3）　国際標準主義・国内標準主義と客観責任論

　上記の過失の実態の究明には，2つの問題が残されている。1つは，行政機関の過失の有無を認定する基準としての「相当な注意」の内容であり，他は，司法機関の「裁判手続と判決の不当性」を認定する基準である。そしてこの両者はいずれも，外国人の保護の基準に関係する。「私人の行為」にかかわる「違法行為の国家への帰属」で見たとおり，「国家は，自国領域内で外国人の身体や財産が損害をこうむらないように，事前に予防するとともに，損害が発生した場合には，事後に適切な救済措置をとるように，相当な注意を払うことを義務づけられている」が，行政機関の過失の有無を認定する基準としての「相当な注意」は，ここにいう「事前の予防義務」に関係し，また「裁判手続と判決の不当性」を認定する基準は，ここにいう「事後の救済義務」に関係するからである。しかも，国際連盟主催の国際法典編纂会議が国家責任の法典化に失敗したのは，まさに「国家が外国人に与えるべき保護の程度」につき，国際標準主義と国内標準主義の対立が解消しなかったためであった。

　ところで国際標準主義と国内標準主義の対立については，国家責任論の立場から，つぎの3点を指摘することができる。第1点は，両主義が程度の差こそあれ，いずれも「国家が外国人に与えるべき保護」が何がしかの基準に達することを要求しており，その意味で，国家の行為が何がしかの基準を満たすという事実を問題としていること，である。すなわち，国際標準主義を主張する先進諸国は実は，かれら自身の整備された警察・裁判制度を念頭において，この主義を唱えているのであって，一種の国内標準主義の主張と見ることもできる。これに対して国内標準主義は，各国が自国民に与える保護を基準としているため，国ごとに基準の変わる可能性がある。ただしこの主義の主張を，「国内法が採用している基準であれば，いかなるものでもよい」と解することは適切でない。それは，たとえばナチス・ドイツのユダヤ人迫害のような，国際法の否定につながるからである。その意味で国内標準主義もまた，何らかの最低基準の存在を否定するものではない。つまり両主義は，国家の行為が何がしかの基準を満たすという事実を問題としている点で，変わらないのである。

　第2点は，両主義がいわゆる第1次法規に属すること，である。両主義はい

ずれも，国家が外国人に何らかの基準以上の保護を与えるべき義務のあることを主張しているのであって，そこで問題とされているのは，外国人の処遇に関する実体法的規則にほかならない。つまり両主義は，第2次法規を中心に国家責任の問題を検討する立場からは，必ずしも取り上げなければならない対象ではない。

第3点は，両主義の検討をつうじて，過失責任論よりも客観責任論のほうがより適切だと結論されること，である。主観的・心理的な意味における過失が問題となるのは，行政機関の一部の行為にすぎず，しかもそれは，外国人の処遇にかかわる第1次法規に属することが明らかとなった。したがって過失は，行為の違法性にかかわる第1次法規の問題であり，国家責任の成立は，国家に帰属される国際違法行為の存在という「客観的な条件」をもって足りる，と結論できる。もっとも，たとえば立法機関や司法機関の行為が国際的な義務に違反している事態を，過失と呼ぶことがないわけではない。だがその場合には，過失ということばに，もはや主観的・心理的な意味は込められていない，と解するほかはない。

（4） 無過失責任主義と国際法

さて，以上の考察とは異なる視点から，国際法の分野でも最近，無過失責任の考え方が見られるようになった。これは科学技術の発達に伴って，高速度・大量の輸送手段や危険度の高い設備を用いた企業活動が広がり，そこから生じる事故に対処するために，国内法の分野において危険責任主義が採用されてきたことに対応する現象である。

この種の活動のなかには，事故の結果が一国家の枠を超える可能性の強いものがあり，たとえば，航空機や原子力船の運航または原子力施設の作動から生じる事故，船舶や海底資源開発施設による油濁事故，宇宙物体の落下に伴う事故などについて，すでにいくつかの条約が締結されている。そしてこれら諸条約は，輸送手段や施設の運用者に対し，事故から生じる損害について無過失責任を課している。またこれら諸条約のなかには，「私人の行為」にかかわる「違法行為の国家への帰属」で見たとおり，一事故ごとの損害賠償額の最高限度を定め，その支払に関して，関係国家に間接・直接の保証義務を課している

ものが多い。

5 責任の処理（解除）と国際請求

　国家責任が成立すると，これをどのように処理するかが問題となる。国家責任の処理とは，責任を課された国家にとって，自己の責任を解除されるためにどうしたらよいか，という問題であり，責任を追及する国家にとっては，自己の請求を実現するためにどうしたらよいか，という問題である。

（1）　国家責任の解除

　まず，国家責任の解除については，「国家は自己の違法行為によって生じた損害を，賠償しなければならない」とする原則が確立している。そして賠償の態様としては，原状回復，金銭支払（金銭賠償ともいう），陳謝その他，の3種類があり，2種類以上の態様が併せ用いられることがある。

　このうち「原状回復」は，違法行為がなければ存在したであろう状態を回復させることであって，たとえば，条約に違反して制定された国内法を廃止する措置を指す。原状の回復は，賠償の態様としてもっとも好ましいが，現実には不可能なこともあり，その場合には，他の態様によらざるをえない。これに対し「金銭支払」は，もっとも一般的な責任解除の態様であって，違法行為により生じた損害を金銭に算定し，それを支払うものである。金銭支払は，他の態様による賠償が不十分な場合に，これと併用されることが多い。なお金銭支払については，賠償の範囲や利息の有無がしばしば問題となる。「陳謝その他」は，口頭または書面による謝意の表明，関係者の処罰，国旗に対する敬礼などの形態をとり，主に精神的な損害に関して用いられる。ただし精神的な損害に対し，金銭支払がなされることも少なくない。

（2）　国際請求と外交的保護

（i）　国際請求一般

　国家責任が成立する条件が揃っても，これを課せられるべき国家が責任を認め，つねに賠償に応じるとは限らない。この場合に，責任を追及すべき国家は，

種々の手段に訴えて自己の請求の実現をはかる。そうした手段としては，相手国への抗議や国際世論の喚起，相手国との直接交渉，第三国への周旋・仲介の依頼，国際機構や国際裁判への付託などの平和的手段と並んで，国交断絶や経済制裁，さらには復仇などの威圧的手段も考えられる。一般的には，交渉や裁判付託をつうじて，国際請求の実現をはかる例が多いが，これらを含む平和的手段が効果的に機能するためには，相手国の同意が必要である。

(ii) 国際請求と外交的保護

ところで国際社会においては，国家対国家のレベルの国際請求のほかに，自国民の外国に対する請求をかれの母国が取り上げ，当該外国に国際請求として提起することが，実践されてきた。これらの実践は，多くの場合，自国民が外国の領域やこれに準ずる場所で身体や財産にこうむった損害の回復を目的としていたため，在外国民の保護または外交的保護の制度とも呼ばれる。この制度を裏返せば，「自国領域内で外国人の身体・財産がこうむった損害に対する国家責任」の問題となる。そして，人と物の国際交流が飛躍的に増大した19世紀以降，この問題が国際社会の一大関心事となったことは，すでに見たとおりである。

しかしながら外交的保護の制度には，2つの問題がある。それは，この保護が国家の権利として発達したこと，およびこの権利の濫用をいかに防止するかということ，である。まず，外交的保護は国家の権利として発達したため，仮に外国で損害をこうむった自国民が外交的保護を要請しても，かれの母国が相手国との関係を考慮して要請を取り上げないこともあり，逆に要請がなくても，この権利を行使して相手国に介入する例が見られた。かように個人の法益保護の見地からすれば，この制度は決して理想的なものではなく，これを国家の義務とする提案がなされたこともあったが，この提案は諸国家の実践に取り入れられていない。

つぎに，外交的保護が国家の権利であることも手伝って，この制度は濫用されがちである。ことに19世紀以降，欧米の先進諸国は中南米の後進国に干渉する口実として，この制度を用い，それがさきに見た国際標準主義と国内標準主義の対立・抗争の一因ともなった。そうして，この対立・抗争のなかから，外

Ⅳ　国家責任

交的保護の濫用を防ぐ法原則として,「請求の国籍継続」と,「国内的救済の完了」とが要求されるようになったのである。

(3)　請求の国籍継続

請求の国籍継続とは,個人が外国で損害をこうむったときから,国際請求が提起され最終的な解決がもたらされるまでのあいだ,または少なくとも国際請求が提出されるまでのあいだ,かれが母国の国籍を維持し続けることを意味し,この条件を欠く請求は外国が取り上げなくてもよい。この原則の根拠は,外交的保護が国家の権利として発達してきたこともあろうが,直接的には,個人が強大な国家の保護を求めて国籍漁りをするのを封じることにあった,といわれる。ただし国際請求の途中で本人が死亡し,その相続人がかれと異なる国籍をもつ場合や,領域変更などで本人の意思と無関係に国籍が変わる場合などは,この原則の適用を弾力的になすべきであろう。

国籍と外交的保護との関係については,両者の「真正な結合 (genuine link)」を要求した,1955年の「ノッテボーム事件」国際司法裁判所判決に留意しなければならない。この事件で裁判所は,「ノッテボームが取得したリヒテンシュタイン国籍は,かれと同国の真正な関係に裏付けられない便宜的・形式的なものにすぎず,リヒテンシュタインはかれの外交的保護を,かれが長年生活の本拠としてきたグアテマラに対して行使しえない」と判示した。つまり判決は,外交的保護の前提となるべき国籍が,居住・家族関係・公的生活への参加・所属意識など,個人と国家との真正な結合関係に基づくべきこと,を要求したのである。

なお,最近,法人の国籍と外交的保護との関係が問題とされることがあるが,これについては1970年の「バルセロナ・トラクション事件」国際司法裁判所判決が明らかにしたように,会社の設立準拠法および本店所在地の国家が外交的保護権を行使しうることが,一般に認められてきている。

(4)　国内的救済の完了とカルボ条項

国内的救済の完了とは,個人が外国でこうむった損害に関して,母国が外交的保護に訴えるためには,その個人が当該外国で利用しうる国内的な権利回復

の手段を尽くしていなければならないこと，を要求する原則である。この原則の根拠は，個人が外国でこうむった損害の証拠調べや事実認定には，当該外国の機関がもっともふさわしいことや，個人の訴えが安易に取り上げられ，国際関係に重大な影響を及ぼす危険を避けることなど，実際的ないし政治的な配慮にある，といわれている。ただしこの原則の適用には，つぎの3点に留意しなければならない。

第1に，この原則は個人の法益侵害についてのみ適用され，大使館の占拠のような国家の法益侵害には適用されない。第2に，この原則が適用されるのは，効果的な国内的救済手段が存在する場合に限られる。そこで，たとえば同種の事件について上級審の先例が確立している場合に，わざわざ下級審の審理を求める必要はない。第3に，この原則は強行法規的な性格のものではないから，関係国の合意により，その適用を排除することが可能である。そしてこの第3点に関連して，いわゆるカルボ条項が問題となることがある。

カルボ条項とは，国家が個人と結ぶ利権契約などに挿入される規定で，その契約上の紛争を当該国家の国内的救済手段によってのみ解決する旨を約束させ，かれの母国の外交的保護に基づく介入を排除することを狙っている。その名はアルゼンチンの国際法学者に由来し，欧米先進諸国の介入に悩む中南米の諸国が，実践してきたものである。

カルボ条項の効果については，意見が分かれている。この条項が国内的救済完了の必要を確認する効果をもつことには，異論がない。だが，この条項が封じることを狙う外交的保護の権利は本来，国家に属するものであるから，それをもたない個人が外国との契約により排除することは不可能である。その意味でカルボ条項は，無効であると解すべきであろう。もっとも，一部には，カルボ条項に何がしかの効力を認めようとする考え方もある。たとえば，アメリカ＝メキシコ請求委員会の裁定のなかには，両国間に国内的救済完了原則の適用を排除する旨の条約があったにもかかわらず，同委員会に付託されたカルボ条項入り契約につき，あえて同条項の効力を認め，当事者に国内的救済の完了を求めたものがある。裁定の狙いは，当初からメキシコの国内的救済手段を尽くす意図のないままに，この契約を結んだアメリカ人の不誠実さを戒めることにあったが，国内的救済完了原則がもともと実際的・政治的配慮に根ざす事実を

考慮すれば，そうした狙いも，まったく意味のないことではない。

6 おわりに──残された若干の問題──

以上で，国際法における国家の責任につき，その成立から処理にかかわる諸問題を概観したが，最後に，そのなかで必ずしも明確に触れることのできなかった3つの問題点を指摘して，本稿を閉じることにしたい。

(1) 違法行為に対する責任と適法行為から生じた損害に対する責任

本稿では，冒頭に説明したとおり，国家が国際法に違反した場合に負うべき責任，すなわち国際違法行為に対する国家責任の問題を取り上げた。しかし，本稿中でも触れたように，国家の適法行為から損害が生じることも可能であり，その場合に国家が負うべき責任について，検討することも必要である。現に国際連合国際法委員会では，「国際法の禁じていない行為から生じる損害に対する責任」の問題が検討されている。国際法委員会の作業は未だ具体的な成果を挙げていないが*3，たとえば，原子力船運航者の責任に関する条約や宇宙損害賠償条約において，原子力船の事故や宇宙物体の落下事故から生じる損害に対し，国家が間接・直接の賠償責任を課されている事実は，この問題の検討に大いに資するものと思われる。もっとも，これらの条約はいわゆる「異常に危険な (ultra-hazardous)」活動を規律の対象としているため，これらの条約規定を適法行為一般に類推適用することの是非については，慎重に検討されなければならない。

なお，国際違法行為に対する国家責任の国際法委員会草案第29条～第35条は，違法性阻却事由として，被害国の同意，対抗措置，不可抗力，期待可能性欠如，緊急避難，自衛の6つを挙げ，このうち対抗措置と自衛以外の事由から生じた損害について，補償の必要性を示唆している。このこともまた，適法行為から生じる損害に対する責任の検討に際して，考慮に加えるべきであろう。

---

*3　前掲*1参照。

（2） 領域内および領域外の私人行為に関する国家責任の限界

　本稿でも見たとおり，私人の行為に関する国家責任については，もっぱら当該国家の「領域内」で生じた損害が，これまで論議の対象とされてきた。しかもその際，国家責任の根拠とされたのは，領域主権の反面として国家に課せられた，自国領域内の人や物を保護すべき義務であった。だが最近の条約によると，私人の運航する原子力船や私人の打ち上げる宇宙物体が，これらの活動を許可・監督すべき国家の「領域外」で事故を起こし，それによって損害が生じた場合にも，当該国家は間接・直接の賠償責任を課されている。これらの場合に国家責任の根拠は，領域内の人や物を保護すべき義務によって，説明することができない。

　領域外の私人の行為に関する国家責任の根拠はおそらく，国家が当該私人行為を許可した事実または監督している事実に求められ，さらにそれらの事実を通して，国家が当該私人行為を管理しうる可能性に求められるであろう。そして，領域内の私人行為に関する国家責任の根拠が，領域内の人や物に対する排他的支配の可能性の裏面であることを考えれば，結局，私人行為に関する国家責任の根拠は，領域の内外を問わず，当該私人行為に対する国家の管理可能性に求めることができるであろう。

　しかしながら，領域内の私人行為に関する国家責任が，「相当な注意」という基準によって限界づけられているのに対し，領域外の私人行為に関する国家責任については，その限界を定める一般的な基準が必ずしも明確ではない。これについてはおそらく，問題となる私人行為の特性を考慮に入れつつ，油濁事故，原子力事故，宇宙物体事故などをめぐる個別条約の実践のなかから，その内容を明確化してゆく努力が重ねられるべきだと思われる。

（3） 国際社会の組織化と国家責任の客観的・合理的処理

　現在までのところ，私人が外国でこうむった損害にせよ，国家自身がこうむった損害にせよ，いずれも加害国の責任を客観的・合理的に処理するシステムは不備である。たとえば前者について，外交的保護の制度はあるが，保護の権利が国家に属するものとされているため，政治的に運用されやすく，私人の

Ⅳ 国家責任

法益保護にはきわめて不十分である。また国家対国家レベルにおける国家責任の追及も，基本的には加害国の同意を前提とした，非法律的な要因に左右されることが多い。

　これらの問題を抜本的に解決するためには，世界政府や世界裁判所のような超国家的権威の出現に俟たねばならないのかも知れない。だがそれ以前にも，国家責任の客観的・合理的処理へ向けて，何がしかの努力を傾けることは可能である。たとえば，世界銀行の投資紛争解決国際センターのように，外交的保護の制度の欠陥を補うシステムを開発することは，可能である。また，これまでも進められてきたように，人権の国際的な保障の手続を強化することは，有益である。さらに国家対国家レベルの国家責任追及についても，国際連合その他の国際機構の準司法的活用や，国際裁判の活性化も試みられるべきであろう。そして何よりも，国際社会の組織化を念頭に置きながら，国際法委員会草案にいう「国際犯罪」にかかわる国家責任の処理システムの構築へ向けて，理論・実践の両面から種々の可能性を探る努力が肝要ではないだろうか。

　　（引用の出典を逐一明示することは避けたが，比較的重要と考えられるものを，本文に出てくる順序に従い，ここにまとめて掲示しておく。）

I. Brownlie, "The History of State Responsibility," in R. Gutiérrez Girardot, H. Ridder, M. L. Sarin and Th. Schiller (eds.), *New Directions in International Law* (1982), pp. 19, 21-22.

A. W. Heffter, *Das európäishe Völkerrecht der Gegenwart* (1844), §§ 100-104.

H. Triepel, *Völkerrecht und Landesrecht* (1899), § 13.

D. Anzilotti, "La Responsabilité internationale des États à Raison des Dommages soufferts par des Étrangers," *Revue Générale de Droit International Public*, tome XIII (1906), pp. 287-291.

S. Rosenne (ed.), *League of Nations Committee of Experts for the Progressive Codification of International Law* [1925-1928] (1972), Vol. 1, pp. 34ff., 43, 75ff., 172, 184, 207ff., 273ff.; Vol. 2, pp. 116ff., 293ff.; idem, *League of Nations Conference for the Codification of International Law* [1930] (1975), pp. xiff., 423ff., 745-746, 1425ff.

Yearbook of the International Law Commission, 1956, Vol. II, p. 173ff.; *ibid.*, 1957, Vol. II, p. 104ff.; *ibid.*, 1958, Vol. II, p. 43ff.; *ibid.*, 1959, Vol. II, p. 1 ff.; *ibid.*, 1960, Vol. II, p. 41ff.; *ibid.*, 1961, Vol. II, p. 1 ff.; *ibid.*, 1969, Vol. II, p. 125ff.; *ibid.*, 1970, Vol. II, p. 177ff.; *ibid.*, 1971, Vol. II (Part One), p. 193ff.; *ibid.*, 1972, Vol. II, p. 71ff.; *ibid.*, 1976, Vol. II (Part One), p. 3 ff.; *ibid.*, 1977, Vol. II (Part One), p. 3 ff.; *ibid.*, 1978, Vol. II (Part One), p. 31ff.; *ibid.*, 1979, Vol. II (Part One), p. 3 ff.; *ibid.*, 1980, Vol. II (Part One), p. 13ff.

H. Grotius, *De jure belli ac pacis* (Translation by F. W. Kelsey, in J. B. Scott (ed.), *The Classics of International Law*, Reprinted, 1964), Book 2, Chap. 21, II-III and Chap. 17, XX.

第2章　国家責任に関するガルシア・アマドール案の一考察
──「国際的な基本的人権」と「国際標準主義」の関係について──

(1973年)

1　はじめに

　周知のごとく，国際法上の国家責任の問題に関しては，いわゆる国内標準主義と国際標準主義が対立している。両者はいずれも一国家の領域内における外国人の取り扱い，とりわけその保護に係わる原則であって，前者が，「国家は通常，外国人に対して，自国民に与えるのと同等の保護を与えれば足りる」とするのに対し，後者は，「国家が外国人に与えるべき保護には，一定の国際的な標準があって，この標準は当該国家が自国民に与える保護の標準よりも高い場合がありうる」とする。つまり前者によれば，自国領域内で外国人が身体・財産に損害を被むった場合に，国家は外国人を自国民と同様に保護するかぎり，国際法上の責任を問われないことになるが，後者によれば，この場合に，国家は外国人に国際標準以上の保護を与えないかぎり，国際法上の責任を問われることになる。後に見るとおり，国際標準主義は，司法・警察制度の整った欧米の先進諸国によって主張されてきたものであり，逆に，国内標準主義は後進国，ことにラテン・アメリカ諸国によって擁護されてきたものであって，両者の対立は，国家責任に関する国際法の諸問題のなかで，もっとも調整困難なものの1つとされてきたのである。

　しかるに，かつて国際連合・国際法委員会の委員であり，国家責任の問題に関する同委員会の特別報告者でもあったガルシア・アマドールは，1956年に同委員会へ提出した報告書のなかで，この対立に触れて，つぎのように述べた。

　「……『国際標準主義』と内国民・外国人平等主義はこれまで対立を続け，調整不可能なものと考えられてきたが，両者を再編成して……1つの新しい法

Ⅳ　国家責任

原則に融合させることが可能である。この新しい法原則の基礎となるのは，国連憲章や……他の国際文書にいう『人権および基本的自由の尊重と遵守』である。……『人権および基本的自由の国際的な承認』は，まさに従前の両原則を統合するものである[1]」。

1961年の最終報告書でも，かれは同じ命題を繰り返した[2]。

　一体，アマドールのいう「国際的に承認された人権および基本的自由（以下，国際的な基本的人権と略す）」とは何か，それはどのように国内標準主義と国際標準主義の対立に係わるのか，また両者の対立を解消するのか——これらの問題を検討することが本稿の目的である。以下，まず，アマドールのいう国際的な基本的人権の内容を調べ，ついで，国際判例を通して「国際標準」の実体を確かめ，最後に，この双方の関係について考察する順序を選ぶ。

2　国内標準主義，国際標準主義の対立とアマドール案の「国際的な基本的人権」

（1）　国内標準主義と国際標準主義の対立

　ところで，アマドール案の紹介に先立ち，いわゆる国内標準主義と国際標準主義の対立について，もうすこし詳しく見ておこう。

　歴史的に見ると，外国人は本来「法の外にある者」として取り扱われ，無権利・無保護の状態が長く続いた。古代ローマやゲルマンの社会において外国人は敵と同一視されたといわれ，中世のヨーロッパにおいてもこの傾向は変わらなかった。もっとも古代や中世にあっても，外国人商人等が例外的に特別な保護を与えられた事例は散見される。しかし外国人の保護が国際社会の一般的な

---

[1]　F.V. García Amador, (*First*) *Report on International Responsibility*, *Yearbook of the International Law Commission*, 1956, Vol. II, p. 203. これについては，田畑茂二郎『国際法講義下』（有信堂，1970年）19頁注（3）の指摘を見よ。

[2]　F.V. García Amador, (*Sixth*) *Report on International Responsibility*, *Yearbook of the International Law Commission*, 1961, Vol. II, p. 1ff, especially draft articles and commentary at pp. 46-54. この翻訳は，安藤仁介「『自国領域内で外国人の身体・財産がこうむった損害に対する国家の責任』に関する法典草案」『京都大学教養部・政法論集』第3号（1969年）149-169頁。

関心を呼ぶにいたるのは，近代国際法の基盤たるヨーロッパ国家体系の成立期よりも遅く，産業革命や交通・運搬手段の発達によって交易その他の国際交流の度合いが飛躍的に高まり，またフランス革命によって人権思想が普及して以後のことであった。とくに欧米の先進資本主義諸国にとっては，自国民が貿易や資源開発のため海外進出をはかる際に，かれらの経済的利益を保護することがきわめて重要となったのである[3]。

近代国際法のもとでは，国家は自国領域内にある人および物を自由に支配する権利，すなわち領域主権を認められている。その反面，国家はそれらの人や物を保護する義務を負う。しかるに，西欧や北米以外の地域では近代国家の形成や発展が遅れており，領域内における人や物の保護についても，先進国とは大きな隔たりがあった。そのため，後進国が外国人に与える保護が不十分であると考えられた場合には，当該外国人の母国たる先進国は，自国民の外交的保護の名のもとに，しばしば後進国の措置や制度に容喙した。この際，先進国は後進国に対し，国際社会において国家として存立してゆくためには，一定の水準以上に組織化された国内制度，ことに領域内の私人の身体や財産の安全を保護するに足る警察や司法制度を整えていることが必要であり，この要件を欠くために外国人が損害を被むった場合には，国際的な責任を問われる，と主張した[4]。セオドア・ルーズヴェルトのもとでアメリカの国務長官を務めたエリーフ・ルートによれば，

「すべての文明国によって一般的に受け容れられ，世界の国際法の一部となっている，きわめて単純かつ基本的な正義の標準（a standard of justice）が存在する。各国家は外国人に与えるべき正義の標準として，自国民に与えている正義を用いてもよいが，その場合には，自国の法や統治がこの一般的な標準に達していなければならない。ある国家の法制度や統治組織がこの標準に達していない場合には，当該国家の国民はそれに甘んじなければならないかも知れぬ。

3） Edwin M. Borchard, *The Diplomatic Protection of Citizens Abroad* (Banks Law Publishing Co., 1915), pp. 31–36; Philip C. Jessup, *A Modern Law of Nations* (MacMillan, 1949), p. 95ff.
4） Clyde Eagleton, *The Responsibility of States in International Law* (New York University Press, 1928), p. 103ff.

311

Ⅳ 国家責任

だが他国は，それが自己の国民を満足に取り扱いうるものである，と認める必要はない。……この原則を適用すれば，ときとして国家は，自国民の保護のために通常とっている手段とまったく異なった手段を，外国人の保護のためにはとらなければならないであろう[5]」。

これは典型的な国際標準主義の主張である。

しかしながら，先進国のこうした主張やそれに裏付けられた内政干渉は，後進国の強い反感をかった。19世紀から20世紀へかけて，アメリカや西欧諸国の外交的保護に名を借りた干渉に悩まされた中・南米諸国では，とくにこの種の反感が強く，かれらがいわば国際標準主義に対抗して，先進国の不当な干渉を斥ける目的で唱えたのが，国内標準主義だったのである。アルゼンチンの著名な国際法学者カルボは，「外国人は自分の居住している国家の国民よりも大きな特権を与えられる資格がある，という規則が，中・南米諸国に押しつけられてきた[6]」。しかし，「ある国家に居住する外国人は，当該国家の国民と同等の保護を要求する権利を持つが，それ以上の保護を要求することはできない。外国人が損害を被むった場合には，損害を与えた者を訴追しうる国家に対して救済を求めるべきである[7]」，と述べている。

このように国内標準主義は国際標準主義と真向こうから対立するものである。しかし前者が，「国家は外国人を自国民と同等に取り扱うかぎり，これに対していかなる待遇を与えてもよい」ことを意味する，と考えるのは，行き過ぎであろう。この種の極端な考えは，外国人の取り扱いに関して国内法を国際法に優先させるものであり，究極的には国際法秩序の否定につながるものだからである[8]。中・南米の諸国が国内標準主義を主張する背後には，1つには，これら諸国が独立以来，ほぼ同内容の国内法体系を維持し，かつ，相互に外国人

---

5) *Proceedings of the American Society of International Law*, Vol. 4 (1910), p. 21.
6) Carlos Calvo, *Le droit international théorique et pratique*, tome 3 (Marcel Rivière, 1896), p. 140.
7) *Ibid.*, tome 6, p. 231.
8) Louis B. Sohn and Richard R. Baxter, *Convention on the International Responsibility of States for Injuries to Aliens* (Harvard Law School, 1961), p. 58; Alwyn V. Freeman, *The International Responsibility of States for Denial of Justice* (Longmans, 1938), pp. 504, 535; Borchard, *supra* note 3, pp. 105-106; Eagleton, *supra* note 4, pp. 217-218.

を内国民と同等に取り扱ってきた事実がある,といわれる[9]。つまり中・南米諸国が国内標準を主張することは,かれらに共通する一定の標準を主張することにほかならず,これを一種の国際的な標準と考えることも可能であろう。

問題は,アメリカや西欧諸国のいう国際標準が,これら先進諸国の国内体制を念頭に置いた「国際標準」であり,それが中・南米諸国に「共通の標準」と食い違っていた点に存する。いい換えれば,国際標準主義と国内標準主義の対立は,字義どおりに解すべきではなく,「標準」の基礎を欧米先進国,中・南米後進国のいずれの国内体制に置くかの対立だ,と解すべきであろう[10]。本稿では取り上げないが,国際連盟が主催した1930年の国際法典編纂会議における「国家責任法典案」の審議経過は,このことを明らかにしているように思われる[11]。

(2) アマドール案の「国際的な基本的人権」による対立解消の主張

国内標準主義と国際標準主義の対立が,結局は,保護の基準をどこに求めるかをめぐる対立であるとして,アマドールのいう「国際的な基本的人権」は,この対立をどのように解消するのか。また,その内容はどのようなものか。

アマドールは1955年に国際法委員会によって国家責任の問題に関する特別報告者に選ばれたが,1961年に同委員会を退くまでに,6回に分けて詳細な報告書を提出しており,ことに1957年から1958年にかけては「自国領域内で外国人の身体・財産が被むった損害に対する国家の責任」と題する法典案を,さらに,これに対する同委員会の討議をふまえて,1961年にはその修正案を,それぞれ起草,発表している[12]。この両案をつうじて彼が強調したのは,国内標準主義と国際標準主義の伝統的な対立を解消し,両者の特徴を併せ持つような新し

---

9) Andreas H. Roth, *The Minimum Standard of International Law Applied to Aliens* (Sijthoff, 1949), p. 64. 芹田健太郎「米州における人権の保護―米州人権委員会を中心に―」『法学論叢』第86巻2号(1969年11月)42頁. Also see, Frederick S. Dunn, *The Protection of Nationals* (Johns Hopkins Press, 1932), p. 62 on "fundamental human rights."
10) 田畑茂二郎「私人行為に依る国家の国際責任(2・完)」『法学論叢』第39巻6号(1938年12月)127頁.
11) See, for example, Roth, *supra* note 9, pp. 104-108.
12) 安藤・前掲(翻訳)注2) 149頁を参照されたい。

い法原則を見出す必要であった[13]。

　かれによれば，近年，とくに第2次世界大戦後，国際社会において基本的な人権が承認されたことは，国家責任の問題に大きな影響を与えた。とりわけ国際的な基本的人権の承認によって，国内標準主義も国際標準主義もともに時代遅れのものとなってしまった[14]。「『国際標準主義』が提唱され承認された時代には，現代とは違う理念が支配していた。当時の理念によれば，国際法が個人の基本的な権利を認め保護するのは，その個人の外国人たる地位，つまりかれがある国家の国民である事実に基づいていた。また外国人・内国民平等主義が唱えられたのは，国際法が外国人と内国民の法的地位に差別を設けることに反対するためであった。すなわち両主義は，権利のカテゴリーや保護の態様を2種に区分する考え方に基礎を置いていたのである。……だが現在では，国際法自体が内外人の区別なく，あらゆる個人に対して基本的人権を承認したために，かような区分は存在理由を失ってしまった[15]」。「ある個人が内国民であるか外国人であるかは，もはや問題でなくなった。個人が個人として国際法に保護されることになったからである[16]」。

　もっとも，伝統的な2つの主義が存在理由を失ったといっても，両主義の特質や目的がまったく無意味なものになってしまったわけではない。「それどころか，『国際的な基本的人権の承認』は両主義を統合するものである[17]」。国際標準主義は外交的保護の制度と密接に結びついてきたが，内容が不明確であり，かつ外国人の権利の保護に必ずしも有効な原則ではなかった。他方，国内標準主義も，国際法と抵触するような形では認めることができない。だが，国際的な基本的人権を承認した文書類を調べてみると，人権の内容は，これまで国際標準主義が擁護してきた最低基準よりも高く，さらにこれらの文書類は，

---

13) F.V. García Amador, *(Third) Report on International Responsibility, Yearbook of the International Law Commission,* 1958, Vol. II, p. 49, especially para. 8. Also, idem, *(Sixth) Report on International Responsibility, Yearbook of the International Law Commission,* 1961, Vol. II, p. 50, especially commentary to Art. 1.

14) Idem, *(First) Report on International Responsibility, Yearbook of the International Law Commission,* 1956, Vol. II, p. 202, para. 151 and p. 203, para. 157.

15) *Ibid.*, p. 203, para. 157.

16) *Ibid.*, p. 203, para. 156.

17) *Ibid.*, p. 203, para. 158.

内国民と外国人を区別していない。つまり国際的な基本的人権は，従前の両主義の特質や目的を兼ね備えた新しい法原則なのである[18]。そして「この新しい原則の基礎となるものは，国際連合憲章等の国際文書にいう『人権および基本的自由の普遍的な尊重と遵守』なのである[19]」。

アマドール案の第1条によれば，「外国人は内国民と同等の保護を受ける」ことを原則とする。ただし「この保護は，いかなる場合にも，現行の国際的な諸文書で承認され定義された『人権および基本的自由』以下のものであってはならない[20]」。アマドールは，かように国際的な承認を受けた基本的人権を網羅的に列挙する方法を選んでいる。すなわち，「（ここ）にいう『人権および基本的自由』とは，つぎに列挙するものをいう」。それは，(a) 生命，自由および身体安全に対する権利，(b) 財産を所有する権利，(c) これらの権利の侵害に対し，十分かつ効果的な救済を与える手続によって，裁判所または権限ある国家機関に訴える権利，(d) 公開の審理を受ける権利，さらに，(e) 刑事事件に関連して，有罪が確定するまで無罪と推定される権利，自己に対してなされた訴追を，自己の理解する言語で通告される権利，自己または弁護人を通して抗弁する権利，行為時に国内法上または国際法上犯罪でなかった作為または不作為について，有罪と宣告されない権利，遅滞なく裁判を受けるか，または釈放される権利，である[21]。ただし，このうち (a) と (b) は，国内の治安，国家の経済的福祉，公けの秩序，保健および道徳のために，または他人の権利および自由の尊重を確保するために，法に明記された制約に服するものとされている[22]。

（3） 国際法委員会のアマドール案批判とその検討

国際法委員会はアマドールの報告書を1956年，1957年，1959年および1960年にそれぞれ数会合にわたって検討した。しかし他の委員の見解は，アマドール

---

18) *Ibid.*, p. 203, para. 156.
19) *Ibid.*
20) 安藤・前掲（翻訳）注2）151頁。
21) 同上。
22) 同上151-152頁。

Ⅳ　国家責任

案に対して必ずしも好意的ではなかった。とくにつぎの3点において，アマドール案は厳しく批判された。
　(i)　個人は，外国人であれ，内国民であれ，国際法の主体ではない[23]。
　(ii)　国際的な基本的人権は，実定国際法上まだ承認されていない[24]。
　(iii)　「国家責任」の問題を「外国人の地位」の問題と混同すべきではない。後者は実体法規に係わる問題であるが，前者は手続的な問題であり，「外国人の地位」に関する実体法規の違反のみならず，あらゆる実体法規の違反に係わるものである[25]。

このうち，第3の批判は本稿の主題に直接関係しない。ここでは，アマドールが国際法委員会を退いてのち，同委員会が「国家責任」の問題を「外国人の地位」の問題と切り離し，いわば手続的なものとして取り上げる道を選んだことを付言するにとどめよう[26]。

第2の批判に対して，アマドールは「国際法においては，ある規則の合法性……と実効性を混同してはならない」として，これに反駁している[27]。しかしながら，多数の委員が指摘したように，アマドールの挙げた諸権利が，個別条約を離れて，一般国際法の承認を受けていると見ることは困難であろう。たとえば，マティーヌ・ダフタリは「自国民でさえ国内法上享受していないような保護を，どうして外国人に与えることができようか。特別報告者の案は多分に空想的である」と酷評しており[28]，サラマンカも「起草中の国際人権規約についても，憲章第2条7項の規定に抵触する条項が無いか，が問題にされて

---

23)　See Pal's remarks, *Yearbook of the International Law Commission,* 1956, Vol. I, p. 236; Zourek's, *ibid.*, p. 238; Fitzmaurice's, *ibid.*; Spiropoulos', *ibid.*, p. 242; Ago's, *ibid.*, 1957, Vol. I, p. 157; Tunkin's, *ibid.*, p. 165.

24)　See Salamanca's remarks, *ibid.*, 1956, Vol. I, p. 236; Edmonds', *ibid.* p. 233; Francois', *ibid.*, p. 243; el-Khouri's, *ibid.*, p. 243; Matine-Daftary's, *ibid.*, 1957, Vol. I, p. 160.

25)　See Zourek's remarks, *ibid.*, 1957, Vol. I, p. 162; Francois', *ibid.*, p. 163; Spiropoulos', *ibid.*, p. 168; Verdross', *ibid.*, p. 150 ; Ago's, *ibid.*, p. 167; Amado's, *ibid.*, p. 151. Also, Verdross', *ibid.*, 1960, Vol. I, p. 277.

26)　*Yearbook of the International Law Commission,* 1963, Vol. II, pp. 227-228. また，安藤・前掲（翻訳）注2）149頁注（6）を参照されたい。

27)　F.V. García Amador, *(Third) Report on International Responsibility, Yearbook of the International Law Commission,* 1958, Vol. II, p. 49, para. 9.

28)　*Ibid.,* 1957, Vol. I, p. 159.

第 2 章　国家責任に関するガルシア・アマドール案の一考察

いるのだ」と注意していた[29]。事実，この国際人権規約は1966年にいたって，国際連合総会により 2 つの条約案の形で採択されたが，そのいずれも批准国数が必要な数に達せず，今日まで発効していない状態である[30]*1。国際法委員会の委員のなかではアマドール案に好意的であったフィッツモーリスでさえ，「特別報告者は，普遍的に承認された基本的人権の定義が存在することを主張しているのではなく，何らかの定義を見つけ出すために，人権の概念を参照しているにすぎない[31]」，「『国際標準主義』と『国際的な人権の遵守』という 2 つの概念は，完全に合致するものではないかも知れない[32]」，と述べていたのである。アマドールが大いに参考としていた，国家責任に関するハーヴァード新草案がそのコメントで，「内外人の区別なく，すべての個人に対して共通の人権体系が認められるようになるのは，まだ将来のことに属する[33]」と指摘しているのは，けだし正当だというべきであろう。

だがアマドール案の最大の問題点は，第 1 の批判に関係するように思われる。ツーレックのことばを借りると，「特別報告者の案の核心は，個人が国際法の主体であるか否か，ということであり，この点について委員の間に鋭い意見の対立が見られた。私は，個人を国際法の主体とする考えには賛成できない。国際法が国家相互の関係を規律する法たる性格を廃棄するならば，それは国際法そのものの最後を意味しよう[34]」。スピロプーロスも同じ問題について，つぎのように論じた。「現行国際法のもとでは，個人の権利が侵害された場合に，かれの国籍国は介入する権利を認められている。しかるに，侵害された権利の真の所有者が当該個人であるとするならば，損害賠償請求を起こすためには，強制的管轄権を有する国際機関を設立することが必要になる。……特別報告者の案は……将来においては実現可能となるかもしれない。……だが現在では，

---

29)　*Ibid.*, 1956, Vol. I, p. 236.
30)　United Nations, *Multilateral Treaties in Respect of Which the Secretary-General Performs Depositary Functions* - Lists of Signatures, Ratifications, Accessions, etc. as at 31 December 1971 (ST/LEG/SER. D/5), pp. 79–80, 82 and 84.
*1　国際人権規約（自由権規約および社会権規約）はともに1976年に発効した。
31)　*Yearbook of the International Law Commission*, 1957, Vol. I, p. 164.
32)　*Ibid.*, 1956, Vol. I, p. 244.
33)　Sohn and Baxter, *supra* note 8, p. 59.
34)　*Yearbook of the International Law Commission*, 1956, Vol. I, p. 238.

317

侵害された権利の真の所有者は国家である，とされていることを否定できない[35]」。つまりツーレックやスピロプーロスの見解に従えば，アマドールが国内標準主義と国際標準主義の伝統的な対立を解消すべき新原理として提案した「国際的な基本的人権」は，現行国際法の基底に触れる側面を有しているのである。

そもそも外国人の保護に関する国家責任の問題を，このような形で捉えることは適当であろうか。アマドール案の国際的な基本的人権は，はたして国内標準主義や国際標準主義と同じ基盤に立つ原則なのであろうか。

3 国際判例に見る「国際標準」の実体

アマドール案の国際的な基本的人権が従前の国内標準主義や国際標準主義と同一の基盤に立つ原則であるか否か，を検討するには，種々の方法が考えられよう。だが，いかなる方法をとるにせよ，つぎの事実を見落してはならない。

すなわち，すでに2の（1）で指摘したとおり，国際標準主義と国内標準主義の対立は詰まるところ，「標準」の基礎を先進国，後進国，いずれの国内体制に求めるか，の対立であり，その意味で，国内標準主義も「一種の国際的な標準」を提唱するものと考えることができる。またアマドール案の国際的な基本的人権も，各国が遵守すべき「基本的人権の最低基準」を示すものであって，同様に「一種の国際的な標準」を提唱するものと見るべきである。したがって，アマドール案の国際的な基本的人権と国際標準主義，国内標準主義の関係を検討するためには，従来「国際標準」と称されてきたものの実体を具体的な事例を通して確かめ，その結果をアマドール案に示された人権の内容と比較することが必要であろう。

以下，国際標準の実体を確かめる目的で，外国人の保護に関する過去の国際判例をいくつかの視点から分析する。ここで条約規定や法理論でなく，とくに国際判例を取り上げる理由は，国際標準の実体を確かめるためには，種々の具体的な事例の分析が不可欠だと考えられるからである。ただし以下に取り上げ

---

35) *Ibid.*, p. 242.

る判例は，外国人の生命，身体の保護に係わるもののみであって，外国人の財産の保護に係わるものは含まれていない。これは，外国人の財産の保護については，各国の態度に大幅な違いがあるので，それに係わる国際判例の分析を通して意味のある結論を抽き出すことが困難だからである。さらに，ここに引用される判例は，「国際連合編・国際仲裁裁判判決集（United Nations, *Reports of International Arbitral Awards*）」から拾い出したものばかりであって，それらの分析も，網羅的というよりは例示的な性格が強い。

（1） 国際標準の概念と定義

ところで，国際標準なる概念は，国際判例上確立しているといえるだろうか。後に見るとおり，国際標準（international standard）という表現をそのまま用いている国際判例は，アメリカと中・南米の諸国，ことにメキシコとのあいだで設置された請求委員会の判決に多い。しかし，アメリカが関係した国際判例のなかには，これ以外の表現で同じ概念を表わしているものもある。

たとえば，アメリカ＝ヴェネズエラ混合請求委員会が1903年に下した「バリス事件」判決は，「すべての国家は，自己の法に服すべき者がこれを犯した場合には，自国民であれ外国人であれ……彼に刑罰を加える権利を有している。もっともそのためには，当該国家の法とその運用ならびに刑罰が文明的な規範（civilized codes）に反しないことを条件とする[36]」（傍点引用者）と述べている。これは，アメリカ人バリスがヴェネズエラの電気会社に勤めていた際に，ヴェネズエラの革命グループに加担した嫌疑で逮捕され，裁判され，有罪宣告を受けたことに係わる事件であった。バリスは，アメリカ公使館の介入によって釈放されてのちに，ヴェネズエラに対して逮捕および拘禁の不当性を争ったが，同請求委員会は右のように述べたあとで，ヴェネズエラの制度や措置には何の落度も無いとして，バリスの請求を斥けている[37]。

また1926年にアメリカは，自国民セイロムがエジプトにおいて起訴された事件に関し，エジプト法のもとで同一の人物が検察官と裁判官に兼任されたこと

---

36) *Bullis* Case (U. S. *v*. Venezuela), U.S.-Venezuela Mixed Claims Commission, *Reports of International Arbitral Awards*, Vol. 9, pp. 231, 232.

37) Ibid., pp. 231-232.

IV 国家責任

に抗議した。両国からこの事件を付託された仲裁裁判所は，1931年の判決で，「……文明諸国の現行刑事手続法典中に，この種の兼任を禁じているものは，さほど多く見出されない。そこで，これ以外の刑事手続を採用しても，同じく国際法の標準に及ばない（below the standard of international law），と抗議されるかもしれない[38]」（傍点引用者）と述べて，この手続が違法である，と結論することを避けた。

さらに，第1次世界大戦中にイギリス軍がペルシャを占領した際に，占領地にいたフランス人シュヴロをスパイ容疑で逮捕，拘留し，のちに強制退去せしめた事件は，フランス，イギリス間の仲裁裁判に付されたが，裁判所は1931年の判決で，「拘留中の被疑者が……文明諸国で通常承認されている標準（le niveau habituellement admis entre nations civilisées）に合致した取り扱いを受けなければならない」（傍点引用者）ことは，国際的な諸請求委員会によって認められてきた[39]，と述べている。

ほかに「文明の通常の標準（ordinary standards of civilization）[40]」とか「国際的な正義（international justice）[41]」とかいう表現が用いられている事例もあるが，これらの表現は，いずれも外国人の生命，身体の保護に関して一定の国際的な標準があることを示そうとするものであって，これらを「国際標準」という表現そのものを用いている諸判決と合わせれば，国際判例上，国際標準なる概念は確立されている，と一応結論して差し支えないであろう。

しかしながら，国際標準なる概念の明確な定義は，存在しないに等しい状態である。

国際標準の定義らしきものに触れた数少ない国際判例の1つに，アメリカ＝メキシコ一般請求委員会が1926年に下した「ニーア事件」判決がある。これは，メキシコで鉱山監督として働いていたアメリカ人ニーアがメキシコ人に殺害されてのちに，メキシコ当局の怠慢により犯人逮捕および訴追手続が不十分であったとして，ニーアの未亡人と娘が損害賠償を求めた事件である。判決の中

---

38) *Salem* Case (Egypt *v.* U.S.), Special Arb. Trib., *Reports of International Arbitral Awards*, Vol. 2, pp. 1161, 1197.

39) Affaire *Chevreau* (France *v* Royaume-Uni), Arb., *ibid.*, Vol. 2, pp. 1113, 1123.

40) 後掲注49）ロバーツ事件を参照。

で裁判所は,「(第1に)……(メキシコ)当局の行為が適切であったか否かは,国際的な標準に基づいて判断されねばならず,(第2に)外国人の取り扱いが国際違法行為を構成するためには,それが理不尽 (outrage), 不誠実 (bad faith), 故意による義務不履行 (wilful neglect of duty), もしくは理性的かつ公正な何人も容易にその不適切さを認めうるほどに,国際標準から離反している行為 (an insufficiency of governmental action so far short of international standards that every reasonable and impartial man would readily recognize its insufficiency) でなければならない。この場合,その不適切さが,適切な法の不十分な実施によるものか,それとも法自体が国際標準を満たさないことによるものか,を問わない[42]」(傍点引用者) と述べている。

しかしながら,ここにいう「理不尽,不誠実,故意による義務不履行」は国際標準と直接には結びつかず,また,「理性的かつ公正な何人も容易にその不適切さを認めうる」のは,特定の行為が国際標準から離反している度合いであって,この語句は国際標準そのものの定義ではない。結局,右の文章から明らかになるのは,国際標準が法の実体についても手続についても問題となりうることだけである。

もう1つ,同じアメリカ=メキシコ一般請求委員会が1929年に下した「ミッチェム事件」判決を見ておこう。これは,アメリカ人ミッチェムがメキシコで開いていた店に侵入した強盗に殺害されたが,当局の杜撰な措置によってその犯人が捕われなかったとして,遺族が損害賠償を請求した事件である。判決のなかで同委員会は,メキシコ当局のとった措置について,「問題は,メキシコ当局がミッチェムの殺人犯を捕えるために,もっと効果的な措置をとりえたか否か,ということではなく,メキシコ当局が現にとった措置が,過失の度合い,司法手続の不適切さ,不誠実のゆえに,国際標準以下のものであるか否か,である[43]」(傍点引用者) と述べている。同委員会は,メキシコ当局の措置を国際標準以下のものである,と認定しなかったが,この判決においても国際標準

---

41) 後掲注48) チェイス事件を参照。
42) *Neer* Case (U.S. *v.* Mexico), U.S.-Mexico General Claims Commission, *Reports of International Arbitral Awards*, Vol. 4, pp. 60, 61–62.
43) *Mecham* Case (U.S. *v.* Mexico), *ibid.*, pp. 440, 443.

Ⅳ　国家責任

が「過失の度合い，司法手続の不適切さ，不誠実」等に係わることが明らかにされているにすぎず，その定義は与えられていない。

このことは，他の類似の判決にも一般的にあてはまる。結局，国際判例上，国際標準なる概念は明確に定義されていないといわざるをえず，その具体的な内容を確かめるためには，個々の事例を分析する以外にないように思われる。

(2)　国際標準の内容

国際標準に言及している国際判例の多くは，法の運用に係わる手続的な問題を取り扱っているが，法の内容ないし実体に触れたものも若干存在する。

(i)　法の運用ないし手続に係わるもの

まず，法の運用ないし手続に係わるものについては，「ニーア事件」や「ミッチェム事件」と同様に，犯人ないし容疑者の逮捕・訴追手続が杜撰であって国際標準を満たすか否か，がしばしば問題とされている。たとえば，アメリカ＝メキシコ一般請求委員会が取り上げた「ハークレーダー事件」では，アメリカ人ハークレーダーの強盗殺人犯が，メキシコ警察の不適切な措置のために捕われなかった，と主張された。しかるに同委員会は1928年の判決で，メキシコ警察が通報を受けたあと，直ちに犯人の捜索隊を組織・派遣した事実を認め，捜索は成功しなかったけれども，警察の措置が「国際法の要求する最低限度以下の」ものであったということはできない，と結論している[44]。

また，2名のメキシコ士官がピストルの試し撃ちの最中に，誤ってアメリカ人に傷を負わせたことから生じた「ゴードン事件」でも，同じく犯人の訴追手続が冗長かつ不適切であった，と主張された。しかるに同委員会は1930年の判決で，容疑者たちの取り調べが事件の翌日には開始されていたこと，容疑者のうち1名の逮捕が事件後6ヶ月も遅れたのは，国内争乱のせいでかれが前線に赴任したためであったこと，メキシコの国内裁判所は2人のうちいずれの放った銃弾がゴードンを傷つけたか確認できないので，2人を有罪としなかったことなどを指摘し，「当該裁判所の判決は……国際標準を下廻るものではな

---

44)　*Harkrader* Case (U.S. *v.* Mexico), *ibid.*, pp. 371, 373.

い[45]」と結論している。

　もっとも、同委員会の判決のなかには、メキシコ側の刑事手続が国際標準にもとる、と認定した事例もある。たとえば、メキシコ政府がアメリカ人チャティンを横領罪のかどで逮捕し、裁判し、処罰した措置の合法性が争われた事件の判決（1927年）で、一般請求委員会は「メキシコ法が『宣誓』を要求しないことは、文明の国際標準（international standards of civilization）に反しない[46]」と認定した。しかし、チャティンの審理をかれ以外の人物の審理と理由なく統合したこと、重要な証人の確認や取り調べが行なわれていないこと、公判廷で口頭尋問や陳述がほとんどなされず、被告に反論の機会が与えられなかったことなどについては、「文明の国際標準から極度に離反した刑事手続」であった[47]、と判断している。さらに、1928年の「チェイス事件」判決で同委員会は、メキシコ政府がメキシコ人フロレスの起訴手続を開始しながら、3ヶ月あまりのちにこれを保釈したまま、14年間何の手続も進めなかった事実を指摘し、「……一国の政府が被告に対して訴訟手続を開始しておきながら、有罪無罪を宣告し、刑を量定する段階にまで至らないならば、国際的な正義（international justice）が守られたとはいえない[48]」と断じている。

　また、アメリカ＝メキシコ一般請求委員会では、被疑者の非人道的な取り扱いもしばしば問題とされている。たとえば、火器を持って他人の家屋を襲撃した容疑でメキシコ警察に逮捕、拘留されたアメリカ人ロバーツが、拘留が19ヶ月の長きにわたり、しかも留置所が狭くかつ非衛生的で、食事は量・質ともに悪く、さらに運動の機会がまったく与えられなかった、と抗議した事件の判決（1926年）で、同委員会は、ロバーツがメキシコ人と同等に取り扱われたことは、その取り扱いが国際法上適切であったことにはならない、と判断し、「問題は、……外国人が文明の通常の標準（ordinary standards of civilization）に従って取り扱われたか否かである。ロバーツの拘留中の取り扱いは残酷かつ非人道的であり、賠償請求の理由となる[49]」と述べている。同じく一般請求委員会は、通

---

45) *Gordon* Case (U.S. *v.* Mexico), *ibid.*, pp. 586, 590.
46) *Chattin* Case (U.S. *v.* Mexico), *ibid.*, pp. 282, 291.
47) *Ibid.*, p. 292.
48) *Chase* Case (U.S. *v.* Mexico), *ibid.*, pp. 337, 339.

Ⅳ　国家責任

貨幣偽造容疑で逮捕されたアメリカ人フォークナーが,「耐えがたいほどに不潔かつ不便な留置場に数日間拘留された」事実を捉えて,国際標準に満たぬ非人道的取り扱いであった,と認定した (1926年)[50]。しかしながら,アメリカ人の通信社員ディロンがメキシコ政府によって国外追放の目的で逮捕され,「照明がほとんど無く,換気が悪く,床が汚く,かつ便器の故障している地下室」に12日間拘禁されたことを非人道的な取り扱いとして訴えた事件では,同委員会は「かれの拘禁された部屋が,国際法の要求する最低基準以下のものであることを示す証拠が不十分である[51]」と判断している (1928年)。

以上の分析に見るかぎり,犯人ないし被疑者の逮捕,訴追手続や拘留中の取り扱いに関する国際判例は,特定の措置が国際標準以下のものである,と認定することにきわめて慎重であり,国際標準に満たないと認定された事例は,極度に杜撰または非人道的な措置に限られているように思われる。ただし,何が極度に杜撰または非人道的な措置であるかを判断すべき基準は,必ずしも明確ではない。

(ii)　法の内容ないし実体に係わるもの

国際標準に言及した国際判例のなかには,法の内容自体に係わるものもある。たとえば,アメリカ＝パナマ一般請求委員会が1933年に下した「デーナム事件」判決では,アメリカ人デーナムを殺害した犯人の刑期短縮が国際標準に合うか否か,が検討されている。判決によれば,犯人ははじめ18年4ヶ月の禁錮刑を宣告されたが,「素行の良い服役囚の刑期を3分の1に減ずる」パナマ刑法の規定により,これを6年に減ぜられ,さらに第1次世界大戦の終結を記念して,素行の良い服役者の刑期を半減する大赦法の制定,施行により,これを3年に減ぜられ,結局,3年1ヶ月にして釈放されたのであった。「本委員会の意見によれば,元の刑期は国際標準に照らして決して不適切ではなく,……パナマ刑法の規定もまた,国際的な責任を生じさせることはない[52]」。だが大赦法の制定,適用によって,パナマはこの犯人を適切に処罰すべき国際的な義

49)　*Roberts* Case (U.S. *v.* Mexico), *ibid.*, pp. 77, 80.
50)　*Faulkner* Case (U.S. *v.* Mexico), *ibid.*, pp. 67, 70-71.
51)　*Dillon* Case (U.S. *v.* Mexico), *ibid.*, pp. 368, 369.

務を果たしえなくなったのであり,その結果に対して責任を負わなければならない。つまり同委員会は,国際標準からの離反を招くごとき国内立法措置は,国際的な責任を生じる,と判断したわけである。

さらに,法の実体について,国際標準を問題とした国際判例もある。すなわち,既述のアメリカ＝メキシコ一般請求委員会は,1926年に下した「ガルシア・ガルザ事件」判決において,人命剥奪に関する国際標準の存在を認めている。これは,リオ・グランデ河畔を巡視中のアメリカ陸軍士官が,筏で渡河中の数名のメキシコ人を制止するために発砲し,そのうち1名を死亡せしめた事件であった。この事件において,メキシコ人たちは法規に違反して渡河していたのであり,これを制止しようとしたアメリカ士官の意図に問題はない。「本委員会が取り上げるべき唯一の問題は,国際法上,当該アメリカ士官は筏へ向けて発砲することを認められるか否か,にある。……この問いに答えるためには,人命剥奪について文明諸国家間に何らかの国際標準が存在するか否か,を確かめなければならない[53]」。「各国の刑法学者の著述や判例によれば,極度の必要がないかぎり,制止または抑制の目的で人命を奪ってはならない[54]」。同委員会は,この原則が国際標準を示すものとして,当該士官の行為が国際法に違反する,と認定したのである。

この2つの国際判例のみから,法の内容ないし実体に関する国際標準を明らかにすることは不可能である。ただし,これらの判例において国際標準と目されたものが,かなり莫然とした,しかも低い基準であることに注意しておこう。

(3) 国際標準の流動性

国際標準に言及した国際判例の分析は,手続的な問題に係わるものも実体的な問題に係わるものも,いずれも国際標準の内容がさほど明確でなく,かつ標準の程度が低いことを示した。そこで,つぎに,国際標準とは普遍的に固定したものであるか,それとも,時所に応じて変わるものであるか,を検討してみ

---

52) *Denham* Case (U.S. *v.* Panama), U.S.-Panama General Claims Commission, *ibid.*, Vol. 6, pp. 312, 313.
53) *García and Garza* Case (Mexico *v.* U.S.), *ibid.*, Vol. 4, pp. 119, 120.
54) *Ibid.*, p. 121.

Ⅳ 国家責任

よう。

　こうした観点から，注目すべき一, 二の国際判例が存在する。まず，1898年にシェラ・レオネのイギリス保護領で起きた原住民の暴動の際に，アメリカの一宗教団体が被むった損害の賠償が問題となった「ホーム辺境伝道協会事件」は，米，英間で仲裁裁判に付され，1920年に判決が下された。アメリカは，この暴動がイギリスの苛酷な課税のために起こったものであり，しかもイギリスは秩序の維持と人命の保護に必要な措置をとらなかった，と主張した。しかるに裁判所は，課税がイギリスの主権の正当な行使であり，かつイギリスが誠意をもって暴動の鎮圧にあたったと認定し，さらにつぎのように述べた。「社会秩序が整い，権威が尊重され，高度の文明が維持されている国家や都市を標準として，アフリカ奥地の警察制度や人命・財産保護の機構 (system) の適切さを判断することはできない[55]」。すなわち，外国人の保護措置の適切さを判断すべき「標準」は，普遍的に固定したものではなくて，時所に応じ，政府の用いうる手段を考慮したうえで決められるべき流動的なものであることを，この判例は認めたのである。

　また，スペイン領モロッコにおける原住民の叛乱でイギリス人が被むった損害の賠償をめぐって争われた「スペイン領モロッコにおけるイギリス請求権事件」は，1923年の協定によって仲裁裁判に付されたが，その判決の一部によれば，「一般的にいって，違法行為の抑制は国家の法的義務であるばかりでなく，外国人が損害を被むった場合には，その国際的な義務でもある。……（しかしながら）刑事責任を追及するためには，多少とも通常の社会状態が保たれていなければならない。違法行為の防止の場合と同様に，これを抑制する場合にも，状況に基づく制約が存在する。……つまり刑事および民事責任の追及は，国家が現に用いうる手段により，かつ国家権力が現に及びうる範囲内で，なしうるのみである。あらゆる状況下で，国際法の最低標準を満たすべき司法の仕組みを一律に適用することを強要するのは，不可能を強いるものである[56]」。この

---

55) *Home Frontier and Foreign Missionary Society* Case (U.S. *v.* Gr. Brit.), Arb. Trib., *ibid.*, Vol. 6, pp. 42, 44.
56) Affaire *des biens britanniques au Maroc espagnol* (Grande-Bretagne *v.* Espagne), Arb. Trib., *ibid.*, Vol. 2, pp. 615, 646.

判決においても，外国人の保護の適切さを判断する標準は，流動的に解釈・適用されるべきものであることが指摘されている。

したがって，少くともこれら2つの国際判例に見るかぎり，国際標準を普遍的に固定したものとして把握することは，当をえていないように思われる。

(4) 国際標準と先進国，後進国の関係

最後に，国際標準は，先進国から後進国に対してのみ主張されうるものか，それとも，先進国相互間または後進国から先進国に対しても主張されうるものか，を検討しておこう。

上に分析した16の国際判例は，そのほとんどが欧米の先進国から中・南米の後進国に向けられた請求に係わるものであった。しかしながら，シュヴロ事件はフランス，イギリス間で，ホーム辺境伝道協会事件はアメリカ，イギリス間で，それぞれ争われたものであり，ガルシア・ガルザ事件はメキシコからアメリカに向けられた請求に係わるものであった。つまり国際標準は，たんに先進国から後進国に対して問題とされてきたのみならず，先進国相互間でも，後進国から先進国に対しても，問題とされてきたのである。

国際標準が後進国相互間で問題とされた国際判例は，右の判例中には見出されない。だが，国際標準の意味を2の(1)で指摘したように理解するかぎり[57]，後進国相互の関係において国際標準が問題とされることに，理論的には何の障害も無いはずである。それはともかく，国際標準が先進国から後進国に対してのみ主張されうる概念であると考えることは，国際判例の分析から見ても，誤っている。

4 「国際標準主義」と「国際的な基本的人権」の関係

(1) 国際標準主義の本質

3における判例分析の結果，国際標準主義の核心をなす「国際標準」につい

---

57) 前掲311-313頁を参照。

Ⅳ 国家責任

て，(i) 概念としては確立しているが，その定義はきわめて曖昧であること，(ii) そのため，国際標準の内容は個々の事例ごとに確かめざるをえないが，個々の事例についてもその内容は必ずしも固定的でなく，かつ基準としてはごく程度の低いものであること，(iii) さらに国際標準は，先進国に対しても問題となりうること，が明らかとなった。ではかような特徴を備えた国際標準，ひいては国際標準主義の本質は，どこに求めるべきであろうか。

結論的にいえば，国際標準主義の本質は，外国人の保護の分野における「領域主権と対人主権の調整原理」たることに求められよう。もとより，近代国際法そのものが各国家の領域主権を基礎として成立し，かつこの主権に対する種々の制約を強化する方向で発展してきたものであって，その意味では，外国人の保護に係わる国際法の諸規範はすべて，領域主権と対人主権の調整原理たる性格を持っている，といえよう。しかしながら，国際標準主義が外交的保護の制度といわば不可分的に主張されてきた歴史が示すとおり，国際標準主義は領域主権に対して正面から枠をはめようと試みるものであって，とくに調整原理たる性格が顕著な点にその特色がある。

かように国際標準主義を一種の調整原理として把握すれば，さきに示された国際標準の諸特徴は，比較的容易に説明できる。およそ調整原理の本質的な特徴として，(i) 概念としては確立していても，定義することはきわめてむずかしく，(ii) その内容は具体的な事例ごとに決めざるをえない。また領域主権を基盤とする近代国際法の構造からして，国際標準といえども，領域主権に対する大幅な制約とはなりがたい。(iii) そして「領域主権と対人主権」の対立は，先進国，後進国を問わず，あらゆる主権国家相互間で問題となりうるものである。

もっとも，国際標準主義をそのような調整原理として捉えることが当をえているとしても，すでに2の(1)で見たごとく，それが当初欧米の先進諸国によって，かつそれら先進諸国の国内制度を念頭に置いて，主張された事実は否定できない。一部の国際法学者が国際標準主義を「文明諸国によって認められた法の一般原則」に結びつけて説明していることは，この事実を裏書きするものである[58]。だが国際標準主義の主張は，そのままの形で国際社会に受け容れられたわけではなく，たとえば国内標準主義の抵抗にあい，また種々の国際

的，国内的な諸条件の制約を受けながら，個別的な事例のなかに取り入れられていったのである。3における国際判例の分析によって示された国際標準が，先進国の国内制度に必ずしも合致していないことは，その何よりの証左である。

　国際法の諸問題を社会・経済的な側面から考察したダンは，1932年に著わした「自国民の保護」と題する書物のなかで，「危険分担の理論（Theory of Risk Allocation）」を唱え，これによって外国人の保護に関する国家責任制度を解明しようと試みた。危険分担の理論とは，社会生活において生じる種々の危険を，社会または国家の側と社会構成員たる個人の側でどのように分担するか，に係わる理論であって，日常生活において通常生じることが予期される程度の危険は個人の側で負担するが，それを超える危険は国家の側で負担しなければならない，とするものである[59]。これを国際社会における国家責任の制度にあてはめるとつぎのようになる。

　「……外国人の保護に関する国家責任制度の目的は，国際貿易と交流を維持するために必要な最低条件を確保することである[60]」。「（では）外国人が損害を被った場合に，国家の負うべき責任を決定する基準は何であろうか[61]」。「国際社会において独立国家として存続しようとする（つまり，他国に自国の領域主権を承認させようとする）国家は，自国内の犯罪や争乱を完全に防止することができなくとも，外国人に影響する犯罪や争乱を，日常的な国際交流が阻害される程度以下に抑えておかなければならない。国家責任の制度は，国家がこの義務を怠った場合に，これを処罰することによって，国家がこの義務を遵守するように仕向ける制度である。それはまた，個人が日常生活を維持するうえで負担すべき以上の危険から損害を受けた場合に，かれを救済する制度でもある[62]」。

　すなわち，ダンは国家責任の制度を，一方で領域主権に伴う危険負担ないし領域主権に対する制約の問題として，他方で外国人自身の危険負担ないしその

---

58) Freeman, *supra* note 8, p. 522; Georg Schwarzenberger, *International Law*, Vol. 1 (3rd ed., Stevens, 1957), p. 207.
59) Dunn, *supra* note 9, p. 133.
60) *Ibid.*
61) *Ibid.*, p. 140.
62) *Ibid.*, p. 145.

Ⅳ　国家責任

保護・救済の問題として，捉えている。近代国際法のもとにおいて外国人の救済ないし保護にあたるのは，かれの居住国であるが，居住国の保護が不十分な場合には，かれの国籍国がこの任にあたる。これが外交的保護の制度であり，外交的保護の制度の根底に横たわるのは，国籍国の自国民保護の権利ないし自国民に対する主権である。したがって，ダンのいう危険分担の理論によっても，国家責任の制度は，詰まるところ領域主権と対人主権の均衡のうえに成り立っている制度であり，国際標準主義は，かような均衡を調整する原理の1つである，と考えることができるであろう。

(2)　国際標準主義と国際的な基本的人権の相違

さきに2で見たとおり，アマドールの提案した「国際的な基本的人権」も，外国人の保護に関して各国家が遵守すべき最低基準を示すものであって，その意味では一種の国際的な基準である。かように国際標準主義と国際的な基本的人権は，一見，きわめて類似した概念であるかのように思われる。事実，3で分析した国際標準の内容には，アマドール案の規定に似通った面も見受けられた[63]。しかしながら両者は，基本的な2つの点において相違する。1つには，アマドール案の基本的人権の内容が固定しており，かつその程度が高いのに対し，国際標準の内容は流動的であり，かつその程度が低いこと，2つには，国際的な基本的人権が個人の権利を問題としているのに対し，国際標準主義は国家の権利を問題としていること，である。この2点は，アマドール案に対する国際法委員会の批判の第2点と第1点に相応する[64]。以下，これらの批判を参考にしながら，この2つの相違についてすこし掘り下げて検討してみよう。

(i)　内容上の相違

すでに指摘したように，アマドール案の特徴の1つは，国際的な基本的人権を網羅的に列挙していることである[65]。それはまた，人権の内容を固定的な

---

63)　たとえば，前掲323頁のロバーツ事件，フォークナー事件における「非人道的な取り扱い」をアマドール案第6条にいう「非人道的な行為」と比較せよ（安藤・前掲（翻訳）注2）156頁）。

64)　前掲316-318頁を参照。

ものとして捉えていることでもある。しかるに3の分析に従えば，国際標準を固定的なものとして捉えることは，必ずしも当をえていないように思われる。国際的な基本的人権と国際標準主義は，この点で，どのように係わり合うのだろうか。

アマドールは1956年の報告書のなかで，国際標準主義の欠陥の1つとして，その内容が不明確であることを挙げている[66]。しかしながら，アメリカの「国際法ダイジェスト（最新版）」の編者ホワイトマンによれば，「国際標準の内容が不明確なことは，決して欠陥ではない。およそ法的な概念は変動するものであり，また変動すべきものである。1800年に問題とされた『正義の国際標準 (international standard of justice)』は，1900年に問題とされたそれと異なるかも知れない。……国際標準は，時とともに変動する法的概念であって，その内容をいかなる時代にも，いかなる状況にも適合するように定めようと試みるのは，馬鹿げたことである。……正義の国際標準を完璧に定義することは，どんな法廷にとっても，国際法委員会にとっても不可能である[67]」。

たしかに，ホワイトマンのいうとおり，国際標準という概念はあくまでも「基準」を示すものであり，国家の種々の行為に対して適用されるものであって，その内容を固定することは，本質的に不可能であるかも知れない。けれども，特定の時期に特定の状況下で，国家の特定の行為について，国際標準を問題とすることは可能であり，アマドール案もまた，そうした限定付きで理解すべきではないだろうか。つまりアマドールは，1950年代の国際社会において国際連合憲章のもとで，国家は内国民，外国人の区別なしに一定限度以上の人権を保障すべきである，と主張したにすぎない。

だが，そのように限定的に解釈しても，アマドール案はなお国際標準主義と相容れないものを持っている。それは，同案の国際的な基本的人権の列挙が網羅的であるばかりでなく，同案中に一般的な規定が含まれていないからである。すなわちアマドール案では，人権の種類が限定されているのみならず，個々の

---

65) 前掲315頁を参照。
66) 前掲314-315頁を参照。
67) Marjorie M. Whiteman (dir.), *Digest of International Law*, Vol. 8 (U.S. Government Printing Office, 1967), p. 701.

人権の内容についても，多少の幅を持たせて解釈する余地が無い。この点で同案は，国際標準主義と決定的に対立する。たとえば，アマドールが参考にした1960年のハーヴァード新草案は，「世界の主要な法制度によって認められた原則（the principles recognized by the principal legal systems of the world）」という概念を一般規定として用いている[68]。この一般規定があるために，ハーヴァード新草案に規定する個々の事例に関する国際標準は，いくらかの柔軟性を持つことができる。しかるに，これと類似の規定を欠くアマドール案のアプローチは，従来からの国際標準主義と基本的に異なるといわなければならない。

さらに，アマドール自身も認めているとおり，かれの案に示された基本的人権は，従前の国際判例等に見られる国際標準よりも，水準が高いように思われる[69]。3で検討した国際判例のなかには，必ずしも適切な実例が存在しない。だが，たとえば，国際標準の内容について詳細な研究を発表したロスや，いわゆる裁判拒否について大著をものにしたフリーマンの挙げる実例と比較しても，たしかにアマドール案の人権の水準は高い。すなわち，外国人保護の国際標準を満たす手続的な保障として，ロスは「外国人に対して国内法廷が開かれていること，公正かつ無差別な審理を請求する権利，自ら訴訟に参加する権利，国際法に従った判決を適当な期間内に受ける権利[70]」を，フリーマンは「罪刑法定主義，一事不再審，禁反言の法理[71]」等を，それぞれ挙げているにすぎず，「公開審理，無罪の推定」等を要求するアマドール案よりも水準が低い，と結論せざるをえない。ただし，アマドール案の国際的な基本的人権の水準が高いことは，それが現実に国際社会によって受け容れられていることを意味するものではない。

---

68) Sohn and Baxter, *supra* note 8, Art. 4, para. 4. Also, see Art. 3, para. 2, Art. 4, paras. 2 and 5, Art. 5, para. 1 (b), Art. 6 (b), Art. 7 (f) and (k), Art. 8 (b), Art. 9, para. 2 (c), Art. 10, para. 5 (c), Art. 11, para. 2 (b), Art. 12, para. 1 (c) and para. 4 (b), and Art. 13, para. 1 (b). For the origin of the phrase, see Zourek's remarks, *Yearbook of the International Law Commission*, 1959, Vol. I, p. 152.

69) 前掲316頁のマティーヌ・ダフタリの発言を見よ。また前掲314頁で，アマドール自身もこのことを認めている。

70) Roth, *supra* note 9, pp. 185-186.

71) Freeman, *supra* note 8, p. 550ff.

第2章　国家責任に関するガルシア・アマドール案の一考察

(ii) 本質上の相違

　国際法委員会の一部の委員がいうように，アマドール案の国際的な基本的人権は「個人の権利」として規定されている。実はこれこそ，アマドール案の最大の問題点であり，同案と国際標準主義の根本的な相違点である。

　断るまでもなく，近代国際法の主体は国家であり，国際法上の権利・義務を担うのは，原則として国家のみである。個人が国際法上の権利を持ちうるのは，関係する国家がとくにそれを認めた場合に限られる。つまり近代国際法上，個人の権利を主張し擁護するのもまた国家にほかならないのであって，この建て前は現代の国際社会においても妥当する。

　外国人の保護についても，事情はまったく同じである。外国に居住する個人は，その領域内で何らかの損害を被むった場合に，当該居住国の国内的な救済手続に訴えることができる。だが，国内的な救済が満足な結果をもたらさない場合には，かれは国籍国の外交的保護を求める以外にない。かくして国籍国は自国民の外交的保護を試みるが，この際，国民の被むった損害はかれの国籍国自身が被むった損害である，と見做される[72]。アマドールも説明しているとおり，過去の国際判例は一様に，外国人の利害をその国籍国の利害と同一視してきた[73]。換言すれば，外国人の被むった損害に対する国家責任の問題は，究極的には，国家相互の関係における問題として処理されてきたのである。

　国際標準主義は，国家責任の問題がかように国家対国家のレヴェルで処理されることを排除するものではない。それどころか，領域主権と対人主権の調整原理である国際標準主義は，本質的に国家対国家のレヴェルでのみ問題となりうる概念である。しかるにアマドール案は，この前提を排除する性格を持つものである。

　アマドール案によれば，各国家はその領域内にいるすべての個人に対して，かれの国籍に係わりなく，国際的な基本的人権に見合う保護を与えなければならない。これは各国家が他国家との関係において負う義務ではなく，対個人の関係において負う義務である。逆にいえば，個人は自らの国籍国に対してのみ

---

72) 前掲317-318頁のツーレック，スピロプーロスの発言を見よ。
73) *Yearbook of the International Law Commission*, 1956, Vol. I, p. 229.

Ⅳ 国家責任

ならず，あらゆる国家に対して，国際的な基本的人権に見合う保護を与えるように直接請求する権利を持つ[74]。かように国家責任の問題を個人対国家のレヴェルにおいて処理しようと試みる点が，アマドール案の最大の特徴である。それは，国家間の法として存在してきた近代国際法に対して，その基本構造の変革を求めるものであり，国際法を動かすモメントの１つとして，個人を正面から認めることを要求するものである。したがってアマドール案は，従来の国際法の枠組みを超えることを前提としており，従来の枠組みに依拠している国際標準主義とは，本質的に相容れない性格を持っている。

5 おわりに——アマドール案の問題点——

本稿の目的は，国際法上の国家責任に関するアマドール案を検討すること，とくにアマドールのいう「国際的な基本的人権」が従前の国内標準主義と国際標準主義の対立をいかに解消するかを検討すること，にあった。そのため，まず，国際的な基本的人権の内容を調べ，つぎに，国際判例を通して「国際標準」の実体を確かめ，最後に，国際的な基本的人権と国際標準主義の関係を考察した。その結果，アマドール案の国際的な基本的人権は，内容上も本質上も国際標準主義と異なること——具体的には，両者はともに，外国人の保護に関して一定の国際的な標準を定めようとするものであるが，前者が固定的なかつ高い標準を提唱するのに対し，後者は流動的なかつ低い標準を支持してきたこと，さらに，後者が国家を中心とする伝統的な国際法の枠組みのなかで国家責任の問題を処理しようとしてきたのに対し，前者はこの枠組みから離れ，個人を中心として国家責任の問題を処理しようと試みていること——が明らかとなった。

しかしながら，国際的な基本的人権が国際標準主義と異なることが明らかにされたとしても，なお前者は後者と国内標準主義の対立を解消しうるのか，と

---

[74] アマドール案第18条によれば，損害を被むった外国人は，かれの国籍国と被請求国のあいだ，あるいはかれ個人と被請求国のあいだ，で締結された協定により権限を与えられた機関に対して，賠償請求の訴えを提起できる（安藤・前掲（翻訳）注２）166頁）。

第2章 国家責任に関するガルシア・アマドール案の一考察

いう疑問が残されている。以下，この疑問を中心に，アマドール案の問題点を2つばかり指摘して，結論に代えよう。

第1に，アマドール案は国内標準主義と国際標準主義の対立を解消しえないのではないか，と思われる。すでに説明したとおり，アマドール案の第1条は国際的な基本的人権を制限的に列挙している。ところが，そのあと，同案は第3条から第8条にかけて，国家責任を生ぜしめる国家の作為や不作為を取り上げ，そのなかで「明らかに**不正**な国内判決」（第3条3項），「外国人の移動の自由に対する明らかに**恣意的**または**不当**な官憲の干渉」（第5条2項），「外国人の身体に対する官憲の**非人道的**な行為」（第6条），「外国人の被むった損害に係わる官憲の明白なまたは**許容しがたい過失**」（第7条1項および3項，第8条2項。以上，傍点引用者）等の概念を持ち出している[75]。しかも第1条の規定は，これらの概念の明確化にほとんど役立ちそうにない。とすれば，「不正」，「恣意的」，「非人道的」，「許容しがたい過失」等の解釈をめぐって，いかなる標準によるべきかが問題とならざるをえず，仮に諸国家間に「共通の標準」が見出されなければ，ふたたび国内標準主義と国際標準主義の対立が繰り返されるおそれがある。

第2に，アマドール案は国際社会の構造について，安易な前提に立ちすぎているように思われる。外国人保護の標準として，国際的に承認された人権の概念に依拠することは，すぐれて今日的な発想であり，強い論理的説得力を持っている。だが，だからといって，従来国内標準主義と国際標準主義を分かってきた経済的・社会的な諸条件，ことに外国人と内国民の取り扱いに関する標準の二重性が現実的な存在理由を失ったと見做すことは，あまりにも早計だ，というべきではないだろうか[76]。第2次世界大戦後の国際社会における人権保護の発展は，各国家が自国民に保障すべき人権の普遍的な基準を設定することを目指すものであって，外国人と内国民の区別を撤廃することを契機とするものではない。また，主権国家の並存する国際社会の構造は依然として保持され，国家の枠を離れて個人の保護にあたるべき国際的な仕組みは，まだほとんど組

---

75) 安藤・前掲（翻訳）注2）155-158頁を参照。
76) Chittharanjan F. Amerasinghe, *State Responsibility for Injuries to Aliens* (Clarendon Press, 1967), pp. 280-281.

335

Ⅳ　国家責任

織化されていない。結局，個人の保護は，かれと係わりの深い国家に頼らざるをえない。こうした国際社会の現実を熟視しないで，国際的な基本的人権が確立されたかのごとく説くことは，外国人の保護に貢献する所以ではない。

第3章　国家責任に関する国際法委員会の法典化作業とその問題点

(1994年)

1　はじめに

　国際連合の国際法委員会は，いわゆる国家責任に関する法典化作業を1950年代から手掛け，1980年までに第1部（責任の発生，the origin of international responsibility）35ヶ条の条文案の第1読を終了して，これを注釈（commentary）付きで採択，その後は1993年までに第2部（責任の内容，形態および程度，the content, forms and degrees of international responsibility）にかかわる11の条文を注釈付きで暫定的に採択し，さらに第3部（紛争処理および責任の履行，the settlement of disputes and the implementation [mis en œuvre] of international responsibility）へ向けて作業を継続中である。この間，このテーマの特別報告者はガルシア・アマドール（F. V. García Amador）からアゴー（R. Ago），リップハーゲン（W. Riphagen）を経て，アランジョ・ルイス（G. Arangio-Ruiz）へと変わり，委員会の顔触れも大幅に入れ替わっている*1。

　本稿の目的は，同委員会の作業の経緯を追って，1994年までに採択された条文案を紹介するとともに，とくに第1部35ヶ条をめぐるいくつかの問題点を明らかにすることにある。そのため，まず，国家責任に関する国際法委員会の法典化作業を2，3の時期に分け，それぞれの時期における作業と採択された条文案の概案を考察し，ついで，第1部35ヶ条を中心に，法典化作業の方法と条文案の内容について若干の検討を加えることとしたい。なお本稿に引用する資料は，1993年まで委員会の作業する文書のうち，筆者の入手しえたものに限った。

＊1　第Ⅳ部第1章＊1参照。

Ⅳ　国家責任

2　ガルシア・アマドールの法典案（1949年～1961年）

　国際法委員会は発足当初の1949年，法典化の研究対象として選んだ14項目のなかに，「外国人の処遇」と並んで，すでに「国家責任」を掲げていた[1]。1955年になって委員会は，この項目の特別報告者にガルシア・アマドールを指定し[2]，かれは翌年から1961年までのあいだに6回に分けた詳細な報告書を委員会に提出した[3]。とくに1957年から1958年にかけて，ガルシア・アマドールは「自国領域内で外国人の身体・財産がこうむった損害に対する国家の責任」と題する法典案を報告書に含めており，これに関する委員会の討議を踏まえて，1961年の第6回報告書にはその修正案を掲載した[4]。

　ガルシア・アマドールの修正案は，その標題が示すように，「外国人の処遇」にかかわる「国家責任」を取り扱ったものであって，国家責任に関する従前のアプローチに沿うている[5]。同案は3部8章，27ヶ条から成り，全体の構成は以下のとおりである（各条の題目は，かれ自身が付したものによる）。

第1部　一般原則
第1章　外国人の権利，と責任の構成要素
　第1条―外国人の権利
　第2条―責任の構成要素
第2部　責任を発生させる作為および不作為
第2章　裁判拒否，ならびにこれに類似する作為および不作為
　第3条―裁判拒否を伴う作為および不作為

1）　*Yearbook of the International Law Commission*, 1949, p. 53, para. 69.
2）　*Ibid.*, 1955, Vol. I, p. 190, para. 2.
3）　See *ibid.*, 1956, Vol. II, p. 173ff; *ibid.*, 1957, Vol. II, p. 104ff; *ibid.*, 1958, Vol. II, p. 47ff; *ibid.*, 1959, Vol. II, p. 1ff; *ibid.*, 1960, Vol. II, p. 41ff; *ibid.*, 1961, Vol. II, p. 1ff.
4）　*Ibid.*, 1961, Vol. II, p. 46ff. この修正案の各条文とそれに付された注釈の拙訳は，安藤仁介（訳）『「自国領域内で外国人の身体・財産がこうむった損害に対する国家の責任」に関する法典草案（資料）』『京都大学教養部・政法論集』第3号（1969年）149頁以下。
5）　ここにいう「従前のアプローチ」については，本書第Ⅳ部第1章285-289頁参照。See also I. Brownlie, *System of the Law of Nations-State Responsibility Part I* (Oxford University Press, 1983), p. 10ff.

第 3 章　国家責任に関する国際法委員会の法典化作業とその問題点

　　第 4 条―自由の剥奪
　　第 5 条―追放その他の形態による移動の自由に対する干渉
　　第 6 条―虐待その他の行為による身体の損害
　第 3 章　外国人の保護に関する過失その他の作為および不作為
　　第 7 条―保護義務の履行における過失
　　第 8 条―外国人の保護義務に関するその他の作為および不作為
　第 4 章　既得権に影響する措置
　　第 9 条―収用および国有化措置
　　第10条―契約上の義務不履行一般
　　第11条―公債
　第 5 章　作為または不作為の帰属
　　第12条―国家機関および公務員の作為および不作為一般
　　第13条―立法機関の作為および不作為
　　第14条―政治的下部組織の作為および不作為
　　第15条―第三国または国際機構の作為および不作為
　　第16条―成功した叛徒の作為および不作為
　　第17条―解除事由および軽減事由
　第 3 部　国際請求および損害賠償
　第 6 章　請求の許容性[6]
　　第18条―国内的救済手段の完了
　　第19条―外交的保護の放棄
　　第20条―請求の許容性に関する紛争の処理
　第 7 章　国際請求の提起
　　第21条―損害をこうむった外国人が請求を提起する権利
　　第22条―国籍国が請求を提起する権利
　　第23条―請求の国籍
　　第24条―請求権に対する許しがたい制限

---

6)　ここにいう「許容性」の原語（英語）は admissibility であり，手続的に考えれば，「受理可能性」と訳すことが適当と考えられるが，ガルシア・アマドールは第24条に見られるように，この語を広義に用いているので，ここでは「許容性」と訳した。

Ⅳ　国家責任

　　　第25条―請求を提起する権利に対する時間的制約
　　第8章　賠償の性質と方法
　　　第26条―原状回復と金銭賠償
　　　第27条―損害を与える行為の反復を防止する措置

　この構成に示されるとおり，ガルシア・アマドール案は「自国領域内で外国人の身体・財産がこうむった損害に対する国家の責任」に関する，きわめて包括的かつ意欲的な法典案であった。それは，「外国人の処遇」にかかわる「国家責任」の実体的規則と手続的規則をほぼ網羅的に包含している点で，包括的であった。すなわち同案は，外国人の身体（第1条，第3条～第6条）および財産（第9条～第11条）の処遇に関する実体的規則と並んで，その違反に対する国家責任の発生（第2条，第7条，第8条，第12条～第17条）および追及・解除（第18条～第27条）に関する手続的規則を列挙していたのである。それはまた，「外国人の処遇」にかかわる「国家責任」をめぐる従前の対立や新しい対立を解消しようと試みた点で，意欲的であった。すなわち同案は，いわゆる国際標準主義と国内標準主義の対立を，「外国人は内国民と同等の権利および法的保護を享有する」が，「これらの権利および保護は，現行国際諸文書に規定する"人権および基本的自由"を下廻ってはならない」（第1条1項）と規定することにより，解消しようと試みた。さらに外国人財産の収用，コンセッションや公債上の義務不履行について，「公益の要請がなく，外国人の差別的取り扱いに当たる場合には，責任を生じる」（第9条～第11条）と規定することにより，先進国と開発途上国の対立解消を目指したのである[7]。

　しかしながら，ガルシア・アマドールの修正案は国際法委員会によって討議されることなく，かれが1961年に委員会を退いてのちは，まったく顧みられなくなった。そればかりではない。1962年以後，国家責任に関する国際法委員会

---

[7] *Yearbook of the International Law Commission*, 1961, Vol, II, pp. 50 & 51-52. See also, R. B. Lillich, "The Current Status of the Law of State Responsibility for Injuries to Aliens," in idem (ed.), *International Law of State Responsibility for Injuries to Aliens* (University Press of Virginia, 1983), pp. 17-19. ガルシア・アマドール案の批判的検討としては，たとえば本書第Ⅳ部第2章を参照。

の法典化作業は，それ以前と比べて抜本的な方針転換をとげたのである。

3 国際法委員会の方針転換と新しいアプローチの特徴（1962年以後）

　1962年の第14会期において，国際法委員会は将来の活動方針一般を討議したが，国家責任については10名の委員から成る小委員会を設置し，小委員会の討議の結果を翌年の第15会期に報告させることを決定した[8]。この小委員会は，議長のアゴーのほか，ブリッグス（H. W. Briggs），グロ（A. Gros），ヒメネス・デ・アレチャガ（E. Jiménez de Aréchaga），ラックス（M. Lachs），デ・ルーナ（A. de Luna），パレーデス（A. M. Paredes），鶴岡，ツンキン（G. T. Tunkin），ヤッシーン（M. K. Yasseen）の各委員で構成され，1963年1月ジュネーヴで会合して，数名の委員から提出されたメモをもとに討議した。

　討議の過程において，国家責任の問題は，外国人の身体・財産がこうむった損害に対する国家の国際責任のように，十分な蓄積のある分野から研究を始めるべきだとする意見と，そうした特定の分野に限定せず，広く国際的な義務違反から生じる国家の責任一般を規律する規則を研究対象とすべきだとの意見が，対立した[9]。後者を強く主張したアゴーによれば，種々の分野（たとえば，外国人の処遇）において国家の権利や義務を規律する実体的な規則の問題と，実体的な規則により国家が負うている義務の違反から生じる責任の問題とは，峻別されるべきであり，あとの問題こそが国家責任の研究対象なのである[10]。討議の結果，前者の意見が後者の意見に譲歩することとなり，小委員会は国際法委員会の第15会期において，以下のような内容の報告書を提出した。

　それによれば，(1)国際法委員会は，国家の国際責任を規律する一般的な諸規則を法典化作業の対象とすべきである。その際，とくに外国人の身体・財産が

---

8) *Yearbook of the International Law Commission*, 1962, Vol. I, p. 45, paras. 1-5（637th meeting）.
9) *Ibid.*, 1963, Vol. II, p. 227ff（Doc. A/CN. 4/152, para. 4 & the summary records of the 2nd, 3rd, 4th and 5th meetings）.
10) *Ibid.*（the summary records and Working Paper prepared by Mr. R. Ago）.

こうむった損害に対する責任のような，特定の分野における経験と資料，および国際法の新しい動向が責任に及ぼす影響，を重視すべきである。(2)法典化作業を進めるに当たって国際法委員会は，アゴー氏の提示した以下の諸点を考慮に入れるべきである。①国家責任の発生——国際違法行為，その客観的・主観的な構成要件，国際義務違反の種々の態様，違法性の阻却・軽減事由，②国家責任の形態——原状回復，賠償，制裁など[11]。

国際法委員会は全会一致でこの報告書を受諾し，アゴーを「国家責任」の新しい特別報告者に指名した[12]。こうして国際法委員会はガルシア・アマドール案の標題にあった「自国領域内で外国人の身体・財産がこうむった損害に対する国家の責任」というアプローチを離れ，「国家の国際責任」一般に関する諸規則の法典化作業を手掛けることになった。その具体的な作業経過については，稿を改めて考察するが，その後の作業の進展状況も含めて，新しいアプローチの特徴をまとめれば，おおよそつぎの3点にしぼることができるだろう。

第1に，「外国人の処遇」のような特定の分野における国家責任ではなく，国家責任一般に適用される国際法の諸規則の法典化を目指すこと——すなわち，条約上の義務であるか慣習法上の義務であるかを問わず，すべての国際的な義務の違反を法典化の対象に含めること，である[13]。

第2に，国際法の諸規則を「第1次法規 (primary rule)」と「第2次法規 (secondary rule)」の2種に分け，後者のみを法典化の対象とすることである。ここに第1次法規とは，たとえば条約の実施に必要な国内法を制定したり，他国の内政に干渉することを禁じたりするように，国家になにがしかの具体的な作為・不作為を直接に命じる国際法上の規則を指す。これに対して第2次法規とは，いずれかの第1次法規の違反があった場合に，はじめて機能する国際法の規則を指す。この第2次法規こそが，国家責任の法典化作業の対象となるのである[14]。

---

10) *Ibid.* (the summary records and Working Paper prepared by Mr. R. Ago).
11) *Ibid.*, p. 228.
12) *Ibid.*, 1963, Vol. I, p. 86, para.76.
13) たとえば *Ibid.*, 1973, Vol. II, p. 170, para. 42.
14) たとえば *Ibid.*, p. 169, para. 40.

したがって，第3に，法典化作業の対象となるのは，「国際違法行為（internationally wrongful acts）」に対する責任に限定される[15]。つまり，いずれかの第1次法規の"違反"があって，はじめて国家の国際義務違反に対する責任が追及しうるわけであるから，「国際適法行為」はこのアプローチの対象外となる。事実，国際法委員会は1979年になって，「国家責任」とは別に，「国際法で禁じられていない行為から生じる危害に対する国際責任（International Liability for Injurious Consequences Arising out of Acts not Prohibited by International Law）」を法典化の対象として取り上げることを決定し，翌年には特別報告者を指名して具体的な作業を開始している[16]＊2。

4　国家責任に関する国際法委員会の条文案の概要

（1）第1部

アゴーが特別報告者に指名された1960年代前半，国際法委員会はたまたま「条約法」の法典化作業の最終段階にあったため，国家責任に関する法典化作業は後廻しにされざるをえなかった。また1966年の選挙で委員が大幅に入れ替わったため，アゴーは改選後の委員会に対し，1963年に転換された方針に従って作業を進めることの可否を，再確認する必要を感じた[17]。そして委員会の再確認をえてのち[18]，かれは1971年から1979年にかけて，8回に分けた詳細な報告書を提出した[19]。ただし，アゴー自身は1978年に国際司法裁判所の判

---

15) たとえば *Ibid.*, p. 169, paras. 38-39.
16) Liability にかかわる作為が，通告義務や危険の算定・最小化などの問題をも視野に入れているので，この語を「賠償責任」と訳するのは不適切であろう。したがって，ここでは，広く「責任」と訳しておく。
＊2　第Ⅳ部第1章＊2参照。
17) *Yearbook of the International Law Commission*, 1967, Vol. I, pp. 181-182, para. 30.
18) *Ibid.*, pp. 227-228, para. 14.
19) See *ibid.*, 1969, Vol. II, p. 125ff; *ibid.*, 1971, Vol. II (Part One), p. 193ff; *ibid.*, 1970, Vol. II, p. 177ff; *ibid.*, 1971, Vol. II (Part One), p. 199ff; *ibid.*, 1972, Vol. II, p. 71ff; *ibid.*, 1976, Vol. II (Part One), p. 3ff; *ibid.*, 1977, Vol. II (Part One), p. 3ff; *ibid.*, 1978, Vol. II (Part One), p. 31ff; *ibid.*, 1979, Vol. II (Part One), p. 3ff; *ibid.*, 1980, Vol. II (Part One), p. 13ff & p. 71ff.

Ⅳ　国家責任

事に選出されたので，同裁判所との取極めにより，かれは1979～80年の委員会会合に出席して，提出済みの報告書の討議に参加した[20]。かくして委員会は，アゴーの報告書の対象である第1部（責任の発生）の第1読を終了し，同部に含まれる35ヶ条の条文案を注釈付きで採択したのである[21]。

　もっとも，これらの条文案や注釈は一時に採択されたわけではない。第1条～第6条は1973年に，第7条～第9条は1974年に，第10条～第15条は1975年に，第16条～第19条は1976年に，第20条～第22条は1977年に，第23条～第27条は1978年に，第28条～第32条は1979年に，そして第33条～第35条は1980年に，それぞれ採択されている。それらの概要は，以下のとおりである[22]。

　第1部35ヶ条は，標題の示すとおり，国家責任が発生するための諸条件に関する規則を集約・整理したものであって，「一般原則」，「国際法における『国家の行為』」，「国際義務の違反」，「他国の国際違法行為への関与」，「違法性阻却事由」の5章に分けられる。

　このうち，第1章「一般原則」は，"国家責任の発生"にかかわる一般的な諸規則から成り，冒頭で「国家の国際義務違反はすべて，当該国家の国際的な責任を発生させる」（第1条）と規定している。そして補完的に，あらゆる国家がそうした責任を問われうること（第2条），責任を発生させる行為の違法性は，国際法が定めるものであって，当該行為にかかわる国内法の規定には影響されないこと（第4条），を明らかにしている。第1章の中心的な規則は第3条であって，国家責任が発生するためには，(1)ある行為（作為または不作為）が特定の国家へ帰属されること，(2)その行為が当該国家の国際的な義務に違反していること，の2要件が必要である，としている。

　ついで第2章「国際法における『国家の行為』」では，国家責任発生の第1

---

20)　*Ibid.*, 1979, Vol. I, p. 3, para. 1 (1531st meeting); *ibid.*, 1980, Vol. I, p. 153, para. 34.
21)　*Ibid.*, p. 306, para. 8.
22)　各条文案と注釈は，各該当年度の Report of the International Law Commission（*Yearbook of the International Law Commission* に所収）を参照。なお，これらを単行本にまとめた S. Rosenne, *The International Law Commission's Draft Articles on State Responsibility: Part 1, Articles 1–35*（Martinus Nijhoff, 1991）が刊行されており便利である。また，村瀬信也（監訳）「『国家責任』に関する条文草案注釈（一）（二・完）」『立教法学』第23号（1984年）152頁以下，第24号（1985年）141頁以下参照。

要件である"行為の国家への帰属（attribution）"にかかわる諸規則が取り上げられる。国家は自らの肉体を持たない法人格である以上，自然人を介して行為せざるをえない。したがって国際法上，いかなる自然人のいかなる行為が"国家の行為"と見なされるか，が第2章の関心事である。行為の主体に関する諸規則という意味で，国家責任発生の"主観的要件（subjective element）"にかかわる諸規則ということもできよう[23]。

まず，国家機関の権限内における行為は国家に帰属し（第5条），その機関の種類——立法機関，行政機関，司法機関など——や国内法上の地位——上級か下級か——，また行為の性質——国内的か国際的か——は問われない（第6条）。単一国家の地方自治体や連邦国家の州の機関の行為も，国際法上は国家に帰属する（第7条1項）。さらに，これら以外の機関でも国内法上，統治権を行使することを認められている者の行為や（第7条2項），私人であっても現実に国家に代わって行動している者の行為（第8条）は，国家に帰属する。他国の機関や国際機構の機関がある国家のためにする行為も同様である（第9条。ただし，第13条参照）。なお，これまで異論の多かった国家機関の"権限外の行為"も，国家に帰属するものとされている（第10条）。

これに対して，私人の行為や他国の機関の行為がある国家の領域内でなされても，当該領域国家に帰属しないが，その行為に関連する領域国家の行為が第5条～第10条の規定により当該国家に帰属する場合は，別である（第11条，第12条）。また，ある国家の政府に対する叛徒の行為も国家に帰属しないが，叛乱が成功して叛徒が正統政府の地位に就いた場合には，当該国家に帰属する（第14条，第15条）。

第3章「国際義務の違反」は，国家責任発生の第2要件である"国家の国際義務の違反"にかかわる諸規則を取り扱っている。第2章の行為の主体に関する諸規則を，国家責任成立の"主観的要件"と表現するのに対し，第3章の諸規則は，国家責任発生の"客観的要件（objective element）"と表現することができよう[24]。

---

23) この表現は，たとえば *Yearbook of the International Law Commission*, 1975, Vol. II, p. 56, para. 42を参照。
24) See *ibid*.

Ⅳ 国家責任

　まず，国際義務の違反とは，ある国家の行為が当該国家の国際的な義務の要求するところと合致しない場合をいう（第16条），と定義したあとで，その国際義務の法源——条約によるか，慣習法その他によるか——は問われない（第17条）が，行為の時にその義務が当該国家に対して拘束力を有していることが必要である（第18条1項）。ただし，行為の時に国際義務に違反しても，のちに強行規範により要求されるようになった行為は，その時点から違法ではなくなる（第18条2項）ものとされている。

　つぎに国家の国際的な義務は，内容的に見て，(1)国家に一定の行動（conduct）をとることを要求する義務，(2)国家が自ら選ぶ手段により，一定の結果（result）を達成することを要求する義務，(3)国家が自ら選ぶ手段により，一定の事態（event）の発生を防止する義務，に分けられるが，それぞれの違反は，国家が(1)一定の行動をとらない場合，(2)自ら選ぶ手段により，一定の結果を達成しえない場合，(3)同じく，一定の事態を防止しえない場合，に発生する（第20条，第21条，第23条）。ただし，(2)および(3)に関連して，外国人の処遇が問題となる場合には，当該外国人がいわゆる国内的救済手段を完了していることが要請される（第22条）。

　また国際的な義務の違反にかかわる国家の行為は，時間的に見て，(1)時間的な広がりのない行為（仮に"単発的行為"と呼ぶことにする）と，(2)時間的な広がりのある行為（仮に"継続的行為"と呼ぶことにする）とに分けられ，それぞれの違反は，(1)単発的行為がなされた時点でのみ，(2)継続的行為が始まってから終わるまでの期間，発生する（第24条，第25条1項。なお，第18条3項参照）。さらに継続的行為のなかには，(3)別個の事件をめぐる一連の行為から成るもの（仮に"断続的・混合行為（composite act）"と呼ぶことにする[25]）や，(4)同一の事件をめぐる単一または複数の国家機関の行為から成るもの（仮に"連続的・合成行為（complex act）"と呼ぶことにする[26]）などがあるが，それぞれの違反は，

---

[25]　第18条の条文案の注釈では，実例として，外国人の職業活動に対する"差別的慣行"が国際的に禁じられている場合に，当該活動の許可を求める一外国人の申請が拒否されても，それだけで直ちに国際的な義務の違反は発生しないが，このような不許可が断続的に集積すれば，国際的な義務の違反となる，と説明されている。*Ibid.*, 1976, Vol. II (Part Two), pp. 93-94, para. 22.

(3)断続的・混合行為の最初のものがなされたときから、最後のものがなされるときまで、(4)連続的・合成行為の最後のものがなされるときに、発生する（第25条2項および3項。なお、第18条4項および5項参照）。

なお、第3章でとくに注目されるのは、国家の国際的な義務の違反を2種に分け、それぞれを"国際犯罪（international crime）"および"国際不法行為（international delict）"と呼び分けたことであろう。すなわち、国家の国際的な義務のなかで、「国際社会の基本的な利益の保護にとって不可欠であり、その違反が国際社会全体によって犯罪と認められるもの」の違反が"国際犯罪"、それ以外の義務の違反が"国際不法行為"とされ、国際犯罪の例として、侵略、力による植民地支配の維持、奴隷制、集団殺害、アパルトヘイト、大気や海洋の大量汚染、などが挙げられている。

第4章「他国の国際違法行為への関与」では、まず、他国へ援助を与えた国家は、その援助自体が国際義務の違反に当たらない場合でも、援助が当該他国による国際義務の違反のために与えられたのであれば、国際義務に違反するものとされる（第27条）。また、他国の指揮や支配のもとにある国家が国際義務に違反する場合や、他国の強制により国家が国際義務に違反する場合には、当該国家の責任は発生しないが、その場合でも、第1部の他の規定に基づいて当該国家の責任が発生することは妨げられない（第28条）。

最後に、第5章「違法性阻却事由」では、(1)国際違法行為の対象となる国家（被害国）の同意がある場合（第29条）、(2)他国の違法行為に対する正当な対抗措置の場合（第30条）、(3)不可抗力の場合（第31条）、(4)期待可能性のない場合（distress. 第32条）[27]、(5)緊急避難の場合（state of necessity. 第33条）、(6)国際連合憲章に基づく正当な自衛措置の場合（第34条）の6つを挙げ、これらの場合に、国際的な義務と合致しない国家の行為は、違法性を阻却されるものとしている。ただし、(1)被害国の同意がある場合でも、国際的な義務と合致しない国家の行

---

26) 同じ注釈では、実例として、外国人が特定の職業活動をする条約上の権利を与えられている場合に、当該活動の許可を求める外国人の申請が一行政機関により拒否されても、それだけで直ちに国際的な義務の違反は発生しないが、それが上級の行政機関等により最終的に拒否されれば、国際的な義務の違反となる、と説明されている。*Ibid.*, p. 94, para. 23.

Ⅳ　国家責任

為が国際法上の強行規範に違反するならば[28]，違法性は阻却されない（第29条2項）。また(2)対抗措置と(6)自衛措置の場合を除けば，国家の行為が違法性を阻却されることは，当該行為から生じた損害に対する補償の問題を排除するものではない（第35条）。

（2）　第２部

アゴーが国際司法裁判所へ転出したあとを受けて1979年，国際法委員会はリップハーゲンを「国家責任」の特別報告者に指名した[29]。かれは1986年に委員会を退くまでに，7回に分けた報告書を提出している[30]。さらに国際法委員会は1987年，アランジョ・ルイスを特別報告者に指名し[31]，アランジョ・ルイスは1993年までに，5回に分けた報告書を提出している[32]。これらの報告書に基いて評議を重ねた結果，1993年までに委員会は，第２部（責任の内容，形態および程度）にかかわる11ヶ条の条文案を注釈付きで暫定的に採択した[33]。

本稿の目的は，第１部35ヶ条をめぐる問題点を明らかにすることにあり，ま

---

27)　第32条の条文案の注釈によれば，「不可抗力」(*force majeure* and fortuitous event)」は，行為者たる国家が他の行為を選択することが事実上不可能であり，自らの意思にかかわりなく，国際義務に違反する行為をせざるをえなかった場合を指すものとされている。これに対し，(4)は，行為者たる国家が他の行為を選択することが可能であったにもかかわらず，与えられた状況のもとで極度の危難を避けるためには，国際義務に違反する行為をせざるをえなかった場合を指すものとされているので，この訳語を用いた。*Ibid.*, 1979, Vol. II (Part Two), pp. 133-134, para. 2.

28)　「強行規範」は，条約法条約第53条を引用して「いかなる逸脱も許されない規範として，また，後に成立する同一の性質を有する一般国際法の規範によってのみ変更することのできる規範として，国により構成されている国際社会全体が受け入れ，かつ，認める規範」と定義されている。

29)　*Yearbook of the International Law Commission*, 1979, Vol. I, pp, 239-240, paras. 47-48.

30)　See *ibid.*, 1980, Vol. II (Part One), p. 107ff; *ibid.*, 1981, Vol. II (Part One), p. 79ff; *ibid.*, 1982, Vol. II (Part One), p. 22ff; *ibid.*, 1983, Vol. II (Part One), p. 3ff; *ibid.*, 1984, Vol. II (Part One), p. 1ff; *ibid.*, 1985, Vol. II (Part One), p. 3ff; *ibid.*, 1986, Vol. II (Part One), p. 1ff.

31)　*Ibid.*, 1987, Vol. I, p. 141, para. 2.

32)　See *ibid.*, 1988, Vol. II (Part One), 6ff; *ibid.*, 1989, Vol. II (Part One), p. 1ff; *ibid.*, 1991, Vol. II (Part One), p. 1ff; *ibid.*, 1992, Vol. II (Part One), p. 1ff; *ibid.*, 1993, Vol. II (Part One), p. 1ff.

33)　これらの条文案は，*Ibid.*, 1993, Vol. II (Part Two), pp. 53-83参照。

た第2部の11ヶ条の条文案は暫定的に採択されたものに過ぎないので、ここでは、当該11条文案の扱っているテーマを列記するにとどめる。

それらは、第2部の諸規定の目的（第1条）、国際違法行為の効果（第2条）、第2部の諸規定と慣習国際法の関係（第3条）、第2部の諸規定と国際連合憲章の関係（第4条）、"被害国"の定義（第5条）、違法行為の停止義務（第6条）、賠償（第6条 bis）、原状回復（第7条）、金銭賠償（第8条）、満足（satisfaction. 第10条）、違法行為を反復しない確約と保証（第10条 bis）である。

5　国際法委員会の法典化作業の問題点

以上に見たとおり、国際法委員会の国家責任に関する法典化作業は現在も継続中であり、条文案も"第1読後に"または"暫定的に"採択されたものに過ぎない[*3]。しかしながらこの作業は、1962年の方針転換から数えてもすでに32年を経過しており、また作業の方法自体は固まっているように思われる。さらに、第1読後とはいえ、第1部35ヶ条は、"責任の発生"にかかわる諸規制を、体系的・網羅的に集約・整理したものと見ることができる。

したがって、ここでは、作業の方法にかかわる問題点と採択された条文案の内容にかかわる問題点とをいくつか取り上げ、それぞれについて検討することとしたい。そのうち、作業の方法にかかわる問題点としては、3で指摘した「新しいアプローチの特徴」とされる3点、すなわち、(1)国家責任一般にかかわる諸規則を法典化作業の対象としたこと、(2)いわゆる第1次法規と区分される第2次法規のみを取り扱うこと、さらに、(3)国際違法行為に対する国家責任のみを取り扱うこと、のそれぞれにかかわる問題点を取り上げる。

(1)　法典化作業の方法（新しいアプローチ）にかかわる問題点

(i)　国家責任一般に適用される国際法規の法典化

国家責任に関する国際法の諸規則が、ガルシア・アマドール案に見られるように、「自国領域内で外国人の身体・財産がこうむった損害に対する国家の責

[*3]　第Ⅳ部第1章*1参照。

Ⅳ 国家責任

任」をめぐって，発展してきたことは事実である[34]。だが，それとは別に，「外国人の処遇」のような個別分野を離れて，広く国際的な義務違反一般につき国家の責任を検討する必要が認識されていたことも，また事実である[35]。現に1949年，国際法委員会が法典化の研究対象たるべき14項目を選んだ際にも，セル（G. Scelle）委員は「国家責任の問題は，委員会がすでに法典化の対象に選んだ項目の大半を研究する際に，たえず生じてくるであろう」と指摘していた[36]。その意味で1962年以降，国際法委員会が"国家責任一般に適用される国際法規"の法典化を目指したことは，とくに問題とするに当たらない。

しかしながら問題は，法典化作業の具体的な方法と，採択された条文案の一般性・抽象性にある。

国際法委員会は国家責任の法典化作業を，他の項目の法典化作業と同様に，条文案の検討・採択という方法で進めてきた。これは国際連合総会の勧告を容れたものであるが[37]，採択された条文案の多くは一様に，きわめて一般的・抽象的な性格の強い規定となっている。たとえば，第１条は「国家の国際違法行為はすべて，当該国家の国際責任を発生させる」，第２条は「すべての国家は，自らの国際責任を発生させる国際違法行為を犯した，と見なされる可能性に服する」と規定している。各条文案に付された注釈を見ると，第１条は，(1)最初に，基本原則を述べ，(2)これらの条文案が，"国際違法行為"のみを対象とし，(3)違法行為をなした国家に責任を負わせ，(4)この原則の例外を認めないことを明らかにするとともに，(5)この規定が，国際適法行為に関する責任の問題に影響を与えないことを意図している，という[38]。けれども注釈なしで，これだけの意図を読みとることは，きわめて困難だといわなければならない。

また第２条は，国家の"不法行為能力（delictual capacity）"を取り扱った規

---

34) 本書第Ⅳ部第１章287-288頁。なお，松井芳郎「伝統的国際法における国家責任の性格──国家責任法の転換（一）──」『国際法外交雑誌』第89巻１号（1990年）１頁以下，松井芳郎「国際連合における国家責任法の転換──国家責任法の転換（二）──」『国際法外交雑誌』第91巻４号（1992年）１頁以下をも参照。
35) 本書第Ⅳ部第１章287頁。
36) *Yearbook of the International Law Commission*, 1949, pp. 49-50, para. 32.
37) *Ibid.*, 1973, Vol. II, p. 169, para. 36.
38) *Ibid.*, pp. 175-176, paras. 9-13.

第 3 章　国家責任に関する国際法委員会の法典化作業とその問題点

定であって，連邦国家の支邦の国際違法行為が連邦そのものに帰属しうること，ある国家の領域内で他国の機関がなした違法行為に対する責任は当該他国が負うこと，などを考慮に入れたものだという[39]。これも注釈なしで，そこまで読みとることは不可能に近い。もっとも，すでに見たとおり，第 1 部第 2 章「国際法における『国家の行為』」の関連規定によれば，注釈のいうところは理解できる[40]。しかし，注釈はもともと法典の一部ではなく，あくまで条文案の解説である。したがって，解説がなければ条文案の意味が不明であること自体が問題であり，そのことは多分に条文案の一般性・抽象性に由来するものと思われる。

　アゴーがはじめて条文案を提出した第 2 報告書が検討された際，カーニー（K. D. Kearney）委員は「特別報告者は最初に，国家責任の抽象的な側面にかかわる若干の一般原則を提示しているが，純粋かつ抽象的な責任に限定された諸規則は，国際社会の現状を考えれば，あまりにも形而上学的に過ぎるかも知れない」と述べている[41]。また，委員会の方針転換の端緒となった1962年の小委員会会合で，すでにブリッグス委員は「外国人の損害に関する国家責任のテーマについて，多くの資料があることは疑いないが，それ以外のテーマに関する国家責任については，ほとんど資料がない。したがって，それ以外のテーマに関する国家責任の法典化作業は勢い，既存の国際法が規律していない事項について，立法化することにならざるをえない」と警告していた[42]。後年，マクドゥガル（M. McDougal）は国際法委員会の条文案を，「抽象化の度合いがきわめて高く，具体的な争点に暗い光しか投げかけない」ものと批判している[43]。

　だが，こうした批判の当否に結論を下すまえに，責任に関する国内法の状況

---

39)　*Ibid.*, pp. 177-178, paras. 5-6.
40)　第 7 条 1 項は，「一国家内部の領域的統治単位の機関の行為もまた，当該機関がその資格においてなす場合には，国際法上，当該国家の行為と見なされる」，第12条 1 項は，「国家の機関がその資格においてなす行為は，他国の領域または他国の管轄下にあるそれ以外の領域でなされる場合には，国際法上，当該他国の行為とは見なされない」とそれぞれ規定している。
41)　*Yearbook of the International Law Commission*, 1970, Vol. I, p. 217, para. 32.
42)　*Ibid.*, 1963, Vol. II, p. 231.
43)　M. McDougal, H. Lasswell & L. Chen, *Human Rights and World Public Order* (Yale University Press, 1980), p. 762, n. 92.

IV 国家責任

を瞥見することが有益であろう。仮に行為主体を私人に限っても，国内法上，私人が自己の行為に対して負う責任は刑事責任と民事責任に大別され，責任の追及手続きはそれぞれ刑事訴訟法，民事訴訟法で詳細に規定されている。また民事責任の内容も，家族法の分野と財産法の分野とでは同一でなく，財産法の分野でも契約責任，不法行為責任の違いがあり，しかも社会生活の変化に伴って，それらを規律する原則や手続きも多種多様化しつつある。これと比較すれば，国際違法行為に対する国家の責任は，はるかに単純である。しかし，たとえば条文案第19条の規定するような，国際犯罪に対する責任と国際不法行為に対する責任とをともに包含するような規則を法典化しようとすれば，どうしても一般的かつ抽象的な内容の規定にならざるをえないのではないだろうか。その意味では国際法委員会が，国家責任一般に適用される国際法規の法典化を手掛けることを決定した段階で，採択される条文案が一般的・抽象的な性格を持つであろうことは，ある程度まで予測しえたというべきであろう。

ただし，そのように一般的・抽象的な条文案から成る条約案が，国家代表で構成される国際会議を開催して採択されるのにふさわしいか否かについては，おそらく判断の分かれるところであろう。そのことは，国際法委員会の新しいアプローチの第2の特徴にかかわる問題点を見れば，より明白になるものと思われる。

(ii) 第1次法規と第2次法規の区分

新しいアプローチの第2の特徴は，国際法の諸規則を第1次法規と第2次法規に分け，後者のみを法典化の対象とすることであった。ここに第1次法規とは，国家に何がしかの具体的な作為・不作為を直接に命じる規則を指し第2次法規とは，いずれかの第1次法規の違反があった場合に，はじめて機能する規則を指す。つまり第2次法規とは，何らかの違法行為がなされた場合に，当事国（違反をなした国家と違反の影響を受けた国家）のあいだで"新しく"発生する関係を規律する規則をいい，そうした規則の総体こそが国家責任に関する法典化作業の対象とされたのである。あえて国内法の用語を引くならば，民法のような「実体法」が第1次法規に当たり，民事訴訟法のような「手続法」が第2次法規に当たる，と表現することもできる。

第3章　国家責任に関する国際法委員会の法典化作業とその問題点

しかし問題は，国際法における両法規が密接に関連し合っており，その区分が不明確な場合のあること，それに関連して，両法規の区分がもたらす実益に疑問が残ること，である。

まず，第1次法規と第2次法規の区分が不明確な例として，外国人財産の国有化が挙げられる。一般に外国人財産の国有化については，条約等による制約がないかぎり，①国有化措置が国有化国の公目的に資し，かつ，②同措置が差別的でないならば，国有化は適法とされるが，③国有化された財産に対する「補償の支払い」をめぐって，国家実行は割れている。すなわち一部の国家実行が，③は国有化措置の単なる法的効果に過ぎず，それ自体は国有化の"適法性を判断する基準"ではない，とするのに対し，他の国家実行は，③もまた"適法性を判断する基準"だ，とする[44]。後者によれば，補償の支払いは第1次法規と見なされるため，支払い拒否はその違反であって，それにより第2次法規が機能し始めることになる。そしてその内容は，おそらく外国人に対する賠償の支払いであろう。ここでは，「補償」を適法行為から生じる財産的損害に対する金銭支払い，「賠償」を違法行為から生じる財産的損害に対する金銭支払い，と区別して用いている。ただし現実の国家実行では，財産を国有化された外国人に対する金銭支払いが，補償としてなされたのか賠償としてなされたのか，判然としない。その結果，外国人に対して金銭支払いを義務づける規則が，第1次法規であるか第2次法規であるかは不明確である。

両法規の区分が不明確であることは，両者が密接に関連し合っている事実の反映である。この点について，ルテール（P. Reuter）委員は「責任が派生的・2次的な性格を持つとしても，責任の大半は，英語でいう"基準"に合致しないことに存している」と指摘している[45]。かれのいう基準とは，たとえば外国人の処遇に関する実体的規則のことであり，第1次法規に属するものである。当時の委員長であったエライアス（T. O. Elias）も「（アゴー）報告書に盛り込まれた知的努力は，国際社会が十分に認識しえない区分を，強調することに繋

---

44) たとえば，安藤仁介「インドネシアにおけるオランダ系企業の国有化について——その国際法上の問題点」田岡良一・田畑茂二郎監修『外国資産の国有化と国際法』（日本国際問題研究所，1964年）124-126頁。

45) *Yearbook of the International Law Commission*, 1970, Vol. I, p. 188, para. 8.

るかも知れない」と危惧を表明していた[46]。またロゼンヌ（S. Rosenne）委員は「行為の国家への帰属の問題を考えると……，"第1次法規"と"第2次法規"の区分が徹底して維持しうるものかどうか，私は疑問を感じる。……その違反が責任を発生させる第1次法規の内容を離れて，帰属に関する規則が一律に機能するかどうか，自分にはまったく自信がない。……国家責任に関する現在の法典化作業を進めるうえで，第1次法規と第2次法規の区分がどこまで徹底しうるかについて，委員会が最終的な結論を下すまえに，このむずかしい問題を相当程度に検討することが不可欠であろう」と述べている[47]。

　第1次法規の内容が第2次法規の内容と密接に関連し合うことは，つぎの諸例を考えてみれば明らかである。たとえば，条約の重大な違反に対して，他の当事国は当該条約の適用を一時的に停止したり，場合によって条約そのものを終了させたりすることができる。また外交官の特権・免除の濫用に対して，接受国は派遣国に免除の放棄を要求したり，当該外交官をペルソーナ・ノン・グラータに指定したりすることができる。さらに捕虜は，捕虜となる以前に犯した戦争法規の違反について，敵国の軍事法廷で裁かれることができる。これらの例ではいずれも第1次法規が，自らの課す義務の違反に対し，適用されるべき第2次法規の内容を特定しており，しかもこの種の例は国際法上，決して少なくないのである。「実体的な法規と手続的な法規とを結び付ける試みは，危険な混乱に導く可能性がある」というアゴーの指摘に対し，ロゼンヌは「実体的な国際法規の発展は，それに呼応する手続的な国際法規の必要を，明確に示すことになるであろう」と批判していた[48]。だとすれば，仮に第1次法規と第2次法規を区分することが，技術的・理論的に可能であるとしても，両者の具体的な内容を十分に配慮することなく，一律に第2次法規を第1次法規から切り離し，第2次法規のみの一般的・抽象的な法典化をはかる試みに，どのような実益が期待できるのであろうか。

---

46) *Ibid.*, p. 221, para. 76.
47) *Ibid.*, p. 220, paras. 58–59.
48) *Ibid.*, p. 221, para. 68. 第1次法規と第2次法規の相互関係を整理する1つの試みとして，J. Combacau & D. Alland, "'Primary' and 'Secondary' Rules in the Law of State Responsibility: Categorizing International Obligations," *Netherlands Yearbook of International Law*, Vol. 16 (1985), p. 81ff.

第3章　国家責任に関する国際法委員会の法典化作業とその問題点

バクスター（R. Baxter）によれば，「責任の発生する状況と法規の違反に対する救済手続きとは，問題となる行為にかかわる実体的な法規から切り離しえない。責任の性質は，違反された法規の性質によって変化するであろう。同様に救済手続きや賠償も，違反された法規，それに付随する責任，権利回復のための手続きに応じて変化するであろう[49]」。その結果，第1次法規から切り離された手続的な第2次法規のみの法典化は，多種多様な違法行為に対する責任追及手段の雑然たる羅列に終始する可能性が強い。現に第2部に関する国際法委員会の作業は，この可能性を裏付けつつあるように思われる[50]。そのような条約案がはたして諸国家に対し，国際会議を開催してこれを採択しようという意欲を起こさせうるかどうか，はなはだ疑問だといわざるをえない。

(iii)　違法行為に対する責任と"適法行為から生じた損害に対する責任"

　新しいアプローチの第3の特徴は，「国際違法行為に対する責任」のみを作業の対象とすること，すなわち，何らかの国際義務の"違反"に対する責任のみを取り扱うこと，である。言い換えれば，国際義務に違反しない行為（国際適法行為）から生じた損害に対する責任は，作業の対象から外されている。そして国際法委員会が，「国家責任」とは別に，「国際法によって禁じられていない行為から生じる危害に対する国際責任」の法典化を進めていることは，すでに指摘したとおりである[51]。この後者のテーマについては，別稿で取り扱われる予定なので[52]，ここでは取り上げない。ただし，"国際違法行為に対する責任"と"国際適法行為から生じた損害に対する責任"とを区分しがたい場合があること，また両者を区分する実益について疑問がないわけではないこと，を指摘しておこう。

---

49) R. R. Baxter, "Reflections on Codification in Light of the International Law of State Responsibility for Injuries to Aliens," *Syracuse Law Review*, Vol. 16 (1965), p. 748.
50) 前掲349頁参照。
51) 前掲343頁参照。
52) 薬師寺公夫「越境損害と国家の国際適法行為責任」『国際法外交雑誌』第93巻3・4合併号（1994年）75頁以下参照。See also K. Zemanek, "Causes and Forms of International Liability," in B. Cheng & E, D. Brown (eds.), *Contemporary Problems of International Law: Essays in Honour of Georg Schwarzenberger on his Eightieth Birthday* (Stevens & Sons, 1988), p. 319ff.

Ⅳ　国家責任

　さきに第1次法規と第2次法規の区分が不明確な例として，外国人財産の国有化に対する補償を取り上げた際に，補償の支払いを国有化措置の適法性判断の基準とする国家実行と，そうでない国家実行とが割れている事実に触れた[53]。前者の国家実行によれば，補償が支払われない外国人財産の国有化は，それ自体が違法行為であり，損害賠償責任を発生させる。これに対し後者の国家実行によれば，国有化措置が国有化国の公目的に資し，かつ無差別的であるかぎり，同措置は適法であって，単に外国人に対する補償の支払い義務を生じさせるだけである。しかし，この後者によっても，補償の支払いがなされなければ，そのこと自体が国際義務の違反となり，損害賠償義務が発生する。仮に前者を"国際違法行為に対する責任"後者を"国際適法行為から生じた損害に対する責任"と見なすことが可能ならば，この両種の責任を区分することにどのような実益があるのだろうか。

　条文案に付された説明によると，「委員会は，国際違法行為に対する責任の問題だけでなく，ある種の適法行為から生じた有害な結果を償う責任の問題もまた，重要であることを十分に承知している……。しかしながら委員会は，後者が前者と合併して取り扱われるべきではない，と考える。危険に対する責任(liability for risk) の基礎，それを規律する諸規則，責任の内容および形態は，(国際違法行為に対する責任の場合と) まったく異なるので，両者を合併して検討することは，いずれの理解をも困難にするだけである[54]」。だが，それにもかかわらず，この両者を区分しがたい場合のあることは，たとえば「一定の事態の発生を防止すべき義務」に関する条文案第23条の討議過程を見れば，明らかになる。

　同条のアゴー原案は，「一定の事態の発生を防止すべき国家の国際義務の違反は，当該国家が防止しなかったために当該事態が発生した場合に，生じる」と規定していた[55]。この規定についてルテール委員は，「私個人としては，あらかじめ予測できない危険に対しては，現実に発生した損害を基準として，判断することが好ましいと思う。このような場合，現実に損害が発生するまで危

---

53)　前掲353頁参照。
54)　*Yearbook of the International Law Commission*, 1975, Vol. II, p. 54, para. 33.
55)　*Ibid.*, 1978, Vol. II (Part One), p. 37, para. 19.

険は明白でなかったわけであり，そうした危険を防止する義務もまた明らかでなかったからである」と指摘した[56]。これを受けてディアス・ゴンザレス（L. Díaz-González）委員は，「第23条の規定は，一定の事態の発生を防止すべき国家の義務に，まったく限界がないのではないかと思わせる」と懸念を表明したあとで，国家があらゆる防止手段を講じたにもかかわらず，訪問中の外国君主が私人に襲撃された例を引き，「この場合，国家の義務は犯人を逮捕・訴追することで果たされ，事態が発生したことに対する責任は問われない」と述べた[57]。これに対してアゴーは，第23条が"絶対責任"を規定するものではなく，「国家があらゆる適切な防止手段を講じたにもかかわらず発生した事態」は，同条の適用対象から除外されているとの説明を付け加えなければならなかった[58]。それはアゴーの原案が，防止義務の範囲を明示していなかったことにもよるが，より本質的には，危険に対する責任（「国際適法行為から生じた損害に対する責任」を含む）と国際違法行為に対する責任とを，截然と区分しがたい場合があるためであろう。

「国際法で禁じられていない行為から生じる危害に対する国際責任」をめぐる国際法委員会の法典化作業に批判的なエイクハースト（M. Akehurst）によれば，「適法行為に対して補償を支払う義務と違法行為に対して賠償を支払う義務とのあいだに[59]，本当にどのような差異があるのか疑わしいかも知れない。だが，この差異は2つの理由で重要である。第1に，適法行為に対して支払われる補償の額は，違法行為に対して支払われる賠償の額よりも，おそらく少ないであろう[60]。……第2点は，違法行為をなすことは不面目だ，とする感情の存在である。つまり国家は，違法行為に対して賠償を支払うことは，自らの

---

56) *Ibid.*, 1978, Vol. I, p. 7, para. 23.
57) *Ibid.*, p. 9, paras. 1-2.
58) *Ibid.*, pp. 9-10, para. 4.
59) エイクハーストは「補償」「賠償」のいずれにも compensation を用いているが，ここでは前掲353頁におけると同様に，これを「補償」と「賠償」に訳し分けた。M. B. Akehurst, "International Liability for Injurious Consequences Arising out of Acts not Prohibited by International Law," *Netherlands Yearbook of International Law*, Vol. 16 (1985), p. 14.
60) *Ibid.* エイクハーストは"適法な収用"と"違法な没収"とを区別した著名な判決として，常設国際司法裁判所のホルジョウ工場事件判決を引用している。

落度を認めることになるので，これをやりたがらない。（しかし）適法行為に対する補償の支払いは，そうした懸念がないので，より容易になされうるであろう[61]」。そうしてかれは，その2点を除けば，両種の責任は同じである，と結論している[62]。この結論がそのまま受け容れられるかどうか，疑問がないわけではないが，少なくとも両種の責任を区分する実益はさほど大きくないように思われる。

1985年以降,「国際法で禁じられていない行為から生じる危害に対する国際責任」に関する国際法委員会の法典化作業の特別報告者をつとめているバルボーザ（J. Barboza）は，1988年に著わした論文のなかで，両種の責任はいくらかの点で異なるものの，より広い共通の分野に属するものだ，と述べている[63]。国家責任に関する条文案の注釈自体も，適法行為から生じた損害に対する補償支払義務と違法行為から生じた賠償支払義務とが，"重なり合う"可能性を否定していない[64]。また同じ注釈は，適法行為から生じた損害に対する補償支払義務が，違法性を阻却される行為（条文案第5章の諸規定による）から生じた損害に対する補償義務とも，"重なり合う"可能性を示唆している[65]。すなわち国際違法行為は，被害国の同意がある場合，不可抗力による場合，期待可能性のない場合，緊急避難の場合には，それぞれ違法性を阻却されるが，そのことは当該行為から生じる損害に対する補償の問題を排除するものではない，とされているのである[66]。

（2） 採択された条文案の内容にかかわる問題点

上述のとおり，国家責任に関する国際法委員会の法典化作業は，その方法について，いくつかの問題点をかかえているが，採択された条文案の内容についても，問題点がないわけではない。ここでは，そのうち，(1)第19条の"国際犯

---

61) *Ibid.*, p. 15.
62) *Ibid.*, p. 16.
63) J. Barboza, "La responsabilité « causale » à la Commission du droit international," *Annuaire français de droit international*, Vol. 34 (1988), pp. 520–522.
64) *Yearbook of the International Law Commission*, 1980, Vol. II (Part Two), p. 62, para. 42.
65) *Ibid.*
66) 前掲348頁参照。

罪"および"国際不法行為"の区分と第2部,第3部との関係,(2)第20条〜第23条の"一定の行動をとる義務","一定の結果を達成する義務","一定の事態の発生を防止する義務"の区分,(3)第18条と第25条に規定する"連続的・合成行為"による国際義務の違反の始期と期間,の3点を取り上げる。条文案の内容にかかわる問題点としては,これら以外にも,たとえば違法性阻却事由の網羅性や相互関係などを指摘しうるが[67],紙幅の関係で本稿では取り上げない。

(i) 第19条の"国際犯罪"と"国際不法行為"の区分と第2部,第3部との関係

条文案第19条で国際法委員会が,違反の対象となった国際義務の性格に応じて,国際違法行為を2種に分け,「国際社会の基本的な利益の保護にとって不可欠であり,その違反が国際社会全体によって犯罪と認められる」義務の違反を"国際犯罪",それ以外の義務の違反を"国際不法行為"と呼び分けたことは,既述のとおりである[68]。だが問題は,国際違法行為を国際犯罪と国際不法行為に2分することの適否,それに関連して,この区分と第2部(責任の内容,形態および秩序),第3部(紛争処理および責任の履行)の諸規定との関係,であろう。

すでに1976年,第19条の条文案(アゴー原案では第18条)について,ヤッシーン委員は,国際犯罪と国際不法行為の区分が「現在の実定法上,必要なものであ」り,「この区分は,国際社会の根幹的な利益にかかわる義務の違反に対して,特別な責任の制度(régime)が課せられることを意味する。その責任の制度は賠償だけでなく,違反された義務の重大性に比例する厳正な制裁をも含む可能性がある」と述べた[69]。さらに,セテ・カマラ(Sette Câmara)委員は,

---

67) たとえば,リップハーゲン委員やニジェンガ(F. X. J. C. Njenga)委員の発言参照(*Yearbook of the International Law Commission*, 1979, Vol. I, p. 196, para. 1ff & p. 203, para. 9ff)。See also A. Gattini, *Zufall und force majeure im System der Staatenverantwortlichkeit anhand der ILC-Kodifikationsarbeit* (Dunker Humblot, 1991); J. Barboza, "Necessity (Revisited) in International Law," in J. Makarczyk (ed.), *Essays in International Law in Honour of Judge Manfred Lachs* (Martinus Nijhoff, 1984), p. 27ff; and J. A. Salmon, "Faut-il codifier l'état de nécessité en droit international?," *ibid.*, p, 235ff.

68) 前掲347頁参照。

69) *Yearbook of the International Law Commission*, 1976, Vol. I, p. 63, para. 16.

Ⅳ　国家責任

「現段階で特別報告者は，加重責任をもたらすような基本的規範の違反の法的効果を論じていないが，違反に対する救済が国際連合憲章第7章の諸規定のもとで求められることは明らかだ」と述べ[70]，ラマンガソアヴィーナ（A. Ramangasoavina）委員も，「国際犯罪の概念は，賠償のみならず……制裁をも含む」と指摘した[71]。

これに関連して，条文案第30条では"正当な対抗措置"が違法性阻却事由とされ[72]，また暫定的に採択された第2部第5条3項では，国際犯罪について，違法行為の当事国（違反をなした国家と違反の影響を受けた国家）を除く"他のすべての国家"が，"被害国"とされている[73]。そしてアゴーに続く特別報告者リップハーゲンは，第5報告書のなかで国際犯罪の法的効果を取り上げ，「国際犯罪は，国際違法行為の法的効果に加えて，国際社会全体が受け容れた規則に基づく権利・義務を派生」させ（第14条1項），「侵略行為は，国際犯罪の法的効果に加えて，国際連合憲章の規定する権利・義務を派生させる」（第15条）とする条文案を提出した[74]。これらを総合すれば，侵略行為を含む国際犯罪の当事国以外の国家が，すべて被害国となり，いずれの被害国も"正当な対抗措置"に訴えることが可能となる。しかも対抗措置のなかには，国際連合憲章第7章に規定する制裁が含まれうることになる。

リップハーゲンの提案した第14条，第15条は国際法委員会で討議されたが，結局，採択されなかった。それは委員の多くが，対抗措置に訴えうる被害国の範囲を限定する必要を感じたためであった。たとえばウシャコフ（N. A. Ushakov）委員は，一般的・対世的な（erga omnes）義務が存在することは確かであるが，「国際犯罪が必然的に国際社会のあらゆる国家を害するという考えには，同意できない。というのは，直接的に被害を受ける国家もあれば，そうでない国家をあるからである。……一国家が領域内で集団殺害を行った場合に，他国が直接に被害を受けたといえるだろうか」と反問している[75]。またシンクレ

---

70)　*Ibid.*, p. 68, para. 7.
71)　*Ibid.*, p. 76, para. 26.
72)　前掲347頁参照。
73)　*Yearbook of the International Law Commission*, 1985, Vol. Ⅱ (Part Two), p. 25.
74)　*Ibid.*, 1984, Vol. Ⅰ, pp. 259-260, para. 1.
75)　*Ibid.*, p. 277, para. 4.

ア（I. M. Sinclair）委員も，地中海沿岸の二国家が第19条の禁じる海洋汚染の被害をこうむった場合に，「他の大陸の内陸国が……これら二国と同等に賠償を求める権利を付与されるべきだろうか」と疑問を呈している[76]。さらにマイウ（A. Mahiou）委員は，「問題は……諸国家がどのように異なった害をこうむったか，を判断することである。たとえば侵略のような国際犯罪が直接の被害国に対して，それ以外の国家に対するよりも，重大な害をもたらすことは明らかである。区別することは，たしかに困難を伴うが……直接的に被害を受けた国家と，間接的に被害を受けた国家とを区別することが考慮されるべきである」と指摘している[77]。

被害国の範囲を再検討する必要はまた，国際犯罪の概念をより綿密に検討し直す必要をも示唆する。第19条のアゴー原案が討議された1976年，タメス（A. J. P. Tammes）委員は国際不法行為，国際犯罪なかんづく侵略行為の区分に触れ，「こうした区分を可能にする程度にまで，国際的な法思考が進化したかどうか，明確ではない」と述べるとともに[78]，国際法委員会の「人類の平和と安全に対する犯罪の法典案[79]」が個人を"国際法における犯罪"の責任者としている以上，国家に対して"国際犯罪"という表現を用いることには躊躇を感じる」と述べていた[80]。同じ討議のなかでカーニー委員も，植民地支配の維持やアパルトヘイトを例にとり，国際犯罪をなした国家に対して第三国が制裁を加える権利を認めることは，「大国が小国を脅迫し，これに干渉することを許すのに等しい」として，国際法委員会が国際犯罪の問題を取り上げることに，慎重な姿勢を示していた[81]。つとに1970年，アゴーの第2報告書の討議に際し，ルテール委員は"制裁"の問題を取り上げ，「"制裁"という表現は，"強制執行"と"刑罰"のいずれにも用いられる。……（このうち）強制執行の問題は責任の範囲外にある。刑事責任の問題は責任に関する特別な制度のもとにあるが，一般的な制度のもとにはない」と指摘していたのである[82]。

---

76) *Ibid.*, p. 304, para. 5.
77) *Ibid.*, 1985, Vol. I, p. 128, para. 5.
78) *Ibid.*, 1976, Vol. I, p. 64, para. 24.
79) *Ibid.*, 1954, Vol. II, pp. 151-152. See also *ibid.*, 1993, Vol. II (Part Two), p. 12ff.
80) *Ibid.*, 1976, Vol. I, p. 64, para. 23.
81) *Ibid.*, pp. 77-78, paras. 35-40.

Ⅳ　国家責任

　国家責任に関する国際法委員会の法典化作業を丹念に跡づけたジンマ（B. Simma）は，第19条にいう国際犯罪の概念が，国際社会における"社会的利益"の発展を志向する側面を持つことを評価しながらも，適切な制度的裏付けを欠く現状において，概念のみが独り歩きする危険に警告を発している[83]。いずれにせよ，特別報告者としてリップハーゲンを継いだアランジョ・ルイスは，第2部以下の作業の進め方に関連して，第2読の際に(1)第19条の規定のあり方を再検討すること，(2)"犯罪"と"不法行為"の単純な2分法が適切か否か，さらに詳細な再区分が必要か，を検討すること，(3)"国家の犯罪"の類型を掲げることが望ましいとしても，第19条の例示が適切か否かを再検討すること，などを提言している[84]。

(ii)　"一定の行動をとる義務"，"一定の結果を達成する義務"，"一定の事態の発生を防止する義務"の区分

　条文案第20条，第21条，第23条は国家の行為の態様を基準として，国家の負う義務を"一定の行動をとる義務"，"一定の結果を達成する義務"，"一定の事態の発生を防止する義務"の3種に区分し，それぞれの違反について規定している。すなわち各条は，「国際的な義務が国家に対して一定の行動をとることを要求する場合に，当該国家の行動が要求される行動に合致しなければ，義務の違反がある」，「国際的な義務が国家に対して，自己の選択する手段により，一定の結果を達成することを要求する場合に，当該国家が選択した手段により，要求される結果を達成しなければ，義務の違反がある」，「国際的な義務が国家に対して要求する結果が，自己の選択する手段により，一定の事態の発生を防止することである場合に，当該国家が選択した手段によりその結果を達成しなければ，義務の違反がある」と規定している。

　これらの規定もきわめて一般的・抽象的であるが，問題は，具体的な義務が

---

82)　*Ibid.*, 1970, Vol. I, p. 187, para. 4.
83)　B. Simma, "Bilateralism and Community Interest in the Law of State Responsibility," in Y. Dinstein (ed.), *International Law at a Time of Perplexity* (Martinus Nijhoff, 1989), p. 844.
84)　*Yearbook of the International Law Commission*, 1993, Vol. II (Part Two), p. 53, paras. 330-334.

第3章　国家責任に関する国際法委員会の法典化作業とその問題点

3種のいずれに属するのか，截然と区分しがたい場合のあること，それに関連して，義務を3種に区分する実益に疑問があること，である。ただし，上記の規定が示すとおり，"一定の事態の発生を防止する義務"は"一定の結果を達成する義務"の一種と解されるので，問題は"行動の義務"と"結果の義務"の2区分にある，ということができよう。

　各条のアゴー原案は，表現こそ違うものの，内容的に採択された条文案と異ならなかった[85]。そしてアゴー原案に対して多くの委員は，これら3種の区分，とりわけ一定の行動をとる義務と一定の結果を達成する義務との区分が，截然と付けがたい場合のあることを指摘した。たとえば，ヴェロスタ（S. Verosta）委員は外交使節団の保護を例にとり，接受国が最善の防止措置を講じたにもかかわらず，使節団が襲撃された場合は，行動の義務か結果の義務かいずれの違反であるか不明である，と指摘した[86]。クウェンティン・バクスター（R. Q. Quentin-Baxter）委員も沿岸国の領海内無害通航の保障義務や，1949年のジュネーヴ捕虜条約に基づく国内法の制定義務などの例を挙げ，行動の義務と結果の義務のいずれかに截然と区別しがたい場合があることを指摘し，すべての義務をこのいずれかに絶対的に属せしめることに疑問を呈した[87]。またエル・エリアン（A. El Erian）委員も，アゴーが外国人の保護を結果の義務と説明したことに対して，これを行動の義務と解しうる余地がある，と反論した[88]。逆にシャホーヴィッチ（M. Šahović）委員は，行動の義務についても，詰まるところ結果が重要なのであって，「ある国際義務の目指す結果と，それを達成するために用いられる手段とを区分することが，どうして大切なのか理解に苦しむ」と述べている[89]。

　理論的に考えれば，国家の義務を行動の義務と結果の義務に区分することは可能であり，国際法委員会の条文案もそうした前提に立つものと思われる。しかしながら多くの委員が指摘したとおり，この区分を現実に適用しようとする

---

85) *Ibid.*, 1977, Vol. II (Part One), p. 8, para. 13 & p. 20, para. 46; *ibid.*, 1978, Vol. II (Part One), p. 37, para. 19.
86) *Ibid.*, 1977, Vol. I, p. 231, para. 17.
87) *Ibid.*, p. 224, paras. 3-5.
88) *Ibid.*, p. 225, para. 15.
89) *Ibid.*, p. 220, para. 16.

363

と，困難な場合が生じうることは否定できない。条文案の注釈が，行動の義務の例として挙げている「人種差別撤廃条約」について検討してみよう。同条約の第2条1項(d)は，当事国が「すべての適当な方法（状況により必要とされるときは，立法を含む。）により，いかなる個人，集団又は団体による人種差別も禁止し，終了させる」ことを義務づけている。そこで，たとえばアパルトヘイトを制度化した法令がある場合に，これを廃止することは当事国の義務であり，廃止措置そのものは"行動の義務"の履行と見なすことができる。だが差別の撤廃のためには，法令の改廃にとどまらず，経済的・社会的な種々の政策を実施することが必要となるであろう。それらの政策は，個別的には"行動の義務"の履行と見なしうるかも知れないが，全体としては差別撤廃という"結果の義務"の履行と見なすことができる。だとすれば，人権差別撤廃条約の第2条1項(d)の規定が当事国に課す義務は，両種の義務としての側面を併せ持つことになる。

もっとも，結果の義務が当事国に手段の選択を許すのに対し，行動の義務にはそうした選択の余地がない点で，両者の違いは残るということができるかも知れない[90]。しかし上例からも明らかなように，見方を変えれば，結果の義務の履行は行動の義務の履行を離れてありえない，ということもできる。また，個々の行動の義務の履行が何がしかの手段の選択の余地を含む，と見ることも不可能ではない。注釈自体も，行動の義務と結果の義務の区分が解釈の問題であり，その解釈を国際裁判に委ねる可能性があることを認めている[91]。

問題はここでもまた，なぜ両種の義務を区分する必要があるのか，区分の実益は何か，である。第20条の注釈によれば，両者を区分することは，それぞれの義務が破られる条件が異なってくる——言い換えれば，いつどのようにして国際義務が破られるかが，当該義務が行動の義務であるか結果の義務であるかにより，定まってくる——点で重要である，という[92]。この点については，つぎの (iii) で，さらに検討を加えることにしよう。

---

90) *Ibid.*, 1977, Vol. II (Part Two), pp. 13-14, para. 8.
91) *Ibid.*, p. 13, para. 4.
92) *Ibid.*, p. 13, para. 5.

(iii) 連続的・合成行為による国際義務の違反の始期と期間

さきに見たとおり，条文案は国際的な義務の違反にかかわる国家の行為を，時間的に広がりのないもの（単発的行為）とあるもの（継続的行為）とに分け，さらに後者のなかに，いわゆる断続的・混合行為と連続的・合成行為とがあることを規定している[93]。連続的・合成行為とは，同一の事件をめぐる単一または複数の国家機関の行為から成るものをいうが，連続的・合成行為の違反の始期（moment）と期間（duration）をめぐって，つぎのような問題が存在し，しかもその問題は行動の義務と結果の義務の区分に関係している。

まず，条文案第18条5項によれば，連続的・合成行為による国際義務の違反は，連続的・合成行為を構成する最初の作為または不作為の瞬間に始まる（始期）が，当該義務はこの最初の作為または不作為の瞬間に拘束力を持っておりさえすればよく，連続的・合成行為がそれ以後の時点で完結（complete）しても差し支えない。ところが第25条3項によれば，同じ連続的・合成行為による国際義務の違反は，連続的・合成行為を構成する最後の行為がなされた（accomplish）瞬間に成立する。ただし違反の期間は，違反を始めた作為または不作為の瞬間から違反を完結した作為または不作為の瞬間まで継続する。これを第18条の注釈が挙げている例に当てはめれば，たとえば外国との条約により，当該外国の国民が自国の領域内で一定の職業に従事することを認めた国家の行政機関が，これを拒否すれば，その瞬間に国際義務の違反が始まる。ただしこの行政機関の拒否を不服とする当該外国の国民が，より上級の行政機関や裁判所に救済を求めうるかぎり，領域国家の国際義務違反は成立しない。国際義務違反が成立するのは，領域国家のいずれかの機関の行為によって，当該外国の国民が職業に従事することが，最終的に拒否された瞬間なのであり，かつ最初の拒否の瞬間から最後の拒否の瞬間まで，違反の期間は継続することになる[94]。

しかしながら，連続的・合成行為による国際的義務の違反の始期と期間に関する条文案の規定は，複雑かつ難解に過ぎる。しかも条文案の規定を複雑かつ難解にしている理由の1つは，連続的・合成行為が"結果の義務"と結びつけ

---

93) 前掲346頁参照。
94) 同上。

Ⅳ　国家責任

られていることに求められるのではないだろうか。第18条の注釈は，上に挙げた外国人の職業許可の例を含む連続的・合成行為を，結果の義務と結びつけて説明している[95]。けれどもこの例は，行動の義務と結びつけて説明するほうが，はるかに理解しやすいように思われる。すなわち最初の行政機関の拒否は，「当該外国の国民が職業に従事することを認める」べき行動の義務の違反であると解すれば，その瞬間に領域国家の条約義務の違反が成立する。最終的な拒否は，この違反を確認するだけであり，外国人がこうむった経済的損害の算定も，最初の拒否の瞬間から起算することが合理的であろう。そうすれば，違反の始期と期間をとくに区別すべき必然性はない。また，最終的な拒否以前に条約が改正され，外国人が当該職業に従事することが禁じられた場合に，この例を結果の義務と結びつけて説明することはきわめて困難になるだろう。たしかに第18条5項は国際義務が連続的・合成行為の始期に拘束力を持っておりさえすれば，仮にそれ以後に当該義務が消滅しても，行為の違法性の認定に影響しない，と規定している。しかし連続的・合成行為の違法性が成立する瞬間に，当該義務が消滅している事実は，「国家の行為はその行為がなされた時に，当該国家に対して拘束力を有する国際的な義務の要求するところと合致しない場合にのみ，違法となる」と規定する第18条1項の大前提と，どのように調和しうるのだろうか。

　"時間的要素"に関する条文案の諸規定を検討したカール（W. Karl）は，それら諸規定のあいだに部分的な矛盾が存在する，と指摘している[96]。またサルモン（J. J. A. Salmon）は，連続的・合成行為の概念が混乱を招き，危険かつ無益なものだ，と批判している[97]。さらに加藤信行は，連続的・合成行為や行動の義務と結果の義務の諸概念は，アゴーが国内的救済原則に関する自説を擁護するために，導入したものではないか，と推測している[98]。たしかに条文案第22条は，外国人の処遇に関する国際義務の違反は「当該外国人が実効的

---

95) *Yearbook of the International Law Commission*, 1976, Vol. II (Part Two), p. 94, para. 23.

96) W. Karl, "The Time Factor in the Law of State Responsibility," in M. Spinedi & B. Simma (eds.), *United Nations Codification of State Responsibility* (Oceana Publications, Inc., 1987), pp. 108-109.

97) J. J. A. Salmon, "Le fait étatique complexe: une notion contestable," *Annuaire français de droit international*, Vol. 28 (1982), p. 738.

な国内的救済手段を尽くした場合にのみ」発生する、と規定し、しかも外国人の処遇に関する国際義務が"結果の義務"であることを明らかにしている。周知のとおり、国内的救済原則の法的性格については、これを国家責任発生のための実体的要件の1つと解する立場と、国家責任の発生後に責任を追及するための手続的要件に過ぎないと解する立場とが対立しており、アゴーが前者に与していることは否定できない[99]。

ここでは、これらの指摘や批判について検討することを差し控えるが、国際法委員会が第22条のアゴー原案を討議した際に、ルテール委員が、外国人の処遇に関する国内的救済原則を持ち出すことは、国家責任の一般原則のみを取り扱う委員会の方針に反し、委員会の作業を混乱させる、と抗議したことに留意しておこう[100]。いずれにせよ、連続的・合成行為による国際義務の違反の始期と期間に関する規定が過度に複雑かつ難解であり、その一因が行動の義務と結果の義務の区分にあること、第18条5項および第25条3項の規定の実益が不明確であること、は認めざるをえないように思われる。

6 おわりに

本稿の目的は、国家責任に関する国際法委員会の法典化作業の経緯を追って、現在までに採択された条文案を紹介するとともに、法典化作業の方法と採択された条文案の内容について、若干の検討を加えることであった。検討の結果、1962年に転換された作業の方針についても、これまでに採択された第1部35ヶ条を中心とする条文案の内容についても、それぞれいくつかの問題点があることが明らかになった。すなわち、作業方法については、転換された方針の特徴である、(1)国家責任の一般原則を対象とし、(2)いわゆる第2次法規のみを取り上げたことが、条文案の内容をきわめて一般的・抽象的なものにしており、国

---

98) 加藤信行「国内的救済原則の法的性格と『複合行為』」『国際法外交雑誌』第90巻6号（1992年）28, 26頁。
99) See R. Ago, "Le délit international," *Recueil des Cours de L'Académie de droit international de la Haye*, Vol. 68 (1939-II), pp. 514-517.
100) *Yearbook of the International Law Commission*, 1977, Vol. I, pp. 259-260, paras. 8-14.

IV 国家責任

際条約として採択される可能性に疑問があること，(3)国際違法行為に対する責任のみを取り扱っているが，これと国際適法行為から生じた損害に対する賠償責任との区別が截然と付けがたい場合があること，などの問題点が確認された。また，採択された条文案の内容についても，(1)第19条にいう国際犯罪，国際不法行為の区分と，それぞれに対する責任の内容や追及方法（第2部，第3部）との関係が不明確なこと，(2)いわゆる行動の義務と結果の義務の区分，および(3)連続的・合成行為による国際義務の違反の始期と期間に関する規定の内容に，いずれも問題があり，またこの区分や規定の実益に疑問があること，などの問題点が確認された。

このような問題点は，1962年に国際法委員会が作業方針を転換して，外国人の処遇に関する国家責任のような個別分野を離れ，あらゆる違法行為に適用可能な国家責任に関する一般原則を法典化の対象に選んだことに，おそらく不可避的に付随するものではないかと思われる。すでに指摘したとおり，いわゆる第2次法規の内容は第1次法規に大きく左右されるため，第1次法規から切り離された第2次法規のみの法典化は所詮，一般的・抽象的な法規則の羅列に終始しがちである[101]。したがって国家責任にかかわる諸規則の法典化は，まず個別分野における責任原則の条約化から手掛けるべきであろう。外国人の処遇に関する分野で多くの国家実行の集積があることは，国際法委員会も認めており[102]，国際河川，善隣関係，海洋汚染等の分野でも，国家責任にかかわる国家実行は決して少なくない。さらには宇宙活動や環境保護の分野においても，国家責任に関する諸規則が発展しつつある。そうした個別分野における国家実行の蓄積のうえに立って，仮に国家責任に関する一般原則を確定し，体系化する必要と実益が広く認識されるようになれば，その時こそこれを法典化する条件が整ったというべきであろう。国際法委員会の作業が，はたしてそのような条件のもとに進められてきたかどうか，筆者としては懐疑的にならざるをえない。

もっとも，だからといって国家責任に関する国際法委員会の従前の作業が無

---

101) 前掲354-355頁参照。
102) 前掲341頁参照。

第 3 章　国家責任に関する国際法委員会の法典化作業とその問題点

益であった，と結論すべきではない。採択された第 1 部35ヶ条のうち，「行為の国家への帰属」にかかわる第 2 章の諸規定は，たとえば国家機関の権限外の行為や連邦国家の構成単位の機関の行為など，これまで異論の多かったいくつかの問題に一定の回答を与えており，大いに評価されるべきものである。各条文案の内容に対する批判はさて措き，それぞれに付された注釈は，とくに国家責任に関する学問的研究にとって，多大な貢献であることは間違いない。30余年にわたる国際法委員会の作業の成果を活かすうえで，ツェマネク（K. Zemanek）のつぎの言葉はきわめて含蓄に富んでいる。

　異論の多い慣習法の諸規則の法典化作業のためには……慣習と条約のあいだの中間的な手続きを提言したい。ここでいう中間的な手続きは基本的に，新しい法意識を築き上げるための方策として，機能すべきものである。条約ほどに厳格でない諸文書，たとえば宣言やリステイトメントや準則（code）などが，法典化されるべき諸規則の状況に応じて，選択されるべきであろう。これらの諸文書を順次に提案することも可能であり，諸国家の行動や予測が次第に提案された諸規則に従うように仕向け，それによって来たるべき条約への道を拓くことが可能となるであろう。この手続きはたしかに時間がかかり，おそらくじれったいものであるだろう。けれどもこの手続きは，流産して（各国）省庁の死文書になるような条約案を採択するよりも，はるかに成功の見込みが高いものであるように思われる[103]。

---

103) K. Zemanek, "Codification of International Law: Salvation or Dead End?," in Roberto Ago, *Le droit international à l'heure de sa codification: Études en l'honneur de Roberto Ago*, Vol. I (Dott. A. Giuffré, 1987), pp. 600-601.

第4章　国際法上の国家責任にかかわる「過失」の実態

（1999年）

1　はじめに

　国際法上の諸問題のなかで，国家責任にかかわる「過失」は，もっとも激しい論争を呼んできたものの1つである。とくにそれは，国家責任が成立（発生）するためには，当該国家に帰属する国際義務違反の行為の存在という「客観的な要件」でもって足りるのか，それともこれに加えて，当該国家の側に故意・過失といった「主観的・心理的な要件」が要求されるのか，という「客観責任論」と「過失責任論」との対立として争われてきた。

　筆者は，本書第1章の論考で，この論争の原因の1つが「国家が自らの肉体を備えず，単数又は複数の自然人から成る機関を通して，行為せざるをえない」事実にあるのではないか，と指摘し，「過失の実態を，これにかかわる国家機関ごとに，できるかぎり具体的に究明することにより，問題点の整理を試み」た[1]。

　そして現代，（ア）立法機関の行為については，複雑な立法手続——議員の選出や審議過程——のもとで，主観的・心理的な意味における「過失」を問題とすることは不適切であり，条約に違反する国内法の制定や条約の実施に必要な法令の不制定のような，国際義務に反する客観的な事実の存在を問題とすべきである，（イ）司法機関の行為については，いわゆる裁判拒否——外国や外国人の訴訟不受理，不正な裁判手続，不当な判決——が問題となるが，第1に訴訟を受理しないという事実があれば，裁判官の故意・過失を問題とするに及ばず，

1）　本書第Ⅳ部第1章を参照。See also H. Lauterpacht, *Private Law Analogies of International Law* (Reprinted by Archon Books, 1970), p. 134ff.

第2に手続や判決の不当性とは，国内裁判所の行為が国際法の要求する基準に達していない事実を問題とすることであって，ここでも裁判官の故意・過失を問う必要はない。（ウ）行政機関のうち，上級・中枢の機関の行為については，立法機関の行為と同様に処理すべきであるが，それ以外の機関の行為については，主観的・客観的な意味における「過失」を問題とすべき場合がある，と結論した。ただしその場合，国際義務違反の行為のなかに国家機関の「過失」を要件とするものがある，と考えるならば，（ア），（イ），（ウ）のすべてについて「客観責任論」で説明することが可能となり，国家責任の一般的な理論としては「過失責任論」よりも「客観責任論」が優れている，と付言した[2]。

本稿の目的は，主として国際的な仲裁裁判の判例を分析することにより，国際法上の国家責任にかかわる「過失」の実態を明らかにすることである。うえに述べたように，第1章の論考で，筆者は「過失の実態を……できるかぎり具体的に究明すること」を試みた。しかしその試みは，どちらかといえば過失責任論の限界を確認することを目的としていたため，「過失」そのものの実態を明らかにする点では不十分であった。本稿は，その点を掘り下げて検討することにより，さきの論考に実証的な肉付けを与えることをも目指している。同時に本稿は，「過失」の実態を明らかにすることにより，国家責任にかかわる議論において「過失」という表現を用いることの適否についても，なにがしかの示唆を与えることであろう。

2　国際法委員会の国家責任法典化作業と「過失」

ところで，国際的な仲裁裁判の判例の分析をつうじて国家責任にかかわる「過失」の実態を明らかにする作業に先立ち，国際連合の国際法委員会の国家責任法典化作業において「過失」の問題がどのように取り扱われてきたか，を見ておくことが有益であるように思われる。というのは，すぐあとで説明するように，国際法委員会の作業は途中で方針を大きく転換したが，その転換が「客観責任論」と「過失責任論」の対立に，ひいては国家責任における「過

---

[2]　本書第Ⅳ部第1章296-301頁。

第 4 章　国際法上の国家責任にかかわる「過失」の実態

失」の取扱いに，直接関係するからである。

（1）　ガルシア・アマドールの法典案と「過失」

　国際連合の国際法委員会は，発足当初の1949年に法典化の研究対象として選んだ14項目のなかに，「外国人の処遇」と並んで「国家責任」を含めており[3]，1955年には，後者の特別報告者にガルシア・アマドールを指名した[4]。かれは翌年から1961年までのあいだに，6回に分けた詳細な報告書を委員会に提出した[5]。とりわけ1957年から1958年にかけて，ガルシア・アマドールは「自国領域内で外国人の身体・財産がこうむった損害に対する国家の責任」と題する法典案を報告書に含めており，これに関する委員会の討議を踏まえて，1961年の第 6 回報告書にはその修正案を掲載したのである[6]。

　ガルシア・アマドールの法典案は，その標題が示すとおり，「外国人の処遇」にかかわる「国家責任」を取り扱ったものであって，従前のアプローチに沿うている[7]。それは 3 部から構成され，第 1 部では「外国人の権利」および「責任の構成要素」に関する一般原則について，第 2 部では「裁判拒否」，「身体的自由の侵害」，「財産権の侵害」など責任の発生事由たる作為・不作為およびそれらの帰属と責任の解除・軽減事由について，そして第 3 部では責任に対する「国際請求と損害賠償」について，それぞれ規定を置いていた[8]。

　同法典案における「過失」の取扱いも，大筋において，従前のアプローチに沿うている。まず国家は，通常の事態または国内騒乱の事態の際に外国人が損害をこうむった場合に，自国の官憲がその防止のために必要な措置を「明白な

---

[3]　*Yearbook of the International Law Commission*, 1949, p. 53, para. 69. なお，国際法委員会における国家責任法典化作業については，本書第Ⅳ部第 3 章を参照。
[4]　*Yearbook of the International Law Commission*, 1955, Vol. I, p. 190, para. 2.
[5]　See *ibid.*, 1956, Vol. II, p. 173ff; *ibid.*, 1957, Vol. II, p. 104ff; *ibid.*, 1958, Vol. II, p. 47ff; *ibid.*, 1959, Vol. II, p. 1ff; *ibid.*, 1960, Vol. II, p. 41ff; *ibid.*, 1961, Vol. II, p. 1ff.
[6]　その安藤訳は，安藤仁介（訳）「「自国領域内で外国人の身体・財産がこうむった損害に対する国家の責任」に関する法典草案（資料）」『京都大学教養部・政法論集』第 3 号（1969年）149頁以下。また，同案の批判的検討については，本書第Ⅳ部第 2 章を参照。
[7]　"従前のアプローチ"の意味については，本書第Ⅳ部第 1 章285-289頁を参照。
[8]　安藤・前掲（翻訳）注[6]）を参照。

過失」により執らなかったならば、その損害に対して責任を負う（第7条）[9]。加害者の逮捕に当たり、自国官憲の「許容しがたい過失」があったため、外国人が加害者に対して損害賠償の機会を奪われた場合も、同様である（同条）[10]。さらに、加害者の起訴・審理・処罰に当たり、官憲の「明白かつ許容しがたい過失」があった場合も、国家は同様の責任を負う（第8条）[11]。これらはいずれも、外国人が私人の行為により損害を負うた場合に、その防止あるいは救済のために"相当な注意"を尽くすべき領域国家の義務にかかわる規定である。

また、ガルシア・アマドール案は、内乱が成功した場合には、反徒の作為・不作為に対して第7条、第8条の規定が適用される（第16条）、としている[12]。ほかに注目すべき規定として、自国領域内で第三国や国際機構のなした作為・不作為は、当該国家がそれらを避けることができ、かつ与えられた条件のもとで可能な"注意"を払わなかった場合には、当該領域国家に帰属するものとしている（第15条）[13]。なお、責任の解除・軽減事由に関連して、外国人のこうむった損害が、かれ自身の「過失」に基づく場合には、国家はそれに対して責任を負わない、とも規定している（第17条）[14]。

このようにガルシア・アマドール案は、「外国人の処遇」にかかわる「国家責任」を取り上げ、それに関連する「過失」について正面から規定していたのであるが、かれが1961年に国際法委員会を退いたあと、委員会は国家責任について、これとまったく異なるアプローチを採用することになった。

（2） 国際法委員会の方針転換と委員会の法典案

ガルシア・アマドールが国際法委員会を退いた翌年の1962年、委員会は将来の活動方針全般を検討したが、とくに国家責任については小委員会を設置して、その討議の結果を1963年の会期に報告させることを決定した[15]。小委員会の討議では、国家責任の法典化は、外国人の身体・財産がこうむった損害に対す

9）　同上156頁。
10）　同上156-157頁。
11）　同上157頁。
12）　同上163頁。
13）　同上162-163頁。
14）　同上163頁。

第4章　国際法上の国家責任にかかわる「過失」の実態

る責任のように，十分な蓄積のある分野から研究を開始すべきだとする意見と，そうした特定の分野に限定せず，広く国際的な義務違反から生じる国家の責任一般を規律する諸規則を研究対象とすべきだとする意見とが，対立した[16]。この対立は，前者の意見が後者の意見に譲歩することで解消し，小委員会は国際法委員会につぎのような内容の報告書を提出したのである。

それによれば，（ア）国際法委員会は，国家の国際責任を規律する一般的な諸規則を法典化作業の対象とすべきである。その際，とくに外国人の身体・財産がこうむった損害に対する責任のような，特定の分野における経験と資料，および国際法の新しい動向が国家責任に及ぼす影響を重視すべきである。（イ）法典化作業を進めるに当たって，国際法委員会は以下の諸点を考慮に入れるべきである。すなわち，①国家責任の発生──国際違法行為，その客観的・主観的な構成要件，国際義務違反の種々の態様，違法性の阻却・軽減事由，②国家責任の形態──原状回復，賠償，制裁など[17]。これらの諸点は，上記の小委員会において後者の意見を強く主張した，アゴーの提示したものであった。

いずれにせよ，国際法委員会は小委員会の報告書を全会一致で受け入れ，アゴーを「国家責任」の新しい特別報告者に指名した[18]。種々の事情によりアゴーの作業は遅れたが，かれは1971年から1979年にかけて，8回に分けた詳細な報告書を提出し，委員会はそれらに基づいて審議を重ねた結果，1980年までに第1部（責任の発生）35ヶ条の条文案を採択した[19]。アゴーが国際司法裁判所の裁判官に選出され，同裁判所へ転出して以降も，国際法委員会は「国家責任」の法典化作業を継続し，アゴーからリップハーゲン，アランジョ・ルイスと3代にわたる特別報告者の助力をえて，3部60ヶ条および附属2文書から成る法典案を採択し，現在それらに対する各国政府のコメントを求めているとこ

---

15) *Yearbook of the International Law Commission*, 1962, Vol. I, p. 45, paras. 1-5 (637th meeting).
16) *Ibid.*, 1963. Vol. II, p. 227ff.
17) *Ibid.*, p. 228.
18) *Ibid.*, 1963, Vol. I, p. 86, para. 76.
19) *Ibid.*, 1980, Vol. I, p. 306, para. 8. 第1部35ヶ条の条文案と注釈は，それぞれの年度の *Yearbook of the International Law Commission* を参照。なお，これらを単行本にまとめた S. Rosenne, *The International Law Commission's Draft Articles on State Responsibility: Part 1, Articles 1-35* (Martinus Nijhoff, 1991) が刊行されている。

375

Ⅳ 国家責任

ろである[20] ＊1。

（3） 国際法委員会の法典案と「過失」

アゴーなどの報告書に基づいて採択された国際法委員会の国家責任法典案の特色は，つぎの3点に要約される。第1に，アゴーの主張を反映して，「外国人の処遇」のような特定の分野に限定せず，あらゆる国際的な義務の違反に対して適用される諸規則，つまり国家責任一般に適用される国際法の諸規則を法典化の対象とする。第2に，国際法の諸規則を「第1次法規」——国家に何らかの具体的な作為・不作為を直接に命じる規則——と「第2次法規」——いずれかの第1次法規の違反があった場合に，はじめて機能する規則——とに2分し，後者のみの法典化を目指す。したがって，第3に，法典化の対象は，国際義務違反の行為，言い換えれば「国際違法行為」に対する国家責任に限定される。

ところで，アゴーの主張を容れて委員会が「外国人の処遇」のような特定の分野に限定せず，あらゆる国際的な義務の違反に対して適用される国家責任の諸規則一般の法典化を目指した背景には，国際連盟主催の国際法典化会議における「自国領域内で外国人の身体・財産がこうむった損害に対する国家の責任」法典化作業の失敗があったのではないかと思われる。周知のとおり，この作業で参加国の意見が厳しく対立した問題点の1つは，さきに触れた「外国人が私人の行為により損害を負うた場合に，その防止あるいは救済のために領域国家が尽くすべき"相当な注意義務"[21]」の基準であった。すなわち，当該義務には一定の国際的な基準があり，それに達しない防止・救済措置しか執れない国家は，そのことによって国際法に違反している，と欧米の先進諸国が主張したのに対し，中南米諸国などは，国家は自国民に与えるのと同等の防止・救済措置を外国人に与えれば，国際法に違反しない，と反駁した。そして，この国際標準主義と国内標準主義の対立のゆえに，この法典化作業は失敗したのである。

---

20) *Yearbook of the International Law Commission*, 1996, Vol. II, p. 58, para. 64.

＊1 この後，国際法委員会は，クロフォード（J. Crawford）を特別報告者として第2読の作業を行い，2001年に4部59条からなる条文を採択した。

21) 前掲374頁を参照。

第4章　国際法上の国家責任にかかわる「過失」の実態

　事実，国際法委員会の討議においても，外国人財産の国有化に対する補償の基準や平和の破壊に対する責任の取扱いをめぐって委員のあいだに厳しい意見の対立があり，アゴーがそうした第1次法規をめぐる対立から生じうる混乱を避けるため，まず第2次法規を法典化作業の対象とすべきだと強調した経緯がある[22]。いずれにせよ，国際法委員会が採択した国家責任の法典案第3条＊2は，国家責任が発生するためには，「ある行為（作為または不作為）が国際法のもとで特定の国家に帰属すること（主観的要件）」と「その行為が当該国家の国際的な義務に違反していること（客観的要件）」との2要件が必要である，と規定したのである[23]。では，国際法委員会の国家責任法典案は「過失」の問題にどのように対処したのであろうか。

　ここに見た第3条に関するかぎり，国家責任の発生要件として，国家に帰属する行為が当該国家の国際的な義務に違反しているという事実のみを規定しており，上述の「客観責任論」の立場に立っているように思われる[24]。アゴー自身はもともと「過失責任論」者であり[25]，1963年に小委員会が国際法委員会に提出した報告書のなかにも，国際違法行為の主観的な構成要件に関して，「自らの行為につき苦情を申し立てられた国家機関の側に，過失（fault）がなければならないか」など，過失にかかわる記述を含めていた[26]。しかしながら，かれ自身の主張を取り入れて，国際法委員会が国家責任一般に関する第2次法規のみを法典化作業の対象とすることを決定した以上，「過失」の問題を正面から取り上げることは，おそらく躊躇されたのであろう。そのせいか，かれが

---

22) See *Yearbook of the International Law Commission*, 1962, Vol. I, pp. 28-29, paras. 9-10, p. 35, paras. 16-17. See also *ibid.*, p. 3, para. 7 (Verdross); p. 9, paras. 9-10 (Briggs); p. 22, paras. 8-10, p. 39, para. 66 (Gros); p. 21, para. 71, p. 29, paras. 14, 17 (Tunkin); p. 23, paras. 16-21 (Lachs); p. 26, paras. 46-47 (Jiménez de Aréchaga); p. 30, para. 29 (Chairman, Pal).

＊2　最終的に2001年に採択された条文では第2条に該当。

23) *Ibid.*, 1973, Vol. II, p. 179.

24) たとえばウシャコフは委員会案第3条の討議の際に，「国家責任は客観責任であって，非難可能性（culpability）の問題は生じない」と断言している。*Ibid.*, 1970, Vol. I, p. 189, para. 21.

25) R. Ago, "Le délit international," *Recueil des Cours de l'Académie de Droit International*, Vol. 68 (1939-II), p. 476ff, at pp. 491-2.

26) *Yearbook of the International Law Commission*, 1963, Vol. II, p. 228.

377

Ⅳ　国家責任

委員会に提出した報告書のなかでは，「過失」の問題に触れていない。

ただし，かれの条文案を委員会が討議した際に，2度ばかり，これに関連する出来事が生じた。まず，私人の行為に関する第11条のアゴー案は，私人の行為は国家に帰属しないと断ったあと（第1項），「前項の規定は，当該私人……の行為を国家が防止または処罰するために行為すべきであった場合に，その不作為が国家に帰属することを妨げない」（第2項）と規定していた[27]。この規定は，ガルシア・アマドール案第7条，第8条が取り上げた領域国家の"相当な注意"義務を，ひいてはかかる義務の違反としての「過失」を裏側から認めるものであった。だが，カーニーほかの委員から「この規定は第1次法規であり，第2次法規のみを対象とする委員会の方針と抵触するおそれがある」との批判が出された結果，アゴーはこれを修正して，「前項の規定は，当該私人……の行為に関連する国家の行為が，（本法典案の他の）規定に基づいて，国家に帰属することを妨げない」と改めたのである[28]。

同様の出来事は，いわゆる国内的救済原則にかかわる第22条についても見られた。アゴーはこの原則の性質について実体説をとっており，かれの条文案は「私人……に一定の処遇を与えることを要求する義務の違反は……国内的救済が尽くされるまでは，発生しない」と規定していた[29]。しかし，多くの委員からさまざまな意見が出された結果，「外国人の処遇に関して，一定の結果を要求する義務と一致しない状態が国家の行為によって発生しても，当該義務がその後の国家の行為によりそうした結果を達成することを許す場合には……問題の外国人が実効的な国内的救済を尽くすまでは，その義務の違反は発生しない」という回りくどい規定となった[30]。委員たちの関心は，もちろんこの原則の手続的な性質にも寄せられていたが，委員の1人ルテールが指摘したように，「この原則を検討するためには，違反の対象となる義務の内容を問題とせざるをえない」ため，第22条の規定が第1次法規に踏み込むことに懸念を表明

---

27) *Ibid.*, 1975, Vol. I, p. 23, para. 1.
28) *Ibid.*, p. 28, para. 36 (Kearney); p. 31, para. 36 (Hambro); p. 33, para. 49 (Vallat); p.33, para. 51 (Ushakov); p. 41, para. 23 (Ago).
29) *Ibid.*, 1977, Vol. II (Part One), p. 43, para. 113.
30) *Ibid.*, Vol. II (Part Two), p. 30.

する意見も少なくなかったのである[31]。これらの出来事は，国家責任の発生について「客観責任論」の立場をとったように見える国際法委員会の法典案が，「過失」の問題を意識していなかったわけではないことを示している。むしろそれは，委員たちが法典案の対象を厳密に第2次法規に限定しようと意識していたこと，そのため，「過失」の問題を第1次法規へと追い出す結果になったこと，を示している。その意味では，筆者が第1章の論考で付言したように，国際義務違反の行為のなかに国家機関の「過失」を要件とするものがあると考えることも，あながち不当ではなかろう。現にアゴーは，委員会案第3条の原案（原案では第2条）を提出した際に，「主観的要件」の説明のなかで，そこにいう「行為」(conduct) が作為 (action) と不作為 (omission) の双方を含み，後者には「（外国人に損害を与えた）個人の行動を防止または処罰するために適切な措置を執らなかった」国家の不作為が含まれる，と述べていたのであり[32]，委員たちもまたそのことを十分に認識していたのであった[33]。

以上のことを踏まえながら，以下では，本題に戻り，国際的な仲裁裁判の判例の分析をつうじて，国際法上の国家責任にかかわる「過失」の実態を究明することにしよう。

3 仲裁裁判の判例などにおける「過失」

国際的な仲裁裁判の歴史は，18世紀末のジェイ条約にまで遡ることができるが，本稿では，主として20世紀に入ってから欧米諸国間で設置された仲裁裁判所の判例を取り上げる。それは，1つには，国家責任にかかわる「過失」をめぐる論争は20世紀に入ってから激しくなったからであり，もう1つには，さきに指摘したとおり，「過失」が議論されたのは「外国人が私人の行為により損害を負うた場合に，その防止あるいは救済のために領域国家が尽くすべき"相当な注意義務"」の基準をめぐってであって[34]，上記の判例のなかには，この

---

31) *Ibid.*, 1977, Vol. I, pp. 259–260, paras. 8–12 (Reuter); p. 261, para. 21 (Ushakov); p. 271, paras. 28, 30 (Jakota); p. 273, paras. 45, 52 (Quentin-Baxter).
32) *Ibid.*, 1970, Vol. II, p. 188, para. 35.
33) たとえば，*Ibid.*, Vol. I, p. 186, para. 48 (Castrén).

Ⅳ 国家責任

基準にかかわるものが多数見出されるからである。

もっとも，領域国家の"相当な注意義務"は，必ずしも「外国人の処遇」についてのみ問題とされるわけではなく，たとえばトレイル溶鉱所事件のように，国家の領域管理責任についても問題とされる場合がある[35]。また，第2次大戦後においては，国際的な人権保障の発達の結果，「外国人の処遇」の問題は，外国人のみならず自国民をも含む「個人の人権保障」の問題に包摂される部分が多くなっている。したがって，本稿では，必要な範囲でこれらの問題をも取り扱うこととする。

いずれにせよ，筆者は第1章の論考に従い，「過失の実態を，これにかかわる国家機関ごとに，できるかぎり具体的に究明する[36]」ために，まず立法，司法，行政の各機関の順に，それぞれの国際義務違反にかかわる「過失」の問題に触れた判例を分析・検討する。さらに，そうした機関を特定することなく，国家そのものの一般的な「過失」を取り上げた判例についても，分析・検討の対象としたい。

(1) 立法機関の国際義務違反と「過失」

立法機関の行為が国際的な義務に違反するのは，通常，条約に違反する国内法を制定する作為や，それとは逆に条約の実施に必要な国内法を制定しない不作為の場合であるが，いずれの場合にも，そうした作為や不作為の存在そのものが問題であって，立法機関自体の「過失」が問題とされることはない。筆者が調べえた仲裁裁判の判例も，立法機関の行為に触れたものはごく少数であり，かつ触れたもののなかでも「過失」に言及したものは見当たらない。

たとえば，ハイチ政府は1902年にフランス人アボワラールと特許契約を交わしたが，同契約の効力発生に必要な議会の承認がえられなかったとして，その無効を主張していた。しかし，1904年のフランス＝ハイチ仲裁議定書により設

---

34) 前掲374頁を参照。
35) Trail Smelter Case, Decision, 11 March 1941, *Reports of International Arbitral Awards*, Vol. 3, p. 1938, at pp. 1965-1966. なお，これとの関連で，Nisuke Ando, "The Law of Pollution Prevention in International Rivers and Lakes," in R. Zacklin & L. Caflisch (eds.), *Legal Regime of International Rivers and Lakes* (Martinus Nijhoff, 1981), p. 311ff を参照。
36) 前掲372頁を参照。

第 4 章　国際法上の国家責任にかかわる「過失」の実態

置された仲裁委員会は、アボワラールに正当な期待をいだかせたハイチ政府の側に「重大な過失」(faute grave) があり、それによって生じた損害を賠償する責任がある、と判決したのである[37]。この判決で直接に問題となったのは、政府の「過失」であって、議会の行為ではない。だが、見方を変えれば、この判例は国家が内部的な事情により国際的な責任を免れることはできないことを確認したものであり、政府が外国人と交わした契約を承認しないという不作為によって、議会が当該外国人に損害をもたらした事例である、と考えることも可能であろう。もっともこの判決は、議会の「過失」にはまったく触れていない。

また、ヴェネズエラの電気会社に雇われていたアメリカ人ブリスが、革命党に武器を流したかどで訴追・処罰された事件につき、1903年のアメリカ＝ヴェネズエラ合意議定書で設置された混合委員会は、ヴェネズエラによる訴追・処罰が「国際法の認める……諸規則に違反しなかった」と判断した。ただし、傍論のなかで、委員会は「すべての国家は……自国民であれ外国人であれ管轄下にある者が法を侵す場合に、定められた刑罰を科すことができるけれども、それらの法やその運用や定められた刑罰は文明的な規範（civilized codes）に反してはならない」と述べたのである[38]。ここにいう「文明的な規範」の意味は必ずしも明らかではないが、立法機関の制定する国内法がなにがしかの基準を満たすこと、言い換えれば、立法機関の行為が一定の国際的な基準に達していること、を要請したものであろう。

同様の要請は、1910年のアメリカ＝イギリス特別協定で設置された仲裁裁判所が1923年に下した判決にも見られる。すなわち、イギリスによる併合に先立ち南アフリカで政府の布告に従って金鉱試掘の許可を申請したアメリカ人ブラウンは、これが拒否されたため裁判所に訴訟を提起し、有利な判決をえた。ところが、議会は政府に圧力をかけられて新たに決議を採択し、さきの布告を撤回する大統領の決定を追認するとともに、撤回から生じた損害の賠償請求権をも否定した。この決議は憲法に反する疑いがあったが、政府は裁判所に対しても反抗的な裁判官を罷免するなどの圧力を加えつづけ、裁判所もまた議会の決

---

37) Affaire Aboilard, *Reports of International Arbitral Awards*, Vol. 11, p. 77, at p. 80.
38) Bullis Case, *Reports of International Arbitral Awards*, Vol. 9, p. 231, at p. 232.

Ⅳ　国家責任

定を認めるにいたったのである。仲裁裁判所の判決は，南アフリカの一連の行為が「裁判拒否」に該当することを認めたが，南アフリカの行為が併合後にイギリスへ承継されることは認めなかった。ただし，この判決が「統治の3部門が（ブラウンの）事業を破滅させるために共謀した」と述べて「裁判拒否」をきわめて広く解釈したこと，および「議会が……いずれの文明社会においても承認されている正義の基本原則に違反する法を制定した」と判示したこと，は注目される[39]。

　また，殺害されたアメリカ人ニーアの遺族が，犯人の逮捕・処罰についてメキシコ当局に「注意の欠如」（lack of diligence）があったとして，損害賠償を請求した事件で，1923年のアメリカ＝メキシコ一般請求条約により設置された一般請求委員会は，「すべての理性的かつ公正な人間が容易に認めるであろうほどに国際標準から外れた，統治活動の不十分さ」はメキシコ側に見られなかったので，請求は認められないと結論したうえで，「その不十分さが，法の不完全な執行によるものか，それとも当局が国際的な基準に即して行動できるような権限を法が与えていないという事実によるものか，は問題ではない」と述べた[40]。

　ここに見た3つの判例は，いずれも制定法の内容が一定の基準を満たすことを求めており，その意味で，立法機関がそうした国内法を制定しない不作為は国際的な義務に違反することを前提としている。しかしながら，さきに指摘したとおり，そのいずれにおいても立法機関自体の「過失」は問題とされていないのである。

　このことは，最近の国際的な人権保障条約についても，当てはまる。たとえば，欧州人権裁判所は1981年の判決において，欧州人権条約の当事国の国内法が同条約に規定する人権の侵犯を許容している事実を取り上げ，「当事国は同条約第1条によって，自国の管轄下にあるすべての人に同条約……に定める権利と自由を確保しなければならないのであるから，国内立法の面でこの義務を

---

39)　Robert E. Brown (U.S.) v. Great Britain, *Reports of International Arbitral Awards*, Vol. 6, p. 120, at p. 129.

40)　L. F. H. Neer and Pauline Neer (U.S.) v. United Mexican States, *Reports of International Arbitral Awards*, Vol. 4, p. 60, at pp. 61-62.

第 4 章　国際法上の国家責任にかかわる「過失」の実態

遵守しない結果として，条約違反の責任を問われる」と判示した[41]。また，「市民的及び政治的権利に関する国際規約」（自由権規約）の第 6 条 5 項は，18 歳未満の者に対する死刑の宣告・執行を禁じているが，アメリカが同規約の批准に際して，この規定を留保したところ，相当数の当事国からこの留保に対して異議が唱えられた[42]。これらの当事国は，アメリカとのあいだで自由権規約が効力を発生すること，つまりアメリカが同規約に参加することには反対しなかった。しかし，かれらは第 6 条 5 項の規定が人権の最低基準を示すものであると考えており，その立場から，この規定を留保せざるをえないアメリカの行為は同規約上の義務に違反すると判断したのである。この 2 つの事例もまた，立法機関の国際義務違反にかかわるが，ここでも「過失」は問題とされていない。

　以上の分析は，筆者が第 1 章の論考で指摘したとおり，立法機関の国際義務違反について「過失」を問題とすることが不適切なこと，少なくとも今日の複雑な立法手続──議員の選出や審議過程──のもとで，主観的・心理的な意味における「過失」を問題とする余地がないこと，を示しているように思われる。また筆者は同じ論考で，立法機関の行為に過失責任論を適用するならば，無過失が証明された場合に，国際義務に違反する国内法に対して責任を問いえないという不都合な結果を招く可能性がある，とも指摘しておいた[43]。いずれにせよ，うえに見たいくつかの事例は，立法機関の国際義務違反がすべて，国際的な基準と合致しない国内法をめぐる作為または不作為にかかわること，そこでは主観的・心理的な意味における「過失」は問題とされていないことを明らかにしているのである。

---

41) Young, James and Webster v. The United Kingdom (Application no. 7601/76; 7806/77), European Court of Human Rights, Judgment, 13 August 1981, Series A, No. 44, p. 20, para. 49.

42) Human Rights Committee, Reservations, Declarations, Notifications and Objections relating to the International Covenant on Civil and Political Rights and the Optional Protocol Thereto (CCPR/C/2/Rev. 4), pp. 40 (US), 48 (Belgium), 49 (Denmark), 49-50 (Finland), 50 (France), 51-52 (Germany), 52 (Italy), 54 (Netherlands), 54-55 (Norway), 55-56 (Portugal), 56 (Spain), 56-57 (Sweden).

43) 本書第Ⅳ部第 1 章298頁。

（2） 司法機関の国際義務違反と「過失」

立法機関の国際義務違反と対比すると，司法機関の国際義務違反にかかわる仲裁裁判の判例のなかには，「過失」に触れたものがないわけではない。たとえば，さきに見たアメリカ＝メキシコ一般請求委員会は1929年の判決で，アメリカ人ダイチェスの行為に対して「窃盗罪」を適用した下級審の判決に言及し，「地方の下級裁判所が請求人に有罪判決を下した誤り（error）は……メキシコ最高裁によって正され」たので，その点について裁判拒否は存在しない，と述べた[44]。

この事件が示すように，下級審の行為は上級審で是正される可能性があるため，ここにいう裁判拒否が問題となるのは，多くの場合，一国の最終審の行為についてである。もっとも，同請求委員会が他の判決で述べたように，「一国が他国法廷の司法的判断を否認することは，政治的にも国際的にも最高度の慎重さを必要とする」のであって，「司法的な行為に対する国家責任が問われるのは，理不尽，不誠実，故意による職務怠慢，または明白な統治活動の不十分さ（outrage, bad faith, wilful neglect of duty, manifestly insufficient governmental action）が示される場合に限られる[45]」。いずれにせよ，以下では，司法機関の国際義務に違反する行為を指す用語としての裁判拒否を，(1)裁判そのものがなされない「狭義の裁判拒否」，(2)不正な裁判手続，(3)不当な判決，に3分し，それぞれに該当する仲裁裁判判例を通して，司法機関の行為にかかわる「過失」の実態を究明してみよう。

(i) 狭義の裁判拒否

まず，狭義の裁判拒否とは，理由のいかんを問わず，なされるべき裁判がなされなかった不作為そのものが国際義務に違反する，と認定される場合を指す。たとえば，駅馬車襲撃の強盗殺人容疑で逮捕され即決処刑されたアメリカ人トリボレットの遺族が，処刑にかかわった官憲の行為をメキシコ側が調査しな

---

44) Clyde Dyches (U.S.) v. United Mexican States, *Reports of International Arbitral Awards*, Vol. 4, p. 458, at p. 460.
45) B. E. Chattin (U.S.) v. United Mexican States, *ibid.*, p. 282, at p. 288.

かったことに対する責任を問うた事件で，上記の一般請求委員会の1930年判決は，逮捕後に「展開した事態がきわめて重大であるので……当該官憲の行為の正当性を証明するか，もしくはかれに法的な処罰を加えるかいずれかのために，事態を調査すべき必要に疑問の余地はない」として，メキシコの責任を認めた[46]。

これとは逆に，犯罪容疑でテキサス警察の副保安官に連行されたメキシコ人クィンタニヤが，連行先の拘置所へ到着せず2日後に死体で発見された事件では，メキシコ領事の告発に基づきアメリカ人容疑者が大陪審に起訴されたが，大陪審は審理を延期して何の決定も下さず，しかもアメリカはその間の事情につきメキシコ側に一切の説明を拒否した。同一般請求委員会は1926年の判決で「外国人が国家の官憲に身柄を拘束された。かれに起こったかも知れないすべての出来事に対して，当該国家に責任を負わせることは行き過ぎであろう。しかし，当該国家の政府は説明する責任を負う。かれが残虐・苛酷・不法な処遇を受けたことが証明されれば，政府は責任を問われる。しかし，かれは身柄を拘束されたが，その後どうなったか知らない，としか政府がいえないとすれば，より大きな責任を問われる」と述べて，アメリカの賠償責任を認定したのである[47]。

この2つは，裁判がまったくあるいは実質的に行われなかったことが，国際義務に違反すると認定された判例であるが，犯人が逮捕されないことあるいは証拠不十分のため釈放されたことが，国際義務に違反しないと認定した判例も存在する。たとえば，さきに見たニーア事件では殺害されたアメリカ人の遺族が，犯人の逮捕・処罰につきメキシコ当局に「注意の欠如」があったと主張したが，同じアメリカ＝メキシコ一般請求委員会は1926年の判決で，メキシコ当局は容疑者を逮捕・捜査したものの，証拠不十分のため釈放せざるをえなかったのであって，「メキシコに責任を負わせるような注意の欠如や効果的な捜査の欠如（lack of diligence, or lack of diligent investigation）は認められなかった」と結論した[48]。同様に，メキシコで殺害されたアメリカ人ハークレイダーの犯

---

46) Jesús Navarro Tribolet, et. al. (U.S.) v. United Mexican States, *ibid.*, p. 598, at p. 601.
47) Francisco Quintanilla (United Mexican States) v. U.S., *ibid.*, p. 101, at p. 103.
48) See *supra* note 40.

人が逮捕されなかった事件で、アメリカはメキシコが適切な捜査を怠ったと主張したが、一般請求委員会の1928年判決は、「実施された捜査が国際法の要請する最低基準を下回るか否かの結論は、特定の点に関する批判にではなく、執られた措置の広範かつ一般的な評価に、基礎づけられなければならない」と述べて、アメリカが主張するような「怠慢（negligence）は証明されなかった」と判示した[49]。

いずれにせよ、うえに見た判例では、注意の欠如や怠慢のように、司法機関の主観的・心理的な過失をうかがわせる表現が用いられている。しかしながら、第1に、ここで問題としているのは、裁判が行われなかったという事実そのものであって、行われなかった原因が裁判官や検察官あるいは警察官の「過失」にあるのか否かではない。また、第2に、ニーア事件でもハークレイダー事件でも、メキシコの捜査活動が国際法の求めるなにがしかの基準に達しているか否かが問題なのであって、捜査に携わった検察官や警察官の主観的・心理的な意味における「過失」が問題とされているわけではない。したがって、狭義の裁判拒否に関するかぎり、裁判が行われなかったという事実こそが問題なのであって、司法機関の行為に関連して「過失」に類する表現が用いられる場合にも、それは当該司法機関の行為が国際法の要求する基準に達していない事実を意味するのである。このことは、つぎの「不正な裁判手続」の検討をつうじて、一層明確になるであろう。

(ii) 不正な裁判手続

まず、メキシコ所在の自己の店舗を強盗に襲われたアメリカ人メカムが州当局の救済を求めたところ、一部の市長が協力を拒否したため、犯人の捜査が打ち切られざるをえなかった事件につき、アメリカ＝メキシコ一般請求委員会は1929年の判決で、「メキシコの提出した法廷記録は、明白な怠慢（negligence）の存在を証明している」と述べ、「メキシコ当局は、犯罪者を訴追し処罰するための適切な措置を執って（メカムを）保護すべき義務を怠った」と判示し

---

49) A. L. Harkrader (U.S.) v. United Mexican States, *Reports of International Arbitral Awards*, Vol. 4, p. 371, at pp. 372-373.

た50)。また，アメリカ人マッセイを殺害したメキシコ人の犯人が逮捕・起訴されたが，収監体制が不適切なため結審まえに脱獄し，2度と捕まらなかった事件で，同一般請求委員会の1927年判決は「メキシコ当局の側に重大な過失（gross negligence）がある」として，賠償支払を命じた51)。

この2つの判例でも，怠慢や重大な過失のように，問題となった国家機関の主観的・心理的な意味における「過失」をうかがわせるような表現が用いられている。だが問題とされたのは，前者においては，市長の不協力のため捜査が打ち切られざるをえなかった事実であり，後者においては，収監体制と再逮捕努力の不適切さであって，関係者の主観的・心理的な「過失」ではない。ここでもまた，国家機関の行為が国際法の要求する基準に達していなかったことが，国際的な義務に違反すると認定されたのである。そのことは，国際的な義務の違反がないと認定した，つぎの判例を見れば，より明確になる。

帰化してアメリカ国籍を取得したサレムが，元の国籍国エジプトで刑事事件に巻き込まれた際の処遇の当否を争った事件は，両国間の1931年の議定書により仲裁裁判に付された。裁判所はアメリカの請求を退けて，エジプトの側に「裁判拒否」はなかったと判示したが，判決のなかで『裁判拒否』に言及し，「裁判の絶対的な拒否（absolute denial of justice），裁判手続の許しがたい遅延，自国民と比べて外国人に対する明白な差別，あからさまで故意による判決の不衡平——これらが……『裁判拒否』の概念に含まれてきたものである」と述べたのである52)。ここにいう「裁判の絶対的な拒否」は，さきに見た「狭義の裁判拒否」に該当するであろう。また「不当な判決」については，のちに検討する。しかし，注目すべきは，外国人に対する差別待遇はもとより，裁判手続の遅延を含む「公正な裁判手続」が，今日の人権保障にかかわる諸条約においてきわめて詳細に規定されていることである。

たとえば自由権規約第14条は，裁判における当事者の対等性の確保，少数の例外を除いた裁判手続の公開等の原則に加え，とくに刑事裁判について被告が

---

50) Laura A. Mecham and Lucian Mecham, Jr. (U.S.) v. United Mexican States, *ibid.*, p. 440, at pp. 441-442.
51) Gertrude Parker Massey (U.S.) v. United Mexican States, *ibid.*, p. 155, at pp. 160, 164.
52) Salem Case, *Reports of International Arbitral Awards*, Vol. 2, p. 1161, at p. 1202.

罪状を告げられること，防御のための十分な時間と便益を付与されること，費用を負担できない被告に公選弁護人を付けること，裁判の公用語を理解できない被告に無料で通訳を付けること，被告に不利な証言を強要しないことなどを規定している。これらの諸規定は，裏から見れば，不正な裁判手続を避けるために，国際規約の当事国が遵守すべき行為の客観的な基準を示すものでもある。そして，裁判にかかわる国家機関の行為がこれらの基準に達しなければ，そのこと自体により国際的な義務の違反が生じるのであって，その際に当該機関の主観的・心理的な「過失」の有無は問題とならないのである。

(iii) 不当な判決

不当な判決とは，判決の内容が諸般の事情に鑑みて不適当と考えられることを意味し，ここでも当該判決を下した司法機関の「過失」は問題とならないように思われる。

たとえば，イタリアのマルチーニ社とヴェネズエラ政府が締結した利権契約に基づく事業が，内戦により被害を受けたため，同社は1903年に設立された両国間混合委員会に訴え，賠償支払の判決をえた。これに対してヴェネズエラ政府は同社の代表マルチーニをカラカスの連邦破棄裁判所に訴え，逆に施設の使用料未納など事業にかかわる損害賠償を求めて，勝訴した。その後この問題をめぐる外交交渉が続いた結果，1920年の両国間合意によりこの事件は仲裁裁判に付されたが，裁判所は10年後の判決で，カラカス連邦破棄裁判所の判決が「明白な不正義（injustice patente）」に当たる，と結論した[53]。

また，アメリカ人アダムズがパナマの警官に金を請求され，拒否したところ警棒で殴打された事件では，同警官は解職され，13日間刑務所に入れられ，さらに10週間ほかの場所で拘禁された。しかし，1926年の条約で設置されたアメリカ＝パナマ一般請求委員会は1933年の判決で，事件の重大性を考慮すれば「この警官は適切に処罰されておらず，そのことから国際的な賠償責任が生じる」と結論した[54]。これとは逆に，パナマの一牧場の守衛であったアメリ

---

53) Affaire Martini, *ibid.*, p. 975, at p. 1002.
54) Gust Adams (U.S.) v. Panama, *Reports of International Arbitral Awards*, Vol. 6, p. 321, at p. 323.

人ソロモンが無断侵入者を警察に引き渡すまで監禁した行為に対して，パナマの裁判所が18ヶ月の禁固刑に処した事件につき，同一般請求委員会は同年の判決で「この判決と禁固は明白な不正義（palpable injustice）である」と結論している[55]。

これらの判例は，いずれも，科刑の内容そのものを不当と判断したものであるが，一旦科された刑罰がのちに恩赦等によって軽減されたことを不当と判断した判例もある。たとえば，アメリカ人使用者のデンハムを殺害したパナマ人が18年4ヶ月の禁固刑に処せられながら，まず模範囚の刑期を3分の1に減ずる刑法の規定により，ついで第1次大戦の休戦協定調印を祝う恩赦法により，3年1ヶ月後に釈放された事件につき，おなじ一般請求委員会は1933年の判決で，元の判決や刑法の規定は国際的な基準に照らして不適当ではないが，国家には外国人に対する犯罪を適切に処罰するよう国内法制を整備する義務があり，「元の判決が適切な場合であっても，個々の犯罪者が適切な刑期に服さないことは国際的な責任を生じさせる」と判示した[56]。

以上の判例は，不当な判決とは，最終的な判決の内容が何らかの国際的な基準に達していない事実を指すことを明らかにしており，そこでは判決にかかわる司法機関の主観的・心理的な意味における過失は問題とされていないのである。

（3）　行政機関の国際義務違反と「過失」

行政機関の行為のなかでも，条約の実施に必要な法案を議会に提出しなかったり，法律の実施に必要な命令を制定しなかったりする不作為については，さきに立法機関の不作為について検討したように，当該不作為にかかわる機関の「過失」は問題とならないであろう。しかし，それ以外の行政機関の行為，とくに外国人に接する現場の政府機関の行為については，主観的・心理的な意味における過失が問題となる可能性があるように思われる。

たとえば，19世紀末の米西戦争の初期にフィリピンに寄港したアメリカ海軍

---

55)　Abraham Solomon (U.S.) v. Panama, *ibid.*, p. 370, at p. 372.
56)　Lettie Charlotte Denham and Frank Parlin Denham (U.S.) v. Panama, *ibid.*, p. 312, at p. 313.

Ⅳ　国家責任

のザフィロ号の中国人乗組員が現地でイギリス人の家屋・財産を略奪した事件で、さきに触れたアメリカ＝イギリス特別協定に基づく仲裁裁判所は1925年につぎのような判決を下した。すなわち、寄港の当時、現地の秩序は乱れており、フィリピン人が略奪を働いているのを同号の士官たちが目撃している状況下では、中国人乗組員を統率すべき地位にある者の注意（diligence）が要求されたにもかかわらず、「略奪が確実な状況下で、監督者も付けずに、これらの乗組員を上陸させたことには、重大な過失（highly culpable）があ」り、アメリカは責任を免れない[57]。また、ホンジュラスのラ・マシカ駅で起こった乱闘で、現地の要塞司令官配下の兵士たちの発砲によりイギリス国籍の黒人3名が死傷した事件は、1914年の両国間合意によりスペイン国王の仲裁裁判に付されたが、判決は兵士たちの発砲を許したことに対する「当該司令官の過失（culpability）」を認定した[58]。ほかにも、外国船の拿捕にかかわるアメリカ海軍士官の「判断の誤り（errors of/in judgment）[59]」、戯れに空へ向けて発砲していたアメリカ人を銃撃・射殺したメキシコ連邦兵の「判断の誤りまたは無分別な行為（error in judgment, or reckless conduct）[60]」などを認定した判例が存在する。さらに、分与されるべき国有地のなかにアメリカ人の私有地を含めたパナマの担当官の「過失（fault）」に対して、パナマの責任を認定した判例もある[61]。

　これらの判例は、いずれも、現場の行政機関がしかるべき注意を払わなかった結果、損害が発生したという意味で、主観的・心理的な意味における「過失」責任の典型的な事例だ、と見ることができる。これを逆に見れば、しかるべき注意を払って損害の発生を防止すれば、「過失」はなく責任は問われないことになる。たとえば、パナマ市郊外の政治集会の群衆が通りかかったアメリ

---

57)　D. Earnshaw and Others (Great Britain) v. U.S. (Zafiro case), *ibid.*, p. 160, at p. 164.

58)　La Masica Case, *Reports of International Arbitral Awards*, Vol. 11, p. 549, at p. 560.

59)　Owners of the Cargo of the Coquitlam (Great Britain) v. U.S., *Reports of International Arbitral Awards*, Vol. 6, p. 45, at p. 47; Owners of the Jessie, the Thomas F. Bayard and the Pescawha (Great Britain) v. U.S., *ibid.*, p. 57, at p. 59; Laughlin McLean (Great Britain) v. U.S. (Favourite case), *ibid.*, p. 82, at p. 84.

60)　Lillie S. Kling (U.S.) v. United Mexican States, *Reports of International Arbitral Awards*, Vol. 4, p. 575, at p. 579.

61)　Marguerite de Joly de Sabla (U.S.) v. Panama, *Reports of International Arbitral Awards*, Vol. 6, p. 358, at p. 361.

第4章　国際法上の国家責任にかかわる「過失」の実態

カ人ノイズの車の窓を破り軽傷を負わせた事件で，アメリカ側は集会を事前に知りながら警官を増員しなかったパナマ側の責任を問題とした。しかし，アメリカ＝パナマ一般請求委員会は1933年の判決で，警備に当たった警官の1人が車が群衆を離れるまでノイズの身柄を警護したこと，および群衆の不穏な状況に接したパナマ市警部長が支援警官を増強して再度群衆に追われたノイズを救助したこと，を指摘し，「保護の欠如（lack of protection）はなかった」と結論している[62]。ただし，この事件では車の窓が破られノイズは軽傷を負っているので，損害がまったく発生しなかったわけではない。だとすれば，損害の有無が「過失」の存在を決定する絶対的な判断の基準であるか，疑問である。

　この点については，20世紀初頭のヴェネズエラにおける革命軍と正統政府の責任配分に関するつぎの2つの判例が，おそらく参考になるであろう。第1は，オリノコ地域で農場を経営していたイギリス人の家畜が，一時期この地域を制圧した革命軍の手で徴発されたことに関連して，イギリスが中央政府の怠慢（negligence）を問題とした事件である。イギリスによれば，中央政府が一方で革命軍の長期制圧を放置し，他方でその独立を認めないため，外国が自国民保護の措置を執れない状態を継続させたことに対して，ヴェネズエラは怠慢の責任を負うべきである。しかし，両国間の1903年議定書により設置された混合請求委員会は，革命軍の制圧の長期化が「中央政府の……努力の不十分と怠慢によるのか，それとも革命それ自体の規模，力，兵力によるのか」を問い，後者が原因であって，革命軍の行為に対して中央政府は責任を負わない，と判決した[63]。第2は，ボリヴァール鉄道会社がこうむった損害について，イギリスが同様の問題を提起したのに対し，同委員会は「（中央政府は）外国人を保護しようにも，できなかったのであっ」て，「生存のための究極の戦いのなかで……中央政府の怠慢の責任を問うことはできない」と判決したのである[64]。

　この2つの判例は，個別の国家機関の「過失」ではなく，全体としての政府そのものの怠慢を問題としているのであって，うえに見た他の判例と単純に比

---

62) Walter A. Noyes (U.S.) v. Panama, *ibid.*, p. 308, at p. 311.
63) Santa Clara Estates Case, *Reports of International Arbitral Awards*, Vol. 9, p. 455, at p. 458.
64) Bolívar Railway Case, *ibid.*, p. 445, at p. 454.

Ⅳ 国家責任

較することはむずかしい。しかしながら、いずれの場合にも、政府や国家機関が外国人の生命・身体・財産を保護するために、与えられた条件のもとで可能な通常の努力をすれば、その過程で損害が発生しても、その結果に対して「過失」に基づく責任を問うことはできない、と考えられていたように思われる。しかも、政府や国家機関の与えられた条件は、相対的であって変化する。たとえば、既出のアメリカ＝イギリス仲裁裁判所は1920年の判決で、19世紀末にイギリスの植民地シエラレオネで大暴動が発生した原因は、既存の税制に対する住民の不満を知りながら、さらに戸別税（hut tax）を押し付けたイギリスの行為にあり、それは秩序を維持すべき義務の無視・怠慢（neglect and failure of duty）に当たるので、暴動によってアメリカ系のホーム辺境・外国伝道協会がこうむった損害を賠償せよというアメリカの請求を退けた。その理由として判決は「社会秩序、権威の尊重、および高度の文明の安定した統治を享有している国家や都市の基準によって、アフリカの未開地域における警察や生命・財産保護の制度を評価することはできない」と述べたのである[65]。

　以上の判例を分析すれば、行政機関の国際義務違反と「過失」との関係について、おおよそつぎのように結論することができるであろう。①まず、行政機関は外国人の生命・身体・財産に損害が発生しないように防止措置を執るべき国際的な義務を負うている。②損害が発生しない場合には、この義務が遵守されているものと推定され、「過失」は問題とされない。③だが、損害の発生が予測される、または現実に損害が発生した場合には、「過失」の有無が問題とされる。④この場合に、損害の発生または拡大を防止するために、与えられた条件のもとで通常予期される措置を行政機関が執れば、たとえ損害が発生しても、国際義務の違反はなく、「過失」はなかったと認定される。⑤しかし、そうした措置が執られなければ、義務違反があり、「過失」があったと認定される。つまり、与えられた条件のもとで通常予期される措置を執らなかった不作為が「過失」と認定されるわけである。⑥ただし、何が"与えられた条件のもとで通常予期される措置"であるかを、一般的・抽象的に決めることはきわめ

---

65) Home Frontier and Foreign Missionary Society of the United Brethren in Christ (U.S.) v. Great Britain, *Reports of International Arbitral Awards*, Vol. 6, p. 42, at p. 43.

第 4 章　国際法上の国家責任にかかわる「過失」の実態

て困難であり，ケース・バイ・ケースで決定せざるをえない。

　もっとも，"与えられた条件のもとで通常予期される措置"，言い換えれば「過失」の有無を認定する基準，を一般的・抽象的に決めることがきわめて困難であるからといって，そうした基準が不必要なわけではない。うえに見たいくつかの判例は，行政機関の個別的・具体的な行為について，それをめぐるさまざまな条件を考慮に入れながら，「過失」の有無を判定したのであって，あらゆる場合に，「過失」がなかったと結論したのではない。したがって，極度に限定された条件のもとでも，なお国際的に遵守すべきなにがしかの基準を想定し，それに照らして，行政機関の個別的・具体的な作為・不作為につき「過失」の有無を判断する必要は存在するのであって，それは司法機関の行為につき，一定の国際的な基準に照らして，裁判手続や判決の不当性を認定する必要と，基本的に変わるところはないのである。その意味で，行政機関の「過失」もまた，行政機関の行為がなにがしかの国際的な基準に達していない事実を指すものだ，ということができる。いずれにせよ，国際法委員会の国家責任法典案の最初の特別報告者として，「過失」の問題を正面から取り上げたガルシア・アマドールが，かれの法典案第7条1項で「与えられた条件のもとで通常執られる措置」に触れ，同2項で「(この)条件には，損害を与える行為が予見された程度，および国家の用いえた手段によりその行為を防止する物理的な可能性，がとくに含まれる」と規定したことは，この点で参考になるだろうと思われる[66]。

　ついでながら，仲裁裁判の判例のなかには，外国人の保護にかかわる行政機関の国際義務違反を認定する際に，「過失」の概念を用いていないものがある。たとえば，メキシコ革命中に革命軍の将校2名がフランス人ケールに金銭を要求し，かれを殺害した事件で，フランス=メキシコ間の合意に基づき設立された請求委員会は1929年につぎのような判決を下した。判決によれば，これらの将校は裁判の対象に含まれる革命軍に所属していたので，かれらの職務権限外の行為についても「客観責任（responsabilité objective）の理論」に基づき，メキシコの責任を問うことが可能である。この理論によれば，「国家の国際的な

---

[66] 安藤・前掲（翻訳）注6）156頁。

Ⅳ　国家責任

責任は純粋に客観的な性質を有し，過失という主観的な観念には馴染まない……ただし，当該機関の職務権限外の行為につき国家の客観責任を認めるためには，かれらが外見的に国家機関として行為したか，または公的資格に固有の権限・手段を用いたか，のいずれかでなければならない[67]」。つまり，この判決は将校の強盗殺人という職務外の行為についても，メキシコの責任を認めたが，その際，「過失」の概念に触れることなく，当該将校が自らの地位に固有の権限・手段を用いたという客観的な事実に依拠したのである。また，メキシコで暴徒に襲われたアメリカ人ユーマンズ等の救出に派遣された軍隊が，却ってユーマンズ等を攻撃・殺害した事件で，アメリカ＝メキシコ一般請求委員会の1926年の判決は，兵士の職務権限外の私的な行為について政府は原則として責任を負わないが，「その行為の際に，兵士が指揮官の居るところでその直接の監督下に公務についていた以上……これを私的な行為ということはできない」と判示して，メキシコの責任を認めたが[68]，この判決でも「過失」は問題とされていない。

しかしながら，本稿はもともと，外国人の保護にかかわる行政機関の国際義務違反がすべて「過失」と関連している，と主張しようとするものではない。そうではなくて，外国人の保護にかかわる行政機関の行為につき，「過失」が問題とされた仲裁裁判判例を検討し，そこにいう「過失」の実態を明らかにしようと試みたまでである。したがって，行政機関の行為のなかに「過失」と関連のないものがあることは，本稿の試みにとって何ら障害とならない。

4　国家機関の行為と「過失」

本稿の目的は，主として国際的な仲裁裁判の判例を分析することにより，国際法上の国家責任にかかわる「過失」の実態を明らかにすることにあった。そのため，国際連合の国際法委員会の国家責任法典化作業における「過失」の取

---

67) Estate of Jean-Baptiste Caire (France) v. United Mexican States, *Reports of International Arbitral Awards*, Vol. 5, p. 516, at p. 530.

68) Thomas H. Youmans (U.S.) v. United Mexican States, *Reports of International Arbitral Awards*, Vol. 4, p. 110, at p. 116.

扱いに触れたあと，欧米諸国間で20世紀に設置された仲裁裁判所の判例のうち，「過失」に言及したものをいくつか取り上げ，それぞれの分析をつうじて「過失」の内容を検討した。また，それに関連して，最近の国際人権保障にかかわる判例・事例や条約規定をも検討した。そして，その際，国家の行為を立法・司法・行政の3機関の行為に分け，それぞれについて国際義務違反と「過失」がどのように関わり合っているか，を究明した。その結果は，以下のようにまとめることができる。

　第1に，立法機関の行為については，国際義務に違反する国内法の存在または義務履行に必要な国内法の不存在が問題なのであって，立法機関の主観的・心理的な意味における「過失」はそもそも問題とならない。

　第2に，司法機関の行為については，狭義の裁判拒否・不正な裁判手続・不当な判決に3分して検討したが，狭義の裁判拒否については，裁判が行われないという事実が問題なのであって，司法機関の「過失」は問題とならない。また，裁判手続や判決の不当性については，「過失」という表現が用いられることがあっても，それは司法機関の行為が一定の国際的な基準に達していない事実を意味し，そこでも，主観的・心理的な意味における機関の「過失」は問題とならない。なお，裁判の前段階として，犯罪の捜査や被疑者の逮捕・拘禁に当たる機関の行為についても，今日では人権保障にかかわる諸条約により種々の国際的な基準が明確化されてきていることが注目されよう。

　第3に，行政機関の行為に関して，まず，法案の提出や命令の制定などについては，立法機関の行為と同様に，関係機関の「過失」は問題とならない。ただし，それ以外の行為，とくに外国人と接する現場の政府機関の行為については，主観的・心理的な意味における「過失」が問題となる可能性がある。すなわち，外国人の生命・身体・財産に損害が発生することが予測される，または発生した場合には，その発生・拡大を防止するため，行政機関は与えられた条件のもとで通常予期される措置を執る義務を負うのであって，それが執られないならば，「過失」があったものと見なされる。言い換えれば，外国人の保護のため，与えられた条件のもとで通常予期される措置を執らないという不作為が「過失」と認定されるのである。この「与えられた条件」は相対的で変化するため，行政機関の「過失」の有無を認定することは困難な場合が多いが，結

局，行政機関の個別的・具体的な作為・不作為がなにがしかの国際的な基準に達しているか否かを判断することが必要である。

以上のように，国家機関の国際義務違反の行為について，多くの場合，主観的・心理的な意味における「過失」は問題とならないことが明らかとなった。しかも，そうした「過失」が問題となるように思われる司法機関や行政機関の一部の行為についても，そこでいう「過失」は，当該機関の行為が国際法の要求するなにがしかの基準に達していないという事実を問題としていることが明らかになった。そこで，最後に，こうした司法機関や行政機関の行為について，そもそも「過失」という表現を用いることが適切であるのかどうかについて一言触れておこう。

およそ「過失」は，国際法ばかりでなく，国内法でも一般的に用いられる表現である。日本においても刑法，民法のように私人の行為を規律する分野と並んで，国家賠償法のように国家機関の行為を規律する分野でも，「過失」の用語は広く用いられている。そして「過失」の本質は，いわゆる注意義務の違反にあり，注意義務とは「私人または国家機関が何らかの行為をなすに当たって，それがもたらすであろう好ましくない結果を避けるように注意する義務」である。しかも，この注意義務の客観化の傾向，すなわち行為者の主観的・心理的な判断が社会的に要請される一定の基準に達しているか否かにより，義務違反の有無を決定する傾向が進んでいる。だとすれば，国際法上，外国人の生命・身体・財産に対する損害の防止または救済のために"相当な注意"を尽くすべき領域国家の義務についても，個々の場合に関係する国家機関の執った措置が国際的に要求される一定の基準に達していないならば，これを「過失」と表現することに，とくに問題はないと思われる。

問題はむしろ，「過失責任論」が主張するように，国家責任の発生要件としてあらゆる場合に「過失」を要求し，それを立法機関やすべての行政機関の行為，さらには司法機関の狭義の裁判拒否にまで適用する目的で，「過失」の内容を拡張しすぎることである。その意味で，国際法上の国家責任にかかわる「過失」は，司法機関や行政機関の上記の行為についてのみ用い，それ以外の国家機関の行為については用いないようにすることが肝要である。

V
国際紛争と国際法

第1章　フォークランド（マルビナス）諸島の領有権紛争と国際法

1　はじめに

　1982年4月2日，アルゼンチンの軍事行動に端を発した「フォークランド戦争」は，同年6月14日，攻撃を続けるイギリス軍のまえに，アルゼンチン軍が降伏することによって，その幕を閉じた[1]。この間，イギリス側は255[2]，アルゼンチン側は，1,000に近い兵士の生命が失われた[3]，と伝えられ，これは住民数1,800の島嶼をめぐる争いにとって，きわめて高価な代償であったといえよう。

　本稿の目的は，この戦争の原因となったフォークランド諸島（Falkland Islands. アルゼンチン名，マルビナス諸島 Islas Malvinas. 混乱を避けるため，本稿では原則として「フォークランド諸島」とのみ表現する）に対する両国の領有紛争を，国際法の立場から検討することにある。ただし両国の領有権紛争はフォークランド諸島にとどまらず，その属領たるサウス・ジョージア島やサラス・サンドウィッチ諸島等にも及んでいるが[4]，本稿では，フォークランド諸島の領有権紛争のみを取り扱う。ここにフォークランド諸島とは，南米大陸の南端ホーン岬から北東約770kmに位置し，東西両島を中心とする200ばかりの島嶼群を指す。その総面積は22,173km²[5]で，ほぼわが国の新潟県の広さに匹敵する。

---

1)　*The Falkland Islands: The Facts* (Foreign and Commonwealth Office, London, December 1982), p. 1.
2)　*The Falklands Campaign*: *The Lessons* (Her Majesty's Stationery Office. Cmnd. 8758) *supra* note 1 at p. 27.
3)　C. Dobson, J. Miller, and R. Payne, *The Falklands Conflict* (Cornet Books, 1982), Chronology (2nd page) and p. 207.
4)　*The Falkland Islands and Dependencies* (Reference Services, Central Office of Information, London, March 1982), pp. 6–7. See also H.W. Waldock, "Disputed Sovereignty in the Falkland Islands Dependencies," *British Year Book of International Law*, Vol. 25 (1948), p. 353 ff.

V 国際紛争と国際法

　以下,まず領有権紛争を念頭に置きながら,フォークランド諸島の歴史をいくつかの時期に区切って跡づけ,ついで同諸島の領有権をめぐるアルゼンチンとイギリスの主張を明らかにし,最後にそれぞれの主張を国際法の立場から分析してみよう。

2　フォークランド(マルビナス)諸島の歴史

(1)　発見からフランス,イギリスの入植まで(16世紀～1766年)

　荒天の日が多く,かつ風が強いため樹木も育たないこの無人島を,だれが最初に発見したかは明らかでない。スペイン語の記録によると,マジェランの大航海に随行したサン・アントン号の船長エステバン・ゴメス(Esteban Gomez)が1520年に発見したとされ[6],その後の海図,とくにスペインの司教アロンソ・デ・サンタ・クルス(Alonso de Santa Cruz)が1541年に著した「島嶼集成(Collección General de las Islas)」に,サンソン諸島の呼び名で示されているという[7]。英語では,1592年と1594年にディヴィス(John Davis)とホーキンス(Richard Hawkins)がそれぞれフォークランド諸島を発見した旨の記録があるが,その信憑性は定かでない[8]。フォークランド諸島の所在が明確に認識されるのは,むしろ1600年,オランダ人ゼバルト・ドゥ・ヴェールト(Sebald de Weert)の航海以降のことであり,かれの名に因んだゼバルト諸島という呼称が,次第にサンソン諸島に取って替るようになった[9]。ただし発見者たちの記録が,いずれもフォークランド諸島に対する興味をかき立てなかったせいか,同諸島に対する各国の働きかけは,さらに時代を下らねばならなかっ

---

5)　*The Falkland Islands and Dependencies, supra* note 4, p. 1.

6)　Banco de la Provincia de Buenos Aires, *Malvinas Argentinas* (在京アルゼンチン大使館より入手。1982年5月以降に印刷されたものと思われる) p. 5.

7)　『マルビナス諸島に関するアルゼンチンの立場とその歴史的背景』(在京アルゼンチン大使館より入手) 1頁。

8)　*The Falkland Islands——Early History* (Background Brief, Foreign and Commonwealth Office, London, May 1983), p. 1.

9)　Julius Goebel, *The Struggle for the Falkland Islands* (Yale University Press, 1982 ed. Originally published in 1927), p. 45.

第1章　フォークランド（マルビナス）諸島の領有権紛争と国際法

た。

　フォークランド諸島に最初に上陸したのは，1690年，ストロング（John Strong）の率いる英艦ウェルフェア号の一行とされる。ストロングは東西両島間の海峡を，当時のフォークランド子爵（海軍財務局長。のちに海軍大臣）にあやかって「フォークランド海峡」と命名し，のちにこの名称が諸島全体を指すようになった[10]。だが諸島に最初に入植を試みたのは，著名なフランスの探検家ブーゲンヴィル（Louis-Antoine Bougainville）であった。かれはフランス政府の諒解のもとに，ブルターニュ地方サン・マロ出身者たちの助力をえて，1764年に東島に入植し，入植地をサン・ルイ（Saint Louis）と名付け，ルイ15世の名において諸島の領有を宣言した。また，かれは諸島をマルウィーン諸島（les Malouines）と名付けたが，これはサン・マロ出身者たちが出身地名に因んで用いていた呼称を，借りたものである[11]。しかしながら，スペインがこの入植に抗議した結果，2年後フランスは補償金と引き換えに，諸島をスペインへ譲渡することに同意し，ブーゲンヴィルにその手続を命じた[12]。かくして1767年，スペインは諸島を譲り受けてブエノス・アイレス知事の管轄下に置き，サン・ルイをプエルト・ソレダー（Puerto Soledad）と名称変更したのである[13]。

　他方イギリスも1764年の夏，ブーゲンヴィルよりもやや遅れて，フォークランド諸島の入植に乗り出した。すなわち，入植のための調査を命じられたバイロン（John Byron）は，翌1765年に西島に達し，入植基地をポート・エグモント（Port Egmont）と名付けるとともに，ジョージ3世の名において同島および周辺諸島の領有を宣言した[14]。バイロンに続いて，1766年にポート・エグモ

---

[10]　*The Falkland Islands——Early History*, supra note 8, pp. 1-2.
[11]　*Malvinas Argentina*, supra note 6, pp. 7-8.「マルウィーン諸島」をスペイン語化したものが，「マルビナス諸島」である。
[12]　*Ibid.*, p. 8.
[13]　*Ibid.* 1776年以降，ブエノス・アイレスにラープラタ総督府が置かれた。J. Goebel, supra note 9, p. 423.
[14]　*The Falkland Islands——Early History*, supra note 8, p. 2. ポート・エグモントの位置について，J. Goebel, supra note 9, pp. 230-233は，これが西島に設営されたかのように，記述しているが，Gordon Ireland (*Boundaries, Possessions, and Conflicts in South America* (Harvard University Press, 1938), p. 254) によれば，西島と隣接するサウンダー島に設営された，という。

ントを補強・拡張したマクブライド（John McBride）は，東島をも調査し，サン・ルイでフランス人と遭遇して，その退去を求めた。しかしフランス側は，自己の入植の正当性を主張して，これに応じず，この段階では，対立はそれ以上に激化しなかった[15]。

（2） スペインのイギリス放逐およびイギリスとの和解(1767年〜1771年)

ところでスペインは，1493年の法王令（Bulle Inter Caëtera）以来，大西洋を南北によぎる直線の西側に位置し，すでに発見されたもしくは将来発見されるべき，すべての土地に対する領有権を主張していた[16]。もっとも，この法王令に基づき当該直線の東側に位置する土地について，同種の権利を主張したポルトガルを除けば，スペインの立場がそのまま他国によって受け容れられたわけではない。そのことはスペインがフランスに補償金を支払って，フォークランド諸島を譲り受けた事実が，如実に証明している[17]。いずれにせよ，諸島を譲り受けたスペインは1769年以後，西島のイギリス入植地の撤去を要求し，翌1770年ポート・エグモントを攻撃して，イギリス守備隊を降伏させた[18]。

これに対してイギリス政府は強硬に抗議し，一時両国は開戦の瀬戸際まで行ったが，1771年に両国政府が宣言を交換することにより，事件は落着した。スペイン側の宣言によれば，①ポート・エグモントを，攻撃まえの状態に復す

---

15) J. Goebel, *supra* note 9, pp. 238-240.
16) 当時のローマ法王アレクサンドル6世は，これにより，アゾレス群島とヴェルヂ岬群島の西方100リーグの地点で北極から南極へ引かれた直線の両側において，他のキリスト教君主がすでに占有している土地を除き，その西側に位置する土地をスペインに，その東側に位置する土地をポルトガルに，それぞれ属せしめた。なお両国は，1494年のトルデシラス条約により，この分割線を西へ270リーグ移して，ポルトガルのブラジル領有を認め，1506年の法王令はこれを追認した。Ernst Nys, *Les Origines du Droit International* (Albert Fontemoing, 1894), p. 371. M.F. Lindley, *The Acquisition and Government of Backward Territory in International Law* (Longmans, 1926), pp. 125-126.
17) この法王令の効力については，太壽堂鼎「国際法上の先占について」『法学論叢』第61巻2号（昭和30年）44頁以下【編者注：太壽堂鼎『領土帰属の国際法』（東信堂，1998年）24頁以下】。ただし，西俣昭雄「フォークランド諸島の法的地位──第二次大戦までの領有紛争──」『亜細亜法学』第17巻2号（昭和58年）13-15頁は，法王令に基づくスペインの権利を，フランスが認めたものと説明している。
18) J. Goebel, *supra* note 9, pp. 273-277.

ること，②この宣言は，諸島に対する従前の主権の問題に影響しないこと，が謳われ，イギリス側の宣言は，イギリス国王に加えられた損害に対する陳謝として，スペインの宣言を受け容れること，を謳っている[19]。同宣言の際に両国間で，イギリスは面子さえ立てば，将来フォークランド諸島から撤退する旨の密約があった，ともいわれるが，これを証明する文書は存在しない[20]。

(3) イギリスの復帰および離島からアルゼンチンの入植まで（1771年～1829年）

この宣言交換に基づき，1771年中にイギリスはポート・エグモントの入植地を再開した。しかしながら3年後の1774年，イギリスはこの離れ島に守備隊を維持することの困難さを考慮し，「経済的理由」により守備隊を引き揚げた。ただし引き揚げに際し，守備隊はイギリス国旗を掲げ，かつ「フォークランド諸島がイギリス国王に属する」と刻んだ鉛の表示板を基地に残した[21]。スペイン側はこののち1811年に至るまで，フォークランド諸島の入植地を維持し続け，1767年以降，のべ20名の知事を任命している[22]。この間，知事の命令により西島へ渡ったスペインの守備隊は，イギリスがポート・エグモントに残した建物を破壊し，イギリスの領有を示す表示板をブエノス・アイレスへ持ち去った[23]。

1789年に始まるフランス大革命とそれに続くナポレオン戦争は，フォークランド諸島にも間接的に影響を与えた。すなわち1810年，ジョゼフ・ナポレオンのスペイン国王即位に抗議する反乱がブエノス・アイレス地方で起きると，翌1811年にはフォークランド諸島の守備隊が引き揚げ，入植地が閉鎖された[24]。

---

19) H.A. Smith. *Great Britain and the Law of Nations*, Vol. 2 (P.S. Kine and Sons, 1935), pp. 46-48. *The Falkland Islands――Early History, supra* note 8, p. 3. *Malvinas Argentinas, supra* note 6, pp. 8-9.
20) H.A. Smith, *supra* note 19, Vol. 2, p. 48 ff. J. Goebel (*supra* note 9. とくに p. 316 ff. Chapter VII The Secret Promise) は，この密約の存在を証明することに力をさいている。
21) *The Falkland Islands――Early History, supra* note 8, pp. 3-4.
22) *Islas Malvinas Argentinas* (Public Information Secretariat, Buenos Aires, 1982).
23) *Malvinas Argentinas, supra* note 6, pp. 9-10. この表示板は1806年，イギリス軍がブエノスアイレスを攻撃した際に，奪回されたという。
24) *Ibid.*, p. 10.

そして1816年，スペインから独立を宣言したラ・プラタ地方連合（アルゼンチン）政府は，1820年に軍艦エロイナを派遣して，フォークランド諸島の領有を宣言し，1823年には諸島知事を任命した[25]。同年，アメリカはモンロー宣言を発表し，また1825年には，イギリスがアルゼンチンを承認している[26]。この間，アルゼンチン政府から特許を受けたヴェルネ（Louis Vernet）は，東島へ入植し，1829年にはフォークランド諸島知事に任命された[27]。ただしイギリスは，フォークランド諸島に対する自国の主権を理由として，この任命に抗議している[28]。

(4) アメリカの介入およびイギリスのアルゼンチン放逐（1830年〜1833年）

ヴェルネは知事に任命されるとすぐに，フォークランド諸島周辺のあざらしの濫獲を規制するための命令を発し，違反者を処罰することを定めた[29]。しかし濫獲が止まなかったので，1831年には，命令に違反した3隻のアメリカ漁船を捕え，うち1隻を裁判のためブエノス・アイレスに連行した[30]。アメリカはこの行為が，従前アメリカ国民の享受してきた漁業の自由を侵すものであると抗議し，軍艦レキシントンをフォークランド諸島へ派遣した。レキシントンはプエルト・ソレダーの入植地を破壊し，住民の多くを逮捕し，かつ東島が「いかなる政府の支配下にもない」と宣言して，離島した[31]。これに対してアルゼンチンは，アメリカに損害賠償支払いを要求したが，アメリカ側はフォークランド諸島の領有権問題が未解決であることを理由に，その後も支払いを拒否し続けている[32]。

1832年，アルゼンチンはヴェルネに代えて，メスティヴィエ（Juan Mestivi-

---

25) *Ibid.*, p. 11.
26) H.A. Smith, *supra* note 19, Vol. 1, p. 151.
27) *Malvinas Argentinas*, *supra* note 6, p. 12.
28) *The Falkland Islands—Early History*, *supra* note 8, p. 5. *Malvinas Argentinas*, *supra* note 6, p. 12.
29) J. Goebel, *supra* note 9, p. 438.
30) *Ibid.*
31) U.S., *Department of State Bulletin*, Vol. 82 (June 1982), p. 88. G. Ireland, *supra* note 14, pp. 256-258.

第1章　フォークランド（マルビナス）諸島の領有権紛争と国際法

er）をフォークランド諸島の臨時知事に任命した。だがイギリスはこの任命にも抗議し[33]，翌1833年，イギリスの主権を行使するために，オンスロー（John Onslow）の率いる2隻の軍艦をフォークランド諸島に派遣した。オンスローはまずポート・エグモントに寄港して，旧基地を修復し，諸島がイギリスに属する旨を表示した。ついでかれは，プエルト・ソレダーに入港し，アルゼンチン守備隊の抵抗を抑えて，イギリス国旗を掲揚，さらにアルゼンチン守備隊および入植者を退去せしめた[34]。

（5）　イギリスの再入植から第2次大戦まで（1833年～1945年）

アルゼンチンは，イギリスの行為がアルゼンチンの主権侵犯に当たるとして，抗議したが，イギリスは自己の主権の正当な行使であるとして，譲らず[35]，この状況は基本的には今日まで続いている。この間イギリスはフォークランド諸島に守備隊を配備し，諸島を海軍の管理下に置いていたが，1843年の法律により直轄植民地に編入した[36]。また1851年に設立されたフォークランド諸島会社（Falkland Islands Company）は，羊牧を手掛け，これを諸島のほぼ唯一の産業に育てあげた[37]。なお諸島は，第1次および第2次両大戦の海戦に際して，重要な軍事的役割りを果たした[38]。

---

32)　アメリカは，領有権問題についても，イギリスの主張がモンロー宣言以前に遡ることを理由に，フォークランド諸島に対する同宣言の適用を認めず，アルゼンチンとイギリスのあいだで平和的に解決すべきだ，との立場をとっている。U.S., *Department of State Bulletin*, Vol. 82 (June 1982), pp. 88-89. John B. Moore, *Digest of International Law*, Vol. I (Government Printing Office, 1908), pp. 889-890.

33)　*The Falkland Islands——Early History*, *supra* note 8, p. 7.

34)　*Ibid*., pp. 7-8. J. Goebel, *supra* note 9, pp. 455-456.

35)　J. Goebel, *supra* note 9, pp. 456-459. G. Ireland, *supra* note 14, pp. 258-259.

36)　*The Falkland Islands and Dependencies*, *supra* note 4, p. 2. Andrew W. Perl, *The Falkland Dispute in International Law and Politics* (Oceana, 1983), p. 8.

37)　*The Falkland Islands and Dependencies*, *supra* note 4, pp. 2 and 3.

38)　U.S., *Department of State Bulletin*, Vol. 82 (June 1982), p. 89. G. Ireland, *supra* note 14, p. 259. J.C.J. Metford, "Falklands or Malvinas? The Background to the Dispute," *International Affairs*, Vol. 44, No. 3 (July 1968), p. 479.

V　国際紛争と国際法

（6）　第2次大戦以後（1945年～）

第2次大戦後イギリスは，フォークランド諸島を国際連合の非自治地域として登録した[39]。他方アルゼンチンは領有権回復の主張を強め，1960年に国際連合総会が植民地独立付与宣言を採択してのち，問題をこの宣言履行のための特別委員会に持ち込んだ[40]。そして特別委員会の報告を踏まえた総会は1965年，両国の平和交渉による解決を勧告し，翌年に開始された交渉の結果，島民の交通・通信・教育・医療等のため，アルゼンチン本土の施設利用に関するいくつかの協定が結ばれた[41]。しかしながら。その後交渉は進展せず，1980年にフォークランド諸島を訪れたイギリス外務・英連邦担当国務相は，諸島の立法評議会（Legislative Council）に対し，①領有権紛争を25年間凍結する，②アルゼンチンの主権承認と引き換えに，諸島をイギリスが租借する，③両国が共同統治する，の3方式のいずれかの選択を打診した。翌年1月，立法評議会は紛争の凍結を選択したが，アルゼンチンはこれに反対し，アルゼンチンの主権を承認したうえで，島民の伝統を尊重する特別区とする代案を提示したまま，交渉は膠着状態に入った[42]。越えて1982年2月，両国間の交渉は打ち切られ，4月に入ってアルゼンチンの軍事行動が開始されたのである。

3　アルゼンチンおよびイギリスの主張

フォークランド諸島に対するアルゼンチンの領有権主張の根拠は，①発見と先占に基づくスペインの権原を，アルゼンチンは承継した，②アルゼンチン自身による先占，③イギリスの占有の違法性，の3点にまとめられる[43]。すな

---

[39]　*Yearbook of the United Nations*, 1946-1947, pp. 596 and 571.
[40]　*Ibid.*, 1964, p. 431. A.W. Perl, *supra* note 36, p. 351 ff.
[41]　*The Falkland Islands and Dependencies*, *supra* note 4, p. 7. *Falkland Islands: British Search for a Negotiated Settlement* (Reference Services, Central Office of Information, London, July 1982), p. 2.
[42]　*Keesing's Contemporary Archives*, 31525 A (June 11, 1982). *Falkland Islands Review: Report of a Committee of Privy Counsellors* (Her Majesty's Stationery Office, January 1983. Cmnd. 8787), pp. 23-24.

第 1 章　フォークランド（マルビナス）諸島の領有権紛争と国際法

わちフォークランド諸島の最初の発見者はスペイン系であり，最初の入植者はフランス人であったが，スペインはフランスから諸島を譲り受けた。そして1767年から1811年に至る期間，スペインは諸島を領有の意思をもって，実効的に占有し続けたのであり，このようにして確立されたスペインの権利を，アルゼンチンは独立と同時に承継したのである。また仮に，1811年のスペインの引き揚げの結果，諸島が無主地（terra nullius）になったとしても，1820年から1833年に至るアルゼンチン自身の行為により，アルゼンチンは諸島に対する領有権を獲得した。さらに1833年，イギリスがアルゼンチン守備隊を武力により排除して，諸島を自己の支配下におさめた行為は，違法であり，この違法な簒奪行為からイギリスに領有権が発生することはない。

　これに対して，イギリスは自己の領有権主張の根拠を，①発見および先占，②1833年以降の実効的占有，の2点に置いている[44]。すなわち，フォークランド諸島の最初の発見者は必ずしも明らかではないが，最初の上陸者はイギリス人であり，1765年以降イギリスは諸島を探査し入植することによって，領有権を確立した。1770年，スペインはイギリス入植地を襲い，守備隊を放逐したが，翌年その非を認め，入植地の原状回復に同意している。1774年にイギリス守備隊は引き揚げたが，イギリスの領有権を示す表示板は残された。この領有権に基づいてイギリスは，1833年に諸島の占有を再開したのであり，その後イギリスの実効的占有は間断なく続けられてきた。

　このように両国の主張は，事実の認定においても法的な評価においても，正面から対立している。そこでつぎに，以上の記述を参照しながら，両国の主張を時代を追って，(1)発見，(2)先占，(3)承継，(4)1833年事件の評価と時効，(5)その他，の5点に整理し，順次分析してみよう。「(5)その他」を設けたのは，第2次大戦以後における両国の主張を分析するためである。ここに掲げた(1)〜(4)はいずれも，領有権紛争解決の伝統的な基準である「権原」の分析に当たる。ところが国際連合の場では，アルゼンチンがこの領有権紛争を「非植民地化（decolonization）」の一環として処理すべきだ，と主張しているのに対し，イギ

---

43)　*Malvinas Argentinas, supra* note 6, pp. 10-14.
44)　*The Falkland Islands——Early History, supra* note 8, pp. 2-3 and 7-8.

リスは島民の「自決（self-determination）」の側面から解決をはかるべきだ，と反論している。したがって，(1)～(4)の分析でどのような結論がえられようとも，今日この紛争を解決するためには，第2次大戦以後における両国の主張をも視野に入れることが，不可欠と考えられるのである。

4　両国の主張の国際法的分析

　領有権紛争解決の伝統的な基準である「権原」の分析に当たっては，1つ注意しなければならないことがある。いわゆる時際法（inter-temporal law）の理論がそれであって，この理論によれば，「ある行為の法的評価は，その行為がなされた当時に有効であった法に基づいて，下されなければならない」。領有権紛争の例として著名な「パルマス島事件」判決のなかで，フーバー判事はこの理論をつぎのように説明した。

> 「適用すべき法規範の内容が，時期によって異なる場合に，そのいずれの法規範を特定の行為に適用すべきか，という問題（いわゆる時際法）については，権利の創設と権利の存続とを区別する必要がある。権利の創設に係わる行為には，その権利が生じる時期に有効な法規範を適用すべきである，という原則からすれば，権利の存続すなわち権利の継続的な発現は，法規範の変遷に応じて要求される諸条件を満たさなければならないことになる[45]。」

したがって，フォークランド諸島の領有権紛争をめぐる関係諸国の行為についても，それぞれの行為がなされた時期に有効であった法規範に基づいて，それらを評価しなければならないのである。

(1)　発　　見

「発見」がそれ自体で，発見された土地に対する領有権の権原となりうるか否かは，15世紀末に始まる「発見の時代」以降，長らく争われ続けた。それは

---

45)　United Nations, *Reports of International Arbitral Awards*, Vol. 2, p. 845.

基本的には，この点に関する各国家の実行が，一貫性を欠いていたからである。発見の時代の先駆者であるスペインやポルトガルが「発見優位の原則」を主張したのは，当然であるが，それ以外の諸国もこの原則を必ずしも否定せず，自己の有利に作用する場合には，それを援用することがあった[46]。しかしながら時代を下るにつれて，この原則は次第に支持を失い，発見はそれ以外の行為，とくに実効的占有を伴なわないかぎり，領有権の基礎とはなりえない，とする考え方が一般的になった[47]。さきに見たパルマス島事件判決も，発見はせいぜい「未成熟な（inchoate）」権原を与えるのみで，適当な期間内に現実のかつ継続的な占有によって補完されないかぎり，それ自体で権原となることはできない，と指摘している[48]。

　だが，いずれにせよ，フォークランド諸島の領有権紛争について，発見に関する詳細な分析を試みる必要はない。というのは，アルゼンチンとイギリスはいずれも，発見のみが自国の領有権を保証する，とは主張していないからである。すなわちイギリスは，「発見の先後関係に係わる種々の主張については……スペインの主張もイギリスの主張もともに，不明確な証拠によっている[49]」と述べており，アルゼンチンも，「国際法は16世紀以来，無主地に対する領有権の取得には，先占が必要である，と規定しており，これが発見に優先した[50]」と述べている。かように両国は，発見の事実そのものよりも，それに続く「先占」行為の端緒を証明する手掛かりとして，発見に言及しているにすぎない。その意味で，「先占」に関する両国の主張の分析こそが，重要なのである。

（2）先　　占

　国際法上「先占」とは，いずれの国家にも属さない土地，すなわち無主地に対する領有権を成立させる権原であって，かかる土地を国家が領有の意思を

---

46) 太壽堂・前掲注17) 31頁。
47) 同上。
48) United Nations, *Reports of International Arbitral Awards*, Vol. 2, p. 846.
49) *The Falkland Islands——Early History, supra* note 8, p. 1.
50) A.W. Perl, *supra* note 36, p. 365.

もって実効的に占有すること，をその内容とする。先占は，発見の時代以後，ヨーロッパ諸国がヨーロッパ以外の未開地域を植民地化し分割するために機能し，18世紀末には国際法上の制度として確立した，といわれる[51]。実効的占有の内容については，争いがあるが，当該土地に対する支配権が及んでいることが肝要であって，その具体的な形態は土地の形状その他により，必ずしも一様ではない。たとえば，フランスとメキシコが領有権を争った「クリッパートン島事件」の仲裁裁判判決は，絶海の無人島に対する実効的占有がごく軽度の行為で足りること，を認めたし[52]，常設国際司法裁判所の「東部グリーンランド事件」判決でも，人口稀薄の地域や定住者のない地域に対する主権の行使について，同様な判断を下している[53]。

フォークランド諸島の場合，先占に該当する行為としては，1764年のブーゲンヴィルによる東島入植と領有宣言が挙げられる。だがその直後，1765年にはバイロンの西島入植基地設営と領有宣言，さらにその翌年のマクブライドによる同基地の拡充があり，しかもこれらの領有宣言はともに，東島や西島に限定されず，周辺の諸島をもその対象としていたので，まず，両国の行為の関係を明らかにしなければならない。

フォークランド諸島に対する英，仏両国の行為の関係については，つぎの2通りの捉え方が可能であろう。その1つは，両国の先占行為が競合する，と見る捉え方であり，他の1つは，フランスの先占が成立してのち，諸島の一部に対してイギリスが「時効」による領有権取得をはかった，と見る捉え方である。前者によれば，ブーゲンヴィルとバイロンの行為は時期が近接しているため，一方の行為が他方の主張を排除するとは断定しがたい。したがって，双方の先占がともに成立したものと見なされるが，その地理的範囲はそれぞれが「実効的に占有」した部分に限られることになる。後者によれば，ブーゲンヴィルの行為がバイロンの行為より時期的に先行するため，諸島全域に対して一応フランスの先占が成立したものと推定される。ただし，イギリスは西島を中心に実

---

51) P. Fauchille, Traité de Droit International (2e éd., Rousseau & Cie., 1925), p. 688.
52) United Nations, *Reports of International Arbitral Awards*, Vol. 2, pp. 1109-1110. この判決に対しては，きびしい批判がある。
53) Permanent Court of International Justice, *Series A/B*, No. 53, p. 28.

第 1 章　フォークランド（マルビナス）諸島の領有権紛争と国際法

効的占有を続けることにより，自己の支配地域に対して「時効」による領有権の確立をはかったことになる。ここに「時効」とは国際法上，他国の領域または領有権の不明確な地域に対して領有権を成立させる権原であって，当該領域または地域をある国家が平穏にかつ長期にわたって実効的に占有することにより，その状態が国際秩序にかなうものと見なされるに至ること，を内容とする。そして「時効」については，その国家が実効的占有を開始した行為の合法性・違法性は，問題とされない[54]。

　しかしながら両国の行為の関係について，このいずれかの捉え方の優劣を決める必要はない。というのは，イギリスが西島を中心に実効的占有を続けた事実は，フランスおよびスペインにより黙認（acquiescence）されている，と考えられるからである。この点を，もう少し詳しく見ておこう。

　まず1764年，ブーゲンヴィルが東島に入植し，フォークランド諸島の領有宣言をした際，諸島がいずれの国家にも属さない「無主地」であったことは，否定できない。イギリスは1690年のストロングの上陸などを手掛かりに，自国の先占行為が早かったように示唆しているが[55]，1765年にバイロンが領有宣言をした事実は，それ以前のイギリスの行為が「領有意思」を欠いていたこと，を証明している。そこで仮に，先占のもう1つの要件である「実効的占有」を，クリッパートン島事件におけるように，ごく軽度のもので足りると解するならば，ブーゲンヴィルの東島入植と領有宣言によって，フランスはフォークランド諸島全域に対する領有権を確立した，と結論され，西島を中心とするイギリスの行為は，時効の要件を満たさないかぎり，領有権の成立につながりえないことになる。だが仮に，実効的占有が他国の行為を排除する程度に強力でなければならないと解するならば，フランスとイギリスはそれぞれ東島と西島を中心に，各自の支配の及ぶ範囲についてのみ領有権を主張しうる，と結論される。

　ただし現実には1766年，マクブライドからイギリスのフォークランド諸島に

---

54) Robert Y. Jennings, *Acquisition of Territory in International Law* (Manchester University Press, 1963), pp. 20–28. ただし，国際法上，時効を権原として認めることには，つよい異論がある。L. Oppenheim, *International Law*, Vol. 1 (8th ed., Longmans, 1955), p. 575.

55) *The Falkland Islands——Early History, supra* note 8, p. 2.

V 国際紛争と国際法

対する領有権の主張を知らされてのちも，フランスはあえてこれと争い，西島入植基地の撤去を求めなかった。その限りにおいて，イギリスが西島を中心にフォークランド諸島の一部に対し現実に支配を及ぼしている事態を，フランスは黙認したことになる。そしてスペインは，おそらくそうした認識があったればこそ，1770年に実力でもってイギリスの西島占有を排除しようと試みたのであろう。だがスペインもまた，翌1771年にはポート・エグモントの原状回復に同意することによって，西島を中心とするイギリスの支配を認めざるをえなかった。もっともスペインは，その同意が「諸島に対する従前の主権の問題に影響しない」と断っている。しかし，スペインの権利がフランスから譲渡されたものである以上，さきのフランスの黙認の効果は生き続けるものと考えられる。したがって，フォークランド諸島に対するイギリスの権利が，時効と先占のいずれに基づくかを決める必要はなく，それがフランスおよびスペインによって黙認されていた事実こそが，肝要なのである。言い換えれば，フランスおよびスペインはフォークランド諸島全域に対して領有権を主張することはできず，かれらの領有権が及ぶのは，諸島のなかで，イギリスの支配地域を除く部分に限られるのである。

なおスペインは，フランスからフォークランド諸島を譲り受けてのち，イギリスに対して1670年のマドリッド条約や1713年のユトレヒト条約を持ち出し，これらの条約が南大西洋におけるイギリスのあらたな植民地獲得を禁じているため，イギリスがフォークランド諸島に入植したことは違法である，と主張している[56]。しかしながら，これらの条約をスペインの主張するように解釈すること自体に問題があり[57]，かつポート・エグモントの原状回復に同意することによって，スペインは自らの行為により，この主張の効力を否定したものと考えられる。

ところでイギリスは，ポート・エグモントに復帰して3年後の1774年，「経済的理由」により守備隊を引き揚げ，以後1829年にヴェルネの諸島知事任命に異議を唱えるまで，半世紀に余る期間，フォークランド諸島に関して何の行為

---

[56] 前掲注7)『マルビナス諸島に関するアルゼンチンの立場とその歴史的背景』9頁。
[57] J. Goebel, *supra* note 9, pp. 268-269.

412

第1章　フォークランド（マルビナス）諸島の領有権紛争と国際法

をもなさなかった。たしかに，守備隊の引き揚げに際して，イギリスは基地に国旗を掲げ，諸島がイギリス国王に属する旨の表示板を残した。しかし，1781年に来島したスペイン側の手で基地が破壊され，表示板が持ち去られたのちも，イギリスはこれに対する抗議すら提出しなかったのである[58]。

もともとイギリスがフォークランド諸島のなかで，自己の支配地域に対して主張しえた権利は，さきに見たとおり，フランスおよびスペインの黙認に基づくものであった。だが仮に，イギリスの権利が認められるとしても，半世紀以上にわたるイギリスの不作為が，イギリスの立場をきわめて弱化させたことは否定できない。たとえば，1790年にスペインと締結したヌートカ海峡（Nootka Sound）条約により，イギリスは太平洋と南大西洋における航海・漁業の自由を保障された代わりに，スペインの「占有する（occupy）」南米大陸沿岸や島嶼の南において将来，植民地を開設することを禁じられた。これがフォークランド諸島にも適用されるとすれば，イギリスはこの条約によって，スペインの従前の権利を変更しないばかりでなく，この時期までにイギリスの支配地域に対して，スペインが及ぼしていた「占有」の効果を認めるように義務づけられた，と解釈することが可能かも知れない[59]。

もっとも，それと逆にスペインは，さきに西島を中心とするイギリスの占有を黙認しており，またこの条約はフォークランド諸島の問題について明確に言及していないため，フォークランド諸島の地位には変更がない，と解釈することも可能なように思われる。「国境地区の主権に関する事件」における国際司法裁判所の判決によれば，合意によって確立された領有権は，主権国家が明示的に放棄しないかぎり，他国が係争地域を実効的に占有し続けても，それによって変更させられることはない[60]。だとすれば，ヌートカ海峡条約に明確な言及がない以上，イギリスがフォークランド諸島に対する権利を放棄した，と解釈することは適切でないだろう。いずれにせよ，18世紀末から19世紀初頭

---

58) M.F. Lindley (*supra* note 16, pp. 50-51) は，1774年のイギリスの離島が領有権の放棄に当たる，と解している。
59) J. Goebel, *supra* note 9, pp. 427-429.
60) International Court of Justice, *Reports of Judgments, Advisory Opinions and Orders*, 1959, p. 209 ff. especially p. 229.

にかけて，イギリスがフォークランド諸島に関して主張しえた権利は，地理的にも内容的にも制約を受けており，それに比べてスペインがフランスから譲り受けた領有権は，きわめて強固なものとなっていた，といわざるをえない。

(3) 承　継

ところで，1810年に始まる中・南米の反乱の結果，スペインの守備隊は翌年フォークランド諸島を引き揚げ，入植地も閉鎖された。かくして諸島は事実上，無主地に近い状態に置かれることになった[61]。

この点に関してアルゼンチンは，1816年の独立とともに，従前スペインに属していた領土に対する権利を承継したのであって，そのなかにはフォークランド諸島に対する権利が含まれる，と主張している[62]。また仮に，1811年のスペインの引き揚げにより，フォークランド諸島が無主地になったとしても，アルゼンチンは1820年から1833年に至る自らの行為により，諸島を先占して領有権を確立した，とも主張している[63]。

しかし，これらの主張に対しては，(1)1811年の守備隊引き揚げにもかかわらず，スペインはフォークランド諸島の領有権を放棄しておらず，しかも1859年にスペインがアルゼンチンを承認した際には，諸島はすでにイギリスの占有下にあったため，諸島の領有権はアルゼンチンに移譲されえなかった[64]，(2)1811年以降，フォークランド諸島が無主地になっていないとすれば，アルゼンチンが諸島の領有権を取得できるのは，時効による以外にない。しかしアルゼンチンの実効的占有は，1831年のアメリカおよび1833年のイギリスの行為によって中断されており，時効による権原も成立しなかった，との批判がある[65]。そこで問題は，1811年以降フォークランド諸島が無主地になったと見るべきか否か，1820年以後のアルゼンチンの行為をどのように評価するか，にかかっている。

---

61) H.A. Smith, *supra* note 19, Vol. 2, p. 56.
62) *Malvinas Argentinas, supra* note 6, pp. 10-11.
63) *Ibid.*, pp. 11-13.
64) Peter Calvert, "Sovereignty and the Falklands Crisis," *International Affairs*, Vol. 59, No. 3 (Summer 1983), p. 411. See also Metford, *supra* note 38, p. 468 ff.
65) P. Calvert, *supra* note 64, p. 411.

第1章　フォークランド（マルビナス）諸島の領有権紛争と国際法

　まず，1811年以降フォークランド諸島が無主地になったと見なすことは，適切でない。さきに見たとおり，地理的・内容的に制約されていたとはいえ，イギリスは諸島に関して何がしかの権利を主張しうる可能性を有しており，事実，1829年にはアルゼンチンの諸島知事任命に対して，自己の主権を理由に抗議している。またスペインは1810年当時，諸島に対して強固な領有権を有していたのであり，翌年の措置は南米大陸における異常な事態に対処するために，止むなくとられたものであって，これを即領有権の放棄と見なすことには，疑問がある。スペインは，イギリスの守備隊が1774年の引き揚げに際してなしたように，自国の領有権を明示する表示板を残さなかった。しかし領有権に関するスペインの意図は，明示の表示板がなくとも，その行為の態様から推定すべきであること，そして，守備隊の引き揚げが大陸本土の異常な事態に対処する目的に出たこと，および1820年代に，スペインが再度ラ・プラタ地方を鎮圧しようと試みたことからすれば[66]，スペインが1811年にフォークランド諸島の領有権を放棄する意図を有していた，とは考えられず，それ以後もスペインの領有権は継続していた，と結論すべきであろう。

　では，つぎに，1820年以後のアルゼンチンの行為をどのように評価すべきか。この評価に当たっては何よりも，アルゼンチン自身が1816年の独立宣言とともに，従前のスペインの領域に対する権利を承継したと主張している事実を，考慮に入れなければならない。すなわち1811年以降も，フォークランド諸島が無主地になっていなかったとすれば，1820年に軍艦エロイナを派遣して諸島の領有を宣言し，その後も諸島知事を任命した事実は，アルゼンチンが諸島に対する権利をスペインから承継したことを確認する行為である，と解すべきであろう。

　たしかに，アルゼンチンの主張に対する上述の批判に見るごとく，それらの事実をアルゼンチンの「時効」に係わる行為と見なすことも，不可能ではない。これも，さきに見たごとく，スペイン本国は1820年代においても，アルゼンチンを含む中・南米植民地の独立を認めようとはしなかったし，また一般に植民地が本国から分離・独立する場合，新独立国が自動的に旧植民地の全領域に対

---

[66] *Ibid.*

する権利を承継するとは、限らないからである[67]。だがフォークランド諸島の場合には、つぎの3つの理由により、1820年から1833年に至るアルゼンチンの行為を、時効に係わるものと解することは不適当なように思われる。

それは第1に、中・南米の諸国がスペインやポルトガルから分離・独立した際に、旧植民地の領域全体に対する権利を承継したのであって、その一部がスペインやポルトガルの手に残されたと見ることはできないからである。分離・独立ののち中・南米諸国は、かれら相互間の国境線の画定にウティ・ポッシデティス (*uti possidetis*) の原則を採択するが、この原則は南米については1810年当時の、中米については1821年当時の、それぞれスペイン植民地時代の行政区画の境界を基準とするものであって、旧植民地の領域に対する権利が全体として新国家に承継されたことを、当然の前提としている[68]。しかもこの前提は、中・南米諸国家間のみのものではない。たとえば1898年、フランス領ギアナとブラジルとの境界紛争が仲裁裁判に付された折、問題となったのはフランスがナポレオン戦争後ポルトガルから譲渡された領域と、ブラジルがポルトガルから独立した際の領域との境界線であり、この紛争で双方は、ブラジルが旧ポルトガル植民地の領域に対する権利をそのまま承継したことを、前提としていた[69]。またスリナム（オランダ領ギアナ）とブラジルとの境界画定も、おなじ前提に立って行なわれた[70]。

そして何よりも、イギリス自身が1897年、イギリス領ギアナとベネズエラとの境界紛争を仲裁裁判に付託した折、問題となったのはイギリスがナポレオン戦争後オランダから譲渡された領域と、ベネズエラがスペインから独立した際の領域との境界であり、イギリスはこの紛争をつうじて、ベネズエラが旧スペイン植民地の領域に対する権利を承継したことを、当然の前提としていたのである[71]。さらにイギリスは1901年、イギリス領ギアナとブラジルとの境界紛

---

67) L. Oppenheim, *supra* note 64, p. 579.
68) G. Ireland, *supra* note 14, pp. 321–329.
69) *Ibid.*, pp. 144–151. *Revue Générale de Droit International Public*, Tome 8 (1901), pp. 48–53. Georg Friedrich von Martens, *Nouveau Recueil de Traités* (3e sér.), Vol. 10, pp. 153–179.
70) G. Ireland, *supra* note 14, pp. 158–160. G.F. von Martens, *supra* note 69, Vol. 3, pp. 70–71.

争を仲裁裁判に付託した際にも，同様の前提に立って，ことをすすめている[72]。したがってイギリスが，アルゼンチンとの関係においてのみこの前提に立たない理由はなく，アルゼンチンもまた独立に際して，旧スペイン植民地の領域に対する権利を承継したものと見なすのが，自然であろうと思われる。

第2に，スペインがアルゼンチンの独立に関して，とくにフォークランド諸島をアルゼンチンの他の地域と区別すべき扱いをしていないからである。さきにも見たとおり，スペインは中・南米の旧植民地の分離・独立を認めることを嫌い，スペインによるアルゼンチンの承認は，実に1859年の遅きに至った[73]。この時期にはフォークランド諸島は，すでにイギリスの確固たる支配下に置かれており，承認当時にスペインが諸島の領有権についてどのような見解をとっていたかは，定かでない。しかしながらスペインがその後，フォークランド諸島を自国領域と主張したことはなく，また国際連合の時代に入ってからではあるが，同国の代表が「フォークランド諸島に対する主権をアルゼンチンの手に戻すことは，緊急を要する」と発言した例が存在する[74]。

第3に，フォークランド諸島に対して，アルゼンチン以外の南米諸国が領有権を主張していないからである。実は1810年，スペイン本国に対する反乱が中・南米で起きた当時，フォークランド諸島はラ・プラタ総督府の管轄下にあり[75]，しかも同総督府の管轄下の地域からはその後，アルゼンチン以外に，ボリビア，パラグアイ，ウルグアイの3国が独立している。したがってアルゼンチン同様，これら3国もフォークランド諸島に対する領有権を主張することは可能であった。だが現実には，アルゼンチン以外の3国はそうした主張をしていない。つまり南米諸国のなかで，フォークランド諸島に対するスペインの

---

71) D.H.N. Johnson, "Acquisitive Prescription in International Law," *British Year Book of International Law*, Vol. 27 (1950), p. 340. G.F. von Martens, Nouveau Recueil de Traités (2e sér.), Vol. 29, pp. 581-587. *British and Foreign State Papers* (hereafter as *B.F.S.P.*), Vol. 92, pp. 160-162.

72) G. Ireland, *supra* note 14, pp. 23-29. G.F. von Martens, *supra* note 71, Vol. 32, pp. 413-416. *B.F.S.P.*, Vol. 94, pp. 23-29.

73) T.C.J. Metford, *supra* note 38, p. 472.

74) United Nations, *Official Records of the General Assembly*, 28th sess. 4th Committee, 2066th Meeting (26 November 1973), p. 245.

75) 前掲注13)参照。

Ⅴ 国際紛争と国際法

領有権承継を主張しているのは，結局アルゼンチンだけなのである。

以上の3つの理由から，1810年以降もフォークランド諸島は無主地になっておらず，しかも諸島に対するスペインの権利を承継する国家があれば，それはアルゼンチンを措いてない，と結論することができる。言い換えればアルゼンチンが，フォークランド諸島の領有権を時効によって取得すべきだ，と考える必要はなく，1820年から1833年に至る同国の行為を時効に係わるものと見なすことは，不適当である。

(4) 1833年事件の評価と時効

このようにフォークランド諸島について，アルゼンチンは独立を宣言した1816年当時，スペインが従前有していた権利を承継し，他方イギリスは地理的・内容的に限定された権利を主張しうる可能性を有していた。1829年にアルゼンチンがヴェルネを諸島知事に任命した際，イギリスは諸島に対する自国の主権を理由に，これに抗議したが，この抗議はせいぜい，イギリスの有する限定された権利の主張としての意味しかもちえない。ただし，これに続く1831年のアメリカの行為および1833年のイギリスの行為は，フォークランド諸島に関する各国の権利にどのように影響したであろうか。

まず，1831年のアメリカの行為は，各国の法的な権利に基本的には影響しなかったものと思われる。それは何よりも，アメリカ自身がフォークランド諸島に対し，まったく領有の意向を表明していないからであり，当時のアメリカの関心がヴェルネの措置に対して，アメリカ国民の漁業の自由を擁護することに限られていたからである[76]。現に，軍艦レキシントンがフォークランド諸島を離れてのち，アルゼンチンは諸島のあたらしい知事を任命し，アルゼンチン人が諸島に復帰したにもかかわらず，アメリカはこれを放置していた。また，レキシントンの行為に関するアルゼンチンの損害賠償支払い要求に対しても，アメリカはフォークランド諸島の領有権問題が未解決であることを理由に，これを拒否し続けてきたが，領有権紛争の他の当事国はイギリスであり，アメリカ自身でないことを明らかにしている[77]。

---

76) *B.F.S.P.*, Vol. 20, p. 311.

第1章　フォークランド（マルビナス）諸島の領有権紛争と国際法

しかしながら，1833年イギリスは軍艦を派遣して，武力によりアルゼンチンの守備隊と住民を放逐し，以後フォークランド諸島全域を自国の支配下に置いた。すでに指摘したとおり，当時イギリスは西島を中心に限定された権利を主張しえたものと見なされ，その部分については1833年以降，より完全な権利を行使することにより，領有権を固めていったと考えることができる。だが，それ以外の部分，つまりアルゼンチンがスペインの領有権を承継し，そのことを自己の行為を通して確認した部分については，どうであろうか。この点に関してアルゼンチンは，イギリスの行為がアルゼンチンの主権の違法な簒奪であり，そこからイギリスに領有権は生じない，と主張している。そこで問題は，⑴イギリスによる武力行使をいかに評価するか，および⑵1833年以降のイギリスの継続的支配に，時効の効果を認めうるか，の2点である。

まず，領有権紛争の解決を武力に求めることは，現在の国際法のもとでは是認されないであろう。国際連合憲章は，国際紛争解決のための武力行使を禁じており，フォークランド諸島の領有権紛争に関して，アルゼンチンの主張を支持している中・南米諸国も，一昨年のフォークランド戦争を惹起したアルゼンチンの軍事行動に対しては，きわめて批判的な態度をとっている[78]。だがこの考え方は，1833年当時にも有効でありえただろうか。

周知のごとく，19世紀において支配的であった無差別戦争観は，戦争を国家主権の行使として許容しており，当時の国際法は国際紛争解決のための武力行使を禁じていなかった[79]。19世紀以前の国際社会を見れば，武力や強制によって領有権の変更がはかられた事例は，枚挙にいとまない[80]。ヨーロッパ列強による非ヨーロッパ地域の植民地争奪はいうに及ばず，ヨーロッパ内部でも，18世紀末のポーランド分割・併合，ナポレオン戦争中および戦後の国境の度重

---

77)　前掲注32）参照。

78)　Thomas M. Franck, "Dulce et Decorum Est: The Strategic Role of Legal Principles in the Falklands War," *American Journal of International Law*, Vol. 77 (1983), pp. 114-115.

79)　Ian Brownlie, *International Law and the Use of Force by States* (Clarendon Press, 1964), pp. 41-42.

80)　Robert Langer, *Seizure of Territory* (Princeton University Press, 1947), pp. 3-11. Matthew M. McMahon, *Conquest and Modern International Law* (Catholic University of America Press, 1940), p. 46-57.

V 国際紛争と国際法

なる変更,ギリシャの独立とオランダからのベルギー分離,さらにはイタリアおよびドイツの統一過程における諸地域や小国家の併合などを挙げることができる。これらの武力による領有権の変更のなかには,平和条約等による追認のように,関係諸国の合意に基づく形式をとったものが多い。だが,そのことは,関係諸国の合意がないかぎり,領有権の変更が起こりえないことを意味するのではない[81]。たとえば1806年のナポレオンによるヘッセ・カッセルの併合や[82],1846年のオーストリアによるクラカウ併合のように[83],当事国の同意がなくとも,領有権が変更した事例は存在する。したがって1833年に,イギリスが武力を用いてアルゼンチン守備隊を放逐したことが,当時の国際法に違反する行為であり,それゆえにフォークランド諸島に対するイギリスの領有権が認められない,と結論することは困難である。

つぎに,1833年以降のイギリスの継続的支配に,時効の効果を認めることができるであろうか。時効はさきに見たとおり,他国の領域または領有権の不明確な地域に対して領有権を成立させる権限であって,当該領域や地域に対する実効的占有が違法な手段によって開始されたか否か,を問題としない[84]。問題となるのは,ある国家の実効的占有が平穏でかつ長期にわたり,その状態が国際秩序にかなうものと見なされるに至ったか否か,である。フォークランド諸島について,仮に1833年のイギリスの行為の違法性が問題にならないとしても,その後の占有の実態は,長期,平穏,および国際秩序にかなうと見なされる,という3つの条件を満たしているであろうか。

イギリスのフォークランド諸島占有が,1世紀半の長期にわたって中断されず,維持されてきたことは事実である。だが平穏,つまり他国から異議が唱えられないこと,という条件に関しては問題がある。

いうまでもなくアルゼンチンは,1833年のイギリスの行為に対し,外相およ

---

81) See in this connection, Fisher Williams, "La Doctrine de la Reconnaissance en droit international et ses développements recents," Académie de Droit International, *Recueil des Cours*, Tome 44, p. 203 ff.

82) W. Hall, *International Law* (7th ed. by Pearce Higgins, Clarendon Press, 1917), §204. M.M. McMahon, *supra* note 80, pp. 55-56.

83) *B.F.S.P.*, Vol. 24, p. 1352. R. Langer, *supra* note 80, pp. 7-8.

84) 前掲注54)参照。

び在英公使を通して抗議した[85]。アルゼンチンは翌1834年にも，また1841年にも，同旨の抗議を繰り返している[86]。さらにアルゼンチンは1849年，および1884年から1888年にかけてイギリスに対し，フォークランド諸島の領有権を主張し，1908年のローマ郵便会議の際にも，この問題を持ち出している[87]。このようにアルゼンチンは，イギリスのフォークランド諸島占有を違法なものと見なし続けるとともに，1930年代には自国の主張を支持する仏書を翻訳・出版したり[88]，フォークランド諸島民のアルゼンチン入国に異議を唱えたり，また諸島をアルゼンチン領と表示した切手を発行したりしている[89]。

　アルゼンチンのこれらの行為がイギリスの占有にどのような影響を与えるか，とくにイギリスの時効の成立を妨げうるか，の判断はきわめてむずかしい。それは１つには，外交的抗議の効力に関する評価が確定していないからであり[90]，もう１つには，時効の成立に必要な期間を特定しがたいからである。第１に，外交的抗議の効力に関しては，いわゆるペーパー・プロテスト（paper protest），つまり実体のない「形だけの抗議」は，主権の主張にとって無意味だ，との批判がある。ここにいう「形だけの抗議」とは，抗議国が抗議の内容と矛盾する行為をしたり，抗議を実効性あらしめるために可能な努力をつくさないで，たんに形式的な抗議を繰り返すことをいう[91]。だが，アルゼンチンの主張には十分な法的根拠があり，かつアルゼンチンは領有権紛争の平和的解決を訴えてきたのであって[92]，仮にイギリスが再びフォークランド諸島を引き揚げたり，守備隊が無力化するようなことがあれば，おそらく実力を用いてでも，諸島への復帰をはかったであろうと思われる。そして領有権紛争をめぐる国際判例のなかには，紛争中の１国が武力衝突を避けるため外交的抗議に訴え続けたこと

---

85) *B.F.S.P.*, Vol. 20, pp. 1197–1198; Vol. 23, p. 1366.
86) *B.F.S.P.*, Vol. 31, p. 1003. J. Goebel, *supra* note 9, p. 458.
87) *The Falkland Islands—Early History*, *supra* note 8, p. 9.
88) G.F. von Martens, *Nouveau Recueil de Traités*, Vol. 11, p. 381.
89) G. Ireland, *supra* note 14, p. 259.
90) Michael Reisman, "The Struggle for the Falkland Islands," *Yale Law Journal*, Vol. 93 (1983), p. 303.
91) International Court of Justice, *Reports of Judgments, Advisory Opinions and Orders*, 1953, p. 107.
92) G. Ireland, *supra* note 14, pp. 259–260.

V 国際紛争と国際法

が，係争地域に対する相手国の時効の成立を妨げた，と判示したものがある[93]。だとすれば，アルゼンチンの抗議がイギリスの時効の成立を妨げるに足る，と解することも，あながち無理とはいえないであろう。実はイギリスは，第2次大戦後の1947年以降，フォークランド諸島の属領に関する紛争を国際司法裁判所に付託するように，アルゼンチンに提案している[94]。しかしこの提案は，フォークランド諸島自体については，なされていないのである。

第2に，時効の成立に必要な期間については国際法上，一定の規則がなく，係争地に対して積極的な投資や定住が試みられる場合には，比較的短い期間内に時効が成立しうる[95]，との見解がある。これをフォークランド諸島に適用すれば，アルゼンチンの抗議がとぎれた1849年から1884年のあいだに，イギリスの時効が成立した，と考えることが可能かも知れない[96]。しかし，イギリス自身はフォークランド諸島に関して，1774年の守備隊引き揚げおよび1781年のアルゼンチンによる領有権表示板の撤去ののち，1829年に至るまでの期間，半世紀前後の不作為にもかかわらず，自国の主権が消滅しなかった，との立場をとっている。また1897年の対ベネズエラ境界紛争の際には，時効の成立期間を「50年」と規定した条約を締結している[97]。したがって，50年よりもかなり短い期間に，イギリスが時効によりフォークランド諸島の領有権を確立した，と主張することは，これらの実践と一貫性を欠くように思われる。ちなみに，さきに触れた国際判例でも，時効の成否をめぐって争われた占有は，1848年から1895年まで半世紀近くに及んでいた[98]。

時効の成立にとって，もっとも基本的な条件は，現実の占有状態が国際秩序にかなうものと見なされるに至ることであり，この点に関連して，第三国の態

---

93) United Nations, *Reports of International Arbitral Awards*, Vol. 11, p. 316 ff at p. 329.
94) *The Falkland Islands: The Facts, supra* note 1, p. 4.
95) *B.F.S.P.*, Vol. 88, p. 1288.
96) The Falkland Islands——Early History (*supra* note 8, p. 9) は，この期間および1888～1908年の期間，アルゼンチンの主張が「休眠状態（dormant）にあった」と指摘している。See also D.W. Greig, "Sovereignty and the Falkland Islands Crisis," *Australian Year Book of International Law*, Vol. 44. But, see Gérard C. Jonathan, "Les Iles Falkland (Malouines)", *Annuaire Français de Droit International*, XVIII (1972), pp. 243-245.
97) D.H.N. Johnson, *supra* note 71, p. 340.
98) G. Ireland, *supra* note 14, pp. 237-238.

度が重要な手掛かりとなる。フォークランド諸島の領有権紛争について，中・南米諸国は少なくとも第2次大戦以後，アルゼンチンの立場を支持してきている[99]。それ以外に諸国の態度は明らかではないが，とくに注目すべきは，アメリカの立場であろう。というのは，アメリカはモンロー宣言に象徴されるように，中・南米諸国とはかれらの独立以来，密接な関係を保持してきているからであり，フォークランド諸島に関しては，1833年事件の発端ともいうべき行為を，1831年になしているからである[100]。アメリカは，まず，モンロー宣言がフォークランド諸島には適用されない，との見解をとってきた。その理由は，同諸島に対するイギリスの主張が同宣言以前の事態に基礎を置いているからであり，その結果，1833年以後のイギリスの諸島占有は，同宣言に反する「あらたな植民活動」とは見なされないからである[101]。ただしアメリカは，フォークランド諸島の領有権問題自体については，これが未解決であるとの立場を貫いており，イギリス，アルゼンチン両国の主張に判断を下すことを差し控えている[102]。

もっとも，イギリスが1833年以降，フォークランド諸島を占有し続けている事実は，アメリカも無視することはできない。そのため，フォークランド諸島を管轄するアメリカの領事官は，イギリス当局と折衝し，また諸島に係わる条約は，イギリスとのあいだで締結してきた[103]。かようにアメリカは，イギリスがフォークランド諸島を占有している事実を否定してはいないが，その領有権問題は未解決である，との立場をとり続けているわけである。

要するに，イギリスが1833年以後，西島周辺のみならず，フォークランド諸島全域を支配し続けてきたにもかかわらず，この期間内に時効により，諸島全域に対する領有権が同国の手に移ったと結論することには，疑義があるように

---

99) A.W. Perl, *supra* note 36, p. 383. ただし，L.C. Green (*Proceedings of the American Society of International Law*, 76th Annual Meeting, 1982, p. 282) は，アルゼンチン以外の中・南米諸国がフォークランド諸島に対するイギリスの主張を認めていた，と述べている。
100) 前掲注31) 参照。
101) U.S., *Department of State Bulletin*, Vol. 82 (June 1982), p. 89; Vol. 82 (October 1982), p. 82.
102) *Ibid.*, Vol. 82 (June 1982), p. 89; Vol. 82 (October 1982), p. 83.
103) *Ibid.*, Vol. 82 (June 1982), p. 89.

思われる。ただ,そうした疑義とは別に,イギリスが150年にわたって同諸島を占有してきた事実が,いわば「事実の規範力」とも呼ぶべき効果を生み出していることは,否定しがたい。たとえば,アメリカが諸島に関する領事事務につき,イギリスと折衝してきたのは,まさにその1つの現われであり,アメリカ以外の第三国についても,このことは当てはまる。また,この150年間に,諸島へ入植した人々の子孫が増え,幾世代にもわたって諸島の島民として生きる「イギリス人」が存在するに至ったことも,事実の規範力を強めるのに役立っている。そして,かれらの多数が諸島の現状維持を希望していることもまた,否定しがたい現実なのである[104]。

(5) そ の 他

さて,以上のような国際法における伝統的「権原」の問題とは別に,第2次大戦以後,国際連合の場において,両国のフォークランド諸島に関する主張は,どのように対立しているのであろうか。

すでに見たとおり,国際連合総会は1965年,フォークランド諸島の領有権紛争に関する決議を採択し,両国が「国際連合憲章および総会決議1514 (XV)号の諸規定ならびにフォークランド(マルビナス)諸島民の利益を考慮して」,紛争の平和的解決をはかることを勧告した[105]。ここに総会決議1514 (XV) 号とは,いわゆる植民地独立付与宣言のことであり,同宣言は一方で,非自治地域を含む従属地域人民の「自決権」に基づく政治的独立の早期実現を要請するとともに (2, 5項),他方で,国家の統一と領土保全を損なう行為を禁止している (6項)[106]。イギリスはすでに1946年,フォークランド諸島を非自治地域に登録しており,諸島に対する自国の主権を確認するとともに,自決権の原則を適用して「諸島住民の意思と利益」を考慮した解決をはかるべきだ,と主張している[107]。

---

104) 本書418頁参照。
105) *Yearbook of the United Nations*, 1965, pp. 578-579.
106) *Ibid.*, 1960, pp. 49-50.
107) *Ibid.*, 1965, p. 577; 1973, p. 698. See also Farooq Hassan, "The Sovereignty Dispute over the Falkland Islands," *Virginia Journal of International Law*, Vol. 23, No. 1 (Fall 1982), pp. 53-71.

第1章　フォークランド（マルビナス）諸島の領有権紛争と国際法

　これに対してアルゼンチンは，諸島が同国の主権に服するにもかかわらず，1833年以来イギリスによって不法に占拠され，植民地化されてきたことを非難し，フォークランド諸島民の自決権を認めることは，この違法な状態の永続化につながる，と反論する。アルゼンチンによれば，自決権の行使は国家の統一と領土保全を損なうべきでなく，それこそが植民地独立付与宣言6項の主旨である。そして現在のフォークランド諸島民は，イギリスがアルゼンチンを放逐してのちに，イギリス本土から移住した人々の末裔であり，しかも島民の多くはフォークランド諸島会社の雇傭する季節労働者にすぎず，このような集団は，国際連合憲章や植民地独立付与宣言に規定する「自決権」の主体たる「人民（people）」たりえない。つまり両国の主張は，(1)フォークランド諸島民の自決権とアルゼンチンの領土保全との優劣，(2)フォークランド諸島民に自決権を認めることの是非，の2点をめぐって対立しているのである。

　だが，フォークランド諸島の領有権紛争を，島民の自決権とアルゼンチンの領土保全との優劣に基づいて処理しようとする発想には，いくつかの疑問がある。それは第1に，領有権紛争が基本的には「権原」に基づいて処理されるべき問題だからであり，権原に基づいて処理される場合には，そもそも自決権と領土保全との対立は生じえないからである。また第2に，アルゼンチンのいう「領土保全の優越性」は，フォークランド諸島の領有権がアルゼンチンに帰属することを前提として，はじめて成立しうる議論であって，領有権そのものが争われている場合に，これを紛争解決の基準として持ち出すことは不適当である。そして第3に，もしアルゼンチンがアルゼンチン本土とフォークランド諸島との地理的近接性（contiguity）を根拠として，「領土保全」を主張しているのであれば[108]，そうした主張は認めがたい[109]。さきに見た「パルマス島事件」において，アメリカは同島とフィリピン群島との地理的近接性を根拠として，領有権を主張したが，判決は，この主張を裏付ける国際法の規則は存在しない，と結論した[110]。現に，英仏海峡諸島[111]やカナダ大西洋岸のサンピエー

---

108) *Yearbook of the United Nations*, 1965, p. 577; 1973, p. 698. *Malvinas Argentinas, supra* note 6, p. 14. A.W. Perl, *supra* note 36, p. 401.
109) A.W. Perl, *supra* note 36, p. 370.
110) United Nations, *Reports of International Arbitral Awards*, Vol. 2, p. 855.

425

ル，ミクロン両島のように，沖合の島嶼が沿岸国以外の国家に属する事例が存在する。したがって，イギリスとアルゼンチンの主張の対立点のうちで，検討に値するのは，フォークランド諸島民に自決権を認めることの是非，に限られる。

この点に関してアルゼンチンは，現在の島民の起源――アルゼンチンの守備隊と入植者を放逐してのち，イギリス本土から移住したこと――，構成――季節労働者が多いこと――，および人口過少を理由に，かれらが「自決権」の主体たる「人民」たりえない，と主張している。たしかに，自決権の主体となる人間集団がどのような条件を満たすべきかは，きわめてむずかしい問題であり，国際連合の実践過程においても多くの困難を生じてきた[112]。たとえば住民の起源につき，各国の原住民がだれかを決定することは不可能に近い場合があり，また原住民の自決権を無制約に認めることは，アメリカ大陸の諸国やオーストラリアのような，既存国家の成立基盤に疑義を生じる結果となる。また住民の構成についても，ベリーズの独立に反対するグアテマラが，ベリーズの人口中グアテマラ系マヤ・インディアンが4割を占めるにすぎず，残余は周辺のカリブ海諸国から移住した労働者である，と指摘した際，ジャマイカが，その種の議論を中・南米諸国に適用すれば，「征服者」たるスペイン系およびポルトガル系住民の末裔はどのように評価されるのか，と反問したことがある[113]。さらに人口の多寡につき，明確な数字を挙げて自決権の主体を定義することも，極度に困難である。とくにフォークランド諸島の場合には，もともと無人島であり，かつ自然条件が厳しくて多くの人口を支えられないため，人口過少のゆえをもって自決権を否定することに，十分な理由があるとは考えられない。

しかし，だからといって，フォークランド諸島民に自決権を認め，かれらの意思に従って諸島の将来を決定させることが，好ましいであろうか。そう結論

---

111) See in this connection The Minquiers and Ecrehos case (International Court of Justice, *Reports of Judgments, Advisory Opinions and Orders*, 1953, p. 47ff.).

112) Lee C. Buchheit, *Secession : The Legitimacy of Self-Determination* (Yale University Press, 1978). Michla Pomerance, *Self-Determination in Law and Practice : The New Doctrine in the United Nations* (Martinus Nijhoff, 1982) 等を参照。

113) United Nations, *Official Records of the General Assembly*, 22nd Sess., 4th Committee, 1746th meeting, p. 473.

第1章　フォークランド（マルビナス）諸島の領有権紛争と国際法

するまえに，以下の事実を見据えることが必要なように思われる。

　それはまず，フォークランド諸島が経済的に自足可能な条件を欠いている事実である。諸島のほぼ唯一の産業は羊牧であるが，食糧・衣料を含む生活必需物資は，外部からの輸入に頼らざるをえず，その意味では島の生存にとって，アルゼンチンの協力が必要かつ望ましい。イギリスはこれまでも諸島に多額の財政補助を与えており，1982年に発表されたシャックルトン調査団の報告書によれば，これに数倍する補助を与えないかぎり，諸島の経済は崩壊の可能性すらある，という[114]。つぎに，アルゼンチンの再攻に備えて，諸島に相当数の軍隊を維持するためには，イギリスが莫大な軍事負担を強いられる事実，およびイギリスがこれに半永久的に耐えられる保証がない事実，である。そして最後に，フォークランド諸島に関する国際連合総会の決議が，諸島民の「意思」ではなく，その「利益」を考慮すべきだ，と指摘している事実である。フォークランド諸島と同じく，ジブラルタルに関する決議でも，総会は，イギリスとスペインが「総会決議1514(XV)号の諸規定に従い，ジブラルタル住民の利益を考慮して」，紛争の解決をはかるべきことを勧告した[115]。しかし，イギリスが住民の意思を確認するために住民投票を実施し，圧倒的多数がイギリスとの絆を維持することに賛成したにもかかわらず，総会はこの住民投票の無効を宣言する決議を採択している[116]。これは総会が，たとえば東ティモールや西サハラ，さらにはベリーズの場合に，住民の自決権を正面から認めた事実ときわめて対照的であって，フォークランド諸島民の意思表示が，ジブラルタルの場合と同様に扱われる可能性を示唆するものではないだろうか。

5　おわりに

　本稿の目的は，フォークランド諸島に対するイギリス＝アルゼンチン間の領

---

[114] E. Shackleton, *Falkland Islands Economic Study* 1982 (Her Majesty's Stationery Office. Cmnd. 8653), pp. 2-3.
[115] *Yearbook of the United Nations*, 1964, pp. 424-425; 1965, pp. 581-583.
[116] *Ibid.*, 1967, pp. 675-676. Emilio J. Cardenas, "Correspondence," *American Journal of International Law*, Vol. 77 (1983), p. 609.

有権紛争を，国際法の立場から検討することにあった。そのため，まず，諸島の歴史を簡単に跡づけ，ついで，両国の領有権主張の根拠を明らかにし，最後に，諸島の歴史に照らして，それらの根拠を分析した。

その結果，いわゆる権原については，(1)1764年にフランスが先占によって，フォークランド諸島の大半に対する領有権を取得したが，翌年に西島とその周辺部へ入植したイギリスの領有権主張を黙認したため，イギリスの支配部分にはフランスの領有権が及ばないこと，(2)スペインは1767年にフランスの権利を譲り受け，その後イギリスを一旦は放逐したが，1771年にはイギリス入植地の原状回復に同意することによって，西島周辺に対するイギリスの支配を黙認したこと。(3)ただし，イギリスは1774年に領有権の表示板を残して離島し，以後半世紀のあいだ諸島に関して何の行為もなさなかったため，諸島に対するイギリスの権利が弱化した一方，スペインの領有権は実効的占有により強化されたこと，(4)このスペインの領有権は，1816年の独立以降アルゼンチンが承継し，1820年以後は諸島知事の任命などの措置をとったこと，(5)しかしイギリスは，1829年に諸島知事の任命に抗議し，1833年には武力によりアルゼンチンを放逐して，その後今日まで諸島全域を実効的に占有し続けてきたこと，(6)もっとも，イギリスの占有に対して，アルゼンチンが断続的にではあるが抗議を続け，第三国たるアメリカも領有権問題は未解決であるとの態度をとってきたことなどを考慮すれば，イギリスが西島周辺はともかく，フォークランド諸島全域に対する領有権を時効によって取得した，とは結論しがたいこと，が明らかとなった。なお，第2次大戦後，いわゆる自決権の原則をフォークランド諸島に適用し，島民の意思に従って諸島の将来を決定すべきだ，とイギリスは主張しているが，諸般の事情を勘案すれば，諸島の将来にとってアルゼンチンの協力が必要かつ望ましいことは否定できず，自決権原則をそのまま適用しても，問題の永続的な解決につながりがたいこと，も明らかとなった[117]。

論者のなかには，フォークランド諸島民の羊牧技術を生かすために，かれらに補助金を与えてニュージーランド，ウェールズ，スコットランドなどへ集団

---

117) M.A. Sanchéz, "Self-Determination and the Falkland Islands Disputes," *Columbia Journal of Transnational Law*, Vol. 21, No. 3 (1983), pp. 557-584 especially pp. 582-583.

移住を勧め，そのあとで諸島をアルゼンチン，チリ，ウルグアイ等の諸国に競売すること，を提案する者もある[118]。また，国際連盟のオーランド島問題の処理に倣って，島民に高度の自治を保障しつつ，アルゼンチンの領有権を認めるか，あるいは，アルゼンチンの主権を認めると同時に，イギリスが諸島を長期間「租借」する条約を締結し，この間に問題の解決をはかること，を提案する者もある[119]。さきに国際連合総会は，島民の「意思」ではなく，その「利益」を考慮すべきこと，を勧告した[120]。島民の利益を考慮することは，もとより重要である。だが，島民の意思を可能なかぎり生かす努力は，さらに重要である。そして，この努力を有意義なものとするためには，だれよりも島民自身が長く広い視点に立脚して，何が自己にとって最善の選択であるかを冷徹に判断することが，不可欠なのである。

---

[118] J.C.J. Metford, *supra* note 38, p. 481.
[119] M. Reisman, *supra* note 90, pp. 316-317.
[120] 前掲注105) 参照。

第2章 ニカラグア紛争と司法的解決
―― 政治的紛争とICJ ――

(1988年)

1 はじめに

　中米とくにニカラグアに対する米国の介入をめぐる紛争について，ニカラグアの訴えを受けた国際司法裁判所（ICJ）は，米国の反対にもかかわらずこれを取り上げ，米国の行動が国際法に違反すると判決した[1]。この判決に対する評価はさまざまであるが[2]，米国自身が当該紛争の政治性を強調し，この種の紛争は司法的解決に適さない，と主張していることが注目される[3]。本稿は，この主張の当否を吟味するため，まず，当該紛争に関するICJ判決（管轄権および本案）の内容を明らかにし，次いで，いわゆる政治的紛争と司法的

---

1) Case concerning Military and Paramilitary Activities in and against Nicaragua, *I.C.J. Reports 1984*, p.392ff（以下，I.C.J. Reports 1984, p.392のように表記）。
2) 本稿の他の個所に掲げるほか，たとえば，"Legal and Political Issues in the Central American Conflict,""*Proceedings of the American Society of International Law* (1987), p. 40 ff; F. L. Kirgis, Jr., "Nicaragua v. United States as a Precedent," *American Journal of International Law*, Vol. 79 (1985), p. 652 ff〔以下, 79 *A. Jl.L.*, 652 (1985) のように表記〕; A. D'Amato, "Nicaragua and International Law: The 'Academic' and the 'Real'," ibid. p.657; J. N. Moore, "The Secret War in Central America and the Future of World Order," 80 *ibid.*, p.43 (1986); W. M. Reisman, "Has the International Court Exceeded its Jurisdiction?" *ibid.*, p.128; 81 ibid. p.77 ff (1987) の諸論文, M. L. Wagner, "Jurisdiction by Estoppel in the International Court of Justice," *California Law Review*, Vol. 74 (1986), p.1777 ff; B.S. Chimni, "The International Court and the Maintenance of Peace and Security; The Nicaragua Decision and the United States Response," *International and Comparative Law Quarterly*, Vol. 35 (1986), p.960 ff; P. W. Khan, "From Nuremberg to Hague: The United States Position in Nicaragua v. United States and the Development of Inter-national Law," *Yale Journal of International Law*, Vol. 12 (1987), p.I ff; K. Highet, "You Can Run but You Can't Hide――Reflections on the U. S. Position in the Nicaragua Case," *Virginia Journal of International Law*, Vol. 27 (1987), p.550 ff.
3) *International Legal Materials*, Vol. 24 (1985), p.246 ff〔以下，24 *I.L.M.* 246 (1985) のように表記〕。

解決のかかわり合いを検討し，最後に，ニカラグア紛争に対するICJの取組みそのものに判断をくだすこととしたい。

2 ニカラグア紛争とICJ判決

(1) ニカラグアの提訴とICJの命令

1984年4月9日，ニカラグアは米国を相手どってICJに訴えをおこし，ニカラグアに対する米国の軍事的・準軍事的行動——具体的には，反政府軍（コントラ）の支援や領海・領空の侵犯など——が国際法に違反する旨の判決をくだすように求めた。同時にニカラグアは，ICJが米国にこれらの行動を停止するように命令することをも要請した[4]。

これに対し米国は，ICJにはニカラグアの訴えを取り上げる管轄権がなく，それゆえ停止命令を発する権限もないと反論した[5]。しかしICJはこの反論を認めず，同年5月10日，米国がニカラグア港湾への通航を脅かす行為を差し控えること，および両国が事態を悪化させるような行動をとらないこと，を命じる仮保全措置を指示するとともに，ICJがニカラグアの訴えを取り上げる管轄権を有するか否か，の審理に移ったのである[6]。

(2) 管轄権判決と米国の対応

周知のとおり，ICJが特定の紛争について管轄権を有するためには，当該紛争の両当事国の合意が必要である。この合意は通常，当該紛争をICJに付託する旨の両当事国の特別合意（compromis）によるが，両当事国があらかじめ他の条約でICJの管轄権を受諾している場合や，ICJ規程第36条2項に基づく管轄権受諾宣言をしている場合には，いずれか一方の当事国の訴えにより，ICJは管轄権を行使することができる。つまりこれらの場合には，他方の当事国に応訴義務が生じるわけであって，ICJが強制的管轄権をもつということもでき

---

4) *I.C.J. Reports 1984*, pp.4-7, para.1-2
5) *Ibid.*, p.10, para.12.
6) *Ibid.*, pp.21-23, para.41.

第2章 ニカラグア紛争と司法的解決

よう。

　本件の場合，ニカラグアと米国の間にはそうした特別合意が存在しなかったので，ニカラグアはICJの管轄権の根拠を，①ICJ規程第36条2項に基づき米国が1946年になした管轄権受諾宣言と，自国が1929年になした常設国際司法裁判所（PCIJ）の管轄権受諾宣言がICJ規程第36条5項によりICJの管轄権受諾とみなされる結果として，ICJの有する強制的管轄権，および②1956年の米国＝ニカラグア友好通商航海条約第24条2項により，同条約の解釈・適用をめぐる紛争を両国がICJに付託することに合意している事実，に求めた[7]。

　他方，米国は，①ICJ規程第36条に基づく強制的管轄権について，(i) ニカラグアは1929年にPCIJの管轄権受諾宣言をしたが，その後同宣言の批准書を寄託していないため，同宣言は発効しておらず，これにICJ規程第36条5項は適用されない，(ii) 1946年に米国がなした管轄権受諾宣言は，ニカラグア提訴の3日前，1984年4月6日に米国がICJにあてた通告（「1946年の管轄権受諾宣言は，中米の国家との紛争や中米における事件から生じた紛争には，適用されない」とする）の効果により，本件には及ばない，(iii) また1946年の宣言には，「この宣言は，多数国間条約のもとで生じた紛争には，当該紛争に関するICJ判決により影響を受けるすべての同条約当事国がICJにおける審理の当事者とならない限り，及ばない」との留保が付されており，かつニカラグアが国際連合憲章や米州機構憲章などの多数国間条約の米国による違反を申し立てているところ，エルサルバドル，ホンジュラス，コスタリカのようにICJ判決の影響を受ける諸国が本件の当事者となっていないので，同宣言は本件に及ばない，②さらに，1956年の友好通商航海条約について，ニカラグアは提訴の段階ではこの条約に言及していなかったのであって，審理段階に入ってからこれを追加することは認められない，と反論した[8]。

　しかしながら，ICJは1984年11月26日，本件に対する自らの強制的管轄権を

---

7) *Ibid.*, p.396, para.8.
8) *Ibid.*, p.400, para.17; p.403, para.23; p.411, para.44; pp.415-416, paras.52-53; p.426, para.78. 管轄権受諾宣言に関連して，同宣言に付される留保の問題があるが，本稿ではこれに立ち入らない。留保の問題一般については，田岡良一「選択条項の過去と現在」『法学論叢』第63巻6号（1958年），1頁以下，関野昭一「任意条項受諾宣言の期限と留保」『国際法外交雑誌』第70巻6号（1972年），1頁以下，を参照。

V　国際紛争と国際法

認める判決をくだした。

まず、米国の反論①-(i) について、判決はニカラグアが1929年の PCIJ 管轄権受諾宣言の後に、その批准書を寄託しなかった事実を認めたが、この手続的瑕疵は ICJ 規程第36条5項の適用を妨げない、と判示した。判決によれば、同項は「PCIJ 規程第36条に基づいて行なわれた宣言でなお効力を有する（still in force）ものは……（当該）宣言が今後存続すべき期間中……ICJ の義務的管轄を受諾しているものとみなす」と規定しており、「なお効力を有する」の仏文（dont la durée n'est pas encore expirée）を考慮すれば、ニカラグアの宣言はこのなかに含まれ、同国が1945年に国際連合の原加盟国となった（ICJ 規程は国際連合憲章と不可分の一体をなす）際に、ICJ の義務的管轄権を受諾したものとみなされうる。また判決は、1929年の宣言の批准書が寄託されていないという註釈付きではあるが、ICJ 年鑑が1946年以降、ニカラグアを ICJ 規程第36条5項により強制的管轄権を認めた国家のリストに加え続け、ニカラグアもこれを否定しなかったのであって、その結果、同国は管轄権受諾を黙認したものと解することができる、と述べた[9]。ただしこの解釈に対しては、法廷を構成する16名（うち1名は、ニカラグアが任命した臨時の裁判官）の裁判官のうち、5名が反対を表明している[10]。

次に判決は、米国の反論①-(ii) について、米国の1946年の宣言が「この宣言は……これを終了する旨の通告の後、6ヶ月が経過するまで効力を有する」と述べている事実に着目し、米国がニカラグア提訴の3日前になした通告は、1946年の宣言の部分的終了とみなされ、当該通告の効果発生には6ヶ月が経過しなければならないから、これをもって、ICJ の強制的管轄権が本件に及ばないと判断することはできない、と結論した[11]。この結論に対しても、3名の裁判官が反対意見のなかで異論を唱えている[12]。なお米国の反論①-(iii) について、判決は、この反論は本件の実体事項に関係するため、モの審理は本案審

---

9)　*I.C.J. Reports 1984*, pp.397-415, paras.12-51.
10)　モスラー、小田、アゴー、ジェニングス、シュウェーベルの5裁判官。それぞれの反対意見については、*ibid.*, pp.461, 471, 514, 533, 558.
11)　*Ibid.*, pp.415-421, paras.52-65.
12)　小田、ジェニングス、シュウェーベルの3裁判官（*ibid.*, pp.471. 533, 558）。

第 2 章 ニカラグア紛争と司法的解決

理に含める，と判示した[13]。

また判決は，米国の反論②について，ニカラグアが提訴の段階で1956年の友好通商航海条約に言及していなかったとしても，後に同条約を管轄権の根拠として援用することは，それが本件の事案を変更するものでない限り，認められると判示した[14]。

このように判決は，本件に対してICJが管轄権を有する，と結論したが，米国はなお，(i) 本件の他の利害関係国が出廷していない，(ii) ニカラグアは米国の違法な武力行使等を問題としているが，これは国際連合憲章のもとで，ICJではなく安全保障理事会の専権事項とされている，(iii) これに関連して，国際連合憲章第51条の自衛権も問題となるが，これも安全保障理事会の専権事項である，(iv) 本件のような進行中の紛争を取り上げることは，ICJ の司法機能になじまない，(v) ニカラグアはコンタドーラ手続のような，確立された中米の紛争解決手続を尽くしていない等の理由をあげ，本件の受理可能性（admissibility）を争った。しかし判決は，そのすべてを否定して，本案審理へと進んだのである[15]。

この管轄権に関するICJ判決，とくにICJ規程第36条に基づく強制的管轄権の有無に関する解釈については，5名の裁判官が反対した事実が示すとおり，問題がなかったわけではない[16]。はたして米国は，1985年1月18日に至って声明を発表し，ニカラグアによるICJの政治的利用を非難するとともに，ICJの管轄権判決が法と事実に反するものであると指摘して，以後本件の審理に参加せず，本件に関してICJのくだす判決に対する自己の権利を留保する旨を明らかにした[17]。さらに同年10月7日，ICJの本案判決に先立って，米国は1946年の管轄権受諾宣言そのものを終了させると通告した[18]。

---

13) *Ibid.*, pp.421-426, paras.67-76.
14) *Ibid.*, pp.426-429, paras.77-83. 反対はシュウェーベル裁判官のみ (*ibid.*, p.558)。
15) *Ibid.*, pp.429-441, paras.84-108.
16) 重要な問題点の指摘として，たとえば，小和田恆「〈研究ノート〉国際司法裁判所判例評釈・ニカラグアに対する軍事的活動事件——管轄権及び受理可能性」『国際法外交雑誌』第85巻4号（1986年），28頁以下，M. H. Arsaniani, "Dissemination of Information by Organisations: Reflections on Law and Policy in the Light of Recent Uevelopments," *Victoria Untverstty of Wellington Law Review*, Vol. 17 (1987), p.53 ff. を参照。
17) 24 *I.L.M.* p.246 (1985).

V 国際紛争と国際法

(3) 本 案 判 決

かくして ICJ は，米国の不参加のまま，本案審理を進めざるをえない状況に追い込まれた。そのことは，判決の基礎となる事実認定ほかの審理手続を公正に進めるうえで，多くの困難をもたらしたが，ともかくも1986年6月27日，ICJ は本案判決をくだした。本案判決は，ニカラグアの申立てを16点に分け，それぞれについて結論をくだしており，その内容は多岐にわたるけれども，おそらく以下のように整理することができるであろう。

判決はまず，管轄権判決で本案審理に回された米国の留保――多数国間条約のもとで生じた紛争は，当該紛争に関する ICJ 判決により影響を受けるすべての同条約当事国が ICJ における審理の当事者とならない限り，管轄権受諾宣言の対象からはずす――が本件に適用されることを認め，国際連合憲章や米州機構憲章上の問題は本件の審理から除かれる，と判示した[19]。そのため審理の焦点は，米国の行動がもっぱら慣習国際法と友好通商航海条約に違反するか否か，に絞られることとなった。

慣習国際法に関して判決は，(i) 米国がニカラグアの反政府軍（コントラ）の訓練，武装，財政，兵站などに支援を与えた，(ii) 米国が1983年から1984年にかけて，ニカラグア領内のいくつかの港湾，基地，施設を攻撃した，(iii) 偵察飛行などによって，米国がニカラグアの領空を侵犯した，(iv) 米国が1984年にエル・ブルフ，コリント，フェルト・サンディーノの港の周辺に水雷を敷設した，(v) 米国がこの水雷敷設について国際海運業界に公式の警告を与えなかったため，水雷の破裂により人的・物的損害が発生した，などの諸事実を認定し，米国のこれらの行動は，慣習国際法の禁じる内政不干渉，武力の行使，主権の侵害にあたる，と結論した[20]。また，このうち，(ii)の港湾，基地，施設の攻撃や，(iv)の水雷敷設，および (vi) 1985年に米国が発したニカラグア船舶米国入港禁止令が，いずれも両国間の友好通商航海条約の目的と両

---

18) *Ibid.*, p.1742.
19) *I.C.J. Reports 1986*, pp.28-38, paras.36-56. ただし，ルダ，エライアス，セッテ・カマラ，倪の4裁判官は反対。*Ibid.*, pp.174, 178, 192, 201.
20) *Ibid.*, pp.53-63, paras.93-112; pp.46-53, paras.76-91; pp.146-148, para.292.

第 2 章　ニカラグア紛争と司法的解決

立せず，同条約に違反する，と結論した[21]。ただし，小田，ジェニングス，シュウェーベルの 3 裁判官は，慣習国際法違反の認定に対して反論を加え，友好通商航海条約の違反についてもそれぞれ異なる角度から判決を批判している[22]。

ところで米国は，管轄権審理の段階において，米国の行動がニカラグアの近隣諸国に対する武力攻撃に対抗すべき「集団的自衛権の行使」として正当化される，と主張していた[23]。本案判決はこの点について，(vii) 1979 年 7 月から 1981 年初頭にかけて，エルサルバドルの反政府軍の手許にニカラグア領から武器が流入した，(viii) 1982 年，83 年，84 年に，ホンジュラスとコスタリカの領域に対してニカラグア側から越境攻撃が加えられた，などの事実を認定した。ただし判決は，集団的自衛権が行使される前提として，攻撃される国家がその事実を認め，かつ第三国に対して明白に救援を求めることが必要である，と判示したうえで，エルサルバドルが米国に対する救援要請の存在を明白に認めたのは，1984 年のことにすぎず，米国の行動までに時間がかかりすぎている，またホンジュラスやコスタリカが同種の要請をした形跡はない，と認定した。さらに判決は，「慣習国際法上，他国の反政府派に対する武器の供与自体は当該国家に対する武力攻撃とみなされない」ため，結局，米国の行動は集団的自衛権の行使として正当化されえない，と結論した[24]。もっとも，この結論に対しては，ジェニングス，シュウェーベル両裁判官の鋭い反論がある[25]。

なお判決は，米国が慣習国際法および友好通商航海条約に違反する行為を差し控えること，両国が国際法に従って紛争の平和的解決をはかること，米国が上記の違反から生じた損害を賠償すべきことを命じ，具体的な損害の認定は ICJ がなすことを付言した[26]。ただし米国は，さきの声明で ICJ 判決に対する自己の権利を留保しており，今日までこれを無視しつづけている。

---

21)　*Ibid*., pp.69-70, paras.123-125; pp.135-140, paras.270-279; pp.147-148, para.292.
22)　*Ibid*., pp.212, 259, 528.
23)　*I.C.J. Reports 1984*, p.432, para.91.
24)　*I.C.J. Reports 1986*, pp.119-123, paras,229-238.
25)　*Ibid*., pp.212, 259, 528.
26)　*Ibid*., pp.149-150, para.292.

3 政治的紛争と司法的解決

　米国がニカラグア紛争に対するICJ判決を不満とし，これを無視しつづけている理由には，さまざまなものが考えられる。たとえば，管轄権判決に反対した5名の裁判官が指摘しているように，批准書の寄託されなかったニカラグアのPCIJ管轄権受諾宣言が，ICJ規程第36条5項のもとで「なお効力を有する」と解することには，大きな疑問が残る[27]。また，本案判決についても，米国のニカラグア反政府軍（コントラ）に対する支援を国際法に違反すると認定しながら，ニカラグアの近隣諸国に対する類似の行動には違法性を認定せず，「慣習国際法上，他国の反政府派に対する武器の供与自体は当該国家に対する武力攻撃とみなされない」と判示している点など，問題が少なくない[28]。だがここでは，最初に述べたとおり，ニカラグア紛争は政治性が強く司法的解決に適さない，とする米国の主張に的を絞り，さらに検討を加えてみよう。なお以下では，政治性の強い紛争を「政治的紛争（political disputes）」と表現することにする。

（1）　法律的紛争と政治的紛争

　ところで，そもそも政治的紛争とは何を意味するのであろうか。これを明らかにするためには，政治的紛争と対比される「法律的紛争（legal disputes）」という表現が，国際紛争の解決手続との関係でどのように用いられてきたか，を概観しておくことが必要である。

　国際紛争を力によらず，平和的に解決する手段を，「国際紛争の平和的解決手段」というが，これはさらに，交渉・周旋・調停のような「外交的（または政治的）手段」と「国際裁判（international adjudication）」に分けられる。前者は，紛争当事国間の直接交渉や，第三国の周旋・仲介，さらには国際機関の調停・

---

27) 現にニカラグア自身，1957年にホンジュラスとの紛争がICJに付託された際，ホンジュラスがニカラグアのPCIJ管轄権受諾宣言の有効性を主張したにもかかわらず，これをいっさい無視して，ICJ管轄権の基礎を両国の特別合意のみに求めていたのである。これについて，モスラー，アゴー両裁判官の反対意見を参照。*I.C.J. Reports 1984*, pp. 464-465, 528-532.

28) シュウェーベル裁判官の反対意見〔前掲注22）〕を参照。

第 2 章　ニカラグア紛争と司法的解決

勧告などを通して，当事国間の政治的妥協により紛争の解決を図る手段であり，後者は，裁判形式による審査を通して当事国を拘束する判決をくだすことにより，紛争の解決を図る手段である。国際裁判はもともと，紛争のたびごとに (ad hoc) 裁判所を設置する「仲裁裁判（arbitration）」の形式で発達したが，今世紀に入って，紛争の有無にかかわらず常設の (permanent) 裁判所をおく「司法的解決（judicial settlement）」の形式が現われた。

　近代国際社会における仲裁裁判の嚆矢は1794年のジェイ条約とされ，その成果を受けて19世紀中に多くの国際紛争が仲裁裁判に付された。また，19世紀末の第 1 回ハーグ平和会議から第 1 次世界大戦までに，仲裁裁判の義務化にかかわる 2 国間条約が140も締結された，といわれる[29]。ハーグ平和会議で採択された「国際紛争平和的処理条約」やこれらの 2 国間条約をみると，「法律問題とくに国際条約の解釈または適用に関する問題」，「法律的性質の紛争」など表現に多少の差違はあるが，仲裁裁判に付すべき紛争を法律的紛争に限定し，それ以外の紛争は外交的・政治的手段による解決にゆだねている。また，法律的紛争を仲裁裁判に付すことを定めたうえで，そのなかから「国家の重大利益，独立，名誉にかかわる紛争」を除くものが，ほとんどである。さらに，第 1 次世界大戦後に成立した国際連盟規約も，条約の解釈ほか一定のカテゴリーの紛争を国際裁判に付すべき紛争とみなし，それ以外の紛争は理事会・総会に付託すべきことを規定しており，第 2 次世界大戦後に発足した国際連合でも，この区別は基本的に踏襲されている。要するに諸国家の実行上，国際紛争を法律的紛争とそれ以外の紛争（多くは政治的紛争）に分け，前者を国際裁判に，後者を外交的・政治的解決に，それぞれゆだねる傾向が一般的であるといえよう。

　ところで，ある紛争がいずれかの条約にいう法律的紛争にあたるか否かは，当該条約をめぐる諸般の事情を勘案して決定すべき，法解釈の問題である。しかし，法律的紛争を明確に定義する条約は少なく，それに関する各条約の表現も一定しない。そのため，いかなる紛争を国際裁判に付すのが適切かという見地から，「裁判に付すべき紛争（justiciable disputes）」を一般的に定義しようとする学説上の論議が広がった。これらの学説は 3 分することができる。第 1 の

---

29)　田岡良一『国際法Ⅲ〔新版〕』（有斐閣，1973年）57頁。

V 国際紛争と国際法

学説は，その紛争に適用すべき国際法規のあるものを justiciable disputes，それのないものを non-justiciable disputes とし，第2の学説は，政治的に重要な紛争が non-justiciable disputes，そうでないものが justiciable disputes とする。だが，紛争に適用されるべき法規の有無は裁判の審理後にはじめて明らかになるわけであり，また仲裁裁判に付すべき法律的紛争のなかから政治的に重要な紛争が一般に除外されているわけであるから，この両説は諸国家の実行と矛盾する。そこで，区別の基準を紛争当事国の態度に求め，当事国が国際法に基づいて解決しようとする紛争が justiciable disputes，国際法に基づかないで解決しようとする紛争が non-justiciable disputes とする第3の学説が，正しいと考えられる。この説によれば，当事国の一方が国際法に基づいてある主張をなし，他方が同じく国際法に基づいてこれを否定しようとする紛争は justiciable である。また，当事国の双方がある主張は国際法に基づけば正しいと信じていても，一方または双方がそれを国際法に基づかないで解決しようとする紛争は non-justiciable となる[30]。

第3説のもとでは，国際紛争のたびごとに裁判所を設置する「仲裁裁判」の場合，法律的紛争と政治的紛争の区別はあまり問題とならない。仲裁裁判は，紛争当事国が条約（通常，特別合意＜ compromis ＞という）を締結し，当該紛争を裁判に付すことに合意して，はじめて開かれるため，政治的紛争もその対象となりうるからである。現に，英米両国の関係を開戦寸前にまで緊張させた「アラバマ号事件」は，1872年の仲裁裁判で解決され，1977年の仲裁裁判の結果がアルゼンチンとチリの間に戦争の危機をもたらした「ビーグル海峡事件」も，最終的には判決の線で解決されている[31]。しかしながら，国際裁判のもう1つの形式である「司法的解決」についても，そのようにいうことができるだろうか。

---

30) 田畑茂二郎『国際法講義（下）〔新版〕』（有信堂，1984年），78-81頁。
31) British and foreign state papers, Vol. 62, p.233. 田畑茂二郎・太寿堂鼎編『ケースブック国際法〔新版〕』（有信堂，1987年）363頁（アラバマ号事件，石本泰雄）。R. Jennings, "The Judicial Enforcement of International Obligations," *Zeitschrift für ausländisches öffentliches Recht und Völkerrecht*, Bd.47 (1987), S.4. 波多野里望・筒井若水編著『国際判例研究　領土・国境紛争』（東京大学出版会，1979年）244頁。

（2） PCIJ／ICJ の強制的管轄権と政治的紛争

　PCIJ に具現化された司法的解決の特色は，裁判所が常設化されたことと並んで，その裁判所がいわゆる強制的管轄権をもつことである。そしてこの強制的管轄権は，すでにみたように，ICJ に受け継がれている[32]。

　全世界的な規模では最初の常設的裁判所となった PCIJ は，国際連盟のもとで設立されだが，この裁判所にいかなる紛争を裁判する権限を与えるかは，第1次世界大戦後の国際社会にとって大きな関心事であった。国際社会における法の支配を促進する理想からいえば，PCIJ に各国の国内裁判所のような強制的管轄権を与えることが望ましい。他面，諸国家の実行は，特別合意に基づく仲裁裁判が主流を占め，裁判の対象も法律的紛争に限定されている。また，裁判所設立の場となるべき国際連盟の規約自体が，先に指摘したとおり，法律的紛争を国際裁判に付すべき紛争とみなしている。これらの背景のもとで PCIJ が与えられた管轄権は，次のようなものであった。

　管轄権について定めた PCIJ 規程第36条によると，PCIJ は，まず，当事国が付託するすべての紛争，および現行の諸条約でとくに規定されている紛争に対して，管轄権をもつ（1項）。すなわち，(i) 前者は従来の仲裁裁判と同様に，当事国の特別合意により付託される紛争であり，(ii) 後者はあらかじめ他の条約により，当事国が PCIJ へ付託することに合意している紛争である。さらに PCIJ は，(iii) 裁判所規程の当事国が，以下の4種の事項にかかわる「法律的紛争（legal disputes）」について，PCIJ の管轄権受宣言をする場合には，同宣言をした当事国相互間の該当する紛争に対して，管轄権をもつ。ここに4種の事項とは，連盟規約第13条2項に掲げる「条約の解釈，国際法上の問題，国際義務違反となるべき事実の存在，国際義務違反に対する賠償の性質または範囲」をいう。このうち，(ii)または(iii)のカテゴリーに属する紛争については，いずれかの紛争当事国が PCIJ に提訴すれば，他の当事国に応訴義務が生じる。しかも，ある紛争がそれらのカテゴリーに属する紛争であるか否かをめぐり，当事者間に争いを生じるときは，PCIJ の判決により結論をくだす（6項）。し

---

32) 本書434頁を参照。

たがって，(ii)と(iii)のカテゴリーに属する紛争については，PCIJが強制的管轄権をもつことになる。

PCIJとそれを受け継いだICJの強制的管轄権のもとでは，国際紛争の一方の当事国が当該紛争は政治的紛争であると主張し，他方の当事国がそれは法律的紛争であると主張する場合，裁判所がくだす判断が最終的なものとなる。ところが，先の定義に従えば，当事者の一方が国際法に基づく解決を求め，他方が国際法に基づかない解決を求める紛争はnon-justiciableとなるため，PCIJまたはICJはnon-justiciable disputesについて，裁判すべきか否かの判断を求められることになる[33]。この場合，裁判所はどのように対応すべきであろうか。

(3) 政治的紛争と被告国の審理不参加

PCIJまたはICJに付託された紛争のなかで，政治性の強いものはけっして少なくない[34]。だが，管轄権審理の段階で紛争の政治性を根拠に裁判所の管轄権を否定した当事国が，PCIJやICJの管轄権判決に異議を唱えず，その後の本案審理に参加する場合には，当初の主張を撤回したものとみなすことができる。問題は，そうした当事国（通常，訴えられた国，以下，被告国と表現する）が管轄権判決を不服として，本案審理に参加しない場合や，同じく紛争の政治性を根拠として，はじめから審理に参加しない場合である。この種の審理不参加は，ニカラグア紛争における米国の例以前に，PCIJ期に1件，ICJに入ってから3件を数える。

PCIJ期の1件は，1926年に中国がベルギーとの平和通商航海条約を一方的に廃棄した事件である。同条約は1865年に締結され，締約国内で他国民の受ける待遇などについて規定していたが，内容の不平等性を問題にした中国は廃棄を通告した。これに抗議したベルギーは，両国間の交渉が失敗した後，PCIJに提訴した。当時，両国はPCIJ規程第36条2項に基づく管轄権受諾宣言をし

---

33) ニカラグア事件判決に対する反対意見のなかで，小田裁判官は，ニカラグア紛争がICJ規程第36条2項にいう「法律的紛争（legal disputes）」にあたらない，と主張している〔前掲注16)を参照〕。

34) たとえば，J. B. Elkind, *Non-Appearance before the International Court of Justice : Functional and Comparative Analysis* (Dordrecht; Martinus Nijhoff, 1984), pp. 194-195.

第 2 章　ニカラグア紛争と司法的解決

ていたからである。しかし中国は，「当該紛争は政治的な性格のものであって，国家平等の原則を司法審査の対象とすることには同意しえない」と主張するとともに，衡平と善に基づく裁判には応じる用意がある旨を表明した。事件は，1928年の南京条約で両国間の紛争が解決し，ベルギーが訴えを取り下げることにより落着したが，この間 PCIJ は中国に対し，2 度の仮保全措置命令をだしている。だが，中国はこれに従わず，審理不参加の態度を貫いた[35]。

　ICJ に入って最初の件は，アイスランド漁業管轄権事件である。アイスランドは1958年，漁業水域を 4 カイリから12カイリに広げる国内法を制定したが，英国はこれに抗議し，その結果1961年に両国間で成立した合意により，英国が12カイリ漁業水域に異議を唱えないこと，将来同水域の拡張をめぐって両国間に紛争が生じる場合は，いずれかの要請によりこれを ICJ に付託すること，が取り決められた。ところが1971年，アイスランドはこの合意を終了させるとともに，漁業水域を50カイリまで拡張する旨を発表したため，英国は ICJ に提訴し，拡張停止を指示する仮保全措置命令を要請した。しかしアイスランドは，「アイスランド国民の重大利益に影響することを考慮し，アイスランドの漁業水域拡張に関する事項，とりわけ今回の英国の提訴については，ICJ の管轄権を認めることはできない」と反論し，1972年の ICJ の仮保全措置命令を無視した。また，ICJ は翌年，管轄権判決をくだし，1974年には英国に有利な本案判決をくだしたが，アイスランドは審理にいっさい参加しなかった[36]。

　次に1973年の核実験事件では，南太平洋におけるフランスの大気圏内核実験が問題となった。この年，オーストラリアとニュージーランドはフランスを相手どって ICJ に提訴し，同実験の停止を求めたのである。原告の 2 国が管轄権の基礎として主張したのは，1928年の国際紛争平和的処理一般議定書と，3 国がなしていた ICJ 管轄権受諾宣言であった。これに対しフランスは，前者が国際連盟の解散とともに失効したと反論し，後者についても，フランスの受諾言

---

35)　〔1926 : *PCIJ., Ser. A*, No. 8, p. 4;〔1927〕ibid., *Ser. A. No. 8*, p. 6 ; *PCIJ., Ser. C, No. 16 (J)*, pp. 75 & 78.
36)　アイスランドと西ドイツの間でも，同様の紛争が生じ，同じ経過をたどった。*I.C.J. Reports 1972*, pp.12, 30; *I.C.J. Reports 1973*, p.3; *I.C.J. Reports 1974*, p.3; *ICJ, Pleadings*, Fisheries Jurisdiction, Vol. 2, pp.375-376, 380-382.

言が「国防関係の活動にかかわる紛争」を除外しており，かつ核実験はこの除外例に該当するため，ICJ に管轄権はないと主張した。しかし ICJ は，「管轄権に関する原告の主張は，いちおう (prima facie) 理由があると思われる」と判示し，実験停止の仮保全措置を命令した。ちなみにこの命令は8対6の小差でくだされ，反対意見のなかでフランスの主張に与した裁判官もいた。フランスは ICJ の命令には根拠がないとして，審理に参加せず，判決に先立つ1974年1月10日，自己の ICJ 管轄権受諾宣言を撤回した。なお ICJ は同年12月の判決（管轄権と本案の区別なし）で，大気圏内核実験の終了に関するフランス政府の一連の声明により，本訴訟の目的は消滅したとして，審理を打ち切った[37]。

1979年の在テヘラン米国大使館員人質事件では，イランが審理に参加しなかった。同年，米国はイランの行為が国際法に違反するとして，国際連合安全保障理事会に問題を付託すると同時に，ICJ に提訴し，仮保全措置命令を求めた。米国は管轄権の根拠として1961年のウィーン外交関係条約や1963年のウィーン領事関係条約等をあげたが，イランはこの事件が米国の25年にわたる対イラン内政干渉と不可分に結びつき，「より根本的かつ複雑な要素を含んだ全汎的な状況の産物」であるため，たんなる条約解釈の問題として処理されるべきではない，と反論した。ICJ は1979年12月に，人質の解放を指示する仮保全措置命令をくだした。また翌年5月の判決では，2つのウィーン条約と両国間の友好経済関係領事権条約に管轄権の根拠をおき，イランの国際法違反と賠償責任を認定するとともに，人質の解放を命じたが，イランは審理にまったく参加せず，命令や判決にも従わなかった[38]。

以上の4件は紛争の背景がさまざまであり，被告国の主張した「紛争の政治性」の内容も同一ではない。したがって，これらの事件をひとまとめにして考察の対象とすることは必ずしも適切ではなかろう。また4件という数少ない事例から，なにがしかの一般的な結論を導き出そうとする試みは性急にすぎるであろう。だがそれにもかかわらず，これらの事件には2つの共通点が見受けら

---

37) *I.C.J. Reports 1973*, pp.99, 135; *I.C.J. Reports 1974*, pp.253, 457. See also, G. de Lacharriere, "Commentaires sur la position juridique de la France à l'égard de la licéité de ses éxperiences nucléaires," *Annnaire Français de Droit International*, Tome 19 (1973), p.235.

38) *I.C.J. Reports 1979*, p.7; *I.C.J. Reports 1980*, p.3.

れるように思われる。その1つは被告国の認識に関係し，もう1つは裁判所の姿勢に関係する。

　まず，被告国の主観的な認識によれば，これらの事件では，彼らの譲りがたい価値が紛争と直結していた。それは古典的ではあるが，中国にとって国家の平等，アイスランドにとって漁業，フランスにとって国防，イランにとって独立と内政不干渉，であった。しかも彼らは──おそらくフランスを例外として──，それらの価値が国際法の枠組みでは弁護しきれない，と認識していた。それゆえにこそ，彼らは審理に参加せず，また，自己に不利な判決に従う意図もなかったのである。

　次に裁判所はこれらの事件で，どちらかといえば，自己の強制的管轄権を積極的に活用する姿勢を示した。つまり，被告国の反論や不参加を押し切って，仮保全措置を命令し，紛争に対する自己の管轄権を認定したのである。しかしながら，この姿勢は，「いかなる国家も自らの同意なくして，他国との紛争を仲介・仲裁その他の平和的解決手段に付すように，強制されない[39]」とする東部カレリア事件以来の裁判所の伝統と，無理なく調和するであろうか。それぞれの事件における裁判所の姿勢は，それぞれの事件の処理に関する限り，あるいはやむをえないものであったかもしれない。けれども，管轄権の認定は必然的に本案審理へ連なり，被告国に遵守する意思のない判決をくだす結果を招く──そのことが，短期的には各事件の解決にとって，長期的には裁判所の機能と司法的解決の有用性，ひいては国際社会における法の支配にとって，どのような影響を与えるかにつき，4件のいずれにおいても，十分な配慮が尽くされていたと言い切れるであろうか。

4　結論にかえて──ニカラグア紛争とICJ──

　ニカラグア事件に対するICJ判決，さらにニカラグア紛争に対するICJの取組みそのものについて，肯定的な評価も多い[40]。それを裏返せば米国の態度に対する否定的な評価となる。とくに米国の場合は，管轄権審理に参加してお

---

39)　〔1923〕*PCIJ., Ser. B, No. 5*, p. 27.

きながら，自己に不利な管轄権判決がくだって後に，審理不参加を決めた点で，第2節でみた4件と事情が異なっている。その意味で，米国の態度を便宜主義的・国際法の軽視と批判し大国のエゴと非難することが，まったくの的はずれとはいえない。

しかし，それと同時に，次のような事情を考慮することも，怠るべきではない。その事情とは，ほかでもない，国際社会の現状なのである。いうまでもなく，現在の国際社会は複数の主権国家からなり，国家を超える全世界的な権威——世界政府，世界議会，世界裁判所，世界軍など——は存在しない。その結果，各国家のとるべき行動は，各国家が自らの責任において決定し，各国家の安全は，各国家自身の力によって保持しなければならない。つまり米国の安全は米国自身が，フランスの安全はフランス自身が，それぞれの力によって保持せざるをえず，そのために必要な行動は，それぞれの責任のもとにとらざるをえないのである。

核実験事件のICJ仮保全措置命令を契機として，フランスは管轄権受諾宣言を撤回したが，その動機を説明する小論文のなかで，後にICJの裁判官となったド・ラシャリエールは，「ICJは自己の行為が，既存核兵器保有国の特権的地位と世界の2極化構造を固定化させるのに貢献している事実に，目をつむるべきではない」と批判している[41]。この批判は，文脈こそ違え，ICJのニカラグア事件判決にもあてはまるのではないだろうか。米国もまた同判決を契機として，ICJ管轄権受諾宣言を撤回した。だが，ソ連を含むすべての東欧圏諸国やアジア・アフリカ新興諸国の大半は，そもそも管轄権受諾宣言すらしていないのである。

ニカラグア紛争の政治性に関する米国の主張については，賛否両論がありえよう。しかしながら，国際社会と比べてはるかに組織度の高い国内社会においても，裁判所は政治性の強い問題に対して"司法自制"を守る傾向がある。同

---

40) たとえば，H. W. Briggs, "The International Court of Justice Lives Up to its Name," *A.J.I.L.*, Vol.81 (1987), p.78; R. Falk, "The World Court's Achievement," *ibid.*, p.106; H. Hohmann & P.J.I.M. de Waart, "Compulsory Jurisdiction and the Use of Force as a Legal Issue: The Epoch-Making Judgment of the International Court of Justice in Nicaragua v. United States of America," *Netherlands International Law Review*, Vol. 34 (1987), p.162 ff.

41) G. de Lacharinere, *supra* note 37, p.250.

様な自制は，現在の国際社会においても必要ではなかろうか。ICJ の審理手続は，国内法の民事手続に近い。また，ICJ の職権探査能力はきわめて限られている。そうした状況のもとで，国際社会に対する米国のいわば刑事責任を追及することが，客観的にどこまで可能だろうか。

　ニカラグア紛争に対する ICJ の取組みについて，たとえばジェニングス裁判官の反対意見のように，審査の対象を友好通商航海条約にかかわる事項に限定すべきであった，とする批判がある[42]。現在の規模と組織のもとで ICJ が国際紛争の司法的解決のために，効果的な活動を展開しうる分野はけっして狭くない。いかなる事件に対する ICJ の取組みも，結局，そうした分野を狭めるのではなく，むしろ広げる方向へ向けてなされるべきではないだろうか[43]。

---

42) T.M. Franck, "Some Observations on the ICJ's Procedural and Substantive Innovations," *A.J.I.L.*, vol.81 (1987), p.116.
43) J. Stone, *Legal Controls of International Conflict* (Sydney; Maitland Publications, 1959), pp.151-152; David Davies Memorial Institute of International Studies, *International Disputes: The Legal Aspects* (London; Europa Publications, 1972), pp.155-157. なお，小田裁判官の反対意見をも参照〔前掲注16〕。

第3章　みなみまぐろ仲裁裁判事件の先決的抗弁
―― 口頭弁論手続における主張の分析 ――

1　はじめに

　みなみまぐろ事件仲裁裁判の口頭弁論手続は，2000年5月7日から11日にかけて米国の首都ワシントンD・Cにある投資紛争解決国際センターで実施された。さきの国際海洋法裁判所 (International Tribunal for the Law of the Sea：ITLOS) の仮保全措置命令を受け，国連海洋法条約附属書VIIに基づいて組織された仲裁裁判所は，シュウェーベル，フェリシアーノ，トレッセルト，山田，キースの5裁判官で構成され，5月7日に日本側の「仲裁裁判所の管轄権に対する先決的抗弁の陳述」，翌8日にオーストラリア・ニュージーランド (以下豪・NZ) 側のそれに対する「反論」，1日おいて5月10日には日本側の「再陳述」，翌11日に豪・NZ側の「再反論」の各弁論を聴取した。

　日本側の弁論には，日本政府代理人の谷内外務省条約局長のほか，弁護人としてラウターパクト (E. Lauterpacht ケンブリッジ大学名誉教授)，ロゼンヌ (S. Rosenne 常設仲裁裁判所裁判官)，ロウ (V. Lowe オックスフォード大学教授)，安藤 (＝筆者　同志社大学教授) の計4氏が参加し，豪・NZ側の弁論には，豪政府代理人のキャンベル (B. Campbell)，NZ政府代理人のコーリー (T. Caughley) 両氏のほか，クロフォード (J. Crawford ケンブリッジ大学教授)，マンスフィールド (B. Mansfield)，パーミスター (H. Burmester)，ジェニングス (M. Jennings)，ゲディス (E. Geddis)，アーウィン (R. Irwin)，サーディ (A. Serdy) の計7氏が参加した。

　以下，双方の口頭弁論の要旨を紹介する。ただし，弁論の内容が多岐にわたるとともに詳細なことに加え，各代理人および弁護人の発言にも重複するまたは相互補足的な部分が少なくないため，各発言順にそれぞれの趣旨を要約する方法は繁雑に過ぎるきらいがある。そこで，仲裁裁判所の判決と繋がるように，双方の弁論全体の要旨をいくつかの論点にまとめて整理し，各論点ごとに日本

側の主張と豪・NZ側の反論を比較・対比する方法を選びたい。論点は，1　事実関係と訴訟目的，2　みなみまぐろの保存のための条約（Convention for the Conservation of Southern Bluefin Tuna 以下「みなみまぐろ条約」）と国連海洋法条約の関係，3　国連海洋法条約第XV部第1節の解釈・適用，4　受理可能性と手続濫用の問題，の4点にしぼる。また審理中に，日本と豪・NZの双方に対し仲裁裁判所から10項目（うち1項目は豪・NZ側指名のキース裁判官が口頭で追加）の質問が出されたが，質問の内容は本件の核心に触れるものであり，かつ回答も双方の議論を理解するために有用であると思われるので，これらの質問と回答を5と7として追加しておく。

なお口頭弁論手続は，それに先立つ書面手続を踏まえて展開されるため，弁論全体の内容と書面上の議論とは基本的に合致する。ただし相互に応酬し合う口頭弁論の性質上，弁論の内容が書面上の議論の順序と食い違ったり，それから離脱したり，部分的にはより拡張されたりする場合があることを，あらかじめお断りしておきたい。口頭弁論の記録は，現在のところインターネット（http://www.worldbank.org/icsid/bluefintuna/main.htm）上でのみ入手可能である。しかし，全体で600ショットを超える同記録には通しページ数が付されていないので，本稿では，各論点ごとに主要な議論について，その発言者名と発言日（すべて2000年5月なので，日付のみ記す）を括弧内に記す［例＝谷内　7日］ことにより，同記録との照合の便宜を図るに止める。

2　事実関係と訴訟目的

まず，事実関係（『国際法外交雑誌』第100巻3号資料1参照）について，日本側が，本件はみなみまぐろ資源の現状と将来予測に関する科学的な見解の相違にかかわるものであり，したがって同資源の保存と最適利用をめぐるみなみまぐろ条約上の紛争である，と主張するのに対し，豪・NZ側は，みなみまぐろ資源が大幅に減少している状況において，日本が一方的に実施した調査漁業計画（Experimental Fishing Program：EFP）は，漁業資源の保存に協力すべき国連海洋法条約上の義務に違反している，と反論する。また訴訟目的について，日本側が，豪・NZもEFPの必要性に関しては同意しており，豪は1999年5月末

に1,500トンまでのEFP漁獲を提案していたのだから，ITLOSの仮保全措置命令後の3国間協議において日本が1,500トンの共同EFPを提案したことにより，みなみまぐろ資源の絶滅に関する豪・NZ側の懸念は解消し，紛争の原因が無くなった（訴訟目的の消滅というムートネス（mootness）の法理），と主張するのに対し，豪・NZ側は，さきの豪の提案は取り下げられており，EFPの内容・方法について3国間に合意は成立していないため，紛争は依然として継続中である，と反論する。

(1) 日本側の主張

日本側は第1に，この紛争はみなみまぐろ資源の現状と将来予測に関する科学的な見解の相違をめぐるものであり，みなみまぐろ条約にのみかかわる紛争である，と主張する（安藤，ロウ　7日）。みなみまぐろ漁業は1950年代初頭から始まったが，1961年の82,000トンを頂点として，その後は総漁獲量が次第に減少し，1980年前後には資源の悪化が顕著になった。そこで漁業に従事してきた日，豪，NZの3国は資源管理の枠組を非公式に設定するとともに，自主的に総漁獲可能量（Total Allowable Catch：TAC）と国別割当量を大幅に縮小した（1985年にTACを38,650トン，1989年には11,750トンに下げ，国別割当量は日6,065トン，豪5,265トン，NZ420トンとした）。さらに1993年にはみなみまぐろ条約を締結し，3国代表から成る「みなみまぐろ保存委員会」が諮問機関たる「科学委員会」の報告をもとに，毎年TACと国別割当量を全会一致で決定することに合意した。同保存委員会は，みなみまぐろの総量を2020年までに1980年の水準に回復することを目標として，作業を続けたが，当初から，総量は回復基調にあるとする日本側と，これを否定する豪・NZ側の科学者の見解が対立した。対立の原因は，総量を予測する際に，日本側が旧漁場（みなみまぐろ漁獲期に漁獲が行われたが，現在は放置されている海域）と現漁場にはほぼ同数のみなみまぐろが居るとの仮説に重きを置くのに対し，豪・NZ側は旧漁場にはみなみまぐろがまったく居ないとの仮説に重きを置く点にある。このような仮説の差異に基づく予測の不確実性を小さくするためには，合意されたTACの枠外でEFPを実施することが不可欠であると考える日本は，共同EFPの実施を提案し，それに対する豪・NZの批判を踏まえて改正案を繰り返し提出した。しか

V 国際紛争と国際法

し，豪・NZ 側が執拗に日本側の提案に反対し続け，その結果1998年には保存委員会において TAC と国別割当量に関する合意が成立しなかったので，日本はやむなく独自に EFP の実施に踏み切った。その後も保存委員会では合意が成立せず，他方で有意義なデータを得るためには EFP を3年間は継続する必要があったので，日本は1999年もこれを実施したところ，豪・NZ はその中止を求めて仲裁裁判所へ提訴した。以上の事実は，この紛争が本来みなみまぐろ条約上の紛争であることを示すものである。

第2に日本側は，豪・NZ も当初から日本のみなみまぐろ条約違反を問題としてきたのであり，国連海洋法条約に言及しはじめたのはせいぜい1998年8月末以降のことである，また豪・NZ の反論は日本が高度回遊性魚種たるみなみまぐろの保存に協力すべき国連海洋法条約上の義務に違反しているというきわめて漠然とした一般的な指摘に終始し，日本のどの行為が国連海洋法条約のどの条項にどのように違反しているのかを明らかにしていない，と主張する（安藤，ラウターパクト　7日，ロウ　10日）。みなみまぐろ条約は，前文で「関連する国際法の諸原則に基づく締約国の権利及び義務に十分な考慮を払い，海洋法に関する国際連合条約が1982年に採択されたことに留意し」と述べているとおり，一般的な枠組条約たる国連海洋法条約の実施協定の性格を持ち，「みなみまぐろの保存及び最適利用を確保するため，協力する」ことを目的としている（第1条。『国際法外交雑誌』第100巻3号資料8参照）。しかも，日本はみなみまぐろ条約の諸規定に従って誠実に行動してきたのであって，みなみまぐろの保存義務に違反していると非難されるいわれはない。

第3に日本は，ITLOS の仮保全措置命令後の事態の進展により，豪・NZ の関心事たる訴訟目的が消滅し，本件はムート（moot）になった，と主張する（谷内，安藤，ロウ　7日）。もともと豪・NZ が ITLOS に仮保全措置命令を求めたのは，すでにみなみまぐろが大幅に減少している状況において，日本が一方的に実施した EFP は同魚種の絶滅の危険を招くとの理由により，これを中止させる目的に出たものであった。しかるに，みなみまぐろの現状と将来予測に関する不確実性を小さくするために EFP が必要なこと，また現実的な可能性や財政負担を考慮すれば EFP の実施が商業漁船に依存せざるをえないこと，については豪・NZ も同意していた。現に豪は1999年5月末の日本との交渉過

程で，1,500トンまでのEFP漁獲量を提案していたのである。そしてITLOSの仮保全措置命令を踏まえた3国間協議において，日本は2000年3月，共同EFPに関する新しい案を提出した。同案によれば，共同EFPの漁獲の上限を年間1,500トンとし，これを超える漁獲量については各国別割当量から差し引くこととされている。つまり日本の提案は，豪が同意した1,500トンの上限を受け容れるものであるから，豪・NZの目から見てもみなみまぐろの保存に悪影響を与えないはずであって，かれらがITLOSに仮保全措置を求めた目的にかなっている。このように日本の新提案によって事態が従来にない展開を見た結果，豪・NZの訴訟目的は消滅し，本件はムート（moot）になったのである。

（2）　豪・NZ側の反論

豪・NZはまず，日本側主張の第1点と第2点について，紛争がみなみまぐろ資源の現状と将来予測に関する科学的な見解の相違をめぐって生じている事実は，それが法律上の紛争であることを妨げない，と反論する。またみなみまぐろの保存は，みなみまぐろ条約によって規律されると同時に，国連海洋法条約によっても規律されている。豪・NZの反論によれば，日本は一方的EFPを強行することによって国連海洋法条約に規定する義務のうち，みなみまぐろの保存のため豪・NZと協力する義務（第64条），公海における生物資源の保存に協力する義務（第118条），公海における生物資源の保存のために必要な措置を自国民についてとる義務（第117条），TACの決定に際し入手可能な最良の科学的証拠を参照する義務（第119条），そして自国民が漁業権を行使する際に，上記の国連海洋法条約上の義務に従うことを確保する義務（第116条），のすべてに違反しており，これらの義務はみなみまぐろ条約の規定によって免れうるものではない。また豪・NZは，日本の国連海洋法条約違反を1998年中頃から問題としていた，と反論する（マンスフィールド，ゲディス　8日）。そして何よりも，ITLOSは国連海洋法条約上の紛争が存在することを認め，それに対して"全員一致で"付属書VIIの仲裁裁判所が「いちおう（*prima facie*），管轄権を有すると推定」して，仮保全措置命令を出したのである（キャンベル　8日）。さらに，現在の仲裁裁判においても，国連海洋法条約第XV部第2節の適用をめぐって日本と豪・NZのあいだには見解の相違が存在しており，それは法的

V 国際紛争と国際法

な紛争にほかならない（コーリー 11日）。

　また，日本側主張の第3点について，豪・NZ側は，豪が1999年5月末に提案したEFP漁獲量1,500トンはすでに取り下げられており，EFPの内容・方法については3国間で合意が成立していないので，紛争は依然として継続している，と反論する。豪・NZによれば，日本はみなみまぐろ条約の締結以前からTACの増加を要求していたのであって，EFPは偽装された商業漁獲の性格を持ちかねない（キャンベル 8日）。豪は1999年5月末に1,500トンまでのEFP漁獲量に応じたが，この提案はもはや有効ではない（キャンベル 11日）。EFPについて3国は1996年に「EFPの目的と原則」と題する文書を採択しており，この文書ではEFPの必要性と並んで，具体的な内容や方法にも触れられている。EFPに関する日本の提案に対し，豪・NZはこの文書を踏まえて批判・反論しているのであって，根拠もなく反対しつづけているわけではない。ITLOSの仮保全措置命令後の3国間協議において，日本側がそれ以前よりも妥協的な態度を示したことは歓迎される。しかし3国間協議で問題となっているのは，EFPに必要な漁獲量だけではない。EFPの時期や方法など具体的な内容については，日本側と豪・NZ側の見解になお相違があり，紛争は依然として継続しているのである（コーリー 8日）。

3　みなみまぐろ条約と国連海洋法条約の関係

　つぎに，みなみまぐろ条約と国連海洋法条約の関係について，日本側は第1に，仮に紛争がみなみまぐろ条約と並んで国連海洋法条約にかかわるものだとしても，みなみまぐろに関するかぎり，一般法たる国連海洋法条約に対しみなみまぐろ条約は特別法であって，「特別法は一般法を破る」の法原則に従い，本件はみなみまぐろ条約の諸規定に基づいて処理されるべきものである，と主張する。そして，この法原則は実体的な規定のみならず手続的な規定にも当てはまるため，みなみまぐろ条約第16条の任意的紛争処理手続が国連海洋法条約第XV部の強制的紛争処理手続を排除し（eclipse），この紛争は前者によって処理されるべきだ，と主張する。第2に日本側は，国連海洋法条約の関連諸規定はみなみまぐろ条約第16条の効力を損なうものではない，と主張する。そして

第 3 に日本側は，豪・NZ を含む国連海洋法条約当事国が海洋法に関して締結した多数の条約を取り上げ，その多くがみなみまぐろ条約型の任意的紛争処理手続を規定している事実は，国連海洋法条約第 XV 部の強制的紛争処理手続の効力に関する関係諸国の共通理解を裏付ける国家実行である，と主張する（ラウターパクト　7日）。

これに対して豪・NZ は第 1 に，「特別法は一般法を破る」の法原則は，両者間に衝突がある場合にのみ適用されるものであって，みなみまぐろ条約と国連海洋法条約のように衝突のない場合には適用がなく，日本と豪・NZ 間に両条約は並列的に適用される，と反論する。第 2 に豪・NZ 側は，仮に両条約が衝突するとしても，国連海洋法条約第311条の規定により，同条約第 XV 部の強制的紛争処理手続がみなみまぐろ条約第16条の任意的紛争処理手続に優先して適用される，と反論する。そして第 3 に豪・NZ 側は，日本側の挙げる国家実行は本件にとって意味のあるものではなく，ITLOS の22名の裁判官が"全員一致で"本件に国連海洋法条約の適用を認め，本仲裁裁判所に管轄権があると推定した事実を尊重すべきである，と反論する。

（1）　日本側の主張

第 1 に日本側は，仮に紛争がみなみまぐろ条約と並んで国連海洋法条約にかかわるものだとしても，みなみまぐろに関するかぎり，一般法たる国連海洋法条約に対しみなみまぐろ条約は特別法であって，「特別法は一般法を破る」の法原則に従い，本件はみなみまぐろ条約の諸規定に基づいて処理されるべきである，と主張する。さきに ITLOS は本件が国連海洋法条約上の紛争であると判断し，付属書 VII の仲裁裁判所が管轄権を有すると推定したが，国連海洋法条約第290条に規定するとおり，ITLOS の判断は，付属書 VII に基づいて組織された本仲裁裁判所を拘束するものではなく，また ITLOS は自らの判断の根拠を明らかにしていない。豪・NZ の提訴に先立って，日本は本件をみなみまぐろ条約第16条に基づく仲裁裁判に付することを提案したのであって，仲裁裁判そのものに異議を唱えているわけではない。日本は本件がみなみまぐろ条約上の紛争であって国連海洋法条約上の紛争でない以上，後者の定める紛争処理手続ではなく前者の定める紛争処理手続に付すべきだという"原則論の立場"か

ら，本仲裁裁判所の管轄権に異議を唱えているのである。国連海洋法条約は1996年10月1日になってやっと日，豪，NZの3国に対し拘束力を持つに至ったが，みなみまぐろ条約はすでに1994年5月20日に発効し，国連海洋法条約よりも26ヶ月早く3国間の法的関係を規律しはじめていたのである。いずれにせよみなみまぐろ条約は3国の自由な合意に基づいて締結された条約であり，豪・NZはこれを誠実に遵守する義務を負う。日本が違反したと豪・NZの挙げる国連海洋法条約第64, 116～119条の諸規定は，いずれも一般的な義務を定めるものに過ぎず，みなみまぐろ条約はこれらの一般的な義務をみなみまぐろという特定の魚種について具体化した実施協定にほかならない。みなみまぐろおよび関連する種の保存に関する科学的情報や漁獲量・漁獲努力にかかわる統計資料等の提供義務を定めたみなみまぐろ条約第5条，みなみまぐろ保存委員会と科学委員会の任務を定めた第8, 9条等の諸規定が，豪・NZの挙げる国連海洋法条約の諸規定よりも，はるかに詳細かつ具体的な義務を規定している事実は，その何よりの証拠である。このように国連海洋法条約上の一般的な義務は，みなみまぐろに関するかぎり，みなみまぐろ条約上の個別・具体的な義務に取って代わられている（covered）のである。それゆえ日＝豪・NZ間のみなみまぐろをめぐる紛争は，みなみまぐろ条約第16条に従って処理されなければならない。

　第2に日本側は，国連海洋法条約の関連諸規定はみなみまぐろ条約第16条の効力を損なうものではない，と主張する。豪・NZは，みなみまぐろ条約と国連海洋法条約の関係を後者の第311条が規律する，と反論する。しかし，同条2項が規定するように，みなみまぐろ条約は国連海洋法条約と両立する協定であって，みなみまぐろ条約上の3国の権利・義務は他の国連海洋法条約当事国の権利享受や義務履行を妨げるものではない。またみなみまぐろ条約は，国連海洋法条約の運用を"変更し又は停止する"ものではなく，国連海洋法条約の趣旨・目的の効果的な実現のために逸脱不能な同条約の諸規定に関係するものでもなく，さらに同条約の"基本原則の適用"に影響を及ぼすものでもないので，第311条3項はみなみまぐろ条約に適用されず，したがって同条4項に定める通報の義務も生じない。実際みなみまぐろ条約は，国連海洋法条約の"他の条の規定により明示的に認められている国際協定"なのであって，第311条

第3章　みなみまぐろ仲裁裁判事件の先決的抗弁

の規定に影響されない（同条5項）。つまり国連海洋法条約第311条の諸規定は，みなみまぐろ条約とくにその第16条の効力を損なうものではないのである。

豪・NZは国連海洋法条約第282条の規定を持ち出し，同条が強制的紛争処理手続を備えている"地域的な協定"については，その手続が国連海洋法条約第XV部の手続に代わって適用されると規定していることは，裏から見れば，任意的紛争処理手続しか備えていないみなみまぐろ条約については，国連海洋法条約第XV部の強制的紛争処理手続が適用されるべきことを意味する，と反論する。しかし，第282条は国連海洋法条約の適用・解釈に関する規定であって，みなみまぐろ条約上の紛争である本件には関係しない。

第3に日本側は，豪・NZを含む国連海洋法条約当事国が海洋法に関して締結した多数の条約が，みなみまぐろ条約型の任意的紛争処理手続を規定している事実を指摘し，この国家実行は国連海洋法条約第XV部の強制的紛争処理手続の効力に関する関係諸国の共通理解を示すものである，と主張する。日本は本件がみなみまぐろ条約上の紛争であると考えるが，仮にそれが同時に国連海洋法条約上の紛争であるとしても，国家実行はその場合に，みなみまぐろ条約型の任意的紛争処理手続が国連海洋法条約第XV部の強制的紛争処理手続に優先して適用されるべきことを示している。たとえば，国連海洋法条約の発効よりはるか以前に採択された国際捕鯨取締条約は紛争処理手続を規定していないが，豪・NZ側が反論するように，同条約と国連海洋法条約の双方の当事国には漁業資源保護に関する国連海洋法条約の諸規定が適用され，それらをめぐる紛争は国連海洋法条約第XV部の強制的紛争処理手続により解決されることになるのだろうか。この疑問は，国連海洋法条約の採択後に締結された65ばかりの海洋法関係条約にも当てはまる。たとえば，1989年にウェリントンで締結され，NZが寄託者になっている「南太平洋における流し網漁業の禁止に関する条約」は，第7条で協議について規定しているが，紛争処理手続を規定していない。また1983年に締結された「広域カリブ海における海洋環境の保護および開発のための条約」は，みなみまぐろ条約とほぼ同じ紛争処理手続を規定している。豪・NZ側の反論が正しければ，なぜこのような紛争処理手続を規定する必要があるのだろうか。さらに豪＝ソロモン諸島間の海域および海底の境界画定条約や豪＝インドネシア間の東チモール・ギャップ水域における協力圏に

457

関する条約は,いずれも前文で国連海洋法条約に言及しているにもかかわらず,"協議または交渉"による紛争の平和的解決を規定するに止まっている。

このように国連海洋法条約の採択以後に締結された海洋法関係条約の圧倒的多数が,みなみまぐろ条約型の任意的・非強制的紛争処理手続を規定している。これら諸条約の当事国が国連海洋法条約の当事国になれば,諸条約に規定する任意的紛争処理手続は国連海洋法条約第XV部により排除され,まったく無用のものになるのだろうか。それとも諸条約の当事国は,それら諸条約の解釈・適用に国連海洋法条約第XV部が適用される,とは考えもしなかったのではないか。あるいは当事国は,同条約第XV部が適用されるかも知れないと考え,それを排除するために,任意的・非強制的紛争処理手続を規定したのではないか。いずれにせよ,これらの国家実行はつぎのことを裏付けている。(i) みなみまぐろ条約第16条は決して特異な規定ではなく,海洋法関係諸条約に一般的に見られる規定である。(ii) 豪・NZ側の反論が正しければ,国連海洋法条約の採択以後に締結された海洋法関係条約には,紛争処理に関する規定が不要となる。(iii) 国連海洋法条約はみなみまぐろ条約第16条型の規定を排除していない,との共通理解が存在する。(iv) 国連海洋法条約が抽象的に何を意味しようとも,国家実行は,同条約がこの種の規定を禁じていない,と解釈している。(v) 仮に本仲裁裁判所が豪・NZ側の反論を受け容れるならば,これら諸条約は当事国が思いもしなかった形で,国連海洋法条約に規律される結果を招く。(vi) 諸国が国連海洋法条約第XV部型の強制的紛争処理手続を選ぶ場合には,かれらはそれを明示的に条約文に取り入れている。この点で,国連公海漁業実施協定いわゆるストラドリング魚種協定は典型例であって,同協定第30条1項は「第15部に定める紛争の解決に関する規定は,この協定の解釈及び適用に関するこの協定の締約国(条約の締約国であるか否かを問わない。)間の紛争に準用する」と規定している。以上を総合すれば,国家実行もまた日本の主張の正当性を支持しているのである。

(2) 豪・NZ側の反論

これに対して,豪・NZ側は第1に,「特別法は一般法を破る」の法原則は,両者間に衝突がある場合にのみ適用されるものであって,みなみまぐろ条約と

国連海洋法条約のように衝突のない場合には適用がなく，日本＝豪・NZ間に両条約は並列的に適用される，と反論する（クロフォード，アーウィン　8日）。みなみまぐろ条約は特別法として一般法たる国連海洋法条約を破る，と日本側は主張するが，「特別法は一般法を破る」の法原則は，両者のあいだに衝突がある場合にのみ適用されるのであって，問題となる2つの条約間にそうした衝突があるか否かは，条約の目的を検討し当事国の具体的な権利・義務関係を確定したうえで，慎重に決定しなければならない。豪・NZの見解によれば，みなみまぐろ条約と国連海洋法条約のあいだには，公海漁業の権利・義務に関する実体規定についても紛争処理規定についても，そうした衝突は存在しない。つまり，みなみまぐろ条約と国連海洋法条約は3国間の関係を並列的に規律しているのであって，みなみまぐろ条約にのみかかわる紛争については同条約第16条の紛争処理手続が，国連海洋法条約にかかわる紛争については同条約第XV部の紛争処理手続が，それぞれ適用されるのである。たとえば，みなみまぐろ条約はみなみまぐろ資源の保存・管理について規定しているが，保存のために協力する義務を規定していない。そこで後者が問題となる場合には，それを規定している国連海洋法条約の条項に基づいて同条約第XV部の紛争処理手続が適用されることになる。みなみまぐろ条約の前文が国連海洋法条約に言及している事実は，みなみまぐろ条約上の義務が国連海洋法条約上の義務に取って代わられることを意味するのではなく，両者が両立し併存することを示すものである。

　しかしながら，豪・NZ側は第2に，仮にみなみまぐろ条約と国連海洋法条約が衝突するとしても，国連海洋法条約第311条の規定により，同条約第XV部の強制的紛争処理手続がみなみまぐろ条約第16条の任意的紛争処理手続に優先して適用される，と反論する。まず第311条2項は，既存の国際条約が国連海洋法条約と両立することを求めている。つぎに同条3項は，国連海洋法条約の当事国が新規の協定により，同条約の運用を"変更又は停止"すること，言い換えれば同条約から"逸脱"することを認めているが，そうするためには当事国に厳しい条件が課せられている。第1に逸脱協定は，当事国間でのみ適用可能である。第2に逸脱協定は，国連海洋法条約の趣旨・目的の実効的な実現にとって逸脱不能な同条約の諸規定に関係するものであってはならない。第3

に逸脱協定は，国連海洋法条約に定める基本原則の適用に影響を及ぼしてはならない。第4に逸脱協定は，他の国連海洋法条約当事国の権利享有や義務履行を妨げてはならない。第5に逸脱協定は，寄託者を介して他の国連海洋法条約当事国に通報されなければならない。このように第311条が国連海洋法条約からの離脱に厳しい条件を課していることは，同条約の起草者たちが国連海洋法条約の優越性を保持するために心を砕いた事実を証明する。現に国連海洋法条約は留保を認めていないのである。また，強制的紛争処理手続を備えた協定の当事国のみが国連海洋法条約第XV部の適用を免れることができると規定する第282条も，国連海洋法条約の目的実現にとって強制的紛争処理手続が不可欠なことを物語る。このように国連海洋法条約は，実体法の面でも手続法の面でも，他の海洋法関係条約に対する優越性を保持するための規定を置いているのであって，みなみまぐろ条約の任意的紛争処理手続が国連海洋法条約第XV部の強制的紛争処理手続を排除する，という日本側の主張は認めがたい（クロフォード　8日）。

　第3に豪・NZ側は，日本の挙げる国家実行は本件にとって意味のあるものではなく，ITLOSの22名の裁判官が"全員一致で"本件に国連海洋法条約の適用を認め，本仲裁裁判所に管轄権があると推定した事実を尊重すべきである，と反論する。さきに豪・NZ側は，「特別法は一般法を破る」の法原則は，問題となる2条約の目的や当事国の具体的な権利・義務関係を検討したうえで，慎重に適用しなければならない，と反論したが，これはそのまま日本の挙げる国家実行に当てはまる。たとえば国際捕鯨条約との関係で，国連海洋法条約第65条は海産哺乳動物の開発につき，一方で国際機関が国連海洋法条約の関連規定よりも厳しい規制を設ける権限を認めるとともに，他方で国家は鯨類を含む海産哺乳動物の保存のために協力する義務を負うことを規定している。国際捕鯨取締条約は，このうち前者の国際機関にかかわる規定に該当し，その規定をめぐる紛争の処理は同条約に委ねざるをえない。しかし，後者の海産哺乳動物の保存のための協力義務は国連海洋法条約が規定するものであるから，その規定をめぐる紛争は国連海洋法条約第XV部の強制的紛争処理手続に委ねられるのである。また，豪＝インドネシア間の東チモール・ギャップ水域における協力圏に関する条約は大陸棚や排他的経済水域に関する協定であって，性格上，公

海漁業に関する規定と同列に論じることはできない。さらに「広域カリブ海における海洋環境の保護および開発のための条約」に定める紛争処理手続は，当該条約規定の解釈・適用をめぐる紛争にのみ向けられている。これらの例が示すように，種々の海洋法関係条約はそれぞれの目的に即して当事国の権利義務関係を規律し，それに適した紛争処理手続を規定している。したがって，それぞれの条約規定にかかわる紛争については当該条約の処理手続が適用され，国連海洋法条約の諸規定にかかわる紛争については同条約第XV部の処理手続が適用される，という豪・NZの反論からすれば，日本の挙げる国家実行は本件にとって意味のあるものではない（アーウィン　8日）。それよりも，ハンブルグの口頭弁論手続における日本側弁護人の表現を借りれば，専門的な体験に裏付けられた"集団的叡知"により，ITLOSが"全員一致で"本仲裁裁判所が「いちおう，管轄権を有する」とした結論が尊重されてしかるべきであろう（キャンベル　8日）。

4　国連海洋法条約第XV部第1節の解釈・適用

さらに日本側は，仮にこの紛争が国連海洋法条約にかかわるものだとしても，同条約第XV部第2節の強制的紛争処理手続が適用されるための前提条件となる同部第1節の諸条件が満たされていないので，付属書VIIの仲裁裁判所には本件に対する管轄権がない，と主張する。より具体的には，第1に，第XV部の紛争処理手続は当事国の自由な"合意"を基礎としている，第2に，当事国はその合意によって任意的紛争処理手続を選ぶことができる，そして第3に，第XV部第1節に規定する諸条件が満たされていないので，同部第2節に規定する強制的紛争処理手続へ進むことができない，と主張する（ロゼンヌ　7日，ロウ　10日）。

これに対して豪・NZ側は，本件については国連海洋法条約第XV部第1節の諸条件は満たされており，同部第2節の紛争処理手続が適用されるべきであって，付属書VIIの仲裁裁判所は管轄権を有する，と反論する。より具体的には，日本側主張の第1点と第2点に対し，国連海洋法条約は海洋法に関する包括的な基本法であり，その主要な法原則の遵守を確保するためには第XV部

の強制的紛争処理手続が不可欠であって，同条約にかかわる当事国間の紛争処理手続は"拘束力ある決定"をもたらすものでなければならない，と反論する。また第3点については，国連海洋法条約第ⅩⅤ部第1節の条件が満たされているので，同部第2節の強制的紛争処理手続へ進むことができる，と反論する。

（1） 日本側の主張

日本側は第1に，国連海洋法条約第ⅩⅤ部の紛争処理手続は当事者の自由な"合意"を基礎としている，と主張する。いうまでもなく，同条約第286条が規定するとおり，第ⅩⅤ部第2節の強制的紛争処理手続が適用されるためには，同部第1節の諸条件が満たされていなければならない。その第1部の冒頭に来る2条文は，国連海洋法条約の紛争処理手続が当事国の自由な"合意"に基づくものであることを明らかにしている。すなわち第279条は，当事国が同条約の解釈・適用に関する紛争を平和的手段により解決する義務を負うこと，平和的手段としては交渉，審査，仲介，国際裁判など国際連合憲章第33条に掲げるものであること，を明らかにし，第280条は，当事国が平和的手段を"選択"する権利を持つこと，またその権利に基づいて"いつでも"合意できること，を明らかにしている。ここにいう"いつでも"とは，紛争の発生前であろうと発生後であろうと，いかなる時期においても合意できることを意味し，みなみまぐろ条約第16条のように紛争の発生前に合意されていた場合も，当然第280条に規定する"合意"に含まれる。「合意は守られなければならない」というのが国際法の根本原則であり，豪・NZは自由な合意に基づいてみなみまぐろ条約を締結した以上，同条約第16条の規定に従って紛争解決に誠実に努力する義務を負うのである。

第2に日本側は，当事国の自由な合意に基づく平和的解決手段すなわち紛争処理手続が，国連海洋法条約第282条にいう「いずれかの当事者の要請により拘束力を有する決定を伴う手続」である必要はなく，逆に第282条はそうした決定を伴わない任意的紛争処理手続を排除していない，と主張する。そしてこの主張は，国連海洋法条約そのものの性格に裏付けられている。豪・NZ側は国連海洋法条約が海洋法の支配的レジームである旨を強調する。しかしそれは，同条約の"枠組条約"たる性格を見誤るものである。言い換えれば国連海洋法

第3章　みなみまぐろ仲裁裁判事件の先決的抗弁

条約は，交渉時に予測された種々の事態に応じて機能するように企図された全世界的な条約であって，そこに規定された個々の問題ごとに関係諸国が交渉を通じて締結する実施協定により，補充されるべき性格を持っている。国連海洋法条約の枠組条約たる性格は，とくに漁業問題の分野で顕著であり，たとえば高度回遊性魚種に関する第64条の規定の実施協定の1つとしてみなみまぐろ条約は締結されたのである。豪・NZ側は，日本が国連海洋法条約第64条のほか，第116〜119条の諸規定に違反したので，第XV部第2節の強制的紛争処理手続が適用されるべきだ，と反論する。しかし，高度回遊性魚種の漁業国が当該魚種の保存と最適利用のために協力することを求める第64条の規定は，その協力を怠った漁業国が一方的に訴えられ，拘束力ある決定に服することを予測していたであろうか。また，第64条の規定の趣旨を公海の生物資源一般に拡げた第116〜119条の規定も，その効力が強制的紛争処理手続によって担保されることを前提としていたであろうか。日本が挙げる数多くの海洋法関係条約が証明するように，国家実行によればみなみまぐろ条約型の任意的紛争処理手続がむしろ一般的なのである。強制的紛争処理手続を備えていないがゆえに，みなみまぐろ条約が国連海洋法条約第311条の規定の意味で国連海洋法条約と両立しないという議論は，同条約のどの条項によっても正当化されない。さきに触れた国連海洋法条約第282条は，同条約の解釈・適用に関する紛争の当事国が強制的紛争解決手続に合意した場合には，当該手続が第XV部第2節の手続に代わって適用される，と規定している。しかし，この規定には"紛争当事者が別段の合意をしない限り"という例外条項が付いているのであって，当事国が"別段の合意"によって任意的紛争処理手続を選択する余地が残されている。つまり第282条は，当事国が強制的紛争処理手続から免れる（opt out）ことを禁じてはいないのである。ついでながら日，豪，NZの3国は，いずれも国際司法裁判所規程第36条に基づく義務的管轄権受諾宣言をしている。したがって国連海洋法条約第282条によれば，豪・NZは本件を仲裁裁判所に付託するに先立ち国際司法裁判所へ行くべきであったが，両国はそうしなかった理由を説明していない。

　第3に日本側は，豪・NZが国連海洋法条約第XV部第1節に規定する諸条件を満たしていないので，同部第2節に規定する強制的紛争処理手続へ進むこ

V　国際紛争と国際法

とができない，と主張する。まず第283条は，紛争が発生すれば，当事国が交渉その他の平和的手段による解決について意見を交換することを求め，解決がもたらされなかった場合にも再び意見を交換することを求めている。1998年にみなみまぐろのTACと国別割当量について3国が合意に達せず，それ以後も交渉が続けられたことは事実である。だが翌年6月に日本が公海で2度目のEFPに着手して以降，豪・NZは一方的に交渉を打ち切り，日本が7月初旬に仲介を，同月14日に仲裁裁判を提案したにもかかわらず，EFPの停止を求めてこれを即座に拒否し，7月15日には仲裁裁判所提訴へ踏み切った。そしてITLOSの仮保全措置命令後に3国間の協議は再開されたのであるが，豪・NZの行動を見れば，当事者の交渉による解決の努力が尽くされたとは結論しがたい。つぎに第284条は調停について規定しているが，豪・NZが提訴したため，日本はこの手続を利用する機会を奪われた。最後に問題となるのは第281条の規定である。同条は，第XV部第2節の強制的紛争処理手続が適用される前提条件として，"当事国の合意した手続によって解決がえられず"かつ"その手続が他の手続の可能性を排除していない"という2点を要求している。本件では，このいずれの前提条件も満たされていない。第1点については，さきに見たとおり，交渉による解決の努力が尽くされたとは結論しがたい。また第2点についても，みなみまぐろ条約第16条は，第1項で当事国に「交渉，審査，仲介，調停，仲裁，司法的解決又はこれらの締約国が選択するその他の平和的手段により紛争を解決するため」協議することを求め，それで紛争が解決されなかった場合には，2項で「すべての紛争当事国の同意を得て，解決のため国際司法裁判所又は仲裁に付託する」ことを定めている。ただし，その合意がえられなかった場合にも，「1項に規定する各種の平和的手段のいずれかにより紛争を解決するため引き続き努力する責任を免れない」と規定しているのである。実はみなみまぐろ条約の締結に至る交渉過程で，NZは強制的紛争処理手続を提案したが，日本の強い反対により上記のような任意的手続に止まった経緯がある。したがって，本件では第XV部第1節に規定する諸条件が満たされておらず，同部第2節に規定する強制的紛争処理手続へ進むことはできないのである。

464

（２）　豪・NZ 側の反論

　これに対して豪・NZ側は，日本側主張の第１点と第２点につき，国連海洋法条約は海洋法に関する包括的な基本法であり，その主要な諸原則の遵守を確保するためには第XV部の強制的紛争処理手続が不可欠であって，国連海洋法条約にかかわる当事国間の紛争処理手続は"拘束力ある決定"をもたらすものでなければならない，と反論する（クロフォード　８日）。同条約は海洋法に関する支配的な条約であり，さきに第311条の規定について見たように，それからの逸脱を厳しく制限している。日本側は国連海洋法条約の紛争処理手続が当事国の自由な合意に基礎を置いており，当事国は合意により第XV部第２節の強制的紛争処理手続から逸脱できる，と主張する。たしかに第XV部第１節の諸規定は，当事国の合意を尊重している。しかしながらその合意は，同条約の主要な諸原則の遵守を確保することを妨げてはならない。たとえば第281条の規定は拘束力ある決定をもたらす紛争処理手続を予定しており，任意的紛争処理手続しか備えていないみなみまぐろ条約には適用されない。また第280条は，国連海洋法条約の解釈・適用に関する紛争の当事国が平和的紛争解決手続について"いつでも"合意できる，と規定しているが，そこにいう"いつでも"は紛争の発生後を意味し，みなみまぐろ条約のように発生前に合意された手続を除外している。それに対して第282条にいう"合意"は，紛争の発生前のものも含まれるが，同条は，当事国が強制的紛争処理手続に合意した場合を前提としている。したがって同条にいう"別段の合意"には，みなみまぐろ条約は含まれない，と考えるべきである。ついでながら日本側は第282条の規定に従って，本件を国際司法裁判所へ付託する可能性に触れるが，日，豪，NZの３国が同裁判所の義務的管轄権受諾宣言に付した留保により，その可能性は排除されている（バーミスター　８日）。いずれにせよ，日本側の主張するように，第282条の"別段の合意"が当事国に任意的紛争処理手続を選択する余地を与え，国連海洋法条約第XV部第２節の強制的紛争処理手続から逸脱できるとするならば，この条約の当事国は一般的，地域的または２国間協定を締結して，海洋法に関する支配的な条約上の義務を任意に免れることが可能となり，国際社会の利益を大きく損なう結果を生じる（マンスフィールド，コーリー　11日）。そ

こで第282条にいう"合意"は,「拘束力を有する決定を伴う手続」の合意に限定されなければならない。

　さらに豪・NZ は日本側主張の第3点につき,国連海洋法条約第 XV 部第1節に規定する諸条件は満たされているので,同部第2節の強制的紛争処理手続に進むことができる,と反論する。1998年の TAC と国別割当量決定の失敗および日本の一方的 EFP の実施以降,3国間で交渉は続けられたが,翌年に入っても解決がえられず,しかも日本による2度目の EFP 強行の通告によって,豪・NZ は国連海洋法条約第279条,第280条に規定する平和的解決への努力は終結した,と判断した。この過程で,第283条の規定する意見交換も繰り返された。また,さきに説明した理由により,第282条の規定は本件に関係しない。残る第281条についても,第1に,これもさきに見たとおり,当事国による交渉は打ち切られ,日本側の土壇場の仲介,仲裁裁判の提案は,EFP 即時停止の要求が容れられなかったため,豪・NZ 側により拒否された。かくして当事国による紛争の平和的解決の努力は実を結ばなかった。第2に豪・NZ 側は,「みなみまぐろ条約が国連海洋法条約第 XV 部第2節の手続に訴えることを排除していない」との了解に立って行動した。この了解の正当性は,「当事国は,紛争解決の可能性が尽きたと結論する場合には,国連海洋法条約第 XV 部第1節の手段を追求する義務を負わない」という ITLOS の仮保全措置命令の文言によって確認されている。したがって,国連海洋法条約第 XV 部第1節に規定する諸条件はすべて満たされており,同部第2節に規定する手続に進むことができるのである。

5　受理可能性と手続濫用の問題

　最後に日本側は,仮に本件が国連海洋法条約上の紛争であり,同条約第 XV 部第2節に基づき付属書 VII の仲裁裁判所の管轄権が認められるとしても,この紛争は本質的に科学的な見解の相違に根差すものであって司法的処理に適さず受理不能である,と主張するのに対し,豪・NZ 側は,科学的性質の紛争も司法的判断の対象となる,と反論する。また日本側は,みなみまぐろ漁業にのちに参入した国連海洋法条約当事国を外して,日本のみを訴えたことは手続濫

用の可能性が高い，と主張するが，豪・NZ 側は，新規参入国との間に紛争は存在せず，日本の EFP 強行に対処するためには仲裁裁判所提訴以外に道がなかった，と反論する。ただし，この点については，日本側が手続濫用の問題を取り上げない旨を明言し，また豪・NZ 側も日本の"悪意"（bad faith）を問題としないことを明らかにした。

（1） 日本側の主張

　日本側は第1に，仮に本件が国連海洋法条約上の紛争であり，同条約第 XV 部の仲裁裁判所の管轄権が認められるとしても，この紛争は本質的に科学的な見解の相違に根差すものであって司法的処理に適さず受理不能である，と主張する（安藤　7日，ロウ　7，11日）。日本が繰り返し指摘したとおり，この紛争の根源にはみなみまぐろの総量予測をめぐる仮説の対立があり，それは純粋に科学的な判断の問題であって司法的処理になじまない。たとえば，さきに見たストラドリング魚種協定の第29条は技術的性格の事項に関する紛争を，臨時に設置される専門家委員会に付託することを定めている。現に豪・NZ は，共同 EFP の漁獲量を1,500トンに抑える日本の新提案によっても，EFP の内容・方法に関する3国間の合意は未成立である，と反論しているが，EFP の内容・方法はまさに科学的・技術的性質の事項である。だが日本は，国連海洋法条約第284条の調停手続または同条約付属書 VIII の特別仲裁裁判所を活用する機会を，豪・NZ の仲裁裁判所提訴で奪われてしまった。いずれにせよ，みなみまぐろ条約第16条に基づく仲裁裁判の日本側提案は今も生きている。

　また日本側は，みなみまぐろ漁業にのちに参入した国連海洋法条約当事国を外して，日本のみを訴えたことは手続濫用の可能性が高い，と指摘する。日，豪，NZ に遅れてみなみまぐろ漁業に参入した韓国，インドネシア，台湾の総漁獲量が年間5,000トンに達すると言われるなかで，日本と同様に国連海洋法条約当事国である韓国やインドネシアのことに触れず，かれらの漁獲量の半分にも充たない日本の EFP 漁獲に対して，ITLOS の仮保全措置命令を求める必然性がどこにあるのか。とりわけ，1999年8月末に日本の EFP が終了することを知りながら，終了のわずか4日前に出された仮保全措置命令は，国連海洋法条約第290条5項に規定する「事態の緊急性により必要」という要件を満た

していないことは明白であり，それを敢えて求めた豪・NZ側のITLOSへの仮保全措置の要請は，国連海洋法条約第XV部第2節の手続濫用の疑いが濃い。加うるに，1999年5月ころ豪政府は国内法上みなみまぐろを"危機に瀕した種"に含める件につき，「危機に瀕した種・科学小委員会」の意見を求めたが，同小委員会は「現在入手可能な科学的情報によれば，その必要はない」と結論した。しかも当該国内法によれば，"危機に瀕した種"とは"その総量，生存または進化を脅かしている環境および要因が継続するかぎり，(つぎの25年間に) 危機に瀕する可能性が高い種"と定義されているのである。いずれにしても日本側は，国連海洋法条約第294条の規定を援用して，豪・NZ側の手続が"法的手続の濫用"に当たるか否か，を本仲裁裁判所が決定するように要請するつもりはない。というのは，同条は第297条に規定する紛争にのみ適用されるが，第297条は沿岸国の自国海域における諸権利にかかわる規定であり，本件には関係しないからである（ロウ　10日）。

(2)　豪・NZの反論

これに対し豪・NZ側は，日本側主張の第1点に関して，科学的性質の紛争も司法的判断の対象となりうる，と反論する（ジェニングス，ゲディス　8日，コーリー　11日）。国連海洋法条約締結交渉の歴史を顧みれば，漁業問題を含む科学的・技術的性質の紛争も司法的判断の対象に含まれていることは明らかであり，第289条の規定も付属書VIIIの特別仲裁裁判所でなく，本件のように付属書VIIの仲裁裁判所が科学的・技術的性質の紛争を処理しうることを認めている。またストラドリング魚種協定第29条も，司法的な強制的紛争処理手続を排除していない。たとえば豪・NZは，司法的法廷が漁獲量を制限する命令を出せない，という議論を受け容れることはできない。現に日本と豪・NZの間には，本件に国連海洋法条約第XV部第2節の強制的紛争処理手続が適用可能か否かについて，見解の相違があり，この見解の相違は両者間に法的紛争が存在する事実を証明するものである。

日本側は，同じく国連海洋法条約当事国でありみなみまぐろ漁業に従事している韓国やインドネシアを外して，日本だけを提訴した豪・NZの行為は，手続濫用の可能性が高いという。だが豪・NZは，これらの国家とは何の紛争も

抱えていない（サーディ　8日）。日本との関係においても，1998年の第1回EFP実施後も豪・NZは日本との交渉を続けた。けれども交渉がまとまらないまま，翌年5月に日本がふたたび一方的EFP強行の"最後通牒"を送り付けたため，豪・NZとしては国連海洋法条約第XV部第2節の手続に訴えざるをえない立場に追いやられたのである。また，豪・NZが日本の仲介，仲裁裁判の提案を拒否したのは，豪・NZ側がそれらの手続につき協議する前提として要求した"一方的EFPの停止"を日本が受け容れなかったからである。豪・NZ側にとって，両国が自らの政策を押し付けるために"悪意"をもって本件提訴に踏み切り，法的手続を濫用したかのように，日本側が主張していることは遺憾である。ただし豪・NZ側は，日本が"誠実に"行動する義務に違反したことを，明示的にも黙示的にも問題にする意図はない（ゲディス　8日）。

6　裁判所の質問と日，豪・NZの回答

　最初に触れたとおり，口頭弁論手続第3日の2000年5月10日，仲裁裁判所は審理の参考に供する目的で，日本と豪・NZの双方に対し10項目（うち1項目は豪・NZ指名のキース裁判官が口頭で追加）の質問を提起し，双方は定められた期間内にこれらに書面で回答を提出した。これらの質問と回答の内容は本件の理解にとって有用と考えられるので，以下にその要点を記しておく。

　［質問1］　日，豪，NZの3国は，みなみまぐろの総量を2020年までに1980年の水準に回復させることに合意し，1990年ころから3国の年間総漁獲可能量を11,750トンに制限した。現在までのところ，3国はこの制限枠内でみなみまぐろ漁業に従事してきており，他方，第3国によるみなみまぐろ総漁獲量もおおよそ知られている。また日，豪，NZは2〜3年間，11,750トンの制限枠以上にみなみまぐろを漁獲するEFPの必要性についても合意している。したがって3国は，さきに合意した目標へ向けて，みなみまぐろ資源が回復基調にあると信じるか。

　（回答）　日　科学的データの基礎のうえに，回復基調にある，と信じる。

　　　　　　豪・NZ　そのように信じる兆候はない。

　［質問2］　国連海洋法条約第311条2項の意味において，みなみまぐろ条約

は国連海洋法条約と両立する，と考えるか。
(回答)　日　完全に両立する。

豪・NZ　両立する。

[質問3]　国連海洋法条約第311条に関連して，国連海洋法条約と両立しない国際協定にいかなる効力を認めるべきか。

(回答)　日　第311条には，国連海洋法条約と両立しない国際協定の効力に関する規定はない。みなみまぐろ条約についていえば，国連海洋法条約と完全に両立する。

豪・NZ　みなみまぐろ条約のいかなる規定も，国連海洋法条約と両立する。第311条によれば，国連海洋法条約と両立する条約は国連海洋法条約と併存関係に立つ。同条3項は，国連海洋法条約当事国が，国連海洋法条約の諸規定を"変更または停止"する条約，言い換えれば国連海洋法条約から逸脱する条約，を締結することを許す。しかしそうした条約は，同項の規定する厳しい条件に服し，かつ同条4項に従って他の国連海洋法条約当事国に通報されなければならない。また同条5項は，国連海洋法条約の他の条項により"明示的に認められている国際協定"には第311条の作用が及ばない，と規定している。

[質問4]　みなみまぐろ条約当事国は，国連海洋法条約に違反することなく，みなみまぐろ条約に違反することがありうるか。両条約の当事国は，みなみまぐろ条約に違反することなく，国連海洋法条約に違反することがありうるか。

(回答)　日　第1の質問に対する回答は"ありうる"。第2問に対する回答は"ありえない"。

豪・NZ　いずれの質問に対する回答も"ありうる"。

[質問5]　みなみまぐろ条約が当事国間ではみなみまぐろに関して排他的に規律するとすれば，みなみまぐろ漁業に従事するがみなみまぐろ条約の当事国ではない国家に対して，国連海洋法条約または慣習国際法が何らかの義務を課するか。またその義務の内容は何か。みなみまぐろ条約当事国の負う義務のなかに，みなみまぐろ条約

第3章　みなみまぐろ仲裁裁判事件の先決的抗弁

に入っていない国連海洋法条約当事国に対して有利に働くものがあるか。

（回答）　日　第1問に対する回答は"課する"。具体的には国連海洋法条約第64条，117〜119条に規定する義務。いずれの条約の当事国でもない国家は，慣習国際法上，他国の権利・義務・利益に適切な考慮を払い，合理的な方法で公海において漁業に従事すべき義務を負う。第2問に対する回答は"ある"。

　　　　豪・NZ　第1問に対する回答は，日本の回答と同じ。第2問への回答は，仮にみなみまぐろ条約上の義務が国連海洋法条約上の義務よりもレベルが低ければ，みなみまぐろ条約当事国が他の国連海洋法条約当事国に対して高い義務を要求できるのに，相互間では低い義務しか負わないことになる。

［質問6］　国連海洋法条約第280，281条は"紛争発生後に締結される合意にのみ適用される"という議論をどう思うか。

（回答）　日　受け容れがたい。

　　　　豪・NZ　両条は，"紛争を解決する"手続を備えた条約にのみ適用されるので，当該条約が紛争解決条項を備えているか否かにより，回答は変わってくる。

［質問7］　国連海洋法条約第281条1項にいう"当該紛争の当事者間の合意が他の手続の可能性を排除していない"とは，どういうことを意味するか。

（回答）　日　当該合意に反しないかぎりにおいて，当事国は国連海洋法条約第XV部第2節の紛争処理手続を援用しうることを意味する。

　　　　豪・NZ　当該合意が最終的かつ拘束力ある解決をもたらすかぎりにおいて，国連海洋法条約第XV部の紛争処理手続が適用されないことを意味する。

［質問8］　みなみまぐろ条約の締結に際して，同条約第16条は国連海洋法条約第XV部の強制的紛争処理手続を排除しないと意図されていたのであれば，同条の規定はなぜその意図を反映していないのか。

（回答）　日　みなみまぐろ条約の締結に至る交渉過程で，NZは強制的紛争

処理手続を提案したが，豪・NZ側が明言した（マンスフィールド11日）とおり，日本の反対によって結実しなかったからである。

豪・NZ　第28条はみなみまぐろ条約にかかわる紛争にのみ適用され，みなみまぐろに関する国連海洋法条約上の紛争には同条約の紛争処理手続が適用される。このことは自明なので，質問にいう"意図"はみなみまぐろ条約第16条の規定に反映されていない。

［質問9］　日本の挙げる多数の海洋法関係条約は，当事国が海洋法の分野の問題について強制的紛争処理手続に基本的な重要性を認めていないこと，を示すのか。

（回答）　日　そのとおりである。日本の挙げる多数の条約に裏付けられた国家実行は，海洋法分野の問題はとくに高度の技術性・科学性のゆえに，任意的紛争処理手続が好ましいことを示すものである。

豪・NZ　そうではない。第1に，日本の挙げる諸条約は国連海洋法条約と実質的に関係がなく，海洋法関係条約とは認めがたい。第2に，これらの諸条約のうち海洋法関係条約と認められるもののいくつかは，国連海洋法条約から逸脱しないことを確認している。最後に，これらの諸条約の紛争処理手続は当該条約にのみ適用され，国連海洋法条約の強制的紛争処理手続を排除していない。

［質問10　キース裁判官が口頭で追加］　日本の挙げる諸条約のうち，"紛争は国際裁判または第3者による処理手続に付託されない"と明記するものが，少なくとも2つある。このような紛争処理手続排除方式ともいうべき実行は，どういう意味を持つか。

（回答）　日　国連海洋法条約第280条の規定から明らかなように，当事国は紛争処理手続を選択する自由を持っている。特定の手続を排除する方式は，それ以外の手続について合意するか，当該特定の手続を明示的に排除するか，のいずれかの規定によることができる。

豪・NZ　紛争処理手続排除方式の実行は，日本の挙げる国家実行が"黙示でまたは無言で国連海洋法条約第XV部の紛争処理手続を排除する"意図の証明とならないことを示すものである。

7 おわりに

　以上，みなみまぐろ事件仲裁裁判の口頭弁論手続における日本側，豪・NZ側の口頭弁論の要旨を，1.事実関係と訴訟目的，2.みなみまぐろ条約と国連海洋法条約の関係，3.国連海洋法条約第XV部第1節の解釈・適用，4.受理可能性と手続濫用の問題，の4つの論点に分けて紹介し，それに5.裁判所の質問と日，豪・NZの回答を追加した。最後に，双方の主張と反論につき，筆者の気付いた問題点をそれぞれ1つずつ指摘して，本稿を終えたい。

　まず，日本側の主張のなかでは，みなみまぐろに関するかぎりみなみまぐろ条約が完全に国連海洋法条約に取って代わった，とする議論には問題があるように思われる。双方が認めているように，両条約の諸規定が内容的に両立することに異論がないとしても，国連海洋法条約上の当事国のあらゆる権利・義務関係がみなみまぐろ条約上のそれに取って代わられているとの主張は，やや極論に過ぎるのではないか。豪・NZ側が反論するように，一定の事態について両条約が"並列的に"規律する場合も，十分にあり得るように思われる。たとえば，みなみまぐろの保存と最適管理を目指す保存委員会において3国間で合意が成立したとしても，その合意に基づくみなみまぐろ漁獲の量や方法が客観的に見てみなみまぐろ資源の危機をもたらしかねないとすれば，やはり国連海洋法条約上の義務違反の可能性が生じるのではないだろうか。もっとも，だからといって豪・NZ側のいうように，みなみまぐろについてみなみまぐろ条約上の当事国の権利・義務関係が国連海洋法条約上のそれと明確に2分できるとする反論にも問題がある。両条約の関係はおそらく交錯する2つの異心円のように，大部分において重複するものの，みなみまぐろ条約または国連海洋法条約のいずれか一方のみが規律する部分も残されているのではなかろうか。ただし本件については，みなみまぐろ条約のみが規律する部分にかかわる紛争と見るべきだろうと思われる。

　つぎに，豪・NZ側の反論は，ITLOSの仮保全措置命令の論理にあまりにも安易に乗り過ぎたきらいがある。豪・NZが繰り返し強調するように，管轄権についてITLOSの22名の裁判官が"全員一致で"この命令を出したことは事実である。しかしITLOSの役割は，あくまでも本件が"いちおう"国連海洋

V 国際紛争と国際法

法条約上のものであることを認定するに止まり，管轄権の有無に関する最終的な判断は，付属書VIIの仲裁裁判所に委ねられているのである。日本側が指摘したとおり，ITLOSの命令は"みなみまぐろ条約が当事国間で適用される事実は，国連海洋法条約第XV部第2節の手続に訴えることを排除しない"と述べるだけで，その判断の根拠を明らかにしていない。そこで豪・NZは，管轄権ありとするITLOSの結論を正当化するために，他の海洋法関係条約に対する国連海洋法条約の"優越性"を絶対的な前提とせざるをえず，国連海洋法条約第311条があたかも国際連合憲章第103条と同等の効力を持つかのような議論を展開する結果となった。そして日本側の挙げる圧倒的な数の国家実行を，きわめて抽象的かつ形式的な論理を用いて，本件にとり無意味だと反論せざるをえない羽目に陥ったのである。一般に条約規定の解釈にとって，それをめぐる当事国の国家実行が決定的な重要性を持つことを考えれば，ITLOSが明らかにしなかった上記の判断の根拠こそが，本仲裁裁判所の審理すべき論点の中心となるだろうと思われる。しかし，この点に関する豪・NZ側の議論は必ずしも説得力に富むものではない。

VI
戦後処理

第1章　第2次世界大戦後の賠償・請求権処理

(2016年)

1　「賠償・請求権」の範囲(意義)

　第2次世界大戦によって生じた国際法上の種々の問題のうち, 本書[*1]は日本にかかわる対外「賠償・請求権」の処理を検討する。検討に先立ち, 最初に, 本書で扱う「賠償・請求権」の範囲ないし意義を明らかにしておきたい。

　後述のように, 第2次世界大戦後の日本にかかわる賠償・請求権の全般的な処理は, 1951年9月8日にサンフランシスコで署名され, 翌52年4月28日に発効した「日本国との平和条約」(対日平和条約) の諸規定に基づいている。これら諸規定はほとんど同条約第5章「請求権及び財産」に含まれているが, そこでは「賠償(reparation)」や「請求権(claim)」のほか,「補償(compensation)」や「責任(liability)」などの用語が用いられ, しかも異なる用語の相互関係が必ずしも明確ではない。したがって本書では, 対日平和条約の第5章および第5章以外の関連条項に規定されたあらゆる財産関係の処理を検討対象に含めることとする。ただし, 在日連合国および連合国民の財産の返還・補償については, 対日平和条約の準備・成立・実施の全段階を扱った包括的かつ網羅的な先行研究(大蔵省編『第二次大戦における連合国財産処理』全3巻, 大蔵省, 1966年)があるため, 原則として本書の検討対象から除き, 必要に応じて触れるに留めたい。また, 日本にかかわる対外「賠償・請求権」の処理のなかには, 対ソ, 対韓, 対中のように, 対日平和条約以外の国際取極に基づくものもあるので, それらにも簡単に触れることとする。

　ところで, 日本の対外賠償・請求権のなかには, 平和条約の締結に先立つ連

[*1] 本書とは, 本論文を収録した, 国際法事例研究会編『日本の国際法事例研究(6)戦後賠償』(ミネルヴァ書房, 2016年)を指す。

Ⅵ 戦後処理

合国の日本占領期間中に処理されたものもあるので，まず，それについて簡単に触れておきたい。

2　占領期間中の処理

周知のとおり，日本は1945年8月15日，連合国側が先に提示したポツダム宣言の諸条項を受諾して降伏し，同年9月2日それら諸条項を実施すべき法的枠組みを定めた「降伏文書」に署名した。ポツダム宣言は大筋において日本の非武装化と民主化を要求し，その実施を確保するため連合国が日本を軍事占領することを規定していた。また降伏文書は天皇と日本国政府の統治権が，ポツダム宣言の諸条項を実施するために「適当と認むる措置を執る」連合国最高司令官の権限に服することを定めていた。占領は1945年9月2日から対日平和条約の発効日まで7年近くも続き，この間，日本の非武装化と民主化実施のために最高司令官は日本政府に対して次々と命令を発し，日本政府はこれを忠実に履行した。

日本を占領した連合国軍は，オーストラリア軍を中心とする英連邦軍がごく一部参加したのを除けば，すべてアメリカ軍で構成され，かつ連合国最高司令官には米国大統領が指名した太平洋方面アメリカ軍総司令官ダグラス・マッカーサーが就任した。連合国側の日本占領機関としては，米国以外に英国，中国，ソ連，フランスなどの代表が参加する対日理事会や極東委員会も存在したが，マッカーサーはこれらの機関を軽視して，アメリカ政府の訓令に従うことが多く，それをかれの指揮下に立つ「連合国最高司令官総司令部（General Headquarters/Supreme Commander for the Allied Occupation of Japan, GHQ/SCAP）」を通じて日本政府に伝達した。したがって，連合国軍の日本占領は実質的にアメリカの日本占領であり，占領政策は米国の方針に即して進められた。またドイツと異なり，日本は分割占領されなかったので，占領政策は全土にわたり統一的に実施された。このことは日本の対外賠償・請求権の処理についても当てはまる。

占領期間における日本の対外賠償・請求権の処理について検討するためには，連合国の対日占領政策全般の推移を見ておくことが不可欠である。占領初期に

第1章　第2次世界大戦後の賠償・請求権処理

おける連合国の対日占領政策は，日本の徹底的な非軍事化であり，日本軍の投降・武器の引渡，在外兵員の本国帰還，内外の軍事産業施設の解体および製品の接収，軍事主義的な諸団体の解散や超国家主義的な諸組織の解散および資産の接収，さらに一般市民の保有する武器の回収などが手掛けられ，それに伴い，解体・接収された施設や製品の一部を賠償の取立てに回す占領政策がとられた。この占領政策に基づく賠償は，平和条約に先立って実施されたものであったために，「中間賠償」と呼ばれた。それは，具体的には日本の最低限の生産能力は保証するが，過剰な生産能力は除去することを目指すものであった。そして中間賠償は，産業面における日本の武装解除の意味をも含んでいた。中間賠償は，1945年11月に来日したE. W. ポーレーの率いる米国賠償調査団が採用し勧告した政策であり，ポーレー報告を踏まえて連合国最高司令官が，賠償に充てる工場施設を指定した。指定を含む中間賠償の準備作業（他に評価，保全など）は直ちに着手されたが，実際の取立ては1947年から始まり，第1次撤去分の引渡は1948年1月に開始された。その後，第2次（48年5月開始）および第3次（49年5月開始）のものが実施され，1950年5月までに総計1億6515万8839円（1939年の価格換算）相当の機械などが撤去された。

　しかし，東西対立の進行と冷戦の激化に伴い，ドイツの場合と同様に，非軍事化の行き過ぎが日本経済を過度に弱体化させ，社会主義勢力の伸張に資することに対する危惧から，現物賠償の取立てが次第に緩和されるようになった。すなわち，1947年になると，調査のため来日したストライク使節団が，予定どおりの工場撤去を行えば日本経済は壊滅的な打撃を受け，米国の納税者に追加負担を強いる可能性があるという趣旨の報告書を作成した。さらに翌48年に来日したドレイパー使節団は，日本の工場設備が過剰評価されていると指摘し，ストライク調査団と同様に，これ以上の工場設備の撤去に日本経済は耐え切れないと結論した。そして1949年5月にはついに，中間賠償の取立て中止が決定されたのである。これ以降はむしろ，日本の経済力回復を促し，日本を共産主義の拡張に対する「防波堤」とする方向へ，対日占領政策が転換された。なお，取立て中止までに日本国内の工場から撤去された資本設備が送付された国家は，中国（全体の54.1％。以下同じ），オランダ（インドネシア地域，11.5％），フィリピン（19％），英国（ビルマ・マレイ地域，15.4％）であった。

479

Ⅵ　戦後処理

　中間賠償と並んで，占領期間中に GHQ と日本政府とのあいだで大きな問題となったのは「略奪財産」の処理であった。これも初期の占領政策のなかで，GHQ は日本政府に対し，日本軍および日本国民が外地から「不当に」持ち帰った財産（商品，設備，貴金属類など）は「略奪財産」として，取り上げた現地（中国，マラヤ［現マレーシア］），オランダ領東インド［現インドネシア］，フィリピンなどに返還することを指示した。実際には，1946年4月19日付けの「略奪財産の没収および引渡し（Impounding and Reporting）に関する連合国覚書」により，略奪財産の捜査と返還が開始された。それによれば，日本政府が，1937年7月7日（日華事変勃発日）以降に日本軍占領地域において掠奪された財産であって日本国内に所在するものを没収し，保管し，移動を禁止することが命じられた。ただし，略奪財産の範囲をめぐって，GHQ と日本政府とのあいだでは，平和条約の締結まで問題が継続した。

　さらに，日本国内に所在する連合国・連合国民を含む外国・外国人財産の処理も GHQ は占領中から手掛けた。この作業は，主として米国および米国民の財産にかかわるものであったが，それに止まらなかった。まず，連合国財産については，戦争開始とともに敵産管理令の対象とされていたが，その詳細は先に触れた先行研究に譲る（大蔵省編『第二次世界大戦における連合国財産處理』，前掲書）。つぎに，枢軸国財産については，1945年9月13日に「連合国および枢軸国財産に関する覚書」が発出され，GHQ は日本政府に対し，ドイツ等旧7枢軸国政府・同国民が日本国内で所有または支配する財産を調査し没収することを命じた。のち1948年7月29日に至って，ドイツ以外の諸国・諸国民は除外され，ドイツ国・ドイツ国民の財産については，一部を除いて売却され，売却金は米国，英国およびフランスに引き渡された。最後に，中立国財産のうち，戦時中に封鎖または没収されたものは解放された。さらに中立国にも枢軸国にも該当しない特殊地域国・同国民の財産については，中立国の場合と同様に処理された。傀儡政権（満州国政府や南京政府など）の財産は，略奪財産として処理されたものを除いて，日本政府財産として処理された（傀儡政府の外交・領事財産は，後継政府の財産とされた唯一の例である）。

第1章　第2次世界大戦後の賠償・請求権処理

3　対日平和条約に基づく処理

　上に見た対日占領政策の転換は，1950年6月末に始まる朝鮮戦争によって一層促進され，1950年11月24日には米国国務省が「対日平和7原則（Statement of Principles Regarding a Japanese Peace Treaty）」を公表するに至った。実はそれ以前にも，対日講和の早期実現へ向けた動きがなかったわけではない。しかし，欧州情勢の推移に伴う連合国間の対応の相違，講和方式をめぐる意見の対立，さらに冷戦の激化のため，こうした動きは平和条約の締結に繋がらなかった。以下では，まず，比較的最近になって公開された「平和条約の締結に関する調書」（日本の外務省条約局長の要職にあって，同条約の締結事務に携わった西村熊雄氏のメモ。2002年3月に外務省『日本外交文書「平和条約の締結に関する調書」』第一〜五冊に収録。以下たとえば『調書』第一冊，5頁は，『調書』一，5のように表記して引用）を参考にしながら，対日平和条約の起草過程の大筋を跡づけ，つぎに，同条約の賠償・請求権にかかわる条項を分析し，それに続いて，同条約を採択したサンフランシスコ会議における各国代表の関連発言を整理し，最後に，賠償・請求権に関する条約規定の解釈・適用について概観してみよう。

（1）　対日平和条約の起草過程

(i)　準　備　期

　対日平和7原則の公表に先立つ時期において，日本側の大きな関心事の1つは「略奪財産の返還」であったように思われる。これについては，すでに1946年4月19日付の占領軍最高司令官訓令に基づいて，その捜査と返還が開始されていたが，1947年に締結された対伊（イタリア）平和条約第75条に「いずれかの連合国の領域からいずれかの枢軸国が強力・脅迫により撤去したことが確認され，現在イタリーに所在するすべての財産に対し，現保有者が撤去後いかなる取引により入手したかに関わりなく，イタリーは返還する義務を負う」と規定されたことも，関心の一因であった（『調書』一，13-14）。たとえば，1948年9月に外務省が占領軍総司令部を通じて米国国務省に提出した「りゃく奪財産の現状（Present Condition of Looted Property）」と題する調書は，返還を免除されるべき財産として，日本人が通常の取引により入手したもの，戦前から外地

481

に所在した日本人工場または戦時中に外地に移住した日本人工場の製品，空爆による大損害や自然損傷を費用をかけて修復した財産などを挙げ，修理改善された略奪財産の返還を求めることは日本経済に大打撃を与える可能性がある，と指摘していた（同前）。

　また，ガリオア資金により1950年9月1日から米国に派遣された外務省第3次グループ団長が「講和問題に関する米国国務省係官の談話に関する件」と題して外務省に提出した報告書は，「講和条約の内容に関する米国の構想」として，「賠償については49年の打切り声明で明らかな様に〔米国は〕従来関係国の説得に努めて来た。比島，ビルマが未だに要求を持している……」「連合国人の対日クレームの清算は，各国別にその国にある日本の財産から清算するという線で既に行われて来た。……清算された日本人の在外私有財産について補償を必要とするならば日本政府がこれを行う外はない」「日本人が連合国に対して提起されるクレームについては，伊太利条約の規定の通り条約成立と共にその権利が消滅することとなろう」などと述べていた（『調書』一，608，775）。

　なお，対日平和7原則については，ダレス米国務省顧問が同年10月14日の記者会見でその存在を認めたとされるが，これについて日本側はそれに先立つ米国の新聞や通信社の情報を基に検討していた。それによれば，賠償については，「1945年9月以前に発生した日本に対するあらゆる賠償請求権（claims）は放棄する。但し各国がその領土内で戦争中押収（impound）した日本の資産はこれを保持（hold）することができる」としており，日本側はこれを「……賠償請求権を，各国がその領土内で戦争中押収した日本資産のみに限定する趣旨であって，それを〔越〕える請求権は一切放棄するという原則を掲げたものと解される」と捉えるとともに，「中立国にある日本財産は，日本に返される趣旨であると一応は解されるが，そこまで期待できるかは，なお問題であ」り，「また日本国民に対する補償義務は，わが経済の現状を十分考慮に入れたものであって欲しい」と述べていた（『調書』一，700）。

(ii)　対日平和7原則と第1次対米交渉（1951.1.25～2.13）

　1951年1月11日，米国国務省はダレス顧問が大統領の命令により，マッカーサー連合国最高司令官ならびに日本政府首脳部と対日講和の実現手段について

協議するため、対日講和使節団長として近々日本を訪れる旨を発表した。同使節団は同月25日に羽田空港に到着し、同年2月13日に離日するまで、数回にわたり日本側と協議を重ねた。

このなかで、1月26日にダレス使節団から日本側に手交された対日平和7原則の第6は「請求権（claim）」と題して、つぎのように述べていた。

「すべての当事国は、1945年9月2日前の戦争行為から生ずる請求権を放棄する。ただし、(a) 一般に連合国がその領域内にある日本人財産を保有する場合、および (b) 日本国が連合国人財産を返還し、または原状で回復できないとき喪失価格の協定された割合を補償するために円を提供する場合を除く」（『調書』二、121）。

これに対して1月30日、日本側が吉田総理大臣の私見として提出した見解は以下のとおり述べていた。

「10　賠償及び戦争に基く請求権
1　賠　償
　　工業施設による賠償については、すでに撤去された施設以上には取立てが行われないこと、また、年間生産物又は金銭による賠償の請求が行われないことを切望する。
2　戦争に基く請求権
　　7原則の第6に略述された処置に対してわれわれは異議を有するものではない。しかし、われわれは次のことを申し述べたい。
(a) 日本の在外資産。連合国中日本と現実に戦闘行為には入らなかった諸国にあるすべての日本資産は、返還されることを希望する。現実に戦闘行為に入った諸国にある日本財産のうち、私有財産については、できれば、特別の考慮を払われんことを懇請したい。戦争に基く請求権の支払にこれらが適用されるとした場合には、これら財産の所有者に対する補償の問題は、日本政府の裁量に一任されることを要請する。この問題は、日本の経済に重大な影響を及ぼす問題であって、政府は、諸般の事情を勘案して公正な措置を講ずる所存である。
(b) 略奪財産。返還は、ほとんど終了した。この問題は、平和条約の締結

483

とともに終了したものとみなされるよう希望する。
(c) 在日連合国財産。在日連合国財産の返還をできる限りすみやかに完了するために、必要な措置を執られるよう希望する」(『調書』二，153)。

また、ダレス特使は日本側の見解に対して、1月31日の会談でつぎのように述べた。

「賠償については比律賓などが異論があるようだが、米国としては大体日本案に賛成である。
(イ) ウォア クレイムについて
　　在外資産は、事実今までにほとんど処分済みで、従って返還はできない。
　　ただ、大公使館、領事館関係資産のごときは返還することになろう。
　　日本人に対する補償の点は、日本の案に異存ない。
(ロ) 略奪財産
　　少し残っていると聞いている。……条約締結後半年とか1年の間にアピール・ツウ・ザ・コートを認めるというようなことにして委員間で話し合いたい。
(ハ) 在日連合国財産
　　異存ない」(『調書』二，159)。

なお、吉田首相は2月13日、開会中の第10回国会の衆参両院の本会議において、日米会談に関して報告し、米国の好意に感謝するとともに、両国が満足すべき了解に達した旨を強調した(『調書』二，103-106)。

(iii)　第2次交渉 (1951.4.16〜23)
第1次ダレス使節団と日本政府とのあいだで交された平和条約基礎案の仮覚書をめぐり、1951年3月に入って日米間で若干の情報と意見の交換があった(『調書』二，373-386)。さらに、同年3月27日、米国外交部シーボルト大使は公邸に吉田首相を訪問し、極秘に米国の平和条約草案を手交した(『調書』二，386)。これは仮覚書の構想を条文化したものであって、その第6章「請求権および財産」の諸規定は大筋において、最終的な対日平和条約の関連規定と内容

的に類似していた。とりわけ「賠償」に関する規定第14は，「連合国は，日本国が，存立可能な経済を維持し……且つまた，戦争損害に対して連合国に適当な賠償をなすことを可能ならしめるような支払を地金，貨幣，財産又は役務でなす能力を欠くことを認める」と規定していた（『調書』二，516以下，特に527-528）。日本は4月4日付の回答で，この草案を交付した米国の配慮に深く感謝し，その内容に異存ない旨を明言するとともに，2点を提言したが，その1つは第14に列挙される支払方法のなかに「生産物」を追加することであった（『調書』二，539）。

いずれにせよ，米国の平和条約草案に付された覚書によれば，同草案は先に公表された対日平和7原則を基礎として，多くの連合国政府代表と米国政府代表との意見交換の結果作成されたものであり，それらの意見を相当広く反映したものであるが，あくまでも試験的な示唆にすぎず，今後の検討によって望ましいと考えられる場合には，その内容および用語が変更される余地を残すものである，という（『調書』二，387）。

ところで，連合国最高司令官のマッカーサーは朝鮮戦争をめぐる意見の相違からトルーマン大統領によって解任され，後任にはリッジウェーが任命された。そして，マッカーサーが日本を発ったのと同日の1951年4月16日，ダレス特使一行がふたたび日本を訪れ，2日後の吉田総理，リッジウェー，ダレスの3者会談で，連合国最高司令官の交代にもかかわらず，米国政府の対日平和条約推進政策には変更がないことが確認された。また，前日の4月17日，ダレス特使一行は秘密情報として，最近英国が提出した対日平和条約案を日本側に見せ，それに対する意見を求めた。英国案は対伊平和条約をモデルとして，10章40条と5付属書から成り，賠償に関する詳細な規定を含む大部のものであった（『調書』二，616-623）。特使一行はさらに，6月前半に予定されている英国政府との会談で両国の対日平和条約案を検討するので，その際の参考資料として活用するため，英国案に対する日本の意見を知りたいと述べた。日本側としては，英国案が1947年の対伊平和条約第75条と同様の「略奪財産」にかかわる規定を含んでいるが，同条約が締結されてから数年を経て同種の財産の処理がほぼ完了している日本には不要な規定であり，日本としては米国案の線で対日平和条約がまとまることが望ましいと回答した（『調書』二，616，624-627）。

Ⅵ 戦後処理

　吉田首相は第2次交渉についても5月9日，開会中の第10回国会の衆参両院の本会議において報告し，翌10日野党の代表質問に対し，日本の在外資産は賠償の担保として所在連合国が没収することになっているが，この制約のもとでどのように緩和されるかは今後の問題である，と答えた（『調書』二，476-479）。

　(iv)　第3次交渉（1951.6.24アリソン公使訪日，7.3離日）

　上記の米英会見は6月4～14日ロンドンで開かれ，対日平和条約の米英合同案が作成された。同会談に参加したアリソン米国公使は会談の終了後，ロンドンから直接東京へ飛来し，米英合同案を説明して日本側の了解を求めた。これが第3次交渉のはじまりである（『調書』三，57）。第3次交渉は7月3日まで続けられ（経緯については，『調書』三，636-665），日本側の要請を容れて微少な変更を加えた合同案が，7月7日には英国代理大使の立ち会いの下に米国大使から日本政府に正式に交付された。この対日平和条約案は7月12日，ワシントンとロンドンで発表され，日本政府も7月13日（日本時間）その邦訳を公表した（『調書』三，142，576以下）。さらに1週間後の1951年7月20日，米英両国から50余の旧連合国に対し，同年9月4日からサンフランシスコで開催される対日講和会議への招請状が送付され，同日日本政府も会議への招請状を受領した。なお，招請状のなかで8月13日に送付の予定と記されていた対日平和条約最終案は，8月16日に米英両国が公表した（『調書』三，211，757以下）。

　この過程を通じて，賠償問題にかかわる日本側の対応のうち，注目すべき点はつぎのとおりである。

(1)　日本から分離（割譲）される地域に所在する日本と日本国民の財産および当該地域の統治政府と住民に対する請求権，逆に当該政府と住民の日本と日本国民に対する請求権は，日本と当該政府との個別協定による（第4条）とすること，ならびに，当該地域に所在する連合国財産を原所有者に返還すること，は止むをえないが，後者の返還は統治政府が行うことを明文化すべきである。

(2)　賠償に関する一般規定（第14条）は，一部国家の強い主張を受け，米国案の賠償打ち切りに代わって，賠償支払が原則とされた。しかし日本に支払い能力がないため，日本の戦争行為により損害を被った領土をもつ連合

国が希望するときは，役務賠償を中心として，日本との2国間交渉に委ねられることとなった。これは日本にとって苦痛であり，独立回復後の大きな課題として残るが，早期講和実現のためには止むをえない。

(3) 連合国に所在する日本と日本国民の財産について，当該連合国の処分権を認めることには反対だが，認めるとしても，その範囲はできるかぎり限定し，かつ原所有者たる日本国民に対する補償には触れないで欲しい。

(4) 連合国と連合国民の賠償を含む請求権の放棄は，日本の希望に沿うものである。

(5) ただし，中立国・同盟国に所在する日本と日本国民の資産を旧日本軍の捕虜に対する賠償に充てること（第16条）には，道義的問題としてはともかく，国際慣行上の先例もなく，抗議せざるをえない。

(6) 日本と日本国民の連合国と連合国民に対する請求権の放棄は，米国案を英国案で補充したものであり，日本は敗戦国として甘受せざるをえない。

なお，いわゆる日本の「略奪財産の返還」については，1951年8月13〜16日に日米間で最終的に協議され，「連合国と連合国民のすべての財産（有体・無体を含む）・権利・利益で戦争中に日本に所在したものを返還する」規定（第15条）に含まれるか否か，が問題となった。日本側としては，占領期間中に占領軍最高司令官の命令に基づき，略奪財産の返還は完了していると認識していたが，平和条約締結期にきて1，2の略奪財産の案件が持ち上がったため，略奪財産の返還も第15条第(a)項に含まれるものと了解され，その線に沿って関連国内法も改正されることになった（大蔵省編『第二次大戦における連合国財産處理・(戦後篇)』(1966年) 154頁）。

（2） 条約の規定

1951年8月16日に公表され，同年9月サンフランシスコにおける対日講和会議に提出された対日平和条約最終案は，会議への招請状が「案文の条件で対日平和条約を締結し署名するための会議（a conference for conclusion and signature of the peace treaty with Japan on the terms of that text）」と述べているとおり，原文のまま承認され各国の署名に開放された。したがって以下では，まず条約文を説明し，そのあとサンフランシスコ会議で各国代表がとくに問題とした点を中

Ⅵ　戦後処理

心に指摘する順序を選びたい。

　賠償・請求権の問題は，条約の第5章（第14-21条）に規定されており，第14条で全般的な基本原則を定めたあと，在日連合国および連合国民の財産の返還（第15条），中立国および旧枢軸国に所在する日本および日本国民の財産の処分（第16条），戦前債務（第18条），日本および日本国民の請求権放棄（第19条），在日ドイツ財産の保存・管理（第20条），中国と朝鮮に関する特例（第21条）についてそれぞれ規定している。なお第17条は，連合国民の所有権にかかわる日本の捕獲審検所の決定または命令を要望に応じて再検査・修正し，返還すべきことが明らかになった場合は，第15条に従って処理すること，戦時中の日本の裁判所における裁判にかかわった連合国民が十分な陳述をなしえなかった場合には，当該連合国民が日本の適当な機関に再審査を求め，公正かつ衡平な救済が与えられるようにすべきこと，を規定している。また第5章以外に第4条は，朝鮮・台湾・澎湖諸島・千島・樺太など日本の領域から分離される地域に所在する日本・日本国民の財産および当該地域の統治当局・住民に対する請求権の処理，逆に当該当局と住民の財産およびかれらの日本・日本国民に対する請求権の処理，をいずれも日本と当該当局との特別取極に拠るべきこと，さらに，これらの地域に所在する連合国・連合国民の未返還の財産は施政当局が現状のまま返還すべきこと，を定めている。ほかに第10条は，1901年9月7日に北京で署名された最終議定書と付属文書を日本に関して廃棄し，それらから生じる利得・特権を含む中国におけるすべての特殊権益を日本が放棄することを求めている。

　上記第5章の諸規定は以下の諸点にまとめることができよう。

(1)　日本は戦争によって与えた損害・苦痛につき，連合国に賠償しなければならないが，日本が存立可能な経済を維持するためには，賠償を支払うのに日本の資源は十分でない。したがって，現在の領域が日本軍に占領され，かつ損害を受けた連合国が希望するときは，生産・沈船引揚げなどに必要な役務を日本が提供することによって補償に充てる。そのための交渉を，日本は当該連合国と速やかに開始する。

(2)　各連合国はこの条約の発効日に自己の管轄下に在る日本・日本人の財産・権利・利益を自国の法に従って処分することができる。ただし，日本

政府および外交・領事職員が外交・領事目的のために所有した不動産・家具・備品，戦争中に連合国の許可をえて居住した日本人の財産で日本軍が占領した領域以外に所在するもの，などは除かれる。

(3) この条約に別段の規定がある場合を除き，連合国はすべての賠償請求権および戦争の遂行過程で日本・日本国民がなした行為から生じた連合国・連合国民のそれ以外のすべての請求権を放棄する。

(4) 戦争期間中のいずれかのときに日本に所在した連合国・連合国民の有体無体財産・権利・利益は原所有者に返還される。

(5) 中立国・旧枢軸国に所在する日本・日本国民の資産またはそれと等価のものは，日本の捕虜として不当な苦難をこうむった連合国民への償いに充てるため，赤十字国際委員会に引き渡し，元捕虜とその家族に衡平に配分される。

(6) 日本・日本国民の連合国・連合国民に対する債務・請求権，連合国・連合国民の日本・日本国民に対する債務・請求権で，戦争前に存在したものは，戦争状態の介在による影響を受けない。

(7) 日本は，戦争から生じ，または戦争状態の存在によりとられた行動から生じた連合国・連合国民に対するすべての請求権を放棄する。このなかには，1939年9月1日（第2次世界大戦の勃発日）からこの条約の発効日までに日本の船舶に対して連合国がとった行動から生じた請求権，日本人捕虜・抑留者に対して連合国がとった行動から生じた請求権が含まれる。

(8) 日本は相互放棄を条件として，政府間の請求権および戦争中に受けた滅失・損害にかかわる請求権を含むドイツ・ドイツ国民に対する日本・日本国民のすべての請求権を放棄する。また，1945年のベルリン会議議定書に基づく連合国の在日ドイツ財産処分の実施に必要な措置をとる。

(3) サンフランシスコ会議

(i) 参 加 国

サンフランシスコで9月4日から開催された対日講和会議の招請状は，米英を含め対日参戦した51カ国に送られたが，ビルマは賠償条項に対する不満から，インドは会議の背景や最終案の内容に関する異議から，それぞれ参加せず，

Ⅵ　戦後処理

ユーゴスラビアは参加を通告しなかった。また会議に参加したソ連，チェコスロバキア，ポーランドの3国は署名せず，インドネシアも署名を拒否した。さらにフランスの主張により，遅れてベトナム，ラオス，カンボジアのインドシナ3国にも招請状が送られ，全体で49カ国（日本を含む）が署名した。なお中国については，中華民国（台北）政府を引き続き承認していた米国と，すでに中華人民共和国（北京）政府を承認済みの英国との相違もあり，いずれの政府に対しても招請状は送付されなかった。

(ii) 賠償問題にかかわる発言

賠償問題にかかわる参加国の発言のうち，注目すべきものは以下のとおりである。

まずソ連は発言と称して第14条を「日本国は，連合国に対する軍事行動により，及び，ある連合国の領土の占領により生じた損害を補償することを約束する。日本国によって支払われるべき賠償の額および源泉は，関係諸国の会議において検討されるものとする。この会議には日本国の占領下にあった諸国，すなわち中華人民共和国，インドネシア，フィリピン，ビルマは，必ず参加招請するものとし，この会議には日本国も招請される」に置き換えるべきだ，と強調した（外務省『サン・フランシスコ会議議事録』112-113頁。以下では「頁」を省く）。この発言には，チェコスロバキアとポーランドが賛同したが（同前，179，297），会議の最終日9月7日にソ連発言を修正案として扱う動議は議長裁定により「反則」として却下された（同前，308-315）。

つぎに第14条の案文の解釈について，国内法との整合性の必要を指摘する発言が見られた。すなわち，アルゼンチンは，自国の領域内に在る日本・日本人の財産を処分する権利の対象から「慈善団体の財産が外される」第14条の規定について，そのような「団体に対する管轄権は財産が所在する国に排他的に属する」と強調した（同前，299-300）。またエルサルバドルは「第14条の……中に，連合国の領域内にある日本の自然人及び法人の財産を没収［処分］する権利を認める規定」があるが，同国憲法には「没収は，刑罰その他いかなる名目によるものもすることができない」および「法廷において審問を受け，有罪の判決を受けたものでなければ共和国領域の住民は，所有権又は占有権を奪われ

第 1 章　第 2 次世界大戦後の賠償・請求権処理

ることがない」との規定があり，この規定は内外人に等しく適用されるので，その旨を留保する，と述べた（同前，130-131）。

またオランダは「連合国及びその国民［連合国民］の請求権」放棄に連合国が合意することは，各連合国がその国民の私的請求権を収用する効果を持つのではなく，この平和条約により国民はその請求権を日本・日本国民に対して追及できなくなるにすぎないと解釈すべきであり，そうすることによって私有財産の没収ないし収用にかかわる憲法的制約を免れうる，と指摘した。もっともオランダは「不当な苦難を被つた捕虜」と同様に，「民間の被抑留者」も不当な苦難をこうむったのであって，両者が同等に扱われるべき強い論拠がある，とも指摘した（同前，200-201。特に後者に関するオランダの立場は会議場の外でも強調され，それを含めた日本の対応と問題の処理については，第11章「オランダ」参照[*2]）。これに関連してノルウェーも，「戦争中日本収容所におけるノルウェー船員」も，捕虜と同様の困難と窮乏を体験したのであって，両者が同一の賠償の機会を与えられることが正当・公正と信じる旨を強調した（同前，132-133）。

賠償の手段や手続に関する発言も見受けられた。特にベトナムは第14条の案文が「主として労務提供の形式」で賠償を受ける権利を定めているが，これは「原料を殆ど持つていないヴィエトナムには，余り役に立たない」のであって，他のより有効な賠償の支払形式が追加されること，また通常の賠償がなされること，を特に期待している，と強調した（同前，284）。

賠償に関する不満を極めて端的に表現したのは，インドネシアとフィリピンである。インドネシアは，この会議が条約の文案について考慮できないことは遺憾であると指摘し，それが可能であれば第14条を修正して，日本の役務提供に呼応して連合国が供給すべき原料の費用を日本が支払うこと，連合国の希望に応じて日本が再建のための機械や工場を提供すること，戦争中の連合国民の苦痛を緩和すべき基金を日本が提供することなどを追加したい，と発言した。さらにインドネシアは，日本は第14条に従って十分な賠償を支払う用意があるか，平和条約の調印後に締結されるべきインドネシアとの条約で賠償の詳細と

[*2]　国際法事例研究会編『日本の国際法事例研究(6) 戦後賠償』の第11章。

491

金額を決定することに同意するか，と厳しく問いかけた（同前，230-232）。同国が結局，平和条約に署名を拒否したのは，先に見たとおりである。フィリピンは明確に「本条約第14条(a)項の賠償規定には不満」であると述べた。そして，日本の存立可能な経済の維持，他の債務の履行，他の連合国の追加負担の排除，日本の外貨負担を課すことの排除，という４条件を受諾したフィリピンとしては，第14条第(a)項に規定された以外の方式による賠償支払について日本と自由に交渉する資格がある，と考える旨を強調した。さらに，この規定がそうした方式を制限するのであれば，その制限を排除すべき留保を付けざるをえない，とも述べた（同前，239，242-243）。フィリピンは最終的には平和条約に署名したが，その後の交渉は難航することになった。

なおセイロン（現在スリランカ）は仏教の人道主義に基づき，賠償を求める権利はあるが，それを請求する意図はない，と声明して，日本の代表団に深い感銘を与えた（同前，142）。またエチオピアは，賠償に関する寛大な条項は，「過去の侵略がその犠牲者に対して正当な賠償を必要としない」と解釈されてはならない旨を強調した（同前，282）。

（４）　条約に関する国会審議

対日平和条約が署名されてから発効するまでの期間に開催された第12回国会における審議のなかで，賠償に関係する主要な論点を見ておこう。

まず第14条に関しては，賠償支払額の限度や履行期間の不確定が問題とされている。これに対して政府側は，対日平和条約の１つの特色は，額を定めず年限を切っていない点にあり，1947年の対伊平和条約が総額を定め相手国別に物品・施設・役務などで詰めていく方式を採っているのと異なるが，役務賠償であるため額や期限は決めがたい，と答えている（条約局第一課「昭和26年日本国との平和条約及び安全保障条約国会審議要旨」130，133，134）。また，上記のフィリピンの留保に関連して，役務賠償以外に金銭・現物賠償を要求される可能性につき，条約上は役務賠償に限られる，と答弁している（同前，132）。

つぎに，連合国に所在する日本・日本人財産の処分権を認めることについて，戦闘行為がなく損害も受けなかった連合国の不当利得になるのではないか，との質問に対し，政府側はサンフランシスコ会議においても遺憾である旨を指摘

した，ただし権利は必ずしも行使しなければならない訳ではなく，各連合国と今後交渉する余地はある，と答えている（同前，142-143）。また，私有財産を賠償に充てながら，原所有者に対する補償を明記しないのは国際法違反ではないか，との質問に対し，第1次世界大戦後のヴェルサイユ条約や1947年の5つの平和条約で補償義務を明記しているが，実質的な補償はなされていない，19世紀ないし20世紀初頭の戦争ではハーグ条約にいう私有財産尊重の原則が決められたが，今日的な総力戦では敗戦国にその余裕がない，また日本としては在外財産を失う者だけでなく，その他の者にも配慮しなければならず，国家の財政能力も勘案しなければならないので，対日平和条約には補償条項がない，と答弁している（同前，144-145）。さらに，在外船舶も賠償の対象に入るのか，との質問に対して，日本の降伏日に連合国の海域にあった船舶は占領軍最高司令官の命令により，その海域に止まらざるをえず，その後日本軍人や在留邦人の帰還のために用いられたりしたので，賠償の対象から外すよう懇請したが，容れられなかった，と答えた（同前，147-148）。これに関連して，ソ連が満州から莫大な日本資産をソ連領土内に移動した事実はあるが，その相当部分がソ連から中国側に引き渡されたようだ，とも答えている（同前，152）。

第15条関係では，いわゆる略奪財産との関係が問題とされたが，これも先に見たとおり，略奪財産は第15条により処理しうることで日米が合意している（同前，162）。

第16条の中立国・旧枢軸国所在の日本・日本人財産を捕虜への補償に充てる件について，その当否が問題とされたが，政府側はスイス・スウェーデン所在のドイツ財産が連合国によって処分された例があり，一方で辛苦をなめた連合国捕虜への補償は日本に好印象をもたらし，対日平和条約の促進に有益であるとともに，他方で中立国所在の日本財産はすでに連合国に凍結管理されており，ソ連も管理者に入っているので，それを手放さないだろうから止むをえないという説諭があった，と答弁した（同前，165-167）。

なお，第19条に基づく請求権放棄に日本と並んで日本人を加えることについては，戦争後の勝者と敗者が対等な立場で講和条件を決めることは無理であり，ヴェルサイユ条約や1947年平和条約でも敗戦国と同国民との請求権は放棄させられている，と答えている（同前，168）。

（5） 条約規定の解釈・適用

　サンフランシスコにおける対日講和会議に参加しなかったインドとビルマのうち，インドは1952年に，ビルマはやや遅れて1955年に，それぞれ日本との平和条約を締結した。また会議に参加した諸国のうち，フィリピンは1956年に，インドネシアは1958年に，ベトナムは1959年に，対日平和条約第14条第(a)項の規定に基づき，日本とのあいだで賠償協定を締結した。これに対してラオスとカンボジアは賠償請求を放棄したが，それぞれ1958年と1959年に，日本とのあいだで経済・技術協力協定を結んだ。さらにサンフランシスコ会議当時は英国の植民地であったマレーシアとシンガポールも1967年になって同種の協定を結んだ。それぞれの詳細については，本書の該当章を参照されたい。ついでながら，対日平和条約第14条第(a)項の規定に基づき処分の対象となるべき在連合国の日本および日本人の財産額は，おおむね表1のとおりである。また，上述の各国との条約・協定に基づき，日本が負担した金額も表2のとおりである。

　以下では，対日平和条約の賠償・請求権条項のうち，その後特に問題とされた個人の財産権・請求権に関する日本政府の見解と国内裁判所の判決を見ておこう。ただし，ここに見る政府の見解や裁判所の判例は全体的な傾向を示すことを目的としており，個別・具体的な請求の処理については，本書の該当章を参照していただきたい。

(i) 日本政府

　対日平和条約の諸規定のなかで，連合国側と日本側の個人請求権にかかわるのは第14条第(b)項と第19条第(a)項の2つである。すなわち，前者は「この条約に別段の定がある場合を除き，連合国は，連合国のすべての賠償請求権，戦争の遂行中に日本国及びその国民がとつた行動から生じた連合国及びその国民の他の請求権並びに占領の直接軍事費に関する連合国の請求権を放棄する」，後者は「日本国は，戦争から生じ，又は戦争状態が存在したためにとられた行動から生じた連合国及びその国民に対する日本国及びその国民のすべての請求権を放棄し，且つ，この条約の効力発生の前に日本国領域におけるいずれかの連合国の軍隊又は当局の存在，職務遂行又は行動から生じたすべての請求権を

第1章　第2次世界大戦後の賠償・請求権処理

表1　在連合国日本・日本人財産額（1945年8月）

（単位：百万ドル）

英連邦諸国および植民地	1,027
中国（台湾を含む）	17,901
仏領インドシナ	155
ソ連（北朝鮮を含む）	6,615
米国占領地域（南朝鮮を含む）	3,935
蘭領インドネシア	957
総　　額	30,858*

（注）　＊総額は他の地域も含む。
（出典）　SCAP (General Headquarters), Non-Military Activities of the Occupation of Japan, Vol. 23, Appendix 17, pp. 57-61.

表2　賠償・経済技術協力協定等無償援助（準賠償）額

（単位：百万ドル）

賠　償	ビルマ	200
	フィリピン	550
	インドネシア	223
	ベトナム	39
総　額		1,012
準賠償	ラオス	2.8
	カンボジア	4.2
	ビルマ	140
	韓国[1]	300
	マレーシア	8.2
	シンガポール	8.2
	ミクロネシア	5.8
総　額		498[2]

（注）　1）この他，請求権・経済協力協定に基づき，2億ドルの有償資金協力も供与。
　　　　2）総額は他の国家も含む。
（出典）『外交青書』昭和52年版。

放棄する」と規定している。問題は，ここにいう「連合国の国民」および「日本国の国民」の請求権の放棄である。

このうち，まず「日本国民の請求権の放棄」につき，日本政府は，たとえば平和条約請求権放棄事件の控訴審（東京高判昭34・4・8下民集10巻712頁）にお

495

いて「［対日平和条約第19条(a)］によって放棄された請求権は日本国が国際法上外国に対して有する［前示］いわゆる外交的保護権に関するものであり，被害者たる日本国民個人が本国政府を通じないで，これとは独立して直接に賠償を求める国際法上の請求権或いは私法上（国内法上）の損害賠償請求権の如きは，これを含まないと解すべきである」と述べており，同じく原爆訴訟第１審（東京地判昭38・12・７下民集14巻12号2435頁）においても「……対日平和条約第19条(a)にいう『日本国民の権利』は，国民自身の請求権を基礎とする日本国の賠償請求権，すなわちいわゆる外交的保護権のみを指すものと解すべきである。日本はその国民が連合国及び連合国民に対して請求権を行使するために，必要な立法的，行政的措置をとることを相手国との間で約束することは可能である。しかし，イタリアほか５カ国との平和条約に規定されているような請求権の消滅時効及びこれに対する補償条項は，対日平和条約には規定されていないから，このような個人の請求権までも放棄したものとはいえない」と主張していた。

　さらに，後述の日韓請求権協定に関連して，1991年８月27日の参議院予算委員会において，柳井俊二外務省条約局長は「……いわゆる日韓請求権協定におきまして，両国間の請求権の問題は最終かつ完全に解決した……。その意味するところでございますが，日韓両国間において存在しておりましたそれぞれの国民の請求権を含めて解決したということでございますけれども，これは日韓両国が国家として持っております外交的保護権を相互に放棄したということでございます。したがいまして，いわゆる個人の請求権そのものを国内法的な意味で消滅させたというものではございません。日韓両国間で政府としてこれを外交的保護権の行使として取り上げることはできない，こういう意味でございます」と説明していた。

　ところが，「連合国の国民の請求権の放棄」につき，オランダ人元捕虜・民間抑留者損害賠償請求事件の控訴審（東京高判平13・10・11訟月48巻９号49頁）において，日本政府は「［対日］平和条約第14条(b)にいう『請求権の放棄』とは，日本及び日本国民が連合国国民による国内法上の権利に基づく請求に応ずる法律上の義務が消滅したものとして，これを拒絶することができる旨が定められたものと解すべきである」と主張したため，この主張と従来の「日本国民

第1章　第2次世界大戦後の賠償・請求権処理

の請求権の放棄」との関連が国会で問題とされることになった。この点につき，2001年3月22日の参議院外交防衛委員会において，対日平和条約第14条第(b)項と第19条第(b)項に規定する「個人の請求権」に関する質問に対し，海老原紳外務省条約局長は「……従来から国会等の場におきまして政府が，我が国が平和条約において放棄したものは国家自身の請求権を除けばいわゆる外交的保護権であって，平和条約により個人の請求権が消滅させられてはいないというふうに説明してまいっておるわけでございまして……，これは全く矛盾しないというふうに考えております。……平和条約におきまして，日本国として自国民の連合国およびその国民にかかわる外交的保護権を放棄したということになっておりまして，その意味するところは，連合国において，連合国およびその国民に対する日本国民の請求権が当該連合国によって否認されても，当該連合国の国際法上の責任を追及することは平和条約の締結によってもはやできなくなったということでございまして，このことは従来より申し上げております。このように，従来からの日本国政府の国会等における説明は，平和条約の締結によりまして，さきの大戦にかかわる日本と連合国の請求権の問題は，それぞれの国民がとった行動から生じた個人の請求権にかかわる問題を含めまして，すべて解決済みであるということを一般国際法上の概念である外交的保護権の観点から述べたことであるというふうに考えております」と答弁している。

　なお，これに先立つ2000年8月8日，「連合国の国民の請求権の放棄」につき，第2次世界大戦中に強制労働に従事させられた連合国の元捕虜たちが日本企業に賠償の支払いを求めて米国の裁判所に提起した一連の訴訟に関して，駐米日本大使館は米国政府に対し，「日本政府は，第2次世界大戦中の日本国およびその国民の行動から生じた米国およびその国民（捕虜を含む）の日本およびその国民に対する請求権は，平和条約によって解決［＝放棄］されたとする米国政府の見解と完全に同意見である」とする外交文書を手渡していた。

　いずれにせよ，今日における日本政府の公式見解は，対日平和条約第14条第(b)項および第19条第(a)項の規定により，「連合国の国民の請求権」および「日本国民の請求権」はいずれも放棄されたため，これらに応ずべき法律上の義務は消滅したものとされたのであり，その結果，救済は拒否されることになる，ということである。

497

Ⅵ 戦後処理

(ii) 裁判判決

対日平和条約の上記2条項は，締結当時の日本の経済状況に配慮して，各種の請求権の相互放棄を規定した恩恵的なものであった。その反面，連合国に所在する日本系財産は日本国民の私有財産を含めて各連合国の自由な処分に委ねられ，一般的な賠償に充てられた。また，中立国に所在する日本系財産は日本国民の私有財産を含めて連合国の元捕虜への補償に充てられた。これは，特定の個人財産を国家全体の賠償・補償に振り充てた行為であり，当該個人財産の原所有者から見れば，私有財産の公用収用に準ずる行為であって，対イタリア平和条約などでは，敗戦国が私有財産の原所有者に補償を支払うことを規定していた。

そこで，対日平和条約の規定に基づき，カナダ所在の個人財産を日本の賠償に振り充てられた原所有者が，日本政府に対し公用収用に準ずる補償の支払いを求める訴訟を起こした。しかし，最高裁は1968年11月27日の判決（最大判昭43・11・27民集22巻2808頁）で，対日平和条約のなかに対イタリア平和条約に見合う規定がないことを理由に，「少なくとも国際的に……平和条約上，国の補償義務の生ずる余地はない」と認定し，「平和条約締結の経緯からいって，わが国が自主的な公権力の行使に基づいて，日本国民の所有に属する在外資産を戦争賠償に充当する処分をしたものということはできず」，その結果として原所有者が「被った在外資産の喪失による損害も，敗戦という事実に基づいて生じた一種の戦争損害とみるほか」なく，「このような戦争損害は，他の種々の戦争損害と同様，多かれ少なかれ，国民のひとしく堪え忍ばなければならないやむをえない犠牲」であるから，公用収用に関する憲法の補償規定を適用する余地はない，と判示した。そして「日本国民の請求権の放棄」に関するかぎり，この国民受忍論ともいうべき判旨が，その後も踏襲されつづけている。

しかしながら，「連合国の国民の請求権の放棄」については，日本の国内裁判所の判断が一貫してこの最高裁の判断と合致してきたわけではない。たとえば，いわゆる従軍慰安婦らが日本政府に対して損害賠償を求めた訴えに対し，1998年4月27日の山口地裁下関支部判決（山口地下関支判平10・4・27判時1642号24頁）は損害賠償のための特別立法をしなかった国会議員の不作為を違法と認定したし（第Ⅲ部参照）[*3]，強制連行された中国人の賠償請求につき，除斥

第1章　第2次世界大戦後の賠償・請求権処理

期間の適用を主張した国側に対し，2001年7月12日の東京地裁判決（東京地判平13・7・12判タ1067号119頁）は「正義・公正の理念」に反するとして，これを退けている。さらに著名な浮島丸事件において，2001年8月23日の京都地裁判決（京都地判平13・8・23判時1772号121頁）は，原告のうち生存者15名を「釜山港まで安全に運送する義務があった」として，日本の賠償責任を認めた（第29章「韓国および北朝鮮」参照）[*4]。こうした訴訟は実は，すでに見たとおり，1991年8月27日に参議院予算委員会において政府委員が日韓請求権協定につき，同協定が両国の外交的保護権の相互放棄を規定したものであって，個人の請求権を国内法的な意味で消滅させたものではない，と説明して以降，急増したものである。

ただし，この点については，これも先に引用した2001年3月22日の外務省条約局長答弁が示すとおり，対日平和条約以後，連合国と日本は戦争に起因する請求権を相互に放棄し，そのなかには個人の請求権を含むので，これに応ずべき義務は消滅しており，その救済は拒否される，というのが日本政府の公式見解である。この点について，オランダ人元捕虜・民間抑留者損害賠償請求事件控訴審の2001年10月11日付東京高裁判決（東京高判平13・10・11判時1769号61頁）は，第1審判決と同様に，戦争被害の賠償は国家がすべての被害を総括して解決する平和条約の交渉に委ねられているとして，「……サンフランシスコ平和条約14条第(b)項の請求権放棄条項により，連合国及びその国民と日本国及びその国民との相互の請求権の問題は終局的に一切解決されたものと認められる。すなわち，連合国国民の個人としての請求権も，連合国によって『放棄』され，これによって，連合国国民の実体的請求権も消滅したと解するのが相当である」と判示しており，最高裁は上告を棄却した。なお，いわゆる西松事件の最高裁判決（最2小判平19・4・27民集61巻3号1188頁）は，「請求権の『放棄』とは，請求権を実体的に消滅させることまでを意味するものではなく，当該請求権に基づいて裁判上訴求する権能を失わせるにとどまるものと解するのが相当である」と判示した。

[*3]　国際法事例研究会編『日本の国際法事例研究(6)戦後賠償』の第Ⅲ部。
[*4]　国際法事例研究会編『日本の国際法事例研究(6)戦後賠償』の第29章。

Ⅵ 戦後処理

4 その他の処理

サンフランシスコ会議に参加しなかった連合国としては，先に見たインドとビルマのほかに，ユーゴスラビアがあるが，ユーゴと日本とのあいだでは特に賠償・請求権の問題は生ぜず，両国は1952年に共同宣言を発して戦争状態を終結し，外交関係を再開している（国際法事例研究会編『日本の国際事例研究 (2) 国交再開・政府承認』91-92頁）。なお，会議に参加しながら対日平和条約に署名しなかったソ連，ポーランド，チェコスロバキアのうち，ソ連は1956年に日本との共同宣言に調印して戦争状態の終結と外交関係の再開に合意するとともに，両国および両国民のすべての請求権を相互に放棄した。ポーランドとチェコも翌1957年，日本と国交を回復する協定を締結した。これら中東欧の3国についても，詳細は本書の該当章に委ねたい。

中国と韓国についても，詳細は各論の該当論文[*5]に委ね，ここでは賠償・請求権処理の概要を述べるに止めたい。中国は，先に述べた事情により，サンフランシスコ会議に代表を派遣しなかったが，対日平和条約の発効した1952年4月28日，日本は当時中国を代表する政府と見なしていた中華民国（台北）政府とのあいだで個別の平和条約を締結して，両国間の戦争状態を終結し外交関係を再開した。また中華民国は，対日平和条約第14条第(a)項1の規定に基づいて日本が提供すべき役務の利益を自発的に放棄した。ただし，日本国および日本国民の財産で台湾・澎湖諸島に在るもの，日本国および日本国民の請求権で台湾・澎湖諸島の当局および住民に対するもの，逆に台湾・澎湖諸島の当局および住民の財産で日本に在るもの，台湾・澎湖諸島の当局および住民の請求権で日本国および日本国民に対するもの——これらの処理は両政府間の特別取極に委ねることとされた。しかしながら，この特別取極が結ばれる前に，日本が対中国政策を変更して，中華人民共和国（北京）政府を中国を代表する政府であると承認したため，複雑な事態が発生することとなった。もっとも，1972年の共同声明により，中華人民共和国政府は「日本国に対する戦争賠償の請求を放棄することを宣言」している。

[*5] 国際法事例研究会編『日本の国際法事例研究 (6) 戦後賠償』中の各論文。

第1章　第2次世界大戦後の賠償・請求権処理

　韓国については，1905年以来の日本との特殊な関係もあって，対日平和条約で日本が朝鮮の独立を承認し，朝鮮に対するすべての権利・権原・請求権を放棄して以後も，両国の関係は1965年の基本条約締結まで正常化しなかった。ただし，同時に締結された日韓請求権協定により，日本が3億ドルの無償資金と2億ドルの有償資金を提供することと並んで，「両締約国及びその国民（法人を含む）の財産，権利及び利益並びに両締約国及びその国民の間の請求権に関する問題が……完全かつ最終的に解決されたこと」が確認された。

　なお，中国については，1972年の共同声明が「国民の請求権」に明示に触れていないこともあって，戦時中の強制連行の被害者やいわゆる従軍慰安婦が補償をもとめる訴えを日本の裁判所に起こしていた。しかし，2007年4月27日の判決で最高裁は，日中共同声明が戦争賠償・請求権の処理について，対日平和条約の枠組みと異なる取り決めをなしたと解することはできず，個人の損害賠償等の請求権を含め，戦争中に生じたすべての請求権の放棄を規定したものと解するべきである，と判示した[*6]。また，日韓請求権協定についても，同様の訴訟が提起されていたが，最高裁は同協定の規定に基づいて，いずれの請求も退けている。

5　他国の処理との比較／日本の処理の特色（賠償＋開発援助）

　最後に，第2次世界大戦後の賠償・請求権処理について，日本の場合と他の枢軸国特にイタリアとドイツの場合とを比較しておこう。まず，イタリアの場合は，戦争中に同国内でファシスト政権に対する反乱が起き，同政権を倒したイタリア人自身が新政権を樹立して，連合国側に立った経緯があり，日本とは事情が異なっている。また，対伊平和条約は1947年には締結されている。そうした事情を反映して，対伊平和条約は，一方でイタリアの戦争責任に触れ，ファシスト組織の再現や戦争犯罪人の審理を求めながら，他方で同国の国際連合加盟を連合国が支持することを明らかにしている。賠償についても，既存資産と役務の提供を基本としてまかなわれることとされ，総額も3億6000万ドル

[*6]　前出の西松事件最高裁判決。

と明示されている。しかもこの額は，ソ連のほか，ユーゴスラビア，アルバニア，ギリシア，エチオピアに対して支払われ，平和条約で規定されたものを除き，西側諸国はすべて賠償請求を放棄している。イタリアも，連合国側に対する自国と自国民の請求権を放棄しているが，賠償に充てられた私有財産の原所有者に対しては，イタリア政府が補償するものと規定された。

ドイツの場合は結局，イタリアや日本の場合のように，平和条約は結ばれなかった。また，ドイツの場合は日本と異なって，政府も軍隊も崩壊し，米英仏ソの四大連合国はドイツの最高権力を掌握して，それに基づきドイツを分割占領し，それぞれの占領地域で占領政策を実施した。ただし，日本の場合と同様に，連合国や中立国に所在するドイツおよびドイツ国民の財産は戦争賠償や補償に充てられた。連合国側は占領の初期にドイツの徹底的な非軍事化を目指し，賠償を取り立てる方策として，ドイツ産業の施設・製品の解体・接収やドイツ人捕虜の役務の利用等を手掛けた。特にソ連は，西側の占領地域における施設や接収される原材料の一部についても権利を認められた。しかし冷戦の激化に対応して，西側諸国はドイツの行き過ぎた弱体化が共産圏に利せられることを危惧し，ドイツ産業解体のペースを緩和し，最終的には現物賠償取立ての権利を放棄した。また，連合国とその国民のドイツに対する請求権の処理は「賠償問題の最終的な解決まで」延期され，ついに1990年の東西両ドイツの再統合まで放置されたままであった。もっとも，イタリアの場合と同様に，賠償に充てられた私有財産の原所有者に対するドイツの補償支払が義務付けられた。

これらの戦争賠償とは別に，ドイツはユダヤ人迫害の犠牲者に対する補償として，1952年のイスラエルとの協定により34億5000万マルクを支払ったほか，

表3　2005年度までの円借款の累計額　　　　　　　（単位：億円）

インドネシア	40,407	ベトナム	10,982
中国	31,331	マレーシア	9,693
インド	25,361	パキスタン	8,569
タイ	20,448	スリランカ	6,820
フィリピン	20,327	韓国	6,455

（出典）　外務省編『政府開発援助（ODA）白書　2006年』）　http://www.mofa.go.jp/mofaj/gaiko/oda/shiryo/hakusyo/06_hakusho/ODA2006/html/zuhyo/zu030581.htm（2015年12月19日閲覧）

第1章　第2次世界大戦後の賠償・請求権処理

少額ながら同種の協定を西側諸国やユーゴ，ハンガリー，チェコ，ポーランドなどと締結している。また同種の迫害を受けたドイツ国籍者に対しても，国内法を制定して補償している。しかしドイツは，これらの措置が法的義務ではなく，道義的な性格のものであることを明らかにしている。ドイツが日本と異なり，対日平和条約に相当する条約を締結せず，同条約に基づいて日本が結んだ数多くの賠償条約や経済技術協力協定に基づく支払い義務を果たしてきた事実，しかもそれらの支払いが建前として連合国国民の請求権に対する補償をも含んでいた事実，を考慮するならば，第2次世界大戦後の賠償・請求権の処理について，ドイツと日本の対応を比較する作業は慎重の上にも慎重を期すべきであろう。

　なお，主としてアジア諸国を対象とした第2次世界大戦後の日本の賠償・請求権処理については，それが過去の行為に対する賠償というよりも，未来を見据えた開発援助という性格を次第に強くもつようになっている事実に注目すべきである。たとえば，中華人民共和国政府は1972年の日中共同声明で「日本国に対する戦争賠償の請求を放棄する」と宣言していた。しかし，表3が示すように，その後日本が同国に与えた円借款の総額は，インドネシアやインドと並ぶ膨大な金額に達している。こうした金額が関係諸国の社会・経済のインフラ建設・拡充に果たした役割は決して軽視されるべきではない。

第2章　日本の敗戦および連合国の占領と国際法
——とくに占領の性格と占領政策をめぐる法的な諸問題について——

(1972年)

1　序　　論

　1941年12月8日，日本の真珠湾奇襲に始まった太平洋戦争は，1945年8月14日，連合国側の提出していたポツダム宣言を日本が受諾し，同年9月2日，東京湾に浮かんだアメリカ戦艦ミズーリ号上で，日本政府と軍隊の代表が降伏文書に調印することにより，その幕を閉じた。ポツダム宣言は戦争終結の条件として，日本軍隊の即時無条件降伏のほかに，日本の主権を本州，北海道，九州，四国とその周辺の小島群に限ること，日本をこの戦争へ駆りたてた軍事主義者の勢力を永久に除去すること，日本における民主主義的傾向を復活・強化すること，連合国の捕虜を虐待した者を含む戦争犯罪人を処罰すること，日本経済を賠償取立ての可能な範囲で非武装化すること，そしてこれらの条件の実施を確保するために連合国軍が日本を占領することなどをあげており，さらに降伏文書は，日本の統治権が「降伏条項を実施する為適当と認むる措置を執る連合国最高司令官の制限の下に置かるる」ものと定めていた。連合国軍の日本占領は，降伏文書の調印に先立つ1945年8月末から開始されたが，1952年4月28日の対日平和条約の発効まで7年近くもつづけられ，この間に東京裁判，憲法改正，公職追放，財閥解体，農地改革など，降伏条件を実施する措置が相次いでとられた。

　本稿の目的は，かような日本の敗戦および連合国の占領をめぐって，国際法上どのような問題が生じたか，を検討することにある。だが検討に先立って，1つお断わりしておきたいことがある。日本の敗戦および連合国の占領をめぐる国際法上の問題については，体系的，組織的な研究が必ずしも十分になされてきた，とはいいがたい。また研究資料の入手も容易ではなかった。したがって本章では，このテーマを解説するというよりも，筆者の研究しえた範囲で気

Ⅵ　戦後処理

づいた問題点を指摘することに重点をおきたい。本稿の記述中，断定的な結論を避けた個所が多いのは，そうした考慮に基づくものである。

　以下，そうした制約のもとに，まず，日本の敗戦をもたらしたいわゆる無条件降伏と連合国の占領の法的な性格，とくに占領軍の権限の限界について考察し，次いでその考察の結果を具体的な占領政策に適用する順序を選ぶ。ただし，領土に関する問題や賠償に係わる問題については別稿で論じられているので，ここでは取り上げない。

2　無条件降伏と占領の法的性格

（1）　ポツダム宣言と無条件降伏

　いわゆる無条件降伏につづいて日本を占領した連合国軍は，国際法上，どのような権限をもっていたのか——この問題について考えるためには，ポツダム宣言にいう「無条件降伏」の内容を，いま少し明らかにしておかなければならない。

　ポツダム宣言の第13項は「吾等は，日本国政府が直に全日本国軍隊の無条件降伏を宣言……せんことを……要求す」と述べている。この条項で，無条件降伏することを要求されたのは日本国「軍隊」であって，日本「国」でも日本国「政府」でもなかった。たしかに，全日本国軍隊の無条件降伏を「宣言」するよう要求されたのは，日本国政府であった。だが，ここでいう日本国政府は，「日本の統治権を代表するもの」の意味であって，日本国軍隊の統帥権を含む日本の統治権を有していた「天皇」は，当然これに含まれていたものと解される。この統帥権に基づいて「全日本国軍隊の無条件降伏」を宣言しえたのは，日本国政府にほかならなかった。つまり，日本国政府が無条件降伏を宣言したことは，宣言された無条件降伏が「軍隊」のみに係わっていた事実を変えるものではない，

　国際法上，抗戦を断念した軍隊が，武器を捨てて敵側の軍門にくだる「降伏」の制度は古くから確立されており，降伏の際に降伏後の兵員の取扱いのごとき軍事的な問題についてなんらかの協定が結ばれた場合には，その協定は誠

実に遵守されなければならないものとされている。ただし降伏はあくまで軍事的な制度であるので、降伏後の敵国政府や敵国国民の取扱いのごとき政治的な問題については、双方の政府の同意がなければ、協定を結ぶことはできない。また、かような協定が結ばれず、まったくの「無条件」で軍隊が降伏する場合もありうるが、この場合にも、降伏した兵員には捕虜の待遇を与えることになっている。ポツダム宣言の第13項は、このような意味で、日本国軍隊の降伏を要求していた、と考えてよかろう。

　だがポツダム宣言に基づく日本国軍隊の降伏は、文字通り「無条件」降伏であった、といえるだろうか。先にみたとおり、ポツダム宣言は戦争終結の条件として、いくつかの要求をあげていた。同宣言の第1項には、アメリカ、中国、イギリスの3国首脳が「日本国に対し、今次の戦争を終結するの機会を与ふることに意見一致せり」と書かれており、第5項では「吾等の条件は左の如し。吾等は右条件より離脱することなかるべし。右に代わる条件存在せず」として、そのあと8項目にわたる要求を掲げていたのである。このなかには、日本の主権の地理的な限界や日本国内の軍事主義者の勢力一掃のような政治的な問題に関する条項と並んで、日本国軍隊を非武装化してのち各自の家庭に復帰させ平和な生活を営ませるといった軍事的問題に関する条項があった。かようにポツダム宣言の表現にみる限り、日本国軍隊は無条件降伏でなく、条件付き降伏をしたように思われる。ところが、1945年9月6日にアメリカ大統領トルーマンが連合国軍最高司令官マッカーサーに宛てた声明によると、「連合国がポツダム宣言の条項を履行するのは、同宣言が日本とのあいだに契約的な関係をつくり出したからではなく、同宣言が連合国の政策を表明しているから」であって、「連合国と日本国の関係は無条件降伏に基づいており、貴官の権限は至高であるがゆえに、その限界について日本側から提出される疑問を取り上げる必要はない」とされていた。すなわち、ポツダム宣言は降伏後の日本に対する連合国の行動を規制する国際法上の効果はなく、日本国軍隊の降伏はあくまで無条件降伏であった、というのがアメリカ政府の見解であった。

　しかしながら、この見解を支持することはむずかしい。第1に、あとでみるとおり、アメリカを中心とする連合国がポツダム宣言を発した目的は、日本の本土上陸作戦敢行に伴う厖大な損失を避けるために、降伏後の日本国と軍隊の

Ⅵ 戦後処理

取扱いを日本政府に提示し，戦争の終結を早めることにあった。第2に，日本は降伏文書においてポツダム宣言の条項を受諾するとともに誠実に履行することを約し，連合国側はこれを受け容れて，戦争が終結した。第3に，連合国は降伏後の対日関係を降伏文書に基礎づけて処理し，あらゆる占領政策をポツダム宣言の条項の実施措置として正当化した。つまり，日本の降伏後，連合国はアメリカ政府の見解とまったく反対の行動をとることにより，自らその見解の不当性を証明したように思われる。連合国軍による日本領域の占領もまた，ポツダム宣言の規定に従ってなされた。しかもポツダム宣言自体が，同宣言に掲げられた「諸目的が達成せられ，且日本国国民の自由に表明せる意思に従ひ平和的傾向を有し且責任ある政府が樹立せらるるに於ては，連合国の占領軍は，直に日本国より撤収せらるべし」と定めていた。連合国軍による日本本土の占領は，戦時中の敵地占領のように武力に基づくものではなく，日本との協定に基づき，その協定の実施を保障するために平和的になされた。占領軍の権限も基本的にはこの協定に基づいており，またこの協定によって制約されていた，と考えるべきである。

（2） 無条件降伏とハーグ条約の適用

このようにポツダム宣言に基づく日本の降伏が，本質的には軍隊の降伏であり，しかも条件付き降伏であったとして，次に問題となるのは，占領軍の権限の限界である。この問題について考えるためには，無条件降伏という言葉が用いられた事情を歴史的に跡づけてみることが有益であろう。

周知のごとく，第1次世界大戦の終結に際して，アメリカのウィルソン大統領は有名な「14カ条」を提示し，ドイツ側はこれを休戦条件と解して，1917年に休戦協定の締結に応じた。しかるにヴェルサイユの平和会議においてドイツ側のこの期待が裏切られたため，同会議で成立した平和条約は「ヴェルサイユの不正」としてドイツ国民の強い反感をかい，のちにヒトラーのナチス・ドイツの台頭を助ける一因となった。ルーズヴェルト大統領は第2次世界大戦の終結にあたって，このような事態が繰り返されることを防ごうと腐心した。ルーズヴェルトはまた，ナチス・ドイツやその同盟国の好戦的な性格を改めるためには，これら諸国の政治，経済，社会制度を根本的に改変しなければならない，

第2章　日本の敗戦および連合国の占領と国際法

と信じていた。かくして打ち出されたのが，1943年1月24日にカサブランカで発表された「無条件降伏」方式であった，といわれている。この発表はイギリス首相チャーチルとの共同声明の形式をとったが，チャーチルも翌年5月イギリス下院で，「無条件降伏方式は，ドイツが敗戦後に，ふたたびウィルソンの14カ条についてと同様，何らかの条件付きで降伏した，と主張する危険を封じるものである」と説明していた。つまり無条件降伏というのは，戦勝国が戦敗国およびその軍隊の取扱いについてなんの言質も与えずに戦争を終結させる方式である，と解される。だが国際法上，このような言質を与えない限り，戦勝国は戦敗国やその軍隊をどのように取り扱ってもよいのであろうか。

　第2次世界大戦以前には，戦争はいわゆる一般的な休戦協定によって終結されるのが常であった。休戦協定は，戦線の一部に限りかつ一定の期間のみ適用される場合もあるが，和平交渉を始める目的で，全戦線にわたって半永久的に適用される場合もあり，後者の場合には，実質的に戦争を終結させる機能を果たす。ところが休戦協定を結ぶためには，どうしても敵国の政府を相手にしなければならない。さらに休戦協定によって敵地を占領する場合には，占領軍と被占領地域の関係は，原則として1907年のハーグ第4条約に集約された「敵地占領」に関する諸規定（第2次世界大戦後にジュネーヴ第4条約で一部補強された）によって規律されるものと解される。そしてこれら諸規定は，「占領は一時的な事態であるから，占領軍は被占領地域の基本的な諸制度に恒久的な変化を加えてはならない」との原則に立っているため，戦勝国の占領軍が被占領国の諸制度を根本的に改変することは，建て前として禁ぜられる。したがって，交戦国の一方が他方の政府を相手とせず，また占領を通じて相手国の政治，経済，社会の全制度を改変するためには，完全な軍事的勝利による自国への併合以外に，方策がなかったわけである。だが連合国側は大戦の初期に，戦勝による自国領土拡大の意図を否定していたので，この方策はとれなかった。とすれば無条件降伏方式は，一方で戦敗国の領土併合を欲せず，他方でその諸制度の改変を欲する戦勝国が，この目的を実現するために，戦敗国の領土を占領し，しかもその占領に対するハーグ条約の適用を排除することを狙ったものである，とみることができよう。

　しかしながら第2次世界大戦において，戦勝国たる連合国は戦敗国たる枢軸

国やその衛星国から，完全な無条件降伏をかちとることができなかった。まず1943年の9月，連合国はイタリアとのあいだに2つの休戦協定を結び，これによってイタリア軍隊は連合国に降伏し武装を解いた。同時にイタリア領土の一部は連合国軍に占領されたが，この占領にはハーグ条約が適用されるものと解されていた。翌年から1945年にかけて，フィンランド，ルーマニア，ブルガリア，ハンガリーがつぎつぎと降伏したが，これらもまた休戦協定に基づく降伏であって，連合国軍の占領には，ハーグ条約が適用された，と考えてよい。ただしドイツに対しては，連合国はナチス政府と交渉することを徹底的に拒否し，降伏条件をも明示しなかった。1945年5月，ドイツのほとんど全域が連合国軍の占領下におかれた状態で，ドイツ軍隊は降伏したが，降伏文書に調印したのは軍司令官であり，そのあとドイツ政府と軍隊の要人は戦争犯罪容疑者として逮捕された。しかも同年6月，連合国は「ドイツに関する最高権限の掌握宣言」を発し，ドイツ政府の全権限をみずから行使する旨を声明した。そしてドイツ国境の決定を含む連合国側の占領政策は，すべてこの権限に基づいて実施され，この占領にはハーグ条約の適用がないものとみなされた。かようにカサブランカ方式の無条件降伏が実現したのは，ドイツの場合のみであった。日本の場合も，イタリアや東欧諸国と同様に，ポツダム宣言を受諾した降伏文書は一種の休戦協定とみなされ，連合国軍の日本占領にはハーグ条約の適用があったものと考えるべきであろう。

(3) 占領軍と日本政府の関係

しかしながらイタリアや東欧諸国の場合にも，程度の差こそあれ，ドイツの場合と類似の占領政策が実施された。日本の場合は，とくにこの傾向が強かった。そこで，カサブランカ方式の無条件降伏と伝統的な休戦協定の違いはどこに求められるのか——日本の場合を例にとって，この問題を検討してみよう。

日本政府は降伏文書においてポツダム宣言を受諾し，「右宣言を実施する為連合国最高司令官……が要求することあるべき……一切の措置を執ること」，「天皇及日本国政府の国家統治の権限は，本降伏条項を実施する為適当と認むる措置を執る連合国最高司令官の制限の下に置かるるものとす」ることを約束した。ポツダム宣言の条項中には，日本国軍隊の降伏に係わる軍事的な条項と

並んで，日本の主権の地理的限界や民主主義的な傾向の復活，強化などの政治的な条項が含まれていたが，これらの条項を実施するために，占領軍が日本の政治，経済，社会の大幅な改革を要求することは，十分予測された。したがって，降伏文書は連合国の日本占領軍にハーグ条約の規定以上の権限を与えていた，と考えてよかろう。たとえば，ポツダム宣言の第12項は「日本国国民の自由に表明せる意思に従ひ平和的傾向を有し且責任ある政府が樹立せらるる」ことを占領軍撤収の条件の１つに掲げていたが，これなどは日本の天皇主制を国民主権制に切り換える要求とみることもできたのである。そこで国際法上，占領軍は休戦協定によってハーグ条約の規定を超える，あるいはこれに違反する権限をもつことができるか否か，が問題となってくる。

　ハーグ条約の敵地占領に関する諸規定が占領軍に被占領地域の基本的な諸制度を変えないよう義務づけていることは，先にみた。これは占領が一時的な事態であることを前提とし，占領の終了後本来の主権者がその地域に復帰した際に，混乱が起こることを防ぐ意図に出た規定である。この種の規定は，いわば敵側の主権者の権利を保護することを目的としているために，その主権者がみずから同意した休戦協定によって，これを超える権限を占領軍に与えることは国際法上認められるべきではないか，と考えられる。したがって，日本政府が降伏文書によってポツダム宣言の条項を受け容れ，連合国占領軍にハーグ条約の規定を超える権限を与えたことが国際法に違反しており，国際法上無効である，と主張することは困難であろう。だが，だからといって，ハーグ条約が連合国の日本占領に適用される余地がなかったわけではない。のちにみるとおり，ハーグ条約の占領に関する規定のなかには人道的な配慮に出たものも存在するのであって，これらは連合国占領軍の行動を制約したし，また降伏文書に規定されていない事態については，一般国際法たるハーグ条約の諸規定は当然適用されたのである。

　カサブランカ方式の無条件降伏を強いられたドイツと，伝統的な休戦協定によって降伏した日本の違いは，なによりも戦敗国の既存政府が存在し，かつこれが戦敗国の主権を代表するものとして降伏後も存在しつづけた点に求められよう。ドイツの場合，連合国はナチス政府を相手とせず，その要人を戦争犯罪容疑者として逮捕する一方，みずからドイツに関する最高権限つまり主権を掌

VI　戦後処理

握して，ドイツを直接に統治した。国際法上，これはいわゆるデベラチオ (*debellatio*) の事態であって，連合軍は完全な軍事的勝利の結果，ドイツ国家を併合する権利を獲得したものとみなされる。だが連合国はその権利を100パーセント行使してドイツを併合することをみずから避け，ドイツに関する主権を行使しながらも，ドイツ国家とドイツ国民は存続させる政策を選んだのである。日本の場合，事情はこれとまったく異なっていた。すなわち連合国は完全に近い軍事的勝利をえたが，日本国家を併合する権利を獲得したわけではなく，また日本の主権を掌握したわけでもなかった。なるほどポツダム宣言の実施に必要な範囲で，日本の統治権つまり主権は占領軍最高司令官の権限に服した。同宣言はきわめて広範囲の事項に言及していたので，日本の主権は大幅な制約に服したことになる。だがポツダム宣言の実施に無関係な範囲では，日本の主権は占領軍の拘束を受けることなく，日本政府によって行使されえたのであり，占領軍と日本政府の関係は，こうした枠組みのなかで展開したにすぎないのである。

3　占領政策と国際法

前稿でみたように，連合国の日本占領は休戦協定に基づくものであり，同協定の実施を保障することを目的とするものであった。したがって個々の占領政策の国際法的な評価も，それがポツダム宣言ないし降伏文書の諸規定に合致していたか否か，また，ハーグ条約に具体化されている一般国際法の要請に合致していたか否か，といった観点からなされなければならない。だが，そのまえに，占領政策の立案および実施手続きを概観しておこう。

(1)　占領政策の立案と実施手続き

連合国の対日戦線の中核となったアメリカは，日本占領政策の立案および実施にも中心的な役割を果たした。ごくわずかの英連邦軍を除けば，占領軍の兵員はすべてアメリカ軍で構成され，占領軍最高司令官も太平洋方面アメリカ軍総司令官のダグラス・マッカーサー元帥がこれを務めた。もっとも，1945年12月のモスクワ外相会議で対日占領政策を立案，協議すべき連合国の機関として

第 2 章　日本の敗戦および連合国の占領と国際法

極東委員会と対日理事会が設立されたが，アメリカは同機関内部で拒否権をもち，マッカーサーは実質的にはアメリカ政府の指令に従って，占領政策を進めていったのである。

　アメリカの対日占領政策の立案にあたってきたのは，1944年に発足した国務，陸軍，海軍 3 省の合同委員会であって，同委員会が翌年 6 月にまとめた「敗戦後の初期対日政策」と題する文書によると，日本占領はドイツ占領をモデルとしていた。無条件降伏後に連合国は日本を占領軍の直接統治下におき，天皇および日本政府の全権限を占領軍最高司令官の手に集中する計画が立てられていたのである。だが，この計画とは無関係に，1945年 5 月末にアメリカ政府の内部で，日本に降伏条件を提示することにより戦争終結を早めようとする動きが起こり，これが 7 月26日のポツダム宣言へと発展した。そして 8 月14日に至って日本が同宣言を受諾したため， 3 省合同委員会は元の計画をポツダム宣言の線に沿って急いで改訂し，その結果を 8 月29日，占領軍が日本へ進駐する前日に電信でマッカーサーに伝えた。これが「降伏後の初期対日政策」と呼ばれる文書で，この年の12月にさらに増補改訂された。連合国の日本占領政策は，実は，大部分この文書を基礎としていたのである。

　「降伏後の初期対日政策」の最大の特色は，元の占領計画が予定していた日本の直接統治と占領軍の主権掌握に代えて，いわゆる間接統治方式を打ち出したことであった。日本政府がポツダム宣言を受諾した以上，占領政策は日本政府の存在を前提として進められなければならない。そのために占領政策は，占領軍がみずから実施するのではなく，日本の統治機構を利用して実施することに改められたのである。降伏文書が「ポツダム宣言……を実施する爲連合国最高司令官……が要求することあるべき……一切の措置を執ることを天皇，日本国政府……の爲に約」したのは，この改訂に対応するものであった。かくして，7 年に近い日本占領期間中，連合国占領軍がみずから占領政策の実施にあたった事例はほとんどなかった。占領政策は，原則として，最高司令官の命令の形式で日本政府に伝えられ，日本政府がそれをみずからの判断に従って，行政措置または立法措置として実施していった。ときに占領軍の命令に基づく措置が日本の立法機関の審査を受ける事例がみられたのは，かような占領政策実施手続きの反映であった。

513

（2） 日本の非武装化と民主化

　ポツダム宣言の条項にも明らかなように，占領政策は日本の徹底的な非武装化を目指していた。同宣言の第10項後段には，「日本国政府は，日本国国民の間に於ける民主主義的傾向の復活強化に対する一切の障礙を除去すべし」と規定されているが，この規定の背後には，民主的な体制が君主的な体制よりも軍事主義に走りがたいという配慮が働いていたのであって，その意味では，日本の民主化も間接的，長期的に日本の非武装化を保障する手段と考えられていた，といってよい。憲法改正をはじめ，公職追放，財閥解体，農地改革，さらには労働者の解放，教育制度の刷新，家族制度の変革などは，いずれも日本の非武装化・民主化を狙った占領政策であった。

　これらの政策はポツダム宣言や降伏文書の規定に合致していた，と思われる。たとえば，公職追放の根拠とされた第6項の「日本国国民を欺瞞し，これをして世界征服の挙に出づるの過誤を犯さしめたる者の権力及勢力は，永久に除去せられざるべからず」という規定や，上述の第10項前段の規定が示すように，ポツダム宣言の条項は一般に曖昧であり，かつ広汎な事象にわたっていた。さらに日本政府は降伏文書において，同宣言の実施に関する限り，占領軍の要求するいっさいの措置をとることを約し，またみずからの統治権を占領軍の権限に服せしめていた。これらの事情を総合すれば，個々の占領政策がポツダム宣言の条項に合致するか否かの判断をめぐって，日本政府が占領軍と対決することはきわめて困難であった，といえる。上述の占領政策のなかにポツダム宣言の条項に明白に違反したものがある，といえない以上，その限りにおいて，国際法違反の問題は生じてこない。

　しかしながら，ポツダム宣言の文言そのものに反しない場合にも，実施の方法いかんによって，占領軍の権限濫用ないし国際法違反と判断される場合がありえた。先に触れたとおり，敵地占領に関するハーグ条約の規定のなかには人道的な配慮に出たものがある。たとえば，占領地の住民を強制して敵側に忠誠を誓わせることの禁止，個人の生命，財産，信仰などの尊重などは，その典型的な事例であり，ハーグ条約の前文においても，「締約国ハ，其ノ採用シタル条規ニ含マレサル場合ニ於テモ，人民及交戦者カ……人道ノ法則及公共良心ノ

第2章　日本の敗戦および連合国の占領と国際法

要求ヨリ生スル国際法ノ原則ノ保護及支配ノ下ニ立ツコトヲ確認」したのであって，かような人道的配慮は，占領を含めた戦争に関する国際法の諸規則の根底に横たわっている。このことは，無条件降伏後の敵地占領にも，当然あてはまるものと思われる。そもそも無条件降伏の制度は，投降する兵員の生命を保障することを前提として成り立っている。したがって，一国家の全軍隊が降伏する場合にも，兵員の生命が保障されると同様に，当該国家の一般市民の生命もまた保障され，占領軍はかれらを非人道的に取り扱うことを禁ぜられている，と解すべきである。つまり日本を占領した連合国は，占領政策の実施にあたって，日本国民をできる限り人道的に取り扱うべきであった，といえよう。

　一般に，連合国の日本占領政策は人道的な配慮に欠けてはいなかった。敗戦当時の日本経済は潰滅寸前の状態にあり，国民の生活条件は極度に悪化していた。こうした状況のなかで，連合国は軍用の非常食品を幾度か放出して，日本の食糧危機を救う努力をしたり，非武装化のために接収された設備のうち，消費物資の生産に転用できるものを払い下げたりする措置をとった。また占領軍を維持するために必要な物資の徴発や課役も，ハーグ条約の規定に従って，有償でなされた。

　だが，人道的な見地から判断して，占領政策の一部に行過ぎがあったことも否定できない。たとえば，旧勢力を一掃するために発せられ軍事主義的，国粋主義的な諸団体の解散命令は，こうした諸団体の解散と並んで，解散団体に付属する財産の接収を指示しており，のちに占領軍はこれら被接収財産の所有権を日本政府へ移転する措置をとった。この措置は，ドイツ占領軍によるナチス党の財産接収やイタリア占領軍によるファシスト組織の財産接収と軌を一にしており，旧勢力の永久的撲滅のために，あるいは必要な措置であったかもしれない。しかし，ナチス党やファシスト組織と異なり，日本の解散団体は国家組織に組み入れられておらず，私的な存在であったのであって，これの所有財産を公有財産と同列に取扱うことは，ハーグ条約の私有財産尊重の原則からみて，問題であったといえるのではないか。また公職追放された個人の公，私の恩給や年金の支払い停止措置も，人道的な見地から，問題を残した。とくに日本の場合，退職者や遺族の多くが恩給や年金によって生活を支えていたことを考えれば，その支払い停止は受給者やその家族にとってまさに死活に係わる問題で

515

あって，それだけに，この措置は国際法違反の疑いが濃い。この点で注目されるのは，軍人恩給の一律支払い禁止措置であった。たしかに，占領軍の指摘したとおり，日本の軍人恩給制度は軍人を非軍人よりも有利に取り扱い，それによって日本の軍事主義的傾向を側面から助長していたかもしれない。だが階級を問わず，日清，日露両戦役の老兵やその遺族に対してまず恩給の支払いを一律に打ち切ったことが，はたして人道的な見地から正当化されえたであろうか。日本の非武装化，民主化を狙った占領政策の国際法的な評価は，この点でいくらかの問題を残しているように思われる。

（3） 対外関係と東京裁判

　前節で取り上げた占領政策は，いずれも日本の内政に係わるものであったが，日本の対外関係に係わる占領政策について，国際法上問題はなかったであろうか。

　これに関連して，注目すべき1つの事件があった。1945年8月14日，日本がポツダム宣言を受諾した直後，アメリカ国務省は日本政府に対し，中立国にある日本の公館を閉鎖し，公館の公文書類や資産を連合国側に引き渡すよう要求してきた。ところが日本政府はアメリカ国務省に対して，「かかる要求はポツダム宣言のどの条項にも該当しないゆえ」承服しがたい，と返答した。ポツダム宣言が一種の休戦協定であり，連合国と日本の関係はその条項に従って規律されるべきである，と考える以上，これは当然の返答であった。だがこの返答はアメリカにとって厄介な問題を惹起した。日本がポツダム宣言を休戦協定と解して，連合国の対日政策の法的根拠をすべてその条項に求めてくるならば，占領を通じて日本社会の抜本的な変革を企図していた連合国にとって，占領政策を進めるうえで種々の障害が予想されたからである。こうした障害をあらかじめ封じるために，アメリカ国務省が苦心のすえ起草し大統領に発表させたのが，先に引用した9月6日付けマッカーサー宛ての声明なのであった。降伏文書のなかで日本の代表が，「一切の官庁……の職員に対し，連合国最高司令官が，本降伏実施の為適当なりと認めて……発し又は……発せしむる一切の布告，命令及指示を遵守し且之を施行すべきことを……命ず」と確約されられたのは，これとの関係で重要な意味をもっていた。のちに占領軍は「降伏条項の実施に

第2章　日本の敗戦および連合国の占領と国際法

必要である」との理由で，日本政府が在中立国公館に対し，公館を閉鎖し公館所有の文書類や資産を連合国側に引き渡す命令を出すよう指示した。また同じ理由で，日本政府が占領軍を通じてのみ中立国の駐日代表と接触すること，さらには中立国代表の日本からの引揚げを要請すること，を指示した。だがこれらの措置は，なんらかの意味で「降伏条項の実施に必要」なものでなければならなかった。さもなくば，休戦協定に基づかず，したがって国際法上根拠のない措置であった，といわなければならないからである。かくして占領期間中，日本の対外関係もまた占領軍の完全な制約下におかれることになったのであるが，かような措置がどこまで降伏条項の実施措置として正当化されえたか，国際法的には，さらに掘り下げて検討する余地が残されているのではなかろうか。

　本節でとくに東京裁判の問題を取り上げたのは，この問題が日本の非武装化と無関係ではないが，本質的には対外関係における責任に係わっていたからである。もっとも東京裁判については，国際法の立場から，ほかにもすぐれた研究成果が発表されているので，ここでは占領政策としてみた同裁判の問題点を大掴みに指摘するにとどめたい。

　東京裁判について第1に問題となるのは，連合国が占領軍を通じてこの裁判を行なった法的根拠である。これについては，ポツダム宣言の第10項前段に「……吾等の俘虜を虐待せる者を含む一切の戦争犯罪人に対しては，厳重なる処罰加えらるべし」との規定があり，他の占領政策と同様に，休戦協定にその根拠を求めることができる。戦争法規に違反した者の処罰は，違反者の所属する軍隊ないし国家が加えるのが通常であるが，捕虜や被占領地域の住民については，例外的に敵国軍隊ないし敵国が処罰することが認められており，休戦条約によって自国民に対する裁判管轄権を他国に行使させることに，とくに問題はない。

　だが，ポツダム宣言にいう「戦争犯罪人」の人的範囲には問題があった。1945年当時，国際法上，戦争犯罪人と考えられていたのは，いわゆる戦争法規の違反者であった。捕虜の虐待は戦争法規で禁じられていたので，これが戦争犯罪人の事例としてポツダム宣言中に掲げられたことに不思議はない。だが東京裁判では，こうした通常の戦争犯罪人とは別に，日本の戦争中の政治家や軍隊の指導者が「平和に対する罪」や「人道に対する罪」について有罪判決を受

け，処罰を加えられた。これらの罪が国際法上確立した犯罪類型であるか否かは，それ自体問題であった。だが，それと同じく，ポツダム宣言の規定に「戦争法規の違反者」以外の者が含まれていたと解しうるかどうか，おおいに疑問であったといわなければならない。

　占領政策としての東京裁判についてもう1つ問題となるのは，処罰の方法であった。ポツダム宣言はたんに「厳重なる処罰加へらるべし」というだけで，具体的な処罰の方法には触れていなかった。しかるに現実の裁判では，ニュールンベルグ条例をモデルにした極東軍事裁判所条例が連合国最高司令官によって制定され，その規定に基づいて最高司令官自身が裁判官を任命した。また最高司令官は主席検察官をも任命し，後者は前者を助けて訴追手続きを進めた。そして最高司令官は，裁判の結果を審理し刑を軽減または変更する権限と並んで，刑の執行を命令する権限を有していた。ポツダム宣言の規定がかような裁判手続きを予想していたか，また正当化しえたかは，これもおおいに疑問である。

4　平和条約との関係——結論に代えて——

　かように，日本の敗戦および連合国の占領は国際法上，種々の問題を含んでいた。そのなかには，現在までの研究で内容がかなり明らかになったものもあるが，まだ不十分な検討しか受けていないものも多い。だが敗戦と占領に係わる国際法上の問題の解明は，実は，対日平和条約の規定を離れてはなされえない。最後にこの点に触れて，結論に代えよう。

　第2次世界大戦の最中から，アメリカをはじめとする連合国の戦争目的は，枢軸諸国の完全な非軍事化であり，この目的は後者の降伏後に，その非武装化を目指す占領政策として具現化した。だが大戦の終了とともに，連合国内部における対立は徐々に表面化し，1947年には自由主義諸国の中心たるアメリカは社会主義諸国との協調に終止符を打ち，かれらと軍事的，経済的に対決する政策へ転換した。こうした国際情勢の変化は，連合国の占領政策に大きな影響を与え，ヨーロッパでは東西両ドイツの二分化が方向づけられた。一方，極東では，アメリカは日本を「自由主義陣営の砦」とするために，占領政策の重点を

日本経済の急速な復興と工業化に切り換えた。その結果，人的，物的に日本経済の復興を妨げる政策は緩和され，経済力集中排除政策の腰くだけ，有能な財界人の公職追放解除などがみられた。また占領軍の維持がアメリカにとって過重な負担であるという意識が強まり，早期に日本と平和条約を結ぶ必要が力説され始めた。こうした動きに呼応して，占領軍は占領政策の緩和を日本政府自身の手に委ねる方針を選び，マッカーサーを継いだリッジウェイ最高司令官は1951年5月3日の声明で，日本政府が「占領軍の出したすべての命令およびそれに基づく日本側の措置を，現下の情勢に合わせて再検討し，適切な変更を加える」ことを許可したのである。かくして占領の終結した翌年4月までに，公職追放者はほとんど追放を解除され，軍人恩給を含む恩給や年金も復活した。

　占領の終結した1952年4月28日は，また対日平和条約の発効した日でもあった。平和条約の第19条第(d)項は，「日本国は，占領期間中に占領当局の指令に基いて若しくはその結果として行われ，又は当時の日本国の法律によって許可されたすべての行為又は不作為の効力を承認し，連合国民をこの作為又は不作為から生ずる民事又は刑事の責任に問ういかなる行動もとらないものとする」と規定していた。同条第(a)項はより一般的に，「日本国は，戦争から生じ，又は戦争状態が存在したためにとられた行動から生じた連合国及びその国民に対する日本国及びその国民のすべての請求権を放棄し，且つ，この条約の効力発生の前に日本国領域におけるいずれかの連合国の軍隊又は当局の存在，職務遂行又は行動から生じたすべての請求権を放棄する」と規定していた。国際法上，戦争状態ないし戦時は平和状態ないし平時に対応する概念であって，戦争状態は戦闘行為の終結とともに終了せず，平和条約の発効によって初めて平和状態に切り換わる。つまり戦争状態は占領期間中も継続していたわけだから，第19条両項の規定により，日本は占領政策の効果を認め，かりに国際法に違反する占領政策があったとしても，連合国ないし連合国民に法的な責任を問わないことを約したことになる。

　しかしながらこれは，第2次世界大戦の他の戦敗国と比較すると，きわめて特異な規定であった。1947年にパリで締結された対イタリア，対東欧3国の平和条約や，これに対応する対ドイツ，対オーストリアの条約では，いずれも占領軍が被占領国国民に与えた損害を各被占領国自身が補償する旨を定めていた。

VI 戦後処理

国際社会では，むしろこのほうが一般的な処理方式である。だが日本の場合，占領政策によって国民のこうむった損害は，その政策が国際法に違反していた場合にも，国際的なレヴェルで救済することができなくなってしまった。その結果，問題は国内的に処理されざるをえなくなり，たとえば農地改革の追加補償などは，平和条約の発効後も十数年にわたってもめつづけたし，支払停止期間中の恩給や年金類の取扱いは，今日に至るもまだ解決されていないのである。

はじめにお断わりしたとおり，本稿は敗戦と占領に関する国際法上の諸問題について，その解説というよりも，問題指摘を目指したものである。本稿における問題指摘が正鵠をえたものであるか否かは，読者のご判断にまつよりほかにない。しかし，なんといっても敗戦と占領は日本が経た最大の歴史的体験の1つであり，かつすぐれて国際的な体験であった。この貴重な体験の体系的，組織的な分析に，本稿が少しでも資するところがあるならば，筆者としては望外の仕合わせである。

　　（付記）　本稿は，執筆中に筆者が海外へ出張することになり，海外で脱稿せざるをえなくなったため，参考資料や文献および引用ページ数を明記することが不可能になったので，思い切ってそれらをすべて省略した。これについて読者および編集部にご迷惑をお掛けすることを，深くお詫びしたい。なお参考資料のなかには，筆者が1969年から1970年にかけて渡米した折に，国立公文書保存所（National Archives and Records Service）や国務省資料部などで手に入れたものもあるが，多くはアメリカ政府発行の Supreme Commander for the Allied Powers, General Headquarters, Government Section, *Political Reorientation of Japan*（2 vols., 1949）; *Foreign Relations of the United States: Diplomatic Papers, The Conference of Berlin*（*The Potsdam Conference*）1945（2 vols.）; *Ibid.*, 1945 Vol. 6に収録されているので，参照されたい。

第3章　光華寮事件をめぐる国際法上の諸問題

(1989年)

1　はじめに

　一時期に比べて鎮静化したものの、いわゆる光華寮事件が日中間に横たわる難問の1つであることに変わりはない。事件は現在、最高裁判所に係属中であって[*1]、日本の司法機関による最終的な結論が出されたわけではないが、中国側はこれまでの日本の裁判所の判決を不当なものと批判し、かつ外交ルートをつうじて、日本政府が中国側の主張に即した措置をとるように求めつづけている。これに対して日本政府は、日本国憲法に定める権力分立の原則に基づき、係争中の事件について行政機関は司法機関の判断に介入しえない、との態度を貫いている。この問題が今後の日中関係にどのように波及してゆくか、予断を許さないが、長期的な視野に立てば、いま両国の政府と国民にとってもっとも必要なことは、当該事件にかかわる諸事実をできるかぎり客観的に認識し、これに冷徹な判断を加えることではないかと思われる。

　筆者は、光華寮事件が第1審の京都地方裁判所で審理中の1974年、裁判所の要請を受け「鑑定書」を提出した。その意味で、この事件について中立的な立場にあるわけではない。しかしながら、筆者が鑑定書を提出して以後、すでに15年に近く、この間に当該事件については、中国側の批判を含めて多くの論評が公表された[1]。そこで現時点において、これらの論評を踏まえながら当該事件をめぐる国際法上の諸問題を再検討することは、筆者にとって無意味でないのみならず、前述の必要を満たすうえで、いくばくか資するところがある作業ではないか、と考えられる。以下、まず事件の経緯を辿り、ついでその国際

[*1]　最高裁は、2007(平成19)年3月27日に本事件の判決を出した（民集61巻2号711頁）。最高裁判決に対する安藤先生の批評については、『民商法雑誌』第137巻6号（2008年）550-572頁参照。

VI　戦後処理

法上の問題点を検討し，最後に若干の感想を付すこととしたい。

なお本件については，第2審の大阪高等裁判所の審理中に，裁判所の要請を受け東北大学の山本草二教授（当時）が，また弁護側の依頼に応じ関西大学の藤田久一教授が，それぞれ鑑定書と意見書を提出されている。筆者は本稿の執筆に際して，両教授の鑑定書と意見書に多くを教えていただいた。ここで御礼申し上げるが，本稿の内容に対する責任はもちろん筆者自身にある。

2　事件の経緯

光華寮とは，もともと第2次世界大戦末期の1945年4月，当時の中国人留学生の集合教育用宿舎に充てるため，京都大学が民間の所有者から賃借した不動産（土地および建物）をいう。ところが同年8月，日本の敗戦により，集合教育が廃止され，京都大学が借料を支払えなくなったのちも，寮生はここに居住しつづけ，自治組織を結成して寮の運営に当たった。寮の所有者は借料がえら

---

1)　中国側の批判としては，蕭洲「『光華寮』事件について」『北京週報』No.37（1986.9.16），p.24，李浩培「『光華寮』問題の不法判決について」『北京週報』Nos. 5–6（1987.2.10），p.41，趙理海「光華寮問題の大阪裁判決は国際法違反」『北京週報』No.11（1987.3.17），p.18，朱奇武「光華寮問題について人民日報記者の質問に答える」『北京週報』No.12（1987.3.24），p.23，傳鑄「光華寮事件の中の承認の問題について」『北京週報』No.13（1987.3.31），p.28。

日本側の論評のうち，雑誌論文（きわめて多数なので，論題および掲載誌の発行日は省略する）としては，波多野里望『判例時報』第909号135頁。広部和也『ジュリスト』第666号244頁・第867号149頁・第890号18頁，『法学教室』第69号94頁。沢木敬郎・田中英夫・広部和也『ジュリスト』第890号4頁。筒井若水『ジュリスト』第792号272頁。沢木敬郎『判例タイムズ』第505号211頁。志水義文『季刊実務民事法』1号250頁。横田洋三『別冊ジュリスト』第87号256頁。越川純吉『中京法学』第17巻3・4号32頁。村瀬信也『ジュリスト』第869号126頁。桜田嘉章『法学教室』第83号90頁。川上壮一郎『法の支配（日本法律家協会）』第74号33頁。臼杵英一『外交時報』第1249号52頁。吉岡進『判例時報』第1274号3頁。関野昭一『法律時報』第60巻2号58頁。西俣昭雄『亜細亜法学』第22巻1号71頁。浜谷英博『日本政教研究所紀要』第12号27頁。新聞論評（論題および頁数は省略する）としては，波多野里望『朝日新聞（論壇）』1987年7月16日。村瀬信也『毎日新聞（夕刊）』1987年5月12日。大沼保昭『毎日新聞（夕刊）』1987年7月21～22日。以下はすべて『サンケイ新聞（正論）』，田久保忠衛・1987年5月21日，中川融・1987年6月17日，林修三・1987年7月7日，衛藤瀋吉・1987年8月10日。

第3章　光華寮事件をめぐる国際法上の諸問題

れず，自ら使用もできないので，当該不動産の売却を国税庁等と交渉したが，寮生が居住中のため，成功しなかった。この間，寮生が中華民国駐日代表団（1952年の日華平和条約発効後は，中華民国大使館）に働きかけた結果，1950年と1952年に締結された契約により，中華民国は当該不動産を購入し，1961年には所有権移転登記も完了した。こうして寮生の住居問題は解決したが，中国大陸で文化大革命の始まる1965年ころから中華人民共和国支持派の一部寮生が，中華民国駐大阪領事館の光華寮に対する管理を阻害したとして，中華民国は寮生に対し寮から退去するか，または借用契約を締結するように求めた。しかし寮生がこのいずれにも応じないまま1967年に至り，中華民国は寮生に当該不動産の明け渡しを求める訴訟を提起したのである[2]。

しかるに本件の審理が継続中の1972年，日本政府は対中国政策を改めて，それまで中国を代表する政府と見なしてきた中華民国政府との外交関係を断絶し，これに代えて中華人民共和国政府との国交正常化をはかる方針を打ち出した。いわゆる中国の政府承認切り替えである。具体的には，同年9月に発表された日中共同声明により，日本政府は「中華人民共和国政府が中国の唯一の合法政府であることを承認する」とともに，「台湾が中華人民共和国の領土の不可分の一部である」とする同国政府の立場を「十分理解し，尊重し，ポツダム宣言第8項に基づく立場を堅持する」ことを明らかにした（のちに1978年の日中平和友好条約で，共同声明の諸原則の遵守が確認された）。また，同時に発表された日本政府の見解は，1952年に締結された中華民国との平和条約が「存続の意義を失い，終了した」ことを認めた。

これらの事実を背景として，光華寮事件で争われたのは，つぎの2点であった。すなわち，第1に，政府承認切り替え以降，中華民国は日本の裁判所で訴訟にたずさわる能力（訴訟当事者能力）を認められるか，第2に，政府承認切り替えの結果，光華寮の所有権は中華民国政府から中華人民共和国政府に移るか，である。現在までのところ，第1審（京都地方裁判所，1977年[3]），控訴審（大阪高等裁判所，1982年[4]），差し戻し第1審（京都地方裁判所，1986年[5]），差

---

2) 光華寮事件の事実関係については，後出の判決〔注3），4），5），6）〕による。
3) 京都地判昭52・9・16判例時報890号107頁。

Ⅵ　戦後処理

し戻し控訴審（大阪高等裁判所，1987年[6]）と4つの判決が出ているが，第1点については，いずれの判決も，中華民国（差し戻し控訴審は「台湾，本訴提起時，中華民国」と名義を改めた）の訴訟当事者能力を認めた。

しかし，第2点については，第1審判決が，光華寮は中国の公有・公共用財産であり，承認切り替えに伴って，その所有権は中華民国政府から中華人民共和国政府に移る，と認定したのに対し，それ以後の判決はこれを否定した。その論拠はつぎのとおりである。すなわち，中国については，承認切り替え以後も，中華民国政府が消滅することなく台湾と周辺の諸島を支配しつづけているのであり，政府の承継が完全でない（通常の政府承継では，旧政府が完全に消滅し，その全財産を新政府が承継する）。かように不完全な承継の場合には，外国（中国から見れば，たとえば日本）に所在する旧政府の財産は原則として新政府に承継されない。ただし，この場合にも，旧政府が国家を代表する資格で所有していた財産（たとえば，大使館）は[7]，承認切り替えに伴い新政府に承継されるが，光華寮はこの種の財産ではないので，中華民国の手に残る。

以上の判決に対して，寮生は現在，最高裁判所に上告中のため，さきにも指摘したとおり，光華寮事件に対する日本の司法機関の最終的な判断が下されたわけではない。けれども以上の判決に対する中国側の批判は，中華民国に訴訟当事者能力を認めた第1点，政府承認切り替え以後も光華寮の所有権が移らないとした第2点，のいずれをも不当としている[8]。さらに中国側は，そうした不当性の根拠として，1972年の日中共同声明の規定により，日本が中華民国の存在を否定する義務を負うた，と主張している[9]。そこで以下では，光華寮事件をめぐる国際法上の諸問題を3点にしぼり，(1)日中共同声明に基づく政府承認切り替えの結果，日本は中華民国の存在を否定する義務を負うか，(2)そ

---

4) 大阪高判昭57・4・14高民集35巻1号70頁，判例時報1053号115頁，判例タイムズ481号73頁。
5) 京都地判昭61・2・4判例時報1199号131頁，判例タイムズ580号91頁。
6) 大阪高判昭62・2・26判例時報1232号119頁。
7) 控訴審の判決は，「その用途，性質上，中国を代表すべき国家機能に直接かかわるごとき」不動産，差戻第1審および同控訴審の判決は，「国を代表する立場において所有し，支配していた財産（大使館建物などの外交財産），その外国が旧政府に認めた国家権力行使のための財産（例えば，領事裁判所建物など）」とそれぞれ表現している。なお，本書548-549頁および553-554頁を参照。

うした義務の有無に拘らず,日本の裁判所が中華民国名義の訴訟を受理したことは,日中共同声明に違反するか,(3)日中共同声明に基づく政府承認切り替えの結果,光華寮の所有権は移転するか,のそれぞれについて順次検討してみることにしよう。

3　国際法上の問題点

(1)　承認切り替え後の中華民国と日本の関係

　中国側の批判によれば,日本政府は1972年9月の日中共同声明により,「中華人民共和国政府が中国の唯一の合法政府であることを承認する」とともに,「台湾が中華人民共和国の領土の不可分の一部である」とする中国の立場を「十分理解し,尊重」することを約束したのだから,いわゆる中華民国の存在を否定する義務を負う[10],という。だが,この批判の当否を検討するまえに,第2次世界大戦以後の日中関係を顧みることが肝要であろうと思われる。

　そもそも第2次世界大戦の終結に当たり,主要連合国の1つ,中国を代表して「ポツダム宣言」を発し,日本の降伏を受け入れたのは中華民国政府であった。同政府はまた,大戦後の国際平和の担い手たるべき国際連合に,5大国の1つ,中国を代表するものとして,憲章の起草段階から参画していた。しかるに,大戦の終結とともに中国内部では,中華民国政府と中国共産党のあいだで内戦が再発・激化し,勝勢に立った後者は1949年10月,北京で中華人民共和国の樹立を宣言,中華民国政府は大陸から追い出され,台湾と周辺の諸島を支配するに過ぎなくなった。ここに,国際社会において中国を代表する権限を争う

---

8)　批判の詳細は,のちに改めて引用するが,全体としては,たとえば,北京週報社『光華寮問題について——中国の立場——』(1987年)所収の諸声明や諸論文を参照。なお用語の問題につき,日本側の論評のなかに,「当事者能力」と「当事者適格」とを区別すべきだと指摘するものがある(関野・前掲注1)61頁)が,光華寮事件に関する日本の裁判所の判決では,両者は必ずしも峻別されずに用いられている。本稿でも,「光華寮事件の訴訟にたずさわる資格」の意味で,「当事者能力」という表現を用いることにする。

9)　蕭・前掲注1)26頁。朱・前掲注1)26頁。傳・前掲注1)29頁。

10)　前掲注9)を参照。

Ⅵ　戦後処理

2つの政府が，台湾海峡を隔てて対立する状況が現出し，この状況は基本的には今日まで継続している。両者の対立は，たとえば1949年以降，国際連合の場において中国を代表すべきは，中華民国政府と中華人民共和国政府のいずれであるかという形で争われ，筆者も後者に代表権を認めるべし，との論考を発表した経験がある[11]。しかしながら世界的規模で進行中の冷戦，および朝鮮動乱に対する中華人民共和国義勇軍の参入などの影響下に，日本は1951年，一部諸国を除く旧連合国との平和条約に署名し，翌1952年には中華民国とも個別の平和条約を締結するに至った。ただし中国の実情に対する配慮から，日本政府は日華平和条約の締結に際し，同条約の適用を「中華民国政府の支配下に現にあり，又は今後入るすべての領域」に限る旨の公文を交換した。

その後，国際情勢は次第に変化し，中華人民共和国政府を中国の正統政府と認める国家が着実に増えつづけた。こうした趨勢を反映して1971年には，国際連合における中国代表権が，中華民国政府から中華人民共和国政府の手に移った[12]。翌1972年，日本政府が対中国政策を改め，中国の政府承認切り替えに踏み切ったのは，さきに見たとおりである。

ところで，日中共同声明により，日本は中華民国の存在を否定する義務を負うか，という問題を検討するためには，何よりも同声明の規定を慎重に吟味しなければならない。

これもさきに見たとおり，日中共同声明は，日本が中華人民共和国政府を中国の唯一の合法政府として承認するとともに，台湾が中国の一部であるとの同政府の立場を「十分理解し，尊重し，ポツダム宣言第8項に基づく立場を堅持する」と規定している。ここで注意すべきは，台湾が中国の一部であるとの同政府の立場に関し，日本が「承認する」または「同意する」という表現を避けて，「十分理解し，尊重」するという表現を用い，しかも「ポツダム宣言第8項に基づく立場を堅持する」と断っている事実である。つまり台湾に関して，中華人民共和国政府の立場と日本政府の立場が並記されたわけであるが，その背後には，つぎのような事情が存在した。

---

11) 拙稿「国際連合における中国代表権問題」『田岡良一先生還暦記念論文集・国際連合の研究』第3巻（有斐閣，1966年），85頁。

12) 拙稿「国連代表権問題」アジア調査会『中国総覧1973年版』（1973年）200頁を参照。

第3章　光華寮事件をめぐる国際法上の諸問題

　日本が第2次世界大戦の終結に当たって受諾した「ポツダム宣言第8項」は，1943年のカイロ宣言の履行を約束したものであり，カイロ宣言には，日本が台湾を中国に返還すべきことが明記されていた。だが，ポツダム宣言の受諾から対日平和条約の発効までの7年のあいだに，国際情勢ことに中国情勢が前述のとおり著しく変化し，しかもイギリスがこの間に中華人民共和国政府を承認したのに対し，アメリカはこれと対立する中華民国政府を支持するなど，旧連合国間に対中国政策の食い違いが生じていた。そして，こうした食い違いと調和するように対処する必要から，日本は平和条約のなかで，ポツダム宣言の規定の趣旨に沿って，台湾を中国へ返還する旨を明記することができず，返還先を特定しないまま台湾に対する領有権の放棄のみを約束させられたのであった。この対日平和条約の領土処分規定は，今日においても日本を拘束している。したがって，この点に関する対日平和条約と日中共同声明との矛盾・衝突を避けるためには，日本は，台湾が「現に」中華人民共和国の一部であるとする立場に同意したり，これを承認したりすることができず，せいぜい「将来の問題として」台湾を中国に返還すべきであるというポツダム宣言の立場を承認するほかなかった。

　このことは，共同声明の発表に至る交渉経緯からも明らかである。すなわち，交渉に先立って中国側が掲げた復交3原則のうち，(1)中華人民共和国政府を中国の唯一の合法政府として承認する第1点については問題を生じなかったが，(2)台湾が中華人民共和国の一部である，(3)日華平和条約が違法かつ無効である，とする第2点と第3点については，双方の主張が対立したため，何がしかの妥協がはかられなければならなかった。日本側としては，前述の対日平和条約の領土処分規定に拘束される以上，台湾問題については，双方の立場を並記するにとどめざるをえなかったし，日華平和条約についても，これが対日平和条約第26条に基づき，当時日本が中国を代表するものと見なしていた中華民国政府とのあいだで有効に締結された以上，同条約により中国との戦争状態が終結した，との建て前を崩すことはできなかったのである。日中共同声明において，前文では「戦争状態の終結と日中国交の正常化」への願望に触れながら，本文では「日本国と中華人民共和国との間のこれまでの不正常な状態は，この共同声明が発出される日に終了する」（傍点筆者）と規定するにとどまったのは，

527

VI 戦後処理

まさにそうした事情を反映するものにほかならない[13]。

ついでながら、対中国政策を転換して政府承認を切り替えるに際し、台湾に関する中華人民共和国政府の立場にどのように対処するかについては、各国政府ともそれぞれに工夫をこらしている。そのなかで対日平和条約の当事国を見ると、日本と同様に中華人民共和国政府の立場を「尊重する（respect）」方式をとったオランダやフィリピン、同政府の立場を「了知する（acknowledge）」方式をとったアメリカ、イギリス、オーストラリア、ニュージーランド、同政府の立場に「留意する（take note）」方式をとったカナダ、チリ、ベルギー、ペルー、レバノン、アルゼンチン、ギリシャ、ベネズエラ、ブラジルなど、いずれも「同意する（agree）」また「承認する（recognize）」という表現を避けていることが注目される。これは、中華人民共和国政府の立場を「承認する」方式をとったモルジブ、ギニアビサウ、ニジェールなどときわめて対照的である、といえよう[14]。

さて、以上のような諸事実を考慮すれば、日中共同声明により日本が中華民国の存在を否定する義務を負う、と解することには疑問が残る。たしかに日本は、中華人民共和国政府が中国の唯一の合法政府であることを承認したのだから、これ以外の中国政府を法律上（*de jure*）も事実上（*de facto*）も承認すべきではなかろう。また日本は、台湾に関する中華人民共和国政府の立場を理解し、尊重することを約束したのだから、中華民国を名乗る政権を「事実上の政府」として承認することはもちろん、「交戦団体」として承認することも、それが将来における台湾の中国帰属の障害となるかぎり、慎むべきであろう。

しかしながら、承認の切り替え後も、中華人民共和国政府の支配が台湾と周辺の諸島に及んでおらず、かつ、中華民国を名乗る政権がその地域を実効的に支配している事実は、何人もこれを否定しえない。しかも日中共同声明は、日本と台湾地域とのあいだで民間レベルの交流がなされることを禁じていないの

---

13) Takakazu Kuriyama, "Some Legal Aspects of Japan-China Joint Communique", *Japanese Annual of International Law*, Vol.17 (1973), p.42. 中国側の掲げた復交3原則のうち、第1項以外は完全に認めていない、とする日本政府の立場については、第71回国会衆議院内閣委員会議録第45号（昭和48年7月26日）7-8頁をも参照。

14) T. Kuriyama, *supra* note 5, pp.45-46. 林金莖『戦後の日華関係と国際法』（有斐閣、1987年）106-109頁。

第3章　光華寮事件をめぐる国際法上の諸問題

で，日本政府がこの種の交流を容認しても，同声明には違反しない。このことは中国側も了解しており[15]，現に民間協定に基づく日台間の人や物の交流は盛んである。

　だとすれば，のちに詳しく検討するように，そうした私的交流の処理に必要な範囲で，中華民国の存在や行為につき日本の国内法上，何がしかの法的効果を認めることは，ただちに日中共同声明に違反するとはいいがたい。その意味で，同声明により日本が中華民国の存在を否定する義務を負う，と解することは不合理であろう。

　このことは，日中共同声明方式に倣って中国との関係を正常化させたといわれるアメリカの実践が，如実に証明している。アメリカの場合は1978年の米中共同コミュニケのなかで，「中華人民共和国政府を中国の唯一の合法政府として承認する」とともに，「この前提のもとで (within this context)，アメリカ国民は台湾の人民 (the people of Taiwan) と文化的，商業的その他の非公式関係を維持する」ことを明記した[16]。そして，アメリカが翌年に制定した「台湾関係法」は，外交関係や承認の不存在に拘らず，アメリカ法が台湾について従来どおり適用されること，アメリカ法にいう「外国，その政府またはこれに類する団体」には台湾が含まれること，などを規定した[17]。日本では，これに見合う国内法が制定されていない。しかしながら，日中共同声明が民間レベルの日台交流を禁じていないのであるから，日本がそれに必要な範囲で，アメリカと類似の措置をとることは差し支えないものと思われる。

（2）　日本の国内裁判所における中華民国の訴訟当事者能力

　かように私的交流の処理に必要な範囲で，日本の国内法上，中華民国の存在や行為に何がしかの法的効果を認めることが，日中共同声明に違反しないとすれば，つぎに，日本の裁判所が中華民国名義の訴訟を受理すること，言い換えれば，日本の裁判所が中華民国の訴訟当事者能力 (*locus standi*) を認めることは，同声明に違反しないであろうか。この点についても中国側は，日中共同声

---

15)　たとえば，趙・前掲注1）19頁。朱・前掲注1）26頁。
16)　*International Legal Materials*, Vol.18 (1979), p.274（以下，18 *I.L.M.*274のように表記）。
17)　*Ibid.*, pp.873-877。

明により日本政府が中華人民共和国政府を中国の唯一の合法政府として承認した以上，同じ日本の国家機関たる裁判所が中華民国名義の訴訟を受理することは，「2つの中国」または「1つの中国，1つの台湾」を認めることに通じ，同声明に違反する，と主張している[18]。そして，この主張の前提にあるのは，「政府は，自己が承認されていない外国の国内法廷において，訴訟にたずさわることができない」とする原則である[19]。

たしかに，外国の法廷における政府の訴訟当事者能力を，当該外国によるその政府の承認にかからしめる原則は，多くの国の実践によって一般的に認められている。たとえば，英米の裁判所では，外国政府にかかわる渉外事件について外務省（アメリカでは国務省）の見解を求め，その見解を証拠として当事者能力を判断する慣行がひろく見られる。たとえば，イタリアのエチオピア侵略の際に，エチオピアのハイレ・セラシエ皇帝がイギリスの会社に対して負債の支払いを請求した事件で，1938年7月27日のイギリス高等法院判決は，イタリアがエチオピア領土の大半を事実上支配下に置いていたにも拘らず，イギリス政府がなお同皇帝をエチオピアの法上の (*de jure*) 皇帝として承認している以上，同皇帝の請求権は認められる，と判示していた[20]。ところが，この事件がイギリス控訴院へ移されてのち，同年11月30日付けの文書によりイギリス政府がイタリア王をエチオピアの法上の皇帝として承認したことが確認されると，控訴院は同年12月6日の判決で，「この請求権につき訴訟を提起する権限は，イタリア王の手に移った」と結論したのである[21]。同様に，革命後のソヴィエト政府が映画機材購入契約上の詐欺を根拠として，アメリカ人に対し支払い代金の返還を求めた事件で，ニューヨーク控訴裁判所の1923年3月6日の判決は，「承認されていない政府は，アメリカの裁判所に提訴できない」とした下

---

18) 蕭・前掲注1）24頁，26頁。李・前掲注1）42頁。趙・前掲注1）18-19頁。朱・前掲注1）24-25頁。傳・前掲注1）28-29頁。

19) D.P. O'Connell, *International Law*, Vol. 1（2 nd ed., Stevens & Sons, 1970), p.168 ff.

20) Heile Selassie v. Cable and Wireless, Ltd., *British International Law Cases*, Vol. 2（Stevens & Sons, 1965), p.171（以下，2 *B.I.L.C.*171のように表記）; *Annual Digest of Public International Law Cases*, Yrs.1938-1940, Case No.37, pp.98-99（以　下，〔1938-1940〕*A.D., Case* No.37, 98-99のように表記）。

21) 2 *B.I.L.C.*177;〔1938-1940〕*A.D., Case* No.37, 107.

第3章　光華寮事件をめぐる国際法上の諸問題

級審の判断を確認し,「外国がアメリカの裁判所へ提訴できるのは,権利ではなく礼譲に基づくものであるが,外国政府がアメリカによって承認されていないかぎり,そうした礼譲は存在しない」と述べている[22]。このほか,1921年10月27日のスウェーデン最高裁判所の判決および1931年2月20日のリエージュ控訴院（ベルギー）の判決も,未承認を理由に,ソヴィエト政府の訴訟当事者能力を否定しており[23],逆に1931年11月13日のイタリア破毀院判決は,承認の結果として,ソヴィエト政府の訴訟当事者能力を肯定している[24]。

　しかしながら,政府の承認と訴訟当事者能力とを直結させる原則を,そのまま適用し,日本の国内裁判所における中華民国の訴訟当事者能力を否定することに対しては,2つの点で問題があるように思われる。その1つは,政府承認切り替え後の中華民国に特有の事情にかかわるものであり,もう1つは,政府承認と国内裁判所の役割り一般にかかわるものである。

　まず,日中共同声明に基づく政府承認切り替えの結果,中華民国が日本の国内裁判所における一切の訴訟について,自動的に訴訟当事者能力を否定されるべきであるとすれば,つぎのような問題が生じる。それは,中華民国にかかわる法的な権利・義務を日本の国内裁判所においてだれが代表すべきか,という問題である。前述のとおり,政府承認の切り替え後も,中華人民共和国政府の支配が台湾と周辺の諸島に及んでおらず,かつ,中華民国を名乗る政権がその地域を実効的に支配している事実は,何人もこれを否定しえない。また日中共同声明は,台湾地域と日本とのあいだで私的交流がなされることを禁じておらず,その処理に必要な範囲で日本の国内法上,中華民国の存在や行為に何がしかの法的効果を認めることは,同声明に違反しないと考えられる。そして,こ

---

22) Russian Socialist Federated Soviet Republic v. Cibrario, in F. Deak (ed.), *American International Law Cases 1738-1968*, Vol. 2 (Oceana Publications, Inc., 1971), p.88（以下, 2 *A.I.L.C.*88 のように表記）;〔1923-1924〕A.D., Case No.17, 43.

23) The Soviet Government v. Ericsson,〔1919-1922〕A.D., Case No.30, 54; Société Despa et Fils v. U.S.S.R.,〔1931-1932〕A.D., Case No.28, 57.

24) Cibrario v. Russian Trade Delegation in Italy and the National City Bank of New York,〔1931-1932〕A.D., Case No.26, 54. これら以外の判例については,たとえば Joe Verhoeven, "Relations internationales de Droit Privé en Absence de Reconnaissance d'un État, d'un Gouvernement ou d'une Situation," *Recueil des Cours de L'Académie de Droit International de La Haye*（1985-III）, p.59 ff を参照。

VI 戦後処理

こにいう私的交流に中華民国の政府や機関がかかわる事態も，十分に予測される。だとすれば，たとえば中華民国と日本の商社との私的取り引きから生じた紛争が，日本の裁判所に持ち込まれない保証はなく，その取り引きをめぐって中華民国が日本の国内法上，財産的権利・義務の担い手となる可能性も排除できない。この場合に，中華民国の訴訟当事者能力を全面的に否定することは，紛争の解決を困難ならしめるのみならず，これにかかわる日本国民の権利の保護にももとる結果を招くものであって，きわめて不合理だといわざるをえない。

つぎに，政府承認と国内裁判所の役割り一般については，それぞれの性格および目的の違いが注目されるべきであろう。本来，政府や国家の承認は多分に政治的な行為であって，承認を与える国家の行政機関（政府）が，承認を与えられる政府や国家との関係すなわち国際関係をどのように処理すべきか，という見地から決定するものである。これに対して司法機関たる国内裁判所の役割りは，国内における法的な諸関係とりわけ私的な法律関係をいかに合理的に調整すべきか，という見地から判断を下すことにあり，そのことは裁判所が私的な渉外関係を判断の対象とする場合にも，変わらない。したがって，政府の決定に基礎を置く承認の有無を，そのまま国内裁判所の判断の基準とすることは必ずしも適切でなく，裁判所が承認以外の事実，たとえば承認されていない政府や事実上の政府の存在や行為をも考慮に入れて判断を下すことが，国内における私的な法律関係の合理的な調整のためには，より適切な場合もあるのではないかと思われる[25]。

現に，各国の国内裁判所の判例のなかには，当該国家の政府が承認していない政府や事実上の政府の法令の効力を認めたり，そうした政府に対して裁判免除を認めたりしたものが，少なくない。たとえばアメリカの場合，ソヴィエト政府の承認が種々の政治的理由により1933年まで遅れたが，すでに1923年1月9日のニューヨーク控訴裁判所の判決は，ソヴィエトの領域内でなされた没収行為につきソヴィエト政府を訴追することは許されないとして，裁判免除を認め[26]，1929年3月21日のニューヨーク南部地区裁判所の判決も，ソヴィエト

---

25) 田畑茂二郎『国際法Ⅰ〔新版〕』（有斐閣，1973年）238頁。
26) Wulfsohn v. Russian Socialist Federated Soviet Republic, 2 *A.I.L.C.*101;〔1923-1924〕*A.D., Case* No.16, 39.

政府の法令により没収された金塊をたまたま入手したアメリカの金融機関に対し，フランスの銀行が当該法令の無効を主張して，金塊の引き渡しを求めた事件で，「アメリカ（政府）がソヴィエト政府を承認していないとしても，アメリカの裁判所がソヴィエトの領域内で実施され，かつアメリカ国民の権利にかかわる行為の効力を認めることは，それが行政機関の権限の司法機関による侵犯に当たらないかぎり，正義の要請にかなうものである」と述べて，ソヴィエト政府の法令の効力を認めた[27]。

それだけではない。各国の国内裁判所の判例のなかには，さらに進んで，承認されていない政府につき，その訴訟当事者能力をいろいろな形態で認めたものが存在する。たとえば1923年，メキシコ政府がアメリカのマサチューセッツ州エセックス地区上級裁判所に金銭返還請求訴訟を提起した際，被告側は同政府がアメリカによって承認されていないことを理由に，その当事者能力について異議を唱えたが，原告側が訴訟当事者名をメキシコ「国家」に改めると，裁判所がそのまま訴訟の進行を認めた事例がある[28]。またロシア革命以後のソヴィエト政府について，アレクサンドリアの商事裁判所（エジプト）は1933年3月29日の判決で，「ある国家の政府が他国により承認されているか否かは，その国家の私的な法人格に影響しない。したがって，ある国家の存在が確立し，これが永続的な政府によって代表された瞬間から，第三者に対して訴訟を提起することは可能となる。こうした提訴は，その政府を承認していない外国の裁判所においても，可能である」と述べて，民事訴訟におけるソヴィエト政府通商代表部の訴訟当事者能力を認めており[29]，オランダのアムステルダム地方裁判所も1935年2月15日の判決で，ソヴィエト貿易代表部の受託会社の訴訟当事者能力に関連して，「ソヴィエト政府が承認されていない事実は，同政府が民事事件につきオランダの裁判所へ出廷する権利を妨げるものではない」と判

---

27) Banque de France v. Equitable Trust Company of New York, Banque de France v. Chase National Bank of City of New York, 33 F. 2 d 202 and 60 F. 2 d 703.
28) Quincy Wright, "Suits Brought by Foreign States with Unrecognized Governments," *American Journal of International Law*, Vol.17 (1923), pp.743-745.
29) Représentation Commerciale de l'Union des Républiques Socialistes Soviétiques on Turquie c. Levant Red Sea Coal Cy et autres, *Journal du Droit International*, Tome 62 (1935), p.199.

VI 戦後処理

示している[30]。さらにアメリカでも、ソヴィエト政府の支配下に立つ輸入会社の訴訟当事者能力が争われた事件で、関税・特許控訴裁判所の1934年2月26日の判決は、この会社がニューヨーク州法に基づいて設立された事実に着目し、「外国政府が会社の株主となることは、主権の行使に当たらず、……たとえ……全株式が外国政府により所有されているとしても、当該会社が（ニューヨーク州法上の）私人たる性格を失うわけではない」と述べて、この会社の当事者能力を認めた[31]。

最近の判例では、ニューヨーク最高裁判所上訴部が1960年4月11日に下した判決がとくに注目される。すなわち同判決は、東ドイツ政府の機関たる会社からタイプライターを輸入した被告が、東ドイツ政府の未承認を理由に、当該会社の訴訟当事者能力を争った事件で、つぎのように判示した。「アメリカの行政府が承認していない外国政府の存在に対して、アメリカの裁判所が法的効果を認めることは可能である」。「行政府による不承認は、特定の目的に資するものであり、その目的の範囲内で司法府は行政府の判断に従わなければならないが、承認されていない政府の行為に基づく権利や義務を解決するに当たって、裁判所はこの制約を誇大視すべきではない」。「東ドイツ政府……が承認されていない事実は、この政府との取り引きがアメリカの裁判所で効力を否定されるべき理由となりえない」。この政府との取り引きが効力を否定されるためには、「その取り引き自体が……アメリカの政策（public policy）に反することを、証明しなければならない」。しかるに、東ドイツからのタイプライター輸入は、政府の行政命令も議会の法律もこれを禁じておらず、その違法性を証明することは困難である。したがって、「問題の取り引き自体が……アメリカの政策に反しないことが証明されるならば、……東ドイツ政府の機関……またこれに代わる者は、その取り引きに関して訴訟を提起することができる[32]」。つまり、この判決で裁判所は訴訟の事実関係に注目し、承認されていない政府との私的取り引きが禁じられておらず、しかもその取り引きが自国の政策に反しないならば、その処理に必要な範囲で当該政府に事実上の訴訟当事者能力を認めるこ

---

30) "Exportchleb" Ltd. v. Goudeket, [1935-1937] *A.D., Case* No.36, 118.

31) Amtorg Trading Corporation v. United States, 71 F. 2d 524.

とは差し支えない、と判示したのである[33]。

以上の考察を総合すれば、中国側の主張するように、政府承認の切り替えの結果、中華民国が日本の国内裁判所における一切の訴訟について、自動的に訴訟当事者能力を否定される、と断定することは困難であろう。繰り返し指摘したとおり、日中共同声明は日本と台湾地域とのあいだにおける私的交流を禁じておらず、こうした交流の当事者に中華民国がなる事態も予測される。そして各国の国内裁判所の判例のなかには、承認されていない政府の存在や行為に法的効果を認めるものが少なくなく、さらに進んで、承認されていない政府に事実上の訴訟当事者能力を認めるものも見受けられる。したがって、日本の裁判所が私的交流の処理に必要な範囲で中華民国の訴訟当事者能力を認めることは、日中共同声明に違反しないというべきである。この点についても、1979年に制定されたアメリカの台湾関係法が、「台湾がアメリカ法のもとにアメリカの裁判所で訴訟当事者となる能力は、外交関係や承認の不存在によって、何ら害されるものではない」と規定している事実が[34]、大いに参考となるであろう。もっとも日本政府は、これも繰り返し指摘したとおり、日中共同声明で「台湾が中華人民共和国の一部である」との中華人民共和国政府の立場を「理解し、尊重」することを約束しているのだから、中華民国にかかわる私的交流のなかでも、この約束に違背するようなものについては、日本の裁判所もまたその効力を認めたり、中華民国の当事者能力を認めるべきではない。

---

32) Upright v. Mercury Business Machines Co., *International Law Reports*, Vol.32, pp.65–67 (以下、32 *I.L.R.*65–67のように表記)。なお、日本の判例のなかにも、当時未承認であった東独の法人が日本の私人を相手どり、商標登録の無効確認を求めた事件で、旧特許法第32条にいう「国」は「わが国によって外交上承認された国家だけを指称するものと解するのは相当ではな」く、「一定の領土及び人民のうえに、これを支配する永続的かつ自主的な政治組織を具有し……わが国民に対しても特許権及び特許に関する権利の享有を保障するに足る法秩序が形成されている場合には、その国の国民に対しても特許及び特許に関する権利の享有を認めることが、相互主義を定めた同条の趣旨にそうゆえんである」として、当該法人の訴訟当事者能力を認め、その請求を許容した事例がある。東京高判昭48・6・5判例タイムズ298号248頁。

33) この判例の意義について、Stanley Lubman, "The Unrecognized Government in American Courts: Upright v. Marcury Business Machines," *Columbia Law Review*, Vol.62 (1962), p.275 ff を参照。

34) See *supra* note 9.

Ⅵ 戦後処理

　ただし，このように限られた範囲で中華民国の訴訟当事者能力を認めることに対しても，中国側はなお2つの疑問を提起している。それは第1に，いわゆる未承認政府と「承認切り替え後の旧政府」または「承認を撤回された政府」との混同に関する疑問であり，第2に，「2つの中国」または「1つの中国，1つの台湾」にかかわる疑問である。

　第1の疑問によれば，承認されていない政府の存在や行為に外国の裁判所が法的効果を認め，そうした政府の訴訟当事者能力を認めた判例として，本稿に引用された事例はいずれも，未承認政府に関するものであり，かような未承認政府を「承認切り替え後の政府」または「承認を撤回された政府」と同列に論じることはできない。つまり，ソヴィエト政府や東ドイツ政府はのちに諸外国によって承認されたのであるから，未承認段階におけるこれら政府の地位を，承認を取り消された中華民国政府の地位と混同することは誤りであり，前者に関する判例を後者に適用することは不当でないか——これが，中国側の提起する第1の疑問である[35]。

　なるほど通常，国際法にいう未承認政府とは，既存国家内部で革命やクーデターにより旧政府を倒した新政府が，当該国家を国際的に代表するものと他国によって承認される以前の状態を指し，その多くは，当該国家の領域と住民の全部または大半を実効的に支配するに至れば，政府承認を受けることが期待される。他方，日本は中華人民共和国政府を中国の唯一の合法政府として承認することにより，中華民国に対する政府承認を撤回し，後者を「事実上の政府」や「交戦団体」として承認することをも慎まなければならないのであるから，中華民国を未承認政府と同一視することに問題がないわけではない。だが，さきに引用した判例で裁判所が問題としたのは，およそ政権が一定の地域と住民を実効的な支配下に置き，その基盤が安定している場合には，承認の有無に拘らず，当該政権の存在や行為に限られた範囲で法的効果を認め，これに事実上の訴訟当事者能力を認めうるということであって，その意味では，未承認政府と中華民国とをとくに区別すべき理由に乏しい。また，仮に両者を区別すべきであるとしても，未承認政府に関する判例を，しかるべき制約を加えて中華民

35）　朱・前掲注1）25-26頁。傳・前掲注1）30-33頁。

第 3 章　光華寮事件をめぐる国際法上の諸問題

国に類推適用することは，十分に可能である。

　政府承認切り替え後の中華民国につき，アメリカが台湾関係法を制定して，台湾を「外国，その政府またはこれに類する団体」と見なし，台湾にアメリカの裁判所で訴訟当事者能力を認めたことは，前述のとおりである。また，このような国内法を制定していないイギリスの国内裁判所の判例のなかにも，政府承認切り替え後の中華民国の地位に触れたものがある。すなわち，1956年6月14日の判決でイギリスの高等法院は，中華民国の軍艦により停船させられ，基隆港に連行され，かつ荷揚げを命ぜられて，これに従った私船の行為が，傭船契約にいう「いずれかの政府の命令に従」った行為に該当するか否か，を審理した。審理に際して当事者が提出した証拠のなかには，「イギリス政府は中華民国政府を中国の法上または事実上の政府として承認することを取り止めており，事件の当時，台湾地域に何らかの政府が存在することも認めていない」旨のイギリス外務省の見解があった。しかし高等法院は，「傭船契約の解釈に当たって，命令を出す当局（authority）がイギリス政府により承認されていることを要求する根拠はな」く，かつ，裁判所が外務省の見解と合致しない証拠を採用する権限をもつことを強調した。さらに同法院は，「台湾に根を下ろし，そこで機能している政府が，かつてわが国により承認されていたことは明白な事実であり，承認が取り消されたからといって……その政府の機能が変化したり，その政府が従前行使してきた権力を失ったわけではない」と述べて，問題の私船は，傭船契約にいう「政府の命令に従」ったものである，と結論した[36]。この判例は，直接的には傭船契約の解釈を扱ったものであるが，行政府による政府承認の切り替え後の中華民国の実体が切り替え前と変わらない事実を，司法府が独自に認定した事例として注目に値する。

　実のところ，日本の裁判所の判例のなかにも，承認切り替え後の中華民国にかかわるものが，いくつか存在する。たとえば，1974年5月30日の東京地方裁判所の判決は，中華民国国籍を離脱して無国籍となった夫が，中華民国国籍を有する妻に対し離婚を請求した事件で，「現在，我が国は中華人民共和国及びその政府のみを承認し，中華民国政府を承認していないが，国際私法における

---

36)　Luigi Monta of Genoa v. Cechofracht Co., Ltd, 7 B.I.L.C.540; 23 I.L.R.72.

537

準拠法の決定は，国家又は政府の承認のような政治的外交的問題とはその観点を異にするものであるから，ある地域において，ある私法規定が現実に支配的に適用されている場合には，その私法規定が独立して準拠法となり得る」と述べて，中華民国法を適用した[37]。ほかにも，親子関係や相続の準拠法として中華民国法の適用を認めた判例があるが[38]，判旨はいずれも，私的な渉外関係の合理的な調整のために，いずれの「政府」の法が当該関係とより密接な関連にあるかという観点を強調し，適用すべき準拠法は承認された政府の法に限る必要はない，と指摘している。興味深いことに，この判旨は，政府承認の切り替え以前に，当時は未承認であった中華人民共和国の法を適用した多数の判例でも，採用されていた。たとえば，日本人の父と中国人の母との内縁関係から出生した子が，両親の死亡後に認知を求めた事件で，1962年10月25日の東京地方裁判所の判決は，「中国においては現在中華民国政府と中華人民共和国政府とが対立し，互に自己を中国全域全人民を支配する政府であると主張しているが，現実にはそれぞれの支配領域を有し，その領域に独自の法秩序を有し，各領域においてのみその実効性が担保されている」ことを理由に，日本による承認の有無に拘らず，中華人民共和国の法を適用した[39]。かように私的渉外関係の処理に関するかぎり，日本の判例上でも，未承認政府の地位と承認切り替え後の中華民国の地位とが，とくに区別されている節はない。なお，1984年7月6日の判決で，最高裁判所自体が父子関係の認知をめぐり，中華民国法の適用可能性を認めるに至った[40]。

中華民国の訴訟当事者能力を認めることに対する中国側の第2の疑問は，それが「2つの中国」または「1つの中国，1つの台湾」を認めることに通じ，日中共同声明に違反するという点にある[41]。中華民国に訴訟当事者能力を認めることが必ずしも日中共同声明に違反しないことについては，すでに検討済

---

37) 東京地判昭49・5・30判例時報758号31頁。
38) 大阪地判昭55・5・26判例タイムズ423号136頁。東京高判昭60・1・23判例タイムズ556号197頁。東京地判昭60・12・26判例時報1181号91頁。
39) 東京地判昭37・10・25下民集13巻2146頁。
40) 最判昭59・7・6ジュリスト838号285頁。
41) 蕭・前掲注1)24頁。趙・前掲注1)19頁。朱・前掲注1)25頁。傳・前掲注1)33-34頁。

第3章　光華寮事件をめぐる国際法上の諸問題

みである[42]。しかしここでは，それが「2つの中国」または「1つの中国，1つの台湾」を認めることに通じるとする中国側の批判に的をしぼり，その当否を検討することにしよう。

　まず，中国側の批判の核心は，中華民国の訴訟当事者能力を認めることが当該政権の「国家性」の是認に通じ，中国地域に中華人民共和国と並んで，中華民国または台湾を名乗る第2の国家の存在を認める結果を招く，という点にあるものと思われる。だが，この点については，日本の法例第28条3項の「地方ニ依リ法律ヲ異ニスル国」[*2]つまり「異法地域を有する外国」に関する規定が，1つの解答を示唆している。すなわち，日本は日中共同声明によって，中国を代表すべき政府を中華民国政府から中華人民共和国政府に切り替えたが，同声明の前後をつうじて，中国が1つの国家であるとの原則自体はこれを維持しており，また，1つの国家たる中国に台湾地域が含まれることも否定してはいない。ただし現実には，1つの国家たる中国のなかに，中華人民共和国政府の支配する地域と中華民国政府の支配する地域とが並存し，それぞれに独自の法秩序が適用されている。さきに触れた最高裁判所の判決の表現を借りれば，「（日本の）外国人登録法の規定に基づく登録において国籍として記載された中国には，中華人民共和国の法域のみならず同国の法規とは異なる法規が現に適用している台湾の法域も含まれることは公知の事実である[43]」。つまり国際私法上，日本の裁判所の目には，中国は少なくとも異法地域を有する外国であり，法例第28条3項にいう「地方ニ依リ法律ヲ異ニスル国」に類する状況下にある。そして，中華民国をこの種の異法地域と見なし，その地域にかかわる私的渉外関係の処理に必要な範囲で，日本の裁判所がこれに訴訟当事者能力を認めることは，必ずしもその国家性を認めることに通じない。

　このように一国家内部に複数の異法地域が存在する典型例は，いわゆる連邦国家であり，たとえばアメリカの場合，各州における種々の私的関係は原則として州法により規制されるが，それらの関係の処理に必要な範囲で外国の裁判

---

42)　本書535頁を参照。
43)　前掲注40)を参照。
*2　法例に代わるものとして2006（平成18）年に公布された法の適用に関する通則法では，第38条3項（「地域により法を異にする国」）に相当する。

所が州に訴訟当事者能力を認めることは，その州の国家性を認めることではない。連邦国家のなかでも，スイスやカナダの場合は，州の権限がアメリカの場合よりも大きく，一定の事項に関して州に条約締結権が認められている。しかし，これらの場合にも，アメリカの州と同様のことがいえるのである。また，連邦国家の州のなかには，州自体が外国に在外事務所を設置し，当該外国の私人と取り引き関係に入るものがある。さらに単一国家の地方自治体も外国で債券を発行したり，私的な取り引き関係に入ることがある。これらの場合に，そうした取り引き関係をめぐる争いが外国の裁判所に持ち込まれ，州や自治体に訴訟当事者能力が認められても，それにより州や自治体に国家性が認められたことにはならない。光華寮事件に関する中国側の批判のなかには，中華民国を中国の「地方政府」または「地方当局」と表現するものがある[44]。ここにいう地方政府または地方当局の意味は明らかでないが，仮にこれが前述の異法地域を指すものとすれば，異法地域に類する中華民国が，私的渉外関係において外国の裁判所で訴訟当事者能力を認められることは，その国家性が認められることに通じず，「2つの中国」または「1つの中国，1つの台湾」を認めることにもならない，と結論すべきであろう。

(3) 政府の不完全承継と財産の移転

日中共同声明による政府承認の切り替えは，中華民国の存在を否定することを日本に義務づけず，また，日本の裁判所が中華民国の訴訟当事者能力を認めることは，必ずしも同声明に違反しないとすれば，最後に，政府承継の切り替えによって，光華寮の所有権が中華民国政府から中華人民共和国政府に移転するか否か，が問題となる。この点については，「移転しない」とする控訴審以降の日本の裁判所の判決に対し，中国側は種々の理由を挙げて批判を加えている。以下，それらの批判を3つに分け，各々について検討することにしよう。

---

44) 李・前掲注1) 42頁。趙・前掲注1) 19頁。朱・前掲注1) 25-26頁。傅・前掲注1) 32頁。

(ⅰ) 政府承継と国家承継

中国側は，まず，日本の裁判所の判決が政府承継と国家承継とを混同するものである，と批判する。控訴審以降の日本の裁判所の判決によれば，中国については政府承認の切り替え以後も，旧政府たる中華民国政府が存続するので，いわば「不完全な政府承継」に該当し，不完全な政府承継の場合，光華寮のように外国に所在する財産は原則として新政府に移転しない，という。だが中国側は，そもそも「不完全な政府承継」という概念は存在しえない，と批判する。中国側の批判によると，国家承継の場合には，植民地独立のように，新国家の成立後も旧国家たる本国が存続するため，本国の財産のうちいずれを新国家が承継するか，という「部分的または不完全な承継 (partial or incomplete succession)」が生じうるのに対し，政府承継の場合には，革命やクーデターのように，一国家内部で政府が交替するのみで国家そのものは変わらないため，当該国家の財産はすべて旧政府から新政府に移転する。このように国際法上，不完全な承継が生じうるのは，新しい国際法主体の誕生を伴う国家承継の場合に限られ，これを伴わない政府承継の場合には，完全な承継しかありえず，両者を混同した日本の裁判所の判決は誤っている——これが，中国側の批判の要旨である[45]。

一見，この批判は当をえているように思われる。たしかに国家承継の場合には，イギリスの旧植民地の独立のように，新しい国際法主体が誕生し，イギリスから新独立国への財産の移転が生じるが，政府承継の場合には，フランスにおける王制と共和制の交替のように，国内の政権や政体が変わるのみで国家自体の同一性は保たれ，新しい国際法主体の誕生がないので，そもそも財産の移転が生じない。しかしながら現実には，政府承継が国家承継に近い様相を呈する場合がありうるし，その場合に，後者に関する諸規則を前者に類推適用することは，実際的かつ合理的であろうと思われる。たとえば，国際連合の国際法委員会が国家承継に関する諸規則の法典化を手掛けた際，特別報告者に選出されたベジャウイは国家実行の分析に当たって，国家承継と政府承継とは截然と区別しがたい場合があることを指摘していた[46]。この指摘は，第 2 次世界大

---

45) 趙・前掲注 1) 20頁。朱・前掲注 1) 26-27頁。傳・前掲注 1) 33-34頁。
46) *Yearbook of the International Law Commission*（以下，*Yb.I.L.C.* と表記），1970, Vol. 2, p.164.

VI 戦後処理

戦後のいわゆる分裂国家——東西ドイツ，南北ベトナム，韓国と北朝鮮——の事例を考えてみれば，容易に理解できるであろう。中国側が指摘するとおり，一国家内部で革命やクーデターが起き，新政府が旧政府を短期間で完全に打倒しこれに替わる場合には，政府承継はほとんど問題を生じない。むしろ，旧政府と新政府の対立・抗争が長びき，両者の並存状態が半恒常化するような場合にこそ，とくに領域外にある国家財産をめぐって政府承継が問題を生じ易い。遺憾ながら，光華寮をめぐる中華民国政府と中華人民共和国政府との対立も，この種の政府承継の事例なのである。

国家承継と政府承継とを截然と区別しがたい場合は，分裂国家の事例に限られるわけではない。さきに触れたベジャウイは，国家承継にかかわる領域の外に所在する財産の承継について，学説上この問題を論じたものがごく少なく，かつそこで論じられているのは完全な承継の場合であること，および判例の数は学説よりもさらに少なく，しかも判例の結論は学説と必ずしも一致しないこと，の２点を断ったうえで，この問題に関する国家実行は，国家承継というよりも政府承継に該当するものが少なくない，と述べている[47]。現に，かれの挙げた７つの事例のうち，３つまでが政府承継またはそれに類する事例が属する。すなわち，(1)第１次世界大戦後チェコスロバキアがオーストリアとハンガリーの２国を相手どり，２国が財政的に関与していた船会社の財産の一部承継を主張した事件，(2)シリアがアラブ連合から離脱した際に，世界銀行（国際復興開発銀行）に対する同連合の出資額の一部返還を求めた事件，(3)イタリアのエチオピア侵略に際し，ハイレ・セラシエ皇帝が負債の取り立ておよび株の売却をめぐって英仏の裁判所へ提訴した事件[48]。(4)アメリカの南北戦争後，連邦政府が南側の預金の回収をはかった事件，(5)アイルランドの独立後，同国政府がアメリカの銀行に対し，独立前の叛乱軍の預金の回収を求めた事件，(6)アルジェリア民族解放戦線がスイスの銀行にあずけた資金の回収を，アルジェリア政府がはかった事件，(7)バルト３国の併合後，西側諸国に所在する３国の財産をソ連が承継することを，西側諸国が長期にわたって拒否した事件[49]，のうち，(4)，

---

47) *Ibid.*, pp.163-164.
48) See *supra* note 20.
49) *Yb.I.L.C.*, 1970, Vol.2 , pp.166-169.

第3章 光華寮事件をめぐる国際法上の諸問題

(5), (6)は明らかに政府承継またはそれに類する事例である。

　承継にかかわる領域の外に所在する財産の承継をめぐり，国家承継と政府承継とを截然と区別して論じがたい場合があることは，ベジャウイがしばしば参照したオコンネルの著作でも確認されている。すなわち，オコンネルが1967年に著した『国内法と国際法における国家承継』は，このテーマに関するもっとも網羅的な最近の著作であるが，「承継にかかわる領域の外に所在する財産」の承継を取り扱う個所で，かれはベジャウイの挙げた(5)の事例に触れ，これが「国家承継の先例ではない」と断ったうえで補註を付け，そのなかで「政府承継の事例が国家承継の事例に対しどの程度まで類推可能かは，明確でない。この問題に関する先例はほとんど，政府承継にかかわるものである」と指摘している[50]。そして，この補註のなかでかれが引用した6つの判例は，いずれもイギリスの裁判所のものであって，(1)シシリーにおける叛乱の鎮圧後，叛乱軍が公金で購入した船舶の所有権回復を，シシリー王が求めた事件，(2)オーストリア・ハンガリー帝国時代に，ハンガリーの元蔵相がイギリスで紙幣を印刷させようとしたのに対し，オーストリア皇帝が差し止めを請求した事件，(3)アメリカの南北戦争後，南軍がイギリスの会社に委託していた綿花の回収を，連邦政府がはかった事件，(4)・(5)チリの事実上の政府がイギリスの会社と交わした合意の効力を，のちに権力を回復した法上の政府が争った事件，(6)ソヴィエト革命政府の没収措置の効力を，没収された財産の元所有者が争った事件，であるが，このうち(2)以外の5件までが，政府承継に関する判例なのである。

　要するに，承継にかかわる領域の外に所在する財産の承継をめぐって，これまで先例とされてきたものは，学説上も判例上も，国家承継と政府承継とを截然と区別して論じているわけではない。これは，オコンネルがアメリカの南北戦争にかかわる諸事例を「政府承継というよりも国家承継」の先例と評していることや[51]，これらの諸事例がイタリアのエチオピア侵略のような国家承継にかかわる判決のなかで，そのまま先例として引用されていることからも[52]，

---

50) D.P. O'Connell, *State Succession in Municipal Law and International Law*, Vol. 1 (Cambridge University Press, 1967), p.209, n.1.
51) *Ibid.*, p.208.
52) See *supra* note 20.

543

Ⅵ 戦後処理

明らかである。したがって，国家承継と政府承継とを峻別し，前者に関する諸規則を後者に類推適用した日本の裁判所の判決を誤りとする中国側の批判は，十分な根拠に裏付けられたものとはいえない。

(ⅱ) 政府の不完全承継と財産の移転

国家承継と政府承継とを峻別することが困難な場合があり，その場合に前者に関する法規則を後者に類推適用することが妨げられないとすれば，つぎに，不完全な政府承継の場合に財産が移転するのか否か，移転するとすればどのように移転するのか，が問題となる。この点に関して，さきに触れたアメリカの台湾関係法は「中華人民共和国の承認は，アメリカ法のもとで……台湾当局が1978年12月31日以前に保持していた，またはそれ以後に取得した有体または無体の財産に対する所有権またはそれ以外の権利に……影響しない」と規定しているので[53]，アメリカの国内裁判所ではこの種の問題は生じないものと思われる。だが，アメリカ以外の諸国ではどうであろうか。

実のところ筆者は，1974年に京都地方裁判所へ鑑定書を提出するに先立ち，日本と同様な立場に置かれた諸国，つまり中華民国政府から中華人民共和国政府へ中国の政府承認を切り替えた諸国の政府に手紙を出し，光華寮と同種の財産が各国でいかに取り扱われているか，を問い合わせてみた。仮に光華寮事件と同様な事件が各国の行政機関や司法機関で問題とされた事例があれば，鑑定書を作成するうえで大いに参考となるだろう，と考えたからである。筆者の問い合わせに対しては，数カ国の政府の担当者から回答が寄せられたが，それによれば，中華民国政府が従前それら諸国で使用していた不動産は，ほとんどが賃借契約に基づくものであり，また政府承認の切り替えに先立って，中華民国の所有していた財産は処分されたため，光華寮事件と同様な事件は発生していないもようである[54]。したがって，不完全な政府承継に伴う財産の移転に関する国際法の諸規則については，国家の不完全承継を含む先例を検討することが必要となる。

不完全な政府承継に伴う財産の移転について，さきにベジャウイやオコンネ

---

53) Section 4 (b) (3) (B). See 18 *I.L.M.* 874.

第3章　光華寮事件をめぐる国際法上の諸問題

ルが挙げた事例はほとんど参考にならない。というのは、それらがいずれも完全な政府承継の事例だからである[55]。そこで、国家の不完全承継について見ると、オコンネルは「領域外に所在する財産に対する承継国の権限については、ほとんど先例がない」と断ったうえで、「部分的な（partial）承継の場合には、当該領域内に所在しない先行国の財産は所有者が変わらないものと思われる。それらの財産は承継国の管轄下に入らなかったからであり、承継国は自ら占有しうる財産またはとくに譲渡された財産に対して権利を主張しうるにすぎない」と説明している[56]。そして補註では、1871年の普仏戦争のあと、アルザス・ロレーヌを割譲されたドイツが、同地の鉄道会社の在スイス財産に対するフランスの権利を、買い受けることに同意した事例を挙げている[57]。

たしかにオコンネルの説明するとおり、部分的または不完全な国家承継の場合には、承継にかかわる領域の外に所在する財産は、原則として承継国に移転しないとみるべきであろう。普仏戦争後のアルザス・ロレーヌは、領域の一部割譲の事例である。しかし1830年のベルギーの独立や1922年のアイルランドの独立のように、既存国家の領域の一部が分離独立する場合も、先行国が存続する不完全な国家継承の事例であって、これらの場合に承継にかかわる領域の外に所在するオランダやイギリスの財産は、当該領域と密接な関係にないかぎり、新国家へ移転したとは考えがたい。ここにいう「密接な関係」とは、たとえば

---

54) イギリス外務省極東局法律顧問アイリーン・M・デンザ夫人の1973年7月13日付け書簡、カナダ外務省法律顧問局副主任 W・H・モンゴメリー氏の同年7月11日付け書簡、オランダ外務省法律顧問付き助手 F・Y・ヴァン・デル・ウァル女史の同年8月22日付け書簡、ニュージーランド外務省事務局の同年8月17日付け書簡。ほかに国際連合国際法委員会委員ロベルト・アゴー氏（ローマ大学教授）の同年10月30日付け書簡、D・P・オコンネル氏（オックスフォード大学教授）の同年11月30日付け書簡（肩書きはいずれも当時のもの）。なお、1976年2月11日のオーストラリア高等法院の判決によれば、同国政府が中国の政府承認を切り替えた1972年12月21日に、メルボルン所在の中華民国名義の土地が売却され、買主が名義書き換えを請求した事件で、高等法院は売主の訴訟不参加を理由に、この請求を斥けた。中華人民共和国政府はこの訴訟に一時興味を示したが、その後は訴訟にまったく参加しなくなった、という。Chang and Another v. Registrar of Titles, 55 *I.L.R.* 61.
55) 本書541-542頁を参照。
56) O'Connell, *supra* note 50, p.207.
57) *Ibid.*, p.207, n. 2.

VI 戦後処理

新独立国となった地域に以前から所属していた財産や，その創設に当該地域が寄与した財産のことである[58]。

このことはベジャウイが作成し，国際法委員会が検討した草案を基礎にして，1983年に採択された「国家の財産，公文書及び債務についての国家承継に関するウィーン条約」の諸規定が一層明らかに示している[59]。この条約中，不動産の承継に関係し，かつ先行国が存続する場合にかかわる規定は，(1)国家領域の一部割譲に関する第14条2項(a)，(2)新独立国に関する第15条1項(a)(b)(c)，(3)既存国家の一部領域の分離独立に関する第17条1項(a)である。このうち，(1)と(3)は，「先行国の所有する不動産であって，承継にかかわる領域内に所在するものは，継承国に移転する」と規定するのみで，「承継にかかわる領域外に所在する不動産」の問題にはまったく触れておらず，それらが移転しないことを原則としているものと解される。(2)のみが，「先行国の所有する不動産であって，承継にかかわる領域外に所在するもの」のうち，「承継にかかわる領域にもともと所属していた不動産」および「承継にかかわる領域がその創設に寄与した不動産」が承継国に移転する，と規定している。だが，(2)は旧植民地から独立した新国家に関する規定であって，中国の問題を検討する際にどの程度まで参考になるか，疑問がないわけではない。ただし，「承継にかかわる領域がその創設に寄与した不動産」という概念については，のちにふたたび取り上げる機会がある。いずれにせよ，この条約においても，先行国が存続する不完全な承継の場合には，承継にかかわる領域の外に所在する財産は原則として承継国に移転しないことが認められている，と考えられよう。

もっとも，オコンネル自身が断っているように，先行国の財産であっても承継国の占有下に置かれているもの，すなわち承継国の現実の支配下に入ったものについては，前記の原則は適用されないであろう。そしてこの点については，数少ない政府承継の事例も一致しているように思われる。すでに指摘したとおり，

---

58) ベルギーおよびアイルランドの独立の際の事情については，それぞれ以下を参照。H. F. van Panhuys *et al, International Law in the Netherlands*, Vol. 1 (Sijthoff & Noordhoff, 1978), pp.55-58; E. H. Feilchenfeld, *Public Debts and State Succession* (MacMillan, 1931), pp.544-545.

59) 小川芳彦「〔資料〕国家の財産等に関する国家承継条約」『法と政治』第34巻3・4号（1983年）191頁以下，とくに199-200頁を参照。

第3章　光華寮事件をめぐる国際法上の諸問題

政府の不完全承継の事例はほとんどない。しかしながら，短期間とはいえ，1国の2政府が対立・並存状態にあったロシア革命やスペイン内戦の際に，これらの政府が外国の法廷で財産に対する権利を争った事例を見ると，それぞれの政府は現実に自己の支配下に置いた財産に対してのみ権利を認められる，との結論を引き出すことができる。すなわち，ロシア革命ののち外国の諸法廷は，当該外国による承認以前であっても，ソヴィエト政府の法令の効力を同政府の支配地域内については認めたが[60]，それ以外の地域についてはこれを否定し，むしろ旧政府の法令を適用した[61]。またスペイン内戦の際，イギリス貴族院は1939年2月3日の判決で，ロンドン港に繋留された私船の徴発をめぐる共和国政府と国民政府との争いにつき，当該私船の登録地ビルバオ港を現に支配している後者の権利を認めており[62]，逆にノルウェー最高裁判所は1938年11月2日の判決で，オスロ駐在スペイン公使館の備品や公文書に対する国民政府側の引き渡し請求を斥け，ノルウェーによって承認されている共和国政府が備品や公文書に対する権利を保持しつづけることを認めた[63]。この事件では，現実に新政府の支配下に入っていない財産について，依然として旧政府の権利が認められたわけである。

　この点に関連して，光華寮事件との関係でとくに注目されるのは，英米において承認に遡及効が認められていながら，遡及効の及ぶ範囲が原則として，新政府の事実上の支配が及んでいた地域に限定され，旧政府の支配下にあった人や物には自動的に（*ipso jure*）及ばない，とされていることである。たとえば，1938年4月25日のアメリカ連邦最高裁判所の判決は，ソヴィエト政府の承認の遡及効が，承認の切り替え以前に旧政府がアメリカ国内でアメリカ国民と締結した契約には及ばない，と判示した[64]。また，イギリスの貴族院が1952年7月11日に下した判決でも，第2次世界大戦末期にポーランド本土で新政府が成

---

60) See *supra* note 27. In general, see〔1935-1937〕*A.D.*, note at pp.122-123.
61) たとえば，イタリア（Nonis v. Federation of Seamen），エジプト（Consorts Gregorian v. Consorts Gregorian），ルーマニア（In re Sustov）の判例を参照。〔1929-1930〕*A.D.*, Cases Nos.23, 27 and 28.
62) Government of the Republic of Spain v. S.S. "Arantzazu Mendi", 2 *B.I.L.C.*198.
63) Campuzano v. Spanish Government,〔1919-1942 Supp.〕*A.D., Case* No.43.
64) Guaranty Trust Company of New York v. United States, 304 U.S.126.

VI 戦後処理

立して以後イギリスによって承認されるまでの期間において，当時ロンドンに亡命中の旧政府が自己の支配下にある商船隊に対してとった措置につき，「新政府の承認は，新政府が実効的に支配していたポーランドについては，(その成立時にまで) 遡及するが，新政府の支配はロンドンの旧政府や商船隊には及んでいなかった」として，旧政府の措置の効力を認めた[65]。さらに，1952年10月13日のイギリス枢密院の判決は，旧政府が承認の切り替えまえに，外国で履行した売買契約の効力は，新政府の承認によって影響を受けない旨を判示した[66]。因みにこの事件では，中華民国政府が第三者に売却し，香港空港に保管されていた航空機について，中華人民共和国の機関と称する法人が承認の切り替え後，所有権の移転を求めて，敗訴している。要するに，不完全な国家承継の場合と同様に，1国の新旧両政府が対立・並存状態にある場合に，承認の切り替えに先立って旧政府が自己の支配下に置いた財産に対する権利は，承認の切り替えに伴って自動的に新政府へ移転するわけではないのである。

かように，先行国が存続する不完全承継の場合，承継国の現実の支配下に置かれたものを除き，承継にかかわる領域の外に所在する先行国の財産は，承継国に移転しないという原則を類推適用すれば，また，1国の2政府が対立・並存状態にある場合に，旧政府が自己の支配下に置いている財産は，承認の切り替えに伴って自動的に新政府に移転するわけではないとする判例を参考にすれば，日本に所在する中華民国政府の財産は，承認の切り替えによって自動的に中華人民共和国政府に移転することはない，と結論すべきであろうか。ここで注意しなければならないことは，日本政府が中国の政府承認切り替え後，中華民国が所有していた駐日大使館や領事館の敷地・建物を，中華人民共和国政府に引き渡した事実である[67]。また，イギリス外務省極東局法律顧問デンザ夫人の書簡でも，イギリス政府が承認の切り替え後，中華民国の駐英大使館の鍵を中華人民共和国政府に引き渡した旨の説明があり[68]，未確認情報ではあるが，

---

65) Gdynia Ameryka Linie Zeglugowe Spolka Akcyjna v. Boguslawski and Another, 7 *B.I.L.C.*499.
66) Civil Air Transport Incorporated v. Central Air Transport Corporation, 7 *B.I.L.C.*523.
67) 林・前掲注14) 135-144頁。
68) See *supra* note 54.。

第3章　光華寮事件をめぐる国際法上の諸問題

フランス政府も同様の措置をとったといわれている。これらの措置に見るかぎり，中華民国の在外財産のうち，中華民国政府が中国を代表する資格において国家機能行使のために所有してきた財産については，中華人民共和国政府への移転が認められていることになる。光華寮事件に対する控訴審以降の日本の裁判所の判決が，不完全な政府承継の場合には，外国に所在する旧政府の財産が原則として新政府に移転しない，と断りながら「その用途，性質上，中国を代表すべき国家機能に直接かかわるごとき」不動産，国を代表する立場において所有し，支配していた財産……，その外国が旧政府に認めた国家権力行使のための財産」は新政府に承継される，と述べているのは[69]，これらの措置を念頭に置いたものであろう。

　このように国家財産を，国家を代表する権力機能にかかわるものとそれ以外のものとに二分し，両者の取り扱いを区別した裁判所の判決は，つぎの2つの事情により正当化されるものと思われる。その1つは，日中共同声明に基づく政府承認切り替えの効果であり，他の1つは，国家財産の承継に関するヨーロッパ大陸法系諸国の慣行である。

　第1に，日中共同声明により日本政府は，それまで中国を代表するものと見なしてきた中華民国政府に対する承認を取り消し，あらたに中華人民共和国政府を「中国の唯一の合法政府」として承認した。その結果，日本との関係において中国を代表すべき国家機能は中華民国政府の手を離れ，中華人民共和国政府の手に移った。この前提のもとに日本政府はおそらく，中国を代表する資格において従前中華民国政府に許容してきた外交・領事機能およびその行使に直結する財産的諸権利もまた，中華人民共和国政府の手に移るべきだと判断して，さきに見た措置をとったのであろう。だとすれば，国家の財産を，国家を代表する権力機能にかかわるものとそれ以外のものとに二分し，両者の取り扱いを区別した日本の裁判所の判決は，日本政府の措置とも矛盾せず，論理的にはもちろん，公的な対外関係の処理をめぐる行政機関と司法機関との権限調整の面からも，十分に首肯しうるものである。

　第2に，国家の財産を権力機能にかかわる（*de jure imperii*）いわば公的なも

69）　前掲注7）を参照。

Ⅵ 戦後処理

のとそれ以外の (*de jure gestionis*) いわば私的なものとに二分し，国家の不完全承継の場合に，前者は承継国に移転するが後者は移転しないとする原則は，ヨーロッパ大陸法系の諸国でひろく支持されてきた。それによれば，公的財産は主権行使のために国家に所属するものであり，かつ国家承継は主権者の交替を意味するから，公的財産は承継国に移転するが，私的財産は先行国が「所有する」ものであるから，先行国が存続するかぎり，主権者の交替によって影響を受けない[70]。この原則は各国の判例でも採用されている。たとえば，チェコスロバキアの最高裁判所は1935年12月17日の判決で，学校の維持費に対する国庫支出の約束につき，チェコスロバキアは「前ハンガリー帝国が教区と締結した私的契約上の義務を承継しない」と判示しており[71]，西ドイツの連邦最高裁判所も1953年3月17日の判決で，旧ベルリン市立銀行の債権回収事件に関連して，「このような場合，国家の主権機能に充てられる財産（公的財産）は自動的に承継されるが，商業的とくに国家の商業的企業体に所属する財産については，この規則は適用されない」と判示している[72]。これらの判決は，不完全承継の場合とはいいながら，承継にかかわる領域内に所在する国家財産に関するものである。だが，不動産がその所在地の法に従うことは，国際社会一般に見受けられる現象であり，どちらかといえばヨーロッパ大陸法系に近い財産制度を有する日本の裁判所が，光華寮事件の判決に際して，国家財産を権力機能にかかわるものとそれ以外のものに二分するヨーロッパ大陸法系諸国の慣行を参考にしたことは，これまた十分に首肯しうるところである。

　この点でとくに注目されるのは，国際連合リビア法廷が1953年1月31日に下した判決である。リビアは国際連合総会の決議に基づき，1951年に旧イタリア植民地から独立を達成したが，リビア地域に所在するイタリア財産のリビアへ

---

70) O'Connell, *supra* note 50, pp.200-201.
71) 〔1938-1940〕A.D.102.
72) Bank of City of Berlin Case, 20 I.L.R.77. なお，オーストリア・ハンガリー帝国の崩壊後，チェコスロバキアが承継国の1つとして，旧帝国が関与していた船会社の船舶に対する所有権を争った事件（本書542頁を参照）で，オーストリアとハンガリーは，公的財産のみが承継されるところ，当該船舶はそれに当たらず，また承継について規定した「諸条約は，チェコスロバキアの領域内に所在する国家財産に対してのみ，チェコスロバキアの権利を認めたものである」と主張した。1 *R.I.A.A.*121.

第3章　光華寮事件をめぐる国際法上の諸問題

の移転については，関係国間の協議によることとされ，協議をめぐる紛争を処理する機関として，同法廷が設置されていた。事件は，この協議に基づくイタリア財産の処分をめぐって，関係国たるイギリスを相手どり，イタリアが同法廷に提訴したものである。この事件でイタリアは，著名な国際法学者フォシーユの書物を引用し，「国家が分裂して領域の一部を割譲する際に，公的財産，すなわち本来，割譲された領域の公務に用いられる財産は，そのまま承継国に移転する。なぜならこの種の財産は，爾後その領域の主権を担うものに所属すべきだからである。……しかし国家の私有財産，すなわち国家が私人と同様に，収益をえるために所有している財産は，特別な取り決めのないかぎり，承継国に移転しない。分裂した国家は，領域の一部を失うにも拘らず，これまでと同様の法人格をもちつづけ，私人と同様に，割譲された領域内で財産の所有者たる資格を失うわけではない。この国家が当該領域内で不動産を所有することを妨げる規則は存在しない」と主張した。そうして判決は，「本法廷の見解によれば，前記の主張は，一般に受け入れられた国際法の諸原則に合致するものであり，国家の私的財産は特別な取り決めのないかぎり，承継国に移転しない」と結論した[73]。この判決は，国家財産を公的なものと私的なものに二分し，不完全承継の場合に，前者は先行国から承継国に移転するが後者は移転しないとする原則が，ヨーロッパ大陸法系諸国の慣行にとどまらず，一般国際法の原則でもあることを確認した点で，とくに大きな意味をもっている。

しかしながら中国側は，日本の裁判所の判決に対する批判のなかで，国家の財産を権力機能にかかわる公的なものとそれ以外の私的なものに二分する考え方に反対し，「資産そのものは特定の属性をもたず，種々の目的に使用されるのだから，特定の時期における使途を基準として，国家承継の当否を決めるべきではない[74]」，「国家財産を公的財産と私的財産に二分する実践は，ベジャウイの指摘によれば，衰退しており，仮にこのような二分法を採るとしても，公的財産を外交財産と領事財産に限定する理由はない[75]」と批判している。国

---

73) Italy v. United Kingdom of Great Britain and Northern Ireland and United Kingdom of Libya, 25 I.L.R.7.
74) 蕭・前掲注1) 25頁。
75) 趙・前掲注1) 20-21頁。

家の財産を権力機能にかかわるものとそれ以外のものに二分することが困難な場合のあることは事実であり，特定の時期における国家の財産の使途のみを基準としてその承継の当否を決めるべきではないとの批判は，それ自体必ずしも不適切なものではない。また，公的財産を外交財産と領事財産に限定する理由がないとの指摘も，それ自体は誤っていないといえよう。

だが問題は，光華寮が権力機能に直結する財産と認定されるべきか否かであり，これについては，のちに改めて検討する。さらに，ベジャウイは「国家財産を公的財産と私的財産に二分する実践が衰退している」と指摘したのではない[76]。かれは「この区分があらゆる法系によって採用されているわけではなく，またこの区分が採用されている場合にも，統一的な区分の基準を見出しがたいため，これに代えて『主権にかかわる財産』または『主権の行使に必要な財産』という概念を用いることを勧め」たにすぎない。ここに「主権にかかわる財産」または「主権の行使に必要な財産」という概念は，「権力機能にかかわる財産」と類似のものであるし，ベジャウイ自身も「主権の行使にかかわる公的財産については，自動的に承継されるが，それ以外の公的財産については国家実行が分かれているため，疑いが残る」と指摘していた[77]。そして1983年の「国家の財産，公文書及び債務についての国家承継に関するウィーン条約」は，動産についてではあるが，「先行国の活動にかかわる財産は承継国に移転する」との原則を規定したのである[78]。

さらに，国家の財産を二分する考え方は，いわゆる主権免除の問題をめぐって，国際社会でひろく受け入れられつつある[79]。ここに主権免除とは，国家

---

76) 趙・前掲注1)の注7と注8は *Yb.I.L.C.*, 1968, Vol. 2 と *ibid.*, 1970, Vol. 2 を引用しているが，引用頁を明らかにしておらず，これを受けた最高裁判所への上告理由書（昭和62年5月30日，弁護士村上直ほか提出）90頁は *ibid.*, 1973, Vol. 2, p.22から引用しているが，筆者の調べたかぎり，当該頁にはその旨の記述は見当らなかった。

77) *Yb.I.L.C.*, 1973, Vol. 2, p.22 especially §(3)〜§(4); See, also, *ibid.*, 1968, Vol. 2, pp.106-107 and *ibid.*, 1970, Vol. 2, pp.143-144 and 149.

78) 第14条2項(b)，第15条1項(d)，第17条1項(b)，第18条1項(c)。傍点は筆者による。小川・前掲注59) 712-714頁。

79) たとえば，太壽堂鼎「国際法における国家の裁判権免除」『法学論叢』第68巻5・6号1頁以下，同「主権免除をめぐる最近の動向」『法学論叢』第94巻5・6号152頁以下を参照。

第3章　光華寮事件をめぐる国際法上の諸問題

およびその財産が外国の国家権力とりわけ外国の裁判所の管轄権に服さないとする原則であって，国家承継の問題と直結するものではない。ただし，この原則の適用に関する問題点の1つは，外国の裁判所の管轄権に服さない免除の対象を，国家の行為および財産一般に拡大しようとする絶対免除主義と，これを国家の主権機能にかかわる行為および財産に限定しようとする制限免除主義との対立であり，今日では後者が支配的な見解となっている[80]。つまり主権免除の適用に際しても，国家の財産を主権機能にかかわるものとそれ以外のものに二分し，両者の取り扱いを区別する考え方がとられているわけであって，これは国家の不完全承継の場合に，国家の財産を二分する考え方と基本的に合致する。その限りにおいて，国家の財産を二分すること自体に反対する中国側の批判は，根拠に欠けるものと結論せざるをえない。

(ⅲ)　光華寮の特殊事情

ある国家に関して政府の不完全承継が生じた場合に，当該国家の在外財産のうち，旧政府の現実の支配下にあるものは原則として新政府に移転しないが，当該国家を代表する権力機能にかかわる財産は移転するとすれば，光華寮の所有権は中華民国政府から中華人民共和国政府に移転するか——これが，最後に残された問題である。

この点について，第1審の京都地方裁判所の判決は，日中共同声明に基づく政府承認の切り替えにより，中国の公有財産たる光華寮の所有権は中華人民共和国政府に移ったのであって，当該財産に関する「事実上の支配関係，用途，性質，取得時期」を考慮しても，この結論を変える必要はないと判示した[81]。しかし，控訴審，差戻第1審，差戻控訴審の判決はいずれも，光華寮事件が建物の明け渡しをめぐる私的な法律上の紛争にすぎない，と判示した。さらに光華寮の所有権については，「その用途，性質上，中国を代表すべき国家機能に直接かかわるごときもの」でない[82]，または「旧政府が国を代表する立場において所有し，支配していた財産……，その外国（筆者注：不動産の所在地国。

---

80)　I. Brownlie, *Principles of Public International Law* (3rd ed., Clarendon Press, 1979), p.326 ff.

553

VI 戦後処理

ここでは日本）が旧政府に認めた国家権力行使のための財産」以外の財産であり[83]，かつ「旧政府が新政府成立後に取得した財産」であるから[84]，日中共同声明に基づく政府承認の切り替えによっても，中華民国政府から中華人民共和国政府に移転しない，と判示した。

これに対して中国側は，「中国にとって……（国家）建設に役立てる人材を育成することは，国の果たすべき……重要な職能であ」り，「中国人留学生に……住所を提供するのは……国家の公共目的に属する[85]」，または「光華寮の使用目的は国家建設の人材を育成するためであるから，国が職能を行使するのに必要な国家財産に属する」ので[86]，光華寮事件は通常の民事訴訟ではなく[87]，しかも光華寮の購入資金は，旧日本軍が中国大陸において掠奪した物資の売却金を充当したものであるから，その購入・登記時期に拘らず，光華寮は中華人民共和国政府が承継すべきだ，と反論している[88]。これをまとめれば，光華寮の用途・性質，取得時期，購入資金の3点をめぐる認識の相違が，その所有権の移転に関する結論の相違につながっているといえよう。

このうち，第1点の用途・性質について，教育が国家機能の一部たりうることは，中国側の指摘どおりである。だが，そのことは，教育にかかわるすべての活動や財産が国家機能に直結することを意味するものではない。国家の制度いかんにより，教育が少くとも部分的に私的イニシァティヴに委ねられる現象は，国際社会においてひろく見られるし，国家機能の一部として教育活動がなされる場合にも，それにかかわる設備や資材は往々にして私有財産によりまかなわれる。したがって，教育にかかわる活動や財産についても，個々の事例ごとに，国家機能との関連を明らかにすることが必要である。光華寮はさきに見たように，第2次世界大戦末期に京都大学が当時の中国人留学生の集合教育用

---

81) 前掲注3）を参照。
82) 前掲注4）を参照。
83) 前掲注5）を参照。
84) 同上。
85) 蕭・前掲注1）25頁。
86) 趙・前掲注1）21頁。
87) 傅・前掲注1）28-29頁。
88) 趙・前掲注1）26頁。朱・前掲注1）26頁。傅・前掲注1）29頁。

宿舎として，民間人から賃借した不動産であった。しかるに戦後，同教育の廃止により京都大学が借料を支払えなくなってのちも，留学生たちがそこに住みつづけたため，最終的にはかれらの窮状を救い，住宅難を解消する目的で，中華民国政府が当該民間人から買い上げたものである。つまり本来，それは安価な下宿の確保・提供という，民間のヴォランティアがなしうる種類のサーヴィスであり，これを国家の代表機能や権力作用と結びつけることはきわめて困難である。それは，たとえば光華寮が抵当権の対象となり，債権者がその売却を求めて提訴した場合に，同寮に関して主権免除が主張されうるか否かを考えてみれば，明らかではないかと思われる。ちなみに，主権免除に関する最近の国際条約や国内法はいずれも，法廷地国に所在する不動産をめぐる権利・義務にかかわる訴訟は，免除の対象とならない旨を規定している[89]。日本の裁判所が光華寮事件を私法上の紛争と見なした理由も，おそらくこうした点に求められるのではなかろうか。

つぎに，第2点の取得時期について，控訴審以降の日本の裁判所の判決は，1952年の売買契約の時期と認定し，それが中華人民共和国政府の樹立された，1949年以後のことである事実を重視している。そして，この点に関連して注目すべきは，かつて中華民国政府が締結した条約の承継に関し，中華人民共和国政府がとっている態度である。すなわち，中華人民共和国政府は，中華民国政府が締結した諸条約を，自らが北京に中華人民共和国樹立を宣言した，1949年10月以前に締結されたものと，それ以後に締結されたものに二分し，前者については承継の是非を個別に検討するが，後者については本来「違法かつ無効」なものとして取り扱う旨を明らかにしている[90]。これはおそらく，1949年以前において中国を代表する機能は中華民国政府により行使されていたため，その時期に同政府が締結した諸条約は中国を拘束するものであり，したがって1949年以降，中国の代表機能を行使するに至った中華人民共和国政府としても，

---

[89] 主権免除に関するヨーロッパ条約（1972年）第9条，第10条（11 *I.L.M.*473），アメリカの外国主権免除法（1976年）第1605項（a）4（15 *I.L.M.*1398），イギリスの国家免除法（1978年）第1部6項（17 *I.L.M.*1125）などを参照。

[90] United Nations, *Multilateral Treaties in Respect of Which the Secretary-General Performs Depositary Functions-List of Signatures, Ratifications, Accessions, etc. as at Dec. 31, 1972* (ST/LEG/SER.D/6), 1972, pp. iii-iv.

VI 戦後処理

原則としてそれらの拘束力を否定しえず，承継の是非を検討すべきであるが，それ以後の時期において中華民国政府は中国の代表機能を行使しえなくなったのであるから，その締結した諸条約も当然，中華人民共和国を拘束することはできず，その承継を問題にする必要はない，との判断に基づく態度であろうと思われる。だとすれば，中華民国政府が日本において取得した財産についても，1949年以前に取得されたものと，それ以後に取得されたものとに二分し，前者については原則として承継の是非を論じうるが，後者については特別の事情のないかぎり承継の問題を生じない，と考えるべきであろう。光華寮の取得時期に関する日本の裁判所の認定は，おそらくこうした考えを前提としているものと思われる。

中国側は光華寮の取得時期について，直接的には言及していない。しかし，第3点に関連して，光華寮の購入資金が旧日本軍の中国大陸における掠奪物資の売却金を充当したものであるから，同寮の購入・登記時期は問題にならないと主張している。これは光華寮事件の審理過程で寮生側が，「旧日本軍の中国大陸における掠奪物資が戦後発見され，その売却金を在日留学生の救済に当てることになっていたところ，当時の中華民国政府は保管中の当該売却金を光華寮の購入資金に充てた」と主張しているのに合致する[91]。さきにも触れたとおり，1983年の「国家の財産，公文書及び債務についての国家承継に関するウィーン条約」は，「先行国の所有する不動産であって，承継にかかわる領域外に所在するもの」のうち，「承継にかかわる領域がその創設に寄与した不動産」が承継国に移転する，と規定している[92]。この規定が光華寮事件にどの程度まで類推適用可能か，疑義がないわけではないが，仮に旧日本軍の掠奪物資が中国共産党の支配下にあった地域にかかわるものであれば，その限りにおいて光華寮に対し，中華人民共和国政府が権利を主張しうる余地がないわけではない。ただし，この種の事実関係の証明は多大の困難を伴うことが予想され，現に日本の裁判所の判決も，証拠不十分として寮生側の主張を斥けている。

以上を綜合すれば，用途・性質，取得時期および購入資金のいずれから見て

---

91) 前掲注5)，注6)を参照。
92) 本書546頁を参照。

第 3 章　光華寮事件をめぐる国際法上の諸問題

も，光華寮が政府承認の切り替えにより，中華人民共和国政府に移転すべき財産である，とは結論しがたい。

4　おわりに

　本稿の目的は，いわゆる光華寮事件に関する日本の裁判所の判決およびそれに対する中国側の批判を踏まえて，当該事件をめぐる国際法上の諸問題を再検討することであった。ここに「再」検討とは，筆者が約15年まえに第１審たる京都地方裁判所の要請を受け，鑑定書を提出していたからである。再検討の結果，中国側の批判にも拘らず，中華民国政府に訴訟当事者能力を認め，かつ光華寮の所有権が中華人民共和国政府に移らないとした日本の裁判所の判決は，日中共同声明に違反せず，また国際法上十分な根拠を有することが明らかになった。

　もっとも，上記の結論に対しては，中国側の批判に呼応して，光華寮が中国の国家財産である以上，日中共同声明に基づく政府承認の切り替え以降は，中華人民共和国政府のみがそれにかかわる訴訟の当事者能力を認められるべきであるとする，いわば訴訟手続ないし名義上の問題として，この事件を処理すべきだ，との反論がある[93]。たしかに，中国という国家の同一性が保たれている以上，中国の名において中華民間政府がなした行為や取得した財産のすべてを，政府承認の切り替えとともに，自動的に中華人民共和国へ帰属させる方式は，事態の画一的な処理のために，有用であるかも知れない。しかしこの有用さは，その反面，つぎのような問題を秘めている。その問題とは，中華民国政府が中国の名においてなした行為や取得した財産を，政府承認の切り替え以降，一律に中華人民共和国政府に帰属させることが，中華人民共和国の利益に反し，かつ客観的に見て不合理な結果をもたらす可能性である。たとえば，1949年の中華人民共和国成立から1972年の政府承認切り替えまでの期間において，中華民国が大陸反攻の目的で締結した武器購入契約上の債務や，台湾地域の経済開発の目的で発行した公債の償還義務などを，中華人民共和国政府に帰属させる

---

93)　吉岡・前掲注１）６頁。関野・前掲注１）60頁。

VI 戦後処理

べきであろうか。また，さきにも指摘したように，仮に光華寮が抵当に入れられ，その担保額が同寮の市場価額を上回るに至った場合にも，なお同寮の所有権を中華人民共和国政府に移転すべきであろうか。

こうした場合を考慮に入れれば，中華民国政府が中国の名においてなした行為や取得した財産につき，個別にその目的，性質，用途，時期，財源などあらゆる事情を綜合的に勘案して，それぞれの帰属を決定するほうが，むしろ中華人民共和国政府の利益に資し，かつ客観的に見て合理的な結果を保障しうるように思われる。そして，その際には，当然のことながら，中華民国政府の存在を前提としなければならない。ちなみに，前述の1983年条約は，先行国が存続する不完全承継の場合について，先行国の債務は，当該債務に関連して移転する財産を考慮に入れたうえで，衡平な割り合いで承継国に移転する，との原則を採用している[94]。

国内社会においても国際社会においても，およそ法は人間のために存在する。法が規範である以上，法規の適用が画一的であり整合性を保つことは，もとより重要である。だが，法適用の対象となる社会は多様性に満ち，かつ刻一刻と変化している。したがって法の適用に当たる者は，法が可能なかぎり社会の実態に即して弾力的に適用され，しかも個々の事情に応じた合理的な結果がもたらされるように，絶えず努力しなければならない。とくに国内社会に比べてはるかに組織度が低く，立法手続もきわめて未整備な国際社会において，そうした努力の必要は，より大きいといえよう。現に国際法上の承認制度を見ても，過去における「事実上の承認」の運用や「交戦団体の承認」の変遷，さらに最近における「政府承認の変容」などは[95]，そうした努力の跡を物語る。この努力は，光華寮事件をめぐる国際法上の諸問題に検討に際しても，決して怠るべきではない。

---

94) 第37条，第40条，第41条および第38条を参照。小川・前掲注59) 719-720頁。
95) 拙稿「政府承認に関する最近の傾向について」（国際法事例研究会『日本の国際法事例研究 (2) 国交再開・政府承認』（慶應通信，1988年) 255頁以下)【本書第Ⅲ部第3章】を参照。とくにアジア開発銀行における中国問題の処理について，横田洋三「世界銀行と政府承認」（同上，293-294頁）を参照。

索　引

ABM（対弾道ミサイル制限）条約 ……… *271*
CIS 創設協定 …………………………… *270*
ICJ（国際司法裁判所）………………… *431*
NATO（北大西洋条約機構）………… *85, 265*
NPT ………………………… *270-271, 279*
ODA（政府開発援助）……………………… *48*
PKF（Peace-Keeping Forces）……………… *17*
PKO（Peace-Keeping Operations）… *16, 80-81*
PKO 協力法 …………………… *16, 37, 89*
START（戦略核兵器削減条約）……… *271*
UNOSOM II …………………………… *85*

あ 行

アイスランド漁業管轄権事件 …………*443*
アゴー ……*289, 337, 341-343, 357, 375-376*
芦田修正 …………………………………… *26*
アパルトヘイト ……………………………*111*
アパルトヘイト政策 ……………………… *37*
アマドール ……………*289-290, 310, 313,*
　　　　　　　　　　　337-338, 340, 393
アマドール案 …… *309, 315, 317-346, 373-374*
アメリカの降伏後初期対日政策 ……………… *8*
アラバマ号事件 …………………………*440*
アラブ連盟諸国共同防衛経済協力条約
　（1950年）………………………… *23, 71*
あらゆる形態の人種差別撤廃に関する国
　際条約→人種差別撤廃条約
アランジョ・ルイス ……………*337, 348, 362*
アルマ・アタ宣言 …………………………*271*
安全保障理事会常任理事国………………*266*
アンチロッティ ……………………… *286, 297*
一般の意見 ………………………………*258*
一般の受容方式 ……………………………*117*
一般的註釈 ……………………*167, 170, 173*
委任統治 …………………………… *37, 133*
違法行為 …………………………………*291*
違法性 ……………………………………*358*

違法性阻却事由 …………… *306, 347, 358, 360*
インド＝パキスタン休戦協定 ……………… *35*
ヴァッテル ………………………………*286*
ウィルソン大統領…………………………*508*
ウィーン外交関係条約 ……………………*444*
ウィーン財産等承継条約 ………*546, 552, 556*
ウィーン条約承継条約 ……*257-259, 261, 263,*
　　　　　　　　265, 268, 272, 274, 277-279
ウィーン領事関係条約 ……………………*444*
ヴェルサイユ条約…………………………*223*
浮島丸事件 ………………………………*499*
宇宙損害賠償条約………………*293, 295, 306*
ウティ・ポッシデティス（*uti possidetis*）
　の原則 …………………………………*416*
英国枢密院司法委員会 ……………………*120*
永世中立政策 ……………………………… *78*
英・中共同宣言 …………………… *260-262*
エストッペル効果…………………………*256*
エストラーダ理論……………………… *247-248*
欧州人権条約 ………………… *53, 143, 280, 382*
公の緊急事態 ……………………………*100*
オランダ失業手当給付法事件 ……… *198, 212*
オーランド島問題…………………………*429*

か 行

外交官の特権・免除 ……………………*354*
外交的抗議 ………………………………*421*
外交的保護 …………………… *303-305, 311*
外交的保護権 ……………………………*496*
外国主権者免除法 ………………………*255*
外国人登録法 ……………………………*539*
外国人・内国民平等主義 …………………*314*
カイロ宣言 …………………………… *6, 241*
核実験事件（1973年）……………………*443*
過　失…*296-299, 301, 371-372, 374, 379-380,*
　　　　　382-383, 386-389, 391-392, 394, 396
過失責任論 …… *299, 301, 371-372, 377, 396*

559

索　引

仮保全措置命令…………443-444, 449, 466, 473
カルボ………………………………………312
カルボ条項……………………………………305
管轄権受諾宣言………………………………433
管轄権判決……………………………………443
干　渉…………………………………………312
間接統治…………………………………………8
危険責任主義…………………………………301
帰　属……………………291, 293, 345, 369
北大西洋条約（NATO条約）……………23, 71
義　務……………………………………………52
規約人権委員会………………………………95
客観責任論…………………………299, 301,
　　　　　　　　　371-372, 377, 379, 393
休戦協定………………………………………510
行政機関………………………299, 389, 393, 395
強制的管轄権……………………………432, 434
強制的紛争処理手続……………………454, 457
極東委員会………………………………………7
極東（国際）軍事裁判所条例………12, 518
拒否権……………………………………21, 69
金銭賠償………………………………………302
グアテマラ協定（1987年）………………37
国別報告者（Country Rapporteur）………115
クリッパートン島事件………………………410
グロティウス…………………………286, 296
経済的、社会的及び文化的権利に関する
　国際規約（A規約、社会権規約）
　　→社会権規約
継続国家………………………………………266
継続的行為………………………………346, 365
結果の義務………………………………363, 367-368
決議678……………………………………40
ケロッグ＝ブリアン条約（ケロッグ条約）…19
見　解……………………………………179, 194
　──の法的拘束力…………………………192
見解フォローアップ特別報告者……………122
権　原…………………………………………407
権限外の行為…………………………294, 369
原状回復…………………………………302, 428
憲章第6章半の活動…………………………35

原子力船運航者の責任に関する条約……293,
　　　　　　　　　　　　　　　295, 306
建設的な対話（constructive dialogue）……116
広域カリブ海における海洋環境の保護
　および開発のための条約……………457, 461
合意は守られなければならない……………462
光華寮事件………………521, 540, 544, 547
公共の福祉………………………………………95
交　渉…………………………………………438
交戦団体…………………………………528, 536
行動の義務………………………………363, 368
口頭弁論手続…………………………………473
降伏文書……………………7, 241, 478, 510
国際違法行為……………………343, 368, 376
国際海洋法裁判所……………………………449
国際協調主義……………………………………5
国際刑事裁判所………………………………144
国際裁判（international adjudication）……438
国際司法裁判所………………………………431
国際人権規約……………………………139, 141
国際人権保障…………………………………112
国際請求…………………………………302-303
国際性の原則……………………………………84
国際的な基本的人権……………………313-314,
　　　　　　　　　　318, 330, 333, 336
国際適法行為……………………343, 355, 368
国際犯罪……………………292, 308, 347,
　　　　　　　　352, 359, 361-362, 368
国際標準主義……287, 300, 309-310, 312-313,
　　　　　　　　327, 331, 333, 335, 340, 376
国際不法行為……………292, 347, 352, 359, 368
国際紛争平和的処理条約……………………439
国際法委員会……………257, 288, 337, 541, 546
国際法典編纂会議…………………286-287, 313
国際捕鯨取締条約……………………457, 460
国際連合……………218, 220, 224-227, 229,
　　　　231-234, 236-237, 261, 266, 273, 277
国際連合憲章……………137, 220, 233, 433
国際連合分担金…………………………………48
国際連合平和維持活動等に対する協力に関
　する法律（PKO協力法）……………16, 37, 89

560

索　引

国際連盟 …………… 218, 220-225, 228, 231, 429
国際労働機関 ……………………………… 134
国籍継続 …………………………………… 304
国籍条項 …………………………………… 55
国内的救済（完了）原則 ………… 305, 367, 378
国内的な手続 ……………………………… 156
国内標準主義 …………… 288, 300, 309-310,
　　　　　　　　　312-313, 335, 340, 376
国有化 …………………………… 353, 356, 377
国連インド＝パキスタン軍事監視団
　（UNMOGIP）…………………………… 83
国連エルサルバドル監視団（ONUSAL）… 90
国連海洋法条約 ……………………… 452-453
国連カンボジア暫定統治機構（UNTAC）
　　　　　　　　　………… 17, 38, 86, 90
国連キプロス平和維持軍（UNFICYP）… 35, 82
国連休戦監視機関（UNTSO）…………… 83
国連緊急軍（UNEF）………………… 34, 81
国連事務総長 ……………………………… 277
国連人権委員会 ……………………… 50, 137
国連ソマリア活動（UNOSOM）………… 85
国連中心主義 ………………………… 75, 87
国連中米監視団（ONUCA）……………… 82
国連ナミビア独立支援グループ（UNTAG）
　　　　　　　　　……………………… 37, 90
国連ニカラグア選挙監視団 ……………… 37
国連東チモール暫定統治機構（UNTAET）
　　　　　　　　　……………………… 90
国連兵力引き離し監視隊（UNDOF）… 82, 90
国連保護軍（UNPROFOR）……………… 85
国連モザンビーク活動（ONUMOZ）…… 90
個　人 ……………………………………… 333
個人通報 …………………………………… 154
国家機関 ……………………………… 293, 345
国家結合 ………………………… 259, 264, 279
国家承継 ………………… 258-259, 267, 274-275,
　　　　　　　　　279-280, 541-542, 544
国家承認 …………………… 217-219, 221-222,
　　　　　　　　　224, 227-229, 251
国家責任 …………………………………… 283
　──の解除 …………………………… 302
国家通報 …………………………………… 112
国家の財産，公文書及び債務についての国
　家承継に関するウィーン条約
　→ウィーン財産等承継条約
国家分裂 ……………………………… 259, 272
国家報告審査 ……………………………… 161
国家免除法 ………………………………… 255
国境地区の主権に関する事件 …………… 413
個別的国家承認 ………………………… 221, 229
個別的自衛権 ……………………………… 25
個別的受容方式 …………………………… 117
混合占領 …………………………………… 9
コンゴ国連軍（ONUC）………………… 34, 82
コンセッション …………………………… 288
コントラ ……………………………… 432, 436

さ　行

最終所見（Concluding Observation）
　　　　　　　　　………………… 116, 170-171
在テヘラン米国大使館員人質事件（1979年）
　　　　　　　　　……………………… 444
裁判拒否 ……………………………… 384, 387
裁判に付すべき紛争 ……………………… 439
差別防止および少数者保護に関する小委
　員会 …………………………………… 50
サンフランシスコ会議 ……………… 481, 489
サンフランシスコ条約 …………………… 236
自衛権 ………………………… 15, 25, 435
ジェイ条約（1794年）…………………… 439
ジェネラル・コメント ………… 165, 170-172
自決（self-determination）……………… 408
自決権 ………………………………… 141, 424
　──の主体 …………………………… 426
自決権原則 ………………………………… 428
時際法（inter-temporal law）…………… 408
時　効 ……………………………… 407, 411, 415
事実上の承認 ……………………… 238-239
事実上の政府 ……………………… 528, 536
事実の規範力 ……………………………… 424
私人の行為 ……………… 295-296, 307, 345, 378
実効的占有 ……………………………… 407, 411

561

索　引

質問表（List of Issues）……… 115, 165, 173, 187
自動執行性を欠く（non-self-executing）
　　規定………………………………………… 118
児童の権利に関する条約…………………… 52
シビリアン条項……………………………… 26
司法機関………………… 298, 384, 388, 393, 395
司法消極主義………………………………… 61
司法的解決（judicial settlement）…… 431, 439
市民的及び政治的権利に関する国際規約
　　（自由権規約，B規約）→自由権規約
シムネク事件…………………………… 205-206
社会権規約……………… 51, 98, 112, 142-143
社会権規約委員会………………………… 143
従軍慰安婦…………………………………… 498
自由権規約………… 52, 95, 98, 111-112, 141,
　　148-149, 151, 157-158, 193, 257-258,
　　261, 264, 269, 274-275, 278-280, 383, 387
　　──第26条……………………………… 193
自由権規約委員会………… 95, 111, 141, 153, 155,
　　179, 184, 191, 193, 258, 264, 269-270, 280
自由権規約継続の原則…… 258, 261, 263, 265,
　　269, 272, 274, 278, 280
自由権規約選択議定書………………… 118-119
自由権規約第1選択議定書………………… 52
周旋…………………………………………… 438
集団安全保障体制……………………… 18, 68
集団殺害犯罪……………………………… 144
集団殺害犯罪の防止及び処罰に関する条約
　　……………………………………………… 52
集団的自衛権………………………… 25, 71, 437
主権平等の原則…………………………… 234
主権免除……………………… 254, 256, 280, 552
受動的平和主義…………………………… 62
受理可能性（admissibility）……………… 435
　　──の審査……………………………… 119
承継………………………………………… 407, 414
承継国……………………………………… 558
商行為………………………………… 254, 256
少数者の権利……………………………… 149
少数者の保護……………………………… 132
少数民族…………………………………… 150

常設国際司法裁判所……………………… 410, 433
条約境界移動の原則…………… 260, 263, 279
条約承継…………………………… 266-267, 271
条約承継条約→ウィーン条約承継条約
条約についての国家承継に関するウィー
　　ン条約（条約承継条約）
　　→ウィーン条約承継条約
条約の自動執行性………………………… 116, 118
条約の直接適用性………………………… 108
植民地独立付与宣言……………………… 424
女子差別撤廃条約………………… 52, 123, 145
女性に対するあらゆる形態の差別の撤廃
　　に関する条約→女子差別撤廃条約
除斥期間…………………………………… 498
シーレーン…………………………………… 43
人権の制限事由………………………… 95, 103
人権の制限方式…………………………… 96
人種差別撤廃………………………………… 145
人種差別撤廃条約…………………… 52, 364
真正な結合………………………………… 304
人道に対する罪…………………………… 517
侵略の定義………………………………… 13
人類の平和と安全に対する犯罪の法典案
　　……………………………………………… 13, 361
スエズ危機………………………………… 34
スエズ国連軍……………………………… 24
スエズ動乱………………………………… 81
ストラドリング魚種協定……………… 458, 468
砂川事件…………………………………… 30, 79
請求権（claim）…………………………… 477
制限免除主義……………………………… 553
政治的紛争（political disputes）…… 431, 438
政府承継………………………… 540-542, 544
政府承認……………………… 233, 237, 243,
　　245-246, 249-253, 255
政府承認切り替え………………………… 523
政府承認政策……………………………… 246
政府の不完全承継…………………… 540, 544
政府報告書審査…………………………… 112
世界銀行（国際復興開発銀行）………… 542
世界人権宣言…………… 50, 107, 112, 137, 139

索　引

赤十字国際委員会··············489
責任（liability）··············477
絶対免除主義················553
先決的抗弁·················449
先行国···················558
戦後占領···················9
戦時占領···················9
戦傷病者戦没者遺族等援護法（援護法）···55
漸進の実施義務···············52
先　占················406, 428
戦争犯罪人·················517
戦争放棄に関する条約············19
総漁獲可能量·············451, 469
相当な注意······ 300, 307, 376, 378, 380, 396
即時実施義務················52
訴訟当事者能力··· 523, 529, 531-533, 536, 538
損　害··················292

た　行

第1次法規············289, 299-300, 342, 352, 354, 376-377
第2次国連アンゴラ監視団（UNAVEM II）90
第2次法規············290, 301, 342, 352, 354, 367, 376-377
第3世代の人権············151-152
対伊平和条約··········481, 492, 501
対抗措置··················360
大国連軍構想···········21-22, 69, 71
対世的義務·················360
対日平和条約··· 14, 53, 241, 477, 492, 494, 519
対日平和7原則············481, 482
対日理事会··················7
田岡良一··················284
高野雄一··················284
田畑茂二郎·················284
ダレス米国務省顧問·············482
断続的・混合行為···········346, 365
地域的取極··················71
チャプルテペック協定··········22, 71
中央条約機構··················71
中華人民共和国···············231

中間賠償··················479
中国代表権········225, 231, 234, 237
仲裁裁判（arbitration）·······410, 439
中立性の原則················84
朝鮮国連軍···············24, 81
朝鮮戦争···················14
調　停··················438
直接統治···················8
地理的近接性（contiguity）·······425
陳　謝··················302
ツヴァン・デ・フリース事件········198
通報別報告者（Case Rapporteur）·····119
定期報告··················164
適法行為から生じた損害に対する責任
··················291, 293, 306, 357
デ・フール・ワルデローデ·········205
デベラチオ（debellatio）·······10, 512
テロ対策特別措置法············91
統一条約··················265
同意の原則·················83
東欧およびソ連における新国家の承認に
関する指針············267, 273, 280
東京裁判···············12, 505
投資紛争解決国際センター······308, 449
東南アジア条約機構·············71
東部グリーンランド事件··········410
ドゥロベク事件··············209
特別協定··················22
特別合意（compromis）·······432, 440
特別法は一般法を破る····454-455, 458, 460
ドミニカ（国連）事務総長代理使節団
（DOMREP）··············83
トリーペル···············286, 297
奴隷貿易··················131
トレイル溶鉱所事件············380

な　行

内　乱··················295
難　民··················146
難民高等弁務官事務所···········136
難民の地位に関する議定書··········52

563

索　引

難民の地位に関する条約 …………………… 52
難民の保護 ………………………………… 135
ニカラグア事件判決（1984年）………… 42, 442
ニカラグア選挙監視団（ONUVEN）……… 90
ニカラグア紛争 ……………………… 432, 442
西イリアン国連保安隊（UNSF）………… 82
日米安全保障条約 …………………………… 14
日華事変 ……………………………… 21, 480
日華平和条約 ………… 61, 235-237, 241, 523, 527
日韓請求権協定 …………………………… 496
日ソ共同宣言 ……………………………… 28, 65
日中共同声明 ……………… 501, 503, 524-525,
　　　　　　　　　　　　　531, 539, 549, 553
日中戦争 …………………………………… 21
日中平和友好条約 ………………………… 523
日本国憲法 ………………………………… 5
日本占領・管理のための連合国最高司令
　官宛の降伏後初期基本指令 …………… 8
ニュルンベルグ裁判 ……………………… 12
ニュルンベルグ条例 ……………………… 518
任意的紛争処理手続 ………………… 454, 457
ノッテボーム事件 ………………………… 304

　　　　　は　行

賠償（reparation）………………… 353, 358, 477
ハーヴァード新草案 ………………… 317, 332
ハーグ条約 ………………… 9, 508, 510-511, 515
ハーグ平和会議 …………………………… 439
発　　見 …………………………………… 406
発見優位の原則 …………………………… 409
パリ憲章 …………………………………… 267
バルセロナ・トラクション事件 ………… 304
パルマス島事件判決 ……………………… 408
被害国 ……………………………………… 360
ビーグル海峡事件 ………………………… 440
非自治地域 ………………………………… 424
非植民地化（decolonization）…………… 407
人および市民の権利宣言 ………………… 99
人および人民の権利に関するアフリカ憲
　章 ………………………………………… 60
平等・無差別原則 ………… 193, 200-201, 211

フォークランド（マルビナス）諸島……… 399
フォークランド戦争 ……………………… 399
フォローアップ …………………………… 116
フォローアップ手続 ………………… 174, 179
フォローアップ特別報告者 ……………… 186
フォワン事件 ……………………………… 208
武器使用制限の原則 ……………………… 89
不正な裁判手続 …………………………… 386
不戦条約 ………………………………… 13, 19
不当な判決 ………………………………… 388
普仏戦争 …………………………………… 545
部分的または不完全な承継（partial
　or incomplete succession）…………… 541
ブラウンリー ……………………………… 286
ブロク事件 ………………………………… 209
平時占領 …………………………………… 9
米州機構憲章 ……………………………… 433
米州人権条約 ……………………………… 53
米州相互援助条約 ……………………… 23, 71
平和維持活動（PKO）……………… 16, 80-81
平和執行部隊 ……………………………… 36
平和に対する罪 ………………………… 12, 517
平和のための課題（An Agenda for Peace）
　 ……………………………………… 36, 84
平和のための課題への追補（Supplement
　to An Agenda for Peace）……………… 85
平和のための結集決議 ……………… 23-24, 73
ペーパー・プロテスト（paper protest）… 421
ヘフター …………………………………… 286
ヘルシンキ最終議定書 …………………… 267
報告遅延国 ………………………………… 174
防止義務 ……………………………… 357, 363
法の支配 …………………………………… 445
法律家委員会 ……………………………… 222
法律上の承認 ………………………… 238-239
法律的紛争（legal disputes）……… 438, 441
法　　例 …………………………………… 539
補償（compensation）…………… 353, 358, 477
ポツダム宣言 ……… 6, 65, 241, 478, 506-508,
　　　　　　　　　　510-511, 514, 516, 518, 525
捕　　虜 …………………………………… 517

ポル・ポト政府 …………………… *244*
ポルトガル＝中国共同宣言 …………… *263*
本案審査 ……………………………… *119*
香港特別行政区基本法 ………………… *263*

　　　　　　ま　行

マカオ特別行政区基本法 ……………… *263*
マクリーン訴訟最高裁判決（1978年）… *57*
マッカーサー・ノート ………………… *25*
マッカーサー連合国最高司令官 ……… *482*
マルビナス諸島 ………………………… *399*
未承認国家 ……………………………… *229*
未承認政府 ………………………… *252, 536*
未成熟な（inchoate）権原 …………… *409*
南太平洋における流し網漁業の禁止に関
　する条約 …………………………… *457*
みなみまぐろ仲裁裁判事件 …………… *449*
みなみまぐろの保存のための条約（みな
　みまぐろ条約） …………………… *450*
無過失責任主義 ………………………… *301*
無差別戦争観 …………………………… *419*
無主地（terra nullius）……… *407, 411, 418*
無条件降伏 ………………………… *6, 506*
ムートネス（mootness）の法理 ……… *451*
明示の承認 ………………………… *233, 247*

黙示の承認 ……… *219, 228, 233-234, 246, 253*
黙認（acquiescence）……………… *411, 428*
モンロー宣言 ……………………… *404, 423*

　　　　　　や　行

ヤルビネン事件 …………………… *207-208*
傭船契約 ………………………………… *537*
横田喜三郎 ……………………………… *284*

　　　　　　ら　行

ラヴレース事件 ………………………… *195*
リップハーゲン ……………… *337, 348, 360*
立法機関 ………………… *297, 380-383, 395*
留　保 …………………………………… *155*
良心的兵役拒否制度 …………………… *207*
領土保全 …………………………… *234, 425*
領有意思 ………………………………… *411*
レホボス・バスター集団事件 …… *211, 212*
連続的・合成行為 ………… *346, 365-366, 368*
連邦国家 …………………………… *351, 369*

　　　　　　わ　行

ワルシャワ条約 …………………… *23, 71*
ワルトマン事件 ………………………… *203*
湾岸戦争 …………………………… *39, 81, 88*

初 出 一 覧

I 国際法と日本
第1章 「国際社会と日本——日本国憲法と国際協調主義」佐藤幸治・初宿正典・大石眞編『憲法五十年の展望1（統合と均衡）』（有斐閣，1998年）273-339頁
第2章 「国際連合の活動と日本の対応——国際平和・安全の維持にかかわる実行を素材として」安藤仁介・中村道・位田隆一編『21世紀の国際機構：課題と展望』（東信堂，2004年）199-234頁
第3章 「人権の制限事由としての「公共の福祉」に関する一考察——日本国憲法と国際人権規約」法学論叢132巻4号（1993年）51-66頁
第4章 「国際人権保障の現状と課題——自由権規約の国内的実施を中心に」比較憲法学研究11号（1999年）1-14頁

II 人 権
第1章 「国際人権保障の展開と問題点」国際法外交雑誌98巻1号（1999年）1-36頁
第2章 「規約人権委員会による国家報告審査方法の進展——審査の実効性向上を目指して」同志社法学56巻6号（2005年）1489-1510頁
第3章 「自由権規約選択議定書に基づく「見解」の実効性確保について——規約人権委員会による「見解」のフォロー・アップ手続の発展」同志社法学54巻3号（2002年）819-836頁
第4章 「規約人権委員会による自由権規約第26条の解釈・適用とその問題点」国際人権問題研究センター研究紀要7号（2002年）1-18頁

III 承認と承継
第1章 「国際機構の加盟手続と国家承認」国際法事例研究会『日本の国際法事例研究(1) 国家承認』（日本国際問題研究所，1983年）216-230頁
第2章 「中国代表権の交代と国際法上の諸問題——日中・日華関係を中心に」法学セミナー192号（1972年）2-8頁
第3章 「政府承認に関する最近の傾向について」（慶應通信，1988年）255-269頁
第4章 「条約承継条約と最近の国家実行——とくに自由権規約の承継に関して」山手治之・香西茂編集代表『21世紀国際社会における人権と平和——国際法の新しい発展をめざして（上巻）国際社会の法構造：その歴史と現状』（東信堂，2003年）231-260頁

Ⅳ 国家責任

第1章 「国際法における国家の責任」芦部信喜ほか編『岩波講座基本法学5 責任』（岩波書店，1984年）107-136頁

第2章 「国家責任と私権の救済 国家責任に関するアマドール案の一考察——「国際的な基本的人権」と「国際標準主義」の関係について」『変動期の国際法』（有信堂，1973年）277-308頁

第3章 「国家責任に関する国際法委員会の法典化作業とその問題点」国際法外交雑誌93巻3・4合併号（1994年）322-362頁

第4章 「国際法上の国家責任にかかわる「過失」の実態」『京都大学法学部創立百周年記念論文集 第2巻』（有斐閣，1999年）303-336頁

Ⅴ 国際紛争と国際法

第1章 「フォークランド（マルビナス）諸島の領有権紛争と国際法」国際法外交雑誌83巻5号（1984年）506-544頁

第2章 「ニカラグア紛争と司法的解決——政治的紛争とICJ」国際問題339号（1988年）24-38頁

第3章 「みなみまぐろ仲裁裁判事件の先決的抗弁——口頭弁論手続における主張の分析」国際法外交雑誌100巻3号（2001年）309-340頁

Ⅵ 戦後処理

第1章 「第二次世界大戦後の賠償・請求権処理」国際法事例研究会『日本の国際法事例研究(6) 戦後賠償』（ミネルヴァ書房，2016年）3-28頁

第2章 「日本の敗戦および連合国の占領と国際法——とくに占領の性格と占領政策をめぐる法的な諸問題について」国際問題147号（1972年）15-25頁

第3章 「光華寮事件をめぐる国際法上の諸問題」林久茂ほか編『国際法の新展開』（東信堂，1989年）219-261頁

【著者紹介】
安藤　仁介（あんどう　にすけ）

1935年8月6日京都府に生まれる。2016年12月6日逝去。

1959年京都大学法学部卒業後，京都大学大学院法学研究科修士課程・博士課程に進学，1962年フルブライト奨学生として米国フレッチャー・スクールに留学し，1971年フレッチャー・スクールより博士号取得。

1965年京都大学教養部講師，1968年同助教授，1981年神戸大学法学部教授を経て，1990年京都大学法学部教授，1998年同志社大学法学部教授。1998年京都大学より名誉教授の称号授与。2005年万国国際法学会(IDI)正会員。

1987年から2007年まで国連の自由権規約委員会委員（1993年から1994年まで同委員長），1993年から2016年まで国際通貨基金行政裁判所裁判官，1997年から2000年まで財団法人国際法学会理事長，2001年から2016年まで公益財団法人世界人権問題研究センター所長（後に名誉所長），2001年から2016年まで常設仲裁裁判所裁判官を歴任。1996年フルブライト50周年特別フェロー，2008年瑞宝重光章，2012年京都新聞文化学術賞，2015年京都府特別感謝状を受賞。

主な編著書として，*Surrender, Occupation, and Private Property in International Law: An Evaluation of US Practice in Japan*, 1991, Oxford University Press; *Japan and International Law : Past, Present and Future*, 1999, Kluwer Law International; *Towards Implementing Universal Human Rights*, 2004, Martinus Nijhoff. 『日本の国際法事例研究(1) 国家承認』（日本国際問題研究所，1983年），『国際法2』（蒼林社，1986年），『日本の国際法事例研究(2) 国交再開・政府承認』（慶應通信，1988年），『日本の国際法事例研究(3) 領土』（慶應通信，1990年），『国際関係法辞典（第2版）』（三省堂，2005年），『日本の国際法事例研究(4) 外交・領事関係』（慶應義塾大学出版会，1996年），『日本の国際法事例研究(5) 条約法』（慶應義塾大学出版会，2001年），『21世紀国際社会における人権と平和――国際法の新しい発展をめざして（上巻）国際社会の法構造：その歴史と現状』（東信堂，2003年），『21世紀の国際機構：課題と展望』（東信堂，2004年），『日本の国際法事例研究(6) 戦後賠償』（ミネルヴァ書房，2016年）など。

安藤仁介先生『実証の国際法学』

あとがき

　私たちの敬愛する安藤仁介先生が2016年12月6日にご逝去されて，はや2年の歳月が流れようとしている。

　安藤仁介先生は，優れた国際法の研究者・教育者として京都大学，神戸大学，同志社大学，世界人権問題研究センターにおいて国際法学の研究・教育に携わられ，数々の優れたご業績を残されるとともに，国際法学会理事長として学会の発展にも尽力された。外務省条約局法規課および国際法局国際法課と国際法研究者が協力して進めている『日本の国際法事例研究』では，その中心的役割を果たされ，また，みなみまぐろ事件仲裁裁判では，事実に関する陳述をはじめ日本政府の補佐人のおひとりとして活躍された。さらに先生は，自由権規約委員会の委員および委員長，国際通貨基金行政裁判所裁判官，常設仲裁裁判所裁判官，国連海洋法条約仲裁裁判所仲裁人を歴任されるなど国際的にも活躍された。また先生は，司法試験，外務公務員Ⅰ種採用試験，国家公務員Ⅰ種採用試験，人権擁護推進審議会など各種の委員，難民審査参与員などを務められ，先生のお人柄から実に幅広い方々とご親交をもたれていた。

　私たちは，そうした安藤先生の研究業績を回顧し，世に伝えるとともに，先生の学恩を受けた研究者の後輩として，編集委員会を組織し，先生の著作集を取り纏めることと併せ，追悼する論文集を企画させていただくことになった。

　編集委員は，生前安藤先生がお勤めになられた京都大学，神戸大学，同志社大学または世界人権問題研究センターで先生にお世話になった同僚，後輩である芹田健太郎，薬師寺公夫，坂元茂樹，浅田正彦，酒井啓亘（年齢順）が務めることになった。また，各種編集作業にはさまざまの場で安藤先生の教えを受けた新井京，黒神直純，竹内真理，玉田大，濱本正太郎，前田直子，水島朋則，山田卓平（五十音順）が協力者として加わった。編集委員会では，まずは，安藤先生のご業績の代表的なものを纏めた著作集と，もうひとつを，先生を追悼する論文集とすることに決定した。

　また安藤先生は，生前長年にわたる自由権規約委員会委員としての経験を生

かし，現在までの同委員会における個人通報事例や一般的意見などを踏まえた自由権規約のコンメンタールを作成することを計画され，編集作業を進めておられた。残念ながらこの作業は先生のご逝去により中断した。しかし，この作業は追悼論文集とは別に，新たな編集体制の下で，先生のご遺志を受け継いでいくことが企画されている。

そこで，編集委員会は，安藤仁介先生の三回忌にあたる2018年12月をめどに，まず安藤先生の代表作を一冊にした著作集を出版することとし，その1年後に追悼論文集を刊行することとした。

著作集のタイトルは，先生がその研究において終始大事にされた実証研究への姿勢から『実証の国際法学』とさせていただいた。先生は，生前ご自身の研究をまとめた著作集の刊行を切に念願しておられ，病に倒れられる瞬間まで，自らの手で著作集をまとめられることになみなみならぬ意欲を示しておられた。残念ながら，先生のご希望は病の進行により叶わなかったが，先生のご遺志を継いで編集委員会は，限られた紙数の中ではあるが，先生がご存命であったならばおそらく著作集の中に収められたであろうと思われる論文，または，先生のご業績の中から是非後世に伝えたい論文を選択して，一冊の本にまとめることにした。とはいえ，先生のご業績は国際法の幅広い分野にわたっており，また分野によっては多数の論考があるため，それらの中から本著作集に掲載する論文を選択することは容易な作業ではなかった。

そこで編集委員会は，なんどかの議論を通じて先生のご業績を代表すると思われる22の論文を選定した。この検討を通じて，著作集は，第Ⅰ部「国際法と日本」，第Ⅱ部「人権」，第Ⅲ部「承認と承継」，第Ⅳ部「国家責任」，第Ⅴ部「国際紛争と国際法」，第Ⅵ部「戦後処理」の全6部22章の構成とすることにした。

こうして本書第Ⅰ部には，『日本の国際法事例研究』に携わられ，また長年自由権規約委員会の委員を務められた先生が国際法および国際連合の活動と日本の対応ならびに自由権規約の国内的実施について論じられた4つの論文を，第Ⅱ部には自由権規約の国家報告手続や個人通報制度をはじめ規約実施過程の現状と課題を事例分析を踏まえて多様な側面から論じられた4つの論文を，第Ⅲ部には国際機構の加盟手続と国家承認の関係，中国代表権の交代に係る国際

あとがき

　法上の問題，国交再開の意義と態様，条約承継の最近の国家実行について実証的な検討を行われた4つの論文を収めている。続く第Ⅳ部には，安藤先生が自らの重要な研究領域とされてきた国家責任に関する代表的な論文として，国家責任の一般的特徴にふれた「国際法における国家の責任」，過失について論じられた「国際法上の国家責任にかかわる『過失』の実態」とともに，国際法委員会のガルシア・アマドール案とそれ以降の法典化作業について論じられた2つの論文を収め，第Ⅴ部には国際紛争と国際法の項目の下に，「フォークランド（マルビナス）諸島の領有権紛争と国際法」をはじめ，ニカラグア紛争を通じて政治的紛争と国際司法裁判所の機能を考察された論文，自ら日本政府の補佐人のおひとりとして口頭弁論をされたみなみまぐろ仲裁裁判事件の先決的抗弁を分析された論文を収めた。最終章には，安藤先生の実証的研究の特徴をよく示す戦後補償に関する3つのご研究，「第二次世界大戦後の賠償・請求権処理」「日本の敗戦および連合国の占領と国際法——とくに占領の性格と占領政策をめぐる法的な諸問題について」「光華寮事件をめぐる国際法上の諸問題」の3つを掲げさせていただいた。

　本書に収録された論文は，先生が1972年から2016年までの実に45年にわたって発表してこられた論文であり，書かれた時代の変化とともに問題状況も変化したものや，人権条約のように書かれた時代以降にさまざまな発展が見られる分野もある。そこで本書には収録された論文の「初出および原題一覧」を掲げた。自由権規約に関する論文など発表後に当事国数や個人通報事例が大きく変化しているものもあるが，編集委員会としては安藤先生が書かれたオリジナルな文章を尊重してそのまま記載することを基本にすえた。

　他方，読者が論文の書かれた時代背景を理解するための手掛かりとして各章には初出論文の出版年を示すことにした。もっとも，22の論文の間には書かれた時代が異なるために専門用語の訳や漢字・かな文字の使用など，論文によって表記の方法が異なるものもあったため，最低限必要な表記の統一を行った。このため章のタイトルが初出論文とは異なっている場合がある。

　また安藤先生が論文を執筆された時の自由権規約の当事国数のようにその後の変化を含めて，読者の便宜のために現在の状況を説明することが必要または望ましいと判断したものなどについては，編者注という形態で頁下に説明をす

ることにした。安藤先生の本来の注は，各章ごとに通し番号で頁下に掲げ，編者注は本文中に星印を付して章ごとに通し番号を付けた。なお，巻末に簡単な索引を付した。

　本書は，安藤先生の三回忌には献呈したいと考え，追悼論文集とは別に刊行を急いだ。本書の編纂にあたっては，安藤先生の各章に掲載する候補となった論文を分担して読んでいただき，訳語や使用された漢字，送り仮名等についてのご指摘等々，多くの労を惜しまれなかった編集協力者の方々に，心より御礼を申し上げたい。

　最後になったが，厳しい時間的制約にも拘らず，三回忌に間に合うように刊行することができたのは，信山社の袖山貴氏，稲葉文子氏，今井守氏の献身的なご努力のたまものである。編集委員会一同，厚く御礼を申し上げたい。

　　2018年11月
　　　　〈編集委員〉
　　　芹田健太郎・薬師寺公夫・坂元茂樹・浅田正彦・酒井啓亘

〈編集委員〉
芹田健太郎（神戸大学名誉教授）
薬師寺公夫（立命館大学特任教授，同名誉教授）
坂元　茂樹（同志社大学教授，神戸大学名誉教授）
浅田　正彦（京都大学教授）
酒井　啓亘（京都大学教授）

〈編集協力〉
新井　　京（同志社大学教授）
黒神　直純（岡山大学教授）
竹内　真理（神戸大学教授）
玉田　　大（神戸大学教授）
濵本正太郎（京都大学教授）
前田　直子（京都女子大学准教授）
水島　朋則（名古屋大学教授）
山田　卓平（龍谷大学教授）

実証の国際法学

2018（平成30）年12月6日　第1版第1刷発行
P596　¥12000E-012:040-005

　著　者　安　藤　仁　介
　発行者　今井　貴・稲葉文子
　発行所　株式会社 信 山 社
　〒113-0033　東京都文京区本郷6-2-9-102
　　　　Tel 03-3818-1019　Fax 03-3818-0344
　　　　　　info@shinzansha.co.jp
笠間才木支店　〒309-1611　茨城県笠間市笠間515-3
　　　　Tel 0296-71-9081　Fax 0296-71-9082
笠間来栖支店　〒309-1625 茨城県笠間市来栖2345-1
　　　　Tel 0296-71-0215　Fax 0296-72-5410
出版契約 No.2018-8123-1-01011　Printed in Japan

　Ⓒ安藤仁介，2018　　印刷・製本／亜細亜印刷・牧製本
　ISBN978-4-7972-8123-1 C3332　分類 329.501a001 国際法

JCOPY 〈(社)出版者著作権管理機構　委託出版物〉
本書の無断複写は著作権法上での例外を除き禁じられています。複写される場合は、そのつど事前に、(社)出版者著作権管理機構（電話 03-5244-5088, FAX03-5244-5089, e-mail : info@jcopy.or.jp）の許諾を得てください。

- ◆国際法先例資料集－不戦条約
  【日本立法資料全集】 柳原正治 編著
- ◆プラクティス国際法講義（第3版）
  柳原正治・森川幸一・兼原敦子 編
- ◆《演習》プラクティス国際法
  柳原正治・森川幸一・兼原敦子 編

- ◆国際法研究
  岩沢雄司・中谷和弘 責任編集
- ◆ロースクール国際法読本
  中谷和弘 著
- ◆実践国際法（第2版）
  小松一郎 著

- 一般国際法秩序の変容　小森光夫 著
  国際法制度の変化過程と規範的正当化
- 先住民族と国際法 ─ 剝奪の歴史から権利の承認へ
  小坂田裕子 著
- 国際裁判の証拠法論　中島 啓 著
- 軍縮辞典　日本軍縮学会 編
- ブリッジブック国際法（第3版）植木俊哉 編
- サイバー攻撃の国際法 ─ タリン・マニュアル2.0の解説
  中谷和弘・河野桂子・黒﨑将広

信山社

地球社会の人権論　芹田健太郎

市民社会向けハンドブック―国連人権プログラムを活用する
　　　　　　　国連人権高等弁務官事務所 著
　　　　　　　ヒューマンライツ・ナウ 編訳

国際人権を生きる　阿部浩己

国際法の人権化　阿部浩己

人権条約の現代的展開　申　惠丰

国際人権法（第2版）　申　惠丰

国際人権・刑事法概論　尾﨑久仁子

マイノリティの国際法　窪　誠

国際公務員法の研究　黒神直純

国際裁判の動態　李　禎之

憲法学の可能性　棟居快行

講座 政治・社会の変動と憲法
フランス憲法からの展望Ⅰ・Ⅱ　辻村みよ子 編集代表

難民勝訴判決20選―行政判断と司法判断の比較分析
　　　　全国難民弁護団連絡会議 監修／編集代表 渡邉彰悟・杉本大輔

現代フランス憲法理論　山元 一

ヨーロッパ地域人権法の憲法秩序化　小畑 郁

ヨーロッパ人権裁判所の判例　戸波江二・北村泰三・
　建石真公子・小畑郁・江島晶子 編　第Ⅱ巻近刊

ドイツの憲法判例Ⅳ　ドイツ憲法判例研究会 編／鈴木秀美・
　畑尻剛・宮地基 編集代表

――― 信山社 ―――

国際人権法 法律学の森シリーズ　芹田健太郎

人権条約の解釈と適用　坂元茂樹

日本の海洋政策と海洋法　坂元茂樹

ブリッジブック国際人権法（第2版）
芹田健太郎・薬師寺公夫・坂元茂樹

普遍的国際社会への法の挑戦
―芹田健太郎先生古稀記念　坂元茂樹・薬師寺公夫 編

コンパクト学習条約集（第2版）
芹田健太郎 編集代表
森川俊孝・黒神直純・林美香・李禎之・新井京・小林友彦 編集委員

国際人権 1～29号　国際人権法学会 編

講座　国際人権法 1
国際人権法と憲法
芹田健太郎・棟居快行・薬師寺公夫・坂元茂樹 編集代表

講座　国際人権法 2
国際人権規範の形成と展開
芹田健太郎・棟居快行・薬師寺公夫・坂元茂樹 編集代表

講座　国際人権法 3
国際人権法の国内的実施
芹田健太郎・戸波江二・棟居快行・薬師寺公夫・坂元茂樹 編集代表

講座　国際人権法 4
国際人権法の国際的実施
芹田健太郎・戸波江二・棟居快行・薬師寺公夫・坂元茂樹 編集代表

国際法の実践　小松一郎大使追悼　柳井俊二・村瀬信也 編

国際法学の諸相　村瀬信也先生古稀記念　江藤淳一 編

変転する国際社会と国際法の機能　内田久司先生追悼　柳原正治 編

核軍縮不拡散の法と政治　黒澤満先生退職記念　浅田正彦・戸崎洋史 編

信山社